Dieter Knöringer

Die Assessorklausur im Zivilprozess

Die Assessorklausur im Zivilprozess

Das Zivilprozessurteil,
Hauptgebiete des Zivilprozesses,
Klausurtechnik sowie Anwaltstätigkeit

von

Dr. Dieter Knöringer

Richter am Oberlandesgericht a. D.
Langjähriger hauptamtlicher Arbeitsgemeinschaftsleiter
für Rechtsreferendare

und

Christian Kunnes

Richter am Landgericht München I,
ehem. hauptamtlicher Arbeitsgemeinschaftsleiter für Rechtsreferendare,
wissenschaftlicher Mitarbeiter am Bundesgerichtshof

16., überarbeitete und ergänzte Auflage 2016

Zitiervorschlag: *Knöringer/Kunnes,* Assessorklausur § ... Rn. ...

www.beck.de

ISBN 978 3 406 69431 8

© 2016 Verlag C. H. Beck oHG
Wilhelmstraße 9, 80801 München
Satz, Druck und Bindung: Druckerei C. H. Beck Nördlingen
(Adresse wie Verlag)

Umschlaggestaltung: Druckerei C. H. Beck Nördlingen

Gedruckt auf säurefreiem, alterungsbeständigem Papier
(hergestellt aus chlorfrei gebleichtem Zellstoff)

Vorwort zur 16. Auflage

Einen Schwerpunkt der Neuauflage bildet die verstärkte Einbeziehung anwaltlicher Tätigkeit. Im insgesamt neu bearbeiteten Teil 3 finden sich nun eingehende Fallbearbeitungen zu typischen gerichtlichen Anwaltstätigkeiten: in Form je einer sog. Anwaltsklausur der Antrag auf einstweiligen Rechtsschutz nebst einem Mandantenschreiben, sowie die Fertigung einer Klageerwiderung mit Hilfsaufrechnung und Widerklage, jeweils mit Bearbeitungshinweisen. Neben diese beiden typischen Aufgabenstellungen aus Anwaltssicht wurde eine „Richterklausur" (Urteilsklausur) gestellt mit dem besonderen Anliegen, die im streitigen Fall so wichtige Verteilung von Darlegungs- und Beweislast im Fallaufbau näher zu erläutern.

Im Berufungsverfahren, dessen Aktualisierung und Bearbeitung Herr Christian Kunnes übernommen hat, wurde die Berufungseinlegung und -begründung aus anwaltlicher Sicht nebst der Abwägung gegenüber einer Vollstreckungsabwehrklage aufgenommen.

Verstärkte Berücksichtigung fanden Bezüge zum Arbeitsgerichtsprozess, insbesondere dazu, wo Unterschiede zur ZPO bestehen (z.B. im Versäumnisverfahren, der Rechtsbehelfsbelehrung, beim Prüfungsaufbau zur Zulässigkeit, hier erfolgte eine Ergänzung der „Check-Liste", etc.).

Manche Teile wurden gestrafft oder gekürzt. Insgesamt wurde das Werk unter Einarbeitung vieler neuer Entscheidungen aktualisiert und auf den neuesten Stand gebracht.

Herzlich gedankt sei wiederum all den Lesern, die mit ihren Zuschriften und Anregungen zur Gestaltung des Werks beigetragen haben. Um diese Anregungen bitten wir und der Verlag auch weiterhin.

Für die Neuauflage gilt wie bisher:

Wichtigstes Anliegen dieses Buches ist die Vermittlung des für den prozessrechtlichen Bereich der Assessorprüfung benötigten Fachwissens in systematischer Darstellung. Die Erläuterungen orientieren sich an den **konkreten Bedürfnissen des Assessorexamens** und sind daher fallorientiert mit klausurmäßiger Lösung und unter Darlegung der Konsequenzen für die Gestaltung von Tenor, Tatbestand und Entscheidungsgründen ausgestaltet.

Mit Hilfe der zahlreichen Beispiele, Tenorierungsvorschlägen, Aufbauschemata und grafischen Übersichten wurde versucht, in allen dargestellten Bereichen so konkret wie möglich zu werden.

Die Arbeit mit diesem Buch empfiehlt sich bereits **zu Beginn des Referendariats** – hier werden die ersten Klausuren geschrieben und die Ausbildung beim Zivilgericht beginnt. Vor allem sollte man sich den Effekt des frühzeitigen und laufenden Wiederholens sichern, den Garanten des sicheren Umgangs mit der ZPO.

Das Buch wendet sich aber auch an den **jungen Zivilrichter** bei der Einarbeit in sein neues Referat.

München, im August 2016

Dieter Knöringer
Christian Kunnes

Inhaltsverzeichnis

Literatur- und Abkürzungsverzeichnis XV

Teil 1. Das Urteil

Überblick über den Aufbau des Urteils 1

§ 1 Das Rubrum 2
    1. Aktenzeichen 2
    2. Verkündungsvermerk, § 315 III 2
    3. Überschrift, § 311 I 2
    4. Bezeichnung der Parteien, ihrer gesetzlichen Vertreter und der Prozessbevollmächtigten, § 313 I Nr. 1 2
    5. Betreff 6
    6. Bezeichnung des Gerichts und der Richter, § 313 I Nr. 2 6
    7. Schluss der mündlichen Verhandlung, § 313 I Nr. 3 6
    8. Bezeichnung der Urteilsart 7

§ 2 Der Tenor zur Hauptsacheentscheidung, § 313 I Nr. 4 8
    I. Grundsätzliches zur Tenorierung, insbesondere § 308 ZPO 8
        1. Knapp 9
        2. Eindeutig 9
        3. Vollstreckungsfähig (bei Leistungsurteilen) 9
        4. Erschöpfend 9
        5. Begrenzung durch die Parteianträge, § 308 I („ne ultra petita") 10
    II. Klageabweisende Urteile 11
    III. Klagestattgebende Urteile 11
        1. Leistungsurteile 11
        2. Feststellungsurteile 12
        3. Gestaltungsurteile 13
    IV. Nur teilweise stattgebende Urteile 13
    V. Nebenforderungen 14
        1. Zinsen 14
        2. Kosten 16

§ 3 Die Kostenentscheidung 16
    I. Die Kostenentscheidung als Kostengrundentscheidung 16
    II. Grundbegriffe des Kostenwesens 17
        1. Kostenentscheidung 17
        2. Prozessualer Kostenerstattungsanspruch 17
        3. Materiellrechtlicher Kostenerstattungsanspruch 18
        4. Kostenschuld der Parteien gegenüber der Staatskasse 18
        5. Kostenpflicht der Partei gegenüber dem eigenen RA 18
        6. Kostenfestsetzung 19
        7. Prozesskosten 19
    III. Die Grundsätze der Kostenentscheidung 20
        1. Urteile mit und (ausnahmsweise) ohne Kostenentscheidung 20
        2. Überblick über die gesetzliche Regelung 20
        3. Der Grundsatz der einheitlichen Kostenentscheidung 21

IV. Die Kostenentscheidung bei vollem Unterliegen, § 91 24
  1. Fehlen einer wirksamen Bevollmächtigung 25
  2. Fehlen der Parteifähigkeit (z. B. Erbengemeinschaft) oder der Existenz von Anfang an 26
  3. Wegfall der Parteifähigkeit während des Prozesses 27
V. Die Kostenentscheidung bei teilweisem Obsiegen und Unterliegen, § 92 28
  1. Verhältnismäßige Teilung (Quotierung), § 92 I S. 1 30
  2. Kostenaufhebung, § 92 I S. 2 33
  3. Voll auferlegen, § 92 II 35

§ 4 Der Ausspruch über die vorläufige Vollstreckbarkeit 36

I. Urteile mit und (ausnahmsweise) ohne solchen Ausspruch 36
  1. Grundsatz: 36
  2. Ausnahmen 37
II. Ohne Sicherheitsleistung, § 708 38
  1. Der Tenor i. F. § 708 39
  2. Die Abwendungsbefugnis, § 711 40
III. Gegen Sicherheitsleistung, § 709 46
  1. § 709 S. 1 und 2 (die Hauptfälle) 46
  2. § 709 S. 3 47
IV. Vollstreckungsschutzanträge 48

§ 5 Der Tatbestand, § 313 I Nr. 5 49

I. Die Aufgaben des Tatbestands 49
  1. Objektiver, gedrängter Bericht über die Urteilsgrundlagen 49
  2. Die Beurkundungs- und Beweisfunktion, § 314 51
  3. Straffung des Tatbestandes, § 313 II 52
II. Der Aufbau des Tatbestandes 53
   Schema für Normalfall 54
III. Beispiele 58
  1. Grundfall: Der (nur) zum Haftungsgrund umstrittene Verkehrsunfall 58
  2. Aufbauskizze: Klage und Widerklage haben einen gemeinsamen Sachverhalt 60
  3. Aufbauskizze: Klage und Widerklage haben verschiedene Sachverhalte 60
IV. Häufige Fehler. Ratschläge 60
  1. Häufiger Fehler: Keine klare Trennung von Unstreitigem und Streitigem 61
  2. Falsche Gewichtung 61
  3. Unzulässige Wertungen, Vorwegnahmen von Auslegungen, juristische Schlussfolgerungen 61
  4. Unvollständigkeit 62
  5. Verweisungen 62
  6. Sprachliche Differenzierung: Vortrag streitiger Tatsachen/Rechtsansichten 62
  7. Wann den Tatbestand im Klausurfall niederschreiben? 63

§ 6 Die Entscheidungsgründe 63

I. Grundsätzliches 63
  1. Aufgabe der Entscheidungsgründe 63
  2. Art und Weise der Darstellung 65
II. Der Aufbau der Entscheidungsgründe 67
  1. Voll stattgebende Urteile 67
     Ausformulierter Beispielstext 69
  2. Voll abweisende Urteile 70
  3. Teilweise stattgebende Urteile 71
III. Häufige Fehler. Ratschläge 72
  1. Die Anspruchsgrundlage 72
  2. Wie ausführlich begründen? Subsumtionstechnik. „Echo-Prinzip" 72
  3. Das Hilfsgutachten 74

Inhaltsverzeichnis IX

§ 7 Überblick über die Urteilsarten	74
I. Endurteile	76
1. (Voll-)Endurteil, § 300	76
2. Teilurteil, § 301	77
3. Anerkenntnisurteil, § 307	79
II. Zwischenurteile	81
1. Unechte Zwischenurteile gegenüber Dritten, §§ 71, 135 II, 387, 402	81
2. Zwischenurteile, § 280	81
3. Zwischenurteile, § 303	82
4. Grundurteil, § 304	82
III. Vorbehaltsurteile, §§ 302, 599	83
1. Vorbehaltsurteil, § 302	84
2. Vorbehaltsurteil, § 599	86

Teil 2. Hauptgebiete des Zivilprozesses

§ 8 Die objektive Klagenhäufung, § 260	89
I. Überblick	89
II. Die kumulative Klagenhäufung	91
III. Die eventuelle Klagenhäufung (Haupt- und Hilfsantrag)	94
1. Die Bedeutung der Bedingung	94
2. Das Prüfungsschema	96
3. Das Urteil bei eigentlicher Eventualhäufung	99
4. Die uneigentliche Eventualhäufung	102
5. Der Tatbestand	105
6. Die Entscheidungsgründe	106
IV. Die alternative Klagenhäufung	106
§ 9 Die Klageänderung	107
I. Die Fälle der Klageänderung	107
II. Die Zulässigkeit der Klageänderung	108
III. Die klageauswechselnde Klageänderung	109
1. Die Klageauswechslung ist zulässig	110
2. Die Klageauswechslung ist unzulässig	113
IV. Die nachträgliche objektive Klagenhäufung	118
V. Die Klageänderungsfälle gem. § 264 Nr. 2 und 3	119
1. Die Klageerhöhung gem. § 264 Nr. 2	120
2. Die Klageermäßigung i. S. v. § 264 Nr. 2	120
3. Die Antragsanpassung gem. § 264 Nr. 3	122
§ 10 Die Veräußerung der streitbefangenen Sache, §§ 265, 266	123
I. Grundsätzliches	123
II. Der Kläger veräußert	126
1. Verfahrensfortgang. Konsequenzen für den Kläger und das Urteil	126
2. Möglichkeiten der Prozessbeteiligung für den Rechtsnachfolger C	129
3. Welche Wirkungen hat das rechtskräftige Urteil zwischen den alten Parteien K/B für den Rechtsnachfolger C?	131
III. Der Beklagte veräußert	131
1. Möglichkeiten des Klägers gegen den veräußernden Beklagten	131
2. Möglichkeiten der Prozessbeteiligung für und gegen den Rechtsnachfolger C	132
3. Welche Wirkungen hat das rechtskräftige Urteil zwischen den bisherigen Parteien K/B für den Rechtsnachfolger C?	133
IV. Besonderheiten bei § 266	133
§ 11 Die Erledigung der Hauptsache	133
I. Die übereinstimmende Erledigungserklärung, § 91a	134
1. Erledigungserklärungen	134

    2. Wirkung 135
    3. Entscheidung: Beschluss, § 91a. Zusammenfassendes Beispiel: 135
  II. Die einseitige Erledigungserklärung des Klägers 137
    1. Grundsätzliches 137
    2. Die 7 wichtigsten Fälle – Prüfungsschema 140
  III. Die Teilerledigungserklärung 148
    1. Die übereinstimmende Teilerledigungserklärung 148
    2. Die einseitige Teilerledigungserklärung des Klägers 151

§ 12 Die Widerklage 153
  I. Die prozessuale Behandlung der Widerklage 154
  II. Prüfungsschema und Urteil 156
  III. Besondere Fälle der Widerklage 158
    1. Die Zwischenfeststellungswiderklage, § 256 II 158
    2. Aufrechnung und Widerklage 159
    3. Possessorische Hauptklage und petitorische Widerklage 159
    4. Die Drittwiderklage 160

§ 13 Die Prozessaufrechnung 163
    1. Doppeltatbestand 163
    2. Die prozessualen Voraussetzungen 163
    3. Die unzulässige, die unschlüssige/unbegründete und die präkludierte (§ 296) Prozess-
       aufrechnung 164
    4. Primäraufrechnung und Eventualaufrechnung 165
    5. Rücknahme und Änderung der Prozessaufrechnung 167

§ 14 Die einfache Streitgenossenschaft 167
  I. Die Wirkungen der einfachen Streitgenossenschaft, §§ 61, 63 167
    1. Übersicht: 168
    2. Die grundsätzliche Selbstständigkeit der Prozessrechtsverhältnisse 169
  II. Das Prüfungsschema 169
  III. Das Urteil 171
    1. Obsiegen aller Streitgenossen (= § 91) 172
    2. Unterliegen aller Streitgenossen (= § 100) 172
    3. Obsiegen bzw. Unterliegen nur einzelner Streitgenossen (= §§ 91, 92 kombiniert) 173

§ 15 Die notwendige Streitgenossenschaft, § 62 174
  I. Die prozessual notwendige SG, § 62 I, 1. Alt. 175
    1. Ein einführendes Beispiel: 176
    2. Wann liegt prozessual nSG vor? 176
  II. Die materiellrechtlich notwendige SG, § 62 I, 2. Alt. 179
    1. Ein einführendes Beispiel: 179
    2. Die Fälle materiellrechtlich notwendiger SG 181
    3. Die rechts- und parteifähige BGB-Außengesellschaft; Rechtsstellung der Gesellschaf-
       ter 183
  III. Die Wirkungen der notwendigen Streitgenossenschaft 185
    1. Die Zulässigkeit der Klage 185
    2. Säumnis im Termin 186
    3. Bestreiten, Beweisantritte 186
    4. Klagerücknahme, Hauptsacheerledigungserklärung durch nur einen der nSG 186

§ 16 Die Parteiänderung (Wechsel und Beitritt) 187
  I. Der gesetzliche Parteiwechsel 187
  II. Der gesetzliche Parteibeitritt 189

III. Der gewillkürte Parteiwechsel	189
1. BGH: Klageänderungstheorie	189
2. Herrschende Meinung im Schrifttum: prozessuales Institut eigener Art (Theorie der Gesetzeslücke)	190
3. Zusammenfassender Fall: Beklagtenwechsel in 1. Instanz	191
IV. Der gewillkürte Parteibeitritt	194
1. Meinungsstand	194
2. Zusammenfassender Fall: Beklagtenbeitritt in 1. Instanz	196
V. Zusammenfassende Übersicht zur Parteiänderung	197

§ 17 Die Beteiligung Dritter am Rechtsstreit, §§ 64 ff. (Kurzübersicht) ... 201

§ 18 Die Nebenintervention (Streithilfe), §§ 66–71 ... 201

I. Der Vorprozess	202
1. Der Beitritt	202
2. Die Rechtsstellung des einfachen NI, § 67	203
3. Das Urteil	206
4. Zusammenfassende Beispiele	207
II. Der Folgeprozess: Interventionswirkung, § 68 (§ 74 III)	209
1. Voraussetzungen	210
2. Interventionswirkung, § 68 1. Hs.	210
3. Die Beseitigung der Bindung, § 68 2. Hs.	211
4. Zusammenfassendes Beispiel (BGH NJW 76, 292):	212
III. Die streitgenössische Nebenintervention, § 69	213

§ 19 Die Streitverkündung, §§ 72–77 ... 214

1. Zweck und Wirkungen:	215
2. Voraussetzungen	215
3. Reaktion des Dritten auf die Streitverkündung	217

§ 20 Das Versäumnisverfahren ... 217

I. Der Erlass eines VU	217
1. Die Voraussetzungen, §§ 330, 331	217
2. Die Entscheidung: echtes oder unechtes VU	222
3. Sonderfall 1: Säumnis in einem späteren Verhandlungstermin, § 332	225
4. Sonderfall 2: Die Säumnis im Beweistermin, §§ 367, 370	225
II. Der Einspruch und das weitere Verfahren	228
1. Das Prüfungsschema	228
2. Der Einspruch ist zulässig	229
3. Der Einspruch ist unzulässig	230
4. Inkorrekte Entscheidung im Säumnistermin: „Meistbegünstigungs-Grundsatz"	231
5. Einspruch und Verspätungspräklusion, §§ 340 III, 296	233
6. Der Einspruch durch die Nichtpartei und Umdeutung in den Beitritt als Streithelfer	235
7. Einspruch und Wiedereinsetzung	236
III. Säumnis im Einspruchstermin	240
1. Säumig ist der, der das 1. VU erwirkt hat	240
2. Säumig ist der Einspruchsführer, § 345	240
3. Die Berufung gegen ein 2. VU, § 514 II	241
4. Klageerweiterung nach Erlass des 1. VU	242
5. Erledigungserklärung des Klägers erstmals im Einspruchstermin	243

§ 21 Das Mahnverfahren ... 243

I. Verfahren nach Widerspruch gegen Mahnbescheid	244
1. Der Widerspruch, § 694	244
2. Die Abgabe	245
3. Die Rechtshängigkeit	245

II. Verfahren nach Einspruch gegen Vollstreckungsbescheid 246
   1. Der Vollstreckungsbescheid, §§ 699, 700 246
   2. Verfahren nach Einspruch, § 700 III 246
   3. Säumnis des Beklagten im Einspruchstermin 246

§ 22 Die Drittwiderspruchsklage, § 771 250

§ 23 Die Vorbereitung der mündlichen Verhandlung 253
I. Die vorgeschaltete obligatorische Güteverhandlung, § 278 II 253
II. Die zwei Verfahrensweisen: früher erster Termin und schriftliches Vorverfahren 254
   Gesamtüberblick 255

§ 24 Die mündliche Verhandlung 256
I. Der Grundsatz der notwendigen mündlichen Verhandlung 256
II. Die Einheit der mündlichen Verhandlung 257

§ 25 Der Prozessvergleich 259
I. Übersicht zu Vergleichen bei Anhängigkeit eines Rechtsstreits 259
II. Nichtigkeit, Rücktritt etc. 262

§ 26 Die einstweilige Verfügung (eV) 264
I. Grundlegendes zu Arrest und einstweiliger Verfügung, §§ 916–945 264
II. Die 3 Arten der einstweilen Verfügung 267
   1. Die Sicherungsverfügung, § 935 267
   2. Die Regelungsverfügung, § 940 268
   3. Die Leistungsverfügung (§ 940 analog) 270
III. Die Anordnung und die Vollziehung der einstweiligen Verfügung 272
   1. Ein Beispiel 272
   2. Die „Vollziehung" der eV, §§ 928, 929, 936 274
   3. Die eV mit Verfügungsverbot, Vormerkung.. 276
   4. Die eV mit Erwerbsverbot 278
IV. Rechtsbehelfe 279
   1. Widerspruch, §§ 924, 925 280
   2. Aufhebung wegen veränderter Umstände, § 927 281

§ 27 Das Berufungsverfahren 282
I. Zulässigkeit der Berufung, § 522 I 282
   1. Statthaftigkeit, § 511 282
   2. Form der Einlegung, § 519 283
   3. Frist zur Einlegung, § 517 285
   4. Frist zur Begründung, § 520 II 285
   5. Ordnungsgemäße Begründung, § 520 III S. 2 285
   6. Beschwer des Rechtsmittelklägers 288
   7. Berufungssumme bzw. Zulassung der Berufung, § 511 II 290
II. Begründetheit der Berufung 290
   1. Zulässigkeit der Klage und Zurückverweisungsgründe, § 538 II 291
   2. Begründetheit der Klage 292
III. Zusammenfassender Fall aus anwaltlicher Sicht 293
IV. Das Berufungsurteil 300

Teil 3. Klausurtechnik, sowie Anwaltstätigkeit

§ 28 Die Zulässigkeit der Klage 303
I. Wichtige Prüfungsgesichtspunkte 303
   1. Prüfungsvorrang der Prozessvoraussetzungen. Rechtskraft des Prozessurteils 303

2. Prüfung von Amts wegen	304
3. Darlegungs- und Beweislast	304
II. Überblick über die Prozessvoraussetzungen („check-Liste")	305

§ 29 Urteilsklausur: Die Prüfung der Begründetheit der Klage im streitigen Fall ... 310

I. Vorüberlegungen	313
1. Was will der Kläger zuletzt?	313
2. Welche Anspruchsgrundlagen kommen dafür in Betracht?	313
3. Was ist dazu vorgetragen?	313
II. Die Begründetheitsprüfung	313
1. Die Prüfung des Kläger-Vorbringens (sog. Klägerstation)	316
2. Die Prüfung des Beklagten-Vorbringens (sog. Beklagtenstation)	319
3. Stehen die entscheidungserheblichen, aber umstrittenen Tatsachen jetzt fest? (sog. Beweisstation)	320
4. Greift am Ende die Eventualaufrechnung durch?	320

§ 30 Anwaltsklausur: Antrag auf einstweiligen Rechtsschutz nebst einem begleitenden Mandantenschreiben ... 321

I. Vorüberlegungen	321
II. Entwurf des Schriftsatzes	323
III. Begleitendes Mandantenschreiben	325

§ 31 Anwaltsklausur: Klageerwiderung, Hilfsaufrechnung und Widerklage ... 327

I. Vorbemerkung	328
II. Entwurf des Schriftsatzes	330

Sachverzeichnis ... 335

Literatur- und Abkürzungsverzeichnis

I. Kommentare

Bamberger/Roth	Bürgerliches Gesetzbuch, 3. Auflage, 2012
Baumbach-Hopt	Handelsgesetzbuch, 37. Auflage, München 2016
Baumbach-Lauterbach-Albers-Hartmann	Zivilprozessordnung, 74. Auflage, München 2016 (zitiert: BL)
Erman	Handkommentar zum Bürgerlichen Gesetzbuch, 14. Auflage, Köln 2014
Hartmann	Kostengesetze, 46. Auflage, München 2016
Jauernig	Bürgerliches Gesetzbuch, 16. Auflage, München 2015
Müko-BGB	Bürgerliches Gesetzbuch, 7. Auflage, München 2015 ff. (zitiert: Müko-BGB)
Müko-ZPO	Kommentar, 4. Auflage, München 2013 (zitiert: Müko-ZPO)
Münchner Kommentar zur Insolvenzordnung	Kommentar zur Insolvenzordnung, 3. Auflage, München 2013, zit. Müko-InsO
Musielak	Zivilprozessordnung, 13. Auflage, München 2016
Palandt	Bürgerliches Gesetzbuch, 75. Auflage, München 2016
Stein-Jonas	Kommentar zur Zivilprozessordnung, 22. Auflage, 2002 ff. (zitiert: StJ)
Uhlenbruck	Kommentar zur Insolvenzordnung, 14. Auflage, München 2015
Thomas-Putzo	Zivilprozessordnung, 37. Auflage, München 2016 (zitiert: ThP)
Wieczorek/Schütze	Zivilprozessordnung, Großkommentar, 4. Auflage, 2013
Zimmermann	Zivilprozessordnung, 10. Auflage, Heidelberg 2015
Zöller	Zivilprozessordnung, 31. Auflage, Köln 2016

II. Lehrbücher und Anleitungsbücher

Anders-Gehle	Das Assessorexamen im Zivilrecht, 11. Auflage, 2013
Baur-Stürner/Bruns	Zwangsvollstreckungsrecht, 13. Auflage, 2006
Blomeyer	Zivilprozessrecht, 2. Auflage, Berlin 1985
Furtner	Das Urteil im Zivilprozess, 5. Auflage, München 1985
Grunsky/Waas/Benecke/Greiner	ArbGG, 8. Auflage 2014, zitiert: Grunsky, ArbGG
Grunsky	Grundlagen des Verfahrensrechts, 2. Auflage, Bielefeld 1974 (zitiert: VerfR)
Hövel van den	Die Tenorierung im Zivilurteil, 6. Auflage, 2014
Jauernig/Hess	Zivilprozessrecht, 30. Auflage, München 2011
Kroiß/Neurauter	Formularsammlung für Rechtspflege und Verwaltung, 24. Auflage, München 2014
Oberheim	Zivilprozessrecht für Referendare, 10. Auflage, 2014
Rosenberg/Schwab/Gottwald	Zivilprozessrecht, 17. Auflage, München 2010 (zitiert: RoSG)
Siegburg	Einführung in die Urteils- und Relationstechnik, 6. Auflage, Neuwied 2008
Theimer/Theimer	Mustertexte zum Zivilprozess, Band I, 8. Auflage 2012, Band II, 7. Auflage 2012
Zeiss/Schreiber	Zivilprozessrecht, 12. Auflage, Tübingen 2014

Paragraphen ohne Gesetzesangabe sind solche der ZPO.

III. Verzeichnis der häufigsten Abkürzungen

E-Gründe	Entscheidungsgründe
eSG	einfache Streitgenossen(schaft)
E-Termin	Einspruchstermin (Versäumnis- u. Mahnverfahren)
eV	Einstweilige Verfügung
f. e. T.	früher erster Termin
GNotKG	Gerichts- und Notarkostengesetz
HauptA	Hauptantrag
HilfsA	Hilfsantrag
HS	Hauptsache
HT	Haupttermin
InsO	Insolvenzordnung
KlageÄ	Klageänderung
KostenE	Kostenentscheidung
KV	Kostenverzeichnis, Anlage 1 zum GKG
NI	Nebenintervenient/Nebenintervention
nSG	notwendige Streitgenossen(schaft)
RNachfolger	Rechtsnachfolger
Rn.	Randnummer
RVG	Rechtsanwaltsvergütungsgesetz
RVorgänger	Rechtsvorgänger
SG	Streitgenosse
SL	Sicherheitsleistung
TB	Tatbestand
U	Urteil
VB	Vollstreckungsbescheid
VT	Verkündungstermin
VU	Versäumnisurteil
VV	Vergütungsverzeichnis zum RVG
ZwV	Zwangsvollstreckung

Randnummern: Die vorangestellten halbfetten Zahlen bezeichnen den behandelten Paragraphen (das Kapitel) des Lehrbuchs, die Zahlen danach die fortlaufenden Randnummern darin.

Teil 1. Das Urteil

Urteile lassen sich nach verschiedenen Kriterien einteilen. Hierzu

Übersicht über die Urteilsarten: Rn. **7.**01 ff.

Im Folgenden wird zunächst das **normale Endurteil** erster Instanz behandelt (§§ 1–6). Im Anschluss hieran werden die **besonderen Urteilsarten** (Teil-, Zwischen-, Anerkenntnisurteile etc.) besprochen (§ 7).

Vorab ein **Überblick** über den **Aufbau des Urteils:**

Maßgebliche Vorschriften: §§ 311 I; 313 (313a; 313b); 315 I, III. Hinzu treten beim Tatbestand Gepflogenheiten der Praxis, die nicht vorgeschrieben, aber zweckmäßig sind.

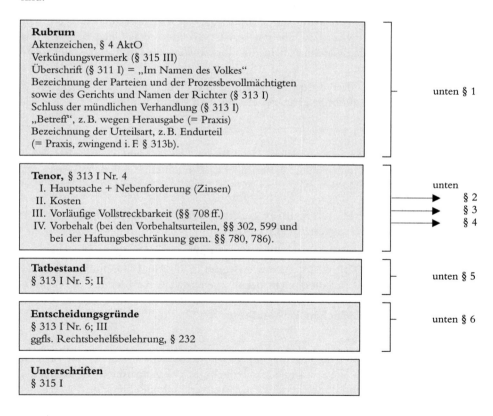

§ 1 Das Rubrum

Der Urteilseingang (Rubrum, Urteilskopf) enthält gesetzlich vorgeschriebene, sowie in der Praxis gebräuchliche Angaben. Da ein „Muster" gesetzlich nicht vorgeschrieben ist, sind in den einzelnen Gerichtsbezirken die Formalien z. T. etwas unterschiedlich.[1] Einheitlich aber sind die Elemente des Rubrums.[2]

1. Aktenzeichen

1.01 Es ist anzugeben gemäß § 4 AktO (= Schönfelder, Anhang) und steht im Urteilskopf üblicherweise links oben.

C = allg. Zivilsachen beim AG, O = allg. Zivilsachen 1. Instanz beim LG

2. Verkündungsvermerk, § 315 III

1.02 Er ist nicht der Nachweis, dass verkündet wurde. Dieser Nachweis erfolgt allein durch das Sitzungsprotokoll über den Verkündungstermin, §§ 160 III Nr. 7, 165.

Der Verkündungsvermerk hat nur die Aufgabe, auf der Urschrift zu bestätigen, dass dessen Formel auch identisch ist mit der bereits verkündeten (BGHZ 8, 309). Das Fehlen dieses Vermerks beeinflusst nicht die Wirksamkeit des Urteils und seiner Zustellung (ThP § 315, 5).

In **Prüfungsarbeiten** darf dieser Vermerk regelmäßig fehlen, da der Bearbeiter ja i. d. R. einen Entwurf zu fertigen hat, der erst noch zu verkünden ist.

3. Überschrift, § 311 I

1.03 Sie lautet nur „Im Namen des Volkes". Das Wort „Urteil" steht *nach* dieser Überschrift, entweder unmittelbar unter dieser, oder erst unmittelbar vor dem Tenor, vgl. die beiden Muster Rn. **1.13**.

4. Bezeichnung der Parteien, ihrer gesetzlichen Vertreter und der Prozessbevollmächtigten, § 313 I Nr. 1

1.04 Hier ist größtmögliche Genauigkeit geboten im Hinblick auf die subjektiven Grenzen der Rechtskraft (dazu ThP § 325, 1), sowie Beginn (§ 750) und Durchführbarkeit der Zwangsvollstreckung, damit diese nicht daran scheitert, dass die Identität des Schuldners nicht eindeutig festgestellt werden kann (Näheres bei ThP § 750, 3). Maßgebend ist der **Schluss** der **mündlichen Verhandlung**.

a) Angaben zur Partei

1.05 Parteien i. S. v. § 313 sind die sog. Hauptparteien (Kläger u. Beklagter; nur sie sind wirklich Parteien) sowie die etwas missverständlich mit „Nebenparteien" bezeichneten Nebenintervenienten und der beigetretene (!) Streitverkündungsempfänger (§ 74 I).

---

[1] Dazu unten Rn. **1.13** zwei Muster: einmal das nach Kroiß/Neurauter Nr. 12 in den südlichen Bundesländern (z. B. Bayern), sowie das in **NRW**/Norddeutschland gebräuchliche (vgl. etwa Anders-Gehle B3).

[2] Rubrum = lateinisch „das Rote", weil früher am Anfang jedes Urteils die notwendige Bezeichnung der Parteien und des Gerichts zur besseren Unterscheidung der Fälle mit roter Tinte geschrieben wurde.

- Wer ist Partei **(Hauptpartei)**?

Es gilt der **formelle Parteibegriff**. Die Parteistellung hängt also rein formal von der Klageschrift ab, wer darin Rechtsschutz im eigenen Namen (Kläger) gegen wen (Beklagter) in Anspruch nimmt, also unabhängig davon, wer nach der materiellen Rechtslage der wahre Rechtsträger (die *„richtige"* Partei) ist (Zöller 2, 3 vor § 50). Ggfls. ist diese auszulegen: maßgebend ist, wer erkennbar (= Sicht des Gerichts und der Gegenpartei) durch die Bezeichnung betroffen werden soll (BAG NJW 09, 1293).

Davon sind zu unterscheiden:
- Die **richtige Partei**: Aktiv- und Passivlegitimation sind Fragen der Begründetheit, nicht der formal (Klageschrift) bewirkten Parteistellung.
- **Parteifähigkeit**, § 50.

Das Rubrum berichtet nur, wer laut Klage Partei *ist,* nicht darüber, ob diese Person oder Personenmehrheit auch Partei sein *kann*. Ist die Klage von oder gegenüber einer nicht parteifähigen Person erhoben, so ist diese gleichwohl so, wie in der Klageschrift bezeichnet, im Rubrum als Partei aufzuführen. Also keine eigenmächtigen Zusätze, um eine verfehlte Klage zurechtzurücken!

- **Umfang der Personalien?**

Er richtet sich nach dem Zweck, Verwechslungen möglichst zu vermeiden. Zumeist wird daher § 313 interpretiert mit §§ 253 IV, 130 Nr. 1 (das für die Schriftsätze Vorgeschriebene muss erst recht für das viel wichtigere Urteil gelten). Also: Vor- und Familienname, Geburtsname, Beruf und Adresse sowie die vollständige Parteistellung, also incl. einer Doppelrolle (z. B. Kläger und Widerbeklagter).

Die Parteistellung sollte übersichtlich herausgestellt werden, am besten nach der Anschrift abgesetzt rechts außen am Rand.

- **Firma**

Ist die Klage von oder gegenüber einer „Firma" erhoben, so ist stets zunächst zu prüfen, ob es sich um eine Gesellschaft (Rechtsform) oder eine Einzelperson (die unter „Firma ..." auftritt) handelt.

Handelt es sich um eine Einzelperson, ist zu beachten:

(1) Gem. § 17 II HGB kann sie nur unter einer „Firma" (das ist der Handelsname) klagen und verklagt werden, wenn sie **Kaufmann** ist (§§ 1–3 HGB) und der prozessuale Anspruch auch das Handelsgewerbe betrifft (nicht also z. B. bei Pflichtteilsansprüchen). Trifft das **nicht** zu, ist im Rubrum nur der bürgerliche Name aufzuführen.

(2) Darf eine Firma geführt werden, ist Partei der *Inhaber,* nicht die Firma, was insbesondere bei Inhaberwechsel mit Firmenfortführung (§§ 22 ff. HGB) wichtig ist. Nach h. M. ist daher
Kläger: wer zurzeit der Einreichung der Klage Inhaber ist,
Beklagter: wer Inhaber bei Zustellung, § 261 I, ist.
Vgl. ThP 7; Müko-ZPO 15, je vor § 50; BGH NJW 90, 908.
Ist diese Parteistellung einmal erlangt, bleibt sie von späterem Inhaberwechsel (Geschäftsveräußerung) unbeeinflusst.

- **Parteien kraft Amtes**

Insolvenzverwalter (§ 80 InsO), Testamentsvollstrecker (§§ 2212, 2213 BGB), Nachlassverwalter (§ 1984 BGB) und Zwangsverwalter (§ 152 ZVG) führen nach der herrschenden Amtstheorie die Prozesse als gesetzliche Prozessstandschafter im eigenen Namen über fremdes Vermögen (BGHZ 88, 334; ThP § 51, 25 ff.).

Sie sind also selbst Partei. Im Rubrum ist aber ihre Funktion anzugeben, da sie, wenn sie den Prozess verlieren, zwar in die Kosten verurteilt werden, dafür aber nur mit dem betreuten Vermögen haften.

Beispiel:

In dem Rechtsstreit
Dr. Hans Schnell, Rechtsanwalt, Badstr. 2, 80017 München, **als Insolvenzverwalter** über das Vermögen des Adam Lustig, Kaufmann, 80331 München, Kaufingerstraße 1,

– Kläger –

- **Nebenintervenient** (Streithelfer), §§ 66–71

Er ist nicht selbst Partei i. S. d. Parteilehre, aber als Dritter am Rechtsstreit beteiligt mit eigenen Befugnissen (dazu unten § 17 und ThP § 67, 1).

Als Prozessbeteiligter mit eigenen Befugnissen ist er im Rubrum aufzuführen, und zwar **unmittelbar nach der unterstützten Partei.**

- **Streitverkündungsempfänger,** §§ 72–74

Gemäß § 74 ist zu unterscheiden:

§ 74 II: Tritt der Streitverkündungsempfänger **nicht bei,** wird er im Urteil nirgends, auch nicht im Rubrum, erwähnt.

Denn er hat mangels Beitritts im laufenden Prozess (Vorprozess) keine prozessuale Stellung und beeinflusst nicht das Urteil.

§ 74 I: Tritt er aber **bei,** so ist er künftig Nebenintervenient der unterstützten Partei und im Rubrum daher auch als solcher aufzuführen (siehe nachfolgendes Musterbeispiel).

Für das Urteil ist der Beitritt bedeutsam, weil der NI wichtige prozessuale Handlungen vorgenommen, z. B. die Säumnis der Hauptpartei abgewendet haben kann (Näheres in § 17) und wegen der Kostenentscheidung (§ 101).

Beachte schon hier: Von dieser prozessualen Situation der Streitverkündung im *laufenden* Prozess ist die **Interventionswirkung** (§§ 68, 74 III) zu unterscheiden, die sich – mit und ohne Beitritt – erst im *Folgeprozess* des Streitverkünders gegenüber dem Streitverkündungsempfänger auswirkt, aber im laufenden Prozess das wichtigste Ziel der Streitverkündung ist: infolge der Interventionswirkung (§ 68) gelten wichtige Tatsachen und Rechtsfragen schon im Vorprozess als bindend festgestellt auch gegenüber dem Streitverkündungsempfänger (mit und ohne Beitritt, § 74 III), was sich natürlich im Folgeprozess des Streitverkünders gegenüber dem Streitverkündungsempfänger gravierend auswirken kann (Näheres dazu unten §§ 17, 18).

b) Parteiänderungen während des Prozesses (Näheres dazu in § 15)

1.06 Maßgebender Zeitpunkt für die im Rubrum aufzuführende Parteistellung ist der Schluss der mündlichen Verhandlung (ThP § 313, 2). Hier ist Partei (noch), wer zumindest noch von der Kostenentscheidung betroffen wird.

aa) Gewillkürter Parteiwechsel. Ist dieser wirksam (Theorienstreit, dazu Rn. 15. 06 ff.), sind im Rubrum im Regelfall **nur** mehr die **neuen Parteien** aufzuführen:

An der Gerichtskostenentscheidung ist der Ausscheidende i. d. R. nicht mehr beteiligt, sie ergeht unter den neuen Parteien. Die außergerichtlichen Kosten des ausscheidenden Beklagten trägt vorab per Beschluss analog § 269 III 2, IV der Kläger, die eines ausscheidenden Klägers dieser analog § 269 IV selbst (BGH NJW 06, 1353; ThP 21, 22 vor § 50). Kostenmäßig wird der sonst sehr umstrittene Parteiwechsel zumeist wie eine Klagerücknahme behandelt. Näheres unten Rn. **15.16**.
Ergeht der Kostenbeschluss analog § 269 IV (ausnahmsweise) nicht, muss über die außergerichtlichen Kosten des Ausscheidenden im Endurteil entschieden werden. Dieser bleibt dann (wegen der Kosten) bis dahin Partei. Zur **Tenorierung** in beiden Fällen siehe Rn. **16.10**.

Dasselbe gilt bei Klagerücknahme von oder gegenüber nur einzelnen Streitgenossen (Müko-ZPO 74; ThP 19 je zu § 269).

bb) Gesetzlicher Parteiwechsel, §§ 239 ff. Tritt im Laufe des Verfahrens ein gesetzlicher Parteiwechsel (z. B. Tod) ein, so wird dieser üblicherweise auch im Rubrum kenntlich gemacht. Dies hat nur Klarstellungsfunktion; zwingend ist das nicht, da notwendig nur die als Parteien aufzuführen sind, die es am Schluss der mündlichen Verhandlung (noch) sind.

Beispiel: Bei Tod einer Partei nach Klageerhebung tritt gesetzlicher Parteiwechsel auf deren Erben ein, § 239. Da alle Erben Parteien werden, sind sie alle mit Namen und Adresse im Rubrum aufzuführen. Da die Erbengemeinschaft nicht rechtsfähig ist, kann auch nicht abgekürzt werden, z. B. „Erbengemeinschaft nach Heim Volker".
Das Rubrum lautet z. B.:

In dem Rechtsstreit

Heim, Volker ....
jetzt seiner Erben
A ..... – Kläger zu 1) – ⎫   alle Erben
B ..... – Kläger zu 2) – ⎬   mit Namen
C ..... – Kläger zu 3) – ⎭   und Adresse

cc) Veräußerung der streitbefangenen Sache, § 265. Gemäß § 265 II geht der Prozess ungeachtet der Veräußerung unter den *alten* Parteien weiter. Das Rubrum ändert sich also nicht. Der Veräußerer *muss* den Prozess in gesetzlicher Prozessstandschaft (§ 265 II S. 1) fortführen, lediglich der Klageantrag (und so der Tenor) ist nach h. M. (Relevanztheorie) umzustellen auf Leistung an den neuen Rechtsinhaber. Näheres unten § 10 II.

Der Rechtsnachfolger kann als Streithelfer beitreten, § 265 II 3. Nur mit Zustimmung des Gegners *kann* der Rechtsnachfolger gem. § 265 II im Wege des gewillkürten Parteiwechsels als neue Partei eintreten.

c) Gesetzliche Vertreter (bei Prozessunfähigen)

Bei prozessunfähigen Personen (juristische Personen, Minderjährige, OHG und KG) genügt es nicht, nur die Tatsache einer gesetzlichen Vertretung anzugeben (z. B. GmbH XY, „gesetzlich vertreten durch den Geschäftsführer"). Denn das Urteil wird nicht an die prozessunfähige Partei, sondern an ihren gesetzlichen Vertreter zugestellt, § 170 I 1, (bei mehreren an einen von ihnen, § 170 III, nach Wahl des Zustellers).

1.07

Erforderlich ist daher, die gesetzlichen Vertreter (also alle, jedoch ist Unvollständigkeit unschädlich, Zöller § 313, 4) **mit Namen und Adresse** zu bezeichnen. Als Adresse genügt bei juristischen Personen und bei partei- und rechtsfähigen Personengesellschaften (OHG, KG, BGB-Außengesellschaft, sowie beim Verein wegen § 50 II) i. d. R. die des Geschäftslokals, da dort gem. § 177 dem Zustelladressaten, das ist der gesetzliche Vertreter (§ 170 I 1; ThP 13, 14 vor § 166), oder dem Leiter (§ 170 II) zugestellt oder dort eine Ersatzzustellung vorgenommen werden kann (§ 178 I Nr. 2 bzw. §§ 180, 181).

Beispiele:
- **Minderjährige: beide** Eltern sind anzugeben.
- (Die Zustellung an nur einen Elternteil genügt aber, § 170 III)
- **GmbH: sämtliche** Geschäftsführer **namentlich** z. B. „GmbH X, Kaufingerstr. 2, 80331 München, gesetzlich vertreten durch den Geschäftsführer Adolf Jung, ebenda.
- **AG: alle** Vorstandsmitglieder **namentlich** (nicht nur der Vorsitzende), § 78 AktG. (Der Aufsichtsrat hat nur Überwachungsfunktion, § 111 AktG, jedoch bei Klagen und beim Vorgehen gegen (auch frühere) Vorstandsmitglieder die alleinige Vertretungskompetenz anstelle des Vorstands, § 112 AktG).
- **OHG, KG, BGB-Außengesellschaft:** alle, die nach dem Gesellschaftsvertrag zur Vertretung erforderlich sind, BGHZ 17, 181; ThP 6a; Zöller 4 zu § 51. Siehe näher unten Rn. 27.09 zu 5b.
- **WEG:** Sie ist teilrechtsfähig und damit parteifähig, soweit sie bei der Verwaltung gemeinschaftlichen Eigentums am Rechtsverkehr teilnimmt. Die Gemeinschaft kann in diesen Angelegenheiten als solche klagen und verklagt werden, BGHZ 163, 154; BGH MDR 07, 899. Nicht mehr er-

forderlich ist dann die Beifügung einer Eigentümerliste. Es genügt: „WEG-X Straße, vertreten durch den Verwalter Y".

- **Verein** gem. § 54 BGB: er ist nach § 50 II nunmehr auch aktiv und passiv parteifähig und steht damit einem rechtsfähigen Verein gleich, wird daher durch den Vorstand gesetzlich vertreten (ThP § 50, 7, 8).

d) Prozessbevollmächtigte

1.08 Anzugeben sind die Prozessbevollmächtigten, die am Schluss der mündlichen Verhandlung die Parteien vertreten haben. Da die Urteilszustellung gem. § 172 ausschließlich an sie erfolgen kann, ist hierauf und auf die genaue Namens- und Adressenangabe (Postfach des Anwalts im Gerichtsgebäude genügt) zu achten.

Anwaltssozietäten: „Rechtsanwälte Hofmann und Partner ...". Handelt es sich um eine rechts- und parteifähige BGB-Außengesellschaft (BGHZ 146, 341), oder eine Partnerschaftsgesellschaft, oder eine als GmbH geführte Rechtsanwaltsgesellschaft gem. §§ 59c ff. BRAO (die als solche als Prozessbevollmächtigte tätig werden können, § 7 IV PartGG, § 59l BRAO), so genügt diese Bezeichnung („und Partner") bei der GbR und der Partnerschaftsgesellschaft (§ 2 PartGG). Bei der Rechtsanwaltsgesellschaft ist dieses Wort hinzuzufügen (§ 59k BRAO) und die gem. § 172 an sie vorzunehmende Zustellung erfolgt gemäß § 170, vgl. Zöller § 172, 4, § 80, 6.

5. Betreff

1.09 Eine kurze Bezeichnung des Gegenstands des Rechtsstreits ist zwar nicht vorgeschrieben (ihr Fehlen daher auch in Prüfungsarbeiten unschädlich) aber durchaus üblich.

Die viel gebrauchte Floskel „wegen Forderung" ist jedoch zu oberflächlich. Den Gegenstand des Rechtsstreits sollte man, wenn schon ein Betreff überhaupt angeführt wird, kurz **charakterisieren,** z. B. „wegen Darlehensrückgewähr", „wegen Schadensersatzes aus Verkehrsunfall", „wegen Herausgabe eines Grundstücks".

6. Bezeichnung des Gerichts und der Richter, § 313 I Nr. 2

1.10 Gericht: nach Behörde und (wegen § 547) nach erkennendem Spruchkörper, ThP § 313, 6.

Beispiele: Landgericht Nürnberg, 12. Zivilkammer, 3. Kammer für Handelssachen. Ist am Landgericht für die Zivilkammer der Einzelrichter zuständig (als originärer gem. § 348 oder nach Übertragung der Sache auf ihn als obligatorischer gem. § 348a), so repräsentiert er die Kammer, tritt an ihre Stelle und schließt diese für die Dauer seiner Zuständigkeit aus. Er ist jetzt sozusagen allein die betreffende Zivilkammer. Da das Urteil eine Entscheidung der (vom Einzelrichter repräsentierten) Kammer ist, muss dieser Spruchkörper und die Tatsache ihrer Repräsentation im Rubrum angegeben werden. Also: „Landgericht Nürnberg, 12. Zivilkammer, Richter am LG Dr. Schnell als Einzelrichter."

Richter: Namen der Richter, die an der **letzten** mündlichen Verhandlung (denn auf Grund dieser ergeht ja die „Entscheidung" i. S. v. § 313) teilgenommen haben.

7. Schluss der mündlichen Verhandlung, § 313 I Nr. 3

1.11 Der Schluss der mündlichen Verhandlung (bzw. der Endtermin gemäß § 128 II bei schriftlichem Verfahren) ist entscheidend für den **Zeitpunkt der materiellen Rechtskraft** (§ 322) sowie die **Präklusionswirkungen** gemäß §§ 296a, 323 II, 767 II (ThP 7; Zöller 6, 7 zu § 313). Der Schluss der mündlichen Verhandlung liegt idR konkludent in der Anberaumung eines Verkündungstermins (§ 136 IV, ThP § 136, 4).

Wird das Urteil nicht sofort im letzten Verhandlungstermin verkündet (sog. Stuhlurteil), sondern in einem eigens dafür anberaumten Verkündungstermin, § 310, so ist nicht dieser Termin anzugeben, da er kein Verhandlungstermin ist, auf Grund dessen das Urteil ergeht, sondern auch hier der Tag der letzten Verhandlung.

Beispiele:

(1) Normalfall: „auf Grund der mündlichen Verhandlung vom …". Anzugeben ist nur der letzte Verhandlungstag, nicht (wie im Strafurteil) sämtliche Verhandlungstage.

(2) § 128 II: „… im schriftlichen Verfahren am …". Anzugeben ist der gemäß § 128 II bestimmte Endtermin, bis zu dem Schriftsätze eingereicht werden können und der dem Schluss der mündlichen Verhandlung entspricht.

8. Bezeichnung der Urteilsart

Sie erfolgt entweder durch entsprechende Überschrift über dem Tenor, oder schon direkt unter der Überschrift „Im Namen des Volkes" (vgl. nachfolgende Musterbeispiele Rn. **1.13**). 1.12

Die Bezeichnung der Urteilsart ist zwar zwingend vorgeschrieben nur für Versäumnis-, Anerkenntnis- und Verzichtsurteile gem. § 313b I. Sie ist jedoch für alle Urteilsarten allgemein üblich, um zu kennzeichnen, **welches Verfahrensstadium** mit diesem Urteil erreicht ist (z.B. Teilurteil) und **mit welchen Rechtsbehelfen** es seiner Rechtsnatur nach anfechtbar ist (z.B. Versäumnisurteil = Einspruch).

Steht im Rubrum nur „Urteil", so ist damit das normale, diese Instanz voll abschließende Voll-Endurteil gemeint.

Beispiele: „… erlässt … folgendes Endurteil, Teilurteil, Schlussurteil, Vorbehaltsurteil, Versäumnisurteil, Zwischen-(Grund-)Urteil, Ergänzungsurteil (§ 321), Anerkenntnisurteil."

Zusammenfassende Beispiele: 1.13

| Landgericht München I | (Verkündet am … |
| 20 O 231/20. . | … UrkB der GSt.) |

IM NAMEN DES VOLKES

In dem Rechtsstreit

Klein und Co. OHG, Karlstr. 2, 80333 München,
gesetzlich vertreten durch die persönlich haftenden Gesellschafter
Karl Klein und Franz Groß, ebenda, (oder: Privatadressen) — **Klägerin und Widerbeklagte** —

Proz. Bev.: Rechtsanwalt Dres. Redlich und Tüchtig,
Elisenhof 1, 80335 München

gegen

1. Firma Elektro-Kurz, eingetragener Kaufmann,[1]
   Inhaber Josef Müller, Goethestr. 1, 80336 München, — **Beklagter zu 1)** — und **Widerkläger**

2. Heim, Hans, Schüler (Geburtsdatum), Sandstr. 1, 80335 München, — **Beklagter zu 2)** —
   gesetzlich vertreten durch die Eltern Martin und Maria Heim, ebenda,
   Proz. Bev. der Bekl. zu 1) und 2) und des Widerklägers: Rechtsanwalt Dr. Schön,
   Sonnenstr. 5, 80333 München

und

3. Allrad – Versicherungs-AG, Bankenallee 10, 60330 Frankfurt/Main,
   vertreten durch den Vorstandsvorsitzenden Alfred Opel, ebenda — **Nebenintervenientin** —
   Proz. Bev.: Rechtsanwalt Dr. Horn, Hauptstr. 10, 60330 Frankfurt

wegen

Schadensersatzes aus Verkehrsunfall
erlässt die 20. Zivilkammer des Landgerichts München I durch die Richter … (bzw. durch den Richter … als Einzelrichter) auf Grund der mündlichen Verhandlung vom … folgendes

TEILANERKENNTNIS- UND ENDURTEIL

---

[1] §§ 17 II, 19 I Nr. 1 HGB. Wegen der Eintragungspflicht vgl. §§ 29, 14 HGB.

In **NRW** und anderen insbes. nördlichen Bundesländern ist folgendes Muster zu verwenden:

```
Landgericht Köln                                          Verkündet am ...
20 O 231/20..
                          IM NAMEN DES VOLKES
                               Urteil²
In dem Rechtsstreit
des ...
                                                                    Kläger
– Prozessbevollmächtigter³: Rechtsanwalt Dr. Gern aus Köln (Adresse) –

                                  gegen

den/die ... ...                                                Beklagte(r)

– Prozessbevollmächtigter: Rechtsanwalt Dr. Horn aus Köln (Adresse) –

hat die 20. Zivilkammer des Landgerichts Köln
auf die mündliche Verhandlung vom ...
durch die Richter ...
für Recht erkannt:
```

§ 2 Der Tenor zur Hauptsacheentscheidung, § 313 I Nr. 4

Der Tenor enthält in 3 bis 4 Ziffern das Ergebnis des Rechtsstreits:

    I. Hauptsache
    II. Kosten
    III. Vorläufige Vollstreckbarkeit
    IV. Vorbehalt bei Vorbehaltsurteilen. Bei erstinstanzlichen Urteilen (AG, LG): Zulassung der Berufung, § 511 II Nr. 2 (eher selten), bei Berufungsurteilen des LG/OLG: Zulassung der Revision, § 543 (die Nichtzulassung steht nur in den Entscheidungsgründen).

2.01 „Hauptsache" heißt Haupt- und Nebenforderung (z.B. Zinsen), ist also der gesamte prozessuale Anspruch des Klägers (Streitgegenstand), ThP § 91a, 3.

Hauptsache steht also in Abgrenzung zu Kosten- und Vollstreckungsausspruch.

Dieser Hauptsache-Ausspruch soll im Folgenden erläutert werden. Zunächst grundsätzliche Hinweise zur Tenorierung (unten I). Sodann: klageabweisende (unten II), klagestattgebende (unten III), teilweise stattgebende Urteile (unten IV) und Nebenforderungen (unten V).

I. Grundsätzliches zur Tenorierung, insbesondere § 308 ZPO

2.02 An die Fassung des Tenors werden insbesondere folgende 5 Forderungen gestellt (ThP § 313, 8, 9):

- Knapp
- Eindeutig

---

[2] Die Urteilsart wird nur bei Besonderheiten bezeichnet (z.B. wegen § 313b S. 2 = Versäumnis-, Anerkenntnis-, Verzichtsurteil; oder §§ 301 ff.: Teil-, Vorbehalts-, Grundurteil etc.).
[3] Wert gelegt wird darauf, dass gerade die Prozessbevollmächtigten in Parenthese gesetzt werden.

- Vollstreckungsfähig (bei Leistungsklagen)
- Erschöpfend
- Begrenzung durch die Parteianträge, § 308 I („ne ultra petita").

1. Knapp

Die Formel muss so kurz wie möglich, aber noch aus sich heraus verständlich sein.

Eine **Bezugnahme** auf eine Urteilsanlage, die Entscheidungsgründe oder Akteneile (Anlagen) ist nur dann zulässig, wenn dies technisch unvermeidbar ist, weil anders der Entscheidungsgegenstand nicht oder äußerst schwer zu beschreiben ist (ThP § 313, 8). Beispiele: Das Herausgabe- oder Unterlassungsgebot bezieht sich auf eine Konstruktionszeichnung, ein Computerprogramm, einen Werbefilm oder die Videoaufzeichnung eines Bühnenstücks. In diesen Fällen ist die Zeichnung dem Tenor beizuheften und mit auszufertigen, bzw. im Tenor auf das Aktenteil Bezug zu nehmen: „... den Gebrauch des Werbefilms nach Maßgabe des als Anlage K 1 zu den Akten gegebenen Filmmaterials, CD, Videobandes zu unterlassen." BGHZ 94, 291; 142, 388.

Im Übrigen sind Bezugnahmen unzulässig, was seinen guten Grund hat: Die Zwangsvollstreckung wird durchgeführt mittels einer mit der Vollstreckungsklausel versehenen **„vollstreckbaren Ausfertigung"**, die i. d. R. nur Rubrum, Tenor und Unterschriften enthält, §§ 724, 317 II S. 3, 750 I S. 2 (ThP § 317, 2).

2. Eindeutig

Der Tenor ist zwar auslegbar nach Tatbestand und E-Gründen, samt dem dort in Bezug genommenen Parteivortrag (BGH NJW 08, 2716; NJW-RR 99, 1006). Der Tenor ist jedoch letztlich der ausschlaggebende Teil des Urteils. Ihn muss auch der Gerichtsvollzieher (der ja nur die Formel hat!) sofort (nach)vollziehen können.

3. Vollstreckungsfähig (bei Leistungsurteilen)

Unerlässlich ist, dass das Vollstreckungsorgan den Leistungsausspruch ohne weiteres vollziehen kann. Der Gerichtsvollzieher z. B. ist weder befugt noch in der Lage, den Verurteilungsumfang erst zu ermitteln durch Auslegung, Aktenstudium oder Nachfrage: Die Entscheidung zum Leistungsumfang hat das Gericht und nicht das Vollstreckungsorgan zu treffen.

Beispiel: „... wird verurteilt, die laufende Miete zu zahlen", oder „... die gemieteten Räume herauszugeben" ist nicht vollstreckbar.

4. Erschöpfend

Urteile, die die Instanz abschließen, also Vollendurteile und Schlussurteile, müssen alle zuletzt gestellten Anträge erschöpfend erledigen (ThP § 313, 9).

Beispiel: Ist die Zahlungsklage über € 5000,- nur zu € 4000,- begründet, genügt es nicht, nur den begründeten Teil zu tenorieren („Der Beklagte wird verurteilt, an den Kläger € 4000,- zu zahlen"), denn das würde den unbegründeten Teil nicht rechtskraftfähig (= maßgebend ist die Formel!) erledigen. Nötig also der Zusatz: „... im *Übrigen* wird die Klage abgewiesen".

Fehlt im Tenor der Ausspruch über einen noch rechtshängigen Haupt- oder Nebenanspruch, oder bzgl. der Kosten, kommen Berichtigungsbeschluss gem. **§ 319** oder Ergänzungsurteil gemäß **§ 321** in Betracht.

5. Begrenzung durch die Parteianträge, § 308 I („ne ultra petita")

§ 308 I ist Ausfluss der Dispositionsmaxime: Das Gericht darf nicht mehr zusprechen als beantragt ist und nichts aberkennen, was nicht (mehr) zur Entscheidung gestellt (rechtshängig) ist (ThP § 308, 2).

In Schlagworten:

- **Qualitativ nichts anderes**
- **Quantitativ nicht mehr** (wohl aber weniger)

Das macht man sich am besten anhand einiger Beispiele klar, vgl. dazu ThP 2, 3; Zöller 3, 4 zu § 308.

a) Unzulässig ist:

(1) **Quantitativ** mehr zusprechen oder aberkennen als beantragt ist:

Höhere Zinsen zusprechen, als beantragt.
Nach Teil-Klagerücknahme – diese übersehend – auch den zurückgenommenen Teil zusprechen, oder aberkennen.

(2) **Qualitativ** anderes zusprechen:

– Verurteilung zur Leistung statt nunmehr beantragte Feststellung der Hauptsacheerledigung nach einseitiger Erledigungserklärung des Klägers.
– Schadensersatz statt Nacherfüllung durch Reparatur.
– Auflassung statt bloße Grundbuch-Berichtigung.

b) Zulässig ist:

(1) Lediglich **weniger** zusprechen als beantragt:

Beachte im Tenor dann stets: Abweisung „*im Übrigen*"!

– Prozesszinsen (§§ 286 I 2, 288 bzw. § 291 BGB) statt geforderter weitergehender Zinsen als Verzugsschaden (§§ 288 IV, 280 I, II BGB).
– Verurteilung nur Zug um Zug statt uneingeschränkt (§§ 322, 274 BGB).
– Verurteilung nur unter Vorbehalt gem. §§ 305, 780 ZPO statt uneingeschränkt.
– Feststellung statt Leistung, BGHZ 118, 81. Eine Feststellung ist gegenüber dem Leistungsgebot ein Weniger. Daher kann eine unbegründete Leistungsklage ggf. umgedeutet werden in eine Feststellungsklage (analog § 140 BGB, dazu näher unten Rn. **20**.31 und BGH NJW 95, 188; 84, 2295). Allerdings hat das Gericht zuvor gem. § 139 zu klären, ob dem Kläger mit einem bloßen Feststellungsurteil überhaupt gedient ist (Vollstreckung?!).

(2) Lediglich auf **andere Anspruchsgrundlage** stützen:

Kein Verstoß gegen § 308 I liegt vor, wenn das voll stattgebende Urteil lediglich auf eine andere Anspruchsgrundlage gestützt wird, als sie der Kläger gerne bejaht gesehen hätte, z.B. Herausgabe der Mietsache (nur) gem. § 812 BGB, statt gem. § 546 BGB. Legt der Kläger wegen sonstiger Rechtsfolgen aus dem Mietvertrag Wert auf Feststellung dessen Wirksamkeit, muss er Zwischenfeststellungsklage erheben, § 256 II.

c) Verstoß gegen § 308 I

Der Verstoß gegen § 308 I führt nur zur Anfechtbarkeit, nicht zur Nichtigkeit des Urteils.

Wird das Urteil nicht angefochten, wird es in der verfehlten Fassung rechtskräftig.

Ist das Urteil unanfechtbar (geworden), ist strittig, wie der Verstoß behoben werden kann. Vorgeschlagen werden: Anhörungsrüge gem. § 321a; § 767 analog; § 321 analog; Verfassungsbeschwerde (vgl. Zöller § 308, 6; ThP § 308, 5).

d) Ausnahmen von § 308 I:

§ 308 II (KostenE); § 308a (im Räumungsprozess kann auch ohne Antrag Mietfortsetzung ausgesprochen werden); §§ 708, 709, 711 (Ausspruch zur vorläufigen Vollstreckbarkeit, für Schutzanträge ist jedoch ein Antrag nötig, z.B. § 712); § 721 (Räumungsfrist auch ohne Antrag).

II. Klageabweisende Urteile

Der Tenor lautet hier, gleich ob Leistungs-, Feststellungs- oder Gestaltungsklage, schlicht: **2.03**

    I. Die Klage wird abgewiesen.

Warum sie abgewiesen wird (als unzulässig, unbegründet, „derzeit" unbegründet), kommt im Tenor nicht zum Ausdruck (h.M. vgl. ThP § 313, 10).

Ausnahme: § 597 II (Urkundenprozess). Hier lautet die Formel (ThP § 597, 2):

    I. Die Klage wird *als im Urkundenprozess unstatthaft* abgewiesen.

Wurde der Klage zunächst durch eine vollstreckbare Entscheidung stattgegeben (z.B. durch Versäumnisurteil, Vollstreckungsbescheid, Endurteil, Vorbehaltsurteil) und soll sie nun **nach Einspruch, Berufung bzw. im Nachverfahren abgewiesen** werden, so muss im Tenor des klageabweisenden Urteils **zugleich dieser Vollstreckungstitel aufgehoben** werden, also z.B.:

    I. Das Versäumnisurteil vom ... wird aufgehoben und die Klage abgewiesen.

Für den **Umfang** der Klageabweisung (Rechtskraftumfang!) sind, da der Wortlaut des Tenors dazu nichts sagt, TB und E-Gründe sowie der dort in Bezug genommene Parteivortrag, zur Auslegung heranzuziehen (BGH NJW-RR 99, 1006), bei einem Versäumnisurteil der Klägervortrag (ThP § 322, 17).

III. Klagestattgebende Urteile

Die Formulierung hängt von der Klageart ab: **2.04**

1. Leistungsurteile

Um eindeutig klarzustellen, dass es sich um ein Leistungsurteil handelt, beginnt hier jede Formel mit „wird verurteilt ..."

    I. Der Beklagte wird verurteilt, ...

Fehlt das Wort „verurteilt" im Tenor, kann Verwechslungsgefahr etwa mit einem Feststellungsurteil bestehen.

Fehlerbeispiele: „Der Beklagte ist verpflichtet ... zu zahlen".
Oder: „Der Beklagte ist schuldig ..."
Oder: „der Beklagte hat ... zu zahlen". Diese Formulierungen können die bloße Feststellung einer Leistungspflicht, aber auch die Verurteilung zu dieser meinen, sind also bzgl. der Urteilsart nicht eindeutig.

Warum der Beklagte verurteilt wird (Anspruchsgrund), kommt im Tenor nicht zum Ausdruck, sondern nur dass und wozu.

Fehlerbeispiele: „... hat an den Kläger ein Schmerzensgeld von € 800,– zu zahlen" (richtig: „verurteilt, € 800,– an den Kläger zu zahlen"). „... die geliehene Uhr wieder herauszugeben" (richtig: „an den Kläger eine Uhr, Marke ..., Farbe, etc., herauszugeben").

Größtes Gewicht ist darauf zu legen, dass der **Tenor vollstreckungsfähig** ist. Der Richter (Referendar) muss sich vor der Formulierung klar werden, wie im Entscheidungsfalle die Vollstreckung ablaufen muss, und die Formulierung so wählen, dass das Vollstreckungsorgan den Leistungsbefehl sofort und fehlerfrei vollziehen kann.

Beispiele:
(1) **Zahlungsklage:** Mit einem Tenor „... wird verurteilt, das erhaltene Darlehen wieder zurückzuzahlen" könnte weder der GVZ eine Pfändung vornehmen (Gefahr der verbotenen Überpfändung, da Forderungshöhe dem GVZ nicht bekannt), noch das Vollstreckungsgericht einen Pfändungs- und Überweisungsbeschluss erlassen (in welcher Höhe soll die Forderung dem Gläubiger überwiesen werden?!), noch das Grundbuchamt eine Zwangshypothek gemäß § 866 eintragen. Richtig vielmehr: „Der Beklagte wird verurteilt, an den Kläger € 4800,– nebst Zinsen in Höhe von 5 Prozentpunkten über dem Basiszinssatz seit dem ... zu zahlen".

Beachte: Auch der **Nebenanspruch** muss vollstreckungsfähig bezeichnet werden. Ungenügend daher: „... nebst Prozesszinsen zu zahlen". Denn das Datum der Rechtshängigkeit (§ 261) müsste erst aus dem TB oder den E-Gründen oder, wenn daraus nicht ersichtlich, aus den Akten herausgefunden werden. Der GVZ hat aber all diese Unterlagen nicht.

(2) **Der Kläger fordert Herausgabe eines PKW:** Die Vollstreckung erfolgt gem. § 883 durch Wegnahme durch den GVZ. Damit der GVZ unter mehreren ähnlich aussehenden Gegenständen des Vollstreckungsschuldners den richtigen sofort herausfindet, muss dieser im Titel so genau bezeichnet werden, dass jede Verwechslung ausgeschlossen ist. Das amtliche Kennzeichen genügt dafür nicht ohne weiteres, weil es der Schuldner inzwischen für einen ganz anderen PKW zugeteilt bekommen haben könnte. Üblich ist daher:
„Der Beklagte wird verurteilt, an den Kläger den PKW VW-Golf, Baujahr ..., grünmetallic, amtl. Kennzeichen HH-AB 100, Fahrgestell-Nr. 21–7557, herauszugeben."

Zu achten ist auch darauf, dass das Haftungsverhältnis mehrerer Verurteilter klargestellt wird.

Beispiel: „Die Beklagten werden als Gesamtschuldner (oder samtverbindlich) verurteilt ...". In der KostenE muss dies wegen § 100 IV nicht unbedingt wiederholt werden. Fehlt aber schon im Hauptsacheausspruch ein Ausspruch über Gesamtschuldnerschaft, so muss der Tenor nach Maßgabe der E-Gründe ausgelegt werden. Ergibt aber auch dies keine Klärung, so liegt eine (u.U. fehlerhafte) Verurteilung zu Teil-Schuldnern vor mit der Haftung (Vollstreckung?!) für Hauptsache (§ 420 BGB) und Kosten (§ 100 I) jeweils nur nach Kopfteilen.

2. Feststellungsurteile

Hier beginnt die Formel stets mit

> I. Es wird festgestellt, dass ...

Damit sollen von Anfang an Unklarheiten vermieden werden, ob es sich um ein Leistungs- oder ein Feststellungsurteil handelt. Dies ist vor allem dann wichtig, wenn der Gegenstand der Feststellungsklage auch Gegenstand einer Leistungsklage sein könnte.

Beispiel: Der Kläger kann seinen Personenschaden noch nicht beziffern, weil die Operation noch nicht erfolgt ist. Er kann daher derzeit keine Leistungsklage erheben (beziffeter Antrag nötig, § 253 II), wohl aber eine Feststellungsklage, dass der Beklagte dem Grunde nach zur Leistung verpflichtet sei.

Würde man tenorieren: „Der Beklagte wird verurteilt (oder: ist verpflichtet), den dem Kläger aus Verkehrsunfall vom … entstandenen Personenschaden zu ersetzen", bestünde Unklarheit, ob es sich um ein ungenügend (weil nicht vollstreckungsfähig) formuliertes Leistungsurteil, ein Grundurteil gemäß § 304 oder ein Feststellungsurteil handelt.

3. Gestaltungsurteile

Gestaltungsklagen und -urteile betreffen die Fälle, in denen die **Rechtsgestaltung** nicht durch Willenserklärungen der Parteien (Kündigung, Anfechtung, Rücktritt etc.) möglich ist, sondern **nur durch Urteil**. Die Gestaltungswirkung tritt dann erst mit formeller Rechtskraft des stattgebenden Urteils ein (ThP 6 vor § 253). Für den Tenor gilt:

Was zu gestalten ist, muss im Tenor aufgeführt werden.

Der Hauptsacheausspruch lautet z. B. in den Fällen:

§ 133 HGB: „Die Max-Wein OHG, München, wird aufgelöst."

§ 140 HGB: „Der Beklagte wird aus der Max-Wein OHG, München, ausgeschlossen".

§ 2342 BGB: „Der Beklagte wird für erbunwürdig erklärt."

§ 767 ZPO: Prozessuale Gestaltungsklage: Umzugestalten ist die Vollstreckbarkeit des Titels insgesamt oder in bestimmter Höhe. Daher: „Die Zwangsvollstreckung *aus* dem Endurteil des LG Hamburg vom …, 8 O 280/20.., wird für unzulässig erklärt (bzw.: soweit sie über den Betrag von … hinausgeht, oder: wegen eines Betrags von …)."

§ 771 ZPO: Prozessuale Gestaltungsklage: Die Gestaltung betrifft nur eine *einzelne* erfolgte Zwangsvollstreckungsmaßnahme (ThP § 771, 7). Daher: „Die auf Grund des Endurteils des LG Hamburg vom …, 8 O 280/20.. erfolgte Zwangsvollstreckung *in* den PKW Opel … Fahrgestell-Nr.… wird für unzulässig erklärt." Näheres unten Rn. 22.10.

IV. Nur teilweise stattgebende Urteile

Der Hauptsacheausspruch muss das Klagebegehren erschöpfend behandeln, zusprechend oder abweisend. Wird daher dem Klagebegehren nicht voll und uneingeschränkt stattgegeben, sondern nur teilweise, oder unter Vorbehalt oder Einschränkungen, so muss die Klage **im Übrigen** (= Differenz) **abgewiesen** werden. Kostenfolge: § 92 (dazu näher unten § 3).

Der Hauptsacheausspruch lautet dann:

    I. Der Beklagte wird verurteilt … **Im Übrigen** wird die Klage abgewiesen.

Hauptbeispiele:

(1) Verurteilung nur zu € 7000,– statt zu den beantragten € 10 000,–.

(2) Verurteilung nur Zug um Zug (BGB §§ 322, 273, 274, 1000) statt zur beantragten uneingeschränkten Verurteilung (ThP § 92, 4).

(3) Verurteilung nur nach dem Hilfsantrag.

Hinsichtlich des erfolglosen Hauptantrags muss die Klage ausdrücklich „im Übrigen" abgewiesen werden, da er ja bei der Entscheidung über den Hilfsantrag noch rechtshängig, also Entscheidungsgegenstand ist. Dies gilt selbst dann, wenn Haupt- und Hilfsantrag zahlenmäßig gleich hoch sind (BGH NJW 75, 164 und unten Rn. **8.**21).

Umgekehrt aber, wenn dem Hauptantrag voll stattgegeben wird und der Hilfsantrag (wie regelmäßig) nur für den Fall der Erfolglosigkeit des Hauptantrags gestellt wird (sog. eigentliche Eventualhäufung): Die Rechtshängigkeit des Hilfsantrags erlischt nach h. M. rückwirkend, da sie nur auflösend bedingt durch den Erfolg bereits des Hauptantrags eingetreten ist (BGHZ 21, 16). Der Hilfsantrag fällt damit als Entscheidungsobjekt weg, so dass die Klage diesbezüglich auch nicht „im Übrigen" abgewiesen wird. Näheres bei der Besprechung der Eventualhäufung, Rn. **8.**13, **8.**18.

(4) Bei Zuspruch eines niedrigeren Zinssatzes oder späteren Zinsbeginns als des beantragten, z. B. Prozesszinsen ab Rechtshängigkeit, statt der beantragten früher beginnenden Verzugszinsen nach Mahnung, §§ 286 I S. 1, 288 BGB (ThP § 92, 4).

(5) Verurteilung zu Teilschuldnern statt zur beantragten gesamtschuldnerischen Haftung (Zöller § 92, 3).

(6) Verurteilung nur zu künftiger Leistung (§§ 257–259) statt zur beantragten sofortigen.

(7) Verurteilung nur durch Vorbehaltsurteil, §§ 302, 599, oder unter Vorbehalt der beschränkten Erbenhaftung, §§ 305, 780, wenn der Klageantrag uneingeschränkt (ohne Berücksichtigung des Vorbehalts) lautet (ThP § 308, 3; StJ § 92, 1a). Dem Klageantrag wird dann nicht voll, sondern teilabweisend nur unter Vorbehalt stattgegeben.

V. Nebenforderungen

Zum Hauptsacheausspruch in Ziff. I des Urteils gehört auch der Ausspruch über die Nebenforderungen. Wichtig: **§ 308 I S. 2!**

Nebenforderungen sind Ansprüche, die materiellrechtlich vom geltend gemachten Hauptanspruch (z. B. BGB §§ 433; 823) abhängig sind und mit (neben) diesem geltend gemacht werden (ThP § 4, 8).

Hervorgehoben seien die beiden Hauptfälle, Zinsen und Kosten:

1. Zinsen

2.06 Beachte für die Tenorierung vorab: Die Verzinsung beginnt bei Verzug und Rechtshängigkeit (Prozesszinsen) analog § 187 I BGB erst am Tag *nach* dem Ereignis (Zustellung, Mahnung, sonstiger Verzugsbeginn, h. M., BAG NJW 12, 103, Tz. 54; Palandt § 187, 1 a. E. m. w. Nachw.)

a) Prozesszinsen

2.07 §§ 286 I S. 2, 288 bzw. § 291 BGB. I. d. R. folgt der Zinsanspruch schon aus § 286 I S. 2 BGB, so dass § 291 BGB nur geringe Bedeutung hat (nämlich für die wenigen Fälle, in denen der Schuldner trotz Klageerhebung etc mangels Verschuldens nicht in Verzug gerät, sowie in den Verweisungsfällen). Zwischen § 288 BGB und § 291 BGB besteht Anspruchskonkurrenz (Palandt § 291, 1, 6). Zu § 291 BGB näher:

§ 291 BGB: Prozesszinsen. Höhe wie Verzugszinsen, § 291 S. 2 BGB. Der Anspruch auf Geldleistung muss fällig und durchsetzbar, also einredefrei sein. Das Bestehen einer Einrede schließt nach h. M. die Fälligkeit aus (BGHZ 55, 198; Palandt § 291, 5). Dasselbe gilt für den Verzug, also auch die Verzugszinsen gem. §§ 286, 288 BGB (siehe nähers in Rn. **2.**09).

Beispiel 1: Steht der eingeklagten Kaufpreisforderung die Einrede des nicht erfüllten Vertrags (§ 320 BGB) entgegen, beginnt die Zinspflicht aus § 291 BGB erst mit Wegfall der Einrede (Müko § 291, 10), bei Verurteilung Zug um Zug erfolgt daher keine Zuerkennung von Prozesszinsen; auch keiner Verzugszinsen, da der Verzug durch die Einrede ausgeschlossen ist, im Prozess muss sie allerdings erhoben werden (Palandt § 291, 5; § 286, 10, 11).

Beispiel 2: Beim Abfindungsanspruch gem. § 9 KSchG im Kündigungsschutzprozess entsteht der Zinsanspruch aus § 291 BGB erst mit Rechtskraft des gestaltend wirkenden Urteils (LAG Bremen NJW 78, 126 mit näherer Begründung; Müko – BGB 9; Erman 4 zu § 291) nach a. A. bereits mit Erlass des Urteils (Palandt § 291, 5).

b) Verzugszinsen

Wie ausführlich, **substanziiert,** der Kläger vortragen muss zu Ansprüchen aus Verzug, hängt – wie bei allem Parteivortrag – vom Umfang des Bestreitens durch den Gegner ab. Es gilt der wichtige Grundsatz: der Umfang der Darlegungslast richtet sich nach der Einlassung des Gegners, wächst also mit dieser (BGH NJW 2000, 3286 (II 1); 99, 1860 (II 2b); ThP 40 vor § 253). 2.08

Beispiel 1: Behauptet der Kläger in der Klageschrift nur: „Der Beklagte befindet sich seit Mahnung vom 2.2.... in Verzug" und bestreitet dies der Beklagte nicht, so genügt dieser Vortrag des Klägers als substanziierter und schlüssiger Tatsachenvortrag, obwohl er an der Grenze ist zur Aufstellung einer reinen Rechtsansicht. Bestreitet dies der Beklagte aber, so muss der Kläger den Inhalt des behaupteten Mahnschreibens vortragen und – je nach Umfang des Bestreitens – auch dessen Zugang, andernfalls es am substanziierten schlüssigen Tatsachenvortrag des Klägers fehlt mit der Konsequenz, dass ihm nur Prozesszinsen unter Klageabweisung im Übrigen zugesprochen werden können.

Beispiel 2: Die in Klageschriften häufig verwendete pauschale Formulierung „der Kläger nimmt Bankkredit zu ...% Zinsen seit ... in Anspruch" genügt zunächst zur schlüssigen Begründung des Zinsanspruchs aus §§ 288 IV, 280 I, II BGB; (Palandt § 288, 14). Bestreitet dies B, muss K substanziieren. Üblicherweise legt K eine sog. Bankbestätigung vor: sie ist (infolge Vorlage durch K) sowohl ergänzter, substanziierter Parteivortrag als auch Beweismittel, nämlich Privaturkunde gem. § 416.

Lässt es B dabei bewenden, wird der Klägervortrag dazu jetzt unstreitig, nicht etwa ist er bewiesen: die Privaturkunde hat nur formelle Beweiskraft, bewiesen ist nur, *dass* der Aussteller die in der Urkunde enthaltene Erklärung gemacht, also *abgegeben* hat, nicht auch, dass sie *inhaltlich* richtig ist – der Kläger also wirklich Kredit zu ...% in Anspruch genommen hat. Letzteres betrifft die materielle Beweiskraft der Urkunde, für die der Grundsatz der freien Beweiswürdigung gem. § 286 gilt (ThP 7 vor § 415; § 416, 3).

Lässt es B hingegen nicht dabei bewenden, sondern bestreitet er (zulässig mit Nichtwissen), dass K zu dem angegebenen hohen Zinssatz oder überhaupt, oder zu der Zeit Kredit aufgenommen hat, muss K – wenn die Bankbestätigung sehr pauschal gehalten ist – seinen Vortrag zur Kreditaufnahme ggfls. ergänzen, substanziieren, und einer Beweisaufnahme zugänglich machen und Beweis antreten, i. d. R. durch Benennung des Bankangestellten.

Genügt K dem nicht, können ihm unter Abweisung der Klage im Übrigen nur Prozesszinsen (§§ 286 I 2, 288 I; bzw. § 291 BGB) zugesprochen werden.

Wichtige Zinsvorschriften beim Verzug: 2.09

§ 288 I BGB: Verzugszins von 5 Prozentpunkten *(nicht 5%!)* über dem Basiszinssatz (§ 247 BGB) als Mindestschaden.

Hinweis: Da der Basiszinssatz 2 × jährlich wechseln kann (§ 247 I BGB, Bekanntgabe durch die Bundesbank, § 247 II BGB), also variabel ist, ist zu tenorieren: „... nebst 5 Prozentpunkten über dem *jeweiligen* Basiszinssatz". In den Rechenbeispielen dieses Buches zum Vollstreckungsausspruch wird von einem angenommenen runden Durchschnittswert von 8% ausgegangen.

Wichtig: Schon das *Bestehen* eines Einrederechts (§§ 214 I, 275 II, III, 320, 321, 439 III, 635 III, 771, 821 BGB), also auch ohne Geltendmachung der Einrede, schließt den Verzug aus, da dieser einen durchsetzbaren Anspruch voraussetzt (Ausnahme nur § 273 BGB, da dem Gläubiger die Chance der Abwendung eingeräumt werden muss, § 273 III BGB). Im Prozess aber muss die Einrede erhoben oder die vorprozessuale Erhebung Prozessstoff werden (z. B. durch eigenen ungünstigen Vortrag des Klägers), andernfalls sie unberücksichtigt bleibt und der Schuldner sich dann so behandeln lassen muss, als wäre er in Verzug geraten (Jauernig § 280, 34–36; § 320, 18; Palandt § 286, 10, 11; Larenz SchR I (14.) S. 350).

§ 288 II BGB: Verzugszins von 9 Prozentpunkten über dem Basiszinssatz bei Rechtsgeschäften (nicht auch aus Gesetz, z. B. § 849 BGB), an denen ein Verbraucher (§ 13 BGB) *nicht* beteiligt ist.

c) § 246 BGB

2.10 Normaler Zinssatz von 4%, wenn im Gesetz oder Vertrag Zinspflicht ohne nähere (anders lautende) Bestimmung angeordnet ist.

> **Beispiele:** *§ 641 IV BGB* (Werklohn ist von der Abnahme an zu verzinsen kraft Gesetzes mit 4% oder kraft Vereinbarung höher). *§ 256 BGB* (Zinsen für geschuldeten Aufwendungsersatz, z. B. für Verwendungen vor dem Rücktritt § 347 II BGB).

d) § 352 HGB

2.11 (1) Gesetzlicher (nicht: vereinbarter, den § 352 HGB unberührt lässt) Zinssatz von 5% gemäß § 352 I HGB für beiderseitige Handelsgeschäfte, darunter fallen die Fälligkeitszinsen gemäß § 353 HGB. Nach § 352 II HGB gelten die 5% darüber hinaus für im HGB angeordnete Zinspflichten, auch wenn es sich nicht um beiderseitige Handelsgeschäfte handelt, z. B. § 110 II HGB (Aufwendungsersatz eines OHG/KG-Gesellschafters), § 111 HGB (z. B. unbefugte Entnahme eines Gesellschafters, Nichtzahlung einer Einlage), § 355 HGB (Saldoforderung im Kontokorrent).
(2) Für *Verzugszinsen* aber gilt das BGB, also § 288 BGB.

2. Kosten

2.12 Kosten, die i. S. v. § 4 als Nebenforderungen neben einem Hauptanspruch (z. B. aus § 433 BGB) geltend gemacht werden können, sind alle außergerichtlichen, vorgerichtlichen und gerichtlichen (aber dann Klage evtl. unzulässig, vgl. ThP 15 vor § 91) Kosten (ThP § 4, 8; StJ § 4, 23, 24).

> **Beispiele:** Mahnkosten, Kosten eines Gutachters zur Vorbereitung der Klage (z. B. tierärztliche Untersuchung vor Klage auf Schadensersatz wegen Viehmängel); die Kosten der Übergabe, der Versendung nach einem anderen Ort beim Kauf, § 448 BGB; Beurkundungskosten beim Grundstückskauf, § 448 II BGB.

Ihre Einstufung als „Nebenforderungen" hat primär Bedeutung im Hinblick auf § 4: Bei der Streitwertberechnung bleiben sie außer Betracht (wichtig bzgl. Gebührenstaffel für Gerichts- und RA-Kosten). Im Tenor werden sie meist der Hauptforderung hinzuaddiert, gelegentlich aber auch sprachlich gesondert zuerkannt.

§ 3 Die Kostenentscheidung

I. Die Kostenentscheidung als Kostengrundentscheidung

3.01 Das Urteil (bzw. der Beschluss nach § 91a oder § 269 IV) befindet nur darüber, **wer** die Prozesskosten **dem Grunde nach** zu tragen und insoweit dem Gegner zu erstatten hat. Es ergeht also nur eine Kostengrundentscheidung.
Der Tenor lautet demnach (z. B. im Falle § 92 I) nur:

> Von den Kosten des Rechtsstreits trägt der Kläger ⅕, der Beklagte ⅘.

Die Höhe der Prozesskosten, also welche Gebühren und Auslagen überhaupt angefallen sind und in welcher rechnerischen Höhe (z. B. aus welcher Gebührenstaffel), bzw.

welche nicht als „notwendige" Prozesskosten i. S. v. § 91 anerkannt werden können, wird nach Urteilserlass im **Kostenfestsetzungsverfahren** vom Rechtspfleger ermittelt, §§ 103 ff. ZPO, 21 Nr. 1 RPflG. Hierzu reichen die Parteien nach dem Urteil ihre Kostenaufstellungen (also welche Auslagen sie selbst gehabt haben: verauslagte Gerichtskosten, Gebührenforderungen des eigenen RA) ein, der RPfl. überprüft ihre Erstattungsfähigkeit i. S. v. § 91 und setzt im **Kostenfestsetzungsbeschluss (§ 104)** den rechnerischen Betrag fest, den der Antragsteller vom Gegner je nach Urteilsquote erstattet verlangen kann.

Beispiel: Nach der Kostengrundentscheidung trägt der Kläger $^1/_5$, der Beklagte $^4/_5$ der Kosten. Der Kläger reicht eine Kostenaufstellung ein, wonach er € 100,– an Gerichtskosten verauslagt und an seinen eigenen RA € 900,– zu zahlen hat. Nach der Urteilsquote (die auch den RPfl. bindet) erhält er $^4/_5$ davon. Der Kostenfestsetzungsbeschluss lautet demnach: „Die von dem Beklagten an den Kläger zu erstattenden Prozesskosten werden auf € 800,– festgesetzt."

Der Kostenfestsetzungsbeschluss ist **Vollstreckungstitel**, § 794 I Nr. 2, und nur auf Grund dieses Titels, nicht schon allein auf Grund des Endurteils, kann der Kläger seine Kosten beim Gegner erstattet verlangen, § 103 I.

Hinweis: Dieser Titel ist auch durchaus **klausurrelevant**, da gegen ihn – insbes. nach Ablauf der Beschwerdefrist (§§ 104 III, 567 ff.) – die Vollstreckungsabwehrklage gemäß §§ 795, 767 stattfindet und über diesen „Aufhänger" in manchen Prüfungsarbeiten die Bearbeitung auch schwieriger Aufrechnungen eingebaut wird, die einen Schwerpunkt der Klausur bilden können. **Beispiel:** Gegenüber dem Kostenfestsetzungsbeschluss zugunsten des Klägers über € 800,– rechnet der Beklagte auf mit einer komplizierten Ersatzforderung über € 1200,– und stützt darauf die Vollstreckungsabwehrklage Beachte: die Einschränkung gem. § 767 II findet hier mangels mündlicher Verhandlung keine Anwendung (StJ § 104, 13).

Obwohl hiernach die überwiegende Arbeit mit den Kostatbeständen dem RPfl. obliegt, ist dennoch eine ausreichende Kenntnis des Kostenwesens auch für den Richter (Referendar) bei Abfassung des Urteils wichtig für die Kostenentscheidung und den Ausspruch zur vorläufigen Vollstreckbarkeit (u. a. Berechnung der Sicherheitsleistung; bei klageabweisenden Urteilen ist die Höhe des Kostenerstattungsanspruchs des Beklagten entscheidend für die Einstufung entweder in § 708 Nr. 11 oder in § 709).

Daher muss auf die Grundbegriffe des Kostenwesens kurz eingegangen werden.

II. Grundbegriffe des Kostenwesens

Zum Verständnis der Zusammenhänge ist die Kenntnis folgender **Grundbegriffe** erforderlich:

1. Kostenentscheidung

Sie ergeht als **Kosten-Grund-Entscheidung** und regelt, wer dem Grunde nach (Quote) gegenüber dem Gegner einen Erstattungsanspruch bzgl. seiner Prozesskosten hat (vgl. oben I).

3.02

2. Prozessualer Kostenerstattungsanspruch

Das ist der in den §§ 91–107 abschließend (also ausschließlich in der ZPO, daher „prozessualer") geregelte Anspruch einer Partei gegen die andere auf Erstattung der ihr

3.03

entstandenen **Prozesskosten** (verauslagte Gerichtskosten, Vorschüsse für Zeugen, Honorar des eigenen Rechtsanwaltes).

Er kann nur im Verfahren nach §§ 103 ff. geltend gemacht werden, also nach Festsetzung im Kostenfestsetzungsbeschluss des Rechtspflegers.

3. Materiellrechtlicher Kostenerstattungsanspruch

3.04 Hier geht es um den Anspruch auf Erstattung von **vorgerichtlichen Auslagen,** die zur Sicherung, Durchsetzung oder Abwehr eines Hauptanspruchs gemacht wurden.

Er ist ein normaler bürgerlich-rechtlicher Anspruch, der als solcher stets eine materiellrechtliche Anspruchsgrundlage voraussetzt (z.B. §§ 280, 311, 677 ff., 823, 826), BGH WM 07, 755; ThP 13 ff. vor § 91.

Beispiele: Kosten der Mahnung durch RA (§§ 280 II, 286 BGB). Anwaltskosten wegen vorgerichtlicher Abmahnung wegen unlauteren Wettbewerbs (§ 12 I 2 UWG). Ersatz von Rechtsberatungskosten aus c. i. c. (§§ 280 I, 241 II, 311 II BGB) bei Verwendung unzulässiger AGB durch den Vertragsgegner, z.B. bzgl. Schönheitsreparaturen (BGH NJW 09, 2590, Rn. 10; Palandt § 311, 38; § 535, 47a). Kosten eines vom Geschädigten erholten privaten Sachverständigengutachtens nach Kfz-Unfall: Vermögensfolgeschaden, §§ 7 I, 18 I StVG, §§ 823 I, 249 ff. BGB (Palandt § 249, 56, 58).

Einen allgemeinen bürgerlichrechtlichen Kostenerstattungsanspruch gibt es nicht. Nach ganz h.M. können die **§§ 91 ff. auch nicht analog** angewendet werden zur Begründung eines sonst fehlenden materiellrechtlichen Kostenerstattungsanspruchs, denn die §§ 91 ff. als verschuldens*un*abhängige und lediglich am formalen Unterliegen orientierte Regelung lassen sich nicht auf das verschuldens*ab*hängige materielle Haftungsrecht übertragen, BGH NJW 88, 2032, 2033.

Nicht alle zur Abwehr eines außergerichtlichen Angriffs gemachten Aufwendungen sind danach erstattungspflichtig (allg. Lebensrisiko, keine Anspruchsgrundlage). Beispiel: Verteidigung gegen angekündigte, aber nicht eingereichte Klage (BGH NJW 07, 1458).

4. Kostenschuld der Parteien gegenüber der Staatskasse

3.05 Das ist die unmittelbar aus dem **Gesetz** (§§ 22–33 GKG) und nicht aus dem Urteil folgende **öffentlich-rechtliche Pflicht** gegenüber der Staatskasse, die Gerichtskosten (Gebühren und Auslagen nach dem GKG) zu zahlen. Gesetzlicher Kostenschuldner ist:

§ 22 GKG: der Kläger als Veranlasser des Verfahrens
§ 29 GKG: der Beklagte, **wenn** er unterlegen ist (Nr. 1) oder die Kosten in einem Vergleich übernommen hat (Nr. 2)

Beide haften der Staatskasse als Gesamtschuldner, § 31 I GKG. Das Urteil hat auf die hiernach bestehende gesetzliche Haftung gegenüber dem *Staat* grds. keinen Einfluss. Der Unterliegende und der Kostenübernehmer sollen jedoch als Primärschuldner herangezogen werden (§ 31 II, III GKG).

Beachte: Diese gesetzliche Haftung gegenüber dem Staat nicht verwechseln mit der Kostenentscheidung (Kostenquotierung) im Urteil: Letztere spricht nur im Verhältnis der Parteien *zueinander* aus, wer wem verauslagte Kosten zu *erstatten* hat.

5. Kostenpflicht der Partei gegenüber dem eigenen RA

3.06 Sie richtet sich nach dem **RVG**: grundsätzlich nach den gesetzlich normierten Gebühren und Auslagen (§ 2 RVG), ausnahmsweise gemäß §§ 3a–4a RVG nach Vereinbarung.

Da diese Schuld allein auf dem **Vertrag** der Partei mit ihrem eigenen RA beruht (**§ 675 BGB**), besteht sie unabhängig davon, ob und in welchem Umfang die Partei gegenüber ihrem Gegner einen Erstattungsanspruch hat. Selbst wenn ihr im Urteil ein voller Erstattungsanspruch zuerkannt worden ist (z. B. „der Beklagte trägt die Kosten"), vom Gegner aber „nichts zu holen" ist, haftet die Partei trotz vollen Obsiegens im **Innenverhältnis** voll ihrem eigenen RA.

Hinweis: Zur Höhe der Vergütung des RA siehe unten § 4.

6. Kostenfestsetzung

Gemäß §§ 103 ff. ZPO, 21 Nr. 1 RPflG setzt der RPfl. die prozessualen Kostenerstattungsansprüche der Parteien gegeneinander im Kostenfestsetzungsbeschluss fest.   3.07

7. Prozesskosten

„Kosten des Rechtsstreits" (§ 91) sind Gerichtskosten und außergerichtliche Kosten.   3.08

Anders im Strafprozess: Dort zählen zu den „Kosten des *Verfahrens*" nur die Gebühren und Auslagen (z. B. für Pflichtverteidiger, Zeugen) der Staatskasse, nicht auch die Anwaltskosten des Wahlverteidigers („eigene notwendige Auslagen" des Angeklagten), vgl. § 464a StPO.

a) Gerichtskosten: Sie fallen ausschließlich nach dem GKG an, § 1 GKG. Es sind dies Gebühren und Auslagen:

- **Gebühren**

Welche Gebühren jeweils anfallen **(Gebührentatbestände),** bestimmt sich nach dem Kostenverzeichnis (KV), Anlage 1 zum GKG, § 3 II GKG.
Die rechnerische **Höhe** (Gebührenbetrag) bestimmt sich gemäß § 3 II GKG i. d. R. nach dem *Gebührensatz* (= rechte Spalte des KV, also z. B. $1/2$ Gebühr) und dem *Gebührenstreitwert,* der gemäß §§ 3 I, 34 ff. GKG zu beurteilen ist; der Wert einer vollen Gebühr ist der Tabelle in Anlage 2 zum GKG zu entnehmen, § 34 I GKG.

- **Auslagen**

Das sind Aufwendungen des Gerichts für Zeugen, Sachverständige (die beide nach dem JVEG, Schönfelder 116, zunächst vom Gericht entschädigt werden), Zustellungskosten, Erstellung von Abschriften etc.
Auch die Auslagen sind Gerichtskosten (Legaldefinition in § 1 I GKG) und werden gem. § 3 II GKG nach Anlage 1, KV 9000 ff. berechnet. Musste der RA vor der Zeugenladung einen Gebührenvorschuss an das Gericht entrichten (§ 379 ZPO), so hat er damit Gerichtskosten verauslagt (ThP § 91, 52).

Beispiel 1: K klagt € 20 000,– ein und erzielt ein obsiegendes Urteil. Es entstehen an Gebühren und Auslagen:

(1) **Gebühren:**
Gebührentatbestand: allg. Verfahrensgebühr   KV Nr. 1210
Gebührensatz: KV 1210   3 volle Gebühren
Diese allg. Verfahrensgebühr ist gem. § 12 I GKG bei Klageeinreichung vorauszuzahlen und gilt in 1. Instanz alle Gerichtsgebühren ab (auch die früher gesondert berechnete doppelte Urteilsgebühr).
Höhe: §§ 48 I, 34 I GKG, § 3 ZPO.
Streitwert: bis € 22 000,–. Also 3 × € 345,–   € 1035,–

(2) **Auslagen:**
Auslagen für Zeugen und Sachverständige (KV 9005 i. V. m. JVEG),
Schreibauslagen (KV 9000).

Beispiel 2: Ging dem streitigen Urteilsverfahren ein Mahnverfahren voraus, so wird die im Mahnverfahren gem. KV 1100 zunächst angefallene halbe Gebühr angerechnet auf die vor Abgabe fällige (§ 12 III 3 GKG) volle 3-fache allg. Verfahrensgebühr (KV 1210).

b) Außergerichtliche Kosten sind insbesondere (ThP § 91, 15 ff.; 19 ff.):

Anwaltskosten, § 91 II, also die **gesetzlichen** Gebühren und Auslagen nach dem RVG. Die gem. § 3a RVG **vereinbarten** Gebühren sind gegenüber dem Gegner nur in Höhe der gesetzlichen Gebühren erstattungsfähig, hinsichtlich der Differenz haftet also nur der Auftraggeber!

Übersicht über die Gebührentatbestände: unten § 4.

Parteikosten, § 91 I S. 2, z. B. Reisekosten, Zeitversäumnis.

III. Die Grundsätze der Kostenentscheidung

1. Urteile mit und (ausnahmsweise) ohne Kostenentscheidung

3.09 Grundsätzlich enthält jedes Urteil eine Kostenentscheidung, § 308 II.

Ausnahmen:
Die ZPO geht für den Regelfall (§§ 91, 92) vom Prinzip der Kosteneinheit aus: die Kosten des Rechtsstreits bilden i. d. R. eine Einheit, über die dann folglich einheitlich zu entscheiden ist. Kann daher zum Zeitpunkt der beabsichtigten Teil- oder Zwischenentscheidung noch nicht abschließend gesagt werden, in welchem Umfange die Partei an den „Kosten des (= ganzen!) Rechtsstreits" zu beteiligen ist, muss eine Kostenentscheidung dort unterbleiben und dem die Instanz abschließenden Schlussurteil überlassen werden.

Keine Kostenentscheidung enthalten daher:

– **Teilurteile, § 301**
 Wer hinsichtlich des Restes unterliegt, ist mangels Entscheidungsreife dazu noch offen. Wie die „Kosten des (= ganzen) Rechtsstreits" zu verteilen sind, steht erst beim Schlussurteil fest.
– **Grundurteil, § 304**
 Erst der Ausgang des anschließenden Betragsverfahrens ergibt das Obsiegen und Unterliegen.
– **Zwischenurteile zwischen den Parteien, §§ 280, 303**
 Hierin wird nicht über den Streitgegenstand entschieden, sondern über prozessuale Fragen (z. B. Zulässigkeit der Klageänderung, Unwirksamkeit eines Prozessvergleichs). Ein „Unterliegen" i. S. v. §§ 91 ff. wird darin also nicht angesprochen.
 Aber: Zwischenurteile gegenüber *Dritten* (§§ 71; 135 II; 387) haben bei Unterliegen des Dritten dessen Kostenpflicht auszusprechen.

Muss hiernach eine Kostenentscheidung noch unterbleiben, braucht im Tenor kein klarstellender Hinweis zu erfolgen. Es genügt ein Hinweis am Ende der E-Gründe. Unschädlich aber: „II. Die Kostenentscheidung bleibt dem Schluss(End)-Urteil vorbehalten."

2. Überblick über die gesetzliche Regelung

3.10 Nach der Systematik des Gesetzes gibt es 1 Grundsatz und 5 Ausnahmen: siehe dazu nachfolgende Übersicht.

Die folgende Darstellung konzentriert sich entsprechend der Examensbedeutung auf den **Grundsatz:**

Zunächst wird der Grundsatz der einheitlichen Kostenentscheidung besprochen (unten 3), sodann werden die Kosten-Tatbestände des § 91 und des § 92 erläutert (unten IV und V).

Die Fälle der **Kostentrennung** sind bis auf § 344 weniger examensrelevant. § 344 wird im Rahmen des Versäumnisverfahrens besprochen (Rn. **20.**21, 31, 35, 39). Hinsichtlich der übrigen Fälle soll hier von einer Darstellung abgesehen werden. Zur Tenorierung vgl. Furtner, Urteil, S. 48 ff. In allen Fällen der Kostentrennung ist zu beachten: nur einzelne und abtrennbare „Sonder"-Kosten können gesondert einer Partei auferlegt werden, alle übrigen Kosten müssen ganz normal nach dem Grundsatz der Einheitlichkeit der Kostenentscheidung gemäß §§ 91, 92 verteilt bzw. quotiert werden.

Beispiel (§ 96):
    II. Die Kosten für die Entschädigung des Zeugen C trägt der Kläger (= § 96). Von den übrigen Kosten des Rechtsstreits tragen der Kläger ⅓, der Beklagte ⅔.

Übersicht:

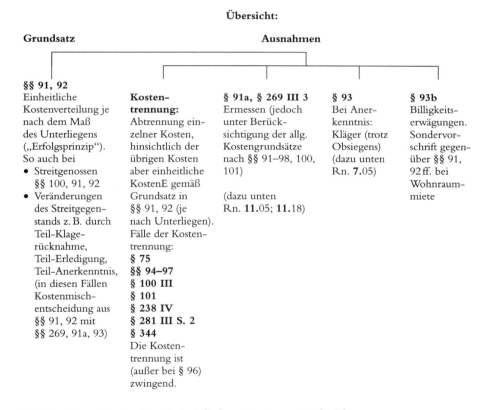

Grundsatz	Ausnahmen			
§§ 91, 92 Einheitliche Kostenverteilung je nach dem Maß des Unterliegens („Erfolgsprinzip"). So auch bei • Streitgenossen §§ 100, 91, 92 • Veränderungen des Streitgegenstands z.B. durch Teil-Klagerücknahme, Teil-Erledigung, Teil-Anerkenntnis, (in diesen Fällen Kostenmischentscheidung aus §§ 91, 92 mit §§ 269, 91a, 93)	**Kostentrennung:** Abtrennung einzelner Kosten, hinsichtlich der übrigen Kosten aber einheitliche KostenE gemäß Grundsatz in §§ 91, 92 (je nach Unterliegen). Fälle der Kostentrennung: **§ 75** **§§ 94–97** **§ 100 III** **§ 101** **§ 238 IV** **§ 281 III S. 2** **§ 344** Die Kostentrennung ist (außer bei § 96) zwingend.	**§ 91a, § 269 III 3** Ermessen (jedoch unter Berücksichtigung der allg. Kostengrundsätze nach §§ 91–98, 100, 101) (dazu unten Rn. **11.**05; **11.**18)	**§ 93** Bei Anerkenntnis: Kläger (trotz Obsiegens) (dazu unten Rn. **7.**05)	**§ 93b** Billigkeitserwägungen. Sondervorschrift gegenüber §§ 91, 92 ff. bei Wohnraummiete

3. Der Grundsatz der einheitlichen Kostenentscheidung

Der in §§ 91, 92 verankerte Grundsatz besagt ein Doppeltes:

a) Der Unterliegende trägt die Kosten nach dem Maß des Unterliegens

Der **Grund** des Unterliegens ist **gleichgültig**. Die ZPO geht von einem rein formalen Erfolgsprinzip aus: wer am Schluss (Tenor) unterliegt, trägt die Kosten. Für Billigkeitserwägungen oder die Frage, wer den Prozess schuldhaft heraufbeschworen hat, ist kein Raum (Ausnahmen: §§ 93, 93b).   **3.11**

Beispiel 1: Maßgebend ist der Schluss der mündlichen Verhandlung (Tenor)
K klagt eine Forderung ein, die zu Beginn des Prozesses noch gar nicht fällig ist, am Tag der letzten mündlichen Verhandlung jedoch fällig geworden ist. B wird voll verurteilt: B trägt alle Kosten, § 91. B hat aber die Möglichkeit, den Anspruch am Tag der Fälligkeit sofort anzuerkennen, worauf K gemäß § 93 die Kosten seiner voreiligen Klage trägt. Versäumt er dies, trägt B alle Kosten, ungeachtet der Tatsache, dass die Klage anfänglich noch unbegründet war. Da es nur auf das Unterliegen am Schluss ankommt, dürfen dem Kläger auch nicht etwa teilweise die Kosten bis zum Eintritt der Fälligkeit auferlegt werden (StJ § 91, 14).

Beispiel 2: Bezahlt der Beklagte die begründete Klageforderung im Laufe des Prozesses vorbehaltlos, so ist die Klage am Schluss der mündlichen Verhandlung unbegründet (§ 362 BGB), so dass sie jetzt abzuweisen ist (§ 91: Kosten Kläger). K kann dies aber verhindern durch sofortige Erledigungserklärung (Näheres unten Rn. **11.**06).

Beispiel 3: Das formelle Erfolgsprinzip gilt auch im Instanzenzug
BGHZ 37, 233 (246): „Obsiegt der Kläger in der Revisionsinstanz auf Grund eines erst nach Erlass des Berufungsurteils in Kraft getretenen Gesetzes (= Wegfall eines Genehmigungserfordernisses), so hat der Beklagte grundsätzlich die Kosten aller Instanzen zu tragen, wenn er den Klageanspruch nicht sofort anerkennt." „Nach der kostenrechtlichen Grundregel (§ 91 ZPO) kommt es hier für die Kostenbelastung hinsichtlich aller Instanzen auf das Unterliegen in der letzten Instanz an."

Beispiel 4: Verschulden ist unerheblich
Dem K ist sein Fahrrad gestohlen worden. „Zeugen" berichten ihm, B sei der Dieb gewesen. K fordert den B mehrfach schriftlich zur Herausgabe auf, B bleibt jede Antwort schuldig und reagiert auch auf eindringliche Klageandrohungen des jetzt eingeschalteten klägerischen RA nicht. Darauf erhebt K Herausgabeklage gegen B. In der Beweisaufnahme weist B zweifelsfrei nach, dass er zur Tatzeit Urlaub im Ausland verbracht hat und ihn die „Zeugen" offenbar mit seinem Zwillingsbruder A verwechselt haben. Die Klage wird daraufhin abgewiesen. Der Kläger trägt nach dem formalen verschuldensneutralen Erfolgsprinzip der §§ 91, 92 voll die Kosten des Rechtsstreits, auch wenn ihn B ersichtlich hat „auflaufen" lassen.

K hat jedoch bei verschuldetem Heraufbeschwören eines Rechtsstreits durch B ggfls. einen materiellrechtlichen Kostenerstattungsanspruch (der aber die KostenE nicht beeinflusst). Dieser setzt eine Anspruchsgrundlage voraus (hier wohl § 826 BGB), die K in einem neuen Prozess (oder im alten durch Klageänderung) realisieren kann.

b) Einheitlichkeit der Kostenentscheidung

3.12 Die Kosten des Rechtsstreits bilden grundsätzlich eine Einheit (Kosteneinheit), über die daher nur einheitlich, also in ihrer **Gesamtheit,** zu entscheiden ist: Grundsatz der Einheitlichkeit der Kostenentscheidung.

Nur in den gesetzlich vorgesehenen Ausnahmefällen dürfen besondere Kosten ausgeklammert und gesondert einer Partei auferlegt werden **(Kostentrennung).**

Gründe der Kosteneinheit:

Das Gesetz behandelt sie schon sprachlich als Einheit: § 91 „die Kosten des Rechtsstreits" (also alle!); §§ 91a, 92 sprechen schlicht von „die Kosten". § 93: „Die Prozesskosten".

Der tiefere Grund für die nur einheitlich zulässige Kostenverteilung liegt im **System des einmaligen Gebührenanfalls (Pauschgebühren)** nach RVG und GKG, das ungeachtet wechselnder Verfahrensabschnitte (z.B. Klageänderungen) einheitliche Gebührentatbestände für das gesamte Verfahren schafft, sowie in der **Degression der Gebühren.**

Zum Verständnis dieser Eigenheit des Kostenwesens hier nur 3 Beispiele:

Beispiel 1: Einmaliger Gebührenanfall
Trotz Klage und Widerklage fällt beispielsweise die Verfahrensgebühr (§ 2 II RVG mit VV 3100) nur einmal an (§ 15 II RVG), und zwar i.d.R. aus dem Gegenstandswert der Addition beider Klagen,

§§ 23 I 1 RVG, 45 I 1 GKG. Sie fällt also nicht getrennt einmal für die Klage aus deren Streitwert und zusätzlich aus der Widerklage aus deren Streitwert an. Sie steckt vielmehr **einheitlich** in beiden Klagen. Diesen für beide Klagen einheitlichen Gebührentatbestand würde man zerreißen und missachten mit der **unzulässigen** Tenorierung: „Der Kläger trägt die Kosten der *Klage*, der Beklagte die der *Widerklage*". Denn, was z. B. die Verfahrensgebühr betrifft, sind die Kosten der Klage zugleich Kosten der Widerklage und umgekehrt.

(Eine solche unzulässige Tenorierung ist aber evtl. auslegbar als Kostenverteilung je nach dem Streitwert von Klage und Widerklage, StJ § 92, 3c).

Beispiel 2: Degressive Gebührenstaffelung

Die Höhe der Gerichts- und RA-Gebühren steigt nicht etwa linear mit dem Streitwert, sondern **flacht mit steigendem Streitwert nach oben zu ab:** Eine volle RA-Gebühr aus dem Streitwert € 18 000,– (= € 696,–) ist nicht etwa gleich zweimal eine Gebühr aus der Hälfte, € 9000,–. Die Summe aus letzterem ist erheblich höher: 2 × € 507,– = € 1014,–.

Diese Degression bezweckt eine finanzielle Entlastung der Parteien mit zunehmendem Streitwert. Diesen Vorteil bezweckt z. B. auch **§ 45 I 1 GKG:** Die Streitwerte von Klage und Widerklage sind (i. d. R., Ausnahme: S. 3) zusammenzurechnen.

Beispiel 3: Unterliegt der Kläger mit seiner Klage über € 6000,–, der Beklagte mit seiner Widerklage über € 12 000,–, so wäre es (abgesehen vom Prinzip des einmaligen Gebührenanfalls = Beispiel 1) auch wegen der gemäß § 45 I GKG zu beachtenden Gebührendegression nicht zulässig zu tenorieren: „Der Kläger trägt die Kosten der Klage (also aus diesem Streitwert = € 6000,–), der Beklagte die Kosten der Widerklage (also aus diesem Streitwert = € 12 000,–)."

Vielmehr müssen gemäß **§ 45 I 1 GKG, § 23 I 1 RVG** die Gebührenstreitwerte von Klage und Widerklage zusammengerechnet werden und das Unterliegen aus Klage bzw. Widerklage ins Verhältnis gesetzt werden zu dieser **Addition.** Es unterliegt zwar dann der Kläger nach wie vor mit € 6000,–, aber **gemessen an einem höheren Streitwert,** aus dem sich für das Teil-Unterliegen vergleichsweise niedrigere Gebühren errechnen:

K unterliegt mit € 6000,– aus dem Streitwert € 18 000,–, also zu $1/3$. Demnach hat der Beklagte gegen K einen Kostenerstattungsanspruch von $1/3$ seiner Kosten. Greift man die 1,3 Verfahrensgebühr des Beklagten-RA heraus (Streitwert € 18 000,–): € 696,– × 1,3 : $1/3$ = € 301,60. Würde man hingegen (unzulässig) das Unterliegen des K unmittelbar aus dem Tabellenwert 6000,– ablesen, hätte B gegen K einen höheren Erstattungsanspruch: € 354,– × 1,3 = € 460,20.

Die Einheitlichkeit der Kostenentscheidung, zu der das Gebührensystem nach GKG und RVG zwingt, ist ein wichtiger Grundsatz, von dem nur in den gesetzlich klar und eng gefassten Ausnahmen (Kostentrennung) abgewichen werden darf. Hier gemachte Fehler wiegen schwer, weil sie zugleich ein Verstoß gegen das Gebührensystem sind und daher eine Kostenabrechnung der Parteien untereinander (Kostenfestsetzung) erheblich erschweren oder gar undurchführbar machen (der Kostenbeamte kann den falschen Kostentenor nicht ändern, sondern ist an ihn gebunden).

Es sei daher noch hingewiesen auf folgende häufige Fehler:

c) Häufige Fehler

3.13

aa) Trennung nach Haupt- und Hilfsantrag

Beispiel: Der Kläger unterliegt mit dem Hauptantrag über € 20 000,– (Kaufpreis für Pkw), dringt aber mit dem Hilfsantrag über € 24 000,– (Rückübereignung des Pkw) durch.

(1) **Falsch:** „Der Kläger trägt die Kosten des Haupt-, der Beklagte die des Hilfsantrags". Denn es gibt wegen des einmaligen Gebührenanfalls nicht „Kosten des Hauptantrags" oder „Kosten des Hilfsantrags", vielmehr fallen die Gebühren (z. B. die Verfahrensgebühr, RVG VV 3100) nur einmal für das ganze Verfahren, also zugleich für den Hilfsantrag an, sofern (wie hier) über ihn entschieden wird und zwar aus dem addierten Streitwert, wenn beide Anträge wirtschaftlich verschiedene Gegenstände betreffen, sonst aus dem höheren Einzelwert, § 23 I 1 RVG, § 45 I 1, 2 GKG. Näheres siehe unten Rn. **8.21.**

Die Verfahrensgebühr wäre also gar nicht ausscheidbar als besonderer Kostenteil gerade des Hauptantrags.

(2) **Richtig:** „Der Beklagte trägt die Kosten des Rechtsstreits".
Betreffen – wie hier – beide Anträge wirtschaftlich denselben Gegenstand trägt, wenn der erfolgreiche HilfsA gleich oder höher als der HauptA ist, der im Ergebnis voll unterliegende Beklagte gemäß § 91 allein die Kosten des Verfahrens (die einheitlich für Haupt- und HilfsA angefallen sind), § 45 I S. 3 GKG. Einzelheiten später bei der Eventualhäufung (Rn. **8.21**).

bb) Trennung nach Prozess- oder Zeitabschnitten. Da die Gebühren nicht für begrenzte Prozessabschnitte anfallen (lediglich das gebührenauslösende Ereignis, z.B. die Vertretung in einem Verhandlungstermin, RVG VV Vorbemerkung 3 (3), stellt sich zu einem bestimmten Zeitpunkt ein) sondern, **einmal angefallen, jede weitere einschlägige Tätigkeit** (z.B. jede weitere Terminswahrnehmung) **mit abgelten** (Pauschalgebühren), dürfen und können die Kosten nicht nach Prozess- oder Zeitabschnitten verteilt werden.

Bei **Stufenstreitwerten** infolge Klageänderungen, Teilerledigungserklärungen, Teilrücknahmen ist daher zu beachten:

Beispiel: Der Kläger macht € 10000,– geltend, nimmt aber im 1. Termin (= Terminsgebühr fällt an) die Klage um € 8000,– zurück. Hinsichtlich der restlichen € 2000,– obsiegt K nach Beweisaufnahme.
(1) **Falsch** wäre: „Die Kosten bis zur Klageermäßigung trägt der Kläger, die übrigen Kosten einschließlich der Kosten der Beweisaufnahme der Beklagte".
Denn die gerichtliche Verfahrensgebühr (KV 1210), die RA-Verfahrens- und Terminsgebühren sind aus Streitwert € 10000,– bereits angefallen und bleiben es auch nach Klageermäßigung (einheitlicher Gebührentatbestand ungeachtet wechselnder Prozessabschnitte). An ihnen sind Kläger und Beklagter anteilig zu beteiligen, was aber nach obigem Tenor nicht der Fall wäre: der Kläger müsste diese drei Gebühren allein tragen, nur weil sie vor Klageänderung angefallen sind.
(2) **Richtig:** „Von den Kosten des Rechtsstreits trägt der Kläger $4/5$, der Beklagte $1/5$."

cc) Trennung nach Streitgegenständen oder Teilen davon

Beispiel: K klagt € 12000,– ein und obsiegt mit € 10000,–.
(1) **Falsch** wäre: „Die aus der Zuvielforderung von € 2000,– entstandenen Kosten trägt der Kläger, die übrigen Kosten trägt der Beklagte".
Unzulässige Kostentrennung. Diese wäre auch gar nicht durchführbar, weil die Kosten nicht teils aus Streitwert € 10000,– und teils aus € 2000,– angefallen sind, sondern aus € 12000,–, also einheitlich aus der nächst höheren Gebührenstufe, nämlich € 13000,–.
(2) **Richtig** ist (§ 92 I): „Von den Kosten des Rechtsstreits trägt der Kläger $1/6$, der Beklagte $5/6$."
§ 92 II ist nicht anwendbar, da die Zuvielforderung des K (€ 2000,–) $1/6$ der Klageforderung und damit nicht „geringfügig" ist (Orientierungswert mit ThP § 92, 8: kleinerer Bruch als $1/10$).

IV. Die Kostenentscheidung bei vollem Unterliegen, § 91

3.14 Unterliegt eine Partei voll, hat sie nach § 91 sämtliche Kosten zu tragen. Die Kostenentscheidung lautet dann schlicht:

> II. Der Beklagte hat die Kosten des Rechtsstreits zu tragen.

Probleme kann es für den Kostenausspruch hier nur geben, wenn auf einer Seite eine wirksame Bevollmächtigung, die Parteifähigkeit bzw. die Existenz gefehlt hat oder die Parteifähigkeit im Laufe des Prozesses weggefallen ist. Hier wird auf das sog. **Veranlasserprinzip** abgestellt, d.h. es hat derjenige die Kosten zu tragen, der das Verfahren *veranlasst* hat.

1. Fehlen einer wirksamen Bevollmächtigung

Hier geht es darum, wer für die Kosten *verantwortlich* zu machen ist. 3.15

Beispiel (nach BGHZ 121, 397): RA R erhebt nach Erteilung einer schriftlichen Vollmacht Klage namens des K. Im Prozess stellt sich nach Erholung von Gutachten heraus, dass K – was R nicht wusste – geschäftsunfähig und die Vollmacht daher unwirksam ist. Der nach Unterbrechung (lies: § 241) bestellte Betreuer des K (§ 1896 BGB; beachte: ein Prozesspfleger kann gem. § 57 nur für den Beklagten bestellt werden, für den Kläger analog § 57 nur als letzte Möglichkeit, wenn das Betreuungsgericht die Bestellung eines Betreuers ablehnt, BAG NJW 09, 3051) verweigert die – gemäß § 579 I Nr. 4 analog, § 89 II mögliche – Genehmigung der Prozessführung (dazu ThP § 51, 17; § 89, 13).
Eine Klage, die ein vollmachtloser Vertreter erhoben hat, ist mangels wirksamer Klageerhebung als unzulässig abzuweisen, da die Klage eine Prozesshandlung ist und es hierfür mangels Bevollmächtigung an der Prozess*handlungs*voraussetzung fehlt (ThP 16, 34 vor § 253; § 89, 9; Zöller § 89, 11). Ein Rechtsmittel ist aus denselben Gründen als unzulässig zu verwerfen (BGHZ 111, 221; ThP § 89, 9).
Für die Kostenverteilung gilt nach h. M. das sog. **Veranlasserprinzip**: die Kosten sind **analog § 91** demjenigen aufzuerlegen, der den nutzlosen Verfahrensaufwand veranlasst hat (BGHZ 121, 400; ThP § 89, 11). Denn § 91 beruhe auf dem Gedanken, dass die unterlegene Partei den Rechtsstreit verursacht habe, weshalb § 91 analog (§ 97 für Rechtsmittel) die Kostenpflicht eines anderen Verfahrensbeteiligten begründen könne, wenn dieser wirklich die Partei den Anlass für den Prozess bzw. das Rechtsmittel gegeben habe, BGH a. a. O.; StJ § 88, 14. Der Veranlasser kann der vollmachtlose Vertreter selbst, die Partei oder ein anderer Verfahrensbeteiligter sein:

(1) Der vollmachtlose Vertreter kommt als Veranlasser in Betracht, wenn er den Mangel der Vollmacht **gekannt** hat.

Beispiele: BGH NJW 83, 883: Der RA des unterlegenen Klägers beauftragte ohne Rücksprache mit dem Mandanten am letzten Tag der Frist einen beim BGH zugelassenen RA mit der Revisionseinlegung. Der Kläger genehmigte später nicht, die Kosten wurden dem Berufungsanwalt als Veranlasser auferlegt.
OLG Stuttgart NJW-RR 11, 40: Die Räumungsklage einer Außen-GbR, bei der Gesamtvertretung bestand, wurde als unzulässig abgewiesen, da nicht alle Gesellschafter der Prozessführung zugestimmt hatten. Dem Klägervertreter wurden die Kosten nach dem Veranlasserprinzip analog § 91 auferlegt, weil er wissentlich ohne ausreichende Prozessvollmacht die Klage erhoben hat.
BGH VersR 75, 344: Ein deutscher RA erhebt für eine schwedische Partei Klage, zu der er von einer schwedischen Kanzlei beauftragt wurde, kann aber trotz Aufforderung und Nachfrage keine Vollmacht der Partei selbst beibringen: Klageabweisung und Verurteilung des RA in die Kosten.

(2) Ist der Vertreter aber – wie hier – **gutgläubig** im Besitz einer tatsächlich erteilten Vollmacht, so handelt er als ein von der Prozessordnung vorgeschriebener Vertreter seiner Partei. Nicht er, sondern die Partei hat dann in den Prozess veranlasst. Nach BGHZ 121, 400 sind daher die Kosten der Partei selbst aufzuerlegen, auch wenn sie prozessunfähig ist, denn die §§ 91 ff. setzen ungeachtet Partei- und Prozessfähigkeit nur den Bestand eines Prozessrechtsverhältnisses voraus und dieses ist durch die Klageerhebung bereits begründet worden (BGH a. a. O. S. 399).

(3) **Exkurs: § 89 I.**
Beachte vor allem 2 Dinge:

(a) § 89 I setzt voraus, dass der Vertreter selbst (i. d. R. auf Rüge, § 88) **erklärt,** (noch) keine Vollmacht zu haben oder sie (noch) nicht nachweisen zu können. § 89 I setzt also eine **allseits bewusst vollmachts- bzw. nachweislose Vertretung** voraus (ThP 2; StJ 1 zu § 89).

(b) **Rechtsfolge:** Wird der Vollmachtsnachweis nicht beigebracht, wird die Klage wie zu oben (1) als unzulässig abgewiesen (Zöller § 89, 8) und der vollmachtlose Vertreter zur Erstattung der dem *Gegner* entstandenen Kosten verurteilt (§ 89 I 3). Damit sind nicht zu verwechseln die Kosten des *Rechtsstreits selbst* (z. B. Gerichtskosten), über die § 89 keine Regelung trifft: sie sind analog § 91 ZPO nach dem Veranlasserprinzip zu verteilen (Zöller § 89, 8). Veranlasser kann die vertretene Partei, ihr gesetzlicher oder der vollmachtlose Vertreter sein (ThP § 89, 11). Ist (wie häufig) der vollmachtlose Vertreter zugleich der Veranlasser, so fällt die Kostenpflicht aus § 89 mit der aus dem Veranlasserprinzip zusammen (Zöller § 89, 8).

(4) **Rechtsmittel** des (im Urteil oder in einem gesonderten Beschluss) mit den Kosten belasteten vollmachtlosen Vertreters ist die sofortige Beschwerde nach dem allgemeinen Rechtsgedanken der §§ 91a II, 99 II (BGH NJW 88, 50; ThP § 89, 11a).

2. Fehlen der Parteifähigkeit (z. B. Erbengemeinschaft) oder der Existenz von Anfang an

Beispiele: BGB-Innengesellschaft, Zöller § 50, 27; Stille Gesellschaft, §§ 230 ff. HGB (sie ist ebenfalls InnenGes.); Erbengemeinschaft, BGH NJW 06, 3715 (aber ggfls. Auslegung, dass die einzelnen Erben als Kläger/Beklagte anzusehen sind). Erlöschen der Existenz einer OHG durch Eintragung der Verschmelzung mit einer GmbH, § 20 I Nr. 2 UmwG (BGH NJW 08, 527).

Der Mangel liegt vor

a) beim Kläger

3.16 Die Klage muss, da es an einer Sachurteilsvoraussetzung fehlt, als unzulässig abgewiesen werden. Den Kläger in die Kosten zu verurteilen, wäre sinnlos, da das Urteil gegen ihn nicht vollstreckbar wäre.

Daher h. M.: Die Kosten sind demjenigen aufzuerlegen, der die Klage **veranlasst** hat bzw. im Prozess die Parteifähigkeit (Existenz) des Klägers behauptet hat (dem „tatsächlich Handelnden").

BGHZ 146, 341, 357; BGH WM 76, 687; OLG Düsseldorf MDR 80, 853; ThP § 50, 13.

Beispiel 1: (BGH WM 76, 686): Der A-Verein e. V. klagt gegen B auf GB-Berichtigung. F tritt im Prozess als Vorstand auf und hat auch dem Klägeranwalt die Prozessvollmacht unterschrieben. Im Prozess stellt sich heraus, dass der A-Verein infolge Wegfalls sämtlicher Mitglieder (Tod bzw. Austritt) schon vor Jahren liquidationslos erloschen ist.
Hier hat F als Vorstand des A-Vereins die Klage veranlasst und auch (konkludent) die Existenz des Klägers behauptet.
Die Entscheidung lautet daher:

> In dem Rechtsstreit A-Verein e. V. gegen B
> I. Die Klage wird abgewiesen.
> II. Die Kosten des Rechtsstreits trägt der Kaufmann F, Marsstr. 2, München.
> III. §§ 708 ff. ZPO.

Beispiel 2: (BGHZ 146, 357): A klagt namens einer „Gemeinschaftspraxis Dres A und Kollegen", von ihm als BGB-Außengesellschaft bezeichnet, eine Honorarforderung gegen B ein. Im Prozess stellt sich heraus, dass auf Klägerseite tatsächlich keine (rechtsfähige) BGB-Außengesellschaft existiert (sondern überhaupt keine Gesellschaft oder eine nicht rechtsfähige Innengesellschaft). BGH: A trägt als *Veranlasser* der unzulässigen Klage (fehlende Existenz bzw. Parteifähigkeit) die Prozesskosten.

b) beim Beklagten

3.17 Auch hier muss die Klage als unzulässig durch Prozessurteil abgewiesen werden. Die Kosten trägt gemäß § 91 der Kläger einschließlich der Kosten eines Dritten, der für den „Beklagten" dessen Nichtexistenz oder fehlende Parteifähigkeit geltend gemacht hat,

OLG Hamburg MDR 76, 845; ThP § 50, 13; Zöller § 91, 2; Müko-ZPO § 91, 11.

Beispiel: K klagt eine alte Forderung gegen den B-Sportverein e. V. ein und lässt die Klage dem Kaufmann F als Vorstand zustellen. F lässt über seinen RA Klageabweisung beantragen. Er verweist darauf, dass der Verein infolge Austritts aller Mitglieder schon vor 2 Jahren erloschen sei, was sich nach Beweisaufnahme auch bestätigt.

Hier hat F einen nichtexistenten Beklagten vertreten (BGH WM 76, 686). Obwohl der Kostenerstattungsanspruch gemäß § 91 nur dem Beklagten selbst (Verein) zusteht, dieser aber nicht existiert, erhält F als Nicht-Partei Kostenerstattung, weil er „hinter" dieser Partei steht und sie praktisch repräsentiert.

Die Entscheidung lautet dann:

In dem Rechtsstreit K gegen B-Verein e. V.

 I. Die Klage wird abgewiesen.
 II. Der Kläger trägt die Kosten des Rechtsstreits, einschließlich der dem Kaufmann F ... entstandenen außergerichtlichen Kosten.
 III. §§ 708 ff.

3. Wegfall der Parteifähigkeit während des Prozesses

Der Verlust der Parteifähigkeit von juristischen Personen, OHG, KG tritt erst ein mit deren **Vollbeendigung,** sei es durch Eintritt völliger Vermögenslosigkeit oder im Insolvenzverfahren (BGH NJW 96, 2035; 95, 196). Die Löschung im Handelsregister (§ 157 HGB) ist nicht entscheidend, sie wirkt nur deklaratorisch. Maßgebend ist, ob noch Vermögen vorhanden ist: findet sich solches, ist trotz Löschung die Liquidation wieder aufzunehmen und zu beenden, die Partei ist für diese Ansprüche nach wie vor parteifähig (BAG NJW 03, 80; Baumbach-Hopt § 157, 3).

Im Aktivprozess genügt daher für die Parteifähigkeit die Geltendmachung der Klageforderung, im Passivprozess die substanziierte Behauptung, die (gelöschte) Gesellschaft habe doch noch Vermögen (BGH NJW-RR 91, 660; Müko-ZPO § 50, 29).

Umstritten ist, ob die zu Beginn des Prozesses noch vorhandene Parteifähigkeit von juristischen Personen, OHG, KG und Außen-GbR während des Verfahrens infolge Vermögensverfalls *wegfallen* kann.

Das hat Konsequenzen dafür, ob Sach- oder nur Prozessurteil ergehen darf und damit kostenrechtliche Auswirkungen.

Beispiel: K klagt auf Zahlung von € 20 000,– gegen die B-GmbH und Co. KG. Im Laufe des Prozesses stellt die KG ihre Geschäfte ein. Wegen Vermögenslosigkeit werden sowohl die Komplementär-GmbH als auch die KG im Handelsregister gelöscht.
Die Klageforderung ist nach inzwischen erfolgter Beweisaufnahme voll begründet.

a) Bei **Aktivprozessen** der in Vermögensverfall geratenen juristischen Person, OHG, KG, GbR ist in der behaupteten Klageforderung noch Liquidationsmasse zu sehen, so dass mangels Vollbeendigung die Klägerin als fortbestehend gilt (BGHZ 75, 182).

b) Bei **Passivprozessen** gegen die unstreitig vermögenslos gewordene Gesellschaft ist nach h. M. Wegfall der Parteifähigkeit infolge Vollbeendigung denkbar. Nicht als noch vorhandenes Vermögen zählt, weil zu vage, der theoretische, aufschiebend bedingte Kostenerstattungsanspruch der Bekl. für den Fall ihres Obsiegens (BGH NJW 08, 528, Rn. 8).

(1) Nach h. M. gilt:
– Parteifähigkeit und Existenz erlöschen auch bei noch schwebendem Prozess. Die Klage wird deswegen jetzt unzulässig.
– Jedoch kann der Rechtsstreit wegen dieses Wegfalls der Parteifähigkeit für erledigt erklärt werden. Geschieht dies nicht, ist die Klage als unzulässig abzuweisen (Kosten Kläger, § 91).

BGH NJW 82, 238; BGHZ 74, 212; ThP § 50, 14; RoSG § 43, 33.
Im Beispiel wird der Kläger zweckmäßigerweise (die Klage ist sachlich voll begründet!) die Hauptsache für erledigt erklären, worauf Endurteil ergeht:

    I. Es wird festgestellt, dass der Rechtsstreit in der Hauptsache erledigt ist.
    II. Die Kosten des Rechtsstreits trägt die Beklagte.
    III. §§ 708 ff.

Kosten: § 91. Die Kosten können nach dieser Meinung also auch einem Parteiunfähigen auferlegt werden, BGH NJW 82, 238. Diese sind zwar dort nicht beitreibbar. Die Lösung über Hauptsacheerledigung hat aber für den Kläger immerhin den Vorteil, dass er selbst von Kostenerstattungsansprüchen der KG verschont bleibt. Erklärt K nicht für erledigt, ergeht abweisendes Prozessurteil: die Kosten trägt der Kläger (§ 91)!

Beachte: Widerspricht B der Erledigungserklärung (z. B. weil die Klage von Anfang an unbegründet gewesen sei), dann ist dies wegen Wegfalls der Parteifähigkeit und der Prozesshandlungsvoraussetzungen unbeachtlich. B kann aus dem selben Grund auch nicht wirksam der Erledigungserklärung des Klagers wirksam zustimmen, sodass die Erledigungserklärung des Klägers stets einseitig bleibt.

(2) Nach a. A. gilt: Bei Passivprozessen hindere das Vorhandensein einer (möglichen) Schuld die Erlösverteilung (die ja erst nach Schuldenbereinigung erfolgen darf) und damit die endgültige Liquidation (Vollbeendigung). Die Parteifähigkeit bleibe daher bis zur Beendigung des schwebenden Prozesses bestehen (bzw. gelte als fortbestehend).
BAG NJW 82, 1831; Zöller 5; Musielak 18; BL 22 zu § 50.

Zur *Vertiefung* für am Gesellschaftsrecht Interessierte: Wurde vorhandenes Vermögen gleichwohl vor Klärung der streitgegenständlichen Schuld verteilt an die Mitglieder der Gesellschaft ohne Hinterlegung bzw. Sicherheitsleistung für den/die Gläubiger (§ 52 BGB, § 73 GmbHG), dann hat die Gesellschaft (nicht der übergangene Gläubiger) einen Bereicherungsanspruch gem. § 812 BGB gegen die Gesellschafter/Mitglieder, weil diese den Resterlös unter Verstoß gegen diese Verteilungsgrundsätze und damit ohne Rechtsgrund erlangt haben. Die Gläubiger können diesen Bereicherungsanspruch pfänden lassen = Vermögen ist dann also noch vorhanden, die Liquidation nicht abgeschlossen (BAG NJW 82, 1832; Palandt § 53, 2). Vor Beendigung der Passivprozesse stehe also noch gar nicht fest, welches Vermögen verteilt werden könne, die Liquidation sei daher noch nicht abgeschlossen, Vollbeendigung noch nicht eingetreten.

Im Beispiel ergeht, da die Klage weiter zulässig bleibt, normales Sachurteil:

    I. Die Beklagte wird verurteilt, an den Kläger € 20 000,– zu zahlen.
    II. Die Kosten des Rechtsstreits trägt die Beklagte *(= § 91)*.
    III. §§ 708 ff.

V. Die Kostenentscheidung bei teilweisem Obsiegen und Unterliegen, § 92

3.19 Bei Teilunterliegen gilt § 92. Da in Praxis- und Prüfungsfällen sehr häufig anzuwenden, soll die Vorschrift hier eingehend behandelt werden. § 92 ergänzt den Grundsatz des § 91, wonach der **Unterliegende** die Kosten trägt. Trotz der Formulierung teils „obsiegt" ist auch hier entscheidend das **Maß des Unterliegens. Teilunterliegen** liegt vor

beim Kläger: soweit dieser nicht voll (Klageantrag) durchdringt, unterliegt er im Rest;

beim Beklagten: er unterliegt, soweit er verurteilt wird, sowie in Höhe der aberkannten Aufrechnung(en) bei streitwerterhöhender Aufrechnung (§ 45 III GKG, s. unten Rn. **13**.07).

Beispiele:

(1) Die Fälle, in denen der Tenor im Hauptsacheausspruch lautet: „… im Übrigen wird die Klage abgewiesen". Dazu Beispiele siehe oben Rn. **2**.05.

V. Die Kostenentscheidung bei teilweisem Obsiegen und Unterliegen, § 92

(2) Bei voller Abweisung oder vollem Zuspruch sowohl der Klage als auch der Widerklage oder wenn beiden nur teilweise oder der einen (z. B. Klage) voll, der anderen (Widerklage) nur teilweise stattgegeben wird (ThP § 92, 4; StJ § 92, 1).

(3) Bei unterschiedlichem Prozesserfolg gegenüber mehreren Beklagten (oder von mehreren Klägern). Beispiel: Die Klage gegen B 1 wird abgewiesen, der gegenüber B 2 wird stattgegeben. Dieser Fall ist in § 100 nicht geregelt. Nach h. M. sind die §§ 91, 92 kombiniert anzuwenden („Baumbach'sche Formel"). Einzelheiten später beim Streitgenossenprozess (Rn. **14.**07 ff.; **14.**12).

Der **Umfang des Teilunterliegens** richtet sich nach seinem **Verhältnis zum Gebührenstreitwert** (h. M., ThP 2; Zöller 2 zu § 92). Es geht ja um die Frage, wie das Teilunterliegen an den **Kosten** teilnimmt! Für das richtige Quotieren des Teilunterliegens sind also Grundkenntnisse des Gebührenstreitwerts erforderlich. Beispiele dazu sogleich bei der Besprechung der einzelnen Tatbestände des § 92. Zur Einordnung des Gebührenstreitwerts in die 3 Streitwertarten zunächst folgende kurze Gegenüberstellung.

Die 3 Streitwertarten:
- **Zuständigkeitsstreitwert:** §§ 1–9 ZPO sind maßgebend in vermögensrechtlichen und in nichtvermögensrechtlichen (deren Wert ist i. F. d. § 3 zu schätzen gem. § 48 II GKG, ThP 8 zu § 23 GVG) Streitigkeiten für die Beurteilung der sachlichen Zuständigkeit, §§ 23, 71 GVG.
- **Wert des Beschwerdegegenstands** (z. B. § 511 II Nr. 1), auch Rechtsmittelstreitwert genannt: §§ 2–9. Das ist der für die Zulässigkeit des Rechtsmittels wichtige Wert des Rechtsmittelantrags, mit dem die **Beschwer** aus der angefochtenen Entscheidung (Rn. **27.**14) ganz oder zum Teil **beseitigt** werden soll, also ohne Hinzurechnung einer etwa gleichzeitig erklärten Klage-Erhöhung, weil diese kein Rechtsmittelangriff ist (und nur den gesamten Gebührenstreitwert der Rechtsmittelinstanz betrifft, § 47 GKG), s, Rn. **27.**17.
Hierzu enthält das Gesetz für die Zulässigkeit Mindestbeträge in § 511 II Nr. 1 (Berufung: € 600,01), EGZPO § 26 Nr. 8 (Beschwerde gegen die Nichtzulassung der Revision: € 20 000,01), § 567 II (Kostenbeschwerde: € 200,01).
Beispiel 1: Wurden K statt € 30 000,– nur € 10 000,– zugesprochen, so beträgt seine Beschwer € 20 000,–. Lautet sein Berufungsantrag aber z. B. nur auf Abänderung um weitere € 500,–, so ist gleichwohl die Berufung (falls nicht zugelassen) unzulässig, weil der Berufungsantrag (= Wert des Beschwerdegegenstandes i. S. v. § 511 II Nr. 1) die Grenz von € 600,– nicht übersteigt.
Beispiel 2: Haben die Parteien den RStreit in der Hauptsache übereinstimmend für erledigt erklärt, so ist gegen die Kostenentscheidung die sofortige Beschwerde nur statthaft, wenn der Streitwert der Hauptsache (hier € 20 000,–) den Berufungsstreitwert (€ 600,–) übersteigt (die Hauptsache also berufungsfähig war), § 91a II. Zulässig ist sie des Weiteren aber nur, wenn für den Beschwerdeführer der Rechtsmittelstreitwert von € 200,01 erreicht wird, § 567 II. Der Beschwerdeführer muss also geltend machen, dass ihn die angefochtene Kostenentscheidung zu unrecht um mehr als € 200,– benachteiligt und er sich gegenüber der angefochtenen Kostenentscheidung wertmäßig um mehr als € 200,– verbessern will (Zöller § 567, 40), z. B. durch Abänderung der KostenE von bisher 50 : 50 in nunmehr ⅓ : ⅔ zu seinen Gunsten. Entsprechendes gilt für sofortige Beschwerde gegen Kostenentscheidungen nach Anerkenntnis und Klagerücknahme, §§ 99 II 1, 269 V, 567 II.
- **Gebührenstreitwert:**
Gerichtsgebühren: primär §§ 41–47 GKG, sekundär §§ 3–9 ZPO, (§ 48 I 1 GKG).
RA-Gebühren: § 23 I 1 RVG (verweist auf die gleichen Vorschriften wie für Gerichtsgebühren). Hier spricht man von „Gegenstandswert", § 2 I RVG.
Kurz zusammengefasst kann man sagen: §§ 3–9 ZPO gelten für alle 3 Streitwertarten. Für den Gebührenstreitwert sind aber zunächst die §§ 41–47 GKG als Sonderregeln zu beachten; kommt es zur direkten oder subsidiären Anwendung der §§ 3 ff. ZPO, sind erst die spezielleren §§ 4–9 ZPO, dann erst ist der allg. Tatbestand des § 3 ZPO (freies Ermessen) anzuwenden.

Bei Teilunterliegen gibt es nach § 92 drei mögliche Kostenfolgen:
- **§ 92 I S. 1:** Verhältnismäßige Teilung (Quotierung)
- **§ 92 I S. 1, 2:** Kostenaufhebung
- **§ 92 II:** Volle Kostenlast einer Partei

1. Verhältnismäßige Teilung (Quotierung), § 92 I S. 1

3.20 In der Praxis wird überwiegend nach **Brüchen** gequotelt, gebräuchlich sind auch Prozentzahlen. Es wird die Verhältniszahl ermittelt: Unterliegensbetrag zum Gebührenstreitwert.

Hierbei muss nicht äußerste mathematische Genauigkeit erzielt werden. Vielmehr ist eine **praktikable Rundung der Brüche zulässig** (StJ § 92, 3b).

Beachte aber: diese Abrundung im Interesse leichter Handhabung der Kostenausgleichung darf nicht missverstanden werden als „grobes Peilen über den Daumen".

Beispiel: Belaufen sich die Kosten insgesamt auf € 10 000,– und errechnet sich für den Beklagten in der Hauptsache ein Unterliegen von $16/36$ (= € 4444,–), so wäre ein „über den Daumen" frei gepeilter Bruch von $1/3$ (= € 3333,–) eine Rechenungenauigkeit, die für den Kläger mit € 1111,– empfindlich zu Buche schlägt.

Brüche mit Nenner bis zu 20 werden sich bei mittleren Streitwerten i.d.R. bilden lassen. Höhere Nenner sind bei hohen Streitwerten hingegen nicht zu vermeiden, weil Abrundungen (das sind letztlich ja mathematische Ungenauigkeiten) zu hohen Kostendifferenzen gegenüber der mathematisch exakten Zahl führen.

Zur Erläuterung nun folgende Beispiele:

Beispiel 1: Normalfall (bezifferte Zahlungsklage)

Der Klageantrag der Kaufpreisklage lautet auf Zahlung von € 8000,–. B wird zur Zahlung von € 6000,– verurteilt, im Übrigen wird die Klage abgewiesen.

Das Unterliegen bemisst sich nach dem Gebührenstreitwert. Dieser ist bei bezifferten Zahlungsklagen identisch mit dem Klageantrag: vermögensrechtliche Streitigkeit, also § 48 I 1 GKG als Einstieg. Die §§ 41 ff. GKG enthalten für die normale Zahlungsklage keine Sondervorschriften, also sind über § 48 I 1 GKG anwendbar die §§ 3–9 ZPO. Vor § 3 ZPO zunächst §§ 4–9 ZPO prüfen, die vorliegend keine Sonderbestimmungen bereithalten.

Also § 3 ZPO: das Interesse des Klägers ist bei normalen Zahlungsklagen problemlos im Klageantrag ausgedrückt (vgl. ThP § 3, 72). Also:

Die Kostenentscheidung lautet also: „Von den Kosten des Rechtsstreits trägt der Kläger $1/4$, der Beklagte $3/4$."

Beispiel 2: Abwandlung, Rechenweg

Liegen die Zahlen nicht so einfach, stellt sich die Frage nach einem praktikablen Rechenweg.

Lautet abweichend von Beispiel 1 der Klageantrag auf € 8724,– und wird B zu € 5222,– verurteilt, die Klage im Übrigen abgewiesen,

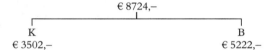

so kommen u.a. 3 Möglichkeiten in Betracht. Dabei wird man sich bei der Berechnung auf eine Partei beschränken (z.B. Unterliegen des B zum Gebührenstreitwert) und für die andere Partei dann die Differenz auswerfen (beide getrennt auszurechnen empfiehlt sich nur zur Gegenkontrolle).
Rechenwege:

V. Die Kostenentscheidung bei teilweisem Obsiegen und Unterliegen, § 92

(1) **Vereinfachen der Ausgangszahlen:** ein nur mit äußerster Vorsicht gangbarer Weg. Bei zu grober Nivellierung der Zahlen wird das Ergebnis falsch: Streicht man überall die 3 letzten Zahlen, würde K mit 3, B mit 5 Teilen bei Streitwert 8, also zu $3/8$ bzw. $5/8$ unterliegen. Gegenprobe: $3/8$ aus € 8724,– = € 3271,50! Die Vereinfachung ist nicht mehr vertretbar.

(2) **Kürzung der Brüche,** z. B. $\dfrac{€\,5222,-}{€\,8724,-} : 2 = \dfrac{€\,2611,-}{€\,4362,-}$

Oft ergibt sich schon bei hoher Bruchzahl kein weiterer gemeinsamer Teiler mehr und

die hohe Bruchzahl $\dfrac{€\,2611,-}{€\,4362,-}$ als Kostenanteil des B mutet fremd an.

(3) M. E. ist folgender Weg am schnellsten und zuverlässigsten: **Errechnung der Prozentzahl für das Teilunterliegen des B** (hier: 60%).

Damit steht auch die Prozentzahl für das Teilunterliegen K fest (40%). Man muss jetzt nur noch diese Prozentzahlen auf einen gemeinsamen Nenner bringen: K unterliegt mit 40%, B mit 60%, also 40 : 60, also 4 : 6 = 2 : 3 = $2/5$: $3/5$.

Die Prozentzahl selbst errechnet sich für B wie folgt: € 8724,– : 100% = € 5222,– : x%;

$x = \dfrac{€\,5222,- \times 100}{€\,8724,-} = 59,85 = 60\,\%.$

Formel für Taschenrechner:

Unterliegensbetrag × 100 geteilt durch Gebührenstreitwert = Unterliegen in %.

Die Kostenentscheidung lautet also: „Von den Kosten des Rechtsstreits trägt der Kläger $2/5$, der Beklagte $3/5$."

Beispiel 3: Klage und Widerklage

K klagt gegen B aus Verkehrsunfall auf Zahlung von € 4000,– Schadensersatz, B macht mit einer zulässigen Widerklage gegen K seinen Schaden von € 2000,– geltend. Die Hauptklage hat in Höhe von € 3000,–, die Widerklage in Höhe von € 200,– Erfolg. Im Übrigen werden Klage und Widerklage abgewiesen.

Nach dem Grundsatz der Einheitlichkeit der KostenE dürfen nicht die „Kosten der Klage" der einen Partei, die „Kosten der Widerklage" der anderen auferlegt werden. Vielmehr sind die Kosten beider Klagen die „Kosten des Rechtsstreits", die einheitlich zu verteilen sind (siehe oben Rn. 3.12, Beispiel 1).

Für das Unterliegen ist der **Gebührenstreitwert** maßgebend, also §§ 41 ff. GKG, hier § 45 I S. 1, 3 GKG: Klage und Widerklage sind zusammenzuzählen, da sie verschiedene Streitgegenstände betreffen (= der eigene Schaden des K bzw. der eigene des B).

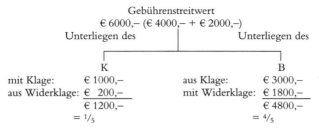

Die Kostenentscheidung lautet also: „Von den Kosten des Rechtsstreits trägt der Kläger $1/5$, der Beklagte $4/5$".

Beachte: Für den **Gebührenstreitwert** enthalten §§ 41 ff. GKG in § 45 GKG eine Sonderregelung, so dass es nicht zur subsidiären Anwendung von § 5 ZPO über § 48 I GKG kommt.
Für die **Zuständigkeit** hingegen gelten §§ 41 ff. GKG überhaupt nicht, so dass es hier bei § 5 ZPO bewendet: Klage und Widerklage werden hier nie zusammengerechnet, es entscheidet allein der jeweils höhere Antrag.

Beispiel 4: Zahlungs- und Herausgabeklage
Die Bank K klagt gegen ihren Kreditnehmer B auf: 1. Rückzahlung eines Darlehens über € 30 000,–; 2. auf Herausgabe des für das Darlehen sicherungsübereigneten Mercedes (Wert € 40 000,–), 3. Zahlung einer restlichen Rate von € 5000,– aus einem weiteren Darlehen, sowie 4. Duldung der Zwangsvollstreckung in das (genau bezeichnete) Grundstück des B wegen der für das 2. Darlehen bewilligten Hypothek über den Nennbetrag von € 20 000,– (valutiert noch zu € 5000,–).
Die Klage erweist sich in Anträgen 1 und 2 als begründet, hinsichtlich 3 und 4 als unbegründet.
Für das Unterliegen ist der Gebührenstreitwert maßgebend. Er wird wie folgt ermittelt: Einstieg ist § 48 I 1 GKG (vermögensrechtliche Streitigkeit). In §§ 41 ff. GKG sind hier keine Sonderbestimmungen relevant, also sind über § 48 I 1 GKG anwendbar die §§ 3–9 ZPO:

Antrag 1: §§ 48 I 1 GKG, 3 ZPO = € 30 000,–

Antrag 2: §§ 48 I 1 GKG, 6 ZPO = € 30 000,–

> Bei normalen Herausgabeklagen zählt der (nach § 3 ZPO zu schätzende) Verkehrswert der Sache, § 6 S. 1 HS 1. Ist die herausverlangte Sache aber Sicherungsgut für eine Forderung (Pfand, Hypothek, Bürgschaft, nach h. M. auch Sicherungseigentum, StJ § 6, 21; ThP § 6, 4), dann ist gem. § 6 S. 1 HS 2 deren Höhe maßgebend, auf den Wert des Sicherungsobjekts kommt es nur an, wenn dieser geringer ist, § 6 S. 2.

> Hier: Die Höhe der Forderung (€ 30 000,–) ist entscheidend, da der Wert des Sicherungsobjekts (€ 40 000,–) nicht geringer ist, § 6 S. 2.

▼

Die Anträge 1 + 2 werden nicht addiert, da sie wirtschaftlich den gleichen Gegenstand haben; der eine Antrag steckt wirtschaftlich zugleich im anderen Antrag. Daher sind die Voraussetzungen von § 5 ZPO (§ 48 I 1 GKG) nicht erfüllt, wo **mehrere** (= wirtschaftlich selbstständige) Begehren vorliegen müssen.

Keine Addition also bei Klage auf Rückzahlung eines Darlehens und Herausgabe der dafür sicherungsübereigneten Sache (ThP § 5, 8; StJ § 5, 9 m.w.N.).

Keine Addition daher auch z. B. bei Klage auf Kaufpreisrest und Herausgabe der unter EV gelieferten Sache (StJ, ThP a. a. O.).

Es entscheidet also nicht die Addition, sondern der höhere bzw. einfache Wert.

Streitwert der Anträge 1 + 2 also: € 30 000,–.

Antrag 3: §§ 48 I 1 GKG, 3 ZPO = € 5000,–

Antrag 4: §§ 48 I 1 GKG, 6 ZPO = € 5000,–

> Klagen auf Duldung der ZwV (§ 1147 BGB) fallen unter § 6 S. 1 HS 2, S. 2. Fraglich ist, ob auf den Nennwert (€ 20 000,–) oder die Valutierung (€ 5000,–) abzustellen ist. Nach hM ist auf die Höhe der Valutierung abzustellen (ThP § 6, 8, bei Grundschulden aber auf den Nennwert), weil in § 6 die Höhe der Forderung (§ 488 BGB) und nicht der Nennwert des Sicherungsmittels entscheidet. Konsequenterweise stellt die h. M. bei Zusammentreffen von Erfüllungs- (§ 488 BGB) und Duldungsklage (§ 1147 BGB) allein auf die Zahlungsklage ab, Zöller § 3 Rn. 16 „Duldung".

▼

Die Anträge 3 und 4 werden gleichfalls nicht gemäß § 5 ZPO (§ 48 I 1 GKG) addiert. Der Antrag auf Duldung der ZwV hat neben dem Zahlungsverlangen (um das es ja letztlich geht) keinen eigenen Wert, StJ § 5, 9; ThP § 5, 8.

Streitwert der Anträge 3 + 4 (= der einfache) = **€ 5000,–**

Gesamter Gebührenstreitwert: Die Anträge 1 + 2 einerseits und 3 + 4 andererseits betreffen jeweils wirtschaftlich völlig verschiedene Anliegen und sind daher normal zu addieren, §§ 48 I 1 GKG, 5 ZPO.

Gebührenstreitwert insgesamt: € 30 000,– + € 5000,– = € 35 000,–.

Jetzt kann das Teilunterliegen von K und B quotiert werden:

Die Kostenentscheidung lautet also: „Von den Kosten des Rechtsstreits trägt der Kläger $1/7$, der Beklagte $6/7$."

Sicherheitsleistung: §§ 708 ff.: Die Gebühren errechnen sich aus Streitwert € 35 000,–.

****

Die 4 Beispiele betrafen vermögensrechtliche Streitigkeiten. Nichtvermögensrechtliche sind im Prinzip ebenso zu handhaben. Fälle der Teilabweisung sind jedoch wenig examensrelevant, weil hier schwierige Schätzungen vorzunehmen sind, mit denen der Examenskandidat oft überfordert wäre. Hier mögen daher folgende kurze Hinweise genügen:

Nichtvermögensrechtliche Streitigkeiten sind insbes. Unterlassungs- und Widerrufsansprüche zum Schutz der Ehre, des Namensrechts bei natürlichen Personen (anders evtl. bei Beeinträchtigung des Firmengebrauchs) und des Persönlichkeitsrechts; Anspruch auf Gegendarstellung nach Presserecht (StJ § 1, 46; ThP Einl. IV 4).

Es gelten auch hier § 91 und § 92. Das Teilunterliegen bemisst sich auch hier nach seinem **Verhältnis zum Gebührenstreitwert.** Für diesen gilt § 48 II GKG: Er ist nach den Umständen des Einzelfalles, insbes. Umfang (auch Kompliziertheit oder Einfachheit), Bedeutung für die Parteien, Einkommensverhältnisse zu bestimmen.

Einen Regelstreitwert für den Normalfall gibt es nicht mehr (nur eine Obergrenze von 1 Mio., § 48 II 2 GKG).

2. Kostenaufhebung, § 92 I S. 2

Obsiegen bzw. unterliegen beide Parteien ungefähr zur Hälfte, so hat das Gericht die Wahl („oder"), ob es die Kosten gegeneinander aufhebt oder in Quoten verhältnismäßig teilt. Der Unterschied liegt in den Kostenerstattungsansprüchen. Von der Kostenaufhebung (§ 92 I S. 2) ist die Kostenteilung (§ 92 I S. 1) zu unterscheiden.

3.21

a) Kostenaufhebung bedeutet, dass die **Gerichtskosten geteilt** werden und **jede Partei ihre außergerichtlichen Kosten** (insbes. RA-Kosten) **selbst** trägt, gleichgültig, ob sie ebenso hoch sind wie die des Gegners oder höher (etwa weil nur 1 Partei einen RA bemüht hat). ThP § 92, 5.

Der **Kostentenor** lautet daher nur:

    II. Die Kosten des Rechtsstreits werden gegeneinander aufgehoben.

Einen Kostenerstattungsanspruch gibt es danach überhaupt nur hinsichtlich der jeweils bereits verauslagten (!) Gerichtskosten.

Dies hat Konsequenzen auch für den Ausspruch über die **vorläufige Vollstreckbarkeit:** In die Sicherheitsleistung darf jeweils nur eingerechnet werden, was aus dem Urteil auch wirklich vollstreckt werden kann; bei Kostenaufhebung sind dies jedenfalls nicht die sonst üblichen Kostenerstattungsansprüche hinsichtlich außergerichtlicher Kosten.

Beispiel: K klagt € 4000,– gegen B ein. In Höhe von € 2050,– wird der Klage stattgegeben, im Übrigen wird sie ohne Beweisaufnahme abgewiesen. Wählt das Gericht Kostenaufhebung, ergeht Endurteil:

    I. Der Beklagte wird verurteilt, an den Kläger € 2050,– zu zahlen. Im Übrigen wird die Klage abgewiesen.
    II. Die Kosten des Rechtsstreits werden gegeneinander aufgehoben.
    III. Das Urteil ist gegen Sicherheitsleistung des Klägers in Höhe von € 2250,– vorläufig vollstreckbar (§ 709 S. 1. Oder gemäß § 709 S. 2: ... durch Sicherheitsleistung in Höhe von 110% des *jeweils* zu vollstreckenden Betrags).

Kosten: § 92 I S. 2. Für Aufhebung genügt, dass beide Seiten ungefähr, nicht notwendig exakt zur Hälfte unterliegen (StJ § 92, 3a; ThP § 92, 5).

Vorläufige Vollstreckbarkeit:

(1) **Bezüglich K:** § 709 S. 1.
Die Sicherheitssumme errechnet sich wie folgt:
Hauptsache:	€ 2050,–
½ der verauslagten Gerichtskosten:	
Bei Klageerhebung hat K gemäß § 12 I 1 GKG verauslagt:	
3 volle Gebühren (KV 1210) aus € 4000,– = € 381,–, davon ½	€ 190,50
	€ 2240,50

(2) **Bezüglich B:**
Kein Ausspruch veranlasst, da B aus dem Urteil auch nicht hinsichtlich der KostenE vollstrecken kann: er hat noch keine Gerichtskosten verauslagt (keine Zeugenvorschüsse etc., da keine Beweisaufnahme erfolgt ist).

b) Kostenteilung (Quote 1:1)

Sie kann zu kostenmäßig ganz anderen (evtl. gar nicht beabsichtigten) Ergebnissen führen, nämlich dann, wenn die außergerichtlichen Kosten der Parteien unterschiedlich hoch sind, weil infolge der Quotierung auch Kostenerstattungsansprüche hinsichtlich der außergerichtlichen Kosten entstehen: jede Partei hat dann Anspruch auf Erstattung der Hälfte ihrer eigenen außergerichtlichen Kosten.

Beispiel: wie oben, jedoch hat B einen RA bemüht, K nicht. Bei Kostenteilung muss K an B die Hälfte von dessen RA-Kosten erstatten (bei Kostenaufhebung trüge sie B alleine). Bei Kostenteilung würde die Entscheidung mit ausgerechneter Sicherheitsleistung (§§ 709 S. 1, 711 S. 1) lauten:

    I. Wie oben.
    II. Die Kosten des Rechtsstreits tragen die Parteien je zur Hälfte.
    III. Das Urteil ist vorläufig vollstreckbar, für den Kläger jedoch nur gegen Sicherheitsleistung in Höhe von € 2250,– *(§ 709 S. 1)*. Der Kläger kann die Vollstreckung durch den Beklagten (oder: aus Ziffer II) abwenden durch Sicherheitsleistung in Höhe von € 400,–, wenn nicht der Beklagte vor der Vollstreckung in gleicher Höhe Sicherheit erbringt *(§§ 708 Nr. 11, 711 S. 1)*.

Kosten: § 92 I S. 1, 2. Alt.

V. Die Kostenentscheidung bei teilweisem Obsiegen und Unterliegen, § 92

Vorläufige Vollstreckbarkeit:

(1) K: § 709 S. 1. Sicherheitssumme: wie oben. K hat keine außergerichtlichen Kosten, die er erstattet verlangen könnte.

(2) B: §§ 708 Nr. 11, 711 S. 1.

B kann nach Ziff. II die Hälfte seiner RA-Kosten erstattet verlangen: Verfahrens- u. Terminsgebühr (2,5 × € 252,–), Auslagen € 20,–, MWSt. 19% € 123,50, zusammen € 773,50, davon $^1/_2$ = € 386,75, aufgerundet € 400,–.

3. Voll auferlegen, § 92 II

Trotz Teilunterliegens **kann** (= Ermessen, das Gericht darf also statt dessen auch hier normal quoteln) das Gericht gemäß § 92 II einer Partei die gesamten Kosten auferlegen in 2 Fällen:

§ 92 II Nr. 1: Geringfügige Mehrforderung des Klägers und dafür keine oder nur geringfügig höhere Kosten (so zumeist bei Zinsen, s. Beispiel 2), oder:

Geringfügige Verurteilung des Beklagten (Abweisung im Übrigen) und dafür keine oder nur geringfügig höhere Kosten.

§ 92 II Nr. 2: Die Höhe der Forderung ist abhängig von
– Ermessen des Gerichts,
z.B. § 287 (Hauptfall Schmerzensgeldklage);
– Ermittlung durch Sachverständige,
z.B. unbezifferte Schadensersatzklage, weil die Höhe des Schadens erst durch Sachverständige festzustellen ist;
– gegenseitiger Berechnung,
z.B. Abrechnungsprozess mit Verrechnungsposten, deren Höhe der Kläger noch nicht kennt.

Bedeutsam für den Examensfall ist vor allem § 92 II Nr. 1. Hierzu folgende Beispiele:

Beispiel 1: Der Klage auf Zahlung von € 11 000,– wird in Höhe von € 9900,– stattgegeben, im Übrigen (€ 1100,–) wird sie abgewiesen. § 92 II Nr. 1 hat 2 Voraussetzungen, die kumulativ vorliegen müssen.

(1) Ist die **Mehrforderung** des K (€ 1100,–) „geringfügig"? Mit ThP 8; Müko-ZPO 19; BL 49 zu § 92 kann als Orientierungshilfe gelten: kleinerer Bruch als $^1/_{10}$ bzw. bis zu 10%.

(2) Besondere **Kosten,** falls zu bejahen: geringfügig?

Da bei € 10 000,– ein Gebührensprung vorliegt, hat die Mehrforderung schon damit besondere Kosten verursacht bzgl. aller Gerichts- und Anwaltskosten. Nach § 92 II Nr. 1 ist im Interesse einer großzügigen Anwendung des § 92 II im Falle eines Gebührensprungs weiter zu fragen, ob diese besonderen Kosten „geringfügig" waren, womit es dann bei der Anwendbarkeit des § 92 II Nr. 1 verbleibt.

Hier: Zur Ermittlung der „Geringfügigkeit" ist die Differenz der Gesamtkosten des Rechtsstreits bei dem Streitwert incl. der Mehrforderung (hier: bis zu € 13 000,–) zu errechnen, zu den Gesamtkosten aus dem Streitwert *ohne* die Mehrforderung (hier: bis zu € 10 000,–). Das sind hier bei jeweils 3 Gerichtsgebühren und 5 RAGebühren (für 2 RAe: 2 × 2,5) nebst Auslagen und MwSt € 4442,40 zu € 4090,70. Die Differenz beträgt also € 351,70 das sind 9% der Gesamtkosten von € 4090,70, die das Verfahren *ohne* die verteuernde Mehrforderung verursacht hat. Die Mehrforderung hat also zwar besondere Kosten verursacht (Gebührensprung), die aber im Verhältnis zu den Kosten *ohne* die Mehrforderung geringfügig sind. Der Kostentenor lautet also gem. § 92 II Nr. 1: „II. Die Kosten des Rechtsstreits trägt der Beklagte."

Beispiel 2: Zinsen

Merksatz vorab: In aller Regel wird § 92 II Nr. 1 bei Teilabweisung nur hinsichtlich der Zinsen erfüllt sein, es sei denn, die aberkannte Zinsforderung beträgt mehr als 10% der Summe aus Haupt- und Zinsforderung. Dazu näher:

K klagt gegen B auf Rückzahlung eines Darlehens von € 30 000,– nebst 18% Zinsen seit 1.1. ... (= für 1 Jahr). B wird verurteilt zur Zahlung von € 30 000,– nebst 8% Zinsen seit ... (= für 1 Jahr), im Übrigen (Zinsen) wird die Klage abgewiesen. § 92 I oder § 92 II?

§ 92 II Nr. 1 hat 2 Voraussetzungen:

(1) Geringfügige **Mehrforderung**.

Nach h. M. ist es für die Anwendung des § 92 ohne Bedeutung, ob die Partei mit einem Haupt- oder Nebenanspruch teilweise unterliegt, § 92 I und § 92 II finden also auch Anwendung, wenn nur die Zinsforderung teilweise aberkannt wird (BGH NJW 88, 2173 LS 2; ThP § 92, 4).

Da sich der Umfang des Teilunterliegens nach dem Gebührenstreitwert richtet (ThP § 92, 2), die Zinsen als Nebenforderungen (Gegenbeispiel: der einzige Klageantrag lautet nur auf Zahlung von 18% Zinsen aus ...) aber gemäß §§ 43 I GKG, 23 I RVG den Streitwert nicht erhöhen, muss zur Erzielung einer gerechten Lösung ein **fiktiver** Gebührenstreitwert gebildet werden aus der Summe der Haupt- und der Zinsforderung und das Teilunterliegen hierzu ermittelt werden (Zöller § 92, 11): 18% Zinsen aus € 30 000,– für 1 Jahr belaufen sich auf € 5400,–, der fiktive Gebührenstreitwert beträgt also € 35 400,–. Die aberkannten 10% Zinsen belaufen sich auf € 3000,–, betragen also nur 8% der eingeklagten Gesamtforderung (des fiktiven Gebührenstreitwerts). Das Teilunterliegen ist also „geringfügig" (bis zu 10%) i. S. v. § 92 II Nr. 1.

(2) Keine oder nur geringfügig höhere **Kosten**.

Die Zinsmehrforderung von 18% statt 8% hat wegen §§ 43 I GKG, 23 I RVG keinen Gebührensprung ausgelöst, also keine besonderen Kosten verursacht.

Über die Zinsmehrforderung wurde auch kein Beweis erhoben, so dass insgesamt überhaupt keine höheren Kosten dafür angefallen sind. Ergebnis: B trägt gemäß § 92 II Nr. 1 die gesamten Kosten des Rechtsstreits.

Abwandlung: K hat die 18% Zinsen aus € 30 000,– für 4 zurückliegende Jahre eingeklagt, zugesprochen werden ihm nur 8% aus € 30 000,– für 1 Jahr. Die aberkannte Zinsforderung ist hier nicht mehr geringfügig i. S. v. § 92 II Nr. 1: Hauptforderung von € 30 000,– und eingeklagte Zinsforderung von € 21 600,– ergeben eine Gesamtforderung von € 51 600,– (fiktiver Gebührenstreitwert). Die zuerkannte Zinsforderung beläuft sich auf € 2400,–, die aberkannte Zinsforderung beträgt also € 19 200,–. Dieser aberkannte Betrag von € 19 200,– beträgt immerhin 37% der eingeklagten Gesamtforderung. Die Kostenentscheidung ist daher nach § 92 I zu treffen und lautet „II. Von den Kosten des Rechtsstreits trägt der Kläger 37%, der Beklagte 63%." Vgl. BGH NJW 88, 2173 LS 2 u. II 1, 2).

Beispiel 3: Geringfügige Verurteilung des Beklagten

Trotz der Formulierung „Zuvielforderung" gilt § 92 II Nr. 1 nach h. M. auch bei einer nur geringfügigen *Verurteilung* des Beklagten bei Klageabweisung im Übrigen (RGZ 142, 84; ThP 8; Zöller 11; StJ 7; Musielak 6a zu § 92).

Beispiel: Der Klage des K über € 12 000,– wird nach Beweisaufnahme zur gesamten Forderung nur in Höhe von € 1000,– stattgegeben, im Übrigen wird sie abgewiesen. Der Kläger hat gem. § 92 II Nr. 1 die gesamten Kosten zu tragen:

(1) Die Verurteilung ist mit 8% der Klageforderung geringfügig (= bis zu 10%).

(2) Die Gerichts- und Rechtsanwaltskosten, die anteilig auf die zugesprochenen € 1000,– entfallen, sind hier gleichfalls mit nur 8% anzusetzen, sind also „geringfügig" im Verhältnis zu den gesamten Kosten des Rechtsstreits.

§ 4 Der Ausspruch über die vorläufige Vollstreckbarkeit

I. Urteile mit und (ausnahmsweise) ohne solchen Ausspruch

1. Grundsatz:

4.01 Von den Ausnahmefällen (unten 2) abgesehen, sind alle Urteile, und zwar von Amts wegen, für vorläufig (= schon vor Rechtskraft) vollstreckbar „zu erklären" (s. Wortlaut in §§ 708, 709). Eine weitere Frage ist, ob mit oder ohne Sicherheitsleistung (dazu unten II. u. III.).

Dieser Ausspruch im Tenor ist nötig, da die Urteile nicht automatisch vorläufig vollstreckbar sind, sondern nur dann, wenn sie ausdrücklich, dafür *erklärt* (= Tenor) worden sind, § 704 I.

Der Ausspruch umfasst **die Hauptsache** (sofern sie überhaupt vollstreckbar ist) **und stets die Kostenentscheidung.** Daher sind nach h. M. (ThP 1 vor § 708) die Urteile auch dann für vorläufig vollstreckbar zu erklären, wenn sie es tatsächlich nur im Kostenpunkt sind, also bei allen

- klageabweisenden Urteilen
- Feststellungsurteilen
- Gestaltungsurteilen.

Wichtige **Besonderheiten** sind zu beachten bei den prozessualen Gestaltungsklagen gem. §§ 767, 771: **4.02**

Die stattgebenden Urteile sind ausnahmsweise sogar in der *Hauptsache* vorläufig vollstreckungsfähig im Hinblick auf § 775 Nr. 1 und daher auch bzgl. der Hauptsache für vorläufig vollstreckbar zu erklären. Ohne diese Vollstreckbarerklärung könnte ihre vollstreckungshemmende Wirkung nicht sofort über § 775 Nr. 1, sondern erst nach Eintritt ihrer Rechtskraft eintreten (Müko-ZPO § 704, 7; ThP § 767, 30). Der Wert der vollstreckbaren Hauptsache entscheidet auch über die Einstufung in § 708 Nr. 11 bzw. § 709, das ist i. F. § 767 der *Nennbetrag* des vollstreckbaren Anspruchs, bzw. dessen angegriffener Teil, § 3 (ThP § 767, 32), i. F. § 771 gilt § 6: maßgebend ist also die Forderung bzw. der geringere Wert der Sache (s. Rn. **22**.10; ThP § 771, 25).

2. Ausnahmen

Nicht für vorläufig vollstreckbar zu erklären sind nur (ThP 1 vor §§ 708 ff.; § 705, 6): **4.03**

- Urteile, die mit ihrer Verkündung sofort rechtskräftig werden, also die Revisionsurteile des BGH, sowie Berufungsurteile in Verfahren über Arrest und einstweilige Verfügung, § 542 II.

    Beachte: Nicht hierunter fallen Urteile, die lediglich wegen Nichterreichung der Berufungssumme nicht angegriffen werden können. Ob diese erreicht wurde, darf nur das Rechtsmittelgericht feststellen, auch wenn der Fall klar liegt.

    Beispiel: Der Klage über € 1000,– zum AG wird in Höhe von € 500,– stattgegeben, im Übrigen wird sie abgewiesen. Hier ist weder für den Kläger noch für den Beklagten die Berufungssumme von mehr als € 600,– erreicht, die Berufungen beider wären unzulässig, § 511 II Nr. 1. Die Berufungen sind aber, da es sich um ein erstinstanzliches Urteil handelt, statthaft, § 511, so dass keine sofortige Rechtskraft mit Verkündung eintreten kann. Das Urteil des AG ist also ganz normal für „vorläufig vollstreckbar" zu erklären, gemäß § 713 sollen lediglich wegen offensichtlicher Unzulässigkeit einer Berufung Vollstreckungsschutzmaßnahmen außer Betracht bleiben.

- Zwischenurteile, §§ 280, 303, 304.
- Bei Vollstreckungsschutzantrag des Schuldners gemäß § 712 I S. 2.
- Anordnung (Beschluss oder Urteil) und Bestätigung (Urteil) von Arrest und einstweiliger Verfügung, §§ 922, 925 II, 936 (anders aber i. F. § 708 Nr. 6).

    Ein Ausspruch zur vorläufigen Vollstreckbarkeit unterbleibt hier deshalb, weil diese Entscheidungen schon kraft Gesetzes, auch ohne besonderen Ausspruch, vorläufig vollstreckbar sind (ThP

§ 704, 4. Vorstellungen des Gesetzgebers zum Wesen des vorläufigen Rechtsschutzes, arg.: § 929 I). Ein Ausspruch im Tenor wäre aber sachlich nicht falsch, nur überflüssig und daher ganz unüblich vgl. unten Rn. 26.12.

- Urteile der Arbeitsgerichte, § 62 I 1 ArbGG. Sie sind schon kraft Gesetzes mit Verkündung ohne Sicherheitsleistung sofort vollstreckbar (sie müssen im Unterschied zu §§ 708, 709 nicht dazu „erklärt" werden).

II. Ohne Sicherheitsleistung, § 708

Beachte vorab:

4.04 Für den Vollstreckungsausspruch gibt es **2 Grundfälle: § 708 und § 709**. Bei der Frage, wie der Vollstreckungsausspruch zu fassen ist, hat man **zunächst die Fälle des § 708** zu durchlaufen, da § 709 voraussetzt, dass diese nicht vorliegen: „Andere Urteile" = andere als in § 708 genannte Urteile.

Obwohl die meisten Prüfungs- und Praxisfälle, bedingt durch entsprechend höhere Streitwerte, unter § 709 fallen, hat der Gesetzgeber nicht § 709, sondern § 708 zum Ausgangspunkt der Systematik genommen. Prüfungseinstieg ist also § 708 (siehe nachstehendes Schema). Beachte dabei stets: Bei teilweisem Obsiegen und Unterliegen sind die Voraussetzungen von § 708 bzw. § 709 für jede Partei gesondert zu prüfen.

Übersicht: Für jede Partei ist gesondert zu erarbeiten, ob:

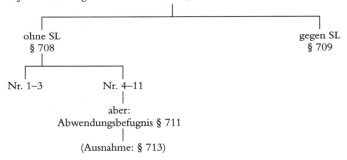

Die Sache ist gar nicht so kompliziert, wie Referendare oft meinen, sondern eigentlich recht systematisch und von daher relativ gut zu handhaben (nur die Schreibarbeit kann ggfls. etwas umfangreich werden).

Zur Verdeutlichung der Systematik und zugleich zu deren Einübung sei ein **„Renner"** für die Durchführung im Normalfall vorangestellt:

II. Ohne Sicherheitsleistung, § 708

1. **Einstieg** ist § 708.
2. **Frage 1:** Liegt ein Fall gem. § 708 Nr. 1–10 vor? (Wichtig insbes. § 708 Nr. 2). Falls nein:
3. **Frage 2:** Liegt ein Fall des § 708 Nr. 11 vor?
   a) Erst § 708 Nr. 11, **1. Alt.**:
   Ist für den Kläger (bzw. den Wider-Kläger) die **Hauptsache** vollstreckbar (z. B. Verurteilung zur Zahlung)?
   Dann zählt zunächst nur *dieser* Teil des Tenors für die Einstufung (nicht die Kosten) und dieser ist zunächst für die Tenorierung zu Ende zu bearbeiten (zur Teilabweisung siehe sogleich unter 3b).
   Falls ja: Ist der Grenzwert von € 1250,– überschritten? Dann ist § 708 (und damit auch § 711) zu verlassen und es gilt für den Kläger (bzw. den Wider-Kläger) nur **§ 709**.
   Falls nein verbleibt es bei § 708 Nr. 11 und es ist anschließend § 711 hinzuzufügen.
   b) Sodann § 708 Nr. 11, **2. Alt.**:
   Ist für eine Partei nicht die Hauptsache zu vollstrecken, sondern ausschließlich deren **Kostenerstattungsanspruch**, nämlich für den
   – **Kläger** bei stattgebenden Feststellungsurteilen, Gestaltungsurteilen (Hauptsache aber maßgebend bei §§ 767, 771, s. Rn. 4.02)
   – **Beklagten** bei voller oder teilweiser Klageabweisung
   ist zu fragen: übersteigt der Kostenerstattungsanspruch den Grenzwert von € 1500,–?
   Falls ja ist § 708 (mit § 711) zu verlassen und es gilt für diesen Teil der Entscheidung **§ 709**.
   Falls nein verbleibt es bei § 708 Nr. 11 und es ist anschließend § 711 hinzuzufügen.

Beispiele zur Erarbeitung und Tenorierung: Rn. **4.09**; **4.13**. Zur Widerklage Rn. **12.04** a. E.

Nun die Darstellung im Einzelnen, die – systemensprechend – bei § 708 mit § 711 beginnt.

1. Der Tenor i. F. § 708

In allen Fällen des § 708 lautet der Tenor (ohne Schutzanträge): „Das Urteil ist vorläufig vollstreckbar". In den Fällen § 708 Nr. 4–11 kommt noch hinzu ein Ausspruch über die *Abwendung* der Vollstreckung durch den *Gegner*, § 711. Demnach lautet der Tenor bei **4.05**

§ 708 Nr. 1–3:	III. „Das Urteil ist vorläufig vollstreckbar."
§ 708 Nr. 4–11 mit § 711 S. 1, 2:	III. „Das Urteil ist vorläufig vollstreckbar" *(§ 708 Nr. 4–11, sodann folgt § 711:).* „Der Beklagte (bzw. der Kläger bei Klageabweisung, Kostenerstattungsanspruch bis € 1500,-) kann die Vollstreckung durch Sicherheitsleistung in Höhe von ... *abwenden,* wenn nicht der Kläger (Bekl.) vor der Vollstreckung Sicherheit in Höhe von ... leistet." (Merke also: Der, *gegen* den die Vollstreckung möglich ist, kann *abwenden.* Zur unterschiedlichen Formulierung der Sicherheitshöhe seitens des Obsiegenden in § 711 S. **1** bzw. 711 S. **2** siehe unten Rn. 4.09, Beispiel 1)."

Im Rahmen des § 708 ist der praktisch **wichtigste und häufigste Fall § 708 Nr. 11**. Er erfasst als Generalklausel alle vermögensrechtlichen (nicht vermögensrechtliche fallen immer unter § 709) Streitigkeiten, die nicht enumerativ in den vorhergehenden Ziffern 708 Nr. 1–10 aufgeführt sind („Andere Urteile" = die nicht in Nr. 1–10 genannt sind). Auf § 708 Nr. 11 soll daher etwas näher eingegangen werden.

Er regelt 2 Fallgruppen:

(1) Verurteilung des Bekl. in der **Hauptsache bis € 1250,–**.

„Hauptsache" heißt hier wegen § 4: ohne Zinsen und sonstige Nebenforderungen (allg. M., ThP § 708, 13).
Mehrere Ansprüche sind gemäß §§ 2, 5 zusammenzurechnen, wodurch die Grenze von § 708 Nr. 11 überschritten und § 709 S. 1, 2 (gegen Sicherheit) anwendbar werden kann. Keine Addition findet aber statt mit gleichzeitigen Verurteilungen gemäß § 708 Nr. 1–10 (z. B. nicht bei Anerkenntnis- und Endurteil), vgl. unten Rn. 4.10, Mischfälle.

(2) Soweit für eine Partei nur die **Kostenentscheidung** vollstreckbar ist, kommt es darauf an, ob deren **Kostenerstattungsanspruch € 1500,–** nicht überschreitet (andernfalls § 709 S. 1, 2).

Nur im Kostenpunkt vollstreckbar sind insbesondere:
– Alle klageabweisenden Urteile
– Bei Teilabweisung hat i. d. R. auch der Bekl. einen Kostenerstattungsanspruch, der unter § 708 Nr. 11 oder § 709 einzuordnen ist (Beispiele dazu in Rn. 4.09 und 4.13).
– Feststellungsurteile
– Gestaltungsurteile (aber bei den prozessualen Gestaltungsklagen §§ 767, 768, 771 ist auf die Hauptsache abzustellen, weshalb dort i. d. R. § 709 S. 1 gilt, s. oben Rn. 4.02)

2. Die Abwendungsbefugnis, § 711

4.06 In den Fällen des § 708 Nr. 4–11 muss das Gericht gemäß **§ 711 S. 1, 2** von Amts wegen („hat") neben der Vollstreckbarerklärung im Tenor aussprechen, dass die **Vollstreckung abgewendet werden kann**.

Schuldner = der Unterliegende (derjenige *gegen* den vollstreckt werden kann).
Gläubiger = der Obsiegende.
Im Tenor wird jedoch nicht von „Schuldner" und „Gläubiger" gesprochen, es wird vielmehr auch hier die **normale Parteistellung** genommen (Kläger, Beklagter, ThP 7 vor § 708). Im Übrigen empfiehlt es sich, den Gesetzeswortlaut zu übernehmen. **Tenorierungsbeispiel:** oben Rn. 4.05.
Ausnahme allerdings in § 713: ist das Urteil für *beide* Parteien „unzweifelhaft" nicht berufungsfähig (§ 511 II Nr. 1, 2), lautet der Vollstreckungsausspruch nur: „Das Urteil ist vorläufig vollstreckbar."

In allen Fällen muss die Sicherheitsleistung im Tenor bestimmt werden („... hat das Gericht auszusprechen"). Hierfür gibt es **2 Möglichkeiten** zur freien Wahl des Richters: Nach **§ 711 S. 1** muss die Höhe der Sicherheitsleistung vom Richter errechnet und im Tenor *beziffert* werden (dazu unten Rn. 4.07).

Daneben steht gemäß **§ 711 S. 2** zur Wahl, die Sicherheitsleistung in einer *Prozentzahl* (z. B. 110%) zu bestimmen (dazu unten Rn. 4.08). Beachte: das ist aber nur bei **Geld**forderungen möglich (§ 709 S. 2).

In der **Klausur** und der Praxis empfiehlt sich, von der zeitersparenden Pauschalierung gemäß § 711 S. 2 (§ 709 S. 2) Gebrauch zu machen. Die Lösung gemäß § 711 S. 1 wird nachstehend der Vollständigkeit halber mitbehandelt. Unbedingt benötigt wird sie nur, wenn die zu vollstreckende Hauptsache keine Geldforderung ist (s. Rn. 4.13, Beispiel 4).

a) § 711 S. 1

Höhe und Art der Sicherheit bestimmt das Gericht nach freiem Ermessen, § 108. Die **4.07** Höhe, also der Wert, muss dabei stets in einer **Geldsumme** ausgedrückt sein, auch wenn das Sicherungs*mittel*, also die Art der Sicherheit, nicht Geld, sondern z.B. eine Bankbürgschaft ist (ThP 10 vor § 708; § 108, 4, 5).

Die *Art* der Sicherheitsleistung lässt das Gericht im Urteil i.d.R. offen (§ 108 I 2: „kann") und spricht nur von „Sicherheitsleistung". Der zur Sicherheitsleistung Verpflichtete hat dann nach § 108 I 2 auch ohne Ausspruch im Tenor und auch ohne Antrag die Wahl, die Sicherheit durch Bankbürgschaft (so der Regelfall) oder durch Hinterlegung von Geld oder mündelsicheren Wertpapieren zu leisten.

Die **Bemessung der Sicherheitshöhe** steht im „freien Ermessen" des Gerichts (nicht: im freien Belieben!). Bei der Ermessensausübung hat der Zweck der Sicherheitsleistung im Vordergrund zu stehen, wobei die Belange beider Seiten zu berücksichtigen sind, da ja beide Sicherheit leisten können (StJ § 711, 3, 7).

Das Gericht muss also einerseits den Nachteil bedenken, der dem Gläubiger dadurch entstehen kann, dass er nicht sofort, sondern erst ab Rechtskraft vollstrecken kann (die Vollstreckung kann jetzt überhaupt zu spät kommen), andererseits den Schaden berücksichtigen, der dem Schuldner infolge voreiliger und letztlich unberechtigter Vollstreckung droht, also den Schadensersatzanspruch gemäß § 717 II.

Damit ist zwar bei § 711 S. 1, 2 eine verschieden hohe Sicherheit bei Gläubiger und Schuldner denkbar (StJ a.a.O.), jedoch nur in besonderen Fällen veranlasst. Denn in der Regel geht es einerseits darum, dass der Schuldner **anstelle** des sofort vollstreckbaren Betrags eine Art aliud, eben die Sicherheit bieten darf, die nur „sicher" genug ist, wenn sie **alles** umfasst, was der Gläubiger aus dem Urteil vollstrecken kann. Andererseits kann der Gläubiger diese Sicherheit bedeutungslos machen, indem er selbst eine Sicherheit erbringt, die wiederum für den Schuldner nur „sicher" genug ist, wenn sie den drohenden Vollstreckungsnachteil abdeckt, also alles umfasst, was der Gläubiger aus dem Urteil vollstrecken kann.

Daher ist es in der **Praxis** allgemein üblich, sofern nicht ganz besondere Ausnahmesituationen aus dem Akteninhalt hervorgehen, die Sicherheit für Kläger und Beklagten **in gleicher Höhe** festzusetzen (Müko-ZPO § 711, 3; BL § 711, 5). Die Höhe bemisst sich dann einheitlich danach, was der Gläubiger insgesamt aus dem Urteil vollstrecken kann unter Einbeziehung des Kostenerstattungsanspruchs, weil die Kostengrundentscheidung im Urteil Grundlage ist für den Kostenfestsetzungsbeschluss, § 794 I Nr. 2.

Für die Berechnung der **Sicherheitsleistung** gelten folgende **Grundsätze** (ThP 10 vor § 708):

- Urteile, die (bzw. soweit sie) der Klage **stattgeben:**
  Formel: Hauptsache + Zinsen + Kostenerstattung.

- Urteile, die (bzw. soweit sie) die Klage **abweisen:**
  Formel: Höhe des Kostenerstattungsanspruchs des Obsiegenden.

- **Teilweises** Obsiegen und Unterliegen:
  Formel: für jede Partei ist der Ausspruch gesondert zu errechnen, je nachdem, was sie vollstrecken kann. Das führt zu kombinierter oder doppelter Anwendung der §§ 708 Nr. 11, 711 und § 709 S. 1, 2.

b) § 711 S. 2

Die entsprechende Anwendung des 709 S. 2 besagt: **4.08**

- Der **Schuldner** (verurteilte Beklagte) muss zur Abwendung der Vollstreckung die **volle** Sicherheitssumme erbringen, ist also nicht zu Teilleistungen befugt.

   In der Gesetzesbegründung wird zu § 711 S. 2 ausgeführt (BT-Drucksache 14/6036 S. 163): „Allerdings erhält der Schuldner nicht die Möglichkeit, Teilsicherheiten zu leisten. Da der Gläubiger in diesen Fällen (Anm.: §§ 708, 711) ohne Sicherheitsleistung vollstrecken darf, ist es gerechtfertigt, vom Schuldner zu verlangen, dass er in Höhe des gesamten vollstreckbaren Betrages Sicherheit leistet, wenn er die Zwangsvollstreckung abwenden will."
   § 711 S. 2 ist daher zu lesen: „... für den Schuldner jedoch ... in Höhe von 110% des aus dem Urteil *insgesamt* vollstreckbaren Betrags ...". Dieser umfasst die Urteilssumme nebst Zinsen und den Kostenerstattungsanspruch des obsiegenden Gläubigers (unten Rn. **4.**09, Beispiele).

- Der **Gläubiger** (obsiegende Kläger) kann in Höhe des **jeweils** beizutreibenden Betrags Sicherheit leisten (d. h., er ist zu Teilvollstreckungen befugt) zuzüglich eines prozentualen Zuschlags (z. B. 10%) für Schäden des Schuldners, die über den beigetriebenen Betrag hinausgehen (BT-Drucksache 14/6036 S. 162).

   Teilvollstreckungen sind gem. § 751 II nur zulässig, wenn eine Abschrift der die *jeweilige* Sicherheitsleistung nachweisenden Urkunde dem Schuldner bei Beginn der Zwangsvollstreckung zugestellt wird. Damit ist der Schuldner davor geschützt, dass der Gläubiger (i. d. R. betrügerisch) nur *eine* Teilsicherheit leistet und auf Grund dieser mehrfach weitere Teilbeträge vollstreckt (BT-Drucksache 14/6036 S. 162).

c) Zusammenfassende Beispiele (die Hauptfälle)

4.09 **Beispiel 1: Verurteilung des Beklagten bis € 1250,– (§§ 708 Nr. 11, 711).**
Der Klage des K gegen B auf Zahlung von € 1250,– nebst 8% Prozesszinsen wird mit voller Kostenlast des B (§ 91) ohne Beweisaufnahme stattgegeben. Für den Vollstreckungsausspruch ist zunächst zu fragen, ob ein Fall des § 708 (ohne SL) oder § 709 (gegen SL) vorliegt. Hier: § 708 Nr. 11 Alt. 1, da K in der Hauptsache nicht mehr als € 1250,– vollstrecken kann. Als nächster Schritt ist § 711 zu beachten. Die Abwendungsbefugnis des Schuldners (B) bemisst sich danach, was K aus dem Urteil vollstrecken kann (Hauptsache + Zinsen + Kostenerstattung). Wegen der Wahlmöglichkeit in § 711 S. 1 bzw. S. 2 ist zu differenzieren:

(a) **§ 711 S. 1**

Die Sicherheitsleistung ist bei dieser Alternative auszurechnen und im Tenor zu beziffern. Sie ist dann für Schuldner und Gläubiger (K) gleich hoch anzusetzen. K kann vollstrecken:

Hauptsache:	€ 1250,–
Zinsen:	
für den Zeitraum bis zum voraussichtlichen Zeitpunkt des Vollstreckungsbeginns (also nicht nur bis zum Tag des Urteils). Vielfach wird als Faustformel 1 Jahr angesetzt: damit wird dem Sicherheitsinteresse i. d. R. Genüge getan und eine unnötige Rechenarbeit vermieden. Also 8% aus € 1250,– für 1 Jahr	€ 100,–
Kostenerstattungsanspruch des K gegen B bzgl. **der Gerichtskosten:**	
Anzusetzen ist für die SL nur, was K bei Urteilserlass schon *tatsächlich verauslagt* hat. Die übrigen Kosten fordert der Staat später direkt beim Unterlegenen ein, §§ 29 Nr. 1, 31 II GKG. Hier also gem. § 12 GKG: 3 Gebühren (KV 1210) aus € 1250,– (Gebührenstaffel bis € 1500,–).	€ 213,–
Kostenerstattungsanspruch des K gegen B bzgl. **der außergerichtlichen Kosten:**	
Wie hoch diese wirklich sind, wird erst im Kostenfestsetzungsverfahren festgestellt. Hier begnügt man sich mit den mindestens angefallenen RA-Kosten des K, ungeachtet dessen, ob dieser sie schon bezahlt hat oder nicht, da K jedenfalls Gebührenschuldner gegenüber seinem RA geworden ist mit Anfall der jeweiligen Gebühren. Hier:	
Verfahrens- u. Termingebühr (RVG VV 3100, 3104) aus € 1250,–	€ 287,50
Auslagenpauschale, RVG VV 7002	€ 20,–
19% MwSt. aus *beiden* Beträgen (RVG VV 7008)	€ 58,43
Insgesamt	€ 1928,93

II. Ohne Sicherheitsleistung, § 708

Das Urteil lautet dann gemäß §§ 708 Nr. 11, 711 S. 1:

> III. Das Urteil ist vorläufig vollstreckbar *(§ 708 Nr. 11)*. Der Beklagte kann die Vollstreckung abwenden durch Sicherheitsleistung in Höhe von € 1950,–, wenn nicht der Kläger vor der Vollstreckung Sicherheit in *gleicher* Höhe erbringt *(§ 711 S. 1)*.

(b) § 711 S. 2

Hier muss die SL nicht im Tenor beziffert, sondern kann pauschaliert (z.B. 110%) angegeben werden.

(aa) Abwendungsbefugnis für den **Schuldner** (Beklagten): Er muss stets die **volle** Sicherheit leisten für alles, was K aus dem Urteil vollstrecken kann, also Hauptsache + Zinsen + Kostenerstattung.

Der Wortlaut des § 711 S. 2 ermöglicht die arbeitserleichternde **Formulierung:** „… Sicherheitsleistung in Höhe von 110% des aus dem Urteil vollstreckbaren Betrags".

Beachte: da der Schuldner (Bekl.) stets, also auch bei Teilvollstreckung des Gläubigers, die *ganze* Sicherheitsleistung erbringen muss, ihm also Teil-Sicherheiten untersagt sind (BT-Drucksache 14/6036 S. 163), kann man auch *nicht* vereinfachend tenorieren: „der Bekl. kann abwenden durch SL in Höhe von 110% des *jeweils* beizutreibenden Betrags".

(bb) Ausspruch betreffend den obsiegenden **Gläubiger:** er muss Sicherheit nur für den **jeweils** beizutreibenden Betrag leisten zuzüglich eines weiteren Sicherheitszuschlags, der in diesem Buch durchgängig mit 10% veranschlagt wird. K muss also 110% (100% + 10%) des *jeweils* zu vollstreckenden Betrags als Sicherheit leisten.

(cc) Der Tenor wird dann etwa lauten:

> III. Das Urteil ist vorläufig vollstreckbar *(= § 708 Nr. 11)*. Der Beklagte kann die Vollstreckung *abwenden* durch Sicherheitsleistung in Höhe von 110% des aus dem Urteil (Anm.: *insgesamt*) vollstreckbaren Betrags, wenn nicht der Kläger vor der Vollstreckung Sicherheit in Höhe von 110% des *jeweils* zu vollstreckenden Betrags leistet *(= § 711 S. 2)*.

Beispiel 2: §§ 708 Nr. 11, 713

Der Klage des K gegen B auf Zahlung von € 600,– wird stattgegeben, eine Berufung wird nicht zugelassen (§ 511 II Nr. 2). Da das Urteil nicht berufungsfähig ist (§ 511 II Nr. 1: ab € 600,01), entfällt wegen § 713 der sonst in § 711 vorgesehene Ausspruch über die Abwendungsbefugnis. Der Tenor lautet daher in Ziff. III nur:

> „Das Urteil ist vorläufig vollstreckbar" *(= §§ 708 Nr. 11, 713)*.

Beispiel 3: Beide Ansprüche fallen unter §§ 708 Nr. 11, 711.

Der Klage des K über € 10000,– nebst 8% Prozesszinsen wird in Höhe von € 1250,– nebst 8% Prozesszinsen stattgegeben, im Übrigen wird sie abgewiesen. Von den Kosten trägt K 7/8, B 1/8. Das Urteil ist wegen des Verurteilungswerts von über € 600 und wegen der Klageabweisung in Höhe von € 8750,– berufungsfähig, § 713 greift also nicht ein. Da beide Parteien einen vorläufig vollstreckbaren Anspruch haben, ist der Vollstreckungsausspruch **für jede Partei gesondert** zu erarbeiten:

(I) **Kläger:**

(1) § 708 Nr. 11 oder § 709 S. 1?

K kann in der **Hauptsache** € 1250,– vollstrecken (Zinsen und Kosten bleiben wegen § 4 unberücksichtigt). Es gilt also § 708 Nr. 11.

(2) Höhe der **Sicherheit** gem. § 711 S. 1:
Formel: Hauptsache + Zinsen + Kostenerstattung für K, also

Hauptsache	€ 1250,–
Zinsen	
Prozesszinsen, also rund 1 Jahr (vgl. Beispiel 1). Also 8% aus € 1250,– für 1 Jahr	€ 100,–
Kostenerstattungsanspruch K gegen B bzgl. **Gerichtskosten:**	
nur, was K bei Urteilserlass schon *tatsächlich verauslagt* hat. Hier also: § 12 GKG = 3 Gebühren (KV 1210) aus € 10000,– = € 723,–.	
Davon 1/8	€ 90,38

Kostenerstattungsanspruch des K gegen B bzgl. **außergerichtlicher** Kosten:

2,5 Verfahrens- und Termingebühr aus € 10 000,–	€ 1395,–
Auslagenpauschale, VV 7002	€ 20,–
19% MwSt. aus *beiden* Beträgen	€ 268,85
	€ 1683,85
Davon ⅛	€ 210,48
Insgesamt also € 1650,86	
aufgerundet	€ 1700,–

(II) **Beklagter:**

(1) § 708 Nr. 11 oder § 709 S. 1?

B kann ⅞ seiner Kosten vollstrecken. Da er keine Gerichtskosten (z. B. für Zeugen) verauslagt hat, betrifft das nur seine eigenen RA-Kosten, die hinsichtlich der Mindestgebühren ebenso hoch sind, wie die des Klägers, also € 1683,85

Davon ⅞	€ 1473,37
(2) Höhe der Sicherheit also (aufgerundet)	€ 1480,–

Das Urteil lautet dann bei doppelter Anwendung von §§ 708 Nr. 11, 711 S. 1:

> III. Das Urteil ist vorläufig vollstreckbar *(= § 708 Nr. 11).* Der Beklagte kann die Vollstreckung abwenden durch Sicherheitsleistung in Höhe von € 1700,–, wenn nicht der Kläger vor der Vollstreckung Sicherheit in *gleicher* Höhe erbringt *(= § 711, S. 1).* Der Kläger kann die Vollstreckung abwenden durch Sicherheitsleistung in Höhe von € 1480,–, wenn nicht der Beklagte vor der Vollstreckung Sicherheit in *gleicher* Höhe erbringt *(= § 711, S. 1).*

Bei Anwendung der Wahlmöglichkeit gemäß **§ 711 S. 2:**

> III. Das Urteil ist vorläufig vollstreckbar *(= § 708 Nr. 11).* Jede Partei kann die Vollstreckung gegen sich abwenden durch Sicherheitsleistung in Höhe von 110% des gegen sie (insgesamt) vollstreckbaren Betrags, wenn nicht die Gegenseite vor der Vollstreckung Sicherheit in Höhe von 110% des **jeweils** durch sie beizutreibenden Betrags erbringt (§ 711 S. 2).

d) Mischfälle innerhalb von § 708

4.10 Verurteilungen können unter mehrere Ziffern des § 708 fallen:

Beispiel: Über einen Teil des Anspruchs ergeht Anerkenntnisurteil (§ 708 Nr. 1), über den Rest streitiges Endurteil (z. B. nach § 708 Nr. 11).

Geschieht dies nacheinander, also per Teil- und Schlussurteil, so ist die Vollstreckbarkeit für jedes dieser Urteile gesondert zu beurteilen, das Teilanerkenntnisurteil also gemäß § 708 Nr. 1 schlicht für vorläufig vollstreckbar zu erklären (ohne Abwendungsbefugnis gemäß § 711 S. 1, 2), das streitige End-(Schluss-)Urteil gemäß §§ 708 Nr. 11, 711 S. 1, 2 zu behandeln, wobei für die Einstufung in §§ 708 Nr. 11, 711 S. 1, 2 und die Errechnung der Sicherheitshöhe nur der Verurteilungswert des Schlussurteils zählt (keine Addition mit der Verurteilung aus dem Teilanerkenntnisurteil).

Geschieht dies gleichzeitig, also z. B. in einem einheitlichen „Anerkenntnis- und Endurteil", so ist gleichfalls **jeder einzelne Entscheidungsteil** für die vorläufige Vollstreckbarkeit **gesondert** zu behandeln.

Die Verurteilungen aus den Ziff. 1–10 des § 708 werden auch bei gleichzeitiger Verurteilung **nicht addiert:** für § 708 Nr. 11 (und § 709) bleiben nur Verurteilungen übrig, die **nicht** schon unter § 708 Nr. 1–10 fallen; s. Wortlaut in § 708 Nr. 11: „andere Urteile" = andere als Nr. 1–10. Die Sicherheitsleistung darf dann auch nicht das ganze Urteil erfassen („blockieren"), sondern nur *den* Teil, für dessen Vollstreckung Sicherheitsleistung anzuordnen ist.

Beispiel: K klagt € 5000,– ein, B erkennt nach Antragstellung und Bestreiten (also nicht sofort i. S. v. § 93) € 4000,– an. Nach streitiger Verhandlung ergeht am Ende des Termins einheitliches:

„ANERKENNTNIS- UND ENDURTEIL"

I. Der Beklagte wird verurteilt, an den Kläger € 5000,– zu zahlen.
II. Der Beklagte trägt die Kosten des Rechtsstreits *(§ 91)*.
III. ...

Der Vollstreckungsausspruch ist für jede Ziffer des § 708 getrennt zu erarbeiten:

(1) **€ 4000,–** = § 708 Nr. 1, also ohne Sicherheit und ohne Abwendungsbefugnis gemäß § 711 S. 1, 2.

(2) **€ 1000,–** = § 708 Nr. 11. Für § 711 S. 1, 2 zählt nur **dieser** beizutreibende Betrag.

Also: Hauptsache (€ 1000,–) + Zinsen (–) + Kostenerstattung (die aus € 5000,– einheitlich bereits angefallenen Gebühren wird man im Verhältnis € 1000,– zu € 5000,–, also zu 1/5 hier anteilig ansetzen: § 12 GKG = € 438,–. RA: 2,5 × € 303,– (757,50) + Pauschale (€ 20,–) + MWSt. (€ 147,73) = € 1363,23, davon 1/5 = € 272,64, aufgerundet € 280,–).
Sicherheit gemäß § 711 S. 1, damit: € 1280,–.

Der Tenor dieser Kombination § 708 Nr. 1 mit §§ 708 Nr. 11, 711 S. 1 lautet dann z. B.:

> III. Das Urteil ist vorläufig vollstreckbar.
> In Höhe eines beizutreibenden Betrages von **€ 1000,–** kann der Beklagte die Vollstreckung durch Sicherheitsleistung in Höhe von € 1280,– abwenden, wenn nicht der Kläger vor der Vollstreckung Sicherheit in *gleicher* Höhe erbringt (§§ 708 Nr. 11, 711 S. 1; bzw. § 711 S. 2: „... kann der Beklagte abwenden durch Sicherheitsleistung von € 1000,– zuzüglich 10% des aus Ziff. II (oder: wegen der Kosten) vollstreckbaren Betrags, sofern nicht der Kläger vor der Vollstreckung Sicherheit in Höhe von 110% des *jeweils* zu vollstreckenden Betrags leistet). Im **Übrigen** ist das Urteil ohne Abwendungsbefugnis (ohne Sicherheit) vorläufig vollstreckbar *(§ 708 Nr. 1)*.

e) Wirkung der Abwendungsbefugnis, § 711

Sie hängt ab vom Verhalten der Parteien (vgl. Müko-ZPO 6 ff.; ThP 4 zu § 711).   4.11

- **Solange der Schuldner die Sicherheit nicht leistet,** kann der Gläubiger ohne eigene Sicherheitsleistung vollstrecken. Jedoch muss der Gläubiger dann gepfändetes Geld gemäß **§ 720** hinterlegen, bei einer Forderungspfändung (z. B. Arbeitslohn) muss der Drittschuldner (z. B. Arbeitgeber) gemäß **§ 839** hinterlegen (zur Vermeidung einer Auszahlung an den Gläubiger muss der Überweisungsbeschluss sogar ausdrücklich diese Hinterlegungsanordnung enthalten, ThP § 839, 1; § 835, 2).

Beachte also: allein die im Tenor ausgesprochene aber ungenutzte **Befugnis** des Schuldners zur Vollstreckungsabwendung genügt für diese Beschränkungen gemäß §§ 720, 839!

- **Leistet der Schuldner die Sicherheit, nicht aber der Gläubiger,** ist Beginn der ZwV unzulässig, eine begonnene einzustellen, § 775 Nr. 3, und ZwV-Maßnahmen sind aufzuheben, § 776.

- **Leistet der Gläubiger die Sicherheit,** so kann er vollstrecken, auch wenn der Schuldner Sicherheitsleistung erbracht hat, da dessen Abwendungsbefugnis nur bedingt gewährt ist („wenn nicht"), also jetzt fortfällt. Da der Schuldner diese Befugnis nicht mehr hat, muss der Gläubiger auch nicht gepfändetes Geld gemäß § 720 hinterlegen. Auch die Beschränkung auf eine Sicherungsvollstreckung gem. § 720a gilt nicht im Falle § 711 (Wortlaut, Zöller § 720a, 2). Der Schuldner kann seine Sicherheit gemäß § 109 zurückverlangen.

Ab Eintritt der Rechtskraft wird das Urteil unbedingt vollstreckbar. Die Abwendungsbefugnis gemäß § 711, die nur für die Zwischenzeit der vorläufigen Vollstreckbarkeit gewährt ist, entfällt jetzt, eine jetzt erst vom Schuldner erbrachte Sicherheit kann die Vollstreckung nicht hindern. Wenn in § 711 S. 1, 2 (und demnach auch so im Tenor) formuliert ist, der Schuldner könne „die Vollstreckung abwenden", so ist damit natürlich nur gemeint: die vorläufige = bis zur Rechtskraft. § 711 S. 1, 2 stellt dies klar durch Bezugnahme auf die Vorschriften zur vorläufigen Vollstreckbarkeit.

III. Gegen Sicherheitsleistung, § 709

4.12 „**Andere Urteile**" heißt: alle die nicht in § 708 aufgeführt sind. Unter § 709 fallen also insbesondere alle stattgebenden Urteile in nichtvermögensrechtlichen Streitigkeiten (dazu: ThP Einl. IV 3) sowie die Urteile, in denen die Grenzwerte von § 708 Nr. 11 überschritten werden.

§ 709 S. 3 ist Ergänzung zu § 709 S. 1, 2. Der gesamte § 709 setzt also voraus, dass **kein Fall des § 708** vorliegt.

Die Vollstreckung *gegen* SL (§ 709) darf gemäß **§ 751 II** nur erfolgen, wenn die SL nachgewiesen und der Nachweis zugestellt worden ist. *Ohne* diese SL darf aber nach **§ 720a** bei Titeln auf Geldleistung eine sog. **Sicherungsvollstreckung** betrieben werden, d. h. eine Vollstreckung nicht zur Befriedigung, sondern nur zur Sicherung (z. B. durch rangwahrende Pfändung). Gem. § 750 III müssen aber 2 Wochen zuvor Urteil und Klausel zugestellt worden sein (Wartefrist), ThP § 720a, 3, 4.

1. § 709 S. 1 und 2 (die Hauptfälle)

4.13 a) **Beispiel 1:** Der Kläger obsiegt voll.
Der Kaufpreisklage des K über € 50 000,– nebst 8 % Prozesszinsen wird uneingeschränkt stattgegeben. Der Vollstreckbarkeitsausspruch lautet im Falle

§ 709 S. 1: „III. Das Urteil ist vorläufig vollstreckbar gegen Sicherheitsleistung in Höhe von € 59 200,–."

Formel zur Höhe der Sicherheitsleistung: Hauptsache + Zinsen (hier z. B. für 1 Jahr = € 4000,–) + Kostenerstattung des K (= € 5121,73), zusammen aufgerundet € 59 200,–.

§ 709 S. 2: „III. Das Urteil ist vorläufig vollstreckbar gegen Sicherheitsleistung in Höhe von 110 % des *jeweils* zu vollstreckenden Betrags."

b) **Beispiel 2:** Teilabweisung. Beide Ansprüche fallen unter § 709 S. 1, 2.
Bei teilweisem Obsiegen und Unterliegen ist der Vollstreckungsausspruch für jede Partei gesondert zu erarbeiten. Übersteigen beide Ansprüche die Grenzen des § 708 Nr. 11, hat also der Kläger in der Hauptsache mehr als € 1250,– zu vollstrecken und hat der Beklagte einen Kostenerstattungsanspruch von mehr als € 1500,–, so hat eine doppelte Anwendung von § 709 S. 1 bzw. S. 2 zu erfolgen, beide können also nur *gegen* Sicherheit vollstrecken (ThP § 709, 3).

Der Tenor lautet bei einer Teilabweisung der Klage z. B.:

§ 709 S. 1: „III. Das Urteil ist vorläufig vollstreckbar, für den Kläger gegen Sicherheitsleistung in Höhe von € 30 000,–, für den Beklagten in Höhe von € 4000."

§ 709 S. 2: „III. Das Urteil ist vorläufig vollstreckbar, für beide Parteien gegen Sicherheitsleistung in Höhe von 110 % des *jeweils* zu vollstreckenden Betrags."

c) **Beispiel 3:** Teilunterliegen. Kombination von § 709 mit §§ 708 Nr. 11, 711
Der Klage des K auf Zahlung von € 50 000,– nebst 8 % Prozesszinsen wird in Höhe von € 40 000,– nebst 8 % Prozesszinsen stattgegeben, im Übrigen wird sie abgewiesen. Von den Kosten trägt K 1/5, B 4/5.
Das Urteil ist berufungsfähig, § 713 greift also nicht ein. Der Vollstreckungsausspruch ist für jede Partei gesondert zu erarbeiten:

aa) § 709 S. 1 mit § 708 Nr. 11, 711 S. 1:

Kläger
(1) 708 Nr. 11 oder § 709 S. 1?
Die vollstreckbare *Hauptsache* (€ 40 000,–) überschreitet § 708 Nr. 11, es gilt also § 709 S. 1, 2.

(2) Höhe der *Sicherheit* gemäß § 709 S. 1:

Formel: Hauptsache (€ 40 000,–) + Zinsen (1 Jahr: € 3200,–) + Kostenerstattungsanspruch des K aus Streitwert € 50 000,– (§ 48 I GKG: € 1638,–. RA: 2,5 Verfahrens- und Terminsgebühr, Auslagen, MwSt., für RA also € 3483,73, zuzüglich Gerichtskosten insgesamt € 5121,73. Davon $^4/_5$ = € 4097,38).

Beklagter

(1) § 708 Nr. 11 oder § 709 S. 1

B kann $^1/_5$ seiner *Kosten* vollstrecken. Da er noch keine Gerichtskosten verauslagt hat, betrifft das nur seine eigenen RA-Kosten, die für die Sicherheitsleistung als ebenso hoch anzusetzen sind, wie die soeben für K errechneten, also € 3483,73. Davon $^1/_5$ = € 696,75. Dafür gilt § 708 Nr. 11.

(2) Höhe der *Sicherheit* gemäß § 711 S. 1 rund € 700,–.

Das Urteil lautet dann bei Kombination von § 709 S. 1 mit §§ 708 Nr. 11, 711 S. 1:

> III. Das Urteil ist vorläufig vollstreckbar, für den Kläger jedoch nur *gegen* Sicherheitsleistung in Höhe von € 47 300,– *(= § 709 S. 1).*
>
> Der Kläger kann die Vollstreckung *abwenden* durch Sicherheitsleistung in Höhe von € 700,–, wenn nicht der Beklagte vor der Vollstreckung Sicherheit in gleicher Höhe erbringt *(= § 711 S. 1.)*

bb) **§ 709 S. 2** mit §§ 708 Nr. 11, 711 S. 2:

> III. Das Urteil ist vorläufig vollstreckbar, für den Kläger jedoch nur *gegen* Sicherheitsleistung in Höhe von 110% des *jeweils* zu vollstreckenden Betrags *(= § 709 S. 2).*
>
> Der Kläger kann die Vollstreckung (aus Ziff. II) *abwenden* durch Sicherheitsleistung in Höhe von 110% des gegen ihn aus Ziff. II vollstreckbaren Betrags, wenn nicht der Beklagte vor der Vollstreckung Sicherheit in Höhe von 110% des durch ihn *jeweils* zu vollstreckenden Betrags erbringt *(= § 711 S. 2).*

d) **Beispiel 4: Verurteilung zu *anderer als Geldleistung*** (z.B. Herausgabe)

Die Vereinfachung durch Pauschalierung der Sicherheitsleistung (110%) in §§ 709 S. 2, 711 S. 2 ist nur zulässig, „soweit" zu einer Geldleistung verurteilt wurde. Bei Verurteilungen in der Hauptsache zu *anderen* als Geldleistungen (z.B. zu Herausgabe, Unterlassung, Auskunft, Abgabe einer Willenserklärung, Duldung der ZwV, Verurteilungen bei prozessualen Gestaltungsklagen §§ 767, 771, 805) muss – wenn man von § 709 S. 2 bzw. § 711 S. 2 Gebrauch machen will – differenziert werden zwischen der Hauptsache (dafür Bezifferung erforderlich gem. § 709 S. 1 bzw. § 711 S. 1) und dem Kostenausspruch (dafür Pauschalierung möglich gem. § 709 S. 2 bzw. § 711 S. 2). ThP § 709, 4.

Beispiel: K klagt aus Eigentum auf Herausgabe eines Pkw im Verkehrswert von € 40 000,– gegen B. K obsiegt.

> I. Verurteilung zur Herausgabe
> II. Die Kosten des Rechtsstreits trägt B.
> III. Das Urteil ist vorläufig vollstreckbar, in Ziff. I gegen Sicherheitsleistung in Höhe von € 40 000,– *(= § 709 S. 1)*, in Ziff. II gegen solche in Höhe von 110% des *jeweils* zu vollstreckenden Betrags *(= § 709 S. 2).*

2. § 709 S. 3

Einzelheiten zum Versäumnisverfahren nach Einspruch siehe unter Rn. **20.21**. Nachstehendes vorab wegen des Sachzusammenhangs mit § 709 S. 1, 2.   **4.14**

§ 709 S. 3 ergänzt S. 1, 2 und setzt daher voraus, dass **kein Fall des § 708** vorliegt, insbes. also, dass das zu bestätigende VU, wäre es als streitiges Urteil ergangen, nicht unter § 708 Nr. 11 fällt.

Weiter gilt § 709 S. 3 nur bei *Aufrechterhaltung* eines VU, also nur im Falle des § 343 S. 1.

Fehlt es an diesen Voraussetzungen, bewendet es bei den allgemeinen Regeln (§§ 708, 709 S. 1, 2). Demnach sind insbes. folgende Fälle zu unterscheiden:

a) Das Versäumnisurteil wird aufrechterhalten

- Das VU (gedacht als streitiges Urteil) **übersteigt** die Grenze von § 708 Nr. 11: Es gilt § 709 S. 3. In die Formel ist zunächst aufzunehmen, was nach § 709 S. 1, 2 auszusprechen ist (ThP § 709, 6).

  Beispiel: Klagestattgebendes VU über € 3000,–.
  Tenor:
  I. Das VU vom ... wird aufrechterhalten.
  II. Der Beklagte trägt auch die weiteren Kosten des Rechtsstreits (= § 91).
  III. Das Urteil ist gegen Sicherheitsleistung in Höhe von € 3950,– vorläufig vollstreckbar (§ 709 S. 1, bzw. gem. § 709 S. 2: „... in Höhe von 110% des jeweils zu vollstreckenden Betrags"). Die Vollstreckung aus dem Versäumnisurteil darf nur fortgesetzt werden, wenn diese Sicherheit geleistet ist (= § 709 S. 3).

  Anmerkung: Das Urteil gemäß § 343 S. 1 ist ein normales streitiges Endurteil, für das daher nicht mehr wie für das bestätigte VU § 708 Nr. 2 (ohne Abwendungsbefugnis!) gilt. Es unterliegt der allgemeinen Regelung, hier § 709 S. 1, 2.

- **Übersteigt** das VU **nicht** die Grenze von § 708 Nr. 11, so ist § 709 S. 3 unanwendbar. Es bewendet bei §§ 708 Nr. 11, 711, bzw. § 713 (ThP § 709, 5).

  Beispiel: Das klageabweisende VU gegen den Kläger wird bestätigt (§ 343 S. 1). Kostenerstattungsanspruch des Beklagten in Höhe von € 1000,–
  I. Das VU vom ... wird aufrechterhalten.
  II. Der Kläger trägt auch die weiteren Kosten des Rechtsstreits.
  III. Das Urteil ist vorläufig vollstreckbar (§ 708 Nr. 11). Der Kläger kann jedoch die Vollstreckung abwenden durch Sicherheitsleistung in Höhe von € 1000,–, wenn nicht der Beklagte vor der Vollstreckung Sicherheit in gleicher Höhe erbringt (§ 711 S. 1 bzw. alternativ: § 711 S. 2).

b) Das Versäumnisurteil wird aufgehoben

§ 709 S. 3 ist unanwendbar, es bewendet bei §§ 708 Nr. 11, 711 bzw. § 709 S. 1, 2.

Beispiel 1: Das stattgebende VU über € 3000,– wird aufgehoben und die Klage abgewiesen (§ 343 S. 2); die Kosten trägt der Kläger (§ 91), ausgenommen die Säumnis-Kosten, die der Beklagte trägt (§ 344, z.B. die Reisekosten des Klägers zum Einspruchstermin, Musielak § 344, 1): doppelte Anwendung von §§ 708 Nr. 11, 711: beide Parteien können die Vollstreckung abwenden, da die Kostenerstattungsansprüche € 1500,– (§ 708 Nr. 11) nicht übersteigen. Zur Tenorierung siehe Rn. **4.**09, Beispiel 3.

Beispiel 2: Wird das klageabweisende VU aufgehoben und der Klage über € 10000,– jetzt voll stattgegeben, so gelten für die Vollstreckung durch den Kläger § 709 S. 1, 2 (gegen Sicherheit) und für die Vollstreckung durch den Beklagten (Säumniskosten, die gem. § 344 der Kläger trägt) die §§ 708 Nr. 11, 711 (wenn die Säumniskosten € 1500,– nicht übersteigen). Zur Tenorierung siehe Rn. **20.**21.

IV. Vollstreckungsschutzanträge

4.15 Schutzanträge des Schuldners (§ 712) oder des Gläubigers (§§ 710, 711 S. 3) können den Vollstreckungsausspruch beeinflussen. Die Schutzanträge müssen gemäß § 714 vor Schluss der mündlichen Verhandlung gestellt und ihre tatsächlichen Voraussetzungen **glaubhaft** (§ 294) gemacht werden. An letzterem fehlt es in der Praxis häufig. Ungenügend ist die Beschränkung auf reine Antragstellung: „Höchstvorsorglich beantrage ich Vollstreckungsschutz". An der Glaubhaftmachung scheitern die Schutzanträge ganz überwiegend in der Praxis und den Examensklausuren.
Die **Ablehnung** eines Schutzantrages erfolgt nur in den Entscheidungsgründen. Dafür genügen knappe Hinweise (BL § 712, 5).

§ 5 Der Tatbestand, § 313 I Nr. 5

Der Tatbestand (TB) ist die geordnete und objektive (d. h. von jeder juristischen oder beweiswürdigenden Bewertung durch das Gericht freie) Zusammenstellung des Sach- und Streitstandes aus der Sicht der Parteien (nicht des Gerichts), abgestellt auf den Schluss der mündlichen Verhandlung (bzw. was dem gleichsteht, z. B. §§ 128 II; 251a), ThP § 313, 12.   5.01

Der Tatbestand folgt unter dieser Überschrift unmittelbar dem Tenor und ist räumlich und durch die folgende Überschrift „Entscheidungsgründe" deutlich abgesetzt von diesen.

Diese klare Absetzung von den E-Gründen folgt aus der unterschiedlichen Funktion dieser beiden Urteilselemente: Der TB enthält den unbewerteten, die E-Gründe den bewerteten und gewürdigten Streitstoff; ersterer ist aus der Sicht der Parteien, letztere sind aus der Sicht des Gerichts geschrieben. Ganz anders das Strafurteil. Dort folgt auf den Tenor nur mehr 1 Urteilselement, die „Gründe"; diese sind untergliedert u. a. in den Sachverhalt, wie ihn das *Gericht* festgestellt hat, und sodann die beweiswürdigenden Ausführungen, warum es diesen Sachverhalt so für erwiesen hält.

Einen Tatbestand hat **grundsätzlich jedes erstinstanzliche Urteil** zu enthalten, also z. B. auch ein Teil- oder Zwischenurteil.

Ausnahmen nur: §§ 313a; 313b.

Für das Berufungsurteil gilt nach § 540: Der herkömmliche TB wird ersetzt durch eine Bezugnahme auf die tatsächlichen Feststellungen im Ersturteil (solche können sich auch in den E-Gründen finden) mit Darstellung etwaiger Änderungen oder Ergänzungen (insbes. durch neuen Sachvortrag in 2. Instanz). Dazu näher unten Rn. **27.24**.

Um einen korrekten Tatbestand zu schreiben, muss man von seinen beiden Aufgaben ausgehen und sich diese vor jeder Niederschrift klarmachen (unten 1, 2) und sodann wegen § 313 II daran gehen, diese Aufgaben mittels einer konzentrierten, gestrafften Fassung zu erfüllen (unten 3). Der Aufbau des Tatbestands ist gesetzlich nicht geregelt. Er folgt allgemeiner Praxis (unten II).

I. Die Aufgaben des Tatbestands

Es sind seit jeher **vor allem zwei.** Sie stehen unter dem Gebot besonderer Straffung (unten 3):

1. Objektiver, gedrängter Bericht über die Urteilsgrundlagen   5.02

- **Urteilsgrundlagen sind:**
    - Parteivorbringen (Behauptungen, Beweisantritte etc.), sofern es unter Beachtung des Mündlichkeitsprinzips Prozessstoff geworden ist, also gemäß § 137 durch Vortrag oder Bezugnahme, und zum Schluss der mündlichen Verhandlung noch aktuell ist.
    - Beweisaufnahmen
    - Zwischenurteile (z. B. über die Zulassung einer umstrittenen Klageänderung) und sonstige Prozessgeschichte (z. B. nicht mehr aktuelles Parteivorbringen, das aber, wie z. B. bei Teilklagerücknahme, Kosten verursacht hat).

- **Gedrängter Bericht:**
 Er setzt, um nachvollziehbar zu sein, eine **klare Stoffordnung** voraus. Üblich ist daher eine bestimmte **Gliederung,** dazu unten II. Gemäß **§ 313 II** soll aber im ausformulierten Text des TB nur mehr das Wesentliche und auch dies **nur knapp** dargestellt werden, während der übrige Prozessstoff per **Verweisung** berichtet werden soll.

    Unterschied zum sog. **Sachbericht der Relation:** letzterer enthält keine Verweisungen auf Schriftsätze und Protokolle, sondern enthält selbst ungekürzt den vollständigen Prozessstoff. Abgesehen von den verschiedenen Adressaten (Sachbericht: Mitglieder der Kammer oder des Senats. Tatbestand: Parteien und wegen § 314 Rechtsmittelgericht) entspricht der Sachbericht weitgehend einem (wegen § 313 II nicht mehr zu fertigenden) „ungekürzten Tatbestand".

- **Objektiv:**
 Der TB muss die Urteilsgrundlagen nüchtern und kommentarlos so berichten, wie sie vor und unabhängig von der richterlichen Entscheidungsfindung vorliegen. Parteivorträge sind daher (wenn auch unter Straffung auf das Wesentliche) aus der Sicht der *Parteien* zu berichten.
 Der Leser des TB soll sich auf Grund dieses völlig neutralen Berichts selbst seine E-Gründe bilden und dann vergleichen können mit den im Urteil nachfolgend dargestellten Schlussfolgerungen des erkennenden Gerichts.

Vereinfacht könnte man auch sagen: Der TB enthält die Zusammenstellung des „da mihi factum", die E-Gründe des „dabo tibi ius".

Beispiele:
(1) **Unstreitiges.** Hier liegt die häufigste Fehlerquelle. Hervorgehoben seien 3 Probleme:
(a) **Unstreitig nach Beweisaufnahme?**
Ein einmal im Prozess vorgebrachtes Behaupten oder Bestreiten bleibt wegen der Einheit der mündlichen Verhandlung grundsätzlich so vorgebracht bis zum Schluss der mündlichen Verhandlung, kein Fallenlassen des Bestreitens also allein dadurch, dass es im nächsten Termin oder nach einer Beweisaufnahme nicht ausdrücklich wiederholt wird. Eine Partei kann natürlich nach einer erdrückenden Beweisaufnahme ihr Behaupten oder Bestreiten auch konkludent fallen lassen. Dieses konkludente Fallenlassen muss aber irgendwie ersichtlich werden (z. B. durch Verzicht auf Gegenzeugen etc.). Schweigen des in der Beweisaufnahme Unterliegenden genügt allein nicht. Im Zweifel hält die Partei auch bei ungünstiger Beweisaufnahme ihr bestrittenes Vorbringen aufrecht (der Instanzenzug ist ja noch nicht zu Ende!), ThP § 313, 17.

(b) **Ungenügendes Bestreiten:**
Ob das Bestreiten substantiiert genug ist etc., ist eine Wertungsfrage. Der TB darf das Ergebnis dieser Wertung nicht unterstellen, sie bleibt den E-Gründen vorbehalten. Bestreitet der Beklagte z. B. unzulässig pauschal die vom Kläger genau aufgelisteten 5 Schadensposten mit „wird der Schaden des Klägers bestritten", so liegt bzgl. der Position Schaden objektiv eine bestrittene Behauptung des Klägers vor, im objektiv gehaltenen Tatbestand also zu berichten im streitigen Klägervortrag. Erst in den E-Gründen wird ausgeführt, dass der bestrittene Schaden als festgestellt gilt, weil (Wertung!) das Bestreiten des Beklagten unzureichend ist, denn eine geordnete Zusammenstellung von Rechnungsposten kann nicht pauschal in einem Satz („wird bestritten") bestritten werden (Zöller § 138, 10a).

(c) **Fehlende Äußerungen des Beklagten** zu Klägerbehauptungen, § 138 III:
Die Klägerbehauptungen gehören dann in den unstreitigen Teil (nach ThP § 313, 16 mit kurzer Kennzeichnung). Ausnahme (dann streitiger Klägervortrag): Aus den übrigen Erklärungen des Beklagten ergibt sich ein konkludentes Bestreiten auch dieser Punkte.

Beispiel: K fordert Schadensersatz aus Verkehrsunfall. Er behauptet, B sei der Fahrer des anderen Unfall-PKW gewesen und habe den Unfall wie folgt verschuldet ... (folgt Unfallschilderung). B äußert sich nur zum Unfallablauf, den er anders als K schildert. Darüber, ob er selbst gefahren ist oder ein Dritter, äußert er sich überhaupt nicht.

I. Die Aufgaben des Tatbestands 51

Hier: Unstreitig ist, dass B am Unfall vom ... als Fahrer des PKW ... beteiligt war. TB: „Am ... stießen der klägerische PKW ... und der vom Beklagten gesteuerte PKW ... auf der X-Straße in A zusammen (= unstreitig). Der Kläger behauptet .... (= Unfallschilderung, streitiger Teil).

(2) **Anträge:**
Anträge sind, **auch wenn schief oder falsch, wörtlich** zu berichten, nicht also in der „korrigierten" Form, wie sie das Gericht nach Auslegung zugrundelegt: dies ist allein Sache der E-Gründe!
Will etwa der Kläger ausweislich der Klagegründe Klage aus § 771 ZPO erheben, formuliert er dies aber fälschlich als Feststellungsklage („es wird festgestellt, dass die ZwV in ... unzulässig ist"), so ist dieser Antrag, wenn er nicht vom Kläger selbst richtiggestellt worden ist, so und nicht anders wörtlich zu zitieren.

(3) **Prozessgeschichte:**
Falsch: Gegen dieses VU legte der Beklagte form- und fristgerecht Einspruch ein.
Richtig: Gegen das ihm am 1. 3. zugestellte (§ 317 I S. 1) VU hat der Beklagte am 8. 3. Einspruch eingelegt.

2. Die Beurkundungs- und Beweisfunktion, § 314

Die zweite wichtige Aufgabe des TB besteht darin, das **mündliche Parteivorbringen** als die Urteilsgrundlage **zu beurkunden, § 314.**   5.03

Dies wird angesichts der Kürzungsbestrebungen gerne übersehen, folgt aber nach wie vor zwingend aus der Beweiskraft gemäß § 314. Der TB liefert als öffentliche Urkunde (§ 418) gemäß § 314 vollen Beweis für das mündliche Vorbringen der Parteien. Der Beweis kann **nur** durch das Sitzungsprotokoll und auf keine andere Weise (auch nicht durch Schriftsätze oder übereinstimmende Erklärungen der Parteien) entkräftet werden (BGH NJW 99, 1339). Die einzige Berichtigungsmöglichkeit eröffnet § 320.

§ 314 stellt damit eine **zwingende Beweisregel** i. S. v. § 286 II auf (ThP § 286, 20) und zwar in doppelter Hinsicht, vgl. BGH NJW 83, 886:

- **Positiv: Was im TB als Parteivorbringen berichtet ist, gilt als tatsächlich vorgetragen.**   5.04

  Beispiele: Unstreitiges Parteivorbringen, Behaupten, Bestreiten, Beweisantritte, ebenso prozessuale Erklärungen der Parteien wie Zustimmung des Beklagten zur Erledigungserklärung des Klägers, Einwilligung bzw. Widerspruch zu Klageänderung oder Parteiwechsel. Abgabe von Anerkenntnis oder Verzicht (BGH NJW 13, 2361). Beweis dafür, dass mündlich etwas anderes vorgetragen wurde als in den Schriftsätzen, denn die Ausführungen im TB gehen vor (BGHZ 140, 339). Maßgebender Zeitpunkt für § 314: der TB erbringt Beweis für das Vorbringen am **Schluss** der mündlichen Verhandlung, sodass früheres widersprechendes Vorbringen überholt ist (BGH a. a. O.).

  > Nach der Rspr. des BGH und nach der h. M. enthalten Antragstellung und anschließendes Verhandeln eine Bezugnahme der Parteien gemäß § 137 III auf den gesamten, bis zum Termin angefallenen Akteninhalt, der damit zum Gegenstand der mündlichen Verhandlung gemacht wird, sodass die Beweiskraft des § 314 diesen Akteninhalt umfasst, sofern nicht TB oder Protokoll etwas Gegenteiliges ergeben (BGH NJW 04, 1876, 1879; NJW-RR 96, 379; NJW 92, 2149; WM 81, 798; Musielak § 314, 2; Zöller 3; ThP 3; BL 29 zu § 137).

- **Negativ: Das Schweigen des TB bedeutet, dass insoweit nichts vorgetragen wurde.**   5.05

  Beispiel: Schweigt der TB (und das Protokoll) über die nur mündliche Erklärung des Klägers, vom Urkundenprozess abzustehen (§ 596), so steht unwiderlegbar fest, dass der Prozess in dieser Instanz im Urkundenprozess verblieben ist. Anders aber, wenn die Abstandnahme zuvor schriftsätzlich angekündigt war:

Die negative Beweiskraft des TB gilt nach BGH u. h. M. allerdings nicht für schriftsätzliches Vorbringen vor der letzten mündlichen Verhandlung, weil dies durch Antragstellung und Verhandeln als vorgebracht gilt (positive Beweiskraft, siehe soeben). Übrig bleiben für die negative Beweiskraft des TB ausschließlich mündlich erklärte Angriffs- und Verteidigungsmittel, die weder im TB noch im Protokoll vermerkt sind (BGH NJW 04, 1876, 1879).

Diese gesetzliche Beweisregel hat erhebliche Bedeutung insbesondere für zwei Fälle:

(1) **Berufung: §§ 531 II, 533, 97 II.** Ob das Angriffs- oder Verteidigungsmittel „neu" und daher nur sehr eingeschränkt jetzt noch zulässig ist, beurteilt sich nach dem TB des Ersturteils (samt den dort in Bezug genommenen Schriftstücken) und (wegen § 314 S. 2) nach dem Protokoll.

Beispiel (relevant für die Klausur im Berufungsrecht): Der Beklagte hat in einem vorbereitenden Schriftsatz die Hilfsaufrechnung erklärt. Das LG verurteilt nach mündlicher Verhandlung den Beklagten, ohne im Urteil die Hilfsaufrechnung zu erwähnen, im TB wird sie auch nicht per Bezugnahme (§ 313 II 2) auf den konkreten Schriftsatz bzw. summarisch auf alle gewechselten Schriftsätze berichtet.
B legt Berufung ein, die er u. a. auf die Aufrechnung stützt. K rügt, die Aufrechnung sei nicht Gegenstand der Verhandlung vor dem LG gewesen, sie sei mangels Beurkundung im TB (§ 314) neu für die 2. Instanz und daher gemäß § 533 Nr. 1 nicht zuzulassen, da er sich widersetze und die erstmalige Aufarbeitung der bestrittenen Aufrechnungsforderung nicht sachdienlich sei, weil ihm eine Instanz genommen werde.
§ 533 gilt nur für den neuen, erstmals in der Berufungsinstanz geltend gemachten Aufrechnungseinwand (ThP 7; Musielak 9 zu § 533). Negative Beweiskraft des schweigenden TB? Nach BGH und h. M. nein, da der TB gerade nicht schweigt: In der Antragstellung und Verhandlung liegt im Zweifel – TB und Protokoll sagen hier nichts Gegenteiliges – eine Bezugnahme auf alle zur Vorbereitung eingereichten Schriftstücke, also auch auf den Aufrechnungseinwand (positive Beweiskraft; BGH NJW 04, 1876, 1879; 2155; NJW-RR 96, 379; Musielak § 314, 2). § 533 ist also gar nicht relevant.

(2) **Revision: § 559 I.** Gegenstand der Rechtsprüfung sind nur solche Parteivorträge, die im Urteil (dazu gehören auch tatbestandsartige Feststellungen in den E-Gründen) oder Protokoll festgehalten sind.

3. Straffung des Tatbestandes, § 313 II

Diese beiden soeben dargestellten Hauptaufgaben stehen unter dem besonderen Straffungsgebot des § 313 II.

5.06 Das zwingt dazu, **§§ 313 II und 314 sinnvoll miteinander zu kombinieren,** also zu erreichen, dass der TB einerseits optimal gekürzt wird, er aber andererseits seiner Beurkundungspflicht noch voll genügt. Dies ist nur möglich mittels einer geschickten **Verweisungstechnik:** Im ausformulierten Text des TB erscheint nurmehr das zum Verständnis Nötige, alles übrige Beurkundungspflichtige (§ 314) wird per Bezugnahme beurkundet, denn auch die Verweisungen gem. § 313 II 2 nehmen an der Beweiskraft des § 314 teil (BGH NJW 04, 3777; ThP § 314, 1). Wichtig ist, dass der TB trotz der Verweisungen im Wesentlichen in sich selbst verständlich ist (ThP § 313, 25).

Da § 314 unverändert fortgilt, ist auch die Doktrin des BGH zur positiven Beweiskraft (mittels Antragstellung und Verhandeln sei das schriftsätzlich Vorgebrachte mitbeurkundet i. S. v. § 314) nur eine Art *Auffangkonstruktion* für mangels Verweisungen (§ 313 II 2) ungenügende Tatbestände, vom BGH bezeichnenderweise auch nur für solche angewendet (vgl. etwa BGH NJW 04, 1879 zu (3); BGH NJW-RR 96, 379). Der Richter/Referendar ist also kraft Gesetzes weiterhin gehalten, einen TB zu fertigen, der über Bezugnahmen das Vorbringen korrekt beurkundet.

Als eine Art **Formel** kann man sich merken: 5.07

> Im Tatbestand **Ausformuliertes + Bezugnahmen = vollständige Urteilsgrundlage** (nämlich zu beurkundendes Parteivorbringen (§ 314) + Beweisaufnahme + Prozessgeschichte).

Umstritten ist, ob die Bezugnahme konkret sein muss (so ThP § 313, 25), oder auch summarisch sein darf (so BGH NJW 04, 3777; NJW-RR 02, 381; BL § 313, 16).
Eine **konkrete** Bezugnahme ist jedenfalls geboten, wo der TB zu einer bestimmten Thematik referiert (z.B.: „Wegen der Einzelheiten des notariellen Vertrages wird auf die Anlage K 2 Bezug genommen"). Die hM in der Lit. lehnt eine globale, **summarische** Bezugnahme auf Schriftsätze als ungenügend bzw. überflüssig ab (Zöller 11; Musielak 8; ThP 25; StJ 49, je zu § 313). Die Bezugnahme gem. § 313 II S. 2 müsse die Parteien und die höhere Instanz zweifelsfrei erkennen lassen, worauf verwiesen werde, diesen sei nicht zuzumuten, sich den entscheidungserheblichen Teil selbst aus den Akten herauszusuchen (OLG Hamburg NJW 88, 2678). Für Überflüssigkeit der globalen Bezugnahme auf Schriftsätze und sonstige Aktenteile spricht auch die neuere Rspr. des BGH, wonach gemäß § 137 III mit Antragstellung und Verhandeln ohnehin der gesamte, bis zum Termin angefallene Akteninhalt zum Gegenstand der mündlichen Verhandlung wurde (siehe oben Rn. 5.04; Zöller § 313, 18; BGH NJW 04, 1876, 1879).
Nicht verboten aber ist eine globale Bezugnahme auf alle gewechselten Schriftsätze am *Ende* des TB, sozusagen als „Auffang"-Formulierung: vgl. BGH NJW 04, 3777: die Verjährungseinrede war nicht im TB erwähnt, galt aber infolge der globalen Bezugnahme auf sämtliche Schriftsätze als vorgebracht (Leitsatz 2 und S. 3778 zu (2)).
Gleichwohl wird in einigen Bundesländern auch eine nur ergänzende summarische Bezugnahme am Ende des TB als Fehler gewertet. Fragen Sie also Ihren Ausbildungsleiter, damit Sie im Examen keinen Punktabzug erhalten.

II. Der Aufbau des Tatbestandes

Wie der TB aufgebaut werden soll, ist gesetzlich nicht vorgeschrieben. Nach der Praxis und h.M. ist von folgender bewährter Gliederung auszugehen (ThP 15 ff.; Zöller 12 ff.; zu § 313). 5.08

Vorab ist zu beachten, dass sie für den Normalfall gedacht und kein Dogma ist. Abweichungen sind geboten, wenn dies die **Verständlichkeit** für den Leser erleichtert, nach der sich in erster Linie die Reihenfolge bestimmt (ThP, a.a.O.).

Beispiel 1: Prozessgeschichte
Sie muss dort berichtet werden, wo dies zum Verständnis der Vorgänge nötig ist. Betrifft sie die Entwicklung der Klageanträge (Teilerledigungen, Einspruch gegen VU), so muss sie unmittelbar vor den Anträgen zu deren besserem Verständnis berichtet werden, nicht erst am Ende des TB.

Beispiel 2: Unstreitiges
Eines der Grundgebote des TB ist zwar, Unstreitiges und Streitiges deutlich zu trennen (vor allem wegen § 314). Dies muss aber nicht so erfolgen, dass man nun schlicht alles, was überhaupt unstreitig ist, bedingungslos in den vorangestellten unstreitigen Teil zusammenzieht und dort berichtet. Damit würde man oft Zusammengehöriges zerreißen.
Die Trennung kann auch so erfolgen, dass man „abschichtungsweise" vorgeht: erst Komplex A, eingeleitet mit dem Unstreitigen, gefolgt vom streitigen Klägervortrag, dann Komplex B, eingeleitet durch das dazu Unstreitige, gefolgt vom streitigen Klägervortrag usw.
So wird man z.B. vorgehen, wenn eine Schadensersatzforderung nach *Grund* und *Höhe* jeweils nur zum Teil streitig ist: Hier wird man zunächst zum Haftungsgrund Unstreitiges und dann Streitiges, und sodann zur Schadenshöhe Unstreitiges und Streitiges „abschichtungsweise" berichten.
Abschichtungsweise wird man i.d.R. auch vorgehen bei objektiver Klagenhäufung, § 260, und auf diese Weise die einzelnen Streitgegenstände abhandeln.
Wichtig: Ordnen Sie die streitigen Parteiverträge nach der **Darlegungslast**. Eine streitige Tatsache ist bei *der* Partei zu berichten, die dafür die Darlegungslast trägt (siehe dazu die Übersicht in

Rn. **29**.06). Im *Anschluss* daran ist ein rechtserhaltender Vortrag des Gegners zu berichten. Dem folgt das nachstehende Aufbauschema.

Im Normalfall hat der TB folgenden **Aufbau:**

5.09

> **Einleitungssatz**
>
> Einleitende kurze Feststellung, worum es im Prozess geht.
>
> Beispiel: „Der Kläger fordert als Erbe des am 1. 7. verstorbenen Franz Meier vom Beklagten Herausgabe eines angeblich zum Nachlass gehörenden Grundstücks".
>
> **UNSTREITIGES**
>
> **Sprache: Imperfekt** („Der Kläger lieferte am ...").
> Zum Unstreitigen gehört:
>
> - Geschehensablauf, soweit von den Parteien übereinstimmend geschildert.
> - Gemäß § 288 ausdrücklich zugestandene Tatsachenbehauptung: „Es ist richtig, dass ...".
> - Gemäß § 138 II (Antwortpflicht) konkludent Zugestandenes: „Es wird nicht bestritten, dass ...", (ThP § 313, 16).
> - Gemäß § 138 III solche Tatsachenbehauptungen, zu denen sich der Gegner überhaupt nicht geäußert hat, sofern auch aus dem übrigen Vortrag nicht ersichtlich ist, dass der Gegner diese bestreiten will (ThP § 313, 16).
> - Beachte aber: Hat sich der Gegner dazu geäußert, aber nur letztlich ungenügend, weil unsubstantiiert bestritten, so liegt streitiger Vortrag vor. Erst in den E-Gründen kann das ungenügende Bestreiten abgetan und als nicht (genügend) bestritten gewertet werden.
> - I. d. R. nicht die Ergebnisse einer Beweisaufnahme. Im Zweifel bleiben die ursprünglichen streitigen Behauptungen der Parteien auch nach erfolgter Beweisaufnahme aufrechterhalten: Der Instanzenzug ist noch nicht zu Ende, die nächste Instanz kann die Beweise anders würdigen oder für unverwertbar halten, neue, bessere Beweismittel können noch gefunden werden. Anders (= jetzt unstreitig), wenn sich die zuvor bestreitende Partei das Beweisergebnis zu eigen macht (ThP § 313, 17).
>
> **STREITIGER KLÄGERVORTRAG**
>
> **Sprache:** Zur eindeutigen Absetzung vom soeben geschilderten Unstreitigen muss jetzt (da Gliederungsziffern unüblich sind) sprachlich klargestellt werden, dass nunmehr der streitige Teil beginnt. Üblich ist die **Eingangsformulierung im Präsens:** „Der Kläger **behauptet,** ...". Dem folgt **in indirekter Rede** der weitere streitige Klägervortrag („Als der Kläger nach links abgebogen *sei, habe* der Beklagte noch überholt. Als er dies bemerkt *habe, sei* er noch schnell ...").
>
> Hierher gehören:
>
> - Ausdrücklich bestrittene Tatsachen.
>   Gleichgültig ist, ob das Bestreiten zulässig und ausreichend ist oder nicht. Auch unzulässig mit Nichtwissen (§ 138 IV) bestrittene Behauptungen des Klägers gehören hierher, erst in den E-Gründen dürfen Konsequenzen aus solchem unzulässigen Bestreiten gezogen werden.
> - § 138 III: Tatsachen, zu denen sich der Gegner zwar überhaupt nicht erklärt hat, hinsichtlich derer aber aus dem Gesamtvortrag die Absicht erkennbar ist, sie gleichfalls zu bestreiten (konkludentes Bestreiten), ThP § 313, 18.
> - *Ergänzende* Antwort des Klägers auf die Klageerwiderung des Beklagten.
>   Nimmt der Kläger zur Klageerwiderung des Beklagten Stellung, so wird er i. d. R. seinen Klagevortrag nur präzisieren und ergänzen. Das alles bildet eine Einheit, gleich, wann es vor-

II. Der Aufbau des Tatbestandes

getragen wurde. Die Antwort ist also im TB nicht etwa deswegen nach dem streitigen Beklagtenvortrag zu bringen, nur weil sie zeitlich ihm nachgefolgt ist (vgl. Zöller § 313, 14). Ausnahme: echte Replik des Klägers, s. unten.

- Wichtig: Bezugnahmen wegen der Einzelheiten nicht vergessen! § 313 II 2: „soll"! Das wird auch im Examen erwartet. Die Bezugnahme muss jeweils unmittelbar im Anschluss an die Tatsache oder den Rechtsvortrag erfolgen, welche(r) durch die Bezugnahme ergänzt werden soll (nicht irgendwo am Ende pauschal!).
- Unerledigte Beweisangebote des Klägers (ThP 18; Zöller 14 zu § 313). Alternativ und insbes., wenn es sich bei langer Prozessdauer, wie in der Praxis häufig, um zahlreiche unerledigte Beweisangebote handelt, können diese auch erst in der abschließenden Prozessgeschichte zusammen mit den unerledigten Beweisangeboten des Beklagten gebracht werden (vgl. Zöller § 313, 17).
- Rechtsansichten des Klägers.
Sie sind in den ausformulierten Text dann aufzunehmen, wenn sie zum Verständnis des Streitstandes erforderlich sind. Bedeutsam ist dies vor allem in **Examensklausuren,** in denen – wie häufig, weil aufgabenbedingt – nicht die Tatsachen, sondern die Rechtsfragen im Streit stehen. Auch hier natürlich § 313 II 2 beachten!
- Nebenforderungen (i. d. R. Zinsen).
Ihre Darstellung folgt am Ende der Klägerstation, unmittelbar vor den Anträgen (bzw. der Prozessgeschichte). In den häufig sehr einfach gelagerten Fällen genügt es, den Anspruchsgrund kurz zu erwähnen: „Daneben begehrt der Kläger Prozesszinsen", oder: „... Zinsen wegen behaupteter Inanspruchnahme eines Bankkredits".
In den schwierigen Fällen wird man nach kurzer Kennzeichnung des Nebenanspruchs auf die entsprechenden Schriftstücke verweisen.

PROZESSGESCHICHTE, soweit sie

zum Verständnis der Anträge relevant ist.

Sprache: Perfekt („Hiergegen hat der Beklagte am ... Einspruch eingelegt"). Hierher gehören insbesondere:

- Erledigungserklärungen (einseitige, übereinstimmende)
- Vorangegangenes VU (§§ 330 ff.), VB (§ 700) wegen § 341 bzw. § 343. Anzugeben: Tatsache des Erlasses, Datum, Inhalt, Zustellungstag (§ 339), Eingang des Einspruchs (§ 341).
- Vorangegangene Teil-, Zwischen- und Vorbehaltsurteile (damit z. B. Verfahren und Antrag nur noch zum **Rest** oder zur Vorbehaltslos-Erklärung verstanden wird).
- Parteiwechsel und -beitritt. Beitritt als Nebenintervenient (dazu Rn. **18.**19).
- Klageänderungen.
Sind durch den Antragswechsel **keine** besonderen Kosten angefallen, kann man sich mit der Umschreibung begnügen: „Der Kläger hat nach mehrfacher Neuformulierung seines Klageantrags **zuletzt** beantragt zu erkennen."
Sind aber besondere Kosten angefallen, (z. B. Klageermäßigung von € 7000,– auf € 2000,–: § 269 III S. 2; ThP § 269, 15), so sind die Anträge zu berichten, wenn auch i. d. R. nicht mit vollständigem Wortlaut, so doch dem Verurteilungswert nach („... hat zunächst Zahlung von € 7000,–, sodann ... gefordert").
- Nicht berichtet wird, dass ein schlichtes Mahnverfahren (ohne VB!) vorausgegangen ist.

DIE ZULETZT GESTELLTEN ANTRÄGE

Sprache: Präsens („beantragt zu erkennen").
Es stehen unmittelbar aufeinander folgend (also ohne Zwischentext) und deutlich eingerückt (optisch „hervorgehoben" i. S. v. § 313 II) gegenüber
– Antrag des **Klägers** im wörtlichen Zitat,
– Abweisungsantrag des **Beklagten.**

Zu beachten ist:
- Die **Partei** beantragt, nicht der Prozessbevollmächtigte (anders im Protokoll: dort wird festgehalten, welcher Anwesende welche Erklärungen abgibt).
- Frühere, jetzt überholte Anträge gehören in die Prozessgeschichte.
- **Nicht** im TB berichtet werden, weil von Amts wegen zu regeln:
Kostenanträge (§ 308 II) und Anträge zum Ausspruch über die **vorläufige Vollstreckbarkeit**, §§ 708 ff.
Ausnahme: Vollstreckungsschutz, der **nur** auf Antrag gewährt wird, §§ 710, 711 S. 3, 712.

STREITIGE ERWIDERUNG DES BEKLAGTEN

Sprache: Zunächst sprachlich klarstellen, dass es sich um streitigen Vortrag handelt. Der Eingang steht **im Präsens:** „Der Beklagte behauptet (bringt vor, erwidert, macht geltend)." Schilderung seines Vorbringens sodann **in indirekter Rede:** „Als der Beklagte zum Überholen angesetzt *habe, sei* der Kläger plötzlich nach links abgebogen. Der Beklagte *habe* zwar noch …"."

Auf logische Reihenfolge achten wie folgt (ThP § 313, 20):
- **Bestreiten** klagebegründender Tatsachen
    - *einfaches* Bestreiten (der Klägervortrag wird lediglich schlicht „bestritten").

    Dieses gehört im TB nicht in die Beklagtenstation (ist aus dem TB überhaupt wegzulassen), da es nur das Spiegelbild des streitigen Klägervortrags ist, also schon dort als bestritten berichtet ist (= überflüssig). In den TB gehört vielmehr nur das sog. *qualifizierte* Bestreiten, das mit anderen Tatsachen über den streitigen Klägervortrag hinausgeht:

    - *Qualifiziertes* Bestreiten (der Beklagte behauptet konkret einen anderen Geschehensablauf, z.B. der Unfall habe sich anders zugetragen: „… vielmehr war es so …").
- **Rechtshindernde** Tatsachen, z.B. Sittenwidrigkeit § 138 BGB, Geschäftsunfähigkeit. § 105 BGB.
- **Rechtsvernichtende** Tatsachen, z.B. angebliche Erfüllung durch Zahlung oder Aufrechnung. Oder: §§ 119, 346 BGB.
- **Rechtshemmende** Tatsachen, z.B. Verjährung § 214 BGB, Zurückbehaltungsrechte, §§ 273, 1000; nicht erfüllter gegenseitiger Vertrag, §§ 320, 321 BGB (vgl. ThP 44 vor § 253).

    Beachte: Das Unstreitige zu diesen rechtshindernden, -vernichtenden und -hemmenden Tatsachen ist an sich am Anfang des TB im Unstreitigen zu berichten, so z.B., wenn die Anfechtung unstreitig erklärt wurde, die Parteien jedoch um ihre Rechtswirksamkeit streiten. Sind jedoch solche Einredetatsachen teils streitig, teils unstreitig, wird es zur besseren Verständlichkeit geboten sein, sie erstmals im anspruchsverneinenden Beklagtenvortrag aufzugreifen, und sie dort in der gewohnten Reihenfolge zu berichten: Unstreitiges zur Einrede, streitiger Beklagtenvortrag zur Einrede und zuletzt streitiger Klägervortrag dazu als Replik.
- **Hilfsaufrechnung**
- Unerledigte Beweisangebote des Beklagten. Alternativ können sie auch erst in der abschließenden Prozessgeschichte gebracht werden (vgl. oben beim streitigen Klägervortrag).
- Zu allem auch hier: § 313 II 2 beachten!

REPLIK DES KLÄGERS

Hierher gehören nur solche Entgegnungen des Klägers, die ohne vorherige Schilderung des Beklagtenvortrags unverständlich wären. Die meisten „Erwiderungen" des Klägers sind bloße Ergänzungen seines streitigen Vorbringens und daher schon oben im streitigen Klägervortrag abzuhandeln.

In der Replikstation abzuhandeln (weil Kenntnis des Beklagtenvortrags voraussetzend) sind:
- Anspruchs*erhaltender* Klägervortrag gegenüber den vom Beklagten geltend gemachten
  - rechtshindernden
  - rechtsvernichtenden
  - rechtshemmenden Tatsachen

  Beispiel: Der Beklagte hat rechtsvernichtende Erfüllung geltend gemacht. In der Replikstation folgt die anspruchs*erhaltende* (bestrittene) Klägerbehauptung, die behauptete Zahlung betreffe eine *ganz andere* Forderung als die streitige.
- Qualifiziertes Bestreiten gegenüber der Hilfsaufrechnung.

PROZESSGESCHICHTE

Sprache: Perfekt („Das Gericht hat Beweis erhoben …").
Wo sie zu bringen ist, bestimmt die Verständlichkeit. Sie gehört in den TB nur insoweit, als sie für die Entscheidung **noch gegenwärtige Bedeutung hat,** wenn also in den E-Gründen noch darauf einzugehen ist (ThP § 313, 13). Hierher gehören z. B.:

- Erfolgte Beweisaufnahme.
  Im TB wird nur der Beweisbeschluss (er enthält auch das Beweisthema) mit Datum zitiert, die einzelnen Beweismittel (Zeugen, schriftliches Gutachten, Urkunden) genannt und wegen des Ergebnisses oder des Inhalts Bezug genommen auf die betreffenden Protokolle und Aktenteile.

  Beispiel: „Das Gericht hat gemäß Beweisbeschluss vom 1. 6. Beweis erhoben durch uneidliche Vernehmung der Zeugen A und B. Hinsichtlich des Ergebnisses dieser Beweisaufnahme wird verwiesen auf das Protokoll vom 1. 7.… Gemäß Beweisbeschluss vom 1. 8. hat der Sachverständige S am 1. 10. ein schriftliches Gutachten erstattet, das dieser in der Sitzung vom 15. 10. mündlich erläutert hat. Auf das Gutachten vom 1. 10. und das Protokoll vom 15. 10. wird Bezug genommen."
  Nicht referiert – sondern durch Bezugnahme gem. § 313 II 2 ersetzt – wird der konkrete Inhalt der Beweisaufnahme (also z. B. was die Zeugen im Einzelnen bekundet haben etc.). Zum einen will („soll"!) § 313 II 2 überflüssige Abschreibearbeit vermeiden, zum anderen gilt es, die Gefahr einer ungenauen, verstellten und damit unobjektiven Wiedergabe (vor allem bei abgekürzter Wiedergabe: „der Zeuge sagte im Wesentlichen aus…") unbedingt zu vermeiden.

- Unerledigte Beweisangebote beider Parteien (unter Bezugnahme auf die entsprechenden Schriftsätze, Zöller § 313, 17).
- Präkludiertes Vorbringen, §§ 296, 296a
  Dieses wird zweckmäßigerweise getrennt vom übrigen (verwerteten) Parteivorbringen in der Prozessgeschichte am Ende des TB erwähnt (vgl. Zöller § 313, 17).

  Beispiel: „Nach Schluss der mündlichen Verhandlung am … hat der Kläger mit Schriftsatz vom … weiter vorgetragen, worauf Bezug genommen wird."
- Weitere, noch relevante Fakten können z. B. sein:
  Zustimmung zu schriftlicher Entscheidung, § 128 II; Übertragung auf den Einzelrichter, § 348a, die Kammer §§ 348 III, 348a II.

III. Beispiele

5.10 Ein Beispieltext und 2 Aufbauskizzen zur Widerklage mögen das Gesagte veranschaulichen:

1. Grundfall:
Der (nur) zum Haftungsgrund umstrittene Verkehrsunfall

Einleitung
Der Kläger begehrt Schadensersatz aus Verkehrsunfall.

Unstreitiges
Am 1.3... fuhr der Kläger mit seinem PKW M-AL 201 auf der A-Str. in München seitlich in den zunächst vor ihm fahrenden PKW S-BZ 150 des Beklagten zu 1., als dieser ansetzte, nach links in das Anwesen A-Str. 10 abzubiegen. Am PKW des Klägers entstand Totalschaden in Höhe von € 10 000,–, der ursprünglichen Klageforderung. Die Beklagte zu 2. ist Haftpflichtversicherer des Beklagten zu 1.

Streitiger Klägervortrag
Der Kläger behauptet im Wesentlichen, während er schon zum Überholen angesetzt habe, sei der PKW des Beklagten zu 1. plötzlich nach links gezogen worden.
(Anm.: Die Beklagten haben in der Klageerwiderung geltend gemacht, der PKW sei zur Mitte eingeordnet gewesen, verlangsamt, nach links blinkend, rechts sei Platz zum Vorbeifahren gewesen. Die Antwort des Klägers hierauf braucht nun nicht in die Replikstation gebracht zu werden, sondern wird – als Ergänzung des als Einheit zu betrachtenden gesamten schriftsätzlichen Klägervortrags – sogleich hier berichtet, also:)
Insbesondere sei das Abbiegen nicht vorhersehbar gewesen, weil der Beklagte zu 1. ohne Setzen des Fahrtrichtungsanzeigers vom ganz rechten Fahrbahnrand in einem Zug abgebogen sei.
Wegen der behaupteten Einzelheiten, auch zu Geschwindigkeiten, Entfernungs- und Sichtverhältnissen, wird auf die Schriftsätze vom 3.6... und 13.6... verwiesen.

Prozessgeschichte, soweit zum Verständnis der **Anträge** relevant:
Mit der Klage hat der Kläger zunächst vollen Ersatz des Totalschadens von € 10 000,– begehrt. Wegen einer zwischen Einreichung und Zustellung der Klage erfolgten Zahlung der Beklagten zu 2. über € 1000,– hat der Kläger zu Beginn des frühen ersten Termins vom 1.7... die Klage teilweise zurückgenommen. Wegen einer weiteren Zahlung der Beklagten zu 2. über € 5000,– nach Klagezustellung haben die Parteien den Rechtsstreit in dieser Höhe übereinstimmend für erledigt erklärt.

Nebenforderung
Den Restbetrag stellt der Kläger weiter zur Entscheidung nebst Verzugszinsen seit einer angeblich am 3.5... erfolgten Zahlungsaufforderung. Insoweit wird auf den Schriftsatz vom 3.6... Bezug genommen.

Anträge
Der Kläger beantragt *zuletzt* zu erkennen:
> Die Beklagten werden samtverbindlich verurteilt, an den Kläger € 4000,- zu zahlen nebst Zinsen in Höhe von 5 Prozentpunkten über dem jeweiligen Basiszinssatz aus € 10 000,- vom 4.5... bis 15.6..., aus € 9000,- vom 16.6... bis 10.7... und aus € 4000,- seit 11.7...

Die Beklagten beantragen
> Klageabweisung.

Streitiger Beklagtenvortrag
1. Qualifiziertes Bestreiten:

Die Beklagten behaupten im Wesentlichen, der Erstbeklagte habe sich auf der 20 m breiten Fahrbahn schon 1 Minute vor dem Unfall so deutlich zur Fahrbahnmitte hin eingeordnet gehabt, dass der Kläger ungehindert habe rechts vorbeifahren können. Wegen der Einzelheiten wird Bezug genommen auf den Schriftsatz vom 7.6...

2. Rechtsvernichtende Einwendung:

Den größten Teil des noch offenen Betrages, nämlich € 3000,-, habe der Kläger im Übrigen schon vorgerichtlich mit Scheck der Beklagten zu 2. am 1.4... erhalten. Insoweit wird Bezug genommen auf die Klageerwiderung vom 7.6...

3. Nebenforderungen:

Die Zinsforderung stehe dem Kläger weder in tatsächlicher noch in rechtlicher Hinsicht zu. Auch insoweit wird auf die Klageerwiderung vom 7.6... Bezug genommen.

Replik
Gegenüber der behaupteten vorgerichtlichen Schuldtilgung mit Scheck der Beklagten zu 2. über € 3000,- wendet der Kläger ein, diese Zahlung sei mit der ausdrücklichen Zweckbestimmung der Beklagten zu 2. erfolgt, der Betrag werde nicht zur Tilgung, sondern zur vorsorglichen Schadensminderung lediglich darlehensweise zur Vermeidung von Kreditinanspruchnahme durch den Kläger und jederzeit widerruflich zur Verfügung gestellt.

Duplik
Dazu behaupten die Beklagten, die Darlehensklausel sei im Zuge der weiteren Regulierung einvernehmlich aufgehoben worden, zugunsten einer dem Kläger endgültig verbleibenden a-conto-Zahlung. Auf den Schriftsatz vom 8.7... und den damit vorgelegten Schriftverkehr der Parteien wird Bezug genommen. Der Kläger ist dieser Behauptung entgegengetreten.

Prozessgeschichte
Das Gericht hat Beweis erhoben zum Unfallhergang gemäß Beweisbeschluss vom 1.7... durch uneidliche Vernehmung der Zeugen A, B und C, sowie durch Verwertung der Unfallskizze auf Blatt 5 der Ermittlungsakten 5 Cs ... zu Beweiszwecken. Wegen des Ergebnisses der Beweisaufnahme wird auf die Sitzungsniederschrift vom 22.7... Bezug genommen.
Die Parteien haben sich mit schriftlicher Entscheidung einverstanden erklärt.

2. Aufbauskizze:
Klage und Widerklage haben einen gemeinsamen Sachverhalt

5.11 Betreffen Klage und Widerklage einen gemeinsamen Sachverhalt (z. B. Kläger und Beklagter machen jeweils ihre Schäden aus gleichem Unfall geltend), zieht man üblicherweise Unstreitiges zu beiden Klagen zusammen, zitiert alle Anträge unmittelbar hintereinander und fasst in der Beklagtenstation die Klageerwiderung mit der Widerklagebegründung zusammen, worauf der Kläger wie bei Replik abschließend zur Widerklage entgegnet. Also:

> Einleitung: Klage und Widerklage betreffen …
> Unstreitiges zur Klage und Widerklage.
> Streitiger Klägervortrag zur Klage.
>   Klageantrag
>   Klageabweisungsantrag
>   Widerklageantrag
>   Widerklage-Abweisungsantrag.
> Streitiger Beklagtenvortrag zunächst als Klageerwiderung,
> sodann zur Rechtfertigung der Widerklage.
> Entgegnung des Klägers zur Widerklage.

5.12 ## 3. Aufbauskizze:
Klage und Widerklage haben verschiedene Sachverhalte

Betreffen beide Klagen unterschiedliche Sachverhalte (K fordert Kaufpreis, B Schadensersatz, weil K vertragswidrig auch dritte Abnehmer beliefert habe), muss man beide Klagen **nacheinander** abhandeln:

> Einleitung. Die Klage betrifft …, die Widerklage betrifft …
>
> Unstreitiges zur *Klage*
> Streitiger Klägervortrag zur Klage
>   Klageantrag
>   Klageabweisungsantrag
> Streitiger Beklagtenvortrag zur Klage
>
> Überleitungssatz zur *Widerklage*
> Unstreitiges zur Widerklage
> Streitiger Vortrag des Widerklägers
>   Widerklageantrag
>   Widerklage-Abweisungsantrag
> Streitiger Vortrag des Widerbeklagten

IV. Häufige Fehler. Ratschläge

5.13 Vorab: Warum TB in Prüfungsarbeiten? Der Referendar soll zeigen (= Bewertungskriterien!), dass er
  1. Wesentliches vom Unwesentlichen trennen kann,
  2. Ordnungs- und Klärungsgeschick hat, insbes., indem er klar herausstellt, was bzgl. des Entscheidungserheblichen (!) *unstreitig* und was *streitig* (also noch einer Klärung zuzuführen) ist.

Damit sind grundlegende Kriterien juristischer Eignung angesprochen, was dem TB in Prüfungsarbeiten seinen Stellenwert verschafft.

Man denke z. B. an die ad-hoc-Beratung des RA für einen Mandanten, der frisch seinen Fall in Auftrag gibt: der RA muss erst einmal klären, worauf es ankommt (wesentlich ist), was davon (bislang) unstreitig ist, wovon er also ausgehen kann und was, weil bislang umstritten, zu beweisen ist. Die „tatbestandsmäßige" Sichtung, Ordnung und Klärung ist also keineswegs ein Steckenpferd der Richterklausur, sondern das tägliche Brot auch des Prozessanwalts. So gesehen ist der TB auch ein Test für die berufliche Eignung, dies sollte der Prüfling bedenken.

1. Häufiger Fehler: Keine klare Trennung von Unstreitigem und Streitigem

Hauptfehler: der 2fache Reporterbericht über die Aussagen zweier Personen.

Unter Verzicht auf das Unstreitige wird oft nur gegenübergestellt, was der Kläger *insgesamt* und was der Bekl. *insgesamt* vorgebracht hat. Der TB beginnt dann nach einem Einleitungssatz oft sofort mit der Zusammenfassung des gesamten Klägervortrags, also undifferenziert, ob er unstreitig oder streitig ist, wesentlich nur, dass *er es war*, der es in einem Schriftsatz vorgetragen hat. Dies dann meist im Reporterstil in *indirekter Rede* („… er habe", „… er sei"), wodurch dieser Reporterbericht zu 100% zum Streitigen wird. Manche Ref. merken dies im Zuge der Niederschrift und flicken dann mitten in die begonnene streitige Klägerstation das Unstreitige noch schnell dazwischen („… was unter den Parteien auch unstreitig ist". „Unstreitig hat nämlich der Kläger …").

Im ersten Fall ist die Prüfungsanforderung völlig verfehlt, weil Unstreitiges und Streitiges nicht getrennt und als solches herausgearbeitet ist. Im zweiten Fall ist zwar die Trennung „nachgeschoben", aber unübersichtlich und im geforderten Aufbau verfehlt.

2. Falsche Gewichtung

Nur das Entscheidungserhebliche gehört in den ausformulierten Text des TB (alles Übrige: Einbindung per Verweisung).

Man muss also gewichten und das Entscheidungserhebliche ganz klar herausarbeiten und sagen, was vom Entscheidungserheblichen unstreitig und was streitig (noch zu klären) ist.

Oft finden sich in dem vom Unerheblichen nicht entschlackten unstreitigen Teil Berichte, die allein deswegen gebracht werden, nur weil es sich um „Unstreitiges" handelt.

Das Gewichten und Auswählen darf nicht verwechselt werden mit Unvollständigkeit: der *Rest* ist natürlich (wegen § 314) zu beurkunden, aber eben nur per Verweisungen (§ 313 II S. 2).

3. Unzulässige Wertungen, Vorwegnahmen von Auslegungen, juristische Schlussfolgerungen

Der TB ist ein neutraler Bericht, es darf nicht als Faktum einfließen, was erst in den E-Gründen zu begründen ist, namentlich, ob Fristen gewahrt wurden, wie zweifelhafte Prozesserklärungen auszulegen sind.

Fehlerbeispiele: „… legte fristgerecht Einspruch ein" (richtig: nur die Zustelltage etc. anführen). Oder bei Verspätungsvortrag (§ 296): „… trug verspätet vor" (fehlen die Fakten), „… wodurch der Rechtsstreit verzögert würde" (das ist eine reine Wertungsfrage, vgl. § 296 I: freie Überzeugung des

Gerichts. Die „Verzögerung" ist daher nicht im TB, sondern argumentativ nur in den E-Gründen abzuhandeln). Oder Vorwegnahme von Auslegungen:
Ist z. B. *zweifelhaft,* ob der Kläger Teilrücknahme oder Teilerledigungserklärung abgegeben hat, wäre es falsch, das erst in den E-Gründen argumentativ zu belegende Auslegungsergebnis bereits im TB als Faktum zu berichten, z. B. „... hat der Kläger Teilrücknahme bzgl. ... erklärt". Der Bearbeiter muss sich vielmehr auf die (u. U. wörtliche) Wiedergabe der Erklärung beschränken, wie sie erfolgt ist. Ebenso, wenn zweifelhaft ist, ob der Beklagte der Erledigungserklärung des Klägers zugestimmt hat, weil er sich nur zu den Kosten erklärt hat, dazu unten Rn. **11**.03.

4. Unvollständigkeit

Oft fehlt eine Einbindung des **restlichen** – nach Auffassung des Ref. nicht entscheidungserheblichen – Parteivortrags, oder des präkludierten (§ 296) in den TB. Das **muss erfolgen** (auch wenn das Urteil darauf nicht beruht) **wegen § 314, „technisch" per Verweisung, § 313 II S. 2**. Manche Ref. lassen das, weil entscheidungsunerheblich, völlig unerwähnt, womit sie Gewichtung mit der gesetzlich (§ 314) angeordneten Beurkundungs-Vollständigkeit verwechseln.

Richtig z. B. am Ende des streitigen Klägervortrags der ergänzende Satz: „Hinsichtlich des weiteren (= entscheidungsunerheblichen) Vorbringens des Klägers wird verwiesen auf dessen Schriftsätze vom 1.10. und vom 15.10.".

5. Verweisungen

§ 313 II S. 2 formuliert mit „soll" einen dringenden Appell. Das Gesetz will die Abstufung: (1) Wichtiges soll klar, kurz und in sich gut verständlich ausformuliert, (2) abgestuft dazu sollen Einzelheiten und der Rest per Verweisungen berichtet werden.

Die Chance zu zeigen, dieses Gesetzesverständnis zu haben, wird oft nicht genutzt. Der Satz „im Übrigen wird verwiesen auf ..." kann und soll durchaus an mehreren Stellen (Klägerstation, Beklagtenstation, Beweisaufnahme) im TB auftauchen. Die Grenze ist freilich: der TB muss in sich selbst verständlich bleiben (ThP § 313, 25).

6. Sprachliche Differenzierung: Vortrag streitiger Tatsachen/Rechtsansichten

Beachten Sie bei den streitigen Parteivorträgen den üblichen Sprachgebrauch, durch den quasi per Fachausdruck klar unterschieden werden soll, ob es sich um die Wiedergabe von Tatsachen (nur sie sind beweisbedürftig!) oder reiner Rechtsansichten handelt:

Tatsachen	Rechtsansichten
Behauptet ...	Ist der Auffassung, Ansicht ...
Trägt vor ...	Meint ...
Bestreitet ...	Hält für unwirksam ...
Berichtet ...	Vertritt ...
	Nicht: „... behauptet, der Gewährleistungsausschluss sei unwirksam", oder: „... bestreitet die Wirksamkeit des Ausschlusses".
	Denn „Behaupten, Bestreiten" sind als Fachausdrücke reserviert für Tatsachenvorträge.

7. Wann den TB im Klausurfall niederschreiben?

Nicht vor der Erarbeitung der Lösung!

Die gem. § 313 II geforderte Gewichtung und Straffung kann überhaupt erst gelingen, wenn die Lösung (jedenfalls in groben Zügen) vorliegt: erst dann kann man die dafür nötigen Schwerpunkte setzen.

Zweckmäßigerweise wird der TB also erst verfasst, wenn die Lösungsskizze abgeschlossen und der Tenor skizziert ist.

Im Interesse des „Abschichtens" (was man abschließen kann, legt man sofort nieder) wird man den TB jetzt sofort niederschreiben, vor den E-Gründen. Der TB kostet relativ wenig Zeit, kann also gleich erledigt werden. Wie lange die E-Gründe brauchen, weiß man nicht und man sollte sich nicht der Gefahr aussetzen, unter Zeitnot einen eiligen und deswegen (wie die Erfahrung zeigt) dann oft fehlerhaften TB zu fertigen.

Hat man das nicht gemacht, sondern erst mit den E-Gründen begonnen, so sollte man – um der Fehlerquelle Nr. 1 beim TB, nämlich Zeitnot zu begegnen – mindestens 1 Stunde vor Klausurende eine Zäsur machen und hier den TB zügig dazwischenschieben. Aber man muss abwägen:

Bei Zeitnot gilt grundsätzlich: die Entscheidungsgründe haben das größere Gewicht.

§ 6 Die Entscheidungsgründe

Gemäß § 313 I Nr. 6 hat jedes Urteil Entscheidungsgründe zu enthalten. Ausnahmen nur: §§ 313a, 313b. Zum Berufungsurteil: § 540.

Sie werden nach ganz überwiegender Praxis vom Tatbestand deutlich getrennt und eingeleitet mit der **Überschrift „Entscheidungsgründe"**.

I. Grundsätzliches

1. Aufgabe der Entscheidungsgründe

Nach § 313 III enthalten die Entscheidungsgründe (nur) eine

„kurze Zusammenfassung der Erwägungen, auf denen die
Entscheidung in tatsächlicher und rechtlicher Hinsicht **beruht**".

Damit sind Aufgabe und Umfang der Entscheidungsgründe fixiert:

Sie haben **ausschließlich die Aufgabe, den vorangestellten Tenor zu begründen.** Da das Ergebnis gefunden und im Tenor ausgedrückt und vom Leser als Allererstes zur Kenntnis genommen ist, dürfen die E-Gründe sich auch nicht im Gutachtenstil erst zu dieser Entscheidung vortasten, sondern müssen von diesem vorangestellten Ergebnis ausgehen und es Punkt für Punkt begründen. Die gutachtliche Gedankenarbeit ist abgeschlossen, bevor die E-Gründe niedergeschrieben werden. 6.01

Für den **Umfang** ist durch die Worte „beruht" und „kurz" klargelegt: In die E-Gründe gehören nur solche Überlegungen, auf denen die Entscheidung auch wirklich **beruht**. ThP § 313, 27: „Alle Ausführungen, die nicht geeignet sind, die getroffene Entscheidung zu stützen, sind fehl am Platz, verkennen das Wesen der E-Gründe und nehmen ihnen die klare Linie".

Im Regelfall sind Streitfragen, die aus ergebnismäßig dominanteren Gründen nicht zum Tragen kommen, ausdrücklich (sie sind damit aufgegriffen und ersichtlich nicht übergegangen) offenzulassen und sprachlich **dahinzustellen**.

Beispiel: „Die Kaufpreisklage ist unbegründet. Es kann dahingestellt bleiben, ob sich die Parteien überhaupt wirksam auf einen Kaufvertrag, oder nur – wie der Beklagte einwendet – auf einen Leasingvertrag geeinigt haben, denn jedenfalls hat der Beklagte den etwaigen Vertrag wirksam gemäß § 123 BGB angefochten …."

Die in § 313 II angesprochene „Kürze" darf jedoch nicht auf Kosten der Verständlichkeit des entschiedenen Streitstoffs gehen oder gar zu dem Anschein des Übergehens erheblichen Parteivortrags führen. Denn die Parteien haben einen verfassungsrechtlich fundierten Rechtsanspruch darauf, über die die Entscheidung tragenden Gründe und maßgeblichen Erwägungen in ausreichender Weise unterrichtet zu werden (Musielak § 313, 10 m.w.N.

Haben die Parteien um entscheidungserhebliche Punkte gestritten, dürfen sie auch erwarten, dass darüber im Urteil Klarheit geschaffen wird und zwar auch darüber, dass das Urteil auf einem einer Partei so wichtigen Punkt (z.B. Verjährung) **nicht** beruht.

Das kann es rechtfertigen, zu – aus Sicht einer Partei (oder der Intention des Aufgabenstellers) – wichtigen Punkten auch einmal im sonst verpönten **„zwar … aber"-Stil** Klarheit zu schaffen. Denn auch dies ist Teil der „Erwägungen" auf denen das Urteil „beruht". Es ist dann Zurückhaltung geboten, welchen Raum dieses „Aber …" einnehmen darf, keinesfalls mehrere Seiten (das gehört zur Vertiefung ins Hilfsgutachten). Es genügt, wenn/dass es mit einer verständlichen Kurzlösung (warum der Punkt nicht zum Tragen kommt) angesprochen wird.

Einen Sonderfall stellt die **Hilfsaufrechnung** dar. Da sie aus Gründen der Rechtskraft (§ 322 II) die Feststellung der Begründetheit der Klageforderung voraussetzt, kommt man um ein eingehendes „Zwar (Begründetheit der Klage) … aber (Unbegründetheit infolge Aufrechnung)" nicht herum.

6.02 Hinsichtlich des Umfangs ist **ein Zweites zu beachten:**

Die Entscheidungsgründe müssen auch in der **Gewichtung** stimmen:

Wichtiges ist eingehend zu erörtern, Unproblematisches entsprechend zu straffen. Siehe die Ratschläge in Rn. **6.08**ff.

Hinweise:

– **Zulässigkeit der Klage**
  Oft unproblematisch. Kein sinnloses Abhaken aller Sachurteilsvoraussetzungen. Vielmehr nur die streitigen Punkte herausgreifen. Fehlen streitige Vorträge dazu und bestehen wegen der Zulässigkeit keine Bedenken, genügt der zusammenfassende Satz: „Die Klage ist zulässig". Denn damit ist dieses tragende Urteilselement erwähnt und klargestellt, dass das Gericht den Prüfungsvorrang der Sachurteils- vor den Begründetheitsvoraussetzungen gesehen und beachtet hat.

– **Unzulässigkeit der Klage**
  Jede Ausführung zur Begründetheit vermeiden (nicht also: „ergänzend sei festgehalten, dass die Klage auch unbegründet ist, da …").

– **Sonstige prozessuale Fragen**
  Z.B. Klageänderung, Teil-Klagerücknahme, Parteiänderungen.

I. Grundsätzliches

Sofern diese *problemlos* zulässig sind, kann man sich auf kurze klärende Feststellungen (mit Kurzbegründungen zur Vermeidung blanker Behauptungssätze) beschränken.

Etwa: „Der Kläger hat die Klage bei unverändertem Klagegrund gemäß § 264 Nr. 2 ZPO zulässig auf € 8000,– erhöht".

Rechtsausführungen, insbesondere Wiedergabe von Theorien, sind in solchen problemlosen Fällen zu vermeiden. Es kommt vielmehr nur darauf an, dass das Urteil mit einem kurzen Vermerk erkennen lässt, dass dieser tragende Punkt beachtet worden ist.

Sofern allerdings um die prozessualen Fragen *gestritten* wurde, dürfen die Parteien im Urteil auch eine klärende Antwort erwarten. Hier sind nähere Darlegungen erforderlich. Stets aber vermeiden, daraus eine Doktorarbeit zu machen. Auch darauf achten, dass die „Gewichtung" zu den übrigen Ausführungen der E-Gründe stimmt (nicht 8 Seiten Parteiänderungsproblematik und 1 Seite Begründung der umgestellten Klage!).

– Bei **mehrfach begründeter** Klage kann man sich auf **eine** Anspruchsgrundlage beschränken (bei KFZ-Unfall z. B. auf § 7 StVG), wenn die übrigen problematisch sind, aber auch alle kurz zusammenfassen, wenn sie dem Haftungsgrund nach unproblematisch sind und nur um die Höhe gestritten wird.

– Bei **Klageabweisung** muss man zwar sämtliche Anspruchsgrundlagen erörtern. Ist aber eine dieser Anspruchsgrundlagen aus mehreren Gründen nicht erfüllt (z. B. infolge Aufrechnung, aber auch wegen Verjährung), wird man den überzeugendsten bzw. am schnellsten und sichersten feststellbaren Abweisungsgrund dafür herausgreifen. In der Praxis ist es aber vielfach üblich, Klageabweisung und Berufungszurückweisung angesichts bevorstehender Rechtsmittel auf ein „zweites Bein" zu stellen, indem ein weiterer überzeugender (!) Abweisungsgrund dargelegt wird.

– **Rechtsansichten der Parteien, strittige Rechtsfragen**
Das Gericht hat zur Begründung des Tenors vordringlich seine Rechtsauffassung darzulegen und zu begründen. Inwieweit abweichende Rechtsansichten der Parteien dabei zu erörtern sind und in welchem Umfange, hängt von der Wichtigkeit dieser Streitfrage für das Urteil bzw. die Examensaufgabe ab.

In den Examensklausuren stehen klausurbedingt (es kann nach der Klausur kein Termin zur Beweisaufnahme folgen!) vielfach die Rechtsfragen und Rechtsansichten im Vordergrund. Um den Prüfungsanforderungen gerecht zu werden, ist dann hierauf ausführlich einzugehen (auch wenn ein reines „Praxisurteil" hier manches kürzer fassen würde). Siehe dazu die Ratschläge unter Rn. **6.**09–11.

2. Art und Weise der Darstellung   6.03

• **Einleitung**
Die Entscheidungsgründe beginnen mit einem Einleitungssatz, der das Gesamtergebnis des Prozesses kurz zusammenfasst.

Beispiele: „Die Klage ist zulässig und begründet". „Die zulässige Klage hat nur im Hilfsantrag Erfolg". „Die zulässige Klage ist im Hinblick auf die erfolgreiche Hilfsaufrechnung unbegründet". „Klage und Widerklage sind jeweils nur zum Teil begründet".
Möglich ist auch ein Einleitungssatz, der zugleich die entscheidungserheblichen Anspruchsnormen erwähnt (ThP § 313, 31). Etwa: „Die (Herausgabe-)klage ist zwar zulässig, jedoch unbegründet, da dem Kläger ein Herausgabeanspruch weder aus § 985 BGB noch aus § 812 BGB zusteht."

- **Urteilsstil**
Da die Entscheidungsgründe nur die Aufgabe haben, den Tenor als das bereits gefundene und verbindlich ausgesprochene Ergebnis zu begründen, ist im Behauptungs(Urteils-, „Denn"-)stil zu verfahren: Erst Behauptung, dann Begründung. Bilden Sie **Obersätze,** in denen Sie in Behauptungsform das jeweilige Ergebnis voranstellen, um es dann sogleich zu begründen.

Beispiele: (1) „Der Kläger **ist** Eigentümer, **denn** ... Dem steht nicht entgegen, dass ... Sein Herausgabeanspruch ist auch nicht ausgeschlossen durch ..., **denn** ...". (2) „Der Gewährleistungsausschluss greift entgegen den Ausführungen des Beklagten aus Rechtsgründen nicht durch, **denn** ...". (3) „Die Klageforderung ist auch nicht durch Aufrechnung erloschen, **denn** ...". (4) „Die Forderung ist auch nicht verjährt, **da** ...". (5) „Der Werklohnanspruch ist auch durch Abnahme fällig geworden. Die Abnahme erfolgte nämlich konkludent **dadurch, dass** ...".

- **Subsumtion**
Voranzustellen ist stets die bejahte oder verneinte Anspruchsnorm (§-Zitat!). Dann sind deren Voraussetzungen Punkt für Punkt zu subsumieren, wobei für jede einzelne Voraussetzung festzustellen ist, durch welche konkrete Tatsache sie erfüllt ist und weshalb diese Tatsache feststeht (z. B. weil sie unstreitig oder durch den Zeugen X bewiesen ist).

Beispiel: Herausgabeklage gemäß § 985 BGB (3 Voraussetzungen: Besitz des Beklagten, Eigentum des Klägers, kein Recht zum Besitz gem. § 986 BGB für den Beklagten).

	Entscheidungsgründe
Anspruchsnorm:	Die Klage ist aus § 985 BGB begründet.
Voraussetzung 1:	1. Der Beklagte ist unstreitig der derzeitige **Besitzer.**
Voraussetzung 2:	2. Der Kläger ist auch **Eigentümer** der Uhr. Diese hat der Kläger als Alleinerbe des unstreitig vormaligen Eigentümers X am 1. 8. geerbt. Dass der Kläger Alleinerbe des X ist, steht fest auf Grund des Testaments vom 1. 2.
Voraussetzung 3:	3. Der Beklagte kann sich auch nicht auf ein **Recht zum Besitz** i. S. v. § 986 BGB berufen. Seine Behauptung, er habe mit dem Erblasser X eine Vereinbarung getroffen, kraft deren er die Uhr bis zum 1. 12. behalten dürfe, ist nicht erwiesen. Zwar gab der hierzu vernommene Zeuge Z an, X und der Beklagte hätten über diese Möglichkeit einmal kurz gesprochen, doch konnte der Zeuge die allein entscheidende Frage nicht bejahen, dass X auch eine diesbezügliche feste Zusage gemacht habe. Da weitere Beweismittel nicht zur Verfügung stehen, trifft den Beklagten insoweit die Beweislast.

Bei der Subsumtion ist darauf zu achten, dass zunächst **von dem Unstreitigen ausgegangen** wird, nicht etwa dem Ergebnis der Beweisaufnahme:

Das Unstreitige ist die Basis der Entscheidungsgründe.

Beispiel (Kfz-Unfall): Falsch wäre: „Wie nach den Bekundungen des Unfallzeugen Z feststeht, hat der Beklagte den Unfall dadurch verschuldet, dass ..."
Richtig: „**Unstreitig** bog der Beklagte, unmittelbar vor dem Kläger fahrend, nach links in die Grundstückseinfahrt zu Haus 10 ab. Hierbei hatte sich der Beklagte gemäß § 9 V StVO so zu verhalten, dass eine Gefährdung anderer Verkehrsteilnehmer ausgeschlossen ist. Hiergegen hat der Beklagte verstoßen, indem er ... Dies steht fest auf Grund der Bekundungen des Augenzeugen Z ..."

- **Gliederungsziffern**

Im Gegensatz zum TB, bei dem Gliederungsziffern zwar nicht verboten, aber gänzlich unüblich sind (die Gliederung zeigt sich dem Leser dort durch die sprachliche Differenzierung zwischen Streitigem und Unstreitigem etc.), **ist in den E-Gründen eine bezifferte Gliederung üblich.**

Sie ist hier unbedingt zu empfehlen, weil sie eine klare Führung des Lesers durch die jeweiligen Voraussetzungen ermöglicht und zugleich eine Selbstkontrolle des Verfassers ist für sauberes Durchprüfen der Voraussetzungen.

Vgl. die sorgfältige Gliederung mit Gliederungsziffern in den Urteilen des BGH.

II. Der Aufbau der Entscheidungsgründe

Ein Patentrezept gibt es nicht, da jeder Fall seine Besonderheiten hat. Bei einem der Klage voll oder teilweise stattgebenden Urteil empfiehlt es sich, nach der Verteilung der Darlegungslast aufzubauen (Rn. **6.**04; **6.**07). Bei Klageabweisung oriertiert sich der Aufbau streng am vorangestellten Abweisungsgrund (Rn. **6.**06).

Davon ausgehend haben sich in der Praxis für die 3 Hauptresultate der Klagen folgende **Aufbaumodelle** bewährt, die als Rahmen zu verstehen und ggfls. bei Besonderheiten abzuwandeln sind:

1. Voll stattgebende Urteile 6.04

> ENTSCHEIDUNGSGRÜNDE
>
> **Einleitungssatz** zum Gesamtergebnis.
>
> I. ZULÄSSIGKEIT
>
> I. d. R. genügt: „Die Klage ist zulässig, insbesondere ist das angegangene Gericht örtlich und sachlich zuständig nach §§ x, y."
> Weitere Ausführungen sind nur veranlasst, wenn es im Prozess Probleme oder der Aufgabentext zur Erörterung Veranlassung gegeben hat.
>
> II. BEGRÜNDETHEIT
>
> Einleitungssatz zur bejahten Anspruchsgrundlage (§-Zitat!).
>
> **Beispiel:** „Dem Kläger steht der geltend gemachte Schadensersatzanspruch aus § 823 I BGB zu." Falls weitere Anspruchsgrundlagen zu bejahen oder verneinen sind, folgt: „Dahinstehen kann daher, ob die Klage auch aus §§ x oder y Erfolg hat."
>
> **1. Entstanden**
>   a) dem *Grunde* nach:
>   aa) Anspruchsbegründende Tatsachen.
>   Anspruchsvoraussetzungen Punkt für Punkt.
>   Bejahung jeder Einzelnen in der Reihenfolge:
>   – unstreitig
>   – § 138 III, unsubstantiiert bestritten
>   – bewiesen durch …

bb) Verneinung rechtshindernder Tatsachen,
　　z. B. §§ 105, 134, 138 BGB
b) Berechtigt auch in der geltend gemachten *Höhe*:
　aa) Anspruchsbegründende Tatsachen,
　　　z. B.: die verschiedenen Schadenspositionen sind im Einzelnen erwiesen wie folgt
　　　...
　bb) Verneinung von anspruchsfeindlichen Tatsachen, die der Beklagte behauptet,
　　　z. B.: die behauptete Verletzung der Schadensminderungspflicht, § 254 BGB, besteht aus rechtlichen (oder tatsächlichen) Gründen nicht, weil ...

2. Nicht nachträglich erloschen
Verneinung rechtsvernichtender Tatsachen, z. B. § 362 BGB.

3. Keine Einreden
Verneinung von rechtshemmenden Tatsachen,
　z. B. Verjährung, § 214 BGB, Zurückbehaltungsrechte, §§ 273, 320, 321, 1000 BGB.

Der Klageanspruch ist also auch uneingeschränkt durchsetzbar.

III. NEBENFORDERUNGEN UND NEBENENTSCHEIDUNGEN

1. Zinsen und Mahnauslagen
2. Kosten (§-Zitat genügt i. d. R.)
3. Vorläufige Vollstreckbarkeit
I. d. R. genügt das §-Zitat. Bei den zumeist nur pauschal geltend gemachten Vollstreckungsschutzanträgen („höchstvorsorglich wird Vollstreckungsschutz beantragt") genügt zur Ablehnung der Hinweis, dass die Voraussetzungen nicht glaubhaft gemacht worden sind, § 714 II.
4. Ggfls. Rechtsbehelfsbelehrung

§ 232 ZPO differenziert (im Unterschied zu § 39 FamFG und § 9 V ArbGG) je nach RA-Zwang: Eine Rechtsbehelfsbelehrung ist nur erforderlich in Verfahren *ohne* RA-Zwang, also in allen *amtsgerichtlichen* selbständig anfechtbaren Entscheidungen (insbes. bei Endurteilen und dem Beschluss nach § 91a), auch wenn sich dort eine Partei durch einen RA vertreten läßt (ThP § 232, 4).
Sie ist nicht erforderlich in Verfahren vor dem LG und dem OLG, wegen des dort bestehenden RA-Zwangs § 78 I, ausgenommen für den Einspruch gegen ein Versäumnisurteil und für den Widerspruch bei Arrest und einstweiliger Verfügung (§ 232 S. 2).
Die Belehrung ist Bestandteil der Entscheidung und muss daher von der Unterschrift der Richter gedeckt sein, also **vor** dieser stehen (also keine Beifügung eines Info-Blattes!).

Beispiel: Endurteil des AG Stuttgart über € 4000,–.
„Gegen dieses Urteil ist die Berufung statthaft zum Landgericht Stuttgart ... (volle Adresse), sofern eine Abänderung um mehr als € 600,– beantragt wird *(Beschwerdegegenstand, § 511 I, II Nr. 1)*. Die Berufung ist einzulegen binnen 1 Monat ab Zustellung des in vollständiger Form abgefassten Urteils *(§ 517)* durch einen Rechtsanwalt *(§ 78 I)*, schriftlich unter Bezeichnung des angefochtenen Urteils und mit der Erklärung, dass hiergegen Berufung eingelegt werde *(§ 519 I, II)*".

6.05 **Hierzu folgendes Beispiel:** K klagt vor dem LG auf Schadensersatz aus Kfz-Unfall. B bestreitet Grund und Höhe der Klageforderung und erhebt die rechtsvernichtende Einwendung, man habe an der Unfallstelle vereinbart, dass jeder für seinen Schaden selbst aufkomme, was der Kläger aber bestreitet. Der Beklagte beruft sich auf Verjährung.

Ausgehend von obiger Gliederung, können die E-Gründe z. B. wie folgt lauten:

ENTSCHEIDUNGSGRÜNDE

Die Klage hat in vollem Umfange Erfolg.

I.

Die Klage ist zulässig, insbesondere ist das angerufene Gericht zuständig, § 32 ZPO, §§ 71 I, 23 Nr. 1 GVG.

II.

1. Der Kläger **kann** Ersatz seines Schadens aus § 7 I StVG, § 823 I BGB *verlangen*.

   a) Unstreitig ist der Beklagte mit seinem PKW ... auf den vor ihm im Kolonnenverkehr fahrenden klägerischen PKW ... aufgefahren, wobei der gegenständliche Heckschaden am Klägerfahrzeug entstand. Der Beklagte kann sich nicht gem. § 17 III StVG entlasten, er hat vielmehr auch schuldhaft gehandelt, da er es fahrlässig unterlassen hat, den gemäß § 4 StVO gebotenen Sicherheitsabstand zu wahren. Zeugen dafür sind nicht vorhanden. Es spricht jedoch bei einem Auffahrunfall der Beweis ersten Anscheins für die Tatsache, dass der Auffahrende entweder infolge zu geringen Sicherheitsabstandes oder infolge sonstiger Unaufmerksamkeit aufgefahren ist (BGH NJW-RR 07, 680; Musielak § 286, 26).

   Dieser Anscheinsbeweis ist vom Beklagten nicht erschüttert worden. Denn hierzu hätte der Beklagte Tatsachen dafür vortragen und beweisen müssen, aus denen sich die ernsthafte Möglichkeit eines anderen Geschehensablaufes ergibt (ThP § 286, 13). Allein die bestrittene und unbewiesene Behauptung des Beklagten, er sei durch einen Lichtreflex plötzlich stark geblendet worden, reicht als bloße Parteibehauptung hierfür nicht aus.

   Die Abwägung der Verursachungsbeiträge der Parteien gem. § 17 II StVG (Hinweis: dieser verdrängt § 254 I BGB, Palandt § 254, 6) führt zur Alleinhaftung des Beklagten. Den Kläger trifft kein Verschulden, da der Beklagte die behauptete grundlose Gewaltbremsung des Klägers nicht hat beweisen können. Zu Lasten des Klägers ist die normale Betriebsgefahr zu berücksichtigen, da sich der Kläger nicht gem. § 17 III StVG hat entlasten können. Der Beklagte hingegen hat grob schuldhaft gehandelt, da hinzukommt, dass er nach dem überzeugenden Gutachten des Sachverständigen Wiedemann mit einer um 40 km/h übersetzten Geschwindigkeit gefahren ist. Stehen sich bei der Abwägung gem. § 17 II StVG – wie hier – normale Betriebsgefahr und grobes Verschulden gegenüber, tritt die Betriebsgefahr zurück (Palandt 67; Erman 97 zu § 254 BGB). Der Beklagte haftet daher dem Grunde nach uneingeschränkt aus § 7 I StVG und § 823 I BGB.

   b) Die Klageforderung ist **auch in der geltend gemachten Höhe berechtigt.**

      aa) Die geltend gemachten Schadenspositionen (Seite 3–5 der Klageschrift) sind tatsächlich durch den streitgegenständlichen Unfall und auch in der vorgetragenen Höhe entstanden. Im Einzelnen:

         (1) Wertminderung. Nach den überzeugenden Bekundungen des vom Gericht beauftragten Sachverständigen S. steht zur Überzeugung des Gerichts fest ...

         (2) Reparaturkosten: Nach den Bekundungen des Zeugen Z, Mechaniker bei ... sind an Material und Löhnen angefallen ... (= Bericht, dass der Zeuge die Beweisfrage auch wirklich bejaht hat). Der Zeuge Z hat einen glaubwürdigen Eindruck gemacht (= Beweiswürdigung).

      bb) Die klägerische Ersatzforderung ist auch nicht wegen Verstoßes gegen die Schadensminderungspflicht, § 254 II S. 1 BGB *(wird von § 17 StVG nicht berührt, Palandt § 254, 6)* ausgeschlossen oder eingeschränkt.

      Der Einwand des Beklagten, der Kläger habe es vor der Reparaturvergabe unterlassen, die preislich günstigste Firma am Ort zu erfragen, ist schon aus Rechtsgründen unzutreffend. Denn der Geschädigte ist nach ständiger Rechtsprechung nicht gehalten, vor Reparaturvergabe eine Marktforschung hinsichtlich der Preise zu betreiben. Dass der Kläger eine unangemessen teure oder ungeeignete Firma beauftragt habe, hat der Beklagte weder dargetan noch bewiesen.

2. Die Haftung des Beklagten ist auch **nicht ausgeschlossen** durch einen Schadensregulierungsvertrag, wonach jede Partei ihren eigenen Schaden selbst trage. Ob nämlich ein solcher Vertrag überhaupt zustande gekommen ist, blieb ungeklärt. Die Aussagen der hierzu vernommenen Parteien stehen

sich widerspruchsvoll gegenüber, neutrale Beweismittel fehlen *(folgt Beweiswürdigung)*. Den Beklagten trifft daher nach allgemeinen Regeln die Beweislast für seine unbewiesene Behauptung.
3. Der klägerische Anspruch ist **auch nicht verjährt.**
Die vom Beklagten erhobene Verjährungseinrede ist unbegründet, denn ...

III.

1. Der Anspruch auf Prozesszinsen in Höhe von 5 Prozentpunkten über dem Basiszinssatz (§ 247 BGB) folgt aus §§ 286 I 2, 288 I BGB.
2. Die Kostenentscheidung beruht auf § 91 I S. 1 ZPO.
3. Der Ausspruch über die vorläufige Vollstreckbarkeit folgt aus § 709 S. 2 ZPO.

6.06 2. Voll abweisende Urteile

ENTSCHEIDUNGSGRÜNDE

Einleitungssatz zum Gesamtergebnis.

I. ZULÄSSIGKEIT

Wie oben **1.**

II. BEGRÜNDETHEIT

Es müssen **alle** nach dem Prozessstoff denkbaren Anspruchsgrundlagen (auch, wenn nicht ausdrücklich zitiert: iura novit curia) abgehandelt werden (beim stattgebenden Urteil genügt eine einzige!).
Der Abweisungsgrund ist voranzustellen, denn auf ihm „beruht" (§ 313 III) die Entscheidung:
1. Ein Anspruch ist überhaupt **nicht entstanden.**

Beispiele: „Die Kaufpreisklage war abzuweisen, da der Kläger das Zustandekommen eines Kaufvertrages nicht hat beweisen können ...."
Oder: „Die Klage erwies sich als unbegründet.
(a) Der Kläger kann den Anspruch mangels erwiesenen Vertragsabschlusses nicht auf § 631 BGB stützen ...
(b) Die Klage ist auch nicht aus § 812 I 1 BGB gerechtfertigt, da ...
(c) ... (weitere denkbare Anspruchsgrundlagen)."

2. Der Klageanspruch ist (jedenfalls) **erloschen.**
a) Voranzustellen ist grds. der Abweisungsgrund:

Beispiel: „Die Klage ist unbegründet. Es kann dahingestellt bleiben, ob der behauptete Kaufvertrag überhaupt wirksam zustande gekommen ist. Denn jedenfalls hat der Beklagte wirksam die Anfechtung gemäß 123 BGB erklärt ..."

b) Ausnahme: Aufrechnung
Hier muss nach der herrschenden Beweiserhebungstheorie (arg. § 322 II; ThP § 145, 15; § 300, 3) zunächst festgestellt werden, dass die Klageforderung (jedenfalls in Höhe der Aufrechnungsforderung) wirklich *bestanden* hat und durch Aufrechnung nunmehr *erloschen* ist.

3. Der Anspruch ist (jedenfalls) **undurchsetzbar**

Beispiel: „Es kann dahingestellt bleiben, ob der umstrittene Werkvertrag überhaupt zustandegekommen ist. Denn jedenfalls ist der eingeklagte Anspruch aus §§ 634 Nr. 4, 281 BGB gemäß §§ 634a I Nr. 3, 195 BGB verjährt ...".

III. NEBENENTSCHEIDUNGEN
1. Kosten
2. Vorläufige Vollstreckbarkeit
3. Ggfls. Rechtsbehelfsbelehrung (§ 232), s. Rn. **6**.04.

3. Teilweise stattgebende Urteile 6.07

Bei Urteilen, die der Klage nur teilweise stattgeben, behandeln die E-Gründe i. d. R. zunächst den begründeten Teil der Klage, im Anschluss hieran und klar abgesetzt den erfolglosen, hinsichtlich dessen die Klage „im Übrigen" abgewiesen wird.
Liegt der Abweisungsgrund schon in der Unzulässigkeit der Klage, muss dieser bereits unter Ziffer I abgehandelt werden.

Beispiel: Die auf vollen Schadensersatz gerichtete Klage des K erweist sich sowohl dem Haftungsgrunde nach (Mitverschulden des K) als auch der Höhe nach (Abzug wegen unzulässig mitreparierter Vorschäden) als nur teilweise begründet. Hinsichtlich des mit eingeklagten Schmerzensgeldes für einen Beifahrer erweist sich die Klage mangels Prozessführungsbefugnis als unzulässig.

ENTSCHEIDUNGSGRÜNDE
Einleitungssatz zum Gesamtergebnis.

I. ZULÄSSIGKEIT
1. Ausführungen, soweit die Klage schon **unzulässig** ist und daher „im Übrigen" abgewiesen wird (hier Schmerzensgeld für Beifahrer).
2. Ausführungen, soweit die Klage **zulässig** ist.

II. BEGRÜNDETHEIT
Einleitungssatz mit Zitat der Anspruchsgrundlage: K kann gemäß § 7 I StVG Schadensersatz nur in Höhe von € 3800,– verlangen.
1. **Entstanden dem Grunde nach?** Ergebnis vorweg: Haftung dem Grunde nach nur zu $2/3$.
   a) Ausführungen dazu, was den Anspruch aus § 7 I StVG **begründet.**
   b) Ausführungen dazu, was den Anspruch dem Grunde nach **mindert:** Mitverschulden des K zu $1/3$ (§ 17 II, I StVG).
2. **Berechtigt auch der Höhe nach.** Ergebnis vorweg: Ein erstattungspflichtiger Schaden besteht nur in Höhe von …
   a) **Begründete** Schadenspositionen
   b) **Unbegründete** Schadenspositionen (insoweit Abweisung „im Übrigen"); hier: mitreparierte Vorschäden als Abzug.
3. **Verbindung von 1 und 2**
   Unter Berücksichtigung der Haftungsquote von $2/3$ und einem erwiesenen Schaden von nur … konnte dem Kläger insgesamt nur ein Betrag von … zuerkannt werden. Im Übrigen war die Klage abzuweisen.

III. NEBENFORDERUNGEN UND NEBENENTSCHEIDUNGEN
1. Zinsen
   a) Soweit zugesprochen

> b) Soweit **aberkannt**
> 2. Kosten
> 3. Vorläufige Vollstreckbarkeit
> 4. Ggfls. Rechtsbehelfsbelehrung (§ 232), s. Rn. **6**.04.

III. Häufige Fehler. Ratschläge

1. Die Anspruchsgrundlage

6.08 Mit ihr steht oder fällt die Leistungsklage. Aus ihr heraus muss daher das stattgebende, wie das abweisende Urteil begründet und aufgebaut werden.

Diesen zentralen Ausgangspunkt lassen viele Arbeiten vermissen, obwohl er doch Dreh- und Angelpunkt jedes Urteils bei Leistungsklagen ist. Die Anspruchsgrundlage gehört also in jedem Fall vorangestellt in Form eines (zunächst noch so zulässigen) Behauptungssatzes zum tenorierten Ergebnis.

Die folgenden Schritte müssen hieran anknüpfend, gedanklich und sprachlich streng am Tenor orientiert sein (nur den gilt es zu begründen), d. h. bei

– *klageabweisenden* Urteilen muss jetzt sofort der Umstand aufgegriffen werden, an dem der Klageerfolg scheitert (z. B. die Verjährungseinrede, die man im Gutachten ganz am Schluss prüft)
– bei *klagestattgebenden* müssen die einzelnen Voraussetzungen der Anspruchsgrundlage sauber durchlaufen werden. Dabei genügen Kurzbegründungen bei Unproblematischem, während eingehende Sachverhaltsauswertung und argumentatives Arbeiten bei den Schwerpunkten der Klausurproblematik (Gewichtung) erforderlich sind.

2. Wie ausführlich begründen? Subsumtionstechnik. „Echo-Prinzip"

6.09 Die Aufgabe, ein praxisorientiertes Urteil unter Heraushebung des Wesentlichen zu fertigen, wird oft dahin verkannt, dass im Interesse der Abkürzung lediglich ergebnisorientierte Behauptungssätze aneinander gereiht werden. Es fehlt dann die nötige Subsumtion und Sachverhaltsauswertung. Abgesehen von Nebenfragen, für die lediglich eine kurze Bemerkung genügt, um zu zeigen, dass die Probleme beachtet wurden (oft: Zulässigkeitsfragen), müssen die tragenden Darlegungen **nachvollziehbar** sein, was nur der Fall ist, wenn für den Ergebnissatz auch eine **Begründung** vorliegt, für zu beweisende **Tatsachen** unter Auswertung des Sachverhalts, für **Rechtsfragen** durch Argumentation.

Für das Urteil im Praxisfall wie im Examensfall gilt hinsichtlich der **tragenden** Überlegungen eine Art **„Echo-Prinzip"**: Was von den Parteien in den Schriftsätzen, im Examensfall vom Aufgabensteller in den Sachverhalt an **wesentlichen** Fakten gebracht wurde, muss sich in den tragenden Entscheidungsgründen **wiederfinden** lassen. Wie sorgfältig selbst in Praxisfällen begründet und argumentiert wird, zeigt sich überzeugend an Entscheidungen oberster Gerichte, ein Blick in die BGH-Entscheidungen belegt dies anschaulich. Wenn dies aber selbst in der Praxis, für die gewisse Abkürzungen nötig und üblich sind, gilt, ist das erst recht im Examensfall zu beachten, da hier der Bearbeiter aufgefordert ist, ein möglichst fundiertes Arbeitsmodell zu liefern.

Blanke Behauptungssätze (denen nichts, nicht einmal eine Kurzbegründung, nachfolgt) sind „Begründungen", die ihrerseits der Begründung bedürfen. Sie sind also dort, wo wesentliche Bausteine der Lösung abzuhandeln sind, völlig ungenügend. Entscheidungsfreudigkeit und Kurzfassung darf nicht mit Begründungsschwäche verwechselt werden.

Zur Illustration sei aus zwei Prüfervermerken (2. jur. Staatsprüfung, Bayern) zitiert:

> „Wesentliche Prüfungsleistung ist es, die gefundenen Rechtsfolgen vollständig, verständlich und überzeugend zu begründen. Hier steht manches nicht zum Guten. Oft wird nur ein Teil der Voraussetzungen der Normen erörtert, manche Bearbeiter begnügen sich mit der bloßen *Rechtsbehauptung*, manche führen nur Paragraphen an. Nicht wenige glauben, es reiche aus, Palandt oder Thomas-Putzo zu zitieren; das ist keine als Prüfungsleistung verwertbare Begründung."
>
> „Wenn auch bei dem nicht unerheblichen Schwierigkeitsgrad der Aufgabe nicht erwartet werden konnte, dass sämtliche rechtlichen Aspekte angesprochen werden, so musste doch verlangt werden, dass dasjenige Vorbringen erörtert wird, auf das in den Schriftsätzen besonders hingewiesen ist. Es erstaunt immer wieder, dass Prüflinge diese, im Übrigen vielfach hilfreichen Hinweise im Aufgabentext so wenig beachten. So hat sich ein Großteil der Verfasser mit den Fragen des Verzichts, der Verwirkung, der Nichtigkeit wegen Steuerhinterziehung und der Anfechtung wegen Irrtums überhaupt nicht befasst. Dabei hätten hier leicht Pluspunkte gesammelt werden können, die in Zweifelfällen zugunsten der Bearbeiter hätten herangezogen werden können."

a) Das erste Zitat belegt, dass eine sorgfältige **Subsumtion** (Auswertung des Sachverhalts, Ausfüllung der Anspruchsvoraussetzungen mit Tatsachen) erwartet wird. Nötig ist dazu darstellungstechnisch ein **dreifacher Schritt:**   6.10

1. Obersatz „Kopfsatz"	„Der Verjährungseinrede steht auch nicht der Einwand unzulässiger Rechtsausübung (§ 242 BGB) entgegen."
2. Definition	„Ein solcher Verstoß nämlich läge nur vor, wenn der Bekl. einen Vertrauenstatbestand des Inhalts gesetzt hätte, dass ..."
3. Subsumtion	„Vorliegend hat der Beklagte jedoch lediglich ..." (folgt Auswertung des Sachverhalts)

Dieses Drei-Schritt-Verfahren wiederholt sich fortlaufend in der gesamten Arbeit. Es ist Grundlage der Darstellungstechnik.

Die Fakten, also das Tatsachenmaterial, das der Aufgabensteller in den Text gelegt hat, müssen sich hier in der Subsumtion wiederfinden lassen: „Echo-Prinzip". Das ist nicht nur im fundierten, guten Praxisurteil unerlässlicher Baustein der Begründungs- und Subsumtionstechnik, sondern ganz besonders auch im Examensfall: Der Aufgabentext ist in aller Regel konstruiert, in der Schilderung des Tatsachenmaterials auf das zur Lösung unbedingt Nötige zusammengestrichen. Die eingehende Aufarbeitung dieses Tatsachenmaterials ist das erwartete (und nötige) „Echo" darauf. Daran geht der Referendar vorbei, wenn er das Tatsachenmaterial solcher konstruierter Fälle mit einem pauschalen Behauptungssatz „erledigt".

Beachte aber: wie eingangs betont, gilt dies für die *tragenden* Elemente der Begründung. *Kurzbegründungen* reichen hingegen für Nebenfragen aus.

b) Das zweite Zitat bezieht sich mehr auf **Rechtsfragen.** Erwartet wird ein **argumentatives Arbeiten,** wobei der Prüfervermerk im Zitat klarstellt, dass der Aufgabensteller Winke geben will zu bestimmten Diskussionspunkten. Die angesprochenen Rechtsfragen wären auch ohne die „Winke" aktuell, zu diskutieren und gegebenenfalls in den Kommentaren zu erarbeiten. Der Aufgabensteller will diese Arbeit erleich-   6.11

tern und erwartet in der Regel auch, dass darauf auch eingegangen wird („Echo-Prinzip"). Oft besteht die Neigung der Bearbeiter, die einer Partei in den Mund gelegten Rechtsbehauptungen, die als abwegig empfunden werden, erst gar nicht zu diskutieren, weil der Prüfling sie (u. U. zutreffend) als falsch ansieht. Da sie aber aufgeworfen sind (siehe die üblichen, ausdrücklichen Aufgabenvermerke in den Examensarbeiten: „Soweit in den Gründen ein Eingehen auf *alle* berührten Rechtsfragen nicht erforderlich erscheint, sind diese Rechtsfragen in einem Hilfsgutachten zu erörtern"), sind diese (angeblich oder wirklich) verfehlten Rechtsbehauptungen auch zu diskutieren. Es ist dann eine Frage der Gewichtung, welchen Raum sie in der Arbeit einnehmen dürfen, bzw. eine Frage, ob sie insgesamt ins Hilfsgutachten gehören.

3. Das Hilfsgutachten

6.12 Es hat in erster Linie die **Aufgabe,** ergänzend zum Hauptteil diejenigen Probleme zu behandeln, die nach der im Urteil vertretenen Auffassung nicht entscheidungserheblich sind und daher im Hauptteil auch nicht behandelt werden konnten.

Beispiel: Das klageabweisende Urteil ist ausschließlich auf die erfolgreiche Verjährungseinrede gestützt. Ausdrücklich dahingestellt blieb die unter den Parteien umstrittene Frage, ob der Anspruch infolge Mangelhaftigkeit der Sache überhaupt entstanden war. Diese „aufgeworfene", aber letztlich entscheidungsunerhebliche Frage nach der Fehlerhaftigkeit (Wirksamkeit des Vertrages etc.) ist nun ergänzend im Hilfsgutachten zu erörtern.

Beliebt, aber verfehlt, ist die Methode, die Urteilsgründe selbst ganz knapp zu halten (oft: lauter blanke Behauptungssätze), um dann im Hilfsgutachten die vertiefte und eingehende Begründung zu Entscheidungserheblichem nachzuholen. Der Richter hat auch kein Hilfsgutachten, mit dessen Hilfe er sich bei den Parteien verständlich machen kann. Das Urteil – das, was wirklich hineingehört – ist ein geschlossener Bau.

Zur Technik:

Es kann **synchron, zeitgleich mit dem Hauptteil** verfasst oder skizziert werden: man ist gerade eingearbeitet und in der Lage, die ergänzenden Ausführungen sofort niederzuschreiben, später muss man sich zeitaufwändig erst wieder neu einarbeiten. Ausgenommen sind solche Probleme, die man zur Lösung im Hauptteil noch nicht ganz gedanklich durchdringen musste: sie verfasst man schon aus Zeitgründen (der fertiggestellte Hauptteil ist wichtiger!) erst am Schluss der Klausur.

Gelegentlich kann es sich empfehlen, mittels einer Fußnote in der Niederschrift auf die entsprechende Stelle im Hilfsgutachten hinzuweisen. Der Leser kann so über die **Verweisung** sofort im Hilfsgutachten die dortige Gliederungsziffer finden und so die Dinge **im Zusammenhang lesen.**

Beispiel: In den E-Gründen wird ausgeführt: „Es kann dahinstehen, ob der Vertrag zwischen den Parteien formwirksam war, denn jedenfalls ..." Dazu Zeichen im fortlaufenden Text und am unteren Blattrand als Fußnote vermerken: „Dazu (oder: zur Formwirksamkeit des Vertrages) siehe Ziffer 3 des Hilfsgutachtens."

§ 7 Überblick über die Urteilsarten

7.01 Die Urteilsarten werden im Allgemeinen nach 4 Gesichtspunkten eingeteilt (ThP 4 ff., Zöller 4 ff. vor § 300):

§ 7 Überblick über die Urteilsarten

Man unterscheidet nach

Rechtskraftwirkung:

Prozess-	Sachurteile
Bei Unzulässigkeit der Klage werden rechtskraftfähig nur die Unzulässigkeitsgründe festgestellt. Evtl. zusätzliche Ausführungen bzgl. Begründetheit erwachsen nicht in RKraft. Näheres unten Rn. **28.01 ff.**	Bei Zulässigkeit der Klage wird auch zur Sache selbst rechtskraftfähig entschieden.

Rechtsschutzbegehren:

Leistungsurteile	Feststellungsurteile	Gestaltungsurteile

Art des Zustandekommens:

Streitige (kontradiktorische)	Echte Versäumnisurteile, §§ 330, 331, 345
Sie ergehen • entweder auf Grund zweiseitiger mdl. Verhandlung (Regelfall der Urteile). Dazu gehören insbesondere: – Normale Endurteile – Urteil nach Lage der Akten, §§ 251a, 331a, da dieses wegen § 251 II eine frühere zweiseitige mdl. Verhandlung voraussetzt und den dortigen Prozessstoff voll berücksichtigt (im Gegensatz zu einem VU in einem Folgetermin, § 332; vgl. Zöller § 332, 1). • Oder auf Grund einseitiger mdl. Verhandlung, aber nicht gegen den Säumigen, sondern gegen den Anwesenden („unechtes VU") z.B. § 331 II, 2. HS = Bekl. ist säumig, Klage aber nicht schlüssig. Näheres Rn. **20.12 ff.**	Schlagwort: *wegen* der Säumnis und *gegen* den Säumigen Die 2 Hauptunterschiede zu den kontradiktor. Urteilen sind: – Inhalt: Bei den echten VU ist der Urteilsinhalt eine Säumnisstrafe (§ 330: Fiktion der Unbegründetheit, § 331: Geständnisfiktion). – RBehelfe: grds. nur Einspruch (§ 338), Berufung nur beim techn. zweiten VU gemäß §§ 345, 514 II

Bedeutung für die Erledigung des Rechtsstreits:

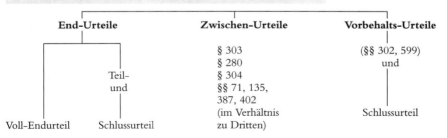

Diese letztgenannten Urteilsarten sollen im Folgenden näher besprochen werden.

I. Endurteile

7.02 **Endurteile beenden die Instanz** ganz oder teilweise, indem sie über die ganze Klage oder Teile des Streitgegenstandes entscheiden (ThP § 300, 1).

Auch Versäumnisurteile, §§ 330 ff., sind Endurteile (ThP § 330, 4). Wird kein Einspruch eingelegt bzw. ist dieser verspätet etc., ist die Instanz mit dem VU abgeschlossen. Dass auf zulässigen Einspruch hin in der gleichen Instanz erneut und ggfls. anders entschieden wird, macht das VU nicht zu einem Zwischenurteil, sondern zeigt nur, dass es ein auf besondere Weise (durch die gleiche Instanz) korrigierbares Endurteil ist.

Vorbehaltsurteile, §§ 302, 599, sind nach h. M. auflösend bedingte Endurteile, Näheres unten III.

1. (Voll-)Endurteil, § 300

7.03 Es entscheidet über die ganze Klage bzw. das ganze Rechtsmittel, § 300 I.

Entscheidungsreife besteht, sobald feststeht, dass der Klage stattgegeben oder sie abgewiesen werden muss. Hierzu müssen der Sachverhalt innerhalb der Grenzen des Beibringungsgrundsatzes voll aufgeklärt und die diesbezügliche Frage- und Hinweispflicht des Gerichts gemäß § 139 erfüllt, sowie die Beweise erschöpft sein, soweit sie nicht gemäß §§ 296, 296a, 530 ff. ausgeschlossen sind (Zöller 2; ThP 2 zu § 300).

Klausuraufbau: ein evtl. Anlass/Antrag gemäß **§ 156** zur **Wiedereröffnung** der mündlichen Verhandlung wegen Verfahrensfehlern etc wird zweckmäßig gleich zu Beginn der E-Gründe erörtert zur Rechtfertigung der Entscheidungsreife (z. B. „Entscheidungsreife besteht, da die Voraussetzungen des § 156 nicht vorliegen, denn …. Die Klage ist zulässig und begründet ….“). Sonst sind Verfahrensfehler dort zu erörtern, wo dies jeweils relevant wird, z. B. ist die Verwertbarkeit eines Beweismittels zu erörtern bei der Beweiswürdigung.

Im Einzelnen:

Klagestattgebende Endurteile:
Es müssen feststehen: alle Zulässigkeitsvoraussetzungen (Prüfungsvorrang vor den Begründetheitsvoraussetzungen, h. M.); die klagebegründenden Tatsachen müssen schlüssig und, falls bestritten, bewiesen sein und die Einwendungen des Beklagten (rechtshindernde, -vernichtende, -hemmende) erfolglos sein.

Klageabweisende Endurteile:
(a) Die Klage ist **unzulässig**
Es muss klar sein, ob die Klage als unzulässig *oder* als unbegründet abgewiesen werden soll. Das darf weder offen bleiben („entweder unzulässig oder doch jedenfalls unbegründet"), noch darf kumulativ aus beiden Gründen zugleich abgewiesen werden. Denn die Rechtskraft des Urteils (Prozess- oder Sachurteil) darf nicht im Ungewissen bleiben. Näheres unten Rn. 28.02.

(b) Die Klage ist **zulässig, aber unbegründet**
— Ist die Klage unschlüssig, so besteht damit sofort Entscheidungsreife: Das Gericht „hat" (= muss) sofort durch Endurteil zu entscheiden, § 300 I, ohne jedwede Beweisaufnahme.

- Steht eine zur Klageabweisung führende Einwendung des Beklagten (rechtshindernd, z.B. § 138 BGB; rechtsvernichtend, z.B. § 362 BGB) fest, ist die Klage abweisungsreif, die Prüfung der Anspruchsgrundlage (ob der Anspruch überhaupt entstanden ist) kann dahinstehen (ThP § 300, 2).

Ausnahme: Aufrechnung. Hier muss nach der herrschenden Beweiserhebungstheorie wegen § 322 II auch die Anspruchsgrundlage voll geprüft werden (ThP § 145, 15; § 300, 3).

2. Teilurteil, § 301

Es ist ein Endurteil über einen selbstständigen Teil des Streitgegenstandes. Über den Rest wird im letzten Teilurteil entschieden, dem sog. Schlussurteil, welches auch die abschließende einheitlich zu treffende Kostenentscheidung enthält. Der Zweck besteht in einer Beschleunigung durch „Abschichten" entscheidungsreifer Teile und gegebenenfalls umgehender Schaffung eines Vollstreckungstitels. 7.04

Wirkung: Das Teilurteil spaltet den Prozess in künftig selbstständige, voneinander unabhängige Teile. Teil- und Schlussurteil müssen also gesondert angefochten werden, die Zulässigkeit eines Rechtsmittels bestimmt sich für jedes dieser Urteile gesondert. Das Gericht ist an sein Teilurteil gebunden (§ 318), die Rechtskraft beschränkt sich auf das jeweilige Teilurteil (ThP § 301, 7).

Wichtiger Fall ist die **Stufenklage (§ 254):** Obj. Klagehäufung, bei der über die einzelnen Stufen Auskunft/Rechnungslegung per Teilurteil und zuletzt über die avisierte Leistung durch Schlussurteil zu entscheiden ist (ThP § 254, 6). Hier nimmt das Gesetz sogar die Gefahr widersprechender Entscheidungen in Kauf (was sonst bei Teilurteilen zu vermeiden ist), da bzgl. des Zahlungsanspruchs keine Bindung gem. § 318 besteht (z.B.: im TeilU über die Auskunft wird der avisierte Leistungsanspruch bejaht, im Schlussurteil über die erhoffte Leistung aber verneint). ThP § 254, 6, 10.

a) Voraussetzungen:

(1) Selbstständiger Teil eines oder mehrerer Streitgegenstände

Möglich ist z.B. ein Teilurteil bei objektiver Klagehäufung (§ 260) nur bzgl. eines Streitgegenstandes, bei einfacher (!) Streitgenossenschaft nur bzgl. eines Streitgenossen.
Bei einem einzigen Streitgegenstand (z.B. mehrere unselbstständige Rechnungsposten eines Schadens) ist ein Teilurteil nur zusammen mit einem Grundurteil und nur dann zulässig, wenn der Teil eindeutig individualisiert ist, § 301 I 2.
Nicht: Bzgl. einzelner Angriffs- oder Verteidigungsmittel (z.B. nicht über die Aufrechnungsforderung), ThP § 301, 3.

(2) Unabhängigkeit vom Ausgang des Rechtsstreits über den Rest

Ein Teilurteil ist nur dann zulässig, wenn die Entscheidung über den Teil unabhängig davon ist, wie der Streit über den Rest ausgeht, wenn also die Gefahr widersprechender Entscheidungen – auch infolge einer abweichenden Entscheidung durch das Rechtsmittelgericht (wird oft übersehen!) – ausgeschlossen ist (BGH NJW 12, 1083; BGHZ 189, 356, Rn. 13; ThP § 301, 2).
Beispiele für die Unzulässigkeit eines Teilurteils:

Beispiel 1 (Klage und Widerklage): K klagt gegen B auf Feststellung, dass die außerordentliche Kündigung unwirksam sei und sein Dienstverhältnis fortbestehe, B erhebt Widerklage auf Feststellung seines Kündigungsschadens (§ 628 II BGB; Palandt § 628, 6 ff.).
Ein Teilurteil nur über die Klage (oder nur die Widerklage) wäre hier unzulässig, weil der umstrittene Kündigungsgrund prozessentscheidend für beide Klagen ist, also nicht unterschiedlich beurteilt werden kann. Würde etwa das LG die Kündigung für berechtigt halten und die Klage durch Teilurteil abweisen, der zur Höhe noch nicht entscheidungsreifen Widerklage später durch Schlussurteil stattge-

ben, so ist nicht auszuschließen, dass OLG/BGH auf Rechtsmittel nur gegen das Schlussurteil die Kündigung für unberechtigt halten: Urteilskollision.

Beispiel 2: Klage auf Werklohn für Bauwerk, Widerklage auf Schadensersatz gem. §§ 634 Nr. 4, 281 BGB, wobei str., ob und wann die Abnahme erfolgt ist. Die Abnahme ist für die Fälligkeit der Klageforderung (§ 641 BGB) ebenso von Bedeutung wie für die gegenüber der Widerklageforderung erhobene Verjährungseinrede (§ 634a I Nr. 2, II BGB). BGHZ 189, 356, Rn. 13; BGH NJW 97, 455: § 301 I zielt darauf ab, es schon nicht zu einer unterschiedlichen Beurteilung bloßer Urteilselemente (hier: Abnahme), die nicht in Rechtskraft erwachsen, kommen zu lassen. Ein Teilurteil etwa nur über die Widerklage wäre also unzulässig.

Berufungsverfahren:

(1) Ist das Teilurteil *unzulässig,* so liegt ein wesentlicher *Verfahrensmangel* vor, der gemäß § 538 II Nr. 7 zur Aufhebung und Zurückverweisung führt (das zur Beschleunigung gedachte Teilurteil hat nur viel Zeit und Geld gekostet!). Allerdings *kann* das Berufungsgericht nach h. M. ausnahmsweise (das Berufungsgericht ist sonst nicht befugt, über den Teil des Streitgegenstands zu entscheiden, der noch im ersten Rechtszug anhängig ist, da § 511 I ein darüber bereits erlassenes erstinstanzliches Endurteil voraussetzt), um den Verfahrensfehler der unzulässigen Trennung zu beseitigen (BGH NJW 99, 1036, also aus Gründen der Prozesswirtschaftlichkeit) den noch beim Untergericht anhängigen Teil an sich ziehen und darüber mitentscheiden (Müko-ZPO § 301, 22; Zöller § 538, 55).

(2) Bei einem *zulässigen* Teilurteil besteht hingegen kein Bedarf, einen Verfahrensmangel zu heilen, daher ist der Grundsatz des § 511 I streng zu beachten: das Berufungsgericht kann über den Rest nicht schon aus prozessökonomischen Gründen mitentscheiden, sondern nur bei Einverständnis der Parteien (das einer zulässigen Klageerweiterung in 2. Instanz sehr nahe steht, BGHZ 97, 282) sowie i. F. e. Stufenklage, wenn bei Berufung des Beklagten gegen das Teilurteil über Auskunft die *Abweisung* der ganzen Stufenklage erfolgen soll (BGHZ 94, 275; Zöller § 254, 14; Müko-ZPO a. a. O.).

b) Das Urteil

Beispiel: K macht gegen B einen Restkaufpreis von € 500,– und die Rückzahlung eines Darlehens über € 2500,– geltend. Durch Teilurteil werden € 500,– für die Restkaufpreisforderung zugesprochen. Im Schlussurteil wird über die Darlehensforderung und die gesamten Kosten entschieden.

– Es ergeht zunächst

TEILURTEIL
I. Der Beklagte wird verurteilt, an den Kläger € 500,– zu zahlen.
II. Das Urteil ist vorläufig vollstreckbar *(= §§ 708 Nr. 11, 713).*

Anmerkung:

(1) Kostenentscheidung: Das Teilurteil enthält in aller Regel keine, auch keine Teil-Kostenentscheidung (etwa: Unterliegen mindestens gem. Teilurteil), da das endgültige Unterliegen erst bei Erlass des Schlussurteils feststeht: Das Unterliegen bemisst sich nach dem Streitwert und dieser kann sich nach Erlass des Teilurteil noch erhöhen, so dass die Teilkostenentscheidung aus einem letztlich falschen Streitwert gebildet worden wäre.

(2) Vorläufige Vollstreckbarkeit: §§ 708 Nr. 11, 713 (das Teilurteil ist selbstständig anfechtbar und hier nicht berufungsfähig, § 511 II Nr. 1, vgl. ThP § 301, 7).

– Sodann folgt das Schlussurteil,

wenn die Klage auch zum Rest *begründet* ist:

SCHLUSSURTEIL
I. Der Beklagte wird verurteilt, an den Kläger **weitere** 2500,– zu zahlen.
II. Der Beklagte trägt die Kosten des Rechtsstreits *(= § 91).*
III. Das Urteil ist vorläufig vollstreckbar gegen Sicherheitsleistung in Höhe von 110 % des jeweils zu vollstreckenden Betrags *(= § 709 S. 2).*

Anmerkung:

(1) Zu Ziff. I: Es empfiehlt sich klarzustellen, dass eine zusätzliche („weitere") Verurteilung erfolgt.

I. Endurteile 79

(2) Kosten: des gesamten Rechtsstreits. Hier: Unterliegen des B bzgl. des Teilurteils und des Schlussurteils = § 91.

(3) Vorläufige Vollstreckbarkeit: was aus dem Schlussurteil (!) vollstreckt werden kann. Hier § 709 S. 2, da die Hauptsache über dem Grenzwert in § 708 Nr. 11 liegt.

Wenn die Klage zum Rest *unbegründet* ist:

SCHLUSSURTEIL

I. Die Klage wird abgewiesen soweit sie den durch das Teilurteil vom ... zuerkannten Betrag übersteigt.

II. Von den Kosten des Rechtsstreits trägt der Kläger ⅚, der Beklagte ⅙ *(= § 92 I)*

III. Das Urteil ist vorläufig vollstreckbar. Beide Parteien können die Vollstreckung *abwenden* durch Sicherheitsleistung in Höhe von 110% des aus Ziff. II gegen sie vollstreckbaren Betrags, wenn nicht der Gegner vor der Vollstreckung Sicherheit in Höhe von 110% des jeweils zu vollstreckenden Betrags erbringt *(= §§ 708 Nr. 11, 711 S. 2).*

Anmerkung:

(1) Zu Ziff. I: Nicht einfach tenorieren „die Klage wird abgewiesen". Denn dann besteht die Gefahr des Missverständnisses, ob Gesamt- oder Teilabweisung der Klage erfolgt ist („Die Klage" lautet immer noch über € 3000,–).

(2) Kosten: § 92 I. Gemessen am gesamten Streitwert € 3000,– unterliegt K mit € 2500,–, also zu ⅚.

(3) Vorläufige Vollstreckbarkeit: maßgebend ist, was aus diesem Schlussurteil vollstreckbar ist: Hier für beide Parteien nur aus Ziff. II die Kostenerstattung, die für beide Parteien den Grenzwert in § 708 Nr. 11 nicht übersteigt. Also doppelte Anwendungen von § 711 S. 2.

Tatbestand und Entscheidungsgründe enthalten sowohl das Teil- wie das Schlussurteil. Der TB des Teilurteils enthält alle zu diesem Zeitpunkt gestellten Anträge. Die Parteivorträge etc. zum Gegenstand des Teilurteils werden, sofern trennbar vom Übrigen, etwas herausgestellt, alles Übrige per Verweisung erledigt und dann erst im Schlussurteil genauer berichtet. Im TB des Schlussurteils werden in der Prozessgeschichte die früheren Anträge berichtet und die Tatsache, was davon durch Teilurteil erledigt ist. Dies wird zweckmäßigerweise unmittelbar vor den Anträgen zu deren besserem Verständnis berichtet, wörtlich zitiert werden im TB des Schlussurteils nur die dort zuletzt noch gestellten (restlichen) Anträge.

3. Anerkenntnisurteil, § 307

Besondere Vorschriften enthalten: § 93 (Kosten), § 313b (ohne TB und E-Gründe), § 311 II S. 3 (Verkündung), § 708 Nr. 1 (ohne Sicherheit).   7.05

Examensrelevant ist vor allem das Teil-Anerkenntnisurteil.

a) Voraussetzungen

Der Erlass eines Anerkenntnisurteils (Teil-Anerkenntnisurteils) setzt voraus:

(1) Anerkenntnis des Beklagten

Inhalt: Anerkennung des prozessualen **Anspruchs** (Unterschied zum Geständnis, § 288: dort werden einzelne **Tatsachen** zugestanden). Ob das Anerkenntnis auch Einschränkungen und Vorbehalte haben darf, ist str. (vgl. ThP 3, Zöller 7 zu § 307). Zulässig ist nach allg. M. jedenfalls wegen § 93 die „Verwahrung gegen die Kosten".

Gegenstand des Anerkenntnisses ist der prozessuale Anspruch. Anerkenntnisurteil ist daher auch bei Feststellungs- und Gestaltungsklagen möglich (ThP § 307, 2).

Beispiel 1: B hat vorgerichtlich die Begleichung des Werklohns abgelehnt, da K keine gemäß VOB/B nach Aufmass prüfbare Rechnung vorgelegt hat. In der Klagebegründung legt K diese prüfbare Rechnung erstmals vor, worauf B schon in der Klageerwiderung erklärt, dass der Klageanspruch anerkannt werde. Problemloses Anerkenntnis, da klare Unterwerfung unter den prozessualen Anspruch. Die Kosten trägt gemäß § 93 der Kläger: keine Klageveranlassung durch B, „sofortiges" Anerkenntnis durch B.

Beispiel 2: kein Anerkenntnis i. S. v. §§ 307, 93 liegt vor, wenn B zwar erklärt, der Anspruch des K aus § 823 BGB auf Ersatz des Unfallschadens werde nach Grund und Höhe nicht bestritten, also anerkannt, B jedoch Klageabweisung beantragt wegen sonstiger Einwendungen, etwa, weil der Anspruch verjährt oder durch außergerichtlichen Vergleich oder durch Aufrechnung undurchsetzbar bzw. erloschen sei. Hier liegt keine Unterwerfung unter das Rechtsfolgebegehren des Klägers vor.

Wirksamkeit: Das Anerkenntnis ist Prozesshandlung. Daher müssen die Prozesshandlungsvoraussetzungen, z. B. § 78, vorliegen (dazu ThP Einl. III, 10). Die gemäß §§ 160 III Nr. 1, 162 vorgeschriebene Protokoll- und Vorlesungspflicht ist keine Wirksamkeitsvoraussetzung (h. M., ThP § 307, 3, anders beim protokollierten Prozessvergleich! ThP § 794, 11).

(2) Vorliegen aller Sachurteilsvoraussetzungen

Das Anerkenntnisurteil ist ein Sachurteil. Daher muss das Gericht auch bei Abgabe eines Anerkenntnisses die Zulässigkeit der Klage prüfen und trotz Anerkenntnisses durch Prozessurteil abweisen, wenn es hieran fehlt (ThP § 307, 10).

Nicht zu prüfen aber sind Schlüssigkeit und Begründetheit. Denn bei Zulässigkeit der Klage ergeht das Urteil inhaltlich nur „gemäß", also allein „auf Grund" des Anerkenntnisses (ThP § 307, 10).

b) Das Urteil

Ist das gesamte Urteil einheitlich ein Anerkenntnisurteil:

ANERKENNTNISURTEIL

I. Der Beklagte wird verurteilt, an den Kläger € 4000,– nebst Zinsen in Höhe von ... seit 1. 10. zu zahlen.
II. Die Kosten des Rechtsstreits trägt der Kläger (= falls § 93 eingreift, sonst normal gemäß § 91 der Beklagte).
III. Das Urteil ist vorläufig vollstreckbar *(= § 708 Nr. 1).*

Anmerkung:
(1) Diese Urteilsüberschrift ist nötig gem. § 313b I S. 2.
(2) KostenE: § 93 gilt nur, wenn kumulativ 3 Voraussetzungen vorliegen (ThP § 93, 3):
– Fehlender *Anlass* zur Klage (Beweislast beim Beklagten, ThP a. a. O.)
– *wirksames* Anerkenntnis
– *sofortiges* Anerkenntnis, i. d. R. im ersten Termin vor streitiger Verhandlung, bei Klageänderung sogleich nach dieser. Der Beklagte darf auch nicht in vorbereitenden Schriftsätzen, etwa der Klageerwiderung, bestritten haben, er darf auch nicht zuvor einen Antrag auf Klageabweisung angekündigt oder gestellt haben. Unschädlich für noch „sofortiges" Anerkenntnis sind: Widerspruch im Mahnverfahren, Einspruch gegen Versäumnisurteil, sofern der Beklagte zuvor nicht bestritten hatte (ThP 10, 11; Musielak 4 zu § 93. Bei schriftlichem Vorverfahren: BGH NJW 06, 2490).
(3) Vorläufige Vollstreckbarkeit: § 708 Nr. 1. Keine Abwendungsbefugnis für Beklagten, vgl. § 711 S. 1. Diese nur bei Schutzantrag des Beklagten gem. § 712.

Liegt nur ein **Teil-Anerkenntnis** vor, kann nach h. M. sofort ein Anerkenntnis-Teilurteil (ohne Kosten!) und später über den Rest Schlussurteil ergehen (Zöller § 307, 6; ThP § 307, 12). Sonst wird, vor allem bei gleichzeitiger Entscheidungsreife, über beides entschieden per **„Anerkenntnis- und Endurteil".**

In beiden Fällen ist zu beachten, dass jeder Entscheidungsteil gesondert behandelt werden muss bzgl. Kosten und vorläufiger Vollstreckbarkeit. Nur für den anerkannten Teil gelten: § 93 (hinsichtlich des Restes: §§ 91, 92, sog. Kostenmischentscheidung) und § 708 Nr. 1. **Beispiel:** oben Rn. 4.10.

II. Zwischenurteile

Entscheidungsgegenstand:
Sie entscheiden im Gegensatz zu den Endurteilen (Teil-, VorbehaltsU) nicht über den Streitgegenstand, sondern nur über einzelne Streitpunkte, i.d.R. über Verfahrensfragen, bei § 304 auch über den Anspruchsgrund. 7.06

Die **echten** (§§ 280, 303, 304) sind nur zulässig, solange die Endentscheidung noch nicht entscheidungsreif ist. Ist sie das aber, werden die Streitpunkte im Endurteil abgehandelt. In §§ 280, 303, 304 ist also zu lesen: Ist *nur* der Zwischenstreit zur Entscheidung reif ...

Die sog. **unechten** (§§ 71, 135, 387, 402) unterliegen einer eigenen Regelung.

Rechtsnatur der Zwischenurteile: Feststellungsurteile.

Zweck: Bindende (§ 318) Klärung der dem Endurteil vorgelagerten Streitpunkte. Die Parteien müssen jetzt nicht mehr wie bei ungeklärter Prozesslage alternativ argumentieren. Dadurch wird das weitere Verfahren entlastet, der Umfang des Parteivorbringens gestrafft.

Anfechtbarkeit: § 303 nur zusammen mit dem Endurteil, die Übrigen sind gesondert anfechtbar (sofortige Beschwerde bzw. Berufung).

Man unterscheidet folgende **4 Arten:**

1. Unechte Zwischenurteile gegenüber Dritten, §§ 71, 135 II, 387, 402

Sie haben mit den übrigen Zwischenurteilen nur den Namen gemein, da sie nicht Elemente der Endentscheidung sind (StJ § 303, I 3). Sie erledigen den (Zwischen-)Streit gegenüber dem Dritten endgültig (Zöller § 303, 3). Diese 4 Vorschriften fallen nicht unter § 303 (ThP § 303, 3). 7.07

Beispiel zu § 71:
    I. Der Beitritt von XY als Nebenintervenient ist unzulässig (wird als unzulässig zurückgewiesen).
    II. XY hat die Kosten des Zwischenstreits zu tragen (§ 101).

Diese Zwischenurteile sind gesondert anfechtbar mit **sofortiger Beschwerde** (§§ 567 ff.).

2. Zwischenurteile, § 280

Anwendungsbereich: bei Streit über die (zu bejahende) Zulässigkeit der Klage und des gewillkürten Parteiwechsels (ThP 28, 29 vor § 50; Zöller § 280, 2). Sonstige Fragen regelt § 303. Ist die Klage unzulässig, ergeht wegen Entscheidungsreife natürlich Endurteil. 7.08

Beispiele:

ZWISCHENURTEIL

    Die Klage ist zulässig. *Oder:* Der Parteiwechsel ist unzulässig.

Das Zwischenurteil nach § 280 enthält keine Kostenentscheidung und ist nicht vorläufig vollstreckbar.
Anfechtung ist möglich mit Berufung, § 280 II. Streitwert wie Hauptsache (ThP § 280, 3).
Konsequenz: Wird es nicht angefochten, wird es rechtskräftig und bindet auch das höhere Gericht, bei dem nur das nachfolgende Endurteil angegriffen wird. Andererseits ist das Endurteil (auch wenn

schon formell rechtskräftig) auflösend bedingt durch die Aufhebung des Zwischenurteils: Wird letzteres in 2. Instanz aufgehoben und die Klage abgewiesen (mit Aufhebung des Zwischenurteils steht Unzulässigkeit der ganzen Klage fest, worüber Berufungsgericht daher umfassend zu entscheiden hat), so fällt auch das in 1. Instanz schon ergangene stattgebende Endurteil von selbst weg (ThP § 280, 10).

3. Zwischenurteile, § 303

7.09 Anwendungsbereich: Zulässigkeit der Wiedereinsetzung, des Rechtsmittels, des Einspruchs (§ 341), bei Unwirksamkeit eines Prozessvergleichs (= das alte Verfahren geht jetzt weiter, h. M. vgl. unten Rn. **25.**12; ThP § 794, 39), Zulässigkeit der Klageänderung (Musielak § 303, 4).

Beispiel:

ZWISCHENURTEIL

Die mit Schriftsatz des Klägers vom 1. 10. vorgebrachte Klageänderung ist zulässig.

Wirkung: § 318. Anfechtung nur zusammen mit dem Endurteil (ThP § 303, 7).

4. Grundurteil, § 304

Es ist ein Zwischenurteil eigener Art, kein Teilurteil, weil es nicht über einen selbstständigen Teil des Streitgegenstandes entscheidet.

Nach dem Grundurteil folgt das Betragsverfahren zur Höhe mit dem abschließenden Endurteil:

7.10 **(1) Grundurteil**

Sein Erlass steht im freien **Ermessen.**

Zulässig aber nur, wenn (ThP § 304, 3, 4):

– Grund *und* Betrag streitig sind,
– nicht der ganze Rechtsstreit schon entscheidungsreif ist, sondern nur der Grund.
  Zum Grund gehört, dass schon feststehen: Zulässigkeit der Klage und alle anspruchsbegründenden Tatsachen (bis auf den Betrag).
– hohe Wahrscheinlichkeit besteht, dass der Klageanspruch in irgendeiner Höhe besteht, BGHZ 53, 23; NJW 01, 225. Steht diese aber schon fest, muss Vollendurteil ergehen, § 300 I.

Beispiel:

GRUNDURTEIL

Der Klageanspruch wird dem Grunde nach für gerechtfertigt erklärt.

Oft kann ein Grundurteil nur als eingeschränktes ergehen (z. B. wegen § 254 BGB), dann muss wegen Entscheidungsreife gleichzeitig die Klage im Übrigen durch Teilurteil abgewiesen werden (Zöller § 304, 18).

Beispiel:

Die Klage auf € 10 000,– Schadensersatz erweist sich wegen § 254 BGB dem Grunde nach nur zu $^4/_5$ als begründet, die Schadenshöhe ist noch strittig:

TEIL- UND GRUNDURTEIL

Der Klageanspruch wird dem Grunde nach zu $^4/_5$ für gerechtfertigt erklärt *(= § 304).* Im Übrigen wird die Klage abgewiesen *(= § 301).*

Prüfungspunkte, die zum Grund des Anspruchs gehören (wie insbes. § 254 BGB, § 17 StVG) dürfen nur dann dem Betragsverfahren überlassen werden, wenn das Grundurteil dazu einen ausdrücklichen *Vorbehalt* enthält (im Tenor oder zumindest in den E-Gründen), BGHZ 141, 136; Zöller § 304, 18.

Soweit ein reines Grundurteil ergeht: Der TB enthält den bezifferten Klageantrag und hebt das beiderseitige Vorbringen zum Grund hervor, verweist zur Höhe auf Schriftsätze. Die Entscheidungsgründe enthalten nur Ausführungen zur Zulässigkeit der Klage und zum Haftungsgrund unter Klarstellung, dass derzeit die Höhe noch nicht entscheidungsreif ist.

Wirkung für das Gericht: § 318 (Zöller § 304, 20).

Wirkung für die Parteien: Spätere Einwendungen, die den Haftungs*grund* betreffen, sind künftig ausgeschlossen. Ausgeschlossen ist daher eine Aufrechnung, die vor Erlass des Grundurteils hätte geltend gemacht werden können (Zöller 24; ThP 23 zu § 304).

Rechtskraft: nur formelle (§ 304 II), nicht materielle (ThP § 304, 20), so dass spätere Klageabweisung möglich bleibt, wenn sich zur Höhe kein Anspruch ergibt.

(2) Endurteil 7.11

Im anschließenden Betragsverfahren wird geklärt, in welcher Höhe der Klageanspruch gerechtfertigt ist.

Mangels materieller Rechtskraft des Grundurteils ist es dem Gericht nicht verwehrt, die Klage jetzt **ganz abzuweisen**. Stellt sich jetzt erst heraus, dass tatsächlich überhaupt kein Schaden entstanden ist, muss die Klage abgewiesen werden (ThP § 304, 23).

Möglich sind daher z. B.

ENDURTEIL
    I. Die Klage wird abgewiesen.
    II. Der Kläger trägt die Kosten des Rechtsstreits *(= § 91)*.
    III. §§ 708 ff.

oder nach obigem Teil- und Grundurteil (Schaden nur € 6000,–, davon ⁴/₅):

SCHLUSSURTEIL
    I. Der Beklagte wird verurteilt, € 4800,– an den Kläger zu zahlen. Im Übrigen wird die Klage abgewiesen, soweit über sie nicht schon durch Teilurteil vom ... entschieden wurde.
    II. Von den Kosten des Rechtsstreits trägt der Kläger ¹³/₂₅, der Beklagte ¹²/₂₅.
    III. §§ 708 ff.

Anmerkung:

Zu I: Abgewiesen wird nur, was nicht durch etwa vorangegangenes Teilurteil (hier ⅕ aus € 10 000,– = € 2000,–) schon abgewiesen worden ist, abgewiesen werden hier also nur weitere € 3200,–.

Zu II: Kostenentscheidung: Die Quote richtet sich nur nach dem Gesamtunterliegen zum Klageantrag, nicht der Quote im Grundurteil. Die Quote ist vielmehr auf die festgestellte Höhe anzuwenden: das ergibt z. B. ⁴/₅ aus dem von € 10 000,– eingeklagten, aber nur zu € 6000,– nachgewiesenen Schaden = ⁴/₅ aus € 6000,– = € 4800,–. Mit diesen € 4800,– unterliegt B zu € 10 000,– = ¹²/₂₅ (vertretbar auch ½ oder Kostenaufhebung, § 92 I).

III. Vorbehaltsurteile, §§ 302, 599

Sie dienen der Prozessbeschleunigung und beugen einer Prozessverschleppung durch unbegründete Aufrechnung bzw. Einwendung vor, indem sie schon jetzt einen Vollstreckungstitel gewähren, noch bevor über letztere entschieden ist.

Nach h. M. sind sie auflösend (durch Aufhebung im Nachverfahren) bedingte Endurteile (BGHZ 69, 272; ThP § 302, 1).

1. Vorbehaltsurteil, § 302

Beispiel: K macht eine Kaufpreisforderung von € 40 000,– geltend. B rechnet auf mit einer Darlehensforderung (Alt. 1: i. H. v. € 40 000,– oder höher; Alt. 2: i. H. v. € 10 000,–).

a) Zunächst ergeht ein Vorbehaltsurteil

Voraussetzungen:

(1) Beklagter macht eine Aufrechnungsforderung geltend (Konnexität ist nicht erforderlich).

(2) Die Klage ist stattgebend entscheidungsreif, ausgenommen nur bzgl. der Aufrechnung.

(3) Die Aufrechnungsforderung ist noch nicht entscheidungsreif.

(4) Ermessen.

Ist die Aufrechnungsforderung **ebenso hoch** wie die Klageforderung:

> VORBEHALTSURTEIL
> I. Der Beklagte wird verurteilt, an den Kläger € 40 000,– zu zahlen.
> II. Der Beklagte trägt die Kosten des Rechtsstreits *(= § 91).*
> III. Das Urteil ist gegen Sicherheitsleistung in Höhe von … vorläufig vollstreckbar *(= § 709 S. 1 oder S. 2).*
> IV. Die Entscheidung über die Aufrechnung des Beklagten mit dessen Gegenforderung aus Darlehen vom 1. 7. … bleibt vorbehalten.

Anmerkung:

(1) Kosten: Der Beklagte unterliegt trotz des Vorbehalts derzeit voll = § 91.

(2) Vorläufige Vollstreckbarkeit: Für die Bezifferung i. F. § 709 S. 1 ist zu beachten: Der Streitwert für alle Gebühren bestimmt sich zunächst nur nach der Klageforderung: ob sich eine Eventualaufrechnung überhaupt streitwerterhöhend (§§ 45 III GKG, 23 I 1 RVG: Addition) auswirkt, stellt sich erst bei Erlass des Schlussurteils heraus.

(3) Der Vorbehalt ist in den **Tenor** aufzunehmen (BGH NJW 81, 394). Die Aufrechnungsforderung ist so genau wie möglich zu bezeichnen, zulässig ist aber auch die Formulierung „… laut Tatbestand erklärte Aufrechnung" (ThP § 302, 6).

(4) Tatbestand und Entscheidungsgründe wie sonst.

Ist die Aufrechnungsforderung **niedriger,** muss der Vorbehalt auf diese Höhe im Tenor beschränkt werden, es ergeht dann Vorbehaltsurteil nur in dieser Höhe, **im Übrigen vorbehaltloses Endurteil:**

> VORBEHALTS- UND ENDURTEIL
> I. Der Beklagte wird verurteilt … ⎫
> II. Kosten   ⎬ wie oben
> III. Vollstreckbarkeit   ⎭
> IV. Hinsichtlich eines Betrages von € 10 000,– bleibt die Entscheidung über die Aufrechnung mit einer Forderung aus … vorbehalten.

Anfechtbarkeit (wichtig):

Das Vorbehaltsurteil ist gem. § 302 III selbstständig anfechtbar. Die gesonderte Anfechtung (z. B. mit Berufung) kann dringend geboten sein, weil das Vorbehaltsurteil gem. § 318 Bindungswirkung für das Nachverfahren hat: so werden z. B. Zulässigkeit und Begründetheit der Klage bindend festgestellt und können im Nachverfahren nicht mehr angezweifelt werden. Der Beklagte muss also schon das Vorbehaltsurteil mit Berufung angreifen, wenn er z. B. geltend machen will, dass die Klageforderung (im Beispiel also die Kaufpreisforderung) nicht besteht (ThP § 302, 7).

b) Sodann ergeht im Nachverfahren das Schlussurteil

Nachverfahren:

(1) Fortsetzung von Amts wegen, auch vor Rechtskraft des Vorbehaltsurteils.

(2) Bindung (§ 318). Das Gericht ist im Nachverfahren an das Vorbehaltsurteil gebunden, auch vor dessen Rechtskraft. Im Nachverfahren kann der Beklagte daher weder die Zulässigkeit noch die Begründetheit der Klage beanstanden, das Gericht prüft nur noch die Aufrechnungsforderung und die Zulässigkeit der Aufrechnung (aber nur, wenn letztere nicht schon, wenn auch lückenhaft, im Vorbehaltsurteil festgestellt wurde), sowie neu entstandene Einwendungen (ThP § 302, 7).
Jedoch sind Klageerweiterung und Widerklage zulässig.

(3) Hauptsacheerledigung tritt ein, wenn das Vorbehaltsurteil auf Rechtsmittel (§ 302 III) aufgehoben und dort die Klage abgewiesen wird. War das Schlussurteil inzwischen schon ergangen, fällt dieses von selbst weg, weil es auflösend bedingt ist durch Aufhebung des Vorbehaltsurteils (Zöller 15; ThP 10 zu § 302).

(4) Versäumnisverfahren:

Es gelten §§ 330, 331 analog: „Angreifer" ist jetzt der Beklagte, der seine Aufrechnungsforderung durchsetzen will. Da die Parteirollen selbst unverändert bleiben, können die §§ 330, 331 auf diese „Angreifer"-(„Kläger"-)Rolle des Beklagten nur analog angewendet werden (ThP § 302, 13, anders bei § 600, s. Rn. **7.19**).

Säumnis K: § 331 analog, die Behauptungen zur Aufrechnung gelten als zugestanden.
    Bei Schlüssigkeit: Aufhebung des Vorbehaltsurteils und Klageabweisung.
Säumnis B: § 330 analog, die Aufrechnung gilt als unbegründet, der Vorbehalt entfällt.

(5) Tenorierung:
Ist die Aufrechnung **begründet**:

SCHLUSSURTEIL
    I. Das Vorbehaltsurteil vom .... wird aufgehoben.
    II. Die Klage wird abgewiesen.
    III. Der Kläger trägt die Kosten des Rechtsstreits (= *§ 91*).
    IV. (§§ 708 Nr. 11, 711 oder § 709 S. 1, 2 je nach Höhe des Kostenerstattungsanspruchs des Beklagten).

Anmerkung:

(1) Ausdrückliche Aufhebung ist vorgeschrieben in § 302 IV.

(2) Kostenentscheidung: „Anderweit" entscheiden i. S. v. § 302 IV heißt, nach dem aufgehobenen Vorbehaltsurteil (wo auch über Kosten entschieden wurde) neu über die *gesamten* Kosten zu entscheiden (Kosteneinheit!).

(3) Vorläufige Vollstreckbarkeit:
Höhe des Kostenerstattungsanspruchs des Beklagten: Auslagen für Zeugen etc. und eigene RA-Kosten. Vor- und Nachverfahren gelten gemäß § 15 II RVG als eine Gebühreninstanz, die Gebühren fallen also insgesamt nur einmal an, nicht doppelt. § 17 Nr. 5 RVG gilt gemäß dortiger Klammerdefinition nicht auch bei § 302 (vgl. Zöller § 302, 16). Streitwert: Bei Primäraufrechnung (gegen unbestrittene Klageforderung, Rn. **3.**11) nur Höhe der Klageforderung. Bei Eventualaufrechnung gegen *bestrittene* (folgt aus dem „hilfsweise") Klageforderung mit *bestrittener* Aufrechnungsforderung erfolgt Streitwerterhöhung durch Addition von Klageforderung und Aufrechnungsforderung, *soweit* über letztere jetzt rechtskraftfähig (ThP § 322, 45–48a) entschieden wird, §§ 45 III GKG, 23 I 1 RVG, 322 II ZPO.

Ist die Aufrechnung **unbegründet**:

SCHLUSSURTEIL

I. Das Vorbehaltsurteil vom ... wird unter Wegfall des Vorbehalts aufrechterhalten.
II. Der Beklagte hat die **weiteren** Kosten des Rechtsstreits zu tragen (= § 91).
III. (§§ 708 Nr. 11, 711 bzw. § 709 S. 1, 2).

Anmerkung:
Zu Ziff. III.: Vollstreckbar ist nur Ziff. II., entscheidend ist daher die Höhe der dem Kläger erst im Nachverfahren zusätzlich entstandenen Kosten (z. B. Auslagen für Zeugen). Hinsichtlich Hauptsache und früherer Kosten ist Titel das Vorbehaltsurteil.

2. Vorbehaltsurteil, § 599

7.14 Es verurteilt den Beklagten im Urkundenprozess unter der auflösenden Bedingung, dass dessen im Urkundenprozess noch unzulässigen Einwendungen im Nachverfahren die Klage unbegründet machen (BGH NJW 88, 2542).

Beispiel: K, Verkäufer eines Grundstücks, macht aus dem notariellen Kaufvertrag den dort verbrieften Kaufpreis von € 800 000,– im Urkundenprozess geltend. B (Käufer) wendet ein, der Kaufvertrag sei wegen Unterverbriefung nichtig, K bestreitet dies. Eine etwaige Heilung gem. § 311b I S. 2 BGB ist nicht eingetreten, da die Eintragung des Käufers B unstreitig noch nicht erfolgt ist.

Die anspruchs*begründenden* Tatsachen (nur sie obliegen dem Kläger) kann K alle mit Vorlage der notariellen Urkunde beweisen. Die rechts*hindernde* Einwendung aus § 117 BGB hingegen kann der Beklagte B (denn Urkunden wird er dazu nicht haben, eine – gem. § 595 II schon im Urkundenprozess mögliche – Parteivernehmung gem. §§ 445, 447, vgl. ThP § 595, 3, wird wohl bei Aussage gegen Aussage keine Klärung bringen) voll erst im Nachverfahren geltend machen, dort kann er insbes. den Zeugenbeweis führen (z. B. Zuhörer bei der Vereinbarung der Unterverbriefung benennen).

Es wird also ein den B verurteilendes Vorbehaltsurteil ergehen und B muss zusehen, dass er im Nachverfahren den Klageanspruch zu Fall bringt.

7.15 a) Zunächst ergeht ein Vorbehaltsurteil

Voraussetzungen:
(1) Zulässigkeit der Klage
Neben den allgemeinen Sachurteilsvoraussetzungen müssen auch die besonderen des Urkundenprozesses vorliegen, also
– Erklärung des Klägers gemäß § 593 I
– Streitgegenstand i. S. v. § 592 (Geldforderung etc.)
– Beweisbarkeit durch Urkunden, § 592
(2) Begründetheit der Klage
(abgesehen von den noch vorzubehaltenden Rechten)
(3) Widerspruch des Beklagten gegen die Klageforderung, § 599 I.
(4) Kein Ermessen, ob Entscheidung per Vorbehaltsurteil ergeht (anders § 302). Denn der **Urkunden**prozess muss als **solcher** abgeschlossen (= Urteil) werden, das Gericht kann nicht nach Erschöpfung der Urkunden einfach zum ordentlichen Verfahren übergehen und dann alles zusammen mit einem normalen Endurteil erledigen. Ausnahme nur: eindeutige Abstandnahme des Klägers vom Urkundenprozess, § 596.

Es ergeht dann

VORBEHALTSURTEIL

I. Der Beklagte wird verurteilt, an den Kläger € 800 000,– zu zahlen.
II. Der Beklagte trägt die Kosten des Rechtsstreits *(= § 91).*
III. Das Urteil ist vorläufig vollstreckbar. Der Beklagte kann die Vollstreckung durch Sicherheit in Höhe von ... *abwenden,* wenn nicht der Kläger vor der Vollstreckung Sicherheit in gleicher Höhe leistet *(= §§ 708 Nr. 4, 711 S. 1, alternativ S. 2).*
IV. Dem Beklagten wird die Ausführung seiner Rechte vorbehalten *(= § 599 I).*

Anfechtbarkeit: § 599 III. Wichtig (wie soeben zu § 302).

b) Sodann ergeht im Nachverfahren das Schlussurteil: 7.16
(1) Fortsetzung des bisherigen Verfahrens, mit dem es eine Einheit bildet, § 600 I.
(2) Bindung (§ 318) an das Vorbehaltsurteil und damit Einwendungsausschluss, soweit es nicht auf den eigentümlichen Beschränkungen der Beweismittel im Urkundenprozess beruht und nur, soweit der Prozessstoff Gegenstand der gerichtlichen Entscheidung im Urkundenprozess war (nicht aber auch: hätte sein können), h. M. BGHZ 82, 120; 158, 69; ThP § 600, 4. Daraus folgt nach BGHZ 158, 69: „Bei einem Urkundenprozess sind diejenigen Teile des Streitverhältnisses, die im Vorbehaltsurteil beschieden werden mussten, damit es überhaupt ergehen konnte, als endgültig beschieden dem Streit im Nachverfahren entzogen." Mit Erlass des Vorbehaltsurteils sind daher insbesondere bindend bejaht:

– Zulässigkeit der Klage
– Statthaftigkeit des Urkundenprozesses
– Schlüssigkeit der Klage
– Passivlegitimation des Beklagten
– Rechtliche Einordnung des Klageanspruchs, insbesondere:
  Bejahung derjenigen Anspruchsvoraussetzungen, ohne deren rechtliche Beurteilung kein Vorbehaltsurteil zugunsten des Klägers hätte ergehen dürfen, z. B. Fälligkeit der Klageforderung, Wirksamkeit des Begebungsvertrages, Formgültigkeit des Wechsels
– Einwendungen des Bekl., die im Urkundenprozess möglich sind, vorgebracht und verbeschieden wurden.

Keine Bindung, soweit der Vortrag nicht Gegenstand des Vorverfahrens war und über den daher **vom Gericht noch nicht entschieden** wurde. Der Grund liegt darin, dass der Beklagte seinen Widerspruch gemäß § 599 I nicht *begründen* muss, es ihm also freisteht, ob er zum Klageanspruch gar keine, einzelne oder umfassende Einwendungen erhebt. Soweit er Einwendungen dort unterlässt, sind sie nicht Gegenstand des Vorbehaltsurteils und können als neuer Sachvortrag im Nachverfahren vorgebracht werden (BGH NJW 93, 668), z. B. erstmalige Erhebung der Verjährungseinrede. Der Beklagte kann die Echtheit einer Privaturkunde im Nachverfahren auch dann noch bestreiten, wenn er sich dazu im Urkundenprozess noch nicht erklärt hat, oder so unsubstantiiert, dass die Echtheit als zugestanden angesehen wurde, denn in beiden Fällen hat das Gericht die Echtheit noch gar keiner Prüfung unterzogen (BGHZ 158, 69; 82, 115; ThP § 600, 6).

(3) Hauptsacheerledigung für das Nachverfahren, wenn das Vorbehaltsurteil auf Rechtsmittel (§ 599 III) aufgehoben und dort die Klage abgewiesen wird (ThP § 600, 9).

(4) Versäumnisverfahren, § 600 III.

Säumnis K: § 330. Aufhebung des Vorbehaltsurteils und Klageabweisung.
Säumnis B: § 331. Aufrechterhaltung unter Wegfall des Vorbehalts (ThP § 600, 7).

Erweisen sich die Einwendungen des Beklagten als begründet:

Schlussurteil wie zu § 302: Aufhebung des Vorbehaltsurteils und Klageabweisung. Besonderheit aber bei §§ 708 Nr. 11 bzw. § 709: Der Kostenerstattungsanspruch ist hier höher wegen § 17 Nr. 5 RVG: Abgesehen von der insgesamt nur einmal anfallenden Verfahrensgebühr (sie wird angerechnet, RVG VV 3100 Abs. 2), entsteht für das Nachverfahren **noch** einmal die Terminsgebühr des RA: Der Kostenerstattungsanspruch des Beklagten kann also z. B. bestehen aus: Auslagen für Zeugen + RA-Gebühren: 1 Verfahrensgebühr und 2 Terminsgebühren.

Erweisen sich die Einwendungen des Beklagten als unbegründet:

Schlussurteil wie zu § 302: „Das Vorbehaltsurteil vom ... wird unter Wegfall des Vorbehalts aufrechterhalten. Der Beklagte hat die *weiteren* Kosten des Rechtsstreits zu tragen". Besonderheit aber § 708 Nr. 5 (vorläufig vollstreckbar ohne Sicherheit, lediglich Abwendungsbefugnis für Beklagten, § 711 S. 1, 2).

Teil 2. Die Hauptgebiete des Zivilprozesses

§ 8 Die objektive Klagenhäufung, § 260

Objektive Klagenhäufung liegt vor, wenn der Kläger im selben Verfahren gegen denselben Beklagten (oder dieselben, dann sind zusätzlich §§ 59 ff. zu prüfen) mehrere prozessuale Ansprüche (= Streitgegenstände) geltend macht. 8.01

Kurz: **Mehrheit von Streitgegenständen bei Einheit des Verfahrens** (ThP § 260, 1).
Diese Mehrheit kann bestehen in 3 Formen:
- Nebeneinander: **kumulative** Klagenhäufung, unten II
- Haupt- und Hilfsantrag: **eventuelle** Klagenhäufung, unten III
- Entweder/oder: **alternative** Klagenhäufung, unten IV

I. Überblick

- **Sie liegt vor**

nach dem herrschenden 2-gliedrigen Streitgegenstandsbegriff (BAG NJW 13, 3806, Rn. 16; BGH NJW 09, 56, Rn. 15; BGHZ 154, 347; 117, 5; ThP Einl. II 25; MükoZPO 32 ff. vor § 253) bei 8.02

- **Antragsmehrheit,**

    also wenn der Kläger mehrere Klageanträge stellt, gestützt auf einen oder auf mehrere Lebenssachverhalte. Das sind die Hauptfälle.

    Beispiel 1: K verlangt € 9000,– für Reparaturkosten (Vermögensschaden) und € 1000,– Arztkosten (Personenschaden) sowie € 500,– Schmerzensgeld (Nichtvermögensschaden) wegen eines Unfalles. 3 Anträge bei einem Lebenssachverhalt, also 3 Streitgegenstände (vgl. ThP Einl. II 19 m. w. N.).

    Beispiel 2: K verlangt € 8000,– Kaufpreis und € 2000,– aus einem Darlehen. 2 Anträge bei 2 Lebenssachverhalten, also 2 Streitgegenstände.

- **Sachverhaltsmehrheit,**

    also wenn der Kläger denselben Klageantrag auf mehrere Klagegründe (Lebenssachverhalte) stützt. Diese Fälle sind relativ selten.

    Beispiel: K fordert € 6000,–, gestützt auf Kaufvertrag und den zahlungshalber übergebenen Kaufpreisscheck. Abschluss des Kaufvertrags und die abstrakte Scheckbegebung sind 2 verschiedene Lebenssachverhalte. Hier also 1 Antrag bei 2 Sachverhalten: 2 Streitgegenstände (BGH NJW 92, 117; ThP Einl. II 32 u. § 260, 3: alternative Klagenhäufung, dem Gericht stehe frei, aus welchem Klagegrund es stattgebe). BGH a. a. O.: Bei RMittel des Bekl. fällt auch der nicht beschiedene Klagegrund der RMittelinstanz an (ebenso wie ein nicht beschiedener Hilfsantrag bei RMittel des Bekl. gegen den Hauptantrag).

- **Sie entsteht**
- zu Beginn des Verfahrens: 8.03
    durch Klageerhebung, § 253. Hierher gehört auch die Stufenklage, § 254,

– im Laufe des Rechtsstreits:
entweder durch Geltendmachung (§ 261 II) eines weiteren prozessualen Anspruchs (dazu gehört auch die Zwischenfeststellungsklage, § 256 II) oder durch Prozessverbindung, § 147.

- **Zulässigkeitsvoraussetzungen: § 260**

8.04 § 260 betrifft nur die Zulässigkeit des *Verbunds* der mehreren Streitgegenstände. Fehlen die Verbindungsvoraussetzungen, so ist bei **kumulativer** Klagenhäufung nur zu trennen (§ 145): § 260 ist hier also keine Sachurteilsvoraussetzung (deren Kennzeichen: bei Verstoß Prozessurteil). Anders jedoch bei **eventueller** und **alternativer** Klagenhäufung: dort ist nach h. M. Prozesstrennung ausgeschlossen, außer bei Verstoß gegen ein Verbindungsverbot (z. B. § 578 II, näher unten Rn. **8.17**) Der abgetrennte Hilfsantrag hinge jetzt von einem außerprozessualen Ereignis ab: dem Ergebnis des zu einem selbstständigen Prozess abgetrennten früheren Hauptantrages, Zöller § 260, 6a. Bei alternativer Häufung ginge mit Trennung die Alternativität verloren. Wegen der antragsbedingten Untrennbarkeit kann sich § 260 hier praktisch zu einer weiteren Sachurteilsvoraussetzung auswirken.

Die **Verbindungsvoraussetzungen gem. § 260 sind:**

(1) **Identität der Parteien.** Gemeint ist die Abgrenzung zu §§ 59 ff. § 260 meint nur solche Streitgegenstandshäufung, die sich **innerhalb desselben Prozessrechtsverhältnisses** (derselbe Kläger gegen denselben Beklagten) ergibt. Also:
– Bei nur 1 Streitgegenstand gegen 2 Beklagte (z. B. Gesamtschuldner) liegt **subj.** Klagenhäufung vor. Also §§ 59 ff., nach h. M. aber zusätzlich § 260 analog, vgl. Rn. **14.05**.
– Bei 2 Streitgegenständen gegen 1 Bekl.: **nur § 260.**
– Bei 2 Streitgegenständen gegen 2 Bekl. (z. B. als Gesamtschuldner) liegt **kombiniert obj. und subj. Klagenhäufung** vor: § 260 und §§ 59 ff. müssen kumulativ vorliegen.

(2) **Zuständigkeit des Prozessgerichts.** Sie ist ohnehin schon Sachurteilsvoraussetzung, wird in § 260 also nur betont. Gerade infolge Verbundes aber: § 5 und § 25.

(3) **Gleiche Prozessart.** Gemeint ist nicht Klageart (Leistungs-, Feststellungs- und Gestaltungsklage), sondern Verfahrensart: Verfahren, für die besondere Regeln gelten (z. B. Amtsermittlung statt Parteimaxime) können nicht im Verbund mit normalem Verfahren behandelt werden.
Beispiele für unzulässige Verbindung i. S. v. § 260: Familiensache mit Nichtfamiliensache. Oder: Wechselprozess mit normalem Urkundenprozess (wegen besonderen Gerichtsstandes, § 603 und Ladungsfrist, § 604, vgl. BGHZ 53, 11, 17). Oder: Arrest- und Hauptsacheprozess (ThP § 260, 13). Für zulässig i. S. v. § 260 hält BGH NJW 02, 751 die Verbindung von gewöhnlichem Prozess mit Urkundenprozess (im Wege der Widerklage, wohl aber auch sonst), da der i. d. R. früheren Entscheidungsreife des Urkundenprozesses mit einem Teil-Vorbehaltsurteil (§ 301) ausreichend Rechnung getragen werden könne.

(4) **Kein Verbindungsverbot,** z. B. § 578 II (Wiederaufnahme – mit der Nichtigkeitsklage, ThP § 578, 6). Für FamFG auch: §§ 126 II, 179 II.

- **Streitwert (Zuständigkeit, Gebühren): § 5?**

8.05 § 5 gilt primär für die sachliche Zuständigkeit, über § 48 I GKG auch für die Gerichts- und über §§ 23 I 1 RVG, 48 I GKG auch für die Rechtsanwaltsgebühren.

§ 5 setzt die Geltendmachung „mehrerer Ansprüche" voraus, was nach h. M. nur zutrifft, wenn sie der Kläger **nebeneinander** geltend macht (StJ § 5, 3). Streitwertaddition findet danach also überhaupt nur statt bei **kumulativer Klagenhäufung.** Denn bei Eventual- und bei Alternativhäufung will der Kläger nicht mehrere Ansprüche zugleich, sondern letztlich nur **einen** (entweder/oder). Also:

kumulative: Streitwertaddition gemäß § 5 ZPO (§§ 48 I GKG, 23 I RVG) für Zuständigkeits- und Gebührenstreitwert. Voraussetzung ist aber, dass die Ansprüche *wirtschaftlich* verschieden sind („mehrere").

eventuelle: § 5 unanwendbar.
Zuständigkeitsstreitwert: Wert des höchsten Einzelanspruchs (h. M., Zöller § 260, 7). Dazu Beispiel unten Rn. **8.16**.
Gebührenstreitwert: § 45 I 2, 3 GKG, § 23 I RVG. Der Hilfsantrag wird überhaupt nur berücksichtigt, wenn über ihn auch entschieden wird. Ist das der Fall, kommt es allein auf den höheren Einzelantrag an, wenn – wie zumeist – Haupt- und Hilfsantrag wirtschaftlich teilidentisch sind; nur bei Verschiedenheit werden beide addiert s. Rn. **8.21**.

alternative: § 5 unanwendbar.
Für die hier vor allem relevanten Wahlschulden (§ 262 BGB) gilt für Zuständigkeits- und Gebührenstreitwert gem. § 3 ZPO (§ 48 I GKG, § 23 I RVG): bei Wahlrecht des Klägers: die höhere Einzelleistung, bei Wahlrecht des Beklagten: Wert der geringeren Einzelleistung (StJ § 5, 29; ThP § 3, 169 „Wahlschuld").

II. Die kumulative Klagenhäufung

Sie liegt vor, wenn der Kläger gegen denselben Beklagten mehrere Streitgegenstände **8.06** **bedingungslos** nebeneinander geltend macht.

Abgrenzung: mehrfache Begründung.
Keine obj. Klagenhäufung, weil keine Streitgegenstandsmehrheit, liegt vor, wenn der Kläger **einen** Klageantrag innerhalb desselben Lebenssachverhalts auf mehrere materiellrechtliche Anspruchsgrundlagen stützt (ThP § 260, 5).

Beispiel (nur mehrfache Begründung): K klagt auf Herausgabe einer an B überlassenen Sache, gestützt auf Ablauf des Mietvertrages (§ 546 BGB), Eigentum (§ 985 BGB), früheren Besitz des Klägers (§ 1007 BGB) und Bereicherung (§ 812 BGB).

Zu **Prüfungsschema** und **Urteil** bei kumulativer Klagenhäufung folgender zusam- **8.07** menfassender Fall: Die zusammengesetzte Teilklage.

K verklagt B aus München vor dem LG München I auf Zahlung von € 15 000,– nebst Prozesszinsen. Nach den Klagegründen wird ein Betrag von € 12 000,– als Teil einer behaupteten Kaufpreisforderung von insgesamt € 20 000,–, sowie ein Betrag von € 3000,– als Teil einer behaupteten Werklohnforderung von insgesamt € 8000,– geltend gemacht.
B beantragt Klageabweisung, da beide Forderungen längst bezahlt seien, im Übrigen sei der Werklohnanspruch nur zu € 1000,– begründet gewesen. K bestreitet dies. Das Gericht vernimmt auf Antrag des K einen Zeugen zur Höhe der Werklohnforderung und auf Antrag des B einen Zeugen über den Tilgungseinwand. Die Zeugen können nichts Sachdienliches angeben. Lösungsskizze:

(I) Zulässigkeit der Klage

(1) Ordnungsmäßigkeit der Klageerhebung, §§ 253 II, 78 I:

K macht kumulativ 2 Streitgegenstände (StG) geltend.

Hier wichtig: werden mehrere Teilbeträge zu einer äußerlich einheitlichen Klagesumme zusammengefasst, so müssen die Klagegründe eine genaue Aufschlüsselung enthalten, sonst ist der Klageantrag unbestimmt und die Klage unzulässig (ThP 9, 20; Zöller 15 zu § 253).

Hier: Die Aufschlüsselung ist erfolgt.

(2) Örtliche Zuständigkeit:
Für Streitgegenstand 1: (hier: §§ 12, 13, 29)
Für Streitgegenstand 2: (hier: §§ 12, 13, 29)
Bei anderer ausschließlicher örtlicher Zuständigkeit: Liegt Verweisungsantrag vor (§ 281)? Dann trennen (§ 145) und verweisen.

(3) Sachliche Zuständigkeit:

Erst: besteht andere ausschließliche sachliche Zuständigkeit für einen der StG? Dann trennen (§ 145) und verweisen (§ 281), sofern Verweisungsantrag gestellt wurde.

Dann: § 5. Addition, sofern nicht ein Streitgegenstand wirtschaftlich im anderen mitenthalten ist (dazu ThP § 5, 7, 8). Hier: € 15000,–, also LG, §§ 71 I, 23 Nr. 1 GVG

(4) Sonstige allgemeine und besondere Prozessvoraussetzungen (ThP 15 ff., 32 f. vor § 253):

Für Streitgegenstand 1:   (hier: +)
Für Streitgegenstand 2:   (hier: +)

(II) Voraussetzungen des § 260 für eine **Klagenhäufung**

(1) Identität der Parteien (= Streitgegenstandsmehrheit zwischen **denselben** Parteien). Hier: (+)

(2) Zuständigkeit des Prozessgerichts (schon oben I 2, 3 geklärt).

(3) Gleiche Prozessart. Hier: beide im gewöhnlichen Forderungsprozess.

(4) Ein Verbindungsverbot besteht vorliegend nicht.

Beachte zu § 260: Bei kumulativer Klagenhäufung enthält er keine Sachurteilsvoraussetzungen, da bei Verstoß nur zu trennen ist. Daher keinesfalls unter der „Zulässigkeit der Klage" angliedern, sondern deutlich getrennt davon, am besten danach und unter eigener Gliederungsziffer.
Prüfung erst nach (nicht vor) Zulässigkeit der Klage. Denn Trennung gem. § 145 scheidet aus, wenn ein proz. Anspruch entscheidungsreif ist: dann Teilurteil (BGH NJW 57, 183; ThP § 145, 2). Solche sofortige Entscheidungsreife besteht aber, wenn ein proz. Anspruch unzulässig ist. Konsequenzen aus § 260 bei etwaigem Verstoß kann man also *erst* ziehen, wenn feststeht, dass die Klage *zulässig* ist.

(III) Begründetheit der Klage

(1) Kaufpreisanspruch (€ 12000,–): § 433 II BGB

(a) Entstanden:
Wirksamer Vertrag und Höhe der Forderung: Unstreitig.

(b) Erloschen:
Erfüllungseinwand (§ 362 BGB) des B bestritten, nicht bewiesen.
Beweislast bei B: also keine Erfüllung.

(c) Durchsetzbarkeit:
Rechtshemmende Einreden (z.B. §§ 214, 273, 320 BGB): nicht geltend gemacht.

(2) Werklohnanspruch (€ 3000,–): § 631 I BGB

(a) Entstanden:
– Wirksamer Vertrag: unstreitig.
– Höhe und Fälligkeit (§ 641 BGB): Unstreitig nur in Höhe € 1000,–, darüber hinaus von K nicht bewiesen. Beweislast bei K. Entstanden also nur in Höhe € 1000,–.

(b) Erloschen:
nein (wie oben 1b): Beweislast bei B.

(c) Durchsetzbarkeit:
Einreden wurden nicht erhoben.

(3) Zinsen: §§ 286 I 2, 288 bzw. §§ 291, 288 I 2 BGB (s. oben Rn. **2.**07)
Gefordert hat K Zinsen aus € 15000,–. Zuzusprechen sind aber nur solche aus € 13000,–. Also erfolgt auch insoweit eine Teilabweisung.

Ergebnis: Die Klage ist zulässig, die Klagenverbindung (§ 260) ebenfalls. Klage teilweise begründet: € 12 000,– + € 1000,– = € 13 000,– + Zinsen daraus. Im Übrigen Abweisung.
Es ergeht also

ENDURTEIL

I. Der Beklagte wird verurteilt, an den Kläger € 13 000,– nebst Zinsen hieraus in Höhe von 5 Prozentpunkten über dem Basiszinssatz seit … (Zustellung) zu zahlen.
Im Übrigen wird die Klage abgewiesen.
II. Von den Kosten des Rechtsstreits trägt der Kläger $^2/_{15}$, der Beklagte $^{13}/_{15}$ *(= § 92 I).*
III. Das Urteil ist vorläufig vollstreckbar, für den Kläger jedoch nur gegen Sicherheitsleistung in Höhe von 110 % des jeweils zu vollstreckenden Betrags *(= § 709 S. 2),*
Der Kläger kann die Vollstreckung (aus Ziff. II) abwenden durch Sicherheitsleistung in Höhe von 110 % des gegen ihn vollstreckbaren Betrags, wenn nicht der Beklagte vor der Vollstreckung Sicherheit in Höhe von 110 % des jeweils zu vollstreckenden Betrags erbringt *(= § 708 Nr. 11, 711 S. 2).*

Anmerkungen:
Vorläufige Vollstreckbarkeit: Da Teilunterliegen vorliegt, hat jede Partei zumindest einen Kostenerstattungsanspruch. Der Vollstreckungsausspruch ist daher für jede Partei gesondert zu erarbeiten vgl. oben Rn. **4.**09, 13.

Zum Tatbestand

Der Aufbau des Tatbestands hängt davon ab, ob die prozessualen Ansprüche irgendwie zusammenhängen, oder nicht.

Hängen sie zusammen, ist der unstreitige Sachverhalt für alle prozessualen Ansprüche zu Beginn des Tatbestands abzuhandeln, dem folgt der streitige Klägervortrag in der Reihenfolge der Streitgegenstände usw.

Hängen sie **nicht** zusammen, sind sie nacheinander abzuhandeln (also aneinanderzureihen) und jeweils nach unstreitigem und streitigem Vortrag zu untergliedern.

Übersicht: Der Tatbestand bei kumulativer Klagenhäufung 8.08

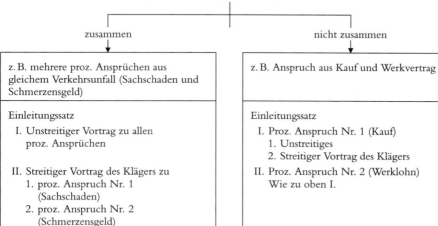

IV. Verteidigungsvortrag des Beklagten in der Reihenfolge qualifiziertes Bestreiten Einwendungen Einreden zu 1. proz. Anspruch Nr. 1 2. proz. Anspruch Nr. 2	IV. wie nebenstehend
V. Erwiderungsvortrag des Klägers, soweit rechtserhaltend 1. betreffend proz. Anspruch Nr. 1 2. betreffend proz. Anspruch Nr. 2	V.
VI. Prozessgeschichte u. Zusammenfassung, welche Beweise erhoben wurden. Unerledigte Beweisangebote beider Parteien (s. dazu oben Rn. 5.09).	VI.

Anmerkung: im TB sind keine Gliederungsziffern gebräuchlich. (Diese dienen oben nur zur Übersicht und zum Vergleich).

III. Die eventuelle Klagenhäufung (Haupt- und Hilfsantrag)

8.09 Sie liegt vor, wenn der Kläger einen unbedingten Hauptantrag, sowie einen oder mehrere Hilfsanträge stellt.

Nach dem Inhalt der Bedingung unterscheidet man 2 Formen der Eventualhäufung:

- **Eigentliche:** Der Hilfsantrag wird gestellt für den Fall der *Erfolglosigkeit* (= Unzulässigkeit oder Unbegründetheit) des Hauptantrags. Das ist der Regelfall. Dazu unten 3.
- **Uneigentliche:** Der Hilfsantrag wird gestellt für den Fall des *Erfolgs* (= Zulässigkeit und Begründetheit) des Hauptantrags. Dazu unten 4.

8.10 Abgrenzung: Hilfsbegründung.

Der **Hilfsantrag** enthält einen gegenüber dem Hauptantrag anderen, selbstständigen Streitgegenstand (Zahlung des Kaufpreises, hilfsweise Rückgabe der Kaufsache). Bei der **Hilfsbegründung** hingegen bleibt der Streitgegenstand unverändert derselbe: der Kläger stützt *einen* Antrag, beruhend auf *einem* Lebenssachverhalt, hilfsweise auf weitere materiellrechtliche Anspruchsgrundlagen. Die Hilfsbegründung ist mangels Streitgegenstandshäufung schon gar keine Klagenhäufung, also auch keine eventuelle (ThP § 260, 10).

Beispiel: K fordert Rückgabe der Kaufsache aus Vertrag (§ 346 I S. 1 BGB), „hilfsweise" aus § 812 BGB, falls der Kaufvertrag unwirksam sein sollte (= Hilfsbegründung, da gleicher Lebenssachverhalt: Überlassung der Sache). Klage aus eigenem, hilfsweise aus abgetretenem Recht (= Hilfsantrag, da anderer Lebenssachverhalt, BGH NJW 09, 56, Rn. 15)

1. Die Bedeutung der Bedingung

8.11 Sie bewirkt

- **sofortige, aber auflösend bedingte Rechtshängigkeit**
- **aufschiebend bedingte Entscheidungsbefugnis des Gerichts**

a) Sofortige, aber auflösend bedingte Rechtshängigkeit

Sofort:

8.12

Der Hilfsanspruch wird sofort rechtshängig und daher auch sofort verhandlungsfähig (h. M. BGHZ 72, 341). Das Gericht kann also z. B. im Haupttermin Zeugen zu Haupt- und Hilfsanspruch vernehmen.

Aber *entscheiden* darf es über diesen rechtshängigen Anspruch erst, wenn die vom Kläger gesetzte Bedingung dafür eingetreten ist, denn erst damit wird der Hilfsanspruch *entscheidungsreif*, siehe sogleich unter Rn. 8.14).

Auflösend mit Rückwirkung:

Die Rechtshängigkeit des Hilfsanspruchs **erlischt aber rückwirkend** wieder (also so, als ob er nie erhoben worden wäre, abgesehen von der Hemmung der Verjährung, s. sogleich) **mit Rechtskraft** des dem Hauptantrag stattgebenden Urteils (bzw. bei uneigentlicher: mit Rechtskraft des den Hauptantrag abweisenden Urteils).

8.13

Denn dann steht endgültig fest, dass es keiner Entscheidung über den Hilfsantrag bedarf, die Bedingung also nicht eingetreten ist (BGHZ 21, 16; ThP 17; Zöller 4 zu § 260 m. w. N.).

Beachte: dies ist nicht die auflösende Bedingung i. S. v. § 158 II BGB, wonach Wegfall nur ex nunc eintritt, also gerade nicht rückwirkend. Nebenbei: die Vorschriften des BGB über Rechtsgeschäfte (z. B. Bedingungen, Anfechtung etc.) sind für Prozesshandlungen (die Klageerhebung ist eine solche) grundsätzlich unanwendbar (Ausnahmen: §§ 130, 140 BGB), da sie in ihren Voraussetzungen und Wirkungen vom Prozessrecht (und nicht dem BGB) geregelt sind, näheres: Palandt 37 vor § 104; ThP Einl. III; Zöller 14 ff. vor § 128.

Hinweis: **Rückwirkendes** Erlöschen der Rechtshängigkeit kennt das Prozessrecht auch an anderer Stelle:

(1) Bei *Klagerücknahme*, § 269 III (ThP § 269, 13).

(2) Bei *Eventualwiderklage* (die es also auch gibt, BGHZ 132, 390, 397 m. w. N.), wenn die Bedingung nicht eintritt (BGHZ 21, 16; BGH NJW 73, 98).

Materiellrechtliche Konsequenzen für die **Verjährung**:

Die Verjährung des Hilfsanspruchs wird mit Klageerhebung (nur) gehemmt, BGB § 204 I Nr. 1, die Hemmung endet gemäß BGB § 204 II S. 1 erst 6 Monate nach der rechtskräftigen Zuerkennung des Hauptantrags, die für den nicht verbeschiedenen Hilfsantrag eine „anderweitige Beendigung des eingeleiteten Verfahrens" darstellt. Ein rückwirkender Wegfall der Hemmung ist nicht vorgesehen.

b) Aufschiebend bedingte Entscheidungsbefugnis

Eine Entscheidung des Gerichts über den Hilfsanspruch ist nur aufschiebend bedingt zulässig für den Fall, dass die Bedingung eintritt, sich der Hauptantrag also als erfolglos (eigentliche Eventualhäufung) bzw. erfolgreich (uneigentliche) erweist (Merle ZZP 83, 444). Erst mit Eintritt dieser Bedingung wird der Hilfsanspruch entscheidungsreif (Merle a. a. O.; StJ § 300, 9).

8.14

Der Abweisung (bzw. der Zuerkennung) des Hauptantrags steht der Fall gleich, dass die Parteien den Hauptantrag übereinstimmend für erledigt erklären (BGH NJW 03, 3202). Auch nach einer beiderseitigen Erledigungserklärung ist also, falls die Parteien den Rechtsstreit nicht insgesamt für erledigt erklärt haben (Auslegungsfrage), noch über den Hilfsantrag zu entscheiden (siehe unten Rn. **8.22** = Fall 2c).

BGHZ 150, 381; BGH MDR 75, 1008: „An diese vom Kläger gewählte Reihenfolge (Haupt- und Hilfsantrag) ist das Gericht gebunden. Es darf daher über den hilfsweise erhobenen Anspruch erst entscheiden, wenn die vom Kläger gesetzte Bedingung eingetreten ist".

- Entscheidungen über den Hilfsantrag **vor** Bedingungseintritt sind **unzulässig**.

  Beispiel: Erweist sich der Hilfsantrag schon bei Prozessbeginn als offenkundig unzulässig oder unschlüssig, so darf ihn das Gericht trotz aller Beschleunigungsgebote der ZPO nicht schon mal vorab durch Teilurteil abweisen, um sich dann abschließend eingehend mit der Prüfung des Hauptantrags zu befassen. Das mag vielfach wünschenswert sein, um die Schriftsatzflut einzudämmen. Es verstieße aber gegen § 301, weil noch keine Entscheidungsreife für den Hilfsantrag besteht (Merle ZZP 83, 444).

- Tritt die aufschiebende Bedingung **nicht ein:** Dann ergeht Vollendurteil nur über den Hauptantrag ohne Ausspruch zum Hilfsantrag, da dessen Rechtshängigkeit rückwirkend mit Rechtskraft erlöschen wird (Zöller § 260, 4).

- **Zusammengefasst:** Über den Hilfsantrag darf erst entschieden werden, wenn **wenigstens gleichzeitig** der Hauptantrag abgewiesen (eigentliche) bzw. ihm bei uneigentlicher stattgegeben wird oder der Hauptantrag sonst erledigt ist, z. B. durch übereinstimmende Erledigungserklärungen (h. M., BGHZ 150, 381; Zöller § 301, 8; unten Rn. 8.22 = Fall 2c).

  Zulässig aber soll es nach manchen sein, den Hauptantrag vorab durch Teilurteil abzuweisen (BGHZ 56, 79; BGH NJW 95, 2361; ThP § 260, 17). Das trifft aber nach jetzt h. M. jedenfalls dann nicht zu – und das ist der Regelfall – wenn bei beiden Anträgen über ein gemeinsames präjudizielles Rechtsverhältnis (z. B. die Wirksamkeit eines Vertrages) zu entscheiden ist. Dann besteht die Gefahr widersprechender Entscheidungen zumindest auf Grund abweichender Beurteilung durch das Rechtsmittelgericht, das Teilurteil wäre unzulässig nach den allgemeinen Regeln, s. Rn. 7.04. Zurecht daher ablehnend BGH NJW-RR 12, 101, Tz. 28 ff.; NJW 92, 2081; Zöller § 301, 8 m. w. N.

2. Das Prüfungsschema

8.15 **Der Hilfsantrag darf erst geprüft und im Gutachten erst erörtert werden, wenn feststeht, dass die aufschiebende Bedingung auch eingetreten ist.**

Zwar ist auch der Hilfsantrag schon rechtshängig, aber er ist überhaupt nur unter jener Voraussetzung zur Entscheidung gestellt.

Tritt die Bedingung nicht ein, darf der Hilfsantrag im Gutachten nicht behandelt werden (Schumann „Die Zivilprozessrechtsklausur", JuS 74, 574). Denn es kommt ja dann nicht zur Entscheidung über den Hilfsantrag – und etwas gutachtlich zu prüfen, worüber gar nicht entschieden wird, ist ein schwerer Fehler.

Da der Gutachtenersteller zu Beginn der Prüfung nicht weiß, ob die Bedingung eintritt (also z. B. der Hauptantrag erfolglos ist) oder nicht, ist er gezwungen, Haupt- und Hilfsantrag **getrennt und nacheinander** abzuhandeln:

A. Der Hauptantrag
   I. Zulässigkeit
   II. Begründetheit
      1. Klägerstation (ist die Klage im *Haupt*antrag schlüssig?)
      2. Beklagtenstation (ist der Beklagtenvortrag zum *Haupt*antrag erheblich?)
      3. Beweisstation (steht der Klägervortrag zum *Haupt*antrag fest nach Beweisaufnahme? Beweislast?)

B. Der Hilfsantrag
   I. Zulässigkeit
   II. Begründetheit
      Reihenfolge wie zu A.

III. Die eventuelle Klagenhäufung (Haupt- und Hilfsantrag)

Fehlerbeispiel: Häufig wird folgender verfehlter Aufbau gebracht:
I. Die Zulässigkeit der Klage
  1. Zum Hauptantrag
  2. Zum Hilfsantrag
II. Die Begründetheit der Klage
  1. Zum Hauptantrag
  2. Zum Hilfsantrag

Dieser Aufbau setzt schon in der Gliederung das Ergebnis voraus: dass es überhaupt zur Entscheidung über den Hilfsantrag kommt. Das Gutachten aber soll auch in der Gliederung zum Ausdruck bringen, dass das Ergebnis Schritt für Schritt logisch entwickelt wird.

Ganz falsch ist dieser Aufbau natürlich dann, wenn die Bedingung für den Hilfsantrag überhaupt nicht eintritt: dann wurde Überflüssiges geprüft (Schumann JuS 74, 574: bei Haupt- und Hilfsantrag eine typische Examenssünde und ein schwerer Verstoß gegen den Antragsgrundsatz, § 308 I).

Dieses Gutachten bzw. die gutachtlichen Vorüberlegungen gehen (wie stets) der Fertigung des Urteils voraus. Zur Gestaltung von Tatbestand und Entscheidungsgründen im **Urteil** s. unten Rn. **8.**26, 27.

Zusammenfassendes Beispiel: K klagt gegen B aus München vor dem AG München auf Zahlung von € 4000,– Kaufpreis für den gebrauchten PKW Marke X, hilfsweise auf Rückgabe dieses PKW, Fahrgestell-Nr. 0057 B, falls der Kaufvertrag unwirksam sein sollte. Unstreitig ist, dass B diesen PKW im Marktwert von € 3500,– von K erhalten hat. Wie ist zu entscheiden, wenn sich der umstrittene Vertragsabschluss
a) erweisen   b) nicht erweisen lässt? **8.16**

(A) Der Hauptantrag

(I) Zulässigkeit der Klage im Hauptantrag.

Merke: Auch für die Sachurteilsvoraussetzungen kommt es zunächst ausschließlich auf den Hauptantrag an, bei streitwertabhängiger Zuständigkeit aber ist der höhere Antrag maßgebend (h.M., s. sogleich, StJ § 5, 24; Zöller § 260, 7).

(1) Ordnungsmäßigkeit der Klageerhebung, § 253 II: (+)
Der Hauptantrag muss unbedingt sein.
(2) Örtliche Zuständigkeit: §§ 12, 13: München.
(3) Sachliche Zuständigkeit
(a) Ausschließliche Zuständigkeit für den Hauptantrag? Hier besteht keine. Also:
(b) normale Streitwertzuständigkeit, §§ 23, 71 GVG.

  (aa) § 5? Haupt- und HilfsA werden für die Zuständigkeit nie addiert, da sie nicht nebeneinander (was § 5 voraussetzt), sondern nacheinander („anstatt") geltend gemacht werden (StJ § 5, 36).
  (bb) Str. ist nur, ob auch für die streitwertabhängige Zuständigkeit zunächst ausschließlich auf den HauptA abzustellen ist, oder auf den *höheren* der beiden Anträge. Für letzteres die wohl h. M., da beide Anspr. rechtshängig sind (Zöller § 260, 7). Kommt es nicht zur Entsch. über den (höheren) HilfsA, berührt dies die einmal eingetretene Zust. wegen § 261 III Nr. 2 nicht (Schumann NJW 82, 2801; StJ § 5, 24). Beachte: nicht verwechseln mit dem Gebührenstreitwert: dort entscheidet die Addition oder nur der Wert des Hauptantrags, § 45 I, 2, 3 GKG, vgl. unten Rn. **8.**20, **8.**21).
  Hier (nach beiden Meinungen): € 4000,–, zuständig ist also das Amtsgericht, § 23 Nr. 1 GVG.

(4) Besondere Sachurteilsvoraussetzungen des Hauptantrags (dazu ThP 32 vor § 253) bestehen vorliegend nicht.
(5) Zwischenergebnis: Die Klage im Hauptantrag ist also zulässig.

(II) Begründetheit der Klage im Hauptantrag.

Anspruchsgrundlage: § 433 II BGB.

- Lässt sich der Vertragsschluss *erweisen*, ist dem (im Übrigen unstreitigen) HauptA voll stattzugeben. Die RHängigkeit des HilfsA erlischt rückwirkend (mit RKraft), so dass auf den HilfsA **nicht** mehr einzugehen ist: das Gutachten (E-Gründe) ist also mit der Prüfung des Hauptantrags beendet. Der Hilfsantrag wird (falls in der Aufgabenstellung verlangt) in einem Hilfsgutachten erörtert.
- Lässt sich hingegen der Vertragsschluss *nicht erweisen*, ist der Hauptantrag als unbegründet abzuweisen. Es kommt jetzt auf den Hilfsantrag an, so dass weiterzuprüfen ist:

(B) Der Hilfsantrag

Beginnen mit der **Klarstellung, dass** die aufschiebende **Bedingung** für den Hilfsantrag jetzt **eingetreten** ist. Dazu ggfls. Auslegung der Bedingung; sie kann besagen: für den Fall „der Unzulässigkeit" des Hauptantrags, der „gänzlichen Unbegründetheit" des Hauptantrags, der „teilweisen Erfolglosigkeit" des Hauptantrags. Je demnach tritt die Bedingung ein, oder nicht. Also keine Schablone, erst Auslegung.

Gewollt ist als Bedingung i.d.R. jedenfalls die *völlige* Erfolglosigkeit des Hauptantrags (wie hier).

(I) Zulässigkeit der Klage im Hilfsantrag

(1) Ordnungsmäßigkeit der Klageerhebung, § 253 II.
Insbesondere auf den Antrag achten:
(a) Zulässige Bedingung? Sie muss innerprozessual sein (erfüllt, wenn vom Ergebnis des Hauptantrags abhängig).
(b) Bei mehreren Hilfsanträgen: Ist deren Reihenfolge vom Kläger klargestellt? Sonst: unbestimmter Klageantrag! (Das Gericht darf auch gewählte Reihenfolge nicht ändern = Verstoß gegen § 308 I).
(2) Örtliche Zuständigkeit: §§ 12, 13
(3) Sachliche Zuständigkeit: § 23 Nr. 1 GVG
(4) Besondere Sachurteilsvoraussetzungen: hier bestehen keine.
(5) Rechtsschutzbedürfnis:

Haupt- und Hilfsanträge dürfen sich zwar widersprechen und ausschließen (BGH NJW 14, 3314). Aber sie müssen ähnliche Ziele verfolgen und wirtschaftlich (innerlich) zusammenhängen (Jauernig, § 88 III; StJ § 260, 20). Die Praxis verfährt hier großzügig. In extremen Fällen (Hauptantrag auf Kaufpreis, Hilfsantrag auf Rückgabe einer Mietsache, Jauernig, a.a.O.), wird man das Rechtsschutzbedürfnis (für den Hilfsantrag) verneinen (Blomeyer, § 42 III 2a).

(II) Die Voraussetzungen des § 260

8.17 Liegen die Voraussetzungen des § 260 nicht vor, ist bei kumulativer Klagehäufung lediglich zu trennen, bei eventueller (so hier) aber nach den einzelnen Voraussetzungen zu differenzieren:

(1) **Dieselbe Prozessart** liegt hier vor. Beachte aber für den Fall des Verstoßes: Da Haupt- und Hilfsantrag – abgesehen vom Verstoß gegen ein Verbindungsverbot, unten (3) – nicht gem. § 145 getrennt werden dürfen (vgl. oben Rn. 8.04), wirken sich die Verbindungsvoraussetzungen des § 260 hier **ausnahmsweise als zusätzliche Sachurteilsvoraussetzungen** aus: Ist die Verbindung unzulässig und nicht abtrennbar, kann zum Hilfsantrag nicht zur Sache verhandelt und entschieden werden: Abweisung des Hilfsantrags als unzulässig.

Beispiel: BGHZ 53, 17: Im Wechselprozess können auch nicht hilfsweise andere als wechselrechtliche Ansprüche geltend gemacht werden. Erklärt der Kläger nicht die Abstandnahme (§§ 602, 596), so wird – wenn der wechselrechtliche Hauptantrag unbegründet ist (die Bedingung also eintritt) – der Hilfsantrag als im Wechselprozess unstatthaft (§ 597 II), also als unzulässig abgewiesen (BGH NJW 82, 523, 524 a. E.; 2258, 2259 a. E.).

(2) **Zuständigkeit des Gerichts:** Hier gegeben. Beachte aber zum Problem: Sofern die Prozessart für Haupt- und Hilfsantrag dieselbe ist und nur die Zuständigkeit divergiert, wird man bei entspr. Verweisungsantrag abschichtsweise vorgehen: erst abweisendes Teilurteil über den Hauptantrag, dann nach Verweisung Schlussurteil über den Hilfsantrag und die gesamten Kosten. So etwa, wenn der HauptA vor das gem. §§ 12, 13 angegangene LG Berlin, der HilfsA aber gem. § 24 vor das LG Hamburg gehört (StJ § 281, 14; ThP § 260, 17). § 260 stellt damit bei reinen *Zuständigkeitsfragen* keine zusätzliche Sachurteilsvoraussetzung auf.

(3) **Verbindungsverbot** (§ 578 II; FamFG §§ 126 II, 179 II)? Hier ist keines angeordnet. Bei Verstoß ist strittig, ob zu trennen (so BGH NJW 07, 909), oder mangels Abtrennbarkeit als unzulässig abzuweisen ist (ThP § 260, 14).

(III) Begründetheit der Klage im Hilfsantrag

Die Voraussetzungen von § 812 I S. 1 BGB sind erfüllt. Erlangung des Besitzes und „Leistung" zur Erfüllung eines vermeintlich bestehenden Kaufvertrags sind unstreitig, ein Kaufvertrag als Rechtsgrund besteht nicht.

Ergebnis: dem Hilfsantrag ist stattzugeben, im Übrigen (= Hauptantrag) ist die Klage abzuweisen. Zum Urteil unten Rn. **8.21** (Fall 2b).

---

3. Das Urteil bei eigentlicher Eventualhäufung

Die Gestaltung des Urteils hängt davon ab, ob es zur Entscheidung über den Hilfsantrag kommt, die Bedingung also eintritt, oder nicht.

Je nach Bedingungseintritt sind daher **2 Fallgruppen** zu unterscheiden:

a) Fallgruppe 1: Über den Hilfsantrag ist *nicht* zu entscheiden (die Bedingung tritt **nicht** ein, weil bereits der Hauptantrag erfolgreich ist).

8.18

Beispiel: Hauptantrag auf Zahlung von € 8000,– Kaufpreis, Hilfsantrag auf Rückgabe der Sache (Wert € 6000,–). Bereits der Hauptantrag hat Erfolg. Der Tenor lautet dann:

ENDURTEIL
I. Der Beklagte wird verurteilt, an den Kläger € 8000,– zu bezahlen.
II. Der Beklagte trägt die Kosten des Rechtsstreits *(§ 91)*.
III. Das Urteil ist gegen Sicherheitsleistung in Höhe von € 10 000,– vorläufig vollstreckbar (*§ 709 S. 1*; bzw. *§ 709 S. 2*: 110% des jeweils zu vollstreckenden Betrags).

Anmerkungen:

(1) Hauptsacheausspruch: Da die aufschiebende Bedingung für den Hilfsantrag nicht eingetreten ist, wird über ihn nicht entschieden. Wegen des bevorstehenden rückwirkenden Wegfalls der RHängigkeit erfolgt auch im Tenor kein Ausspruch zum Hilfsantrag, insbesondere nicht: „im Übrigen wird die Klage abgewiesen".

(2) Kostenentscheidung: § 91. Entschieden wird allein über den Hauptantrag.

(3) Vorläufige Vollstreckbarkeit. Falls nach § 709 S. 1 beziffert tenoriert werden soll:
Höhe der Sicherheit: das, was K aus Ziff. I und II vollstrecken kann, also: Hauptsache (€ 8000,–) + Kostenerstattungsanspruch, nämlich verauslagte Gerichtskosten (§ 12 I GKG = € 609,–) sowie eigene RA-Kosten (= 2,5 Verfahrens- u. Termingebühr aus € 456,– + Auslagen u. MwSt. zusammen € 1989,40).
Gebührenstreitwert: € 8000,–, §§ 45 I 2 GKG, 23 I 1 RVG. Da über den Hilfsantrag nicht entschieden wird, bleibt er für die Gebühren ganz außer Betracht.

(4) **Rechtsmittel:** Legt der Bekl. gegen die Verurteilung nach dem *Hauptantrag* RMittel ein, fällt auch der nicht beschiedene Hilfsantrag dem RMittelgericht an, es kann also z. B. nur diesem stattgeben oder die ganze Klage abweisen (BGHZ 41, 39; NJW 92, 117; FamRZ 04, 1962; ThP § 260, 18).

Beachte weiter: Legt der Bekl. gegen die Verurteilung (nur) nach dem *Hilfsantrag* Berufung ein, so fällt der abgewiesene Hauptantrag dem Berufungsgericht nicht an, denn der Beklagte ist ja insoweit nicht beschwert. Der Kläger muss seinerseits Haupt- oder Anschlussberufung erheben (BGHZ 41, 38; NJW 94, 2766; ThP 18; Zöller 6a zu § 260).

8.19 b) Fallgruppe 2: Es ist *auch* über den Hilfsantrag zu entscheiden
(die Bedingung **tritt ein,** weil der Hauptantrag erfolglos ist)

Es ist Auslegungsfrage, aber zumeist stellt der Kläger die Bedingung für den Fall, dass der Hauptantrag *voll* erfolglos ist.

Hervorzuheben sind dann insbes. folgende Möglichkeiten:

8.20 Fall 2a: Beide Anträge sind erfolglos

Beispiel: Die Klage auf Zahlung von € 8000,– PKW-Kaufpreis, hilfsweise auf Rückgabe des PKW (Wert € 6000,–) wird ganz abgewiesen.

Es ergeht

ENDURTEIL

    I. Die Klage wird abgewiesen.
   II. Der Kläger trägt die Kosten des Rechtsstreits *(§ 91).*
  III. Das Urteil ist vorläufig vollstreckbar. Der Kläger kann jedoch die Vollstreckung abwenden durch Sicherheitsleistung in Höhe von € 1400,–, wenn nicht der Beklagte vor der Vollstreckung Sicherheit in gleicher Höhe erbringt *(= §§ 708 Nr. 11, 711 S. 1; alternativ: S. 2).*

Anmerkungen:

(1) Hauptsacheausspruch: Mit dieser Formulierung wird alles abgewiesen, was zuletzt noch beantragt ist, also Haupt- und Hilfsantrag. Beachte: Zur Auslegung des Umfangs der Klageabweisung (insbes. RKraft: welche HilfsA, Höhe?) müssen TB und E-Gründe herangezogen werden (siehe oben Rn. **2.03**).

(2) Vorläufige Vollstreckbarkeit: Kostenerstattungsanspruch des Bekl. aus Ziff. II. Verauslagte Gerichtskosten: keine. Eigene RA-Kosten des Bekl.: 2,5 Verfahrens- u. Terminsgebühr aus Streitwert € 8000,– = 2,5 × € 456,– + Pauschale € 20,– + 19% MwSt. aus beiden Beträgen. Kostenerstattungsanspruch also: € 1380,40, aufgerundet € 1400,–. Also §§ 708 Nr. 11, 711.

Gebührenstreitwert: §§ 45 I 2, 3, GKG, 23 I 1 RVG.

Wird über den Hilfsantrag **nicht** entschieden (oben Fallgruppe 1), bleibt er (auch) für die Gebühren ganz außer Betracht.

Wird über **beide** entschieden, werden ihre Streitwerte
– addiert, wenn sie wirtschaftlich *verschiedene* Gegenstände betreffen (§ 45 I 2 GKG),

Beispiele: Klage auf Unterlassung neben solcher auf Widerruf beleidigender Äußerungen (StJ § 5, 13). Klage auf Räumung, hilfsweise auch auf Zahlung der künftigen Nutzungsentschädigung, Fall der uneigentlichen Eventualhäufung, unten Rn. **8.23**.

– nicht addiert, wenn (wie bei Haupt- und Hilfsanträgen zumeist!) wirtschaftliche (Teil-)*Identität* vorliegt. Maßgebend ist dann der höhere Einzelwert (§ 45 I 3 GKG).

Beispiele: Feststellung des gesamten Rechtsverhältnisses neben Teilleistung aus diesem; es ist allein der höhere Wert (also die Feststellungsklage) maßgebend (ThP § 3, 65, 189; § 5, 7, 8). Restkaufpreis, hilfsweise Rückforderung aus Rücktritt (ThP § 5, 8). Letzterem steht der obige Fall nahe: der geforderte Kaufpreis ist ja nichts anderes als der Gegenwert für den hilfsweise herausverlangten Pkw. Streitwert also: € 8000,–.

Fall 2b: Der Hauptantrag ist erfolglos, der Hilfsantrag voll erfolgreich. 8.21

Für den **Hauptsacheausspruch** (Ziff. I) beachten: der Hauptantrag ist stets ausdrücklich abzuweisen (= „im Übrigen wird die Klage abgewiesen"), selbst wenn Haupt- und Hilfsantrag gleich hoch sind, sonst ist nicht rechtskraftfähig über ihn entschieden. Vgl. oben Rn. 2.05.

Differenziert ist hier die **Kostenentscheidung:**

Maßgebend ist wie stets das Unterliegen zum Gebührenstreitwert: Sofern Haupt- und Hilfsantrag wegen wirtschaftlich *verschiedener* Gegenstände gem. § 45 I 2 GKG zusammenzurechnen sind, muss der abgewiesene Teil (Hauptantrag) ins Verhältnis gesetzt werden zur Addition (Beispiel 1). Sofern dies (wie i. d. R. bei Eventualhäufung) *nicht* der Fall ist (§ 45 I 3 GKG), richtet sich das Unterliegen *nur* nach dem nicht addierten höheren Einzelwert (i. d. R. dem Hauptantrag), entscheidend ist also, ob im Verhältnis zu diesem ein Teilunterliegen vorliegt (Beispiel 2).

Beispiel 1 (§ 45 I 2 GKG): Klage auf Zahlung von € 20 000,- Kaufpreis für ein Gemälde, hilfsweise (falls der Kaufvertrag nicht wirksam zustande gekommen sein sollte) auf Zahlung von € 5000,- Schadensersatz wegen entgangenen Gewinns aus einem andernfalls mit einem *anderen* konkreten Interessenten abgeschlossenen Kaufvertrag über dasselbe Gemälde (Palandt § 311, 55).
Der Hauptantrag wird abgewiesen, dem Hilfsantrag wird stattgegeben.

ENDURTEIL

I. Der Beklage wird verurteilt, an den Kläger € 5000,- zu zahlen. Im Übrigen *(= Hauptantrag)* wird die Klage abgewiesen.
II. Von den Kosten des Rechtsstreits trägt der Kläger ⁴/₅, der Beklagte ¹/₅ *(§ 92 I 1)*.
III. *§ 709 S. 2.*

Kostenentscheidung: Maßgebend ist das Unterliegen zum Gebührenstreitwert (oben Rn. 3.19), hier gem. § 45 I 2 GKG zur Addition von Haupt- und Hilfsantrag (€ 25 000,-), da beide Anträge wirtschaftlich verschiedene Gegenstände betreffen: Der Kläger unterliegt zu € 25 000,- mit € 20 000,-, also zu ⁴/₅ (ThP § 92, 2).

Beispiel 2 (§ 45 I 3 GKG. Der Regelfall): Klage auf Zahlung von € 20 000,- Pkw-Kaufpreis, hilfsweise auf Rückgabe des Pkw im Wert von € 18 000,- (alternativ: ebenfalls € 20 000,-).
Der Hauptantrag ist erfolglos, der Hilfsantrag voll erfolgreich.

ENDURTEIL

I. Der Beklage wird verurteilt, den Pkw ... an den Kläger herauszugeben. Im Übrigen *(= Hauptantrag)* wird die Klage abgewiesen.
II. Von den Kosten des Rechtsstreits trägt der Kläger ¹/₁₀, der Beklagte ⁹/₁₀ *(§ 92 I 1)*.
III. *§§ 708ff.* (Für K aus Ziff. I nur § 709 S. 1 beziffert auf € 18 000,-, da keine Geldleistung, aus Ziff. II: § 709 S. 2. Für B: §§ 708 Nr. 11, 711 S. 2) vgl. Rn. 4.13.

Kostenentscheidung: Maßgebend ist das Unterliegen zum Gebührenstreitwert, hier gem. § 45 I 3 GKG € 20 000,-, da wegen wirtschaftlicher Identität keine Addition erfolgt, sondern der höhere Hauptantrag allein maßgebend ist. Da der Kläger mit dem Hilfsantrag (€ 18 000,-) durchdringt, unterliegt er im Verhältnis zu dem maßgebenden höheren Hauptantrag (€ 20 000,-) nur mit € 2000,-, also nur zu ¹/₁₀.

Abwandlung (Wert des Pkw ebenfalls € 20 000,-): Obsiegt der Kläger mit dem gleich hohen Hilfsantrag, obsiegt er gebührenmäßig voll und der Beklagte trägt gemäß § 91 alle Kosten des Rechtsstreits.

Zusammengefasst für Beispiel 2: Wird der Hauptantrag abgewiesen und dem wirtschaftlich identischen Hilfsantrag stattgegeben, **ist dem Kläger nach § 92 nur insoweit ein Teil der Kosten aufzuerlegen, als der Wert des erfolglosen Hauptantrags den Wert des erfolgreichen Hilfsantrags übersteigt.**

Für diese gesetzgeberische Entscheidung in § 45 I 3 GKG spricht, dass der Kläger ja nur *entweder* den Haupt- *oder* den Hilfsanspruch will und bei voll erfolgreichem Hilfsantrag in dieser Höhe voll obsiegt: unterliegen kann er dann nur mit der Differenz, um die der Hauptantrag höher war, als der Hilfsantrag.

Müko-ZPO 7; BL 12, StJ 3 zu § 92. Eingehend Emde MDR 95, 990 (zu dem mit § 45 GKG gleichlautenden § 19 GKG a. F.).

8.22 Fall 2c: Der Hauptantrag wurde übereinstimmend für erledigt erklärt, über den Hilfsantrag ist gleichwohl noch zu entscheiden.

Beispiel: K klagt im Hauptantrag auf Lieferung und Übereignung eines bestimmten Gemäldes im Wert von € 20 000,–, im Hilfsantrag auf Schadensersatz wegen entgangenen Gewinns von € 10 000,– aus angebahnter Weiterveräußerung durch K. Wegen anderweitiger Veräußerung durch B nach Rechtshängigkeit haben K und B den Rechtsstreit in Bezug auf den Hauptantrag für erledigt erklärt. Nach BGH NJW 03, 3202 muss gleichwohl noch über den Hilfsantrag entschieden werden. Kurze Hinweise zur Lösung:

Entscheidungsgründe:

(I) Hinsichtlich des Hauptantrags haben die Parteien den Rechtsstreit übereinstimmend für erledigt erklärt. Zu entscheiden war daher nur noch über den Hilfsantrag und die Kosten. Die Bedingung für den Hilfsantrag ist auch eingetreten, denn der als Bedingung („hilfsweise") genannten Abweisung des Hauptantrags als unzulässig oder unbegründet steht der Fall gleich, dass es wegen übereinstimmender Erledigungserklärungen zu keiner Entscheidung über den Hauptantrag kommt (BGH NJW 03, 3202). Denn in einem derartigen Fall trägt der für Haupt- u. Hilfsantrag bestimmende Kläger nur dem Umstand Rechnung, dass der aus seiner Sicht ursprünglich zulässige und begründete Hauptantrag nachträglich gegenstandslos geworden ist (BGH a. a. O.), wie hier durch Erlöschen des Erfüllungsanspruchs gemäß § 275 I BGB nach Rechtshängigkeit.

(II) Zulässigkeit der Klage im Hilfsantrag.

(III) Begründetheit der Klage im Hilfsantrag.

(IV) Kosten: Kostenmischentscheidung aus § 91a für den erledigten Teil, im Übrigen aus §§ 91, 92 (so BGH NJW 03, 3202 zu III).

– Wäre der HauptA begründet gewesen und ist es der HilfsA auch: B trägt alle Kosten (§§ 91a, 91).
– Wäre der HauptA begründet gewesen, ist es der HilfsA aber nicht, z. B. mangels Schadensnachweises durch K: Da über den Hilfsantrag entschieden wird und die Streitgegenstände wirtschaftlich verschieden sind, werden Haupt- u. Hilfsantrag für den Gebührenstreitwert addiert (§ 45 I 2 GKG). K hat mit dem Hauptantrag (€ 20.000,–) obsiegt (so iRv § 91a zugrundezulegen), war im Hilfsantrag (€ 10000,–) unterlegen. Kosten also ¹/₃ (K) : ²/₃ (B).

4. Die uneigentliche Eventualhäufung

8.23 Sie liegt vor, wenn der Hilfsantrag gestellt wird **für den Fall des Erfolgs des Hauptantrages.**

Beispiel: BGH NJW 01, 1285: Hauptantrag auf Abschluss eines Kaufvertrages auf Grund Vorvertrages, Hilfsantrag *auch* auf dessen Vollzug durch Abgabe der Auflassungserklärung und der Eintragungsbewilligung. Oder Hauptantrag auf Abschluss des Kaufvertrages gestützt auf Vorvertrag, Hilfsantrag *auch* auf dessen Erfüllung durch Zahlung des Kaufpreises, Zug um Zug gegen Übereignung der Kaufsache durch den Kläger.

Sie ist nach h. M. zulässig, weil auch hier die Bedingung ein innerprozessuales Ereignis ist (BGH NJW 01, 1285; 86, 2821 (zu I 2a); BAG NJW 65, 1042; ThP 8, StJ 24, Zöller 8 zu § 260; Blomeyer § 42 III 2b).

In Abgrenzung von der schlichten kumulativen Klagenhäufung (die in diesen Fällen natürlich auch möglich ist), liegt sie aber nur vor, wenn die **Entscheidung** als solche bedingt gewollt ist (prozessuale Eventualstellung), sie also **unterbleiben** muss (§ 308 I), wenn der Hauptantrag sich als unbegründet erweist. Der Begriff „uneigentlich" ist daher unglücklich, weil ja eine wirkliche Eventualstellung vorliegt. Man sollte sie besser – weil vom Regelfall (Erfolglosigkeit des Hauptantrags) abweichend – *„unregelmäßige"* nennen.

a) Das Urteil bei uneigentlicher Eventualhäufung 8.24

Beispiel: Kündigungsschutzklage, hilfsweise auch Lohn.
K klagt gegen seinen Arbeitgeber B auf Feststellung, dass dessen Kündigung vom 1.3. das seit 3 Jahren bestehende Arbeitsverhältnis nicht beendet habe. Hilfsweise, für den Fall, dass dem Feststellungsantrag stattgegeben werde (das Arbeitsverhältnis fortbestehe), beantrage er auch Verurteilung des B zur Zahlung des Bruttolohns für März in Höhe von € 1800,–.

(1) Erweist sich die Kündigung als *wirksam,* wird ausschließlich darüber entschieden. Die bereits mit Klageerhebung, aber auflösend bedingte Rechtshängigkeit des Hilfsantrags erlischt rückwirkend mit Rechtskraft des den Hauptantrag abweisenden Urteils (Blomeyer § 42 III 2b m. w. N.). Die Klageabweisung erfasst also **nur** die Kündigung. Wichtig für die Rechtskraft, Gestaltung der E-Gründe.

(2) Erweist sich die Kündigung aber als *unwirksam,* so tritt jetzt die Bedingung für den Hilfsantrag ein. Ist auch er begründet, ergeht (vgl. Kroiß-Neurauter Nr. 20)

ENDURTEIL
  I. Es wird festgestellt, dass das Arbeitsverhältnis durch die Kündigung vom 1.3. nicht aufgelöst ist.
  II. Der Beklagte wird verurteilt, an den Kläger € 1800,– (brutto) zu bezahlen.
  III. Der Beklagte trägt die Kosten des Rechtsstreits *(§ 46 II ArbGG, § 91 ZPO)*
  IV. *(Kein Ausspruch zur vorläufigen Vollstreckbarkeit wegen § 62 ArbGG, aber wegen § 61 I ArbGG:)* Der Wert des Streitgegenstandes wird auf € 5400,– festgesetzt.
  V. Entscheidung über Zulassung/Nichtzulassung der Berufung *(§ 64 IIIa ArbGG)?* Hier unnötig.

Anmerkung zu II: Der Arbeitnehmer kann auf Brutto- oder auf Nettolohn klagen (Palandt § 611, 51). Zur Vollstreckung eines Bruttolohn-Urteils: ThP 17 vor § 704.

Zu III: In erster Instanz sind von der Erstattung die RA-Kosten des Obsiegenden schon kraft Gesetzes weitgehend ausgenommen, § 12a I ArbGG (aber S. 3), so dass entspr. Einschränkung im Tenor nicht erforderlich ist.

Zu IV: Streitwert der Feststellungsklage: § 42 II 1 GKG (3 Monatsgehälter nach h. M. als Regelstreitwert bei Arbeitsverhältnissen mit längerer Dauer als 1 Jahr, Müko-BGB, § 4 KSchG, 82, also: 3 × € 1800,– = € 5400,–). Wird neben arbeitsgerichtlicher Feststellungsklage auch eine Lohnklage erhoben, so liegt objektive Klagenhäufung vor, für die bei eventueller gem. § 45 I 3 GKG, bei kumulativer gem. § 48 I 1 GKG, § 5 ZPO jedenfalls insoweit keine Addition erfolgt, als wirtschaftliche Identität vorliegt, also für den Dreimonatszeitraum des § 42 II 1 GKG (hier März–Mai). Anders, weil keine wirtschaftliche Identität vorliegt: Lohn für die spätere Zeit *jenseits* des Dreimonatszeitraums, während vor Einreichung der Klage fällige Beträge (Rückstände) in Arbeitsgerichtssachen dem Streitwert nicht hinzugerechnet werden, § 42 III GKG.
In normalen ZPO-Fällen (ohne ArbGG) gilt § 45 I GKG. Betrifft obiges Beispiel einen freien Dienstvertrag, ist – da zwischen Feststellungs- und Leistungsantrag Teilidentität besteht – gemäß § 45 I 3 GKG nicht zu addieren, sondern auf den höchsten Einzelwert abzustellen. Dies ist hier der Feststellungsantrag, für den über § 48 I GKG § 3 gilt (§ 42 I, II GKG ist nicht direkt einschlägig, da keine wiederkehrende Leistung i. S. dieser Vorschrift), also etwa: Wert des erhofften Gehalts, damit Orientierung an § 42 I GKG mit dem bei Feststellungsklagen üblichen Abschlag von 20%, so BGH NJW-RR 06, 213. Also: 3 × 12 Gehälter à € 1 800,– = € 64 800,–, abzüglich 20 % = € 51.840,–.

Zu V: Da die Berufung hier schon gem. § 64 IIb und c ArbGG statthaft ist, bedarf es keiner Entscheidung gem. § 64 III ArbGG (im Tenor, § 64 IIIa ArbGG) über Zulassung/Nichtzulassung der Berufung.

b) Sonderfall: Klage auf Erfüllung, „hilfsweise" auf Schadensersatz 8.25

Ein Fall **unechter** Eventualhäufung, nämlich **kumulativer** Häufung besteht in den Fällen §§ 255, 259, sowie § 510b, ArbGG § 61 II, wenn **neben** der Klage auf Leistung unter Fristsetzung **zugleich** eventueller Schadensersatz gefordert wird, „für den Fall, dass" nicht innerhalb der Frist geleistet werde.

Hier liegt eine kumulativ und unbedingt beantragte Verurteilung vor zu
- bereits fälliger Leistung unter Fristsetzung und
- bedingtem (= falls ergebnislosem Fristablauf) Schadenersatz.

Das „hilfsweise" bezieht sich also nur auf die *materiellrechtliche* Voraussetzung des bedingten Anspruchs und nicht, wie bei Eventualhäufung, auf die *prozessuale* Frage, ob entschieden werden solle, oder nicht.

Beispiel 1: K klagt gegen B auf Herausgabe einer Golduhr (Wert € 3800,–) und beantragt zugleich gem. §§ 255 ZPO, 281 I BGB, dem B für die freiwillige Herausgabe eine Frist von 10 Tagen (ab Rechtskraft, ThP § 255, 1) zu setzen, „hilfsweise" für den Fall nicht fristgerechter Herausgabe, den B zur Zahlung von € 3800,– Schadenersatz zu verurteilen (= § 259).

Beispiel 2: Klage auf Nacherfüllung (§ 634 Nr. 1 BGB) mit Frist (§ 255) neben bedingtem Anspruch des Bestellers auf Rückvergütung nach Minderung, §§ 634 Nr. 3, 638 IV, 346 I BGB. Die Fristsetzung ist erforderlich, da die Voraussetzungen des Rücktritts vorliegen müssen (§ 638 I BGB: „statt zurückzutreten", s. Palandt § 638, 2 mit § 636, 3–5).

§ 510b und § 61 II ArbGG sind auf das Verfahren vor dem AG bzw. ArbG beschränkte Sonderfälle und erfassen nur Ansprüche auf Vornahme einer *Handlung* (nicht auch: Herausgabe, Unterlassung) mit der Erleichterung, dass die Verurteilung zur Entschädigung nicht der „Besorgnis" i. S. v. § 259 bedarf. Für *andere* Ansprüche bedarf es beim AG/ArbG – und beim LG mangels Anwendbarkeit dieser Sondervorschriften sowieso – der Kombination einer Klage gem. § 255 mit § 259 (Musielak § 510b, 1).

Nach h. M. kann der Kläger **beide** Ansprüche in **kombinierter** Anwendung von §§ 255, 259 in einer Klage geltend machen:
- **§ 255** betrifft dann den schon **fälligen, unbedingten** Erfüllungsanspruch (mit Frist).
- **§ 259** betrifft den noch **bedingten** (ergebnisloser Fristablauf), künftigen Schadensersatzanspruch. Zulässig also nur bei „Besorgnis" i. S. v. § 259.

BGH NJW 99, 954. Hauptanwendungsfälle liefern die Vorschriften des materiellen Rechts, die dem Gläubiger nach Ablauf einer gesetzten Frist gestatten, Schadensersatz oder neue Rechte geltend zu machen, inbes.: §§ 281 I; 323 I, 437 Nr. 2, 3; 634 Nr. 2, 3, 4; 637; 1003 II BGB (Zöller § 255, 4).

In solchen Fällen liegt objektive Klagenhäufung vor in Form der kumulativen und nicht der uneigentlichen Eventualhäufung, was sich bei Klagabweisung zeigt:

(1) Bei **Unbegründetheit** werden **beide** Anträge rechtskraftfähig abgewiesen, i. F. einer Eventualstellung würde die Rechtshängigkeit der Klage aus § 259 entfallen und darüber würde erst gar nicht (abweisend) entschieden werden (vgl. Blomeyer § 42 III 2b).

(2) Hat die **Klage Erfolg,** lautet das Urteil im obigen Beispiel 1:

ENDURTEIL

I. Der Beklagte wird verurteilt, an den Kläger eine Golduhr (genaue Bezeichnung) herauszugeben. Für die (freiwillige) Herausgabe wird dem Beklagten eine Frist von 10 Tagen ab Rechtskraft dieses Urteils gesetzt (= § 255).
II. Für den Fall, dass der Beklagte dieser Verpflichtung nicht fristgerecht nachkommt, wird er verurteilt, an den Kläger € 3800,– zu zahlen (= § 259).
III. Der Beklagte trägt die Kosten des Rechtsstreits.
IV. Das Urteil ist gegen Sicherheitsleistung jeweils in Höhe von € 5000,– vorläufig vollstreckbar (§ 709 S. 1; *lediglich für Ziff. II, alternativ: S. 2*)

Anmerkung zu Ziffer IV: Ausgegangen wurde davon, dass die Werte in Ziffern I und II gleich hoch sind (je € 3800,–). Da nach dem Bedingungsvorbehalt in Ziffer II erst einmal aus Ziffer I zu vollstrecken ist und erst nach ergebnisloser Vollstreckung und Fristablauf aus Ziffer II vollstreckt werden darf (Bunte JuS 67, 209), stehen nie beide *gleichzeitig* zur Vollstreckung an; in die Sicherheitsleistung gehört daher nur der „*jeweils*" zu vollstreckende Betrag, nicht die Addition (€ 7600,–).
Streitwert: € 3800,–. Keine Addition gem. § 48 I GKG, § 5, da Teilidentität besteht.
Da die Erleichterung gemäß § 709 S. 2 nur für Geldvollstreckung gilt, muss zwischen Ziff. I und II differenziert werden (vgl. Rn. **4**.13, dort Beispiel 4).

5. Der Tatbestand

Er gleicht dem der kumulativen Klagenhäufung, da der Kläger mehrere Ansprüche geltend macht. Da der TB **aus der Sicht der Parteien** zu schreiben ist und bis zum Urteil Haupt- und Hilfsantrag dem Gericht als aktuelle Anträge vorliegen, ist **über den Hilfsantrag** (Sachvorträge und Anträge) **selbst dann zu berichten, wenn im Ergebnis über den Hilfsantrag nicht entschieden wird.** Nach § 313 II sollen „die" (= alle bis zuletzt) erhobenen Ansprüche hervorgehoben und samt Parteivortrag berichtet werden. (Abgrenzung: anders wäre es, wenn der Kläger den Hilfsantrag fallengelassen hätte: dann gehört er in die Prozessgeschichte).

8.26

Beispiel: K verlangt Kaufpreiszahlung € 30 000,–, hilfsweise Rückgabe der Kaufsache.

TATBESTAND

Einleitungssatz: Der Kläger begehrt in erster Linie Kaufpreiszahlung, hilfsweise fordert er Rückgabe der gelieferten Kaufsache.

I. Zum **Hauptantrag**
  1. Unstreitiges dazu
     Die Parteien verhandelten am 2. 6. über den Kauf eines PKW ...
  2. Streitiger Klägervortrag
     K behauptet, B habe seinem Angebot über € 30 000,– zugestimmt.

II. Zum **Hilfsantrag**
  1. Einleitung: hilfsweise begehrt der Kläger ...
  2. Unstreitiges dazu
  3. Streitiger Klägervortrag dazu

III. **Anträge**
  1. Hauptantrag
  2. Hilfsantrag
  3. Klagabweisungsanträge des Beklagten

IV. Zum **Hauptantrag**
  1. Qualifiziertes Bestreiten des Beklagten
     Der Pkw sei nicht gekauft, sondern nur geleast worden, von einem Kauf sei nur im Zusammenhang mit einer Kaufoption nach Leasingende gesprochen worden.
  2. Erwiderung des Klägers (sofern rechtserhaltend, sonst ist sie schon in seinem streitigen Vorbringen oben I 2 aufzuführen).

V. Zum **Hilfsantrag**
  1. Streitiger Vortrag des Beklagten: der Pkw sei aus der abgeschlossenen Garage am ... gestohlen worden.
  2. Erwiderung des Klägers (sofern rechtserhaltend): die Polizei habe den Pkw inzwischen sichergestellt.

VI. Prozessgeschichte
    Insbesondere Bericht über erhobene Beweise, unerledigte Beweisangebote beider Parteien (dazu oben Rn. **5.**09).

Anmerkung: Gliederungsziffern sind im TB (im Gegensatz zu den E-Gründen) nicht üblich, hier nur zur besseren Orientierung.

6. Die Entscheidungsgründe

8.27 Ihr **Aufbau** richtet sich (im Unterschied zu Gutachten und Prüfungsschema, oben Rn. **8.15**) **nach dem tenorierten Ergebnis.**

a) Über den **Hilfsantrag wird nicht entschieden** (weil der Hauptantrag bereits Erfolg hat):

> Einleitungssatz: die Klage hat bereits nach dem Hauptantrag Erfolg.
>   I. Zulässigkeit der Klage (nur zum Hauptantrag)
>   II. Begründetheit der Klage (nur zum Hauptantrag)
>   III. Hilfsantrag: hierzu nur mit 1 Satz klarstellen, dass darüber wegen Erfolgs des HauptA nicht mehr zu befinden ist, weil für diesen Fall nicht mehr beantragt (§ 308 I).
>   IV. Nebenentscheidungen
>   1. Kosten
>   2. Vorläufige Vollstreckbarkeit
>   3. Evtl. Rechtsbehelfsbelehrung, § 232

b) **Über den Hilfsantrag wird auch entschieden** (weil der Hauptantrag erfolglos oder sonst erledigt ist):

> Einleitungssatz: Die Klage hat nur nach dem Hilfsantrag Erfolg.
>   I. Hauptantrag (Die Klage war insoweit abzuweisen, da ...)
>   1. Zwar Zulässigkeit der Klage
>   2. Aber Unbegründetheit der Klage gem. Hauptantrag: Abweisung.
>   II. Hilfsantrag
>   1. Zulässigkeit der Klage, sowie: § 260 (vgl. Rn. **8.17**).
>   2. Begründetheit der Klage gem. Hilfsantrag
>   III. Nebenentscheidungen
>   1. Kosten
>   2. Vorläufige Vollstreckbarkeit
>   3. Evtl. Rechtsbehelfsbelehrung, § 232

IV. Die alternative Klagenhäufung

8.28 1. Alternative **Anträge.** Sie sind nach h. M. nur zulässig in den Fällen der Wahlschuld, §§ 262 ff. BGB. Im Übrigen sind alternativ gefasste Klageanträge **mangels bestimmten Klageantrags** (§ 253 II Nr. 2) unzulässig (BGH WM 89, 1873).

Beispiel: Der Kläger klagt auf „Mietzins oder Räumung" (BL § 260, 7). Er müsste das per Haupt- u. Hilfsantrag geltend machen!

8.29 2. Eine alternative Häufung nur des **Klagegrundes**(-sachverhaltes) bei nur 1 Antrag ist selten.

Beispiel: K verlangt Zahlung von € 50000,–, gestützt auf Darlehen und den dafür hingegebenen Wechsel, BGH NJW 92, 117. BGH WM 91, 600: Antrag auf Schadensersatz, gestützt auf eigenes und auf abgetretenes Recht. Auch diese Form der alternativen Klagenhäufung ist nach h. M. wegen Verstoßes gegen das Bestimmtheitsgebot (§ 253 II Nr. 2) unzulässig, da nur der Kläger selbst und nicht das Gericht den Entscheidungsgegenstand bestimmen kann (BGHZ 189, 56; ThP § 260, 3).

8.30 3. **Nicht** hierher gehört nach h. M. die **Ersetzungsbefugnis** (Hauptfälle: §§ 251 II, 775 II BGB), da dort der Kläger nur *einen* Antrag mit einem Klagegrund geltend macht und nicht wie bei der alternativen 2 Anträge, die beide – wenn auch alternativ – zugesprochen werden sollen (ThP § 260, 7).

Die Klage mit zugebilligter Ersetzungsbefugnis ist daher auch nicht etwa wegen unbestimmten Klageantrags (§ 253 II) unzulässig (vgl. Palandt § 262, 7).

Im Tenor des Urteils ist die Ersetzungsbefugnis festzustellen: „... der Beklagte kann durch freiwillige Leistung von ... abwenden" (BL § 260, 7).

§ 9 Die Klageänderung

I. Die Fälle der Klageänderung

Klageänderung ist Änderung des Streitgegenstands. Sie liegt nach dem herrschenden zweigliedrigen Streitgegenstandsbegriff (dazu und Beispiele: oben Rn. 8.01) vor, wenn 9.01
- der **Klageantrag** und/oder
- der vorgetragene **Lebenssachverhalt** (und zwar im Kern, sonst § 264 Nr. 1, BGH NJW 07, 83)
- oder die Reihenfolge von Haupt- u. Hilfsantrag (BGHZ 170, 164) geändert wird.

Die Fälle der Klageänderung sind
- **Klageauswechslung**
  An die Stelle des bisherigen Klagebegehrens tritt austauschend ein anderes (unten III).
- Die **nachträgliche objektive Klagenhäufung**.
  Neben einen schon rechtshängigen prozessualen Anspruch tritt ein weiterer selbstständiger (unten IV).
- Die Fälle des **§ 264 Nr. 2** (Klageerhöhung bzw. Klageermäßigung).
  Bei unverändertem Klagegrund (Lebenssachverhalt) wird der Klageantrag bzgl. Haupt- oder Nebenforderung (z.B. Zinsen) erhöht oder ermäßigt (unten V).
- Die Fälle des **§ 264 Nr. 3**
  Bei unverändertem Klagegrund (Lebenssachverhalt) wird statt des ursprünglich geforderten Gegenstandes wegen später eingetretener (oder bekannt gewordener) Veränderungen ein anderer Gegenstand oder Schadenersatz gefordert (unten V).

  In den Fällen des § 264 Nr. 2, 3 liegt stets Änderung des Klageantrags und damit (nach allen Theorien) Klageänderung vor, die aber kraft Gesetzes stets zulässig ist: „Nicht als Klageänderung anzusehen", d.h. es **ist** Klageänderung, aber infolge der **Fiktion** nicht deren Zulässigkeitsvoraussetzungen unterworfen.

- Parteiänderungen (Parteiwechsel und Parteibeitritt)?
  Nach stRspr. des BGH sind die §§ 263 ff. weitgehend analog anzuwenden, aber sehr strittig. Die Parteiänderung wird später eingehend besprochen (unten § 15). Im Folgenden werden die §§ 263 ff. daher nur für die **objektive Streitgegenstandsänderung** erläutert.

- Es verbleiben als „klassische Fälle" der Klageänderung:

Klageauswechslung Nachträgliche obj. Klagehäufung 264 Nr. 2 264 Nr. 3

Diese 4 Fälle werden im Folgenden besprochen. Zunächst zur Zulässigkeit der Klageänderung.

II. Die Zulässigkeit der Klageänderung

9.02 Nach ganz h. M. ist die Zulässigkeit der Klageänderung eine **besondere Sachurteilsvoraussetzung** für den neu erhobenen prozessualen Anspruch.

Unzulässigkeit der Klageänderung führt daher zum **Prozessurteil** über den neuen Anspruch: der Kläger hat zwar den neuen Anspruch rechtshängig gemacht, das Gericht muss also darüber entscheiden und kann die unzulässige Klageänderung nicht wegen ihrer Unzulässigkeit einfach ignorieren. Aber die Einbeziehung in den gegenwärtigen Prozess ist unzulässig und hindert eine Sachentscheidung über den neuen Anspruch. Die Zulässigkeit der Klageänderung ist also keine Wirksamkeitsvoraussetzung der Klageerhebung, sondern Sachurteilsvoraussetzung.
BGH LM Nr. 1 zu § 268 a. F.; RoSG § 99, 30; ThP 17; BL 18; Zöller 17; Musielak 11 je zu § 263.

Aufbau – Empfehlungen:
Bei der Prüfung der Zulässigkeit der Klage empfiehlt es sich, so früh wie möglich zu klären, ob die Klageänderung zulässig oder unzulässig ist: ist die Klageänderung nämlich unzulässig, so ist die geänderte Klage schon deswegen als unzulässig abzuweisen, die übrigen Sachurteilsvoraussetzungen können ungeprüft dahinstehen.
Vgl. Schumann JuS 74, 645: **die Ausführungen zur Klageänderung gehören an die Spitze der Prüfung.**

Weiter: Die Gesamtgliederung der Zulässigkeitsprüfung kann – je nach Behandlung des alten Anspruchs – etwas unterschiedlich sein. Daher: Machen Sie sich **so rasch wie möglich klar, welcher Typus der Klageänderung vorliegt** und entwerfen danach ihr Aufbaukonzept.

9.03 Es empfiehlt sich folgendes Grundschema:

A.

1. Ordnungsmäßigkeit der Klageerhebung
   a) Neues Begehren: § 261 II
   b) Bisheriges Begehren: § 253 II

   Aber: dessen Prüfung entfällt bei *zulässiger* Klageauswechslung, da die Rechtshängigkeit des alten Begehrens erlischt.

2. **Zulässigkeit der Klageänderung**
   in der Reihenfolge
   – Klageänderung kraft Gesetzes zulässig gem. §§ 264 Nr. 2, 3.
   – Einwilligung des Bekl., § 263
   – Rügelose Einlassung des Bekl., § 267
   – Sachdienlicherklärung durch Gericht, § 263. Begriff der Sachdienlichkeit: s. unten Rn. **9.08**; ThP § 263, 8.

   Ist die Klageänderung hiernach **zulässig,** folgen jetzt die allgemeinen (und ggfls. die besonderen) Sachurteilsvoraussetzungen für den **neuen** (eingewechselten, ermäßigten oder erweiterten) Klageanspruch. Bei nachträglicher obj. Klagenhäufung werden daneben diejenigen des bisherigen Anspruchs geprüft. Bei zulässiger Klageauswechslung entfällt die Rechtshängigkeit des alten Anspruchs, der daher nicht mehr geprüft wird, s. unten Rn. **9.05**.

3. Örtliche Zuständigkeit
4. Sachliche Zuständigkeit

   Ggfls. § 5 bei nachträgl. obj. Klagenhäufung, sowie § 506 bei Erhöhung der Klage; § 261 III Nr. 2 bei Klageermäßigung etc.

5. Prozessführungsbefugnis etc.

B.

Entscheidung über den **alten Anspruch?**
Das richtet sich nach dem Typus der Klageänderung:
1. Klageauswechselnde Klageänderung:
    a) Falls zulässig: Die Rechtshängigkeit des alten Anspruchs erlischt (strittig nur, wann). Er wird daher nicht mehr geprüft.
    b) Falls unzulässig: Strittig. Nach h.M. muss über den alten Anspruch, da rechtshängig geblieben, in der Sache entschieden werden, und zwar bei Nichtverhandeln über ihn durch VU gem. §§ 330, 333, sonst durch normales streitiges Endurteil. Näheres unten Rn. **9.**08.
2. Bei nachträglicher objektiver Klagenhäufung:
    Problemlos: es wird stets über beide Anträge (alten und neuen) entschieden. Bei unzulässiger Erweiterung wird durch Prozessurteil abgewiesen, über den bisherigen (alten) Anspruch normal weiterverhandelt.
3. Klageänderungsfälle gem. § 264 Nr. 2
    Die Klageänderung ist zwar hier stets kraft Gesetzes zulässig. Bei Klageermäßigung ist aber nach h.M. die Zustimmung des Beklagten gem. § 269 I erforderlich. Fehlt diese und bleibt der Kläger hinsichtlich des Ermäßigungsbetrags schlicht untätig (§ 333), so ergeht insoweit abweisendes VU gegen den Kläger, §§ 330, 333, andernfalls streitiges Endurteil. Näheres unten Rn. **9.**18.
4. Klageänderungsfälle gem. § 264 Nr. 3
    Hinsichtlich des **bisherigen** Antrags hat sich die **Hauptsache erledigt;** das wird der Kläger dann auch erklären (Jauernig § 41 II 3). Zum Prüfungsschema, wenn dies übereinstimmend und wenn es einseitig geschieht: unten Rn. **11.**21, 25.

III. Die klageauswechselnde Klageänderung

Darunter fallen in Abgrenzung zu § 264 Nr. 2 die Fälle, in denen entweder der zugrunde liegende Lebenssachverhalt und/oder das Rechtsfolgebegehren aus ihm (Klageantrag) **ausgewechselt** wird.

9.04

Beispiele: (1) Auswechslung auch des *Lebenssachverhalts:* Darlehen aus 2015 statt Werklohn aus 2016; Umstellung der Klage aus eigenem Recht auf solche aus abgetretenem Recht, BGH NJW 07, 2561; 09, 56.
Lebenssachverhalt ist das gesamte, bei natürlicher Betrachtungsweise zusammengehörende Geschehen. Er ist bei Sachverhalten von gewisser Dauer weit zu ziehen (z.B. bei Streit um die Beendigung einer Gesellschafterstellung: die diversen Aufhebungs-, Ausschluss- u. Beendigungsgründe), bei Rechtsgeschäften des täglichen Lebens (z.B. Abtretung) dagegen enger. Näheres und Beispiele bei ThP Einl. II 30 ff. BGH NJW 07, 83, 84: „Die Identität des Klagegrundes wird aufgehoben, wenn durch neue Tatsachen der Kern des in der Klage angeführten Lebenssachverhalts verändert wird. Dabei muss es sich um wesentliche Abweichungen handeln; die bloße Ergänzung oder Berichtigung der tatsächlichen Angaben fällt unter § 264 Nr. 1 und stellt daher keine Änderung des Klagegrundes dar".
(2) Klageänderung infolge *Antragsänderung* bei gleichem Lebenssachverhalt – ohne dass ein Fall des § 264 Nr. 2 gegeben ist, weil der Antrag nicht etwa ermäßigt, sondern durch ein völlig anderes Rechtsfolgebegehren ausgewechselt wird – liegt z.B. vor beim Übergang vom werkvertraglichen Vorschussanspruch (§ 637 III BGB) zum Schadensersatz gemäß §§ 634 Nr. 4, 281, 280 I BGB (da ersterer u.a. abrechnungspflichtig ist, letzterer endgültig regelt), BGH NJW-RR 98, 1006. Ebenso: Umstellung des Klageantrags von Unterlassung auf Schadensersatz, ThP § 263, 2.

Wegen des Problems, ob nach Klageauswechslung noch zum alten Antrag zu entscheiden ist, hat man danach zu differenzieren, ob die Klageänderung zulässig (1.) oder unzulässig ist (2.):

9.05 1. Die Klageauswechslung ist zulässig

Beispiel: K klagt gegen B auf Rückzahlung eines Darlehens über € 10 000,–. B bestreitet, von K jemals ein Darlehen erhalten zu haben. Auf Antrag des K werden dazu 3 Zeugen vernommen, für die er Auslagenvorschüsse (u. a. Anreise per Flugzeug) in Höhe von € 1200,– verauslagt. Da die Beweisaufnahme ungünstig für K verläuft, stellt er die Klage mit zugestelltem Schriftsatz um: das Darlehen habe die von ihm geführte K-GmbH gewährt, diese habe ihre Rückzahlungsansprüche in Höhe von jetzt noch offenen € 6000,– soeben an ihn abgetreten, er verlange daher jetzt € 6000,– aus abgetretenem Recht. B erwidert darauf, die Geldüberlassung und Kündigung durch die K-GmbH werde nicht bestritten. B stellt jedoch die bestrittene und beweislose Behauptung auf, die K-GmbH habe das Geld zurückerhalten. Die Parteien sind anwaltlich vertreten.

Wie ist zu entscheiden?

Zur folgenden Gliederung: A. Zulässigkeit. B. Begründetheit. C. Tenor mit Erläuterungen zur Kostenentscheidung. D. Tatbestand. E. Entscheidungsgründe.

(A) Zulässigkeit der Klage

(I) Neuer (eingewechselter) Anspruch

Prüfung damit beginnen, da eine zulässige Auswechslung (jetzt: abgetretenes Recht) den bisherigen Anspruch verdrängt haben kann (s. unten II).

(1) Ordnungsmäßigkeit der Klageerhebung, §§ 261 II, 78 I:

Zulässig erhoben mit Schriftsatz, der den Erfordernissen von § 253 II Nr. 2 und der Prozesshandlungsvoraussetzung gem. § 78 I genügt.

(2) Zulässigkeit der Klageänderung?

(a) Einwilligung, § 263? Nicht ausdrücklich, aber konkludent, jedenfalls:

(b) § 267: rügelose Einlassung des B auf geänderte Klage begründet unwiderlegliche Vermutung der Einwilligung, auch wenn sich der Beklagte einer Klageänderung nicht bewusst ist (ThP § 267, 1).

(3) Prozessführungsbefugnis bzgl. des neuen Anspruchs?

Ja, K macht nach Abtretung den Anspruch als **eigenen** geltend.

(4) Sonstige allgemeine Sachurteilsvoraussetzungen des neuen Anspruchs (örtliche, sachliche Zuständigkeit etc.): als gegeben zu unterstellen.

(II) Alter, jetzt fallen gelassener Anspruch

Bei **zulässiger** Klageauswechslung – wie hier – ist nach ganz h. M. über den früheren prozessualen Anspruch nicht mehr zu entscheiden:

(1) Die Rechtshängigkeit des alten Anspruchs erlischt bei zulässiger Klageänderung zwar erst – dann aber rückwirkend auf den Zeitpunkt der Rechtshängigkeit des ihn verdrängenden neuen –, wenn feststeht, dass sie zulässig ist, also entweder schon ab Zustimmung des Beklagten oder später ab rechtskräftiger Zulassung (BGH NJW 92, 2235; 90, 2682; ThP 14; Zöller 16 zu § 263). Bei der Entscheidung über den neuen Anspruch steht aber bereits (bzw. lediglich noch nicht rechtskräftig) fest, dass es infolge zulässiger Auswechslung keiner rechtskraftfähigen Entscheidung mehr über den früheren Anspruch bedarf: dieser bleibt folglich auch als Entscheidungsgegenstand außer Betracht.

(2) § 269 I (Einwilligung des Bekl.) ist bei vollständiger Klageauswechslung nach h. M. neben den §§ 263 ff. nicht anwendbar.

Hauptargument: die Klagerücknahme (gänzliche oder teilweise) zielt auf ersatzlose *Beendigung* des Prozessrechtsverhältnisses ab, die Klageauswechslung aber auf dessen *Fortgang* (Zöller § 263, 6, 18; a. A. Grunsky VerfR § 13 III).

III. Die klageauswechselnde Klageänderung

Beachte: Dieser Differenzierung folgend entscheidet die h. M. bei bloßer Klageermäßigung i. S. v. § 264 Nr. 2: ist in der Beschränkung eine Teilrücknahme zu sehen, so wird das Prozessrechtsverhältnis teilweise beendet, § 269 I ist dann **neben** § 264 Nr. 2 anzuwenden (vgl. BGH NJW 90, 2682 zu 1b, ThP 6; BL 1; Zöller 4a je zu § 264; a. A. Musielak § 264, 6). Im obigen Beispiel ist § 264 nicht relevant, weil die geänderte Klage nicht auf denselben Klagegrund (Lebenssachverhalt), sondern einen neuen (abgetretenes Recht, ThP Einl. II Rn. 32) gestützt wird.

(B) Begründetheit der Klage

Zu entscheiden ist nur über das zulässig eingewechselte neue Klagebegehren:

(1) Anspruch **entstanden,** § 488 I S. 2 BGB

(a) In der Person der K-GmbH: unbestritten, § 138 III

(b) Aktivlegitimation des K gem. § 398 BGB: unbestritten, § 138 III.

(2) Anspruch **nicht erloschen,** § 362 BGB?

Bestrittene und beweislose Behauptung des B, Beweislast bei B. Anspruch also nicht erloschen.

(3) **Höhe:**

Die Geldüberlassung ist auch zur Höhe unstreitig.

(C) Der Tenor

ENDURTEIL
I. Der Beklagte wird verurteilt, an den Kläger € 6000,– zu zahlen.
II. Die Kosten der Beweisaufnahme trägt der Kläger *(= § 96).* Von den übrigen Kosten des Rechtsstreits trägt der Kläger 2/5, der Beklagte 3/5 *(= § 92 I 1).*
III. Das Urteil ist vorläufig vollstreckbar, für den Kläger jedoch nur *gegen* Sicherheitsleistung in Höhe von 110% des jeweils zu vollstreckenden Betrags *(= § 709 S. 2).*
Der Kläger kann die Vollstreckung durch den Beklagten *abwenden* durch Sicherheitsleistung in Höhe von 110% des aus Ziff. II gegen ihn vollstreckbaren Betrags, wenn nicht der Beklagte vor der Vollstreckung Sicherheit in Höhe von 110% des jeweils zu vollstreckenden Betrags leistet *(= § 708 Nr. 11, 711 S. 2).*

Erläuterungen:

Zur Hauptsacheentscheidung:

Keine „Abweisung im Übrigen" bzgl. des fallen gelassenen Anspruchs: dieser ist nicht mehr Entscheidungsgegenstand (siehe oben A II).

Zur Kostenentscheidung:

Die *Mehrkosten,* die der fallen gelassene alte Anspruch verursacht hat, trägt der Kläger: insoweit wird ja der Bekl. nicht verurteilt und darf daher nicht mit diesen Kosten belegt werden. Die Frage ist nur, wie man diese Mehrkosten errechnet. Gebräuchlich sind vor allem **2 Möglichkeiten:**

(1) **Abtrennung** der ausscheidbaren Mehrkosten **gemäß § 96,** im Übrigen §§ 91, 92.

Das ist die einfachste und schnellste Lösung und wird daher vielfach praktiziert (Zöller § 263, 18; StJ § 264, 38; Furtner Urteil S. 63; Blomeyer JuS 70, 234).

Hier: Die Kosten der Beweisaufnahme vor der Klageänderung, also die Auslagenvorschüsse von immerhin € 1200,– sind ausscheidbar, da sie nicht zum Teil in anderen Gebührentatbeständen mit enthalten sind, sie können im Wege der Kostentrennung gemäß § 96 dem Kläger gesondert auferlegt werden. Im Übrigen entspricht die Klageermäßigung einer Klagerücknahme um € 4000,–, so dass von den übrigen Kosten des Rechtsstreits gemäß § 92 I 1 der Kläger 2/5, der Beklagte 3/5 trägt.

(2) **Bildung einheitlicher Quoten gem. § 92 nach Ausrechnung der Streitwertstufen.**

Der soeben unter (1) beschriebene einfache Weg der Abtrennung bestimmter Kosten ist dann nicht oder nur mittels zahlloser unübersichtlicher Abtrennungen gangbar, wenn der Streitwert innerhalb der Instanz **mehrfach** sowohl nach oben wie nach unten **wechselt**.

In diesen Fällen von Stufenstreitwerten lässt sich eine einheitliche Quotierung gem. § 92 und ein damit verbundener etwas aufwändiger Rechenweg meist nicht vermeiden. Solche Stufenstreitwerte entstehen infolge von Klageänderungen, Teilanerkenntnissen, Teilerledigungserklärungen, Teilrücknahmen.

Beispiel: Klage auf Rückzahlung eines Darlehens über € 10 000,–, hierzu in Höhe von € 5000,– Teilanerkenntnis des Bekl. mit der Kostenfolge aus § 93, danach Klageerweiterung um ein weiteres Darlehen über € 20 000,– (Streitwert jetzt € 25 000,–), dazu erneut Teilanerkenntnis in Höhe von € 13 000,–, hinsichtlich der restlichen € 12 000,– wird B zur Zahlung von € 4000,– verurteilt.

Im **Klausurfall** wird hier die Kostenentscheidung in aller Regel erlassen sein. Für die Arbeit in der Praxis und der Zivilstation sei daher nur der grundsätzliche Rechenweg skizziert (Rechenbeispiel in der 10. Auflage S. 142/143).

Erforderlich sind **3 Rechenwege**:

– Zunächst Ausrechnung der Gesamtkosten. Hierzu durchläuft man für jede Gebühr die einzelnen Streitwertstufen.
– Zweitens werden die Anteile der Parteien in den Streitwertstufen in €-Beträgen errechnet. Hierzu wird man das Rechenwerk auf eine Partei (z. B. den Kläger) beschränken (weil die andere zwangsläufig den Rest trägt).
– Drittens setzt man die Anteile der Parteien in €-Beträgen ins Verhältnis zu den Gesamtkosten (= Quote), wobei nach Gerichtskosten und außergerichtlichen Kosten differenziert wird.

9.06 (D) Der Tatbestand

Zum fallen gelassenen Anspruch:
Da über den fallen gelassenen proz. Anspruch nach h. M. nicht mehr zur Sache entschieden wird (abgesehen von den Kosten), darf der TB nicht mit Details dazu belastet werden. Andernfalls träte Kopflastigkeit des TB gegenüber den E-Gründen ein.
Ganz weglassen darf man ihn andererseits auch nicht, da er wegen der Kosten noch aktuell ist für die Entscheidung: gem. § 313 II sind alle erhobenen Ansprüche samt Anträgen zu berichten, frühere jedenfalls dann, wenn sie für die Entscheidung noch Bedeutung haben (wie hier wegen der Kosten), ThP § 313, 19. Es empfiehlt sich, über den fallen gelassenen Anspruch in einer Prozessgeschichte vor den zuletzt gestellten Anträgen (oder ganz zu Beginn des TB) zu berichten, jedoch in größtmöglicher Kürze bzgl. des Parteivortrags (Verweisungen auf Aktenteile!), bzgl. des Antrags exakt, da dieser für den Streitwert des alten Anspruchs und damit seine Kosten wichtig ist.

Der Tatbestand wird zweckmäßigerweise wie folgt gestaltet:

Einleitungssatz: „Der Kläger fordert nach Umstellung seiner Klage zuletzt Rückzahlung eines Darlehens aus *abgetretenem* Recht".

I. **Eingewechselter neuer Anspruch**
  1. Unstreitiges zum neuen Anspruch.
  2. Streitiger Vortrag des Klägers zum neuen Anspruch.
II. **Prozessgeschichte** zur Klageänderung.

Hier: „Der Kläger hat zunächst Rückzahlung eines Darlehens gefordert, welches er selbst dem Beklagten gewährt habe. Hinsichtlich aller Einzelheiten wird verwiesen auf ... Dazu hat der Kläger beantragt, den Beklagten zur Zahlung von € 10 000,– zu verurteilen. Der Beklagte ist dem entgegengetreten. Mit Schriftsatz vom ... hat der Kläger die Klage umgestellt auf Leistung aus abgetretenem Recht der K-GmbH.

Der Beklagte hat der Umstellung der Klage nicht widersprochen und weiter zur Sache verhandelt. Insoweit wird auf das Protokoll der Sitzung vom ... verwiesen. Der Kläger beantragt zuletzt zu erkennen":

III. **Letzte Anträge**
  1. des Klägers
  2. des Beklagten

IV. **Streitiger Beklagtenvortrag**

V. Replik des Klägers

VI. Bericht über Beweiserhebung, sonstige Prozessgeschichte

(E) Die Entscheidungsgründe

9.07

Einleitungssatz zum Prozessergebnis: „Die Klage ist in ihrer *letzten* Fassung zulässig und begründet".

I. **Eingewechselter Anspruch**
Mit diesem beginnen, denn nur auf ihm „beruht" (§ 313 III) der Tenor! Vgl. oben Rn. **6.**01.
  1. Zulässigkeit
     a) der Klageänderung
     b) der (neuen) Klage im Übrigen (= allg. Sachurteilsvoraussetzungen)
  2. Begründetheit
  3. Zinsen etc.

II. **Fallengelassener Anspruch**
Hier nur kurz begründen, dass die Rechtshängigkeit nach h.M. (s. oben Rn. **9.**05) infolge zulässiger Klageänderung entfallen *ist,*
oder doch mit RKraft entfallen *wird,* so dass es einer Prüfung und Entscheidung zum alten Anspruch nicht mehr bedarf.

III. Kosten
Hier genügt das reine Gesetzeszitat i.d.R. nicht. Die E-Gründe müssen zumindest (wenn auch ohne Wiedergabe des Rechenwerks) erkennen lassen, dass das Gericht etwaige Mehrkosten des fallen gelassenen Anspruchs in der Kostenentscheidung berücksichtigt hat.

IV. §§ 708 ff.

2. Die Klageauswechslung ist unzulässig

Abzuweisen als unzulässig ist dann jedenfalls die neue, eingewechselte Klage, da die Zulässigkeit der Klageänderung Sachurteilsvoraussetzung ist. Zu differenzieren ist aber weiter, *wie* daneben auch noch über den alten, fallen gelassenen Antrag zu entscheiden ist. **9.08**

Beispiel 1: (Abwandlung des Beispiels oben Rn. **9.**05). K klagt zunächst € 10 000,- aus Darlehen ein, welches er selbst dem B gegeben habe. Nach Antragstellung und Verhandlung sowie einer für K ungünstigen Beweisaufnahme darüber, ob K überhaupt Vertragspartner gewesen sei, stellt er die Klage mit zugestelltem Schriftsatz um: das Darlehen habe sein Arbeitskollege A dem B gewährt, er mache dessen soeben abgetretenen Anspruch über € 10 000,- geltend. Im nächsten Termin stellt K nur mehr den geänderten Antrag und weigert sich auch nach Frage des Gerichts (§ 139), zur ursprünglichen Klage zu verhandeln.

§ 9 Die Klageänderung

B widersetzt sich der Klageänderung. Nur vorsorglich bestreitet er, von A jemals Geld erhalten oder einen Darlehensvertrag überhaupt geschlossen zu haben. K benennt hierfür 3 weitere bisher nicht vernommene Zeugen.

Wie ist zu entscheiden?

(A) Zulässigkeit der Klage

(I) Neuer (eingewechselter) Anspruch.

(1) Ordnungsmäßigkeit der Klageerhebung, §§ 261 II, 78 I: (+)

(2) Zulässigkeit der Klageänderung? Nein:

(a) Zulässigkeit kraft Gesetzes gem. § 264 Nr. 2, 3? Nein, da der Lebenssachverhalt nicht gleichblieb, sondern ausgewechselt wurde: der Sachverhalt als Streitgegenstandselement i. S. d. herrschenden 2-gliedrigen StG-Lehre wird geändert, wenn von der Zahlungsklage aus **eigenem** Recht übergegangen wird zu der aus **abgetretenem** Recht (BGH NJW 07, 2561; 09, 56; ThP Einl. II 32).

(b) Einwilligung i. S. v. § 263 oder rügelose Einlassung i. S. v. § 267? Nein, vielmehr ausdrückliche Ablehnung durch B.

(c) **Sachdienlichkeit, § 263?**
Diese ist nach Rspr. und h. M. objektiv nach der Prozesswirtschaftlichkeit zu beurteilen (BGH NJW 12, 2662, Tz. 20; 00, 800, 803; ThP § 263, 8, je m. w. N.):

- **Zu bejahen,** wenn der bereits gewonnene Prozessstoff, insbes. Beweiserhebungen, auch für die geänderte Klage verwertbare Entscheidungsgrundlage bleibt. Ist das der Fall, steht der Sachdienlichkeit nicht entgegen, wenn infolge der Klageänderung neue, weitere Beweise erhoben werden müssen, der Prozess sich dadurch verzögert. Denn maßgebend ist dann, dass der Streitstoff bereits im anhängigen Verfahren ausgeräumt und so ein weiterer RStreit vermieden wird (BGH, ThP a. a. O.).
- **Zu verneinen** aber, wenn der Kläger einen völlig neuen Prozessstoff vorträgt, für den das Ergebnis der bisherigen Prozessführung nicht verwertet werden kann, weil es dafür nicht einschlägig ist.

Im letzteren Sinne liegt der Fall hier: die für die angebliche Darlehensgewährung K an B gewonnenen Beweise besagen überhaupt nichts darüber, ob das Darlehen ein gewisser A gewährt hat. Der bereits gewonnene Prozessstoff wäre für eine Klage des K aus abgetretenem Recht des A nicht einschlägig und bliebe daher nicht mehr verwertbare Entscheidungsgrundlage. Die Fortführung eines solchen Prozesses bietet prozesswirtschaftlich keinerlei Vorteile gegenüber einem nun neu und gesondert begonnenen Prozess, das Gericht müsste ebenso neu beginnen und erspart sich im Vergleich zu neuem selbstständigem Prozess keinerlei Beweiserhebungen.

Die Klageänderung ist daher unzulässig, der eingewechselte **neue** Anspruch daher durch **Prozessurteil** als unzulässig abzuweisen (ThP 17; Müko-ZPO 54; Zöller 17; BL 19 zu § 263).

(II) Bisheriger Anspruch

(1) Zunächst ist zu prüfen: Ist er überhaupt noch zur Entscheidung gestellt? Möglich ist insbesondere:

(a) Hilfsweise aufrecht erhalten neben dem neuen Anspruch?

Dann liegt Eventualhäufung vor, § 260. Die Bedingung für den zum Hilfsantrag gewordenen ursprünglichen Antrag ist eingetreten, weil der Hauptantrag (eingewechselter Anspruch) unzulässig und daher erfolglos ist.

Es folgt dann Prüfung von Zulässigkeit und Begründetheit des Hilfsantrags (ursprüngl. Klagebegehren). Ist dieser erfolgreich, so wird dieser im Tenor zugesprochen und die Klage „im Übrigen" (= unzulässiger eingewechselter Hauptantrag) abgewiesen.

(b) Klagerücknahme bzgl. des bisherigen Anspruchs, § 269?

Auslegungsfrage. Allein das Umstellen auf ein neues Begehren bedeutet noch keine konkludente Rücknahme des alten, sondern zunächst einmal nur schlichte Untätigkeit des Klägers und damit Fortdauer der Rechtshängigkeit. Liegen keine sonstigen Anhaltspunkte vor, wird man in der bloßen Nichterklärung des Klägers daher keine Klagerücknahme sehen. Es stellt sich dann die Streitfrage, in welcher Form über den alten Anspruch zu entscheiden ist:

(2) Bei Fortdauer der Rechtshängigkeit des alten Anspruchs:
Bleibt der Kläger dazu schlicht untätig, so ist zu differenzieren, *wie* über den alten Anspruch noch zu entscheiden ist.

Nach h. M. ist über den **bisherigen Anspruch** (bei Zulässigkeit der ursprünglichen Klage) **durch Sachurteil** zu entscheiden: dieses ergeht als klageabweisendes **Versäumnisurteil gem. §§ 333, 330,** sofern der Kläger im gesamten letzten Verhandlungstermin zum alten Anspruch weder Anträge stellt noch verhandelt, vielmehr jede diesbezügliche Einlassung verweigert, **sonst als normales streitiges Endurteil.**

Argument: die Rechtshängigkeit des bisherigen Anspruchs ist mangels Klagerücknahme oder eine die Rechtshängigkeit verdrängende *zulässige* Klageänderung nicht erloschen, so dass über den bisherigen Anspruch in jedem Falle durch Urteil zu entscheiden ist (BGH NJW 88, 128; Zöller 17; BL 19; Müko-ZPO 53; ThP 17 zu § 263).
Die Lösung über §§ 333, 330 ist freilich nur dann möglich, wenn die Teilversäumnis bzgl. des bisherigen Anspruchs im **gesamten** letzten Verhandlungstermin besteht, also nicht, wenn zu dessen Beginn die Anträge zum alten Anspruch schon gestellt worden sind und zunächst über ihn auch verhandelt worden ist (vgl. unten Rn. **20.**03; BGHZ 63, 94; ThP 1; Zöller 1 zu § 333). Ist der Antrag zum alten Anspruch **bereits in einem früheren Termin gestellt** worden, so kommt wegen der Fortwirkung der Antragstellung nach dem Grundsatz der Einheit der mündlichen Verhandlung (s. unten Rn. **24.**08) eine Lösung über §§ 333, 330 nur in Betracht, wenn der Kläger zum alten Anspruch im letzten Termin überhaupt nicht verhandelt i. S. v. § 333, vielmehr – trotz klärender Frage des Gerichts (§ 139!) – jede diesbezügliche Einlassung zur Sache *verweigert* (Zöller 1; Musielak 2 zu § 334).
§ 308 steht einem Sachurteil über den bisherigen Anspruch auch nicht entgegen: War der Antrag dazu jemals in mdl. Verhandlung gestellt, so wirkt diese Antragstellung wegen der Einheit der mdl. Verhandlung fort, eine wiederholte Antragstellung ist unnötig (BGHZ 141, 193; ThP § 137, 1; Zöller § 137, 1 u. § 333, 1). Der Kläger mag dieses Fortwirken durch Klagerücknahme beenden, wenn er wirklich keine Entscheidung mehr zum alten Anspruch will! War der Antrag noch nie gestellt (z. B. Klageauswechslung *vor* dem Termin), wird man mit BGH NJW 88, 128 zu 3c, d i. d. R. den neugefassten Antrag dahin auslegen können, dass er als Hauptantrag und der bisherige als Hilfsantrag gestellt sein solle, womit über *beide* entschieden werden kann, da sie ja beide rechtshängig geworden sind. Der BGH hat einen Verstoß gegen § 308 I bei Entscheidung auch über den alten Antrag daher verneint.

Folgt man dieser h. M., ergibt sich für die weitere Prüfung sowie das Urteil:

(B) Begründetheit der Klage

Sie ist **nicht mehr** zu prüfen:
– Eingewechselter Anspruch: Abweisung durch Prozessurteil.
– Bisheriger Anspruch: nach h. M. Abweisung durch Versäumnisurteil gem. §§ 330, 333, also ohne Sachprüfung, da § 330 die Unbegründetheit als Säumnissanktion fingiert. § 333 ist hier über § 332 (Folgetermin, s. unten Rn. **20.**16) anwendbar, da K im gesamten (letzten) Termin zum ursprünglichen Klagebegehren auch nach Frage des Gerichts (§ 139) jede Verhandlung *verweigert* hat.

(C) Der Tenor

Hat der Kläger, wie hier, den bisherigen Anspruch weder zurückgenommen, noch als Hilfsantrag aufrecht erhalten, *verweigert* er vielmehr insoweit die Verhandlung i. S. v. § 333 (Zöller § 334, 1), ergeht wegen Fortdauer der Rechtshängigkeit und teilweiser Säumnis:

VERSÄUMNIS- UND ENDURTEIL

    I. Die Klage wird abgewiesen.
   II. Der Kläger trägt die Kosten des Rechtsstreits (§ 91).
  III. Das Urteil ist vorläufig vollstreckbar (§ 708 Nr. 2, siehe Anm.)

Erläuterungen:
Zu fertigen ist **ein** einheitliches Urteil, nicht etwa wegen § 313b gesondert ein VU und daneben ein selbstständiges streitiges Endurteil über den unzulässigen neuen Antrag. Denn altes und neues Begehren sind ja nicht durch Beschluss gemäß § 145 I getrennt worden (dann: 2 verschiedene Aktenzeichen), sondern in einem Prozess verblieben und müssen daher durch gemeinsames Urteil verbeschieden werden.

Überschrift:
Sie soll klarstellen, dass eine Kombination von 2 Urteilsarten vorliegt, die auch mit verschiedenen Rechtsbehelfen anzugreifen sind: VU (= Einspruch, § 338) bzgl. bisherigen, streitiges Endurteil (= Berufung, § 511) bzgl. eingewechselten Anspruchs.

Vorläufige Vollstreckbarkeit:
(1) Sofern – wie im Beispiel – über den bisherigen Anspruch ein *Versäumnisurteil* ergeht und beide Anträge (wie hier) gleich hoch sind (der eingewechselte neue jedenfalls nicht höher ist), fällt der ganze Anspruch nur unter § 708 Nr. 2: alle RA-Gebühren (Verfahrens- u. Termingsgebühr) sind schon zum alten Anspruch angefallen und fallen gemäß § 15 II RVG nur einmal an und werden damit vom Versäumnisurteil erfasst. Zum eingewechselten neuen Anspruch (= Prozessurteil) sind keine weiteren Gebühren angefallen, da der Streitwert unverändert blieb.
(2) Sofern – in anderen Fällen – über den alten Anspruch nicht durch Versäumnis-, sondern durch *streitiges Endurteil* entschieden werden muss, kommt es für den Gebührenstreitwert nur auf den höchsten Antrag an; nicht ist zu addieren, da zwar beide Anträge weiter rechtshängig geblieben sind, aber der Kläger die Ansprüche nicht *nebeneinander* will (was § 5 über § 48 GKG, § 23 I RVG voraussetzt), sondern nur *einen* davon (Zöller 18, 32; Musielak 28 zu 263). Der Kostenerstattungsanspruch des Beklagten beläuft sich hier auf rund € 1700,–, sodass § 709 S. 2 gelten würde.

9.09 (D) Der Tatbestand

Im Hinblick auf § 313b ist danach zu differenzieren, ob über den fallengelassenen Anspruch insoweit ein Versäumnisurteil oder ein normales streitiges Sachurteil ergeht:

> **Falls kein VU** über den alten Antrag ergeht, muss der TB über 2 Prozessbegehren berichten, der TB entspricht also dem bei nachträglicher objektiver Klagehäufung. Das unzulässig eingewechselte neue Begehren wird man überwiegend durch Verweisung berichten.
>
> **Falls ein VU** über den alten Antrag ergeht, empfiehlt sich folgender Aufbau: Einleitungssatz: Der Kläger hat zunächst ... und sodann ... begehrt.
>   I. Fallengelassenes Begehren
>   1. Kurze Kennzeichnung des Begehrens samt früherem Antrag (z.B.: € 10000,– aus *eigenem* Recht)
>   2. Sodann: „Von der weiteren Fertigung des Tatbestands wird insoweit gemäß § 313b ZPO abgesehen".

II. Eingewechseltes Begehren
1. Kurze Kennzeichnung des neuen Anspruchs (z. B.: € 10000,– aus *abgetretenem* Recht des A)
2. Klägervortrag: Kurzfassung, im Übrigen Verweisung auf Schriftsätze des K, keine lange Darstellung des Sachvortrags, da das Klagebegehren unzulässig ist.
3. Anträge des K zu II (K beantragt *zuletzt*)
4. Anträge des B zu I (§§ 330, 333) und II
5. Beklagtenvortrag:
Keine Einwilligung in die Klageänderung.
Kurzfassung, im Übrigen Verweisung auf Schriftsätze des Beklagten zu II, da das Klagebegehren unzulässig ist.

(E) Die Entscheidungsgründe 9.10

Aufbau wie bei zulässiger Klageauswechslung, oben Rn. **9**.07.

Einleitungssatz: „Die Klage ist erfolglos, sowohl in ihrer ursprünglichen, wie in der geänderten Fassung."
I. **Eingewechselter Anspruch**
Mit diesem beginnen, da dessen Unzulässigkeit nach h. M. zur Entscheidung auch über den bisherigen Anspruch zwingt.
Erörtert wird nur die Unzulässigkeit der Klageänderung, denn nur auf ihr „beruht" (= § 313 III) insoweit die Entscheidung.
II. **Fallengelassener Anspruch**
1. Entscheidungspflicht. Hierzu klarstellen:
Nach h. M. ist über den nicht ausdrücklich zurückgenommenen Antrag zu entscheiden, da dessen RHängigkeit noch besteht, daher
2. Voraussetzungen der §§ 333, 330. Falls nicht erfüllt: Prüfung wie bei normalem Sachurteil.
III. **Kosten**
IV. **§§ 708 ff.** Kurze Begründung wie oben Rn. **9**.08 a. E. zu (1) bzw. (2).

Beispiel 2 (Abwandlung des Beispiels 1; nach BGH NJW 88, 128):
K klagt eine Darlehensforderung von € 10000,– ein. B bestreitet, den Vertrag gerade mit K abgeschlossen zu haben. Nach einer für K erfolgreichen Beweisaufnahme weist das Gericht in momentaner Verkennung der Beweislage darauf hin, dass es sachdienlicher wäre, die Klage auf ein von A an K abgetretenes Recht zu stützen. Daraufhin stellt K im selben Termin den Antrag um (§ 297) auf Klage aus abgetretenem Recht. B widersetzt sich der Klageänderung und beantragt Klageabweisung. Später weist das Gericht in demselben Termin darauf hin, dass sein Hinweis verfehlt gewesen und die jetzige Klageänderung keinesfalls sachdienlich sei. Wie ist zu entscheiden?

(A) Zulässigkeit der Klage

(I) Neuer Anspruch (gestützt auf Abtretung):
Die Klage ist insoweit wegen unzulässiger Klageänderung durch Prozessurteil abzuweisen: Widerspruch des B, die Behandlung als sachdienlich war (so im Ergebnis BGH NJW 88, 128) nur Bestandteil eines Hinweises, nicht aber schon die verbindliche Beurteilung einer Klageänderung.

(II) Bisheriger Anspruch (gestützt auf eigenes Recht):
(1) Die ursprüngliche Klage blieb rechtshängig (wie zu Beispiel 1: kein Erlöschen durch zulässige Klageänderung oder Klagerücknahme), so dass nach h. M. durch Urteil zu bescheiden.
(2) Zulässigkeit der bisherigen Klage: (+)

(B) Begründetheit der Klage

(I) **Neuer** Anspruch: (–) keine Prüfung, da insoweit Prozessurteil ergeht.

(II) **Bisheriger** Anspruch:

(1) Keine Unbegründetheitsfiktion gem. §§ 333, 330, da im selben (= letzten) Termin zum bisherigen Anspruch noch streitig verhandelt und sogar Beweis erhoben wurde.

(2) Also normales Sachurteil. Da die Klage schlüssig und nach Beweisaufnahme begründet ist, muss dem ursprünglichen Klagebegehren stattgegeben (so BGH NJW 88, 128) und die Klage im Übrigen (neuer, eingewechselter Anspruch) durch Prozessurteil abgewiesen werden (insoweit bei BGH a. a. O. infolge Zurückverweisung offengeblieben). Es ergeht also

ENDURTEIL

I. Der Beklagte wird verurteilt, an den Kläger € 10 000,– zu zahlen.
Im Übrigen wird die Klage abgewiesen.

IV. Die nachträgliche objektive Klagenhäufung

9.11 Neben einen schon rechtshängigen prozessualen Anspruch tritt ein weiterer, selbstständiger. Nach ganz h. M. gelten hierfür neben § 260 die §§ 263 ff. direkt oder analog.

ThP 1; BL 4; Zöller 2 zu § 263. Für analoge Anw.: BGH NJW 85, 1841 (zu 4); BGH MDR 81, 1012 (nachträgliche Geltendmachung eines Hilfsanspruchs), BGH NJW 1978, 2552 (nachträgliche Erweiterung um einen Feststellungsantrag).
Für direkte Anwendung spricht, dass das ursprüngliche Klagebegehren in einer jetzt veränderten Gestalt (Antrags- und/oder Sachverhalterweiterung) verfolgt wird.
Für nur analoge Anwendung spricht, dass die ursprüngliche Klage selbst ja gar nicht verändert wird, sondern nur eine weitere Klage hinzutritt (Streit nicht vertiefen, da ergebnisgleich).

9.12 Das **Prüfungsschema** beim Gutachten, der Tenor, sowie der Aufbau von TB und E-Gründen gestalten sich wie bei der ursprünglichen obj. Klagenhäufung (oben § 8), lediglich ergänzt um den Prüfungspunkt „Zulässigkeit der Klageänderung".

Beispiel: K klagt vor dem zuständigen AG auf Rückzahlung eines dem B im Jahre 2015 gewährten Darlehens über € 4000,–. Im Laufe des Verfahrens erweitert er die Klage mit zugestelltem Schriftsatz auf Rückzahlung eines jetzt fällig gewordenen weiteren Darlehens aus 2016 über € 6000,–. Der Schriftsatz enthält außer der weiteren Klagebegründung den neugefassten Klageantrag auf Zahlung von insgesamt € 10 000,–. Im ersten Termin nach Klageerweiterung stellt K den neugefassten Klageantrag, der Amtsrichter weist den Beklagten gem. § 504 ZPO auf die nunmehrige Unzuständigkeit des AG und die Zuständigkeitsbegründung bei rügeloser Einlassung hin. B nimmt dies zur Kenntnis, beantragt Klageabweisung in vollem Umfang und trägt vor, das Darlehen 2016 sei noch gar nicht fällig, da noch gar nicht gekündigt.
Die Beweisaufnahme zu beiden Klagebegehren ergibt die Richtigkeit des klägerischen Vortrags.
Wie ist zu entscheiden? Lösungsskizze:

(I) Die Zulässigkeit der Klage

(1) Ordnungsmäßigkeit der Klageerhebung:
– bzgl. Darlehen 2015: ja, § 253 II
– bzgl. Darlehen 2016: ja, §§ 261 II, 253 II, Schriftsatz zur Klageerweiterung enthält Antrag und Sachverhalt zu Darlehen 2016.

(2) Zulässigkeit der Klageänderung, §§ 263 ff.
– Klarstellung, dass nachträgliche obj. Klagenhäufung vorliegt und darauf nach h. M. die §§ 263 ff. direkt oder analog anzuwenden sind.
– Voraussetzungen der §§ 263 ff.?

ja: rügelose Einlassung des B auf geänderte (erweiterte) Klage, § 267 (Verteidigung nur zur Sache selbst).

(3) Örtliche Zuständigkeit, für beide Klageansprüche: §§ 12, 13

(4) Sachliche Zuständigkeit
– An sich jetzt Unzuständigkeit des AG gem. § 5 (Addition € 4000,– + € 6000,–): §§ 23 Nr. 1, 71 I GVG.
– Aber § 39 S. 1: rügelose Einlassung des B nach Hinweis gem. § 504.

(5) Sonstige allgemeine Sachurteilsvoraussetzungen sind mangels gegenteiliger Angaben als erfüllt anzunehmen. Die (erweiterte) Klage ist also insgesamt zulässig.

(II) Die Verbindungsvoraussetzungen gem. § 260

Die Zulässigkeit des Verbunds ist keine Sachurteilsvoraussetzung, da ihr Fehlen nur zur Trennung der beiden Klagen führen würde, nicht aber zum Prozessurteil. Daher nicht unter „Zulässigkeit der Klage" prüfen, sondern deutlich (eigener Gliederungspunkt!) davon getrennt und am besten **danach** (s. Rn. 8.07).

Hier: Die Verbindungsvoraussetzungen (dazu ThP § 260, 11 ff.) liegen vor.

(III) Die Begründetheit der Klage
– Bzgl. Darlehen 2015: Nach Ergebnis der Beweisaufnahme begründet.
– Bzgl. Darlehen 2016: Nach Ergebnis der Beweisaufnahme begründet.

Der Klage ist also **voll stattzugeben**.

Der Tenor lautet demnach:

ENDURTEIL
I. Der Beklagte wird verurteilt, an den Kläger € 10 000,– zu zahlen.
II. Der Beklagte trägt die Kosten des Rechtsstreits.
III. Das Urteil ist gegen Sicherheitsleistung in Höhe von 110% des jeweils zu vollstreckenden Betrags vorläufig vollstreckbar. *(§ 709 S. 2)*

Der Tatbestand 9.13

Aufbau und Inhalt gestalten sich wie bei ursprünglicher obj. Klagenhäufung (oben Rn. **8.**08). Zusatz hier nur: die Klageänderung(-erweiterung) wird als Prozessgeschichte berichtet, zum Verständnis des Lesers am besten unmittelbar, bevor erstmals die Sprache auf den weiteren Klageanspruch (Darlehen 2016) kommt.

Beispiel (Reihenfolge): Einleitungssatz zu **beiden** Begehren. 1. unstreitiger und streitiger Klägervortrag zum bisherigen Anspruch. 2. Prozessgeschichte zur Klageerweiterung. Dann 3. unstreitiger und streitiger Klägervortrag zum weiteren Anspruch. 4. Letzte Anträge etc.

Die Entscheidungsgründe 9.14

Aufbau und Inhalt gestalten sich ebenfalls wie bei ursprünglicher obj. Klagenhäufung (oben Rn. **8.**07). Die Zulässigkeit der Klageerweiterung (§§ 263 ff.) wird unter der „Zulässigkeit der Klage" abgehandelt.

V. Die Klageänderungsfälle gem. § 264 Nr. 2 und 3

Grundvoraussetzung des § 264 ist – mit dieser als Einstieg ist die Prüfung stets zu beginnen! –, dass der klagebegründende Sachverhalt („Klagegrund" = „Lebenssachverhalt") unverändert bleibt, bei § 264 Nr. 3 wird er lediglich um die Veränderungstatsache ergänzt. 9.15

Im Übrigen hat man zu differenzieren:

§ 264 Nr. 1: Regelt keine Klageänderung, da weder Antrag, noch Sachverhalt geändert wird. § 264 Nr. 1 hat nach allg. M. nur Klarstellungsfunktion und wird daher von manchen als überflüssig angesehen (vgl. z. B. Zöller § 264, 1).

§ 264 Nr. 2, 3: Klageänderungen, die aber kraft Gesetzes zulässig sind.
In beiden Fällen nämlich wird der Antrag und damit nach allen StG-Theorien auch der Streitgegenstand geändert. Die Formulierung in § 264 „Als eine Änderung der Klage ist es nicht anzusehen ..." enthält daher für § 264 Nr. 2 und 3 eine **Fiktion:** es **ist** Klageänderung, aber nicht als solche zu *behandeln,* sie fällt *deswegen* nicht unter die Zulässigkeitsbeschränkungen gem. §§ 263, 267 der normalen Klageänderung und ist damit kraft Gesetzes stets zulässig (ThP § 264, 1).

1. Die Klageerhöhung gem. § 264 Nr. 2

9.16 Darunter fallen quantitative und qualitative Erhöhungen des Antrags bei gleich bleibendem Sachverhalt und Beibehaltung des „Kerns" des Antrags.

Beachte: § 264 Nr. 2 ist nur relevant, wenn der Klageantrag in seinem Stamm (Kern), verstanden als ganz konkretes Rechtsfolgebegehren derselbe bleibt, es also nach Erhöhung bzw. Ermäßigung nach wie vor um denselben Kaufpreis-, Darlehens-, Schmerzengeld- oder Sachschadensersatz-Anspruch geht. Dieser darf ohne Veränderung des „Kerns" lediglich erhöht oder ermäßigt werden. Wird das Rechtsfolgebegehren hingegen im „Kern" ausgewechselt (Miete statt Kauf; Minderung statt Schadensersatz vgl. BL § 264, 18 „Minderung"; Arztkosten statt Schmerzensgeld) scheidet § 264 Nr. 2 aus und die Klageänderung beurteilt sich nach den normalen Voraussetzungen der §§ 263, 267.

Beispiele: Übergang von Feststellungs- zur Leistungsklage (BGH NJW 85, 1784), oder von der Auskunfts- zur Zahlungsklage (BGH NJW 79, 926). Erhöhung der Teilklage auf das Ganze. Sofortige statt künftige Leistung. Erhöhung von Nebenforderungen, z. B. Zinsen (ThP § 264, 4).

Nicht unter die Privilegierung des § 264 Nr. 2 hingegen fällt die nachträgliche Anspruchshäufung (§ 260), also die Geltendmachung eines weiteren selbstständigen prozessualen Anspruchs.

Für die **Zulässigkeitsprüfung** gilt auch hier das Prüfungsschema wie oben Rn. **9.**03, also:

1. Ordnungsmäßigkeit der Klageerhebung
   a) bzgl. des ursprünglichen Antrags: § 253 II
   b) bzgl. der Erhöhung: § 261 II
2. Zulässigkeit der Klageänderung
   Kraft Gesetzes zulässig, § 264 Nr. 2
3. Sachliche Zuständigkeit
   Bei AG evtl. § 506 und Hinweis gem. § 504

2. Die Klageermäßigung i. S. v. § 264 Nr. 2

9.17 Darunter fallen quantitative und qualitative Ermäßigungen des Klageantrags bei gleich bleibendem Sachverhalt und Beibehaltung des „Kerns" des Antrags, aber bei Fallenlassen eines von mehreren Streitgegenständen liegt teilweise Klagerücknahme vor (Zöller § 264, 3c).

Beispiele: K fordert zunächst Zahlung von € 5000,- Reparaturkosten und ermäßigt die Klageforderung auf € 3000,-. K ermäßigt den uneingeschränkten Antrag auf Leistung Zug um Zug. Übergang von der Leistungs- zur Feststellungsklage, daher ist nach h. M. die einseitige Erledigungserklärung gem. § 264 Nr. 2 zulässig (näheres unten Rn. **11.**07). Aber Klagerücknahme, wenn K zunächst Reparaturkosten und Schmerzensgeld fordert, die Klage auf Schmerzensgeld aber später fallen lässt.

Die „Beschränkung" oder „Ermäßigung" des Klageantrags ist **auslegungsbedürftig.**
Sie kann bedeuten (ThP § 264, 6):
– **teilweise Erledigungserklärung**
   Diese ist i. d. R. gemeint, wenn der Klageanspruch vor oder nach Klageerhebung teilweise erfüllt wurde.

V. Die Klageänderungsfälle gem. § 264 Nr. 2 und 3

– **teilweise Klagerücknahme**
Diese ist i.d.R. gemeint, wenn der Kläger erkennen lässt, dass er unberechtigt, unbeweisbar oder irrtümlich zu viel beantragt hat.

Zusammenfassendes Beispiel: K hat von B einen neuen Pkw für € 20 000,– gekauft und klagt nun nach erfolgloser Frist zur Nacherfüllung auf Schadensersatz in Höhe von € 25 000,– da der Pkw entgegen der Vereinbarung nicht mit ABS ausgerüstet und daher der schon sichere Abkäufer D abgesprungen ist, der dem K € 25 000,– geboten hatte.
Im Termin muss K nach Antragstellung einräumen, mit dem Pkw einen Unfall mit Totalschaden verschuldet zu haben. Um einem zeitraubenden Streit um die Höhe des Wertersatzanspruchs des B zu entgehen, stellt K die Klage zu Protokoll (§§ 261 II, 297 I) um auf Ersatz des entgangenen Gewinns von € 5000,–. B widersetzt sich einer Klageänderung. Bei der Auslieferung des Pkw ohne ABS treffe ihn kein Verschulden, da er vom Hersteller falsch beliefert worden sei und dies nicht bemerkt habe, vorsorglich rechne er auf mit einem Wertersatzanspruch aus § 346 II S. 1 Nr. 3 BGB in Höhe von € 20 000,–, dem Zeitwert des Pkw, den K zur Vermeidung von Kosten nicht bestreitet. Beide Parteien sind anwaltlich vertreten.

9.18

Lösungsskizze:

(I) Ermäßigtes Begehren (kleiner Schadensersatz € 5000,–)
(1) Zulässigkeit der Klage
(a) Ordnungsmäßigkeit der Klageerhebung: §§ 261 II, 78 I.
(b) Zulässigkeit der Klageänderung: § 264 Nr. 2.
Der Lebenssachverhalt (Klagegrund) blieb derselbe, auch wurde das Klagebegehren seiner Art nach (der Antrag, die begehrte Rechtsfolge) nicht ausgetauscht (z.B. gegen Minderung), sondern lediglich ermäßigt. Form: Die Beschränkung und die Erweiterung i.S.v. § 264 Nr. 2 erfolgen gem. § 261 II zu Protokoll (§ 297) oder durch zugestellten Schriftsatz gem. § 253 II (Musielak § 264, 4, 7; ThP § 261, 3).
(c) Sonstige Sachurteilsvoraussetzungen sind erfüllt, insbesondere kann die sachliche Zuständigkeit des LG nicht durch Streitwertsenkung entfallen, § 261 III Nr. 2 (Musielak § 264, 7; ThP § 4, 2).
(2) Begründetheit der Klage
Anspruchsgrundlage: §§ 437 Nr. 3, 280 I, 281 I 1 BGB.
(a) Entstanden: Das Fehlen der vereinbarten Beschaffenheit und damit der Sachmangel (§ 434 I S. 1 BGB) bei Gefahrübergang (§ 446 S. 1 BGB) ist unstreitig. Das Verschulden wird vermutet, § 280 I 2 BGB, eine Entlastung des B gelingt nicht, da das Fehlen von ABS bei einer ordentlichen Einweisung des Käufers erkennbar war. Der Vortrag des K zum Weiterverkauf an D wurde nicht bestritten und gilt daher als zugestanden, § 138 III.
(b) Erloschen durch Aufrechnung? Nein, da gemäß § 281 V BGB der Wertersatzanspruch (aus § 346 II S. 1 Nr. 3 BGB) nur gegeben ist gegenüber dem „großen" Schadensersatzanspruch (statt der *ganzen* Leistung), den K mit dem geänderten Klagebegehren aber gerade nicht (mehr) geltend macht.

(II) Bisheriges Begehren (großer Schadensersatz: € 25 000,–).
Zu prüfen ist, ob es überhaupt noch zur Entscheidung gestellt ist:
(1) € 5000,–: Im Umfang des weiterverfolgten Antrags blieb die Rechtshängigkeit bestehen (dazu oben I).
(2) € 20 000,–: Der weitergehende Anspruch blieb rechtshängig und muss nach den auch sonst geltenden Verfahrensvorschriften dem Streit der Parteien entzogen werden (BGH NJW 90, 2682). Die Ermäßigung oder Beschränkung des Klageantrags (hier von € 25 000,– auf € 5000,–) ist auslegungsbedürftig. Sie kann bedeuten (ThP § 264, 6):
(a) **Teilweise Erledigungserklärung?** Diese wäre einseitig, so dass in kumulativer Klagenhäufung vorläge eine Leistungsklage über € 5000,– neben einer Feststellungsklage über die Erledigung von € 20 000,– (Klausuraufbau zu letzterer also wie bei einseitiger Teilerledigungserklärung). Das ist hier zu verneinen, da die Ermäßigung des Klagebegehrens nicht darauf beruht, dass es erfüllt wurde (so aber läge es, wenn B schon vor der Ermäßigung die Aufrechnung erklärt hätte, weil die Aufrechnung einen Erledigungsgrund darstellt, ThP § 91a, 5), sondern K den weitergehenden Anspruch einem Streit mit ungewissem Ausgang entziehen wollte, die Klage also insoweit zurückgenommen hat.
(b) **Teilweise Klagerücknahme:** So hier.

Nach h. M. ist bei einer Klageermäßigung im Sinne einer teilweisen Klagerücknahme **neben § 264 Nr. 2 auch § 269** anzuwenden: § 264 Nr. 2 solle dem Beklagten nicht das durch § 269 gesicherte Recht nehmen auf Erzwingung einer rechtskraftfähigen Entscheidung über den fallen gelassenen Teil. Ist, wie hier, bereits zur Hauptsache verhandelt, kann der Kläger also „ermäßigen" i. S. v. zurücknehmen nur mit Zustimmung des Beklagten (BGH NJW 90, 2682 zu b; OLG Düsseldorf NJW 2012, 85; ThP § 264, 6; a. A. Musielak § 264, 6 m. w. N.: anzuwenden sei i. d. R. nur § 264 Nr. 2, da das Gesetz bei der zustimmungsfreien Klageänderung gem. § 264 Nr. 2 auf den Schutz des Beklagten verzichte).

Beachte: für die einseitige volle und teilweise Erledigungserklärung gilt § 269 nicht (sie ist also zustimmungsfrei), da der Erledigungsantrag den Gegenstand der ursprünglichen Leistungsklage umfasst, das gesamte Streitobjekt also weiter rechtshängig bleibt (siehe unten Rn. **11.**08).

Verweigert bei vollständiger oder teilweiser Klagerücknahme der Beklagte seine Zustimmung (wie hier), so bleibt die Klage in ursprünglicher Höhe rechtshängig mit der Folge, dass hinsichtlich des Ermäßigungsantrags (hier: € 20 000,–) zu entscheiden ist, entweder durch (vgl. Zöller § 269, 16):
– abweisendes VU gem. §§ 330, 333, falls K dazu keinen Sachantrag gestellt hatte,
– andernfalls (so hier, da die Anträge schon gestellt waren – sie müssten auch bei Fortsetzung des Prozesses in weiteren Terminen nicht wiederholt werden, BGHZ 141, 193) in Fortsetzung des Prozesses durch streitiges Endurteil mit normaler Sachprüfung. Hier daher: Das unwirksam zurückgenommene Klagebegehren über € 20 000,– war gemäß §§ 437 Nr. 2, 280 I, 281 I BGB begründet, ist aber durch Aufrechnung des Bekl. mit dessen Wertersatzanspruch gem. §§ 281 V, 346 II S. 1 Nr. 3 BGB über € 20 000,– erloschen.

(III) Gesamtergebnis:

ENDURTEIL

I. Der Beklagte wird verurteilt, an den Kläger € 5000,– zu zahlen (= ermäßigtes Begehren: kleiner Schadensersatz. Im Übrigen (= durch Aufrechnung erloschenes altes Begehren auf großen Schadensersatz) wird die Klage abgewiesen.

3. Die Antragsanpassung gem. § 264 Nr. 3

9.19 Der **Klagegrund** (Lebenssachverhalt) **muss,** abgesehen von der nachträglichen Veränderung, **derselbe geblieben sein** (sonst § 263), ThP § 264, 7.

Nachträglich: streng genommen nur Veränderungen, die erst nach Rechtshängigkeit eingetreten sind, **nach h. M. aber auch solche, die** dem Kläger erst **nach Rechtshängigkeit bekannt werden,** sei es auch infolge von Fahrlässigkeit (h. M. ThP 7; Zöller 5; a. A. Musielak 8 zu § 264).

Beispiele: Übergang von der Herausgabeklage gem. § 985 BGB nach Sachuntergang zur Schadensersatzklage aus § 989 BGB. Übergang von der Klage auf Erfüllung zu solcher auf Schadensersatz gem. § 281 IV BGB. Umstellung der Klage auf Herausgabe der Bürgschaftsurkunde auf Rückzahlung der nunmehr erfolgten Bürgenleistung (BGH NJW 96, 2869). Wechsel von Erfüllung auf Surrogat wegen Untergangs des Leistungsgegenstandes, § 285 BGB.

§ 264 Nr. 3 kann mit § 264 Nr. 2 zusammentreffen (ThP § 264, 8). Sofern der neugefasste Antrag hinter dem ursprünglichen zurückbleibt, liegt zugleich eine Ermäßigung i. S. v. § 264 Nr. 2 vor, weshalb der Kläger zur Vermeidung der Kostenfolge aus § 269 (ist nach h. M. neben § 264 Nr. 2 anzuwenden) zweckmäßigerweise bzgl. des alten Antrags die Hauptsache für erledigt erklären wird (vgl. Jauernig § 41 II 3; StJ § 264, 81). Stimmen die Anträge größenmäßig überein, bedarf es der Erledigungserklärung m. E. nicht, da eine zulässige Klageänderung (hier: § 264 Nr. 3) in ihrem Umfang die Rechtshängigkeit des bisherigen Anspruchs beseitigt (vgl. BGH NJW 90, 2682).

Beispiel: K klagt aus § 433 I BGB gegen B auf Übereignung eines Gemäldes, Verkehrswert € 2000,–, das K bisher noch nicht bezahlt hat. Nach Zustellung der Klageschrift wird das Gemälde infolge Leichtsinns des B gestohlen, der Täter lässt sich nicht mehr ermitteln.

K verlangt nunmehr Zahlung von € 800,– Schadenersatz wegen entgangenen Gewinns, da er das Gemälde schon für € 2800,– an X weiter verkauft gehabt habe und erklärt im Übrigen die Hauptsache für erledigt. B stimmt der Erledigungserklärung unter Verwahrung gegen die Kosten zu, bestreitet aber die Höhe des entgangenen Gewinns und beantragt Klageabweisung.

Eine Beweisaufnahme ist nur nach Erledigungserklärung erfolgt; sie bestätigt voll den Klagevortrag. Wie ist zu entscheiden?

Es ergeht

ENDURTEIL

I. Der Beklagte wird verurteilt, an den Kläger € 800,– zu zahlen.
II. Der Beklagte trägt die Kosten des Rechtsstreits.
III. §§ 708 Nr. 11, 711 S. 2.

Erläuterungen:

Hauptsache: Die Rechtshängigkeit des ursprünglichen Klageantrags auf Übereignung ist (bis auf die Kosten) infolge übereinstimmender Erledigungserklärung entfallen (ThP, § 91a, 17 s. unten Rn. **11.**04). Er ist daher nicht mehr Entscheidungsgegenstand des Hauptsacheausspruchs.

Der neue, geänderte Antrag auf Zahlung: Die Klageänderung ist kraft Gesetzes zulässig gem. §§ 264 Nr. 3 und 2, die zusammen fallen können, ThP § 264, 8. Hier: Umstellung des Klageantrags von Übereignung auf Schadensersatz = 264 Nr. 3. Ermäßigung i. S. v. § 264 Nr. 2: Zuerst wurde Erfüllung, also der volle Wert von € 2000,– gefordert, jetzt nur entgangener Gewinn € 800,–. Die zulässig geänderte Klage auf € 800,– ist begründet gem. §§ 433 I, 283 S. 1, 280 I, 276, 252 BGB.

Kosten: Die Klage ist voll erfolgreich, also § 91 (€ 800,-) + § 91a (Übereignung), Kostenmischentscheidung (ThP § 91a, 44).

§ 10 Die Veräußerung der streitbefangenen Sache, §§ 265, 266

Hier treffen sich 3 Themenkreise: Folgen der Rechtshängigkeit (die Regelung wird erst ab dann relevant, so auch der systematische Standort im Gesetz), Klageänderung (der Kläger muss nach h. M. den Klageantrag umstellen, wenn er veräußert), Parteienlehre (Prozessstandschaft des Rechtsvorgängers, Rechtskrafterstreckung auf Rechtsnachfolger gem. § 325, für Rechtsnachfolger: Parteiwechsel oder Beitritt als Streithelfer?). 10.01

Zunächst einige grundsätzliche Hinweise, dann die Regelung im Einzelnen.

I. Grundsätzliches

- **Der Zweck der Regelung in §§ 265, 266** 10.02
Infolge der Veräußerung der streitbefangenen Sache verliert der veräußernde Kläger die Aktiv-, der veräußernde Beklagte die Passivlegitimation. Die Klage wäre also – ohne die Regelung in §§ 265, 266 – als unbegründet abzuweisen.
Um die unerwünschte Konsequenz – neuer Prozess mit gleichem Inhalt, nur diesmal von oder gegenüber dem Rechtsnachfolger – zu vermeiden, bestimmen §§ 265, 266 vor allem:
– der Veräußerer wird trotz Verlusts der Sachlegitimation am Prozess **als Partei festgehalten,** § 265 II S. 1
– der Veräußerer führt den Prozess nach Verlust seiner Sachlegitimation fort in **gesetzlicher Prozessstandschaft:** also im eigenen Namen über fremdes Recht,
– infolge der gesetzlichen Prozessstandschaft hat die **alleinige Prozessführungsbefugnis** der Veräußerer, dem Rechtsnachfolger fehlt sie (obgleich er jetzt Inhaber des Rechts ist) (ThP § 265, 12).

– Mit dem Tod des gesetzlichen Prozessstandschafters (Veräußerers gem. § 265 II) geht analog § 239 die gesetzliche Prozessstandschaft über auf *dessen* Erben (nicht auf den nach Veräußerung jetzt materiellrechtlich berechtigten Rechtsnachfolger), BGH NJW 12, 3642.

- **Streitbefangen** ist ein Gegenstand oder Recht dann, wenn dessen Veräußerung dem Kläger die Aktiv-, dem Beklagten die Passivlegitimation nehmen würde (ThP § 265, 3), z. B. Eigentum, Besitz.
- **Veräußerung, Abtretung:** Jede Einzelrechtsübertragung unter Lebenden, durch die der Kläger die Aktiv-, der Beklagte die Passivlegitimation verliert und ein Dritter sie erhält (ThP § 265, 6), z. B. §§ 398, 873, 929 BGB, Überweisung einer gepfändeten Geldforderung, § 835 ZPO.

Die beiden Dinge gehören zusammen: es muss sich um eine „streitbefangene" Sache (oder Anspruch) handeln und diese muss mit der *Folge* veräußert (abgetreten) werden, dass dadurch dem Kläger bzw. Bekl. die Sachlegitimation genommen und auf einen Dritten übertragen wird. Maßgebend ist für beide: es muss ein **Wechsel in der Sachlegitimation** eintreten.

Die Begriffe „Veräußerung/Abtretung" i. S. v. § 265 sind nicht identisch mit den *materiellrechtlichen* **Begriffen** gleichen Wortlauts (§§ 398, 929 BGB etc.), sondern erheblich **weitergehend,** sie erfassen auch gesetzlichen und originären Erwerb durch staatlichen Hoheitsakt.

BGHZ 61, 140, 142: „Die Begriffe „Veräußerung, Abtretung, Rechtsnachfolge" (i. S. v. § 265) betreffen den Übergang der *Berechtigung.* Unerheblich ist lediglich, *wie* sich dieser Übergang vollzieht, ob durch Rechtsgeschäft, Gesetz oder Hoheitsakt."

10.03 **Beispiele:**

(I) § 265 liegt vor:

(1) Rechtsgeschäftliche Übertragungsakte

§§ 398, 873, 929, 925 BGB. Übertragung des unmittelbaren oder des mittelbaren Besitzes (BGHZ 114, 309; RoSG § 100, 11; ThP 7; Musielak 5 zu § 265).

Beispiel: Der auf Herausgabe aus § 985 BGB verklagte B veräußert und übergibt die Sache an den gutgläubigen D. Die Sache ist sowohl für den Kläger als auch den Bekl. streitbefangen: der Kläger verliert das Eigentum und damit seine Aktivlegitimation, der Bekl. verliert den Besitz, also seine Passivlegitimation. „Eigentum" und „Besitz" sind die *„streitbefangenen"* Sachen, die Übertragung von B auf D gem. §§ 929, 932 BGB ist die *„Veräußerung"* (RoSG § 100, 6).

Der Prozess geht also wegen § 265 II zwischen K und B weiter, obwohl beide nicht mehr sachlich legitimiert sind. Vorsicht also wegen § 265 in der Begründetheitsprüfung, insbes. beim Kläger: Klage also nicht wegen Verlusts von Aktiv- und Passivlegitimation beider Parteien abweisen. War die Klage bis zur Veräußerung durch B an D begründet (K also Eigentümer), muss ihr wegen § 265 II auch nach Veräußerung stattgegeben, B also zur Herausgabe verurteilt werden.

(2) Übergang kraft Gesetzes

§ 566 I (Der Vermieter-Eigentümer veräußert während des Räumungsprozesses das Mietobjekt an einen Erwerber, dazu eingehend unten Rn. **20.**31). §§ 774 I, 1153 (Übergang der Hypothek mit Abtretung der eingeklagten Forderung); § 613a BGB (Betriebsübergang während des Kündigungsschutzprozesses: der bisherige Arbeitgeber bleibt Partei in Prozessstandschaft für den Übernehmer, BAG NJW 2012, 175 = NZA 2011, 1445; 2010, 1198; Zöller § 265, 5; Müko-BGB § 613a, 205, 215).

Beispiel: Gläubiger G verklagt den Hauptschuldner S auf Rückzahlung eines Darlehens. Daraufhin zahlt der Bürge B auf die gleich hohe Bürgschaft. G muss wegen §§ 774 I BGB, § 265 II 1 ZPO den Prozess in gesetzlicher Prozessstandschaft für B fortführen und den Klageantrag nach der herrschenden Relevanztheorie (unten Rn. **10.**04) umstellen auf Zahlung an B.

I. Grundsätzliches

(3) Übertragung durch staatlichen Hoheitsakt (originärer Erwerb)
Zuschlag in der Zwangsversteigerung gem. § 90 ZVG (bei Grundstücken; bei Versteigerung beweglicher Sachen hingegen erfolgt Übereignung nicht schon durch den Zuschlag gem. § 817 I, sondern erst durch die „Ablieferung" durch den GVZ gem. § 817 II als staatlichen Hoheitsakt (Zöller 7, 8; ThP 7 zu § 817). Enteignung. Überweisungsbeschluss gem. § 835 (BGHZ 169, 221, Rn. 16; ThP § 265, 9).

Beispiel: Die von K gegen B eingeklagte Werklohnforderung wird von G (Gläubiger des K) gepfändet und ihm zur Einziehung überwiesen, §§ 835, 836 I. Dadurch verliert K zwar nicht die Forderung, aber das wichtige Gläubigerrecht, Leistung an sich selbst zu verlangen (ThP § 836, 2). Diese Sachbefugnis wird K genommen und auf G übertragen, der die Forderung kündigen, einziehen, mit ihr aufrechnen und vor allem auf Leistung *an sich* klagen darf (BGHZ 82, 31; ThP § 836, 3), letzteres wenn sie nicht – wie aber hier – schon anderweitig rechtshängig ist. Infolge bereits bestehender Rechtshängigkeit aber gilt § 265 II 1: Die Werklohnforderung ist „streitbefangen". Der Überweisungsbeschluss – zur Einziehung (wie hier) oder an Zahlungs Statt zum Nennwert (Vollübertragung) – stellt die „Veräußerung" dar (hier also auch kein Rechtsgeschäft, sondern staatlicher Hoheitsakt). Müko-ZPO 52, 59; ThP 9 zu § 265. K muss also den Prozess fortführen in gesetzlicher Prozessstandschaft für G und den Klageantrag umstellen auf Leistung an G. Eine eigene Klage des G wäre unzulässig, da die Prozessführungsbefugnis ausschließlich dem K zusteht (unten Rn. **10.**11). G kann allenfalls mit Zustimmung des B den Prozess übernehmen (§ 265 II 2), andernfalls als einfacher Streithelfer beitreten.

(II) § 265 liegt dagegen nicht vor:
(1) K hat bei B ein Auto gekauft und klagt nun aus § 433 BGB auf Übereignung. B veräußert sein Auto dennoch jetzt an C.
Es liegt zwar im üblichen Sprachgebrauch eine Veräußerung (hier: §§ 929 ff. BGB) vor, nicht aber i. S. v. **§ 265:** „Veräußerung" und „streitbefangen" setzen einen Wechsel in der Sachlegitimation voraus. Die Passivlegitimation des B folgt ausschließlich aus § 433 BGB als Vertragspartner eines *Kaufvertrages* und der ist B nach wie vor: Kein Übergang der Sachlegitimation auf C, § 265 ist also nicht einschlägig.
(2) Ebenso: K hat nach Pkw-Unfall € 4000,- Schadensersatz gegen seinen Gegner B eingeklagt. Während des Rechtsstreits veräußert K seinen Pkw an C. „Streitbefangen" ist nur die *Forderung* und diese wird hier weder veräußert, noch geht sie mit der Pkw-Veräußerung automatisch über auf C. Das Eigentum bzw. die Haltereigenschaft des K war zwar bei *Entstehung* des Anspruchs (§ 823 BGB, § 7 StVG) entscheidend, ist es aber nicht für dessen *Fortbestand*. Die Aktivlegitimation nicht verwechseln mit dem Problem der *Höhe* des Anspruchs: Wegen der Dispositionsfreiheit des Geschädigten behält dieser den Anspruch aus § 249 II BGB in voller Höhe, auch wenn er den beschädigten Gegenstand unrepariert veräußert (Müko-BGB 367 ff.; Palandt 7 zu § 249; str. bei Grundstücken).
(3) § 265 nicht bei Gesamtrechtsnachfolge während des Prozesses: hier tritt gesetzlicher Parteiwechsel ein. Beispiele: Tod einer Partei (§ 239), Übertragung aller Gesellschaftsanteile an einer Personengesellschaft (OHG, KG, BGB-Ges.) auf den letztverbleibenden Gesellschafter. Näheres unten Rn. **16.**02.
(4) § 265 nicht bei Eintritt der Nacherbfolge während eines Rechtsstreits des Vorerben mit Dritten. Der Nacherbe ist nicht Nachfolger des Vorerben, sondern des Erblassers und erhält nur von diesem Aktiv- und Passivlegitimation (§§ 2100, 1922 BGB). Ein gesetzlicher Parteiwechsel auf den Nacherben findet allerdings in dem (aber eher seltenen) Fall des § 242 statt (dazu unten Rn. **16.**02).

Nun zur Regelung im Einzelnen. Man muss differenzieren, ob der **Kläger** oder der **Beklagte** veräußert hat.

Dann aber stellen sich jeweils insbesondere 3 Fragen:

– Verfahrensfortgang, Konsequenzen für den Kläger, z. B. Antragsumstellung?
– Möglichkeiten der Prozessbeteiligung für bzw. gegen den Rechtsnachfolger?
– Welche Wirkungen hat das rechtskräftige Urteil zwischen den alten Parteien für/gegen den Rechtsnachfolger?

II. Der Kläger veräußert

Ausgangsbeispiel: K hat an B seinen Pkw unter Eigentumsvorbehalt verkauft und klagt nun nach Rücktritt vom Kaufvertrag auf Herausgabe aus §§ 985, 323, 346 I, 449 II BGB, da B trotz Fristsetzung den Kaufpreis nicht beglichen hat. B bestreitet (zu Unrecht) die Rücktrittsvoraussetzungen wegen angeblicher Verrechnungen. Im Laufe des Rechtsstreits veräußert K den Pkw gem. §§ 929, 931 BGB an C. B erhebt die Einrede aus § 265 III.
Es stellen sich die 3 soeben aufgeworfenen Fragen:

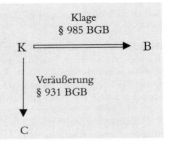

1. Verfahrensfortgang. Konsequenzen für den Kläger und das Urteil

10.04 Gemäß § 265 II S. 1 wird der Kläger am Prozess als Partei festgehalten und klagt nun in gesetzlicher Prozessstandschaft über das Recht des Erwerbers. Jedoch ist der Kläger nach h. M. (Relevanztheorie) gehalten, den **Klageantrag umzustellen** auf Leistung an den Rechtsnachfolger C, andernfalls die Klage mangels Aktivlegitimation als unbegründet abzuweisen ist (BGHZ 158, 295, 304). Dazu unten Fälle 1 u. 2, Rn. **10.05**, **10.**06.

Wegen der möglichen Einrede des Beklagten aus § 265 III ist im weiteren Verfahrensverlauf danach zu differenzieren, ob ein Urteil K/B auch *gegen* den Rechtsnachfolger C Rechtskraft entfalten würde (Regelfall gem. § 325 I), oder nicht (§ 325 II, Stichwort: „Gutgläubigkeit"). Beachte dabei schon hier: entscheidend ist (Wortlaut des § 265 III !), ob es *gegen* C wirken würde, denn *für* ihn wirkt es stets gem. § 325 I, der durch § 325 II nur für die *nachteiligen* Folgen eingeschränkt wird (ThP 8; BL 10 zu § 325).

Entfaltet nämlich das Urteil **keine** Rechtskraft *gegen* C (§ 325 II), ist dem Prozessgegner die Fortsetzung des Prozesses nicht zumutbar, da er mangels Rechtskrafterstreckung mit einem weiteren Prozess mit dem Rechtsnachfolger rechnen muss, das klageabweisende Urteil im laufenden Prozess ihm also nichts nützen wird.

§ 265 III gibt ihm daher die **Einrede** („kann"; StJ § 265, 32) der mangelnden Rechtskrafterstreckung und (infolge der Veräußerung) der fehlenden Aktivlegitimation (ThP § 265, 19). Es ist strittig, ob die Klage dann als unzulässig oder als unbegründet abzuweisen ist. Dazu unten Fall 3, Rn. **10.07**.

10.05 **a) Fall 1:** Es tritt volle Rechtskrafterstreckung ein gegen C (§§ 265 II S. 1, 325 I), K stellt jedoch den Klageantrag *nicht* um auf Leistung an den Rechtsnachfolger C.

Beispiel: K hat als Berechtigter gem. §§ 929, 931 BGB an C veräußert, der von der Rechtshängigkeit *wusste*. K trägt dies vor (macht also die Prozessstandschaft aus § 265 II S. 1 geltend), fordert aber unverändert Herausgabe an sich selbst.

(I) Zulässigkeit

K macht ein fremdes Recht im eigenen Namen geltend (was sich zwar nicht aus dem Antrag, aber dem Begründungsvortrag ergibt). Die Prozessführungsbefugnis ergibt sich aus gesetzlicher Prozessstandschaft gem. § 265 II S. 1 (ThP § 265, 12). Eine Einrede des B aus § 265 III (falls nach strittiger Auffassung schon die Zulässigkeit betreffend) wäre unbegründet, da infolge Kenntnis des Erwerbers § 325 II nicht eingreift, vielmehr volle Rechtskrafterstreckung auf C gem. § 325 I stattfindet. Die Klage ist also trotz unveränderten Antrags zulässig.

(II) Begründetheit, str.:

(1) **Irrelevanztheorie:** nach dem Wortlaut des § 265 II ist die Veränderung der mat. Rechtslage für den Prozess irrelevant (Ausnahme nur § 265 III), Klageantrag und Tenor lauten auf Leistung an den Kläger (Rechtsvorgänger), RoSG § 100, 31 ff.; Jauernig § 87 III 3. Die Klage ist danach voll begründet: B wird zur Herausgabe an K verurteilt.

(2) **Relevanztheorie (h. M.):** Die Veränderung der mat. Rechtslage ist unter Einschränkung der zu weit geratenen Wortfassung des § 265 II S. 1 doch insoweit „relevant", als der Kläger bei Rechtsnachfolge auf Klägerseite den **Klageantrag** der veränderten mat. Rechtslage **anpassen,** ihn also i. d. R. umstellen muss auf Leistung an den Rechtsnachfolger C (außer K hat eine Einziehungsermächtigung für C, ThP § 265, 13), andernfalls – so hier – die Klage mangels Aktivlegitimation des K als unbegründet abgewiesen wird.

Denn § 265 II S. 1 will nur den *Fortgang* des Prozesses sichern, aber nicht zu einem materiellrechtlich unrichtigen Urteil führen (Leistung an Rechtsvorgänger K, statt an den jetzigen Rechtsinhaber C). BGHZ 158, 295, 304; ThP 13; Zöller 6; BL 17; StJ 36, 42 je zu § 265.

Danach ist die Klage als unbegründet abzuweisen, da der Klageantrag nicht auf Leistung an den Aktivlegitimierten (C) lautet. Nach StJ a. a. O. schafft solche Abweisung im Verhältnis zum Rechtsnachfolger C keine Rechtskraft (diesem wird also eine eigene Klage aus § 985 BGB nicht genommen).

Beachte: Bei Veräußerung auf *Beklagtenseite* gilt die Relevanztheorie nicht, hier kann keine Umstellung des Klageantrags auf Verurteilung des Rechtsnachfolgers erfolgen, da dieser gar nicht Partei ist und daher auch gar nicht verurteilt werden könnte, Näheres unten Rn. **10.16.**

b) Fall 2: Es tritt volle Rechtskrafterstreckung ein gegen C (§§ 265 II S. 1, 325 I), K stellt den Klageantrag *um* auf Herausgabe an C. **10.06**

Beispiel: wie soeben zu Fall 1, jedoch Antragsänderung in Leistung an C.

(I) Zulässigkeit

(1) Ordnungsmäßigkeit der Klagerhebung, § 261 II (s. dazu Rn. **9.**18): (+)

(2) Zulässigkeit der Klageänderung?
Infolge Antragsänderung in Herausgabe an C liegt Klageänderung vor, die jedoch kraft Gesetzes stets zulässig ist nach § 264 Nr. 2 oder 3:
(a) § 264 Nr. 2: so BGH NJW-RR 90, 505; Musielak § 265, 10; ThP 4; Zöller 3b zu § 264.
(b) § 264 Nr. 3: so BGH NJW 60, 964; Müko-ZPO 87; StJ 42 zu § 265.

(3) Prozessführungsbefugnis: gesetzliche Prozessstandschaft gem. § 265 II S. 1.

(4) Sonstige allg. und besondere Prozessvoraussetzungen: (+)

(II) Begründetheit

(1) § 985 BGB. Abzustellen ist nach Klageänderung jetzt auf den Rechtsnachfolger C: § 985 BGB jetzt für C?
(a) Eigentum des C: Erwerb vom Berechtigten §§ 929, 931 BGB, also: (+)
(b) Besitz des B: (+)
(c) Kein Besitzrecht des B i. S. v. § 986 BGB: (+)

(2) Einrede des B aus § 265 III? Nein, da C nicht gutgläubig ist i. S. v. § 325 II.

Ergebnis: Die Klage ist also zulässig und begründet. **Tenor:** Verurteilung des B zur Herausgabe an C.

c) Fall 3: Es tritt *keine* Rechtskrafterstreckung ein gegen C (§§ 265 III, 325 II). B erhebt die Einrede aus § 265 III. **10.07**

Beispiel: wie zu Fall 2, jedoch hatte C beim Erwerb von der Rechtshängigkeit weder positive Kenntnis, noch grob fahrlässige Unkenntnis (die Anforderung an die Gutgläubigkeit i. S. v. § 325 II richtet sich nach den analog anzuwendenden Gutglaubensvorschriften, hier § 932 II, ThP § 325, 8). B erhebt die Einrede aus § 265 III. C ist, als er dies erfährt, mit der Prozessführung durch K nicht einverstanden. Nach h. M. ist die Klage nach Einrede aus § 265 III unbegründet, richtigerweise ist sie schon unzulässig (nach beiden Ansichten müsste K wegen § 265 III für erledigt erklären, ThP § 265, 19; anders bei Veräußerung durch den Beklagten B, da dort § 265 III nicht gilt):

(I) Zulässigkeit

K macht ein *fremdes* Recht (des C) im eigenen Namen geltend, klagt also in Prozessstandschaft, deren Zulässigkeit aber bei Eingreifen von § 265 III fraglich und strittig ist:

(1) *Gewillkürte* Prozessstandschaft liegt mangels Zustimmung des Rechtsträgers (das ist C gem. §§ 929, 931 BGB) nicht vor, ThP § 51, 33.

(2) *Gesetzliche* Prozessstandschaft gem. § 265 II S. 1?

(a) Die h. M. bejaht sie auch bei Eingreifen von § 265 III ohne Erörterung des Problems bzw. sie lässt trotz Fortfalls der Prozessstandschaft wegen § 265 III die Zulässigkeit der Klage bestehen und kommt (inkonsequenterweise) zur Sachabweisung (unten II), sodass die Prüfung der Voraussetzungen des § 265 III hier im Rahmen der Zulässigkeit noch dahinstehen muss und sich in die der Begründetheit verlagert.

(b) Nach a. A. ist sie zu verneinen mit der Konsequenz der Klageabweisung als unzulässig durch Prozessurteil. Gesetzliche Prozessstandschaft gem. § 265 II scheidet aus, da § 265 III Ausnahme ist zu § 265 II: das, was § 265 II S. 1 gibt – nämlich gesetzliche Prozessstandschaft – nimmt § 265 III wieder. Sofern die Voraussetzungen von § 265 III vorliegen (dazu sogleich unter II) gilt: Dem K fehlt daher neben der Aktivlegitimation (infolge Veräußerung) auch die gesetzliche Prozessstandschaft aus § 265 II S. 1 (Zöller 9; ThP 19; Müko-ZPO 12 zu § 265). Bei konsequenter Anwendung des Grundsatzes des Vorrangs der Prozessvoraussetzungen vor den Begründetheitsvoraussetzungen (ThP 8 vor § 253; BGH WM 78, 470, dazu näher unten Rn. 28.01 ff.) ist die Klage daher mangels Prozessführungsbefugnis des K als unzulässig abzuweisen (so auch Müko-ZPO 108 a. E.; StJ 32; Wieczorek 114 je zu § 265).

Folgt man der h. M. ist weiterzuprüfen:

(II) Begründetheit

Abzustellen wäre an sich infolge der Klageänderung nunmehr auf den Rechtsnachfolger C, also darauf, ob der Klageanspruch in der Person des C begründet ist, was an sich zu bejahen ist, da C vom Berechtigten gem. §§ 929, 931 BGB erworben hat.

Aber § 265 III: Ungeachtet der Umstellung des Klageantrags auf C gibt § 265 III dem Beklagten die **Einrede** fehlender Rechtskrafterstreckung und fehlender Aktivlegitimation (Zöller § 265, 9), weshalb die Klage unter dessen Voraussetzungen (§ 325 II) als unbegründet abzuweisen ist, wenn der Kläger nicht zuvor für erledigt erklärt (ThP 19, Zöller 9; StJ 52; Musielak 12 zu § 265).

Gem. § 265 III müsste § 325 II erfüllt sein, d. h. die Rechtskraft eines Urteils K/B dürfte nicht *gegen* C wirken:

Da umstritten ist, wie **§ 325 II** zu lesen ist, sei zum Verständnis und zur Vertiefung kurz Näheres zu § 325 gesagt: Das rechtskräftige Urteil (K/B) wirkt gemäß § 325 I „für und gegen" den Rechtsnachfolger (C), d. h., wenn der Rechtsvorgänger (Veräußerer K) obsiegt hat, wirkt es für, wenn dieser aber verloren hat, die Klage also abgewiesen wurde, wirkt es gegen den Rechtsnachfolger (C), dem daher auch das geltend gemacht Recht aberkannt wird.

§ 325 II will nun die im zuletzt Fall genannten *nachteiligen* Folgen der Rechtskrafterstreckung aus § 325 I (Klageabweisung im Prozess K/B) ausschließen, wenn – und hier fängt der Streit an – der Erwerber C gutgläubig hinsichtlich der Rechtshängigkeit war (Meinung 1) bzw. von einem *Nichtberechtigten* gutgläubig hinsichtlich Berechtigung und Rechtshängigkeit erworben hat (Meinung 2). Es gibt demnach 2 Meinungen, wie die nur analoge Anwendung der Gutglaubensvorschriften in § 325 II zu verstehen ist. Gemeinsamer Ausgangspunkt ist, dass § 325 II infolge der analogen Anwendung der Gutglaubensvorschriften nur gilt, wenn nach materiellem Recht zumindest theoretisch überhaupt gutgläubiger Erwerb möglich ist, also **nicht bei Forderungen**.

(1) **Meinung 1:** § 325 II sei rein *prozessrechtlich* und daher **nur als Ausnahme zu § 325 I** zu verstehen. Bezweckt werde lediglich, den guten Glauben des Erwerbers C an das Nichtbestehen der *Rechtshängigkeit* zu schützen. Daher gelte § 325 II sowohl beim Erwerb des C vom Berechtigten (wie hier, Gutgläubigkeit also nur bzgl. der Rechtshängigkeit erforderlich), als auch beim Erwerb vom Nichtberechtigten (dort doppelte Gutgläubigkeit erforderlich: bzgl. Berechtigung des Veräußerers und Rechtshängigkeit).

Hat also der Erwerber C in Wahrheit vom Berechtigten K erworben – wie hier –, weist aber das Gericht verfehlt die Klage ab (z. B. weil es irrig die Rücktrittsvoraussetzungen verneint), so wirkt dieses Urteil nach § 325 II *keine* Rechtskraft gegen den bzgl. Rechtshängigkeit gutgläubigen C (§ 932 II BGB analog), der daher im Folgeprozess C gegen B Tatsachen zu seinem Herausgabeanspruch aus § 985 BGB vortragen kann, die nicht durch Präklusion von Tatsachen durch Rechtskraft (lies: ThP

§ 322, 36 ff.) verbraucht sind, also z. B. vortragen kann, dass die Rücktrittsvoraussetzungen *doch* vorlagen, der Anspruch aus § 346 I BGB also bestand und abtretbar war.

Dass § 325 II als rein prozessuale Ausnahme zu § 325 I zu verstehen ist und sich daher nur auf die Gutgläubigkeit bzgl. der Rechtshängigkeit beschränkt, hat auch seinen guten Grund: der Erwerber hat mangels Kenntnis von der Rechtshängigkeit keine Chance, sich zu seinen Gunsten am Prozess zu beteiligen durch Prozessübernahme (§ 265 II S. 2) oder Beitritt als Streithelfer, aber das Urteil würde sich ohne den Schutz durch § 325 II auch bei Klageabweisung K/B auf ihn erstrecken. Weiter: die nur analoge Anwendung der Gutglaubensvorschriften (§§ 932 ff. BGB etc.) in § 325 II kann nur prozessual gemeint sein, denn eine analoge Anwendung auf den materiellrechtlichen Erwerb vom *Berechtigten* macht keinen Sinn.

ThP 8; BL 9 zu § 325; Müko-ZPO § 265, 106 (anders aber § 325, 97); RoSG § 100, 23; Jauernig § 63 IV 2 (Anm.: ich halte diese Meinung 1 für zutreffend).

Für die Einrede des Bekl. B aus § 265 III bedeutet dies:

Nach seinem Wortlaut („kann … entgegensetzen", statt „ist … entgegenzusetzen"), aber auch seiner Verteidigungsfunktion nach stellt § 265 III eine **Einrede** des Beklagten dar (StJ § 265, 32), nämlich die der mangelnden Rechtskrafterstreckung, so dass der Beklagte nach den allgemeinen Grundsätzen zu Einreden (ThP 41, 44 vor § 253) die Darlegungs- und Beweislast hat für die Gutgläubigkeit des Erwerbers C hinsichtlich der Rechtshängigkeit. Die Anforderung an den guten Glauben (Kenntnis, bzw. grobe Fahrlässigkeit etc.) richten sich nach den analog angewendeten Vorschriften (insoweit allg. M., ThP 8; Musielak 27 zu § 325), hier also nach § 932 II BGB analog. B wird diesen Nachweis (wenn nicht ohnehin unstreitig) erbringen können, so dass die Klage – trotz Umstellung des Klageantrags auf Leistung an C (Zöller § 265, 9) – als unbegründet abzuweisen ist wegen Verlusts der Aktivlegitimation und K daher besser für erledigt erklärt.

(2) **Meinung 2** (wohl h. M.): § 325 II erfasse **nur** den Erwerb vom **Nichtberechtigten.** Denn § 325 II wolle verhindern, dass ein *klageabweisendes* Urteil gegen den Rechtsvorgänger K (mag dieser auch in Wahrheit Berechtigter gewesen – Fehlurteil – oder dann werde nachträglich durch das Urteil zum Nichtberechtigten – oder wirklich Nichtberechtigter gewesen sein) gemäß § 325 I Rechtskraft **gegen** den Erwerber C wirkt, also auch diesem das Recht abspricht, obwohl dieser nach materiellem Recht zumindest gutgläubig (§ 934 BGB) Eigentum erworben hat. § 325 II erfordert dann stets doppelte Gutgläubigkeit (Musielak 23, 24; Müko-ZPO 97, 101; StJ 35 ff., 40 je zu § 325).

Für die Einrede des B aus § 265 III bedeutet dies: Zwar muss bedacht werden, dass über die Berechtigung/Nichtberechtigung des K überhaupt noch kein Urteil vorliegt und B mit seinem Einwand aus § 265 III nicht zuwarten kann, bis es vorliegt. Eine Unterstellung, dass es zu einem i. S. v. § 325 II ungünstigen Urteil gegen K kommt – wie StJ-Leipold § 325, 36, FN 79 für die Einrede aus § 265 III vor Erlass des Urteils vorschlägt – scheidet hier aber aus, da im Erwerb des C vom Nichtberechtigten überhaupt nicht in Frage steht, also auch nicht unterstellt werden kann. Denn hier war K *unstreitig Eigentümer,* ein Erwerb vom Nichtberechtigten (§ 934 BGB) scheidet also aus. Streitbefangen ist auch nicht lediglich der schuldrechtliche Herausgabeanspruch (dessen Nichtberechtigung man noch zunächst unterstellen könnte) sondern auch und vor allem das für § 985 BGB erforderliche Eigentum des K, wovon dessen Aktivlegitimation abhängt (RoSG § 100, 4, 6; ThP § 265, 3): diesbezüglich war K unstreitig Berechtigter. Fraglich ist im Prozess in Bezug auf die Einrede aus § 265 III lediglich, ob dem K ein Herausgabeanspruch aus § 346 I BGB zustand und ein Eigentumserwerb des C gem. § 931 BGB an dessen Fehlen gescheitert sein könnte, aber dies würde den K nicht zum Nichtberechtigten i. S. d. Gutglaubensvorschriften (§ 934 BGB) machen, was § 325 II und damit § 265 III nach dieser Meinung 2 aber voraussetzen. B kann hiernach keine Einrede aus § 265 III erheben.

2. Möglichkeiten der Prozessbeteiligung für den Rechtsnachfolger C

a) Der Rechtsnachfolger übernimmt das Verfahren: 10.08

Voraussetzung ist Parteiwechsel mit Zustimmung von K und wegen § 265 II 2 des B (ThP § 265, 17).

Da die Zustimmung des Gegners (B) aber selten zu erwarten ist (weil sich dieser nicht auf eine neue, ihm unbekannte Partei wird einlassen wollen) steht der Beitritt als Streithelfer im Vordergrund der Möglichkeiten für den Erwerber (C), vgl. Rn. **10.09**.

Scheitert die zwischen K und Rechtsnachfolger C abgesprochene Prozessübernahme am Widerspruch des B (Sachdienlichkeit analog § 263 wie sonst beim Parteiwechsel genügt nach § 265 II 2 nicht), ergeht nach h. M. (BGH NJW 88, 3209; ThP § 265, 17) **Endurteil** (nicht Zwischenurteil gem. § 303): „I. C wird aus dem Prozess gewiesen. II. Die Kosten der gescheiterten Prozessübernahme trägt C (§ 91). III. §§ 708 ff."

b) Der Rechtsnachfolger darf oder will nicht übernehmen:

10.09 (1) Beitritt als **Streithelfer,** §§ 66 ff.

Das ist die wichtigste Beteiligungsmöglichkeit für den Rechtsnachfolger, insbes. bei befürchtetem nachlassenden Einsatz des Veräußerers. Als Nebenintervenient kann er recht gut auch seine eigenen Interessen wahren (die sich zumeist mit denen des Veräußerers decken): er kann selbst Tatsachen und Rechtsansichten vortragen, Beweisanträge stellen und Einspruch/Berufung einlegen, dies auch allein und ohne die Hauptpartei (K), nur nicht *gegen* sie (Näheres unten **18.**07 ff.). Das rechtliche Interesse am Beitritt (§ 66) liegt darin, dass über nunmehr *sein* Recht in Prozessstandschaft gestritten wird (ThP § 66, 5).

Von den beiden Formen der Nebenintervention (gewöhnliche § 67, streitgenössische § 69) schließt § 265 II S. 3 die weiterreichende (vgl. ThP § 69, 1) streitgenössische aus, obwohl bei RKrafterstreckung gemäß § 325 I an sich dessen Voraussetzungen vorlägen (StJ § 265, 59). Der Grund liegt darin, dass sich gemäß § 265 II 2 der Beklagte nicht gegen seinen Willen eine neue Partei aufdrängen lassen muss, was nicht umgangen werden solle mittels einer partei-ähnlichen Stellung eines streitgenössischen Nebenintervenienten (§ 69). Siehe Rn. **18.**33. Es bleibt also nur die gewöhnliche Nebenintervention mit der Rechtsstellung gem. § 67.

Der Nebenintervenient ist ab Beitritt (§ 70) stets zu laden, andernfalls könnte gegen die unterstützte Hauptpartei – hier K – kein VU ergehen, § 335 I Nr. 2 (ThP § 67, 8).

10.10 (2) **Hauptintervention,** § 64

Das ist eine selbstständige Klage des RNachfolgers C gegen beide Parteien des Hauptprozesses (K und B). Sie begründet einen davon unabhängigen neuen Prozess.

Beispiel: C könnte gegen K auf Feststellung seines Eigentums und gegen den besitzenden B auf Herausgabe gem. § 985 BGB klagen. Im Urteil wird in Ziffer I das Eigentum des C festgestellt und in Ziffer II der B zur Herausgabe an C verurteilt, vgl. Furtner, Urteil S. 257.

Zulässig ist die Hauptintervention aber im Falle § 265 II bei Rechtskrafterstreckung gem. § 325 I nur bei Zustimmung des Veräußerungsgegners (B) gem. § 265 II S. 2; fehlende Zustimmung (= besondere Prozessvoraussetzung) macht die Hauptinterventions-Klage unzulässig (ThP § 64, 4).

Tritt Rechtskrafterstreckung hingegen nicht ein (§ 265 III, 325 II), so gilt § 265 II S. 2 nicht, einer Zustimmung des B bedarf es dann nicht (StJ § 64, 11; Müko-ZPO § 265, 109).

10.11 (3) **Eigene Klage** des Rechtsnachfolgers aus abgetretenem Recht?

Beispiel: Könnte C im Ausgangsfall während des weiterlaufenden Prozesses K/B eine eigene Klage gegen B aus § 985 BGB erheben? Es ist wiederum zu unterscheiden, ob ein Urteil im Prozess des Rechtsvorgängers K RKraft auch *gegen* (!) C äußern würde:

– Bei voller **RKrafterstreckung,** §§ 265 II, 325 I. Eigene Klage des RNachfolgers wäre **unzulässig:** erstens fehlt ihm die Prozessführungsbefugnis (obwohl er jetzt Rechtsinhaber ist), denn § 265 II S. 1 weist sie ausschließlich dem RVorgänger zu (ThP § 265, 12). Zweitens stünde die anderweitige Rechtshängigkeit aus dem Verfahren des RVorgängers K entgegen, § 261 III Nr. 1 (BL § 265, 16; Zöller § 265, 8a). Zwar erfordert doppelte Rechtshängigkeit auch gleiche Parteien in beiden Verfahren, doch steht dem gleich, wenn trotz Verschiedenheit der Parteien sich die Rechtskraft auf die Parteien des 2. Prozesses erstreckt, wie hier gem. § 325 I (vgl. ThP § 261, 11).

– Falls **keine RKrafterstreckung** gegen den RNachfolger eintritt, §§ 265 III, 325 II: Eigene Klage des C wäre **zulässig:** Die dem Veräußerer gem. § 265 II S. 1 allein zugeordnete Prozessführungsbefugnis entfällt gem. § 265 III, der Erwerber (C) hat daher jetzt eigene Prozessführungsbefugnis, die nunmehr problemlos aus behauptetem eigenem Recht folgt (Zöller § 265, 9; ThP § 51, 21). Anderweitige Rechtshängigkeit, § 261 III Nr. 1 steht nicht entgegen, da in beiden Prozessen verschiedene Parteien stehen und zwischen ihnen keine RKrafterstreckung eintritt, § 325 II.

3. Welche Wirkungen hat das rechtskräftige Urteil zwischen den alten Parteien K/B für den Rechtsnachfolger C?

a) Rechtsvorgänger K hat verloren

§ 325 I: bei RKrafterstreckung auf C (Normalfall) stünde einer Klage des C der Einwand der RKraft (§ 322) entgegen, die Klage wäre also unzulässig.   10.12

Näheres: ThP § 322, 11. C kann also gegen B nichts mehr machen. C hätte im Prozess K/B als Streithelfer beitreten sollen, um dort seine Rechte zu wahren!

§ 325 II: ohne RKrafterstreckung gegen C ist das abweisende Urteil K/B folgenlos für C, dessen Klage also normal zulässig.

b) Rechtsvorgänger K hat obsiegt

Das rechtskräftige Urteil wirkt gem. § 325 I in jedem Fall *für* (nur i. F. § 325 II nicht auch: *gegen*) den RNachfolger C (Zöller § 325, 44), so dass einer eigenen Klage des C gegen B der Einwand der RKraft (§ 322) entgegensteht: C ist auf § 727 oder § 731 beschränkt.   10.13

Die Frage, **wer** (K oder RNachfolger C) aus dem Urteil vollstrecken kann und dafür die **Vollstreckungsklausel** (§§ 724, 725) erhält, stellt sich in gleicher Weise für das rechtskräftige wie für das vorläufig vollstreckbare Urteil, da die hierfür einschlägigen Vorschriften (§§ 724, 727, 731) auch für vorläufig vollstreckbare Urteile gelten (ThP §§ 724, 8, 727, 1). Nach h. M. (BGH NJW 84, 806) gilt für beide:

– **Rechtsvorgänger K** und nur dieser erhält die Klausel §§ 724, 725

   Dies auch dann, wenn infolge Umstellung des Klageantrags auch das Urteil lautet auf Leistung an den RNachfolger C. Denn § 725 stellt auf die „Partei" ab und dies ist nur K, außerdem stellt das Urteil die RNachfolge als solche nicht rechtskräftig fest, K muss also „für" C vollstrecken oder diesen auf §§ 727, 731 verweisen.

– **RNachfolger C** ist auf **Titelumschreibung (§ 727)** oder Klage auf Klauselerteilung (§ 731) beschränkt.

III. Der Beklagte veräußert

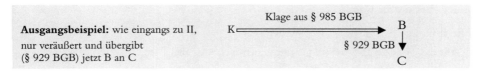

Ausgangsbeispiel: wie eingangs zu II, nur veräußert und übergibt (§ 929 BGB) jetzt B an C

1. Möglichkeiten des Klägers gegen den veräußernden Beklagten

– **§ 264 Nr. 3: Klageänderung** in Klage auf Schadensersatz (z. B. § 989 BGB) oder auf Herausgabe des Surrogats (z. B. §§ 285; 816 BGB). ThP § 265, 14.   10.14
– **§ 269: Klagerücknahme** gegen B, neue Klage gegen C.
– K kann aber auch den **Klageantrag unverändert** aufrechterhalten und versuchen, Erfolg in der Zwangsvollstreckung gegen B oder C (§§ 727, 731) zu haben (ThP § 265, 14).

Trotz Wegfalls der auf Besitz beruhenden Passivlegitimation wird die **Klage nicht etwa unbegründet:** § 265 III gilt bei Veräußerung auf Beklagtenseite nicht, auch nicht analog, d. h., es bewendet uneingeschränkt bei § 265 II S. 1: der Prozess geht unter den bisherigen Parteien so weiter, als hätte es keine Veräußerung (keinen Wegfall der Passivlegitimation) gegeben, K und B gelten weiterhin als aktiv/passiv legitimiert (ThP § 265, 20; Zöller § 265, 10).

Die Veräußerung auf Beklagtenseite führt also wegen § 265 II S. 1 und mangels Anwendbarkeit des § 265 III nicht zur Hauptsacheerledigung (anders aber bei Veräußerung auf Klägerseite wegen des dort anwendbaren § 265 III, ThP § 265, 19, 20).

Beispiel: War C gutgläubig (§ 932 BGB), so hat dieser Eigentum erlangt und K es verloren. Ohne die Regelung in § 265 II wäre die Klage jetzt doppelt unbegründet: fehlendes Eigentum des K und fehlender Besitz des B. Gem. § 265 II soll aber der Prozess so weitergehen, als hätte es diese Veräußerung B an C nie gegeben: war die Klage also, abgesehen von der Veräußerung B/C, voll begründet (Eigentum des K, Besitz des B, fehlendes Besitzrecht des B stehen für Zeit vor Veräußerung an C fest), so wird jetzt **B zur Herausgabe an K verurteilt** (entgegen der wahren Rechtslage: das Gesetz will verhindern, dass sich B durch Veräußerung dem Prozess und der Verurteilung entzieht). Zimmermann 17; Zöller 6b zu § 265; RoSG 100, 25.

10.15 **Vollstreckungsmöglichkeiten** des K, wenn B zur Herausgabe verurteilt ist:
– **gegen B:**
auf Grund des stattgebenden Urteils kann K gegen B vollstrecken (auch wenn das Urteil entgegen der mat. RLage ergangen ist, BGHZ 61, 143): Möglicherweise ist B noch oder nach Rücktritt etc. wieder im Besitz der Sache. C hat dann bei Vollstreckungszugriff K gegen B sein etwaiges Recht durch Klage gem. § 771 geltend zu machen, trägt also die volle Darlegungs- und Beweislast für sein Eigentum (hätte K den C verklagt, müsste K Beweis führen!). Im Hinblick auf diese Umkehr der Beweislast-Situation ist es also gar nicht so abwegig, wenn K seinen Klageantrag gegen B unverändert aufrechterhält.
– **gegen C:**
Bei Rechtskrafterstreckung gegen C, § 325 I: Titelumschreibung gemäß § 727 bzw. § 731 mit anschließender Vollstreckung gegen C.
Ohne RKrafterstreckung gegen C, § 325 II (C muss doppelt gutgläubig gewesen sein wegen Erwerbs von einem Nichtberechtigten): keinerlei Vollstreckungsmöglichkeiten gegen C.

2. Möglichkeiten der Prozessbeteiligung für und gegen den Rechtsnachfolger C.

10.16 **Für ihn:**

Es gilt das oben zu Rn. 10.08 Gesagte entsprechend, also

– Übernahme durch C: Parteiwechsel mit Zustimmung von K und B, § 265 II.
– Beitritt als Streithelfer
– Hauptintervention

Gegen ihn:
– Keine Klageänderung in Antrag auf Verurteilung des RNachfolgers C. Denn C ist am Prozess nicht als Partei beteiligt und kann daher nach allg. M. auch nicht verurteilt werden (BGHZ 61, 143; ThP § 265, 14).
– Neue Klage gegen C, *neben* der noch rechtshängigen gegen B?
Bei RKrafterstreckung eines Urteils K/B auf C (§ 325 I): unzulässig, da doppelte Rechtshängigkeit einträte, § 261 III Nr. 1. Es geht um dasselbe Klagebegehren; dass die Parteien verschieden sind, steht wegen RKrafterstreckung nicht entgegen (ThP § 261, 11; § 265, 12).

Ohne RKrafterstreckung gegen C (§ 325 II): zulässig. Keine doppelte RHängigkeit, da verschiedene Parteien, unter denen auch keine RKrafterstreckung eintritt (ThP § 265, 20).

3. Welche Wirkungen hat das rechtskräftige Urteil zwischen den bisherigen Parteien K/B für den Rechtsnachfolger C?

a) Die Klage wurde **abgewiesen**   10.17

Das rechtskräftige Urteil wirkt in jedem Fall (Gut- und Bösgläubigkeit des C) *für* den RNachfolger C, § 325 I.

Eine Klage des K gegen C wäre wegen entgegenstehender Rechtskraft (§ 322) unzulässig.

b) Der Rechtsvorgänger **B wurde verurteilt**

Ob Vollstreckungsgefahr auch für C besteht, hängt von der Rechtskrafterstreckung auf ihn ab:

Bei voller RKrafterstreckung auf C (§ 325 I): K kann gem. § 727 bzw. § 731 verfahren und dann gegen C vollstrecken.

Ohne RKrafterstreckung gegen C (§ 325 II): Das Urteil wirkt nicht *gegen* C. §§ 727, 731 sind unanwendbar, keine Vollstreckungsmöglichkeit gegen C. Es ist nun Klage K gegen C nötig: dieser steht mangels Rechtskrafterstreckung gegen C nicht der Einwand der RKraft aus dem Urteil K/B entgegen (ThP § 265, 20).

IV. Besonderheiten bei § 266

§ 266 trifft für den Fall einer **Grundstücksveräußerung** eine Sonderregelung gegenüber § 265 II S. 2: der Rechtsnachfolger (Grundstückserwerber) ist hier zur Übernahme des Prozesses berechtigt und auf Antrag sogar verpflichtet. Wird von dieser Übernahmeregelung kein Gebrauch gemacht, bleibt es beim Grundsatz § 265 II S. 1: der Prozess geht unter den bisherigen Parteien weiter.   10.18

§ 11 Die Erledigung der Hauptsache

Knöringer, JuS 2010, 569: Die Erledigung der Hauptsache im Zivilprozess

Es sind zu unterscheiden: 11.01

- **Übereinstimmende Erledigungserklärung,** § 91a: Sie ist eine Prozessbeendigung durch Parteihandlung, die Rechtshängigkeit der Hauptsache erlischt bis auf die Kostenfrage. Entscheidung: Beschluss über die Kosten. Dazu unten I.
- **Einseitige Erledigungserklärung des Klägers:** Sie bewirkt keine Prozessbeendigung, sondern ist nach h. M. Klageänderung in eine Feststellungsklage. Die Rechtshängigkeit der Hauptsache bleibt insoweit bestehen. Entscheidung: Endurteil. Dazu unten II.
- **Teilerledigungserklärung** (übereinstimmende und einseitige durch den Kläger): Sie führt zu einem Endurteil mit einheitlicher Kostenentscheidung, die bei übereinstimmender Teilerledigungserklärung aus einer Kostenmischentscheidung aus § 91a mit §§ 91 ff. besteht. Dazu unten III.

Die einseitige Erledigungserklärung nur des *Beklagten* ist prozessual unbeachtlich.

§ 11 Die Erledigung der Hauptsache

Gesetzlich geregelt ist nur der Fall der übereinstimmenden Erledigungserklärung, § 91a (Einfügung in die ZPO erst seit 1950, dazu StJ § 91a, 1). Infolge unvollständiger Regelung ist hier noch vieles streitig.

I. Die übereinstimmende Erledigungserklärung, § 91a

11.02 Hier endet der Prozess zur Hauptsache (Streitgegenstand) allein und bereits durch die **Parteihandlungen**. Ob Erledigung *wirklich* eingetreten ist, ist demnach unmaßgeblich.

Gedacht ist die Regelung in § 91a zwar vorwiegend für den Fall, dass eine zunächst berechtigte Klage wegen nachträglicher Ereignisse ihren Anlass verliert (unzulässig oder unbegründet wird) und daher bis auf die Kosten eigentlich keiner gerichtlichen Entscheidung mehr bedarf. Das Gesetz geht aber weiter: ähnlich wie beim Prozessvergleich sollen es die Parteien in der Hand haben, den Prozess vorzeitig (ohne Urteil) zu beenden, gleichgültig, wodurch sie motiviert sind: Eintritt eines Erledigungsereignisses, Zeit, Geld etc. Die Gründe müssen die Parteien nicht einmal mitteilen (anders bei einseitiger Erledigungserklärung, da hier eine Klageänderung in eine Feststellungsklage erfolgt, s. unten II 1).

Infolgedessen hat das Gericht auch **nicht** zu prüfen, ob ein Erledigungsereignis auch **wirklich** eingetreten ist. Maßgebend ist allein – ähnlich wie beim Prozessvergleich –, ob wirksame beiderseitige *Prozess*erklärungen abgegeben worden sind: „**erledigend**" ist hier (im Unterschied zur einseitigen) nicht ein Ereignis, sondern sind ausschließlich **die beiden Erledigungserklärungen** der Parteien. Daran ist das Gericht gebunden: der Prozess ist bereits in der Hauptsache beendet. Ob ein Erledigungsereignis eingetreten ist, gewinnt Bedeutung nur bei der Frage der Kostenverteilung (und auch dort nur summarisch, ohne Klärung schwieriger Rechtsfragen, ohne weitere Beweisaufnahme).

Überblick:

1. Erledigungserklärungen

11.03 Es müssen beide Parteien den Rechtsstreit in der Hauptsache für erledigt erklären, wobei die Erledigungserklärung des Beklagten (Zustimmung) schon dann **fingiert** wird, wenn er nicht binnen einer Notfrist von 2 Wochen der Erledigungserklärung des Klägers widerspricht (sofern zuvor belehrt), **§ 91a I 2**.

a) Zunächst ggfls. **Auslegung:**

Die Erledigungserklärungen müssen nicht wörtlich oder ausdrücklich erfolgen (ThP § 91a, 10). Wesentlich ist nur, dass die Parteien zu erkennen geben, dass sie keine rechtskraftfähige Entscheidung zur Hauptsache per Urteil wollen.

Beispiele: „Der Rechtsstreit wird aus Kostengründen nicht weiter verfolgt" (in Abgrenzung zur Klagerücknahme stellt der Kläger Kostenantrag zu Lasten des Beklagten). Beim Bekl. genügt, wenn er der Erledigungserklärung des Klägers nicht widerspricht (schweigt etc.) und sich auf reinen Kostenantrag beschränkt („... unter Verwahrung gegen die Kosten"), BGHZ 21, 299; ThP a. a. O.

b) Wirksamkeit der Erklärungen als Prozesshandlungen:

– **Form:** Erklärung in mündlicher Verhandlung (nur dann besteht Anwaltszwang, ThP 16; Zöller 10 zu § 91a), schriftsätzlich oder zu Protokoll der Geschäftsstelle (§ 129a).

Begründung (Angabe des Erledigungsgrundes oder des sonstigen Motivs) ist zweckmäßig (Kostenverteilung?), aber bei übereinstimmender Erledigungserklärung nicht nötig (anders bei einseitiger wegen § 253 II, da Klageantrag auf Feststellung) ThP § 91a, 11.

- Die **Prozesshandlungsvoraussetzungen** (dazu Überblick bei ThP Einl. III 10) müssen vorliegen.

2. Wirkung

Beendigung des Prozesses allein durch **Parteihandlung** (bis auf den Kostenbeschluss). Daher Beendigung auch dann, wenn die Hauptsache tatsächlich nicht erledigt wurde, z.B. weil die Klage von Anfang an unzulässig oder unbegründet und daher gar nicht erledigungsfähig war (anders bei der einseitigen Erledigungserklärung, unten II).

11.04

Klassisches **Beispiel:** Der Beklagte bezahlt kurz vor Zustellung der Klage. Diese ist daher ab Rechtshängigkeit unbegründet und nicht mehr „erledigungsfähig". Das ist aber bei übereinstimmender gleichgültig: erklären die Parteien den Rechtsstreit in der Hauptsache übereinstimmend für erledigt, so ist allein dadurch der Prozess zur Hauptsache beendet, ein Urteil darüber darf nicht mehr ergehen, da die Rechtshängigkeit der Hauptsache erloschen ist.

Erlöschen der Rechtshängigkeit bis auf die Kosten (BGHZ 106, 366; ThP § 91a, 17; BL § 91a, 108).

Letzteres ist z.B. wichtig für den Fortbestand der Anschlussberufung, die u.a. aus diesem Grund noch nicht ihre Wirkung verliert, wenn die Parteien den Streitgegenstand der Hauptberufung für erledigt erklären (§ 524 IV gilt hierfür nicht analog), BGH NJW 86, 852; ThP § 524, 19, str.

Im Verfahren bereits ergangene Entscheidungen (z.B. Versäumnis-, Teil-, Vorbehaltsurteil, Urteile erster Instanz bei E.-Erkl. in 2. Instanz): Soweit sie rechtskräftig geworden sind, bleiben sie wirksam, andernfalls gilt **§ 269 III S. 1 analog:** sie werden infolge Wegfalls der Rechtshängigkeit von selbst wirkungslos, also auch ohne ausdrückliche Aufhebung. Diese *muss* (klarstellend) nur auf *Antrag* erfolgen (§ 269 IV analog), ist aber auch ohne Antrag stets zulässig (da nur deklaratorisch, vgl. Zöller § 269, 17) und im **Klausur-** und Praxisfall zur Klarstellung ggfls. empfehlenswert. Zum Ganzen: ThP 25; StJ 24 zu § 91a.

Keine weitere Beweisaufnahme. Der Kostenbeschluss nach § 91a ergeht auf Grund des *„bisherigen"* Prozessergebnisses. Str. ist, ob damit jede weitere Beweisaufnahme schon grundsätzlich unzulässig ist (so ThP 46a; BL 114 zu § 91a), oder nicht verboten, aber auf Ausnahmefälle beschränkt ist (so BGHZ 13, 145; 21, 300; StJ 31; Zöller 26 zu § 91a). Für den **Klausurfall** wird man davon ausgehen, dass das Gericht dazu jedenfalls grds. nicht verpflichtet ist (also keinen Beweisbeschluss fertigen, sondern abschließenden Kostenbeschluss gem. § 91a).

3. Entscheidung: Beschluss, § 91a. Zusammenfassendes Beispiel:

K klagt gegen B auf Zahlung von € 20 000,– Schadensersatz aus Verkehrsunfall. Gegen den im 1. Termin (1.3.) säumigen B ergeht antragsgemäß Versäumnisurteil nach Maßgabe der schlüssigen Klage (§ 331 II). Nach rechtzeitigem Einspruch kommt es, da B Mitschuld des K zu 50% einwendet und die Schadenshöhe bestreitet, zur Beweisaufnahme, die sich inzwischen auf schon 5 Termine erstreckt, weil jeweils geladene Zeugen erkrankt sind. Im 5. Termin stellt sich die Notwendigkeit eines Sachverständigengutachtens heraus, ein wichtiger Zeuge ist mit bekannter Adresse nach Brasilien ausgewandert (voraussichtliche Dauer eines Rechtshilfeersuchens 2–3 Jahre). Die bisherige Beweisaufnahme hat keine Klärung gebracht. Im Termin vom 1.7. (oder nur: schriftsätzlich) lässt K über seinen RA erklären, dass er unter diesen Umständen das Verfahren nicht durchführen werde, zumal er gestern von B € 7000,– erhalten habe. B lässt über seinen RA erklären, ihm sei das egal, er verwahre sich jedenfalls gegen die Kosten.

11.05

Lösungsskizze: Art der beantragten Entscheidung? § 91a-Beschluss? Er setzt voraus:

(1) Erledigungserklärung des **Klägers**

(a) Auslegung: K will keine rechtskraftfähige Entscheidung mehr zur Hauptsache, damit auch kein Urteil nach Aktenlage (§§ 333, 331a), das Entscheidungsreife voraussetzt, die K selbst nicht für gegeben hält (Anmerkung: § 331a dürfte bei beiderseitigem Nichtverhandeln und Antrag auf Entscheidung nach Aktenlage dem § 251a vorgehen, da letzterer freies Ermessen und sogar Anordnung des Ruhens des Verfahrens vorsieht, vgl. ThP § 251a, 2). Abgrenzung zur Klagerücknahme: dort volle Kostenpflicht, § 269 III. Also Erledigungserklärung: K *will* nicht mehr.

(b) Wirksamkeit der Prozesshandlung: die Erklärung erfolgte in mündlicher Verhandlung und über einen RA (§ 78 I).

(2) Erledigungserklärung des **Beklagten**

(a) Auslegung: es genügt, wenn B nicht widerspricht und sich – wie hier – auf reine Kostenfrage beschränkt, BGHZ 21, 299; ThP § 91a, 10.

(b) Wirksamkeit der Prozesshandlung: ja, wie zu 1b.

(3) Also übereinstimmende Erledigungserklärungen: obwohl die Hauptsache selbst längst nicht erledigt ist, ist der *Prozess* jetzt zur Hauptsache mit Sofortwirkung erledigt. Es bleibt der **Kostenbeschluss gem. § 91a:**

BESCHLUSS

Die durch die Säumnis des Beklagten im Termin vom 1.3. entstandenen Kosten trägt der Beklagte. Im Übrigen werden die Kosten des Rechtsstreits gegeneinander aufgehoben.

Oder:

1. Das Versäumnisurteil vom 1.3. ist wirkungslos.
2. Die durch die Säumnis des Beklagten ... (wie 1. Alt.)

Gründe:

I. Tatsache, dass und ggfls. weshalb (Auslegung) übereinstimmende Erledigungserklärungen vorliegen. Kurze Ausführungen zur Wirkungslosigkeit des Versäumnisurteils analog § 269 III S. 1.

II. Argumente für die Kostenverteilung.

Unterschriften der 3 Richter bzw. des Einzelrichters

Anmerkungen:

(1) **Tenor:** Unbedingt nötig ist nur der Kostenausspruch. Vorausgegangene Entscheidungen, wie hier das VU vom 1.3., *dürfen* (müssen aber auf Antrag, analog § 269 IV) im Tenor für wirkungslos erklärt werden.

(2) **Gründe:** Bei Beschlüssen heißt es schlicht: „Gründe".

Der Beschluss gem. § 91a ist stets zu begründen: dies ist zwar nicht ausdrücklich vorgeschrieben, folgt aber nach ganz h. M. u. a. daraus, dass der Beschluss mit sofortiger Beschwerde anfechtbar ist (§ 91a II, BGHZ 13, 145, ThP § 91a, 25).

(3) **Kostenentscheidung:** Fälle zwingender Kostentrennung (hier: § 344) sind auch im Beschluss nach § 91a zu berücksichtigen (ThP § 344, 3), andere (z. B. § 96) dürfen berücksichtigt werden. Im Übrigen: Kostenantrag ist zwar üblich, wegen § 308 II aber unnötig. **Grundsätze der Kostenverteilung bei § 91a:**

Maßgebend ist der voraussichtliche Ausgang des Rechtsstreits, also wie **derzeit** zu entscheiden wäre, wenn der Rechtsstreit in der Hauptsache nicht für erledigt erklärt worden wäre (ThP § 91a, 47; StJ § 91a, 29). Dabei genügt eine summarische Prüfung der Erfolgsaussichten, schwierige Rechtsfragen brauchen nicht abgehandelt zu werden (BGHZ 67, 346; 163, 197), es genügt eine „überwiegende Wahrscheinlichkeit für den Klageerfolg" (BGHZ 123, 266; Zöller § 91a, 26a).

Dabei sind u. a. zu berücksichtigen: Zulässigkeit und Schlüssigkeit der Klage, bisherige Beweisergebnisse (§ 286). Ist, wie hier, der **Prozessausgang ungewiss,** wird **Kostenaufhebung** in Betracht kommen analog § 92, ThP § 91a, 48. Die allg. Kostentatbestände §§ 91, 92, 93–97, 100, 101 können im Rahmen der Billigkeitserwägung herangezogen werden (ThP § 91a, 48).

Die Parteien können auch über die Kosten des für erledigt erklärten Rechtsstreits disponieren und so eine Kostenentscheidung ohne Erfolgsprüfung durch das Gericht herbeiführen, z. B. durch einen Kostenvergleich oder dadurch, dass der Beklagte (z. B. zu Protokoll) seine Kostentragungspflicht anerkennt, woran das Gericht analog § 307 gebunden ist ohne Prüfung der Erfolgsaussicht der Klage (BAG NJW 04, 533).

(4) **Kein Ausspruch über vorläufige Vollstreckbarkeit**, da §§ 708 ff. nur für Urteile gelten. Der § 91a-Beschluss ist **Vollstreckungstitel gem. § 794 I Nr. 3**, und als solcher Grundlage des Kostenfestsetzungsbeschlusses **§ 794 I Nr. 2** (ThP § 91a, 63).

II. Die einseitige Erledigungserklärung des Klägers

Hier endet der Prozess nicht durch Parteihandlungen, sondern durch Urteil. Die Entscheidung hängt davon ab, ob die Hauptsache *wirklich* und erst *nach* Eintritt der Rechtshängigkeit erledigt ist.

1. Grundsätzliches

a) **Zweck, Regelung:** Wird eine ursprünglich zulässige und begründete Klage durch ein Ereignis nach Eintritt der Rechtshängigkeit unzulässig oder unbegründet (z. B. der Beklagte hat soeben die Klageforderung beglichen), so müsste sie eigentlich abgewiesen werden mit der zwingenden Kostenlast des Klägers aus § 91, da es auf den Erfolg der Klage bei *Schluss* der mündlichen Verhandlung ankommt.

Das Institut der Erledigungserklärung der Hauptsache soll es dem Kläger ermöglichen, diese Konsequenz zu vermeiden, indem er wegen dieses Ereignisses die Hauptsache für erledigt erklärt (ThP § 91a, 1). Nicht er, sondern der Bekl. trägt dann die Kosten (§ 91), wenn die Klage bei Eintritt des Ereignisses zulässig und begründet war und das Ereignis erst *nach* Rechtshängigkeit eingetreten ist: Gebot der Gerechtigkeit, dass sich der Kläger dann von der Kostenlast befreien können muss.

Dem wollte der Gesetzgeber mit Einführung des Instituts der Hauptsacheerledigung (Vereinfachungs-VO von 1942) Rechnung tragen, was jedoch damals und mit der 1950 in die ZPO übernommenen Regelung (§ 91a) nur sehr unvollständig erfolgt ist (StJ § 91a, 1 m. w. N.). Immerhin: das Institut der Erledigungserklärung *als solches* ist *gesetzlich anerkannt* und in § 91a verankert, keine bloße Literaturschöpfung im gesetzesfreien Raum, sondern Fortentwicklung des lückenhaften Gesetzes.

b) **Rechtsnatur:** Nach h. M. ist sie eine gem. **§ 264 Nr. 2** stets zulässige Klageänderung in eine **Feststellungsklage** (sog. Klageänderungstheorie). Klageantrag, Streitgegenstand und damit Rechtskraft beinhalten eine 3-fache Feststellung:

> 1. Die Klage war **ursprünglich** (= z. Zt. des erledigenden Ereignisses) **zulässig,**
> 2. sie war **ursprünglich** (= z. Zt. des erledigenden Ereignisses) **begründet,**
> 3. sie ist jetzt **nachträglich** durch ein bestimmtes Ereignis nach Rechtshängigkeit **unzulässig oder unbegründet** geworden.

BGH NJW 08, 2580, Tz. 8; 02, 442; 99, 2516; Habscheid JZ 63, 625; ThP 32, 33; Zöller 34; StJ 47; Musielak 29 zu § 91a; RoSG § 131, 22.

Der Streitgegenstand der jetzigen Feststellungsklage schließt also den der ursprünglichen Leistungsklage mit ein, Habscheid JZ 63, 626.

11.06

11.07

11.08

Das **stattgebende** Urteil ist ein Feststellungsurteil: „Der Rechtsstreit ist in der Hauptsache erledigt". Es ist *Sach*urteil, der materiellen Rechtskraft fähig und trifft rechtskräftig diese obige dreifache Feststellung.

Das Erledigungsurteil ist zugleich eine Entscheidung zur Hauptsache: das Gericht nimmt eine Sachprüfung der ursprünglichen Klage vor und stellt fest, dass sich der Anspruch erledigt hat und erledigen konnte er sich nur, wenn und weil die Klage zuvor zulässig und begründet war.
Die Rechtskraftwirkung umfasst also sowohl den ursprünglichen *Bestand* der Klageforderung, als auch deren *wirksame Erledigung*, der Streitgegenstand des Feststellungsurteils schließt den der ursprünglichen Klage mit ein.
Habscheid JZ 63, 625 (zu I 2a aa und S. 626 zu FN 72); Blomeyer § 64 I 3b (insb. zu FN 28); ThP 51; Musielak 46; StJ 54 zu § 91a; RoSG § 131, 32.
Die übliche Formulierung des Feststellungsantrags und des stattgebenden Tenors („es wird festgestellt, dass der Rechtsstreit in der Hauptsache erledigt ist") beruht auf einer starken Abkürzung zur Vermeidung längerer Schreibarbeit. Die „Erledigung" ist ein abstrakter Begriff, der ohne Definition in der Luft hängt. Der korrekt und vollständig ausformulierte und dies definierende Klageantrag lautet vielmehr (z.B. bei einer Kaufpreis- oder Schadensersatzklage) „festzustellen, dass die Klage bis zur Zahlung durch den Beklagten zulässig und begründet war und durch die vorbehaltlose Zahlung des Beklagten unbegründet wurde und sich dadurch erledigt hat."
Dieser Spannungsbogen – und nicht nur das erledigende Ende – bildet das Rechtsverhältnis, das gemäß § 256 festgestellt werden soll,

11.09 Bei **Abweisung** der nunmehrigen Feststellungsklage erwächst in Rechtskraft – wie stets bei klageabweisenden Urteilen je nach genauem Inhalt der Entscheidungsgründe – dass die ursprüngliche Klage von Anfang an unzulässig bzw. unbegründet war bzw. sich mangels erledigenden Ereignisses nicht erledigt hat (RoSG § 131, 32; Musielak 46; ThP 51 je zu § 91a). Das hat zur Konsequenz, dass einer neuen Klage mit altem Leistungsantrag die Rechtskraft des Feststellungsurteils (soweit sie bei abgewiesener Klage reicht) entgegensteht, diese also unzulässig wäre.

Gegen diesen von der h.M. befürworteten Umfang der Rechtskraft wird eingewandt, dass das „Warum" der Erledigung im Grunde nur eine Vorfrage zum tenorierten Subsumtionsschluss („… ist daher erledigt, bzw. nicht erledigt") ist und nur Letzterer nach sonst allgemeiner Lehre (ThP § 322, 17, 19) in Rechtskraft erwächst.

Beispiel: Weil der Darlehensanspruch besteht (= Vorfrage), hat der Beklagte daher € … zu zahlen (= Subsumtionsschluss). In Rechtskraft erwachse daher nur die Feststellung der Erledigung bzw. Nichterledigung, nicht aber auch, dass und weshalb die ursprüngliche Klage erledigungsfähig war und weshalb sie später erledigt wurde oder nicht (Zöller § 91a, 46 m.w.N.).

Der h.M. ist zu folgen. Im Übrigen wird nach allg. Meinung auch bei dem in gleicher Weise abstrakten und klärungsbedürftigen Begriff der „Abweisung" einer Klage zur Bestimmung der Rechtskraft auf die Entscheidungsgründe zurückgegriffen.

Konsequenz der Klageänderungsdogmatik ist auch: Die einseitig bleibende Erledigungserklärung als Klageänderung kann dadurch wieder rückgängig gemacht (falscher Ausdruck: **„widerrufen"**) werden, dass der Kläger durch erneute Klageänderung gemäß § 264 Nr. 2 zu seinem ursprünglichen Klageantrag zurückkehrt (BGH NJW 14, 2200, Tz. 14). Hingegen ist die übereinstimmende Erledigungserklärung (also ab der Anschließung des Beklagten) wegen ihrer prozessbeendenden Gestaltungswirkung bindend und für beide Parteien unwiderruflich, ausgenommen bei Vorliegen eines Restitutionsgrundes (z.B. bei Auffinden einer günstigeren Urkunde, § 580 Nr. 7b, BGH NJW 13, 2686).

c) Erledigung der Hauptsache (Ereignis)

Vorab: Unterscheide stets: **Erledigung** der Hauptsache (das ist das Ereignis) und Erledigungs**erklärung** (das ist die Konsequenz, die der Kläger hier zieht: *Prozesshandlung* i.S.e. Klageänderung zur Vermeidung der Klagabweisung). Die bloße Erledigung der Hauptsache (Ereignis) beeinflusst nur die *materielle* Rechtslage, aber nicht den Prozess.

Es muss die (übereinstimmende, einseitige) Erledigungserklärung hinzukommen, erst diese beeinflusst den Prozess.

Begriff: Erledigung der Hauptsache liegt vor, wenn die Klage durch **ein Ereignis** **11.10** **nach Rechtshängigkeit** unzulässig oder unbegründet wird.

H. M. BGHZ 184, 128 (Rn. 18); 155, 395; 83, 12; NJW 86, 588; ThP 4; StJ 5 zu § 91a.

Notwendig ist also ein **Zeitfaktor** und ein **Erledigungserfolg:**

aa) Die h. M. stellt auf den Zeitpunkt **nach Rechtshängigkeit** vor allem deshalb ab, weil vorher (auch zwischen Anhängigkeit und Rechtshängigkeit, dazu unten Fall 4) noch gar keine „Hauptsache" vorliege, die sich erledigen könnte, BGHZ 83, 14.

Der Eintritt der Rechtshängigkeit ist dabei nur der *früheste* Zeitpunkt. Maßgeblich ist der **Zeitpunkt des Eintritts des Ereignisses** (unmaßgeblich der der Abgabe der Erledigungserklärung), BGH NJW 86, 588.

BGH NJW 86, 588 (LS): „Bei einseitiger Erledigungserklärung kommt es für den Ausspruch des Gerichts, dass die Hauptsache erledigt ist, darauf an, ob die Klage im Zeitpunkt des **nach ihrer Zustellung** eingetretenen erledigenden Ereignisses zulässig und begründet war."
S. 589: „Vielmehr kann sich eine zunächst unzulässige oder unbegründete Klage „erledigen", wenn sie nur später, nämlich im Zeitpunkt des erledigenden Ereignisses, zulässig und begründet war." Beispiel: Bei Prozessstandschaft ist die zunächst fehlende Einwilligung des Rechtsträgers kurz vor Eintritt des Erledigungsereignisses (Bezahlung) beigebracht worden.

bb) **Erledigungserfolg:** die Klage muss bei Eintritt des Ereignisses erledigungsfähig, also zulässig und begründet gewesen sein. Das Erledigungsereignis muss *ursächlich* dafür sein, dass jetzt (nach Rechtshängigkeit) die Klage unzulässig bzw. unbegründet wird.

BGHZ 184, 130: „Die Hauptsache ist erledigt, wenn die Klage im Zeitpunkt des nach ihrer Zustellung eingetretenen erledigenden Ereignisses zulässig und begründet war und durch dieses Ereignis unzulässig oder unbegründet wurde."

Beispiele für die Erledigung der Hauptsache: **11.11**

(1) **Erfüllung:** die eingeklagte Forderung wird vom Beklagten oder einem Dritten (z. B. von der nicht mitverklagten Haftpflichtversicherung des Beklagten) vorbehaltslos bezahlt. Bei **Zahlung unter Vorbehalt** ist zu differenzieren, welchen Einfluss der Vorbehalt auf die *Beweislastverteilung* haben soll:

(a) Bestreitet der Schuldner auch bei Zahlung die Schuld und beharrt auf der den Gläubiger treffenden Beweislast, so liegt keine Erfüllung i. S. v. § 362 BGB, keine Hauptsache-Erledigung vor (BGH NJW 11, 212, Tz. 29; Palandt § 362, 14). BGHZ 86, 269: „Ein so verstandener Vorbehalt ist immer dann auch anzunehmen, wenn die Zahlung des Schuldners an den Gläubiger nur auf Grund eines **vorläufig vollstreckbaren Urteils** zur Abwendung der ZwV erfolgt. Dasselbe gilt auch, wenn der Schuldner zur Abwendung der ZwV aus einem **Vorbehaltsurteil** zahlt, das zwar ein formell rechtskräftiges, aber durch etwaige Aufhebung im Nachverfahren auflösend bedingtes Endurteil ist". Die Schuldtilgung bleibt in der Schwebe und tritt erst mit rechtskräftigem Abschluss auch des Nachverfahrens ein (BGHZ 86, 270; NJW 90, 2756; Palandt § 362, 14). Ebenso: Herausgabe auf Grund vorläufig vollstreckbaren Räumungsurteils, oder Leistung auf Grund Arrestbefehls oder einstweiliger Verfügung. Die Leistung erfolgt in allen Fällen unter dem Vorbehalt des Rechtskrafteintritts (BGH NJW 14, 2199, Tz. 8).
(b) Bezweckt dagegen der Vorbehalt nur, § 814 BGB auszuschließen und nicht als Anerkenntnis missverstanden zu werden, will der Schuldner sich also die Möglichkeit der Rückforderung offenhalten, wenn er – als jetzt Beweispflichtiger – das Nichtbestehen der Schuld beweisen kann, so liegt ordnungsgemäße Erfüllung i. S. v. § 362 BGB also Hauptsache-Erledigung vor (BGH NJW 11, 212, Tz. 29; Palandt § 362, 14).

(2) **Aufrechnung** nach Rechtshängigkeit. Rechnet der Beklagte nach Klagezustellung mit einer bereits vorher aufrechenbaren Gegenforderung auf, ist trotz § 389 BGB erst die *Aufrechnungserklärung* das erledigende Ereignis für die bis dahin zulässige und begründete Klage (erst recht natürlich, wenn die Aufrechnungslage erst nach Rechtshängigkeit eintrat). BGHZ 155, 392; Zöller, 58; ThP 4a zu § 91a.

Hinweis: eine ähnliche – aber nicht identisch beantwortete – **Streitfrage** besteht **bei § 767 II.** Dort stellt der BGH nach wie vor auf die Aufrechnungslage ab, die zur Präklusion nach § 767 II bereits dann führe, wenn sie vor Schluss der mündlichen Verhandlung eingetreten sei, denn wann die Einwendung i. S. v. § 767 II entstanden sei, beurteile sich nach materiellem Recht, nämlich danach, wann die *objektive Möglichkeit* bestanden habe, das Gestaltungsrecht auszuüben (BGHZ 163, 339; 155, 396; ThP § 767, 22a), wobei der Schuldner allerdings nicht zur Vermeidung von Nachteilen aus § 767 II verpflichtet ist, eine Aufrechnungslage *herbeizuführen:* er kann sich also z. b. auf sein LeistungsverweigerungsR wegen Mängeln (§ 641 III BGB) beschränken und muss nicht zur Erzielung einer aufrechenbaren Geldforderung den Gläubiger in Verzug mit der Mängelbeseitigung (§§ 634 Nr. 4, 280 II, 286 BGB) setzen (BGHZ 163, 343). Anders die h. M. im Schrifttum: bei § 767 II gehe es um die Rechtfertigung einer Präklusion, die aber nur berechtigt sei, wenn das Gestaltungsrecht vor Schluss der mündlichen Verhandlung auch *ausgeübt* worden sei, weil erst dadurch „die Einwendung" – das ist die Vernichtung der Klageforderung durch Aufrechnung, also das Vernichtungsereignis – „entstanden" sei (vgl. den Wortlaut des § 767 II). Musielak 36, 37; StJ 32 ff. zu § 767.

(3) Die **herausverlangte Sache** (z. B. § 985 BGB) wird jetzt an den Kläger herausgegeben oder geht unter. Die Parteien schließen einen **außergerichtlichen Vergleich.** Der Beklagte erhebt erstmals im Prozess die Einrede der **Verjährung** des bereits vor Eintritt der Rechtshängigkeit (erst recht danach, z. B. nach Verfahrensstillstand, § 204 II 2 BGB) verjährten Anspruchs (BGHZ 184, 128; ThP § 91a, 5). Bei **Unterlassungsklage,** wenn die Beeinträchtigungsgefahr (= materielle Anspruchsvoraussetzung, Frage der Begründetheit, nicht der Zulässigkeit) wegfällt, z. B. dadurch, dass Bekl. unter Übernahme einer Konventionalstrafe zur künftigen Unterlassung verpflichtet, nicht schon durch die blanke Erklärung des Bekl. künftig zu unterlassen (BGH NJW 05, 594; Palandt § 1004, 32).

(4) **Keine Hauptsacheerledigung liegt** vor:
(a) Bei ungünstigem Ergebnis der Beweisaufnahme.
(b) Bei der Stufenklage (§ 254): Ergibt die erteilte *Auskunft,* dass ein Leistungsanspruch nicht besteht, so tritt dadurch für diesen keine Hauptsacheerledigung ein. Zwar sind bei der Stufenklage die einzelnen Ansprüche nach ihrem Zweck miteinander verknüpft, bleiben aber prozessual selbstständig, die Leistungsklage ist also selbstständig zu beurteilen: sie war und ist von Anfang an unbegründet (BGH NJW 94, 2895; ThP 6; Zöller 5 zu § 254). Dem Gläubiger kann aber aus materiellem (!) Recht, insbes. Verzug (§§ 280 II, 286 BGB) ein Schadensersatzanspruch zustehen wegen nicht rechtzeitiger Auskunftserteilung (z. B. gem. §§ 675, 666, 259 BGB). Dieser kann im laufenden Verfahren durch Klageänderung geltend gemacht werden, eine (verfehlte) einseitige Erledigungserklärung kann ausgelegt werden als Feststellungsantrag bzgl. der Ersatzpflicht des Beklagten (BGH NJW 94, 2896).

11.12 **d) Zu prüfen** sind daher bei einseitiger Erledigungserklärung **3 Punkte:**
– als **Prozesshandlung** wirksam?
– als **Klageänderung** zulässig?
– ist **Erledigung** nach Rechtshängigkeit **eingetreten?** Dazu 3 Unterpunkte:

(1) Zulässigkeit und (2) Begründetheit der Klage *bei* Ereignis (3) Ereignis mit Erledigungswirkung *nach* Rechtshängigkeit.

Dazu nun die wichtigsten Fälle samt klausurmäßigem Prüfungsschema:

2. Die 7 wichtigsten Fälle – Prüfungsschema

11.13 **a) Fall 1** (Normalfall): **Die Leistungsklage ist zulässig und begründet, Erledigung nach Rechtshängigkeit ist eingetreten.**

Beispiel: K klagt vor dem örtlich u. sachlich zuständigen LG gegen B auf Zahlung von € 20 000,– Schadensersatz aus PKW-Unfall. Nach für K günstiger Beweisaufnahme zahlt die Haftpflichtversicherung des B die € 20 000,– an K, der daraufhin im nächsten Termin über seinen RA für erledigt erklären lässt. B widersetzt sich, seine Haftpflichtversicherung habe voreilig bezahlt, da B für den Unfall nicht verantwortlich sei; weitere Beweismittel könne er allerdings nicht bieten.

Folgt man der h. M. („Klageänderungstheorie", ThP § 91 a, 6): **Der Feststellungsantrag tritt an die Stelle des ursprünglichen Leistungsantrags und beseitigt**

ihn zugleich. Demnach Aufbau wie bei zulässiger klageauswechselnder Klageänderung (dazu oben Rn. **9.**05):

(I) Zulässigkeit der Klage

(1) Ordnungsmäßigkeit der Klageerhebung, §§ 261 II, 78 I:
Die einseitige Erledigungserklärung fällt als Klageänderung (h. M.) unter § 261 II. Es liegt jetzt der Klageantrag einer Feststellungsklage vor (ThP 32; Zöller 35 zu § 91a), rechtshängig gemacht durch „Geltendmachung" in der mündlichen Verhandlung (§ 261 II), also in der Form des § 297 (Zöller § 91a, 37; ThP § 261, 4; § 297, 1). Hier: (+).
(Beachte: Die Formerleichterungen in § 91a I gelten für die übereinstimmenden Erledigungserklärungen, nicht für den Klageantrag).
Die Erledigungserklärung ist (wie jede Klagerhebung auch) eine Prozesshandlung, es müssen also für ihre Wirksamkeit auch die Prozess*handlungs*voraussetzungen (dazu: ThP Einl. III, Rn. 10ff.) vorliegen, insbesondere muss § 78 beachtet sein. Hier: (+)
(2) Zulässigkeit der Klageänderung: § 264 Nr. 2. Der Übergang von der Leistungs- zur Feststellungsklage (und umgekehrt) ist nach ganz h. M. ein Fall des § 264 Nr. 2, so auch bei einseitiger Erledigungserklärung, da lediglich ein Weniger begehrt wird (h.M., BGH NJW 08, 2580, Rn. 8; ThP § 91a, 32).
Zur dogmatischen Einordnung der einseitigen Erledigungserklärung gerade in § 264 Nr. 2 siehe näher Knöringer JuS 10, 570.
(3) Örtliche Zuständigkeit: (+)
(4) Sachliche Zuständigkeit:
– Streitwert der jetzigen Feststellungsklage: str., s. unten Rn. 11.14. Falls danach geringer als die Hauptsache (z. B. nur Kosteninteresse) und *unter* der LG-Zuständigkeit:
– § 261 III Nr. 2 (ThP § 4, 2; Zöller § 261, 12). Der Streitstoff wird nicht ausgewechselt (dann wäre die Vorschrift unanwendbar), vielmehr umfasst der Streitgegenstand des Erledigungsantrags auch Zulässigkeit und Begründetheit der ursprüngl. Klage, deren Streitgegenstand insoweit mitumfasst wird (seine Rechtshängigkeit besteht daher fort), s. oben Rn. **11.**08 und insbes. Habscheid JZ 63, 625.
(5) Feststellungsinteresse, § 256 I: Vermeidung der Kostenhaftung (Rn. **11.**06).

(II) Begründetheit der Klage

Die einseitige Erledigungserklärung enthält im Klartext die Rechtsbehauptung und damit den Klageantrag: festzustellen, dass die *zulässige* und *begründete* Klage *jetzt* infolge eines Ereignisses nach Rechtshängigkeit (unzulässig oder) unbegründet geworden sei (s. oben Rn. **11.**07, ThP § 91a, 33). Also:
(1) Zulässigkeit der Klage bei Zahlung durch die Versicherung: (+)
(2) Begründetheit der Klage bei dieser Zahlung: ja, siehe Ergebnis der Beweisaufnahme (§ 286).
(3) Eintritt eines Erledigungsereignisses *nach* Rechtshängigkeit, ja: vorbehaltlose Zahlung durch (nicht mitverklagten) Gesamtschuldner § 362 BGB, § 115 I VVG.
Die Feststellungsklage ist also zulässig und begründet. Entscheidung:

ENDURTEIL

I. Es wird festgestellt, dass der Rechtsstreit in der Hauptsache erledigt ist.
II. Die Kosten des Rechtsstreits trägt der Beklagte.
III. Das Urteil ist gegen Sicherheitsleistung in Höhe von € 3300,– vorläufig vollstreckbar (*§ 709 S. 1; alternativ: S. 2*).

Anmerkungen:

(1) **Zu Ziff. I.** Nicht: „... ist für erledigt *erklärt*", weil das hieße, dass beide Parteien übereinstimmend für erledigt erklärt hätten (ThP § 91a, 38).

(2) **Kosten:** § 91 (nicht § 91a). BGHZ 83, 15.

(3) **Vorläufige Vollstreckbarkeit:** § 709 S. 1, 2.
Die Einstufung in § 708 Nr. 11 bzw. § 709 richtet sich danach, was K aus Ziff. II vollstrecken kann. Da die einseitige Erledigungserklärung erst im Termin abgegeben wurde, sind alle Gebühren – auch die Terminsgebühr RVG VV 3104 – aus Streitwert € 20 000,– bereits angefallen. K kann also vollstrecken: Gerichtskosten € 1035,–, 2,5 RA-Gebühren (VV 3100, 3104) nebst Auslagen und MwSt. (€ 2231,25), zusammen € 3266,25. Es gilt also § 709 S. 1, 2.

11.14 Abwandlung (Streitwert bei einseitiger Erledigungserklärung)

Hier: Einseitige Erledigungserklärung *vor* dem Verhandlungstermin

Beispiel: K erhält die Zahlung vor dem Verhandlungstermin und erklärt noch vor diesem die Hauptsache für erledigt, B widerspricht.

Eine Änderung ergibt sich hier nur für die Terminsgebühr, die aus dem umstrittenen Streitwert *ab* einseitiger Erledigungserklärung anfällt (Übersicht: ThP § 91a, 57 ff.). Bedeutsamer ist die Streitfrage jedoch für die Quotierung bei Haupt- und Hilfsantrag (dazu unten Fall 4).

(1) Meinung 1 (BGH NJW 11, 529 m. w. N.): i. d. R. das Kosteninteresse des Klägers, also das Interesse, mit keinen Kosten belastet zu werden. Das ist die Summe aller bis zur Erledigungserklärung angefallenen Kosten beider Parteien, also die schon angefallenen Gerichtskosten (€ 1035,–) sowie für 2 RAe die Verfahrensgebühr aus € 20 000,– nebst Auslagen und MwSt.: € 2343,35. Die Terminsgebühr fällt an aus € 3378,35, beträgt also € 152,40. K kann dann vollstrecken: € 3530,75. Dafür gilt § 709 S. 1, 2.

Meinung 1 ist *verfehlt* und insbes. unhaltbar, wenn die Feststellungsklage abgewiesen wird, weil die ursprüngliche Klage unbegründet war: dann nämlich liegt eine rechtskräftige Sachabweisung des ursprünglichen Klagebegehrens vor (oben Rn. **11.**09) und niemand wird jetzt behaupten wollen, es sei doch nur um die Kosten gegangen. Der Streitwert kann aber nicht (rückwirkend) unterschiedlich angesetzt werden, je nachdem, ob die Feststellungsklage Erfolg hat oder abgewiesen wird (Knöringer JuS 10, 576).

(2) Meinung 2: Ab Erledigungserklärung liegt lediglich die Ermäßigung (§ 264 Nr. 2) in eine positive Feststellungsklage vor. Der Streitwert einer solchen ist nach ganz h. M. (auch BGH) niedriger als der einer entsprechenden (hier also der ursprünglichen) Leistungsklage, i. d. R. 80 %, in besonderen Fällen auch geringer, so hier: **50 %** (StJ § 91a, 56; Zimmermann § 3, 16 je m. w. N.). Diese Auffassung ist die *zutreffende* Konsequenz aus der Klageänderungstheorie.
Die Terminsgebühr fällt hiernach an aus € 10 000,–.

(3) Meinung 3: Der Streitwert ist unverändert der der vormaligen Leistungsklage, da die jetzige Feststellungsklage deren Streitgegenstand mit umfasst (OLG Hamm FamRZ 12, 242; BL Anh. § 3, 46; „Erledigung"; Oestreich/Winter/Hellstab, GKG „Erledigungserklärung", Rn. 4, je m. w. Nachw.).
Die Terminsgebühr fällt hiernach an aus € 20 000,–.

11.15 b) Fall 2: Die Leistungsklage ist zulässig und begründet, Erledigung aber nicht eingetreten

Beispiel: K hat aus Versäumnisurteil über € 20 000,– vollstreckt (§ 720a ist wegen § 708 Nr. 2 nicht relevant). Im Einspruchstermin erklärt er deswegen die Hauptsache für erledigt, B widerspricht.

Folgt man der herrschenden Klageänderungstheorie, so liegt jetzt (nur mehr) eine **Feststellungsklage** vor, die aber **unbegründet** ist, da sich die Hauptsache tatsächlich nicht erledigt hat: die Zwangsvollstreckung aus einem nur vorläufig vollstreckbaren Titel, sowie die Zahlung zur Abwendung einer solchen sind (bis zur Rechtskraft) keine Erfüllung und damit auch keine Erledigung (siehe oben Rn. **11.**11).

Ergebnis: die Klage wird abgewiesen, K trägt alle (!) Kosten gemäß § 91 (StJ § 91a, 43).

Das kann K nur vermeiden, wenn er den ursprünglichen Zahlungsantrag **hilfsweise** neben der Erledigungserklärung aufrechterhält, was zulässig und im obigen Fall (siehe aber Rn. **11.**17) auch ratsam ist (ThP 34b; StJ 52; Zöller 46 zu § 91a).

c) Fall 3: Die Leistungsklage ist von Anfang an unzulässig oder unbegründet 11.16

Beispiel: K erhebt Zahlungsklage gegen B aus Verkehrsunfall (den aber K – wie sich bei einer Beweisaufnahme herausstellen würde – allein verschuldet hat). Die nicht mitverklagte Versicherung des B bezahlt in Verkennung der Sachlage. K erklärt daraufhin für erledigt, B widersetzt sich und besteht auf Beweisaufnahme. K hatte 2 Unfallzeugen benannt. Müssen diese noch vernommen werden?

Nach der Klageänderungstheorie (h. M.) wird ab Erledigungserklärung nicht über die ursprüngliche Leistungsklage, sondern stets **über die jetzige Feststellungsklage entschieden** (BGH NJW 08, 2580 vor Rn. 8) deren Streitgegenstand aber den der ursprünglichen Leistungsklage mit umfasst (ThP § 91a, 33, 51; Zöller § 91a, 45):

Um die im Klageantrag begehrte **doppelte Feststellung** (die Klage war vor dem Ereignis begründet, ist infolge des Ereignisses jetzt unbegründet) treffen zu können, muss über die Begründetheit der ursprünglichen Leistungsklage jetzt Beweis erhoben werden. Danach wird die Feststellungsklage als unbegründet abgewiesen werden. Rechtskraft: sie erfasst auch, dass die alte Leistungsklage unbegründet war (ThP § 91a, 51), da deren Streitgegenstand von der jetzigen Feststellungsklage mit umfasst ist.

d) Fall 4: Hilfsanträge des Klägers 11.17

Wenn für den Kläger unsicher ist, ob durch ein Ereignis wirklich Erledigung eingetreten ist, steht er vor der Entscheidung, ob und wie er durch Hilfsanträge Nachteile vermeiden kann. Im Wesentlichen bestehen 2 Möglichkeiten, von denen die zweite ebenso aktuell wie umstritten ist (s. dazu auch Knöringer JuS 10, 571 ff.).

Beispiel (nach BGH NJW-RR 98, 1571): Kläger (K) und Beklagter (B) stellen in ihren Betrieben jeweils Heizkessel her. K klagt im Wettbewerbsprozess gegen B auf Unterlassung einer behaupteten wettbewerbswidrigen Werbung für dessen Heizkessel BK6. B bestreitet, diese Werbung in eigener Verantwortung gemacht zu haben, worauf K 5 Zeugen benennt. Nunmehr trägt B vor, die Produktion dieses Heizkessels sei soeben eingestellt worden, was er durch Vorlage von Unterlagen belegt, zumindest sei damit die bestrittene Wiederholungsgefahr entfallen, weshalb die ohnehin unbegründete Klage jetzt auch aus diesem Grunde abzuweisen sei.
Wie soll K vorgehen? Er hat 2 Möglichkeiten:

(I.) Hauptantrag auf Feststellung der Erledigung, hilfsweise Aufrechterhaltung des ursprünglichen Unterlassungsantrags.

Dieses Vorgehen ist nach allgemeiner Meinung (ThP § 91a, 34b) zulässig, aber es ist zu differenzieren, ob es immer ratsam ist.

(1) Stimmt B der Erledigung nicht zu, hat K die Gewähr, dass bei Verneinung des Erledigungsereignisses (etwa: die Wiederholungsgefahr ist doch nicht entfallen, weil B zwar die Produktion von BK6, nicht aber dieselbe beanstandete Werbung für Restexemplare und das Nachfolgemodell eingestellt hat) nach Abweisung des Hauptantrags jedenfalls im Hilfsantrag über das ursprüngliche Klagebegehren entschieden wird und zwar nach voller Beweisaufnahme und mit voller Kontrolle durch Berufung als 2. Tatsacheninstanz.

(2) Dieses Vorgehen birgt allerdings ein Risiko, das wohl überdacht sein will: Stimmt nämlich B der Erledigungserklärung sogleich – hier also vor jeder Beweiserhebung – zu (nehmen wir an, weil er ein „schlechtes Gewissen" hat, da er weiß, dass mit der Produktionseinstellung von BK6 die beanstandete Werbung gar nicht entfallen wird und er bei übereinstimmender Erledigungserklärung der bevorstehenden beweismäßi-

gen Klärung zu seinen Lasten entrinnen wird), so wird das Gericht ohne jede Beweisaufnahme nur einen Kostenbeschluss gem. § 91a mit summarischer Prüfung des mutmaßlichen Prozessausgangs erlassen. Da eine Beweisaufnahme damit verhindert ist, wird das Gericht bei ungeklärtem Prozessausgang die Kosten gegeneinander aufheben (§ 92 I im Rahmen von § 91a I). Aber schlimmer für K: er hat jetzt keine Möglichkeit mehr, dass über sein eigentliches Klagebegehren rechtskraftfähig und durch Berufung überprüfbar entschieden wird.

Wenn es dem K also nicht so sehr um die Kosten, sondern vorrangig darum geht, dass auf jeden Fall über sein ursprüngliches Klagebegehren rechtskraftfähig entschieden wird, ist diese erste Möglichkeit nicht die sicherste und beste. Dann wird er sich evtl. für die 2. Möglichkeit entscheiden:

(II.) Ursprünglicher Klageantrag als Hauptantrag, Erledigungserklärung nur hilfsweise.

Diese Möglichkeit trägt den soeben genannten Bedenken und Risiken Rechnung. K wird dieses Vorgehen wählen, wenn er dem in Frage stehenden Erledigungsereignis misstraut, insbes. wenn es auf einer bestrittenen Behauptung des B beruht. Stellt K alternativ die Erledigungserklärung zunächst zurück, riskiert er, dass er damit zu spät kommt, wenn das Gericht infolge anderer Beurteilung – etwa im Hinblick auf die im Beispiel von B vorgelegten Privaturkunden etc. – sofort entscheidet. Haupt- und Hilfsantrag dürfen einander widersprechen oder sich gegenseitig ausschließen (BGH NJW 14, 3314).

Allerdings ist die Zulässigkeit einer nur hilfsweisen Erledigungserklärung sehr umstritten, zumal sie der BGH zuletzt für unzulässig erklärt hat.

Verneinend: BGHZ 106, 359; BGH NJW-RR 06, 1378; StJ 19, 46; Zöller 35; Musielak 31; Müko-ZPO 80 je zu § 91a.

Bejahend: BGH NJW 75, 539; BGH NJW-RR 98, 1571; ThP 12; BL 76 je zu § 91a; Bergerfurth NJW 92, 1660; Knöringer JuS 10, 572.

Entscheidend ist, ob für die hilfsweise Erledigungs-Feststellungsklage das Feststellungsinteresse gem. § 256 I besteht.

Richtigerweise ist es – unabhängig von der von BGH u. Literatur hierzu ausschließlich diskutierten Kostenersparnis – allein schon wegen der oben zu I 2 dargelegten prozessualen Risiken des Klägers mit Nachdruck zu bejahen.

Der BGH hat in der dem obigen Beispiel zugrundeliegenden Entscheidung das Feststellungsinteresse wegen der für K günstigeren Kostenfolge bejaht, es zuletzt aber in NJW-RR 06, 1378 verneint, weil sich ein Kostenvorteil für K nicht einstelle, da er schon im Hauptantrag unterliege, was wohl heißen soll, dass K ohnehin alle Kosten zu tragen habe. Abgesehen davon, dass das Feststellungsinteresse schon unabhängig von der Kostenfrage zu bejahen ist, ist das Argument auch gar nicht zutreffend. Der Kläger trägt gem. § 92 die Kosten insoweit, als der erfolglose Hauptantrag den erfolgreichen Hilfsantrag übersteigt (s. Rn. **8.**21). Die Quotierung hängt ab vom umstrittenen Streitwert ab einseitiger Erledigungserklärung. Nimmt man z.B. den Streitwert obiger Unterlassungsklage an mit € 50 000,– und den ab einseitiger Erledigungserklärung mit BGH als die Summe aller bis dahin angefallenen Kosten, hier rund € 8605,–, dann trägt K 83% und B 17% der Kosten, K also keinesfalls sämtliche, wie aber letztere Entscheidung nahelegen will. Richtigerweise beträgt der Streitwert aber bei dogmatisch sauberer Zugrundelegung einer pos. Feststellungsklage 50% des Hauptsachewerts (s. oben Rn. 11.14), was zur Kostenaufhebung führt.

11.18 e) Fall 5: Erledigung zwischen Anhängigkeit und Rechtshängigkeit

Beispiel: Nach (oder kurz vor) Einreichung der Klage über € 20 000,–, aber vor ihrer Zustellung, erhält K von der Haftpflichtversicherung des Beklagten, der vorgerichtlich jede Zahlung abgelehnt hatte, vorbehaltlos den vollen Betrag. Was ist dem K zu raten?

(1) Würde K (einseitig) für erledigt erklären, müsste die Klage (nach der Klageänderungstheorie also die Feststellungsklage) als unbegründet abgewiesen werden, denn nach h. M. kann eine „Erledigung der Hauptsache" nur *nach* Eintritt der Rechtshängigkeit erfolgen. BGHZ 83, 14: „Erst durch die Zustellung der Klage werden das Prozessrechtsverhältnis, die Parteien und der Streitgegenstand bestimmt. Im Stadium der bloßen Anhängigkeit kann danach auch keine „Hauptsache" vorliegen, die sich erledigen könnte".

(2) § 269 III S. 3 will diesem Dilemma abhelfen. Ist, wie hier, der Anlass zur Klageerhebung *vor* Rechtshängigkeit weggefallen (falls *nach* Rechtshängigkeit, bleibt nur Erledigungserklärung, BGH NJW 04, 223) und nimmt der Kläger daraufhin seine Klage zurück, ergeht ein Kostenbeschluss nach denselben Kriterien wie ein Beschluss nach § 91a (mutmaßlicher Ausgang des Rechtsstreits). Hier: da die Klage – ohne die nunmehr doch erfolgte Zahlung der Versicherung – Erfolg gehabt hätte und B durch seine Zahlungsweigerung Veranlassung zur Klage gegeben hat, ergeht nach Klagerücknahme

Beschluss *(§ 269 IV)*:
Der Beklagte hat die Kosten des Rechtsstreits zu tragen *(§ 269 III S. 3)*.

Im Rahmen der Billigkeitsentscheidung gemäß § 269 III S. 3 können – wie beim Kostenbeschluss gemäß § 91a auch (ThP § 91a, 48) – die allgemeinen Kostentatbestände der §§ 91, 92, 93 ff., 100, 101 herangezogen werden. So wird insbes. nach dem Grundgedanken des § 93 zu berücksichtigen sein, ob der Beklagte die Klage überhaupt „veranlasst" hat, oder diese voreilig war (dann Kosten beim Kläger), etwa weil der Beklagte wegen eines legitimen Überprüfungsinteresses oder eines Zurückbehaltungsrechts etc. die Leistung zurecht noch zurückgestellt hatte.

(3) Der Kläger kann aber auch per Klageänderung übergehen zur Klage auf Schadensersatz wegen Verzugs (Musielak § 91a, 38).

(4) **Abwandlung (BGH NJW 07, 1460):** K reichte am 11.2. Klage ein, die am 20.2. zugestellt wurde. Ohne sich zuvor erkundigt zu haben, ob und ggfls. wann die Zustellung erfolgt ist, teilte K am 6. 3. mit, die Forderung sei am 3. 3. bezahlt worden und erklärte: „Vor diesem Hintergrund wird die Klage hiermit zurückgenommen und Antrag gemäß § 269 III 3 ZPO gestellt." Kann der Fehler des K „repariert" werden?
Da das in Frage stehende Erledigungsereignis nach Rechtshängigkeit eintrat, lagen die Voraussetzungen des § 269 III 3 nicht vor, K hätte ausschließlich die Hauptsache für erledigt erklären können. Eine analoge Anwendung des § 269 III 3 scheidet mangels planwidriger Lücke aus, da K eine für ihn günstige Kostenentscheidung durch Erledigungserklärung hätte erreichen können. Eine Auslegung der Klagerücknahme als Erledigungserklärung scheitert nach BGH a. a O. an der Eindeutigkeit der Erklärung, zumal auch der ausdrücklich gestellte Antrag nach § 269 III 3 eine Klagerücknahme voraussetzt. Eine Anfechtung der Klagerücknahme gemäß § 119 BGB wegen irriger Annahme der Voraussetzungen des § 269 III 3 ist nicht möglich, da die Vorschriften über Willenserklärungen (§§ 104 ff. BGB) auf Prozesshandlungen nicht anwendbar sind (ausgenommen §§ 133, 140 BGB, die allg. Rechtsgrundsätze enthalten, Palandt Ü 37 vor § 104). In Betracht käme allenfalls eine Umdeutung der Klagerücknahme in eine Erledigungserklärung, da § 140 BGB auf Prozesshandlungen analog anwendbar ist. Der BGH hat die Umdeutung abgelehnt, da diese stets eine unwirksame Prozesshandlung voraussetzt, woran es hier fehlt. Man kann auch nicht eine Teilunwirksamkeit daraus herleiten, dass der neben der Klagerücknahme gestellte „*Antrag gemäß § 269 III 3*" an den Voraussetzungen scheitert, da die Entscheidung nach § 269 III 3 von Amts wegen ergeht, ein Antrag also gar nicht erforderlich und nur eine Anregung ist. Nach a. A. ist eine Umdeutung gleichwohl vorzunehmen, da es sich im Falle § 269 III 3 der Sache nach um eine Erledigungserklärung handele (Zöller § 91a, 32 m. w. N.). Dem steht jedoch entgegen, dass der Gesetzgeber § 269 III 3 unter Anerkennung der Rechtsprechung des BGH, wonach vor Rechtshängigkeit gar keine erledigungsfähige „Hauptsache" vorliegen könne, nicht bei § 91a, sondern bewusst bei der Klagerücknahme eingeordnet hat (BT-Drucks. 14/4723 S. 81). Im Ergebnis ergeht daher Kostenbeschluss wie bei einer normalen Klagerücknahme gem. § 269 III 2: „Der Kläger hat die Kosten des Rechtsstreits zu tragen."

11.19 f) Fall 6: Säumnis des Beklagten

Beispiel: Zahlungsklage des K über € 9000,– zum zuständigen LG.
Im ersten Termin erscheint B trotz ordnungsgemäßer Ladung nicht. K (anwaltlich vertreten) trägt – was nicht schriftsätzlich angekündigt war – vor, die Haftpflichtversicherung des B habe am ... (nach Rechtshängigkeit) vorbehaltlos den Schaden in Höhe der Klageforderung bezahlt. K erklärt die Hauptsache für erledigt und beantragt, da gestern ihm gegenüber telefonisch auch der Bekl. der Hauptsacherledigung zugestimmt habe, durch Beschluss gem. § 91a dem Beklagten die Kosten aufzuerlegen. Hilfsweise beantrage er, durch Versäumnisurteil die Erledigung festzustellen.

(I) Übereinstimmende Erledigungserklärung und Beschluss gem. § 91a?
Es liegt nur **eine** wirksame Erledigungserklärung (des K) vor, da nur diese gegenüber dem Gericht abgegeben wurde. Die Behauptung des K, B habe auch für erledigt erklärt (zugestimmt), wird nicht als gem. § 331 I zugestandene Tatsache behandelt, da *Prozesshandlungen* nicht zugestanden werden können. Als zugestanden (§ 331 I) gelten nur die **tatsächlichen** Behauptungen des K, aus denen sich ergibt, dass die Hauptsache *erledigt* sei (Zeiss § 77 IV 1; Zöller § 91a, 58 „Versäumnisverfahren").

(II) Versäumnisurteil?
Fraglich ist, ob **§ 335 I Nr. 3** entgegensteht, weil die tatsächliche Behauptung des Erledigungsereignisses und die Erledigungserklärung (Feststellungsantrag) dem Bekl. nicht rechtzeitig eine Woche (§ 132) vor dem Termin mitgeteilt worden sind. § 335 I Nr. 3 gilt für Sachanträge und als solcher wird der Erledigungsantrag behandelt (Zöller § 91a, 37). Dies und der Wortlaut von § 335 I Nr. 3 sprechen für Unzulässigkeit eines VU.
Andererseits: § 335 I Nr. 3 gilt nicht für dem *Kläger* ungünstige Tatsachen, wie es das rechtsvernichtende Erledigungsereignis darstellt (StJ § 335, 13). Zum *Antrag:* Der Kläger kann im Säumnistermin stets *weniger* beantragen, als er schriftsätzlich angekündigt hat (z. B. die Hälfte zurücknehmen und VU über die andere beantragen). Der Erledigungsantrag führt zur Feststellung und hinsichtlich der Rechtsfolgen zu einem Weniger gegenüber dem ursprünglichen Leistungsantrag: Nach h. M. fällt er deshalb unter § 264 Nr. 2 als Fall der Ermäßigung. B wird nicht einem überraschenden und daher unzulässigen Mehr, sondern einem Weniger ausgesetzt (Ziffer I des Urteils enthält keine Vollstreckungsgefahr). § 335 I Nr. 3 steht daher bei Erledigungserklärung des Klägers erst im Säumnistermin nicht entgegen (h. M., StJ 26; Zöller 5 zu § 331; BL § 91a, 176; a. A. Müko-ZPO § 331, 31). Zur Erledigungserklärung vor Erlass eines 2. VU (§ 345) s. unten Rn. **20.43**. Es ergeht:

VERSÄUMNISURTEIL

I. Es wird festgestellt, dass der Rechtsstreit in der Hauptsache erledigt ist.
II. Der Beklagte trägt die Kosten des Rechtsstreits *(§ 91).*
III. Das Urteil ist vorläufig vollstreckbar *(§ 708 Nr. 2).*

11.20 g) Fall 7: Die Erledigung einer negativen Feststellungsklage

Beispiel (nach BGH NJW 99, 2516): K machte im Fernsehen eine kritische Äußerung über die politische Tätigkeit des B, worauf dieser den K unter Klageandrohung aufforderte, eine strafbewehrte Unterlassungserklärung abzugeben. K erhob daraufhin am 1.2. negative Feststellungsklage vor dem LG Berlin mit dem Antrag festzustellen, dass B nicht berechtigt sei, ihn gerichtlich oder außergerichtlich zur Unterlassung folgender Äußerung zu verpflichten ... (Text der strittigen Äußerung). Das LG Berlin bestimmte Termin auf den 10.4.
Bereits am 10.2. erhob B gegen K Leistungsklage vor dem LG Potsdam auf Unterlassung dieser Äußerung. Im dortigen Termin vom 1.4. erging nach Antragstellung und streitiger Verhandlung ein Beweisbeschluss zur Vernehmung von 5 Zeugen am 5.5.
Wie ist hinsichtlich der Feststellungsklage vor dem LG Berlin im Termin vom 10.4. zu verfahren? Wie ist es dort, wenn das Gericht gemäß § 273 II Nr. 4 alle Zeugen geladen hatte und diese alle erschienen sind?

K wird die Feststellungsklage in der Hauptsache für erledigt erklären, in der Zusatzfrage wird (darf) die Beweisaufnahme durchgeführt werden, weshalb K dort nur hilfsweise für erledigt erklären wird.

Die Voraussetzungen für eine erfolgreiche Erledigungserklärung liegen (aus Sicht des K, denn er muss sich ja entscheiden, was er jetzt tut) vor:

(I) Zulässigkeit der jetzigen Feststellungsklage bzgl. Erledigung.
Prüfungsschema wie oben zu Fall 1, also

(1) §§ 261 II, 78 I: Ordnungsmäßigkeit des neuen Antrags und Wirksamkeit der Erledigungserklärung als Prozesshandlung: (+).

(2) § 264 Nr. 2: (+)

(II) Begründetheit (Feststellung der Hauptsacheerledigung):

(1) Die negative Feststellungsklage war ursprünglich zulässig, § 256 I.

Das Interesse des K an „alsbaldiger" Feststellung bemisst sich u.a. auch nach der Zeitdifferenz und dem Zuwarten bis zur Möglichkeit einer Leistungsklage desselben Inhalts (Musielak § 256, 12). Wäre es daher vorprozessual außer jeden Zweifels gewesen, dass B wirklich und auch umgehend Leistungsklage erheben werde, wäre das Feststellungsinteresse wohl zu verneinen gewesen (bei BGH a.a.O. offen gelassen). K konnte davon aber – trotz Klageandrohung – nicht mit Sicherheit ausgehen (BGH NJW 99, 2517).

(2) Die negative Festsstellungsklage war ursprünglich begründet.

Aus Sicht des K ist seine Äußerung von der Meinungsfreiheit gem. Art. 5 GG gedeckt (so im Ausgangsfall BGH NJW 98, 3047), so dass der Unterlassungsanspruch des B aus §§ 823 I, 1004 BGB unbegründet ist.

Ob dem K eine Erledigungserklärung anzuraten ist, bemisst sich danach, wie *er* aus seiner Sicht die Prozesslage beurteilen muss: danach erscheint seine schlüssige Klage erfolgreich.

(3) Erledigung der Hauptsache

(a) Ausgangsfrage: Das **Feststellungsinteresse** einer negativen Feststellungsklage **entfällt** (die Klage wird also jetzt unzulässig), wenn eine auf die Durchsetzung desselben Anspruchs gerichtete **Leistungsklage** erhoben wird und **nicht mehr einseitig zurückgenommen werden kann** und darüber hinaus feststeht, dass dort eine Sachentscheidung ergehen wird, die Klage darf also nicht unzulässig sein und es darf nicht eine Unzuständigkeitserklärung des später angerufenen Gerichts nach Art. 29 EuGVVO wegen gleichzeitiger Befassung zweier Gerichte zu erwarten sein (BGH NJW 99, 2516; BGHZ 165, 309; 134, 209; 99, 343; ThP 19; Zöller 7d zu § 256).

Sind diese Voraussetzungen für die später erhobene Leistungsklage erfüllt, hat der Feststellungskläger (K) die Sicherheit, dass eine Entscheidung über die von ihm begehrte Feststellung nunmehr im Rahmen der Leistungsklage erfolgen wird (BGHZ 134, 209).

Der Vorrang der Leistungsklage (des B) gegenüber der Feststellungsklage wird damit begründet, dass nur mit der Leistungsklage ein Vollstreckungstitel für den umstrittenen Anspruch geschaffen werden kann (BGHZ 134, 209).

Erledigendes Ereignis ist vorliegend also das Unzulässigwerden der negativen Feststellungsklage wegen Wegfalls des Feststellungsinteresses ab dem Termin vom 1.4. vor dem LG Potsdam: dort wurde verhandelt, so dass einseitige Rücknahme durch B nicht mehr möglich ist (§ 269 I), die Unterlassungsklage wurde als zulässig gewertet, da Beweisbeschluss erging.

Stimmt – wie zu erwarten – B der Erledigungserklärung nicht zu, muss die ursprüngliche Begründetheit der negativen Feststellungsklage des K geklärt werden. Dazu wird man zur Vermeidung doppelter Zeugenvernehmung das Verfahren zurückstellen oder aussetzen, bis über die Leistungsklage entschieden worden ist.

148   § 11 Die Erledigung der Hauptsache

(b) Zusatzfrage: Ausnahmsweise – aus prozessökonomischen Gründen – besteht das Feststellungsinteresse fort, wenn die **Feststellungsklage** bereits ganz oder doch fast **entscheidungsreif** ist und zwar gerade zu dem maßgeblichen Zeitpunkt, in dem die Leistungsklage nicht mehr einseitig zurückgenommen werden kann, (hier also ab 1.4.). Denn dann wäre es nicht prozessökonomisch, den Feststellungskläger K auf das gerade erst beginnende Leistungsverfahren zu verweisen (BGHZ 165, 309; 99, 343). Da hier sämtliche Zeugen gem. § 273 II Nr. 4 zum Termin am 10.4. geladen wurden und erschienen sind, so dass dort nach deren Vernehmung noch am 10.4. ein Endurteil ergehen kann, wird man das Fortbestehen des Feststellungsinteresses bejahen müssen und dem K anraten, den Erledigungsantrag nur hilfsweise zu stellen für den Fall, dass das Gericht (was vertretbar ist) die Feststellungsklage als seit dem 1.4. unzulässig geworden ansehen sollte.

III. Die Teilerledigungserklärung

Zu unterscheiden sind die übereinstimmende (1) und die einseitige klägerische Teilerledigungserklärung (2).

Sie sind zulässig für abgrenzbare Teile eines Streitgegenstandes oder einzelne von mehreren Streitgegenständen. Die Grundsätze oben I und II sind für den von der Erledigungserklärung betroffenen Teil entsprechend anzuwenden. Doch ist **stets durch Urteil mit einheitlicher Verteilung aller Kosten** zu entscheiden (ThP § 91a, 44, 45).

1. Die übereinstimmende Teilerledigungserklärung

11.21 **Beispiel:** K klagt vor dem zuständigen LG gegen B auf Zahlung von € 10 000,– für Reparaturkosten und € 4000,– als Schmerzensgeld wegen eines Verkehrsunfalls. B bestreitet die Unfallbedingtheit der Reparaturkosten, da K möglicherweise Vorschäden habe mitreparieren lassen, sowie die Unfallursächlichkeit der dem Schmerzensgeld zugrunde gelegten Beeinträchtigungen. Zu den Reparaturkosten werden die Zeugen A, B und C vernommen. Die Haftpflichtversicherung des B zahlt daraufhin zur Vermeidung weiterer Kosten vorbehaltlos € 10 000,– für die Reparaturkosten, woraufhin K und B diesen Teil der Klage für erledigt erklären, B jedoch Kostenantrag gegen K stellt, da die Versicherung voreilig bezahlt habe. Über den Rest wird Beweis erhoben, der die Klageforderung bestätigt.

Prüfungsschema:

Der für erledigt erklärte Teil erscheint bei Prüfung von Zulässigkeit und Begründetheit der Klage nur noch partiell, da seine Rechtshängigkeit entfallen ist:

Ob die Klage auch im für erledigt erklärten Teil zulässig und begründet war (bis zur Erledigungserklärung), wird nur bei der Begründung der Kostenentscheidung erörtert, die sich bzgl. der € 10 000,– auf § 91a stützt (s. unten III).

(I) Zulässigkeit der Klage

(1) Ordnungsmäßigkeit der Klageerhebung: (+)

(2) Die Prüfung der Klageänderung (§ 264 Nr. 2) entfällt hier: diese ist ab der Anschließung des Beklagten an die zunächst klageändernde Erledigungserklärung des Klägers überholt, da ab übereinstimmender Erledigungserklärung die Rechtshängigkeit für diesen Teil entfallen ist.

(3) Sachliche Zuständigkeit: §§ 23 Nr. 1, 71 I GVG. Ursprünglich € 14 000,–, infolge übereinstimmender Erledigungserklärung jetzt noch € 4000,–, also wäre an sich das AG zuständig. Aber es gilt § 261 III Nr. 2, wonach die spätere *Verminderung* des inso-

weit (Rest, hier: € 4000,–) identisch bleibenden Streitgegenstandes bedeutungslos ist (ThP § 4, 2; Zöller § 261, 12; StJ § 4, 7).
Oder kürzer: Streitwertermäßigung durch übereinstimmende Erledigungserklärung kann wegen § 261 III Nr. 2 dahinstehen.

(4) Sonstige allg. und bes. Prozessvoraussetzungen: (+)

(II) Begründetheit der Klage

1. Bzgl. des übereinstimmend für erledigt erklärten Teils (€ 10 000,–) ist die Rechtshängigkeit erloschen, so dass die Begründetheitsprüfung an dieser Stelle entfällt und sich in die Begründung der Kostenentscheidung verschiebt.
2. Bzgl. des verbliebenen Restes (€ 4000,–) ist die Klage nach dem Ergebnis der Beweisaufnahme begründet, §§ 7 I, 11 S. 2 StVG, §§ 823 I, 253 II BGB.

(III) Nebenentscheidungen

(1) § 91 (€ 4000,–)

(2) § 91a (€ 10 000,–) zunächst: Vorliegen und Wirksamkeit übereinstimmender Erledigungserklärungen. Dann: Gründe für die Kostenverteilung bzgl. des Erledigungsbetrags. Genau begründen, da insoweit gesondert anfechtbar, § 91a II.

(3) §§ 708 ff.

Die Entscheidung wird daher lauten:

> ENDURTEIL
> I. Der Beklagte wird verurteilt, an den Kläger € 4000,– zu zahlen.
> II. Der Beklagte trägt die Kosten des Rechtsstreits *(§§ 91 + 91a)*.
> III. Das Urteil ist gegen Sicherheitsleistung in Höhe von ... vorläufig vollstreckbar *(§ 709 S. 1; alternativ: § 709 S. 2)*.

Anmerkungen:

(1) **Hauptsache:** *Kein* Ausspruch bzgl. des übereinstimmend für erledigt erklärten Betrags: seine Rechtshängigkeit ist entfallen, es gibt nichts mehr zu erkennen. Auch ein lediglich klarstellender Hinweis („In Höhe von € 10 000,– haben die Parteien den Rechtsstreit übereinstimmend für erledigt erklärt") ist ganz unüblich (wenn auch nicht verboten, weil ja nur klarstellend), da in die Formel nur getroffene Entscheidungen gehören. Falsch jedenfalls: „... ist in Höhe von ... erledigt", weil das weder geprüft noch entschieden wird.

Wird die Klage *jenseits* des übereinstimmend für erledigt erklärten Betrages *abgewiesen,* lautet die Formel auch nur: „Die Klage wird, soweit die Parteien die Hauptsache nicht für erledigt erklärt haben, abgewiesen", oder auch einfach: „Die Klage wird abgewiesen". Der Rechtskraftumfang abweisender Urteile – hier nur € 4000,– ergibt sich dann aus TB und den E-Gründen, einschließlich dem dort in Bezug genommenen Parteivortrag (BGH NJW-RR 99, 1006; ThP § 322, 17).

(2) **Kosten: § 91** bzgl. € 4000,–, **§ 91a** bzgl. Teilerledigungserklärung über € 10 000,–. Inwieweit die KostenE auf § 91 bzw. § 91a beruht, wird im Tenor nicht differenziert (ThP § 91a, 44), sondern erst in den E-Gründen erläutert. Nach dem auch hier geltenden Grundsatz der Einheitlichkeit der KostenE (dazu eingehend oben Rn. **3.**12) muss auch bei einer **Kostenmischentscheidung,** wie hier aus §§ 91 und 91a, mit **einheitlichen Quoten über die gesamten Kosten** entschieden werden (Zöller § 91a, 54).

Für die **Kostenquotierung** tritt der übereinstimmend für erledigt erklärte Teil (hier € 10 000,– Reparaturkosten) an die Stelle des dadurch erledigten Teils der ursprünglichen Klageforderung. Wäre etwa der für erledigt erklärte Teil (hier € 10 000,–) erfolglos gewesen, ist der übrige Teil (hier € 4000,–

Schmerzensgeld) aber erfolgreich, so lautet die aus § 91 und § 91a gebildete einheitliche Kostenentscheidung: „Von den Kosten des Rechtsstreits trägt K $5/7$, B $2/7$."
Zur Anfechtung der Kostenmischentscheidung vgl. ThP § 91a, 55 ff.; Zöller § 91a, 56.

11.22 Tatbestand

Kann ohne Auslegungsprobleme zweifelsfrei von einer *übereinstimmenden* Teilerledigungserklärung ausgegangen werden (wie im obigen Beispiel) ist zu beachten:

Der Tatbestand ist wie stets abzustellen auf den **Schluss** der mündlichen Verhandlung (ThP § 313, 12). Hier ist die Rechtshängigkeit des übereinstimmend für erledigt erklärten Teils bereits entfallen, sodass dessen Sach- und Streitstand nicht mehr im laufenden Text des Tatbestands, sondern erst in der abschließenden Prozessgeschichte am Ende des Tatbestands zu berichten ist. Dort ist dann in gestraffter Form das Wesentliche zu Unstreitigem und Streitigem kurz gegenüberzustellen, da es noch relevant ist für die Kostenentscheidung; wegen der Details wird man zur Abkürzung des Schreibwerks von der Möglichkeit der Verweisung auf Schriftsätze (§ 313 II 2) besonders Gebrauch machen.

Weiter: Der **ursprüngliche volle Klageantrag** muss wenigstens der Summe nach mit stichwortartiger Kennzeichnung, worum es ursprünglich insgesamt ging, in der Prozessgeschichte vor den letzten Anträgen angegeben werden – dies ist noch relevant für die Kostenquotierung und den Streitwert – und dort ist genau anzugeben, welcher Teil davon (hier: Reparaturkosten) für erledigt erklärt worden ist (und daher für die letzten Anträge ausscheidet).

Schließlich: Schon der **Einleitungssatz** in den Tatbestand (das gilt auch für den in die Entscheidungsgründe, s. sogleich) sollte klarstellen, worum es **jetzt nur noch geht,** z.B.: „Der Kläger nimmt den Beklagten wegen eines Verkehrsunfalls in Anspruch, **zuletzt noch** wegen Zahlung eines Schmerzensgeldes in Höhe von € 4000,–."

Muss allerdings erst durch Auslegung (in den E-Gründen!) geklärt werden, ob der Beklagte wirklich zugestimmt hat (z.B.: der Beklagte hatte schon vor der Erledigungserklärung des Klägers den Klageabweisungsantrag gestellt und reagiert jetzt auf die Teilerledigungserklärung nur mit den Worten: „der Beklagte gibt hierzu keine Erklärung ab"), muss diese Auslegung und ihr Ergebnis den Entscheidungsgründen vorbehalten bleiben und kann nicht in den Tatbestand vorverlagert werden. Da sonach für den Tatbestand nicht von einer *übereinstimmenden* Teilerledigterklärung ausgegangen werden kann, muss der Tatbestand zwangsläufig so gestaltet werden, wie bei einer nur einseitigen (unten Rn. **11.26**), d.h. der gesamte Sach- und Streitstand incl. des für erledigt erklärten Teils ist normal im laufenden Tatbestand zu berichten und nicht abgekürzt erst in der abschließenden Prozessgeschichte.

Kann zweifelsfrei von einer *übereinstimmenden* Teilerledigungserklärung ausgegangen werden, ergibt sich folgendes **Aufbauschema:**

Aufbauschema für TB bei übereinstimmender Teilerledigungserklärung:

Einleitungssatz: „Der Kläger nimmt den Beklagten in Anspruch *zuletzt noch* wegen ...".
   I. Unstreitiges zum Rest
   II. Streitiges Klägervorbringen zum Rest
   III. Prozessgeschichte
      „Ursprünglich begehrte der Kläger *insgesamt* ... (= ursprünglicher voller Antrag). Die Parteien haben jedoch übereinstimmend den Rechtsstreit in Höhe von ... betreffend ... für erledigt erklärt. Der Kläger beantragt *zuletzt:*"
   IV. Neue Anträge zum Rest
   V. Streitiges Beklagtenvorbringen zum Rest
   VI. Gesonderte Prozessgeschichte: Streitstand bzgl. Erledigungsbetrag z. Zt. der übereinst. Erklärungen. Kurzgefasst darstellen das Unstreitige und das streitige Vorbringen der Parteien: der Streitstand ist ja nach wie vor aktuell für die Kostenentscheidung.
   VII. Sonstige Prozessgeschichte.

Entscheidungsgründe: 11.23
Einleitungssatz: Stellen Sie eingangs klar, worum es *jetzt nur noch* geht, wozu der Leser nur noch Ausführungen erwarten darf. Im Beispiel etwa:
„Hinsichtlich der Position Reparaturkosten haben die Parteien den Rechtsstreit übereinstimmend für erledigt erklärt (dazu unten III). Zu entscheiden war daher zur Hauptsache nur noch über die Schmerzensgeldforderung. Insoweit erwies sich die Klage als begründet."
(Die im Urteil zulässige Verweisung nach unten macht schon eingangs klar, dass zum übrigen Teil der ursprünglichen Klageforderung noch gesondert eingegangen wird, er also nicht übersehen wurde.)
I. Die Klage ist **zulässig**, insbesondere ist der Klageantrag bestimmt (§ 253 II ZPO, Anm.: für unbezifferte Schmerzensgeldanträge vgl. ThP § 253, 12) und das Gericht zuständig (§§ 12, 13 ZPO, § 71 GVG). Die Ermäßigung des Streitwerts nach übereinstimmender Teilerledigungserklärung hat an der weiteren Zuständigkeit des Gerichts gemäß § 261 III Nr. 2 ZPO nichts geändert.
II. Der zur Entscheidung **verbliebene Klageanspruch** auf Zuerkennung eines Schmerzensgeldes ist nach Grund und Höhe gemäß §§ 823 I, 253 II BGB begründet ... (wird ausgeführt).
III. Die **Kostenentscheidung** beruht auf § 91 und § 91a ZPO.
1. Hinsichtlich des Klageantrags auf Zahlung von Schmerzensgeld beruht die Kostenentscheidung auf § 91 ZPO, da der Beklagte insoweit nach Beweisaufnahme unterlag.
2. Hinsichtlich des ursprünglichen Klageantrags auf Erstattung der Reparaturkosten haben die Parteien den Rechtsstreit übereinstimmend für erledigt erklärt. Wegen der insoweit nach § 91a ZPO zu treffenden Kostenentscheidung war auf den mutmaßlichen Ausgang des Rechtsstreits hierzu abzustellen, der Beklagte wäre auch hier unterlegen gewesen.
(Außer der nun folgenden Beweiswürdigung können in der Klausur an dieser Stelle z.B. auch Probleme der Verspätungspräklusion zu erörtern sein, wenn sie gerade den für erledigt erklärten Teil betreffen. Etwa: „Der Beklagte hat die Reparaturkosten erst nach Ablauf der Klageerwiderungsfrist und kurz vor dem Termin bestritten. Gleichwohl war dieser Vortrag nicht gemäß § 296 I ZPO zu präkludieren und führte daher gleichwohl zur Beweisaufnahme, da die drohende Verzögerung noch aufgefangen werden konnte durch Ladung sämtlicher Zeugen").
Die Beweisaufnahme zur umstrittenen Unfallbedingtheit der Reparaturkosten hat den Vortrag des Klägers bestätigt:
Der **Zeuge A** hat *im Wesentlichen* (Kurzfassung im Rahmen von § 91a) bekundet ... und damit das Beweisthema bestätigt. Seine Aussage war glaubhaft, die Peron des Zeugen glaubwürdig, da ...
Der **Zeuge B** hat *im Wesentlichen* bekundet ... (Kurzfassung, aber konkret wie soeben)
Der **Zeuge C** konnte sich an den Vorgang nicht mehr erinnern und hat damit das Beweisthema nicht bestätigt, es aber auch nicht verneint.
3. Der Ausspruch zur vorläufigen Vollstreckbarkeit beruht auf § 709 S. 2 ZPO.

Streitwert 11.24
Nach **h.M.** ist Streitwert **nach** übereinstimmender Teilerledigungserklärung nur mehr der Wert des **nicht für erledigt erklärten Teils** ohne Hinzurechnung der bis zur Erledigungserklärung angefallenen anteiligen Kosten, da diese wegen § 4 den Streitwert nicht erhöhen: sie sind – solange noch ein Teil der Hauptsache anhängig ist (hier € 4000,–) – nur Nebenforderungen.

Anders ist es bei *voller* übereinst. Erledigungserklärung: hier erlischt die RHängigkeit der *Hauptsache* und es entstehen anschließend anfallende Gebühren aus – mangels Hauptsache – dem Wert der bis zur Erledigungserklärung angefallenen Kosten.
BGH NJW-RR 95, 1090; ThP § 91a, 57, 58; Zöller § 3, 16 „Erledigung".

2. Die einseitige Teilerledigungserklärung des Klägers 11.25

Beispiel: Wie Beispiel zu 1, jedoch widerspricht der RA des B der Erledigungserklärung. Es folgt eine für K erfolgreiche Beweisaufnahme über die ganzen € 14000,–.

§ 11 Die Erledigung der Hauptsache

Prüfungsschema:

Es liegen jetzt **2 verschiedene Anträge** vor: Leistungsklage über (noch) € 4000,– und Feststellungsantrag bzgl. € 10 000,–. Die Anträge wird man in der Zulässigkeits- und in der Begründetheitsprüfung am besten jeweils getrennt erörtern.

(I) Zulässigkeit der Klage

(1) Die (restliche) **Leistungsklage**

(a) Ordnungsmäßigkeit der Klageerhebung, §§ 253, 78 I: (+)

(b) Sachliche Zuständigkeit: sie bleibt bestehen wegen § 261 III Nr. 2

(2) Die **Feststellungsklage** (Erledigungsantrag)

(a) Ordnungsmäßigkeit der einseitigen Erledigungserklärung, § 261 II
- Auslegung als Erledigungserklärung: Anlass ist Zahlung nach Rechtshängigkeit (ThP § 264, 6).
- Rechtshängigkeit durch „Geltendmachung" in der mündlichen Verhandlung, §§ 261 II, 297.
- Wirksamkeit als Prozesshandlung (da Klageantrag auf Feststellung), insbes. § 78 I (Zöller § 91a, 37, ThP 16 vor § 253). Hier: (+)

(b) Zulässigkeit der Klageänderung: § 264 Nr. 2.

(c) Zuständigkeit: § 261 III Nr. 2 (ThP § 4, 2).

(d) § 256: (+). Die Erledigungserklärung ist die gebotene Konsequenz aus der sonst drohenden Kostenlast gemäß § 91 und gerade wegen dieses dringenden Interesses als Institut eingeführt.

(II) § 260. Da die Anträge nicht identisch sind, tritt zwangsläufig der Effekt einer kumulativen Klagenhäufung ein, die aber problemlos zulässig ist, da der Feststellungsantrag nur eine Reduzierung des ursprünglich einheitlichen Leistungsantrags ist. Es dürfte daher auch entbehrlich sein, diesen Punkt eigens anzugliedern.

(III) Begründetheit der Klage

(1) Der (restliche) **Leistungsantrag** über € 4000,–. §§ 823 I, 253 II BGB: (+) (siehe Beweisergebnis)

(2) Der **Feststellungsantrag** (einseitige Erledigungserklärung) bzgl. € 10 000,–:

Nur eine erledigungsfähige – weil zulässige und begründete – Klage (bzw. ein teilurteilsfähiger Teil davon) kann sich erledigen:

(a) Die Klage war ursprünglich (= beim Eintritt des Erledigungsereignisses) zulässig auch bzgl. dieser weiteren € 10 000,–. Zulässigkeitsprüfung also innerhalb einer Begründetheitsprüfung.

(b) Die Klage war ursprünglich insoweit (€ 10 000,–) auch begründet. Maßgeblicher Zeitpunkt wie soeben zu (a).

(c) Eintritt eines Erledigungsereignisses (§ 362 BGB) *nach* RHängigkeit: (+)

Beide Anträge sind also begründet. Entscheidung:

ENDURTEIL

I. Der Beklagte wird verurteilt, an den Kläger € 4000,– zu zahlen.
Im Übrigen ist der Rechtsstreit in der Hauptsache erledigt. *(vgl. ThP § 91a, 45)*

II. Die Kosten des Rechtsstreits trägt der Beklagte. *(§ 91)*

III. Das Urteil ist gegen Sicherheitsleistung in Höhe von …. vorläufig vollstreckbar. *(§ 709 S. 1; bzw. § 709 S. 2)*.

(2) **Tatbestand:** Da die gesamte Sache (€ 14 000,–) rechtshängig geblieben ist, ist auch **11.26**
der **gesamte Streitstand dazu zu berichten.** Der TB beginnt also auch hier mit
dem Unstreitigen zum gesamten Komplex, dem streitigen Klägervortrag zu den gesamten € 14 000,–. Dann folgt eine kurze **Prozessgeschichte zur einseitigen Erledigungserklärung,** beginnend mit dem ursprünglichen vollen Klageantrag (der nicht
wörtlich, aber doch der Summe nach berichtet werden muss) und der Erklärung, dass
davon der Kläger einen Teil (genau sagen, welcher Teil des Streitgegenstands davon
betroffen ist) für erledigt erklärt hat.

Dann folgen die **Anträge:** beim Kläger nur der **zuletzt** noch gestellte (restliche, hier:
€ 4000,–) **Leistungs**antrag. Der Feststellungsantrag (hier: € 10 000,–) wird nur dann
als solcher wörtlich berichtet, wenn ihn der Kläger (was selten geschieht) ausdrücklich
als eigenen Feststellungsantrag formuliert hat (i.d.R. begnügt sich der Kläger mit der
bloßen Abgabe der Erledigungserklärung, dann genügt der Bericht hierüber in der
vorangestellten Prozessgeschichte). Die ablehnende Reaktion des Beklagten wird kurz
vor oder nach dessen Klageabweisungsantrag berichtet.

> **Beispiel:** „Der Kläger fordert Schadenersatz und Schmerzensgeld wegen eines Verkehrsunfalls.
> Am ... ereignete sich ... (Unstreitiges). Der Kläger behauptet, unfallbedingt folgende Schäden und
> Beeinträchtigungen erlitten zu haben ... (Streitiges). Er hat daher zunächst beantragt, den Beklagten zur Zahlung von € 14 000,– zu verurteilen. In der mündl. Verh. vom ... hat er den Rechtsstreit in Höhe von € 10 000,– betreffend die Position Instandsetzung der Karosserie für erledigt erklärt.
> Der Kläger beantragt zuletzt:
>   Der Bekl. wird verurteilt, an den Kläger € 4000,– zu zahlen.
> Der Beklagte beantragt,
>   die Klage abzuweisen.
> Der Bekl. **widersetzt** sich der vom Kläger erklärten Hauptsacheerledigung, da die Klage auch
> bzgl. der Position Karosseriearbeiten unbegründet sei.
> Der Bekl. bestreitet zum gesamten Klagevorbringen ...".

Streitwert **11.27**

Der Gebührenstreitwert *nach* einseitiger Teilerledigungserklärung ist der Wert der restlichen Leistungsklage (im obigen Beispiel € 4000,–) zuzüglich des Werts der Erledigungs-Feststellungsklage. Letzterer ist wie bei voller einseitiger Erledigungserklärung
umstritten: 3 Meinungen wie oben Rn. **11.**14, vgl. ThP § 91a, 62.

Nach der von mir favorisierten Meinung beträgt er 50% der einseitig für erledigt
erklärten Leistungsklage über € 10 000,–, also € 5000,–, Gebührenstreitwert demnach
€ 4000,– + € 5000,– = € 9000,– ab einseitiger Teilerledigungserklärung.

§ 12 Die Widerklage

Die Widerklage ist eine echte **Klage besonderer Art,** die vom Beklagten im selben **12.01**
Verfahren gegen den Kläger (und bei Drittwiderklage zusätzlich gegen Dritte) erhoben
wird. Sie kann erhoben werden als Leistungs-, Feststellungs- und Gestaltungswiderklage.

Die Vorteile der Widerklage sind insbesondere:
§ 33 (zusätzlicher Gerichtsstand). Die Beweise werden nur einmal, im Idealfall in einem einzigen
Termin, erhoben (Zeit und Geld!). Der Prozess ist billiger als 2 getrennt geführte Prozesse: nach §§ 23

I 1 RVG, 45 I GKG fallen die Gebühren nur einmal an und zwar entweder aus dem höchsten Einzelwert (z. B. nur der Klage) oder aus der Addition beider Streitwerte, die infolge der Degression der Gebühren mit steigendem Streitwert zu einer Abflachung der Gebühren führt, so dass der addierte Streitwert letztlich billiger kommt (vgl. oben Rn. 3.12).

I. Die prozessuale Behandlung der Widerklage

12.02 **1. Erhebung:** § 261 II (Schriftsatz oder in mündlicher Verhandlung gem. § 297).

2. Zulässigkeit: als Klage besonderer Art erfordert die Widerklage neben den allgemeinen auch besondere Sachurteilsvoraussetzungen (dazu unten II; ThP § 33, 17, 22).

3. § 33 gibt unstreitig einen zusätzlichen, besonderen Gerichtsstand und kommt in dieser Funktion dann schon gar nicht zum Tragen, wenn für die Widerklage ohnehin bereits die Zuständigkeit aus §§ 12, 13 gegeben ist. Streitig ist nur, ob daneben die Konnexität besondere Sachurteilsvoraussetzung ist (dazu unten II).

4. § 33: Begriff des „Zusammenhangs" (Konnexität)
Er entspricht weitgehend dem des § 273 BGB und ist hier wie dort weit auszulegen (ThP § 33, 4). „Zusammenhang" besteht, wenn die prozessualen Ansprüche auf ein gemeinsames Rechtsverhältnis zurückzuführen sind (Zöller § 33, 15), wofür genügt, wenn ihnen ein **innerlich zusammengehöriges einheitliches Lebensverhältnis** zugrundeliegt, das es als wider Treu und Glauben verstoßend erscheinen lässt, wenn der eine Anspruch ohne Rücksicht auf den anderen geltend gemacht und verwirklicht werden könnte (so für § 273 BGB: BGHZ 92, 196; Palandt § 273, 9).

Der Zusammenhang muss mit dem Streitgegenstand der Klage (a), oder mit Verteidigungsmitteln (b) bestehen.

a) **Mit dem Streitgegenstand der Klage:**
Beispiele: Konnexität besteht insbesondere für Rechtsfolgen, die jede Partei für sich aus der Gültigkeit oder Ungültigkeit desselben Vertrages herleitet (z. B. Klage auf Kaufpreisrestzahlung, Widerklage auf Rückzahlung der Anzahlung gemäß § 812 I BGB), oder dem Bestand/Nichtbestand einer Haftung aus gesetzlichem Schuldverhältnis (z. B. §§ 987 ff., 823 ff. BGB), etwa bei Teilklage auf zunächst nur Sachschadensersatz, Widerklage auf Feststellung, dass überhaupt keine Haftung aus dem Schadensvorfall besteht, § 256 II. In den Fällen des § 256 II besteht in der Vorgreiflichkeit stets auch die Konnexität i. S. v. § 33 (StJ 18; ThP 5 zu § 33).
Keine Konnexität besteht bei Klage auf Mietzins mit Widerklage aus Kauf (hier sind nur die Personen dieselben), Zöller § 33, 15.

b) **Mit Verteidigungsmitteln:**
Gemeint sind nur selbstständige, wie Einwendungen (z. B. §§ 362, 389 BGB) oder Einreden (z. B. § 214 BGB), also *nicht* auch *Beweismittel* (ThP § 33, 6).
Beispiel: K klagt € 5000,– ein, B rechnet dagegen mit einer Gegenforderung über € 12 000,– vorsorglich auf (womit ggfls. € 5000,– verbraucht sein können) und erhebt Widerklage auf den überschießenden Betrag von € 7000,– (Zöller 16, ThP 6 zu § 33). Der „innerlich zusammengehörige Lebenssachverhalt" ist hier das Geschehen, das der *Gesamtforderung* über € 12 000,– zugrunde liegt, und dies verbindet das Verteidigungsmittel Aufrechnung mit der Widerklage.

5. Streitwert. Streng zu trennen sind:

a) Zuständigkeitsstreitwert: § 5 Hs. 2 (also nie Addition!).

b) Gebührenstreitwert, §§ 45 I GKG, 23 I 1 RVG: Klage und Widerklage betreffen
- *denselben Gegenstand* (im wirtschaftlichen Sinne, nicht i. S. der Streitgegenstandslehre), § 45 I 3 GKG: keine Addition, der höhere Einzelwert ist maßgebend.

Beispiel: Mietzinsklage und Feststellungswiderklage, dass kein wirksamer Mietvertrag bestehe; Klage auf einen Teil der Leistung, dagegen negative Feststellungswiderklage wegen gänzlich fehlenden Haftungsgrundes; Klage auf Zahlung gegen den Bürgen, Widerklage auf Herausgabe der Bürgschaftsurkunde (StJ § 5, 34).

- *verschiedene Gegenstände,* § 45 I 1 GKG: Addition.

  Beispiel: Klage auf Zahlung des Restkaufpreises, Widerklage auf Rückzahlung bereits erfolgter Zahlungen. Klage und Widerklage auf wechselseitigen Schadensersatz aus Verkehrsunfall (StJ § 5, 35).

6. Selbstständigkeit der Widerklage: Die Widerklage ist nicht etwa ständig abhängig von dem Fortbestand der Hauptklage, also nicht akzessorisch. Lediglich **bei Erhebung** der Widerklage muss die Hauptklage schon und noch rechtshängig sein (besondere Prozessvoraussetzung). **Danach** aber ist sie unabhängig vom weiteren Fortbestand der Hauptklage, daher z. B. Fortgang des Verfahrens zur Widerklage, wenn nach deren Erhebung die Hauptklage zurückgenommen wird (BGHZ 40, 189; ThP § 33, 23). Die Rechtshängigkeit der Hauptklage ist sozusagen nur als „Sprungbrett" für eine zulässige Widerklage nötig, die nach dem „Absprung" eigenständig fortbesteht.

7. Verhandlung und Beweisaufnahme erfolgen **gemeinsam.** Ein Teilurteil (§ 301) über Haupt- oder Widerklage darf nur ergehen, wenn es davon unabhängig ist, wie der Streit über den Rest ausgeht (dabei auch an die Rechtsmittel denken!), weshalb angesichts des i. d. R. vorliegenden Zusammenhangs äußerste Vorsicht und Zurückhaltung am Platze ist, vgl. oben Rn. 7.04.

Abgetrennt werden darf gemäß **§ 145 II** nur eine *nicht* (!) konnexe Widerklage. Da die Widerklagen in aller Regel konnex sind, scheidet Abtrennung also normalerweise aus.

8. Verspätungspräklusion, § 296? Nein: da die Widerklage der Angriff *selbst* ist und nicht lediglich Angriffs*mittel* (vgl. § 146; ThP § 146, 2), kann sie und der Vortrag zu ihrer Begründung nicht wegen Prozessverzögerung gem. § 296 I, II präkludiert (damit als unbegründet behandelt) werden (Zöller § 33, 9).

9. Versäumnisurteil, § 347 I

Die Widerklage wird gem. § 347 I auch im Säumnisverfahren einer Klage gleichgestellt, was zur Anwendbarkeit der §§ 330 ff. führt:

a) **Säumig ist der Beklagte** und Widerkläger: bzgl. des Klageanspruchs kann gegen ihn VU gem. § 331 ergehen, bzgl. der Widerklage abweisendes VU gem. § 330. Die Widerklage muss nur rechtshängig sein, gleich wann; genügend also z. B. am Tag vor dem Säumnistermin, da § 335 I Nr. 3 den Säumigen nur in seiner Rolle als *Beklagter* schützt, ThP 4, Zöller 4 zu § 335; Zöller § 330, 8.

b) **Säumig ist der Kläger** und Widerbeklagte: bzgl. des Klageanspruchs kann gegen ihn abweisendes VU gem. § 330 ergehen, bzgl. der Widerklage aber echtes VU gem. § 331 wegen § 335 I Nr. 3 nur dann, wenn die Widerklage „rechtzeitig" (= 1 Woche, § 132) vor dem Säumnistermin zugestellt worden ist (Zöller § 330, 8). *Beachte:* für die Widerklage ist nicht mehr die 2-wöchige Einlassungsfrist gem. § 274 III zu wahren, da auf Grund der Hauptklage bereits ein Prozessrechtsverhältnis besteht, demzufolge für alle späteren Termine, selbst bei Klageänderung und Widerklage, nur noch die Frist des § 132 gilt (Zöller 4; StJ 9 zu § 274; ThP § 261, 3).

10. Widerklage erstmals in der Berufungsinstanz: § 533

Grundvoraussetzung ist, dass überhaupt eine zulässige Hauptberufung vorliegt, denn nur sie führt weiter und ermöglicht eine Abänderung des Ersturteils.

Ist diese Voraussetzung erfüllt, kann der Bekl. in Ergänzung seiner Hauptberufung oder als Berufungsbeklagter im Rahmen einer Anschlussberufung Widerklage erheben. Sie ist gem. § 533 aber nur unter der doppelten Voraussetzung zulässig, dass der Gegner einwilligt, bzw. das Gericht sie für sachdienlich hält (§ 533 Nr. 1) *und* dass sie auf Tatsachen gestützt ist, die das Berufungsgericht „ohnehin" nach § 529 zugrundezulegen hat, die also keine Einbeziehung neuer Tatsachen lediglich für die Widerklage erfordert (Betonung durch das „ohnehin"), § 533 Nr. 2.

Andernfalls ist die Widerklage als unzulässig durch *Prozessurteil* abzuweisen und daneben die sie tragende (Anschluss-)Berufung insoweit als unbegründet zurückzuweisen (ThP § 533, 6).

II. Prüfungsschema und Urteil

Zur Betonung der Grundlinien sei von folgendem einfachen Sachverhalt ausgegangen:

12.03 **Beispiel:** K aus Nürnberg verklagt B aus München vor dem LG München I auf Zahlung eines Kaufpreises von € 10 000,–. B erhebt mit zugestelltem Schriftsatz Widerklage auf Zahlung von € 3000,– aus Darlehen, das er dem K gewährt habe. K und B sind ordnungsgemäß anwaltlich vertreten, die Anwälte verhandeln im 1. Termin sogleich zur Sache. Nach der Beweisaufnahme erweist sich die Klage als voll, die Widerklage jedoch nur in Höhe von € 1300,– als begründet.

Prüfungsschema:

Aufbau: Klage und Widerklage werden sowohl im Gutachten, als auch in den Entscheidungsgründen **getrennt** und **nacheinander** erörtert.

(A) Die Klage (§ 433 II BGB).

(I) Zulässigkeit:

(1) Ordnungsmäßigkeit der Klageerhebung, §§ 253, 78 I: (+)

(2) Örtliche Zuständigkeit: §§ 12, 13.

(3) Sachliche Zuständigkeit: §§ 71 I, 23 Nr. 1 GVG (€ 10 000,–)

(II) Begründetheit;

Die Kaufpreisklage ist nach dem Beweisergebnis voll begründet.

(B) Die Widerklage (§ 488 I BGB).

(I) Zulässigkeit:

(1) Allgemeine Prozessvoraussetzungen (ThP § 33, 17):

(a) Ordnungsmäßigkeit der Klageerhebung, §§ 261 II, 78 I: (+).

(b) Örtliche Zuständigkeit:

(aa) §§ 12, 13: nein, zuständig wäre Nürnberg.

(bb) § 33: nein, es fehlt die Konnexität (vgl. oben I 4).

(cc) Jedoch § 39: der Kläger hat sogleich rügelos zur Hauptsache verhandelt (ThP § 39, 4), die Ausnahmefälle des § 40 II liegen nicht vor.

(c) Sachliche Zuständigkeit, §§ 23 Nr. 1, 71 I GVG:

(aa) keine Addition der Streitwerte, § 5 Hs. 2, also zuständig an sich das AG.

(bb) Aber: Die Zuständigkeit des LG umfasst die des AG (ThP § 33, 18; Zöller § 33, 12). Im Übrigen: § 39 S. 1 (ThP 3 vor § 38). Hier also: (+)

(d) **Keine anderweitige Rechtshängigkeit**, § 261 III Nr. 1. Die Widerklage muss einen von der Hauptklage verschiedenen Streitgegenstand haben, darf sich also nicht in der Verneinung des Klageanspruchs erschöpfen.

Beispiel: Unzulässig wäre hier ein Widerklageantrag auf Feststellung, dass B dem K *keinen* Kaufpreis von € 10 000,– schulde, zulässig aber evtl. Feststellungswiderklage gem. § 256 II, dass der Kaufvertrag nicht bestehe (dies aber nur dann, wenn die Feststellung dieses präjudiziellen Rechtsverhältnisses Bedeutung haben kann über den Gegenstand der Erfüllungsklage *hinaus*, z.B. weil K Ansprüche aus Schlechterfüllung des Kaufvertrages (§ 280 I BGB) geltend gemacht hat, s. unten Rn. **12.**07 und Zöller 26, ThP 32 zu § 256). Weiteres Beispiel bei ThP § 33, 21. Hier: (+).

(2) Besondere Prozessvoraussetzungen (ThP 22 ff.; Zöller 17 ff. zu § 33):   **12.04**

(a) **Rechtshängigkeit der Hauptklage.** Diese ist aber nur erforderlich bei **Erhebung** der Widerklage, **danach** ist die Widerklage unabhängig vom Fortbestand der Hauptklage. Hier (+).

Bei Erhebung der Widerklage muss die Klage in der *Hauptsache* noch rechtshängig sein. Daran fehlt es, wenn die Widerklage erst erhoben wird nach rechtskräftigem Urteil über die Klage, oder erst erhoben wird nach Klagerücknahme oder erst dann, wenn nach einem Prozessvergleich oder übereinstimmender Erledigungserklärung die Rechtshängigkeit in der Hauptsache erloschen ist und nur noch über die Kosten zu entscheiden ist (BGH NJW-RR 01, 60; ThP § 33, 23; § 91a, 17; § 794, 26). Unzulässig ist auch eine Widerklage, die erst nach Schluss der mündlichen Verhandlung eingeht oder erhoben wird, da über sie (wenn das Gericht eine Wiedereröffnung der mündlichen Verhandlung gem. § 156 I ablehnt) nicht mehr mündlich verhandelt werden kann, BGH NJW 00, 2513; NJW-RR 92, 1085. Das Prozessurteil kann ausnahmsweise ohne mündliche Verhandlung ergehen, da andernfalls die unzulässige Widerklage durch Wiedereröffnung der mündlichen Verhandlung zulässig werden würde (vgl. BGH NJW-RR 92, 1085, offen gelassen in BGH NJW 00, 2513).

(b) **Gleiche Prozessart** für Klage und Widerklage.

Dazu und Beispiele schon oben Rn. **8.**04.

(c) **Parteiidentität** (ThP § 33, 28). Die Widerklage hat gewisse Privilegien, die sich nur daraus rechtfertigen, dass bereits ein Prozessrechtsverhältnis zwischen den Parteien der Hauptklage besteht. Daher ist die Widerklage als privilegierte Klage und mit diesen Privilegien nur zulässig, wenn an ihr mindestens **auch die Parteien der Hauptklage beteiligt** sind, sie also vom Beklagten der Hauptklage gegen deren Kläger gerichtet ist (Zöller § 33, 18).

Eine andere und umstrittene Frage ist, ob die Einbeziehung *Dritter* im Wege der Widerklage zulässig ist und ob es sich dann auch insoweit um *echte* Widerklagen oder nur um schlichte streitgenössische Klagen handelt. Dazu unten III 4.

(d) **Konnexität.** Sie fehlt zwischen Kaufpreis- u. Darlehensklage. Strittig aber ist, ob sie eine zusätzliche besondere Prozessvoraussetzung der Widerklage ist:

(aa) Nach **h. M.** regelt § 33 lediglich den Gerichtsstand (Stellung des § 33 im Gesetz, Wortlaut) ThP 1; StJ 6, 7; Zöller 2; BL 1 zu § 33.

(bb) Nach **a. A.** regelt § 33 neben dem besonderen Gerichtsstand zugleich die besondere Prozessvoraussetzung der Konnexität: die mit der Widerklage ermöglichte gemeinsame Beweisaufnahme etc. sei sinnlos, wenn jeglicher Zusammenhang fehle (Grunsky VerfR S. 140; RGZ 114, 173; BGHZ 40, 178; BGH NJW 75, 1228). **Jedoch:** das Fehlen der Konnexität kann gem. **§ 295 I geheilt** werden durch rügelose Einlassung des Widerbeklagten (BGH LM Nr. 7 zu § 1025; ThP 7; StJ 20 zu § 33). So liegt der Fall hier, da K im 1. Termin sofort rügelos zur Hauptsache verhandelt hat.

Die Widerklage ist also nach alledem zulässig.

(II) Begründetheit:

Die Widerklage auf Rückzahlung des Darlehens hat sich nur in Höhe von € 1300,– als begründet erwiesen, im Übrigen (€ 1700,–) ist sie abzuweisen.

Der Tenor wird etwa lauten:

> **ENDURTEIL**
> I. Der Beklagte wird verurteilt, an den Kläger € 10 000,– zu zahlen.
> II. Auf die Widerklage hin wird der Kläger verurteilt, an den Beklagten € 1300,– zu zahlen. Im Übrigen wird die Widerklage abgewiesen.
> III. Von den Kosten des Rechtsstreits trägt der Kläger $^1/_{10}$, der Beklagte $^9/_{10}$.
> IV. Das Urteil ist vorläufig vollstreckbar, für den Kläger jedoch nur gegen Sicherheitsleistung in Höhe von € 12 400,–, für den Beklagten nur gegen Sicherheitsleistung in Höhe von € 1500,– *(§ 709 S. 1; alternativ § 709 S. 2: 110%).*

Anmerkungen:

(1) Es empfiehlt sich, im gesamten Urteil nur von dem „Kläger" und dem „Beklagten" (bei diesem ggfls. zusätzlich von „Widerkläger" zu sprechen, so auch z.B. der BGH, vgl. etwa BGH NJW 09, 148), denn ein ständiges Aufführen der doppelten Parteirolle (der „Kläger *und* Widerbeklagte" vom „Beklagten *und* Widerkläger" …) macht das Urteil nur unübersichtlich (anders nur bei Widerklagen mit Drittbeteiligung). Im *Rubrum* freilich muss die Doppelrolle stets kenntlich gemacht werden.

(2) Kosten: § 92 I. Der Gebührenstreitwert beträgt gem. § 45 I S. 1 GKG € 13 000,–, hierzu unterliegt B mit € 11 700,–, also zu $^9/_{10}$.

(3) Zu Ziff. IV. Der Vollstreckbarkeitsausspruch folgt hier für beide Parteien jeweils aus § 709 S. 1 bzw. § 709 S. 2. Soll die Sicherheitsleistung gem. § 709 S. 1 beziffert werden, ist bzgl. des Klägers zu berücksichtigen, dass dieser Gerichtskosten nur aus dem Streitwert der Klage (€ 10 000,–) verauslagt hat (§ 12 I GKG). Beim Widerkläger ist zu beachten, dass dieser hier keinerlei Gerichtskosten verauslagt hat, da § 12 I GKG zwar für eine Klageerhöhung, nicht aber für die Widerklage Kostenvorschüsse vorsieht, **§ 12 II Nr. 1 GKG**.

12.05 Zum **Tatbestand:** siehe oben Rn. 5.12 (Aufbauskizze: Klage und Widerklage mit verschiedenen Sachverhalten).

12.06 Entscheidungsgründe:

Sie werden in derselben Reihenfolge aufgebaut, wie die vorstehende Lösungsskizze, also

> Entscheidungsgründe
> Einleitungssatz: Ergebnis von Klage und Widerklage
> I. Die Klage
>   1. Zulässigkeit
>   2. Begründetheit (incl. Nebenforderungen, wie z.B. Zinsen)
> II. Die Widerklage
>   1. Zulässigkeit
>   2. Begründetheit (incl. Nebenforderungen, wie z.B. Zinsen)
> III. Die Nebenentscheidungen
>   1. Kosten, §§ 91 ff.
>   2. Vorläufige Vollstreckbarkeit, §§ 708 ff.
>   3. Ggfls. Rechtsbehelfsbelehrung (§ 232), s. Rn. **6.**04.

III. Besondere Fälle der Widerklage

1. Die Zwischenfeststellungswiderklage, § 256 II

12.07 Gesetzeszweck: Bei der Leistungsklage etwa erwächst nur der Leistungsbefehl, der Subsumtionsschluss („… hat daher zu zahlen") in Rechtskraft, nicht auch der Grund (die Anspruchsgrundlage, etwa: Kaufvertrag). Die Zwischenfeststellungs(wider)klage gemäß § 256 II ermöglicht es, auch das den Leistungsbefehl bedingende Rechtsverhältnis (die Gültigkeit des Kaufvertrages) der Rechtskraft zuzuführen.

Sie ist allerdings **nur zulässig,** wenn dieses Rechtsverhältnis **erstens „vorgreiflich"** ist für die Hauptklage (also über diese nicht ohne Klärung dieses bedingenden Rechtsverhältnisses entschieden werden kann) und **zweitens** in ihrer Bedeutung über die Ergebnisse der Hauptklage **hinausreicht,** etwa weil der Kläger sich aus dem Rechtsverhältnis noch auf weitere, noch nicht eingeklagte Rechtsfolgen beruft (z. B. Schadensersatz wegen Verzugs oder pVV). Denn ein Rechtsschutzbedürfnis für eine zusätzliche Klage würde fehlen, wenn schon die Hauptklage alle Fragen zu diesem Rechtsverhältnis erschöpfend regeln würde (Zöller 25 f.; ThP 28, 29, 34 zu § 256).

Beispiel: K klagt Reparaturkosten aus Verkehrsunfall ein, weitere denkbare Ansprüche wegen Arztkosten und Schmerzensgeld stehen im Raum. Hier kann B Zwischenfeststellungswiderklage gem. § 256 II erheben, mit dem Antrag festzustellen, dass B aus dem Verkehrsunfall vom … überhaupt nicht hafte (z. B. wegen Alleinschuld des Klägers). Die Feststellung eines gesetzlichen Schuldverhältnisses gem. §§ 7 StVG, 823 BGB ist erstens zwingend entscheidungserheblich für die Hauptklage und zweitens über sie hinaus bedeutungsvoll für weitere denkbare Rechtsfolgen daraus.

Fehlt die Vorgreiflichkeit (weil über die Hauptklage ohne ein Eingehen auf das festzustellende Rechtsverhältnis entschieden werden kann, z. B.: ob der Klageanspruch besteht, kann offen bleiben, da er „jedenfalls" verjährt ist), so kann die nach § 256 II unzulässige Klage ggfls. als gewöhnliche (selbstständige) Feststellungsklage gem. § 256 I zulässig sein (Zöller 29; ThP 30 zu § 256).

Der **Streitwert** für die **negative** Zwischenfeststellungsklage entspricht dem Gesamtwert (100%) aller mit ihr abzuwehrenden Ansprüche (ggfls. dann keine Streitwertaddition von Klage und Widerklage infolge Teilidentität, § 45 I 3 GKG, vgl. ThP § 5, 7), derjenige der **positiven** entspricht i. d. R. 80 % einer entsprechenden Leistungsklage (ThP § 3, 65; Zöller § 256, 30).

2. Aufrechnung und Widerklage

Da die Aufrechnung nicht zur Rechtshängigkeit führt (ThP § 145, 20), ist der Beklagte in der Wahl seiner Verteidigung frei: **12.08**

Er kann z. B. aufrechnen und daneben den die Hauptklage übersteigenden Betrag per Widerklage geltend machen. Ist er aber der Auffassung, dass die Klageforderung sowieso unbegründet sei, kann er vorsorglich Eventualaufrechnung erklären und seine gesamte Gegenforderung mit **Eventual-Widerklage** (solche ist zulässig, ThP § 33, 14) für den Fall der Klageabweisung wegen Nichtbestehens der Klageforderung geltend machen (StJ § 33, 37).

Oder: der Beklagte rechnet auf und erhebt Eventual-Widerklage für den Fall, dass die Klage Erfolg hat weil die Aufrechnung unzulässig sein sollte (z. B. weil sich die Aufrechnungsforderung als einredebehaftet herausstellt, § 390 BGB). Weitere Beispiele bei Zöller § 33, 26.
Unzulässig ist aber eine parteierweiternde Hilfswiderklage gegen einen bisher unbeteiligten Dritten, da es keinem Prozessgegner zuzumuten ist, sich auf ein Verfahren einzulassen, bei dem die Möglichkeit besteht, dass es sich wieder in ein rechtliches Nichts auflöst (weil die aufschiebende Bedingung nicht oder die auflösende doch eintritt), BGH NJW 01, 2095; StJ 208 vor § 128.

3. Possessorische (§§ 861 ff. BGB) Hauptklage und petitorische (§§ 1007, 985 BGB) Widerklage. **12.09**

Beispiel (BGH NJW 79, 1358): V überlässt dem K ein Pferd zur Probe, nimmt es aber später heimlich wieder zu sich. K erreicht per einstweiliger Verfügung Aushändigung des Pferdes an einen Sequester. V und K streiten um Herausgabe des Pferdes.

Problematisch wegen § 863 BGB, aber nach h. M. zulässig: Zunächst solle die Besitzschutzklage (§§ 861 ff. BGB) der Entscheidungsreife per Teilurteil (§ 301) zugeführt werden. Bei gleichzeitiger Entscheidungsreife und Begründetheit beider Klagen solle die Hauptklage (§ 861 BGB) zur Vermeidung divergierender Entscheidungen analog § 864 II BGB abgewiesen und der Widerklage (§ 985 BGB) stattgegeben werden (BGH a. a. O.; Palandt § 863, 3).

4. Die Drittwiderklage

12.10 Unter bestimmten, im Einzelnen aber umstrittenen Voraussetzungen und Folgen ist es möglich, bisher am Prozess **unbeteiligte Dritte** im Wege der Widerklage (bzw. neben ihr) in das Verfahren einzubeziehen. Überblick zum Streitstand: Zöller 20–24; ThP 8, 10 ff. zu § 33. Im Wesentlichen geht es um 3 Fälle:

12.11 a) Fall 1: „Streitgenössische Drittwiderklage" gegen den Kläger und Dritte

Beispiel: K verklagt B auf Schadensersatz aus Verkehrsunfall. B erhebt Widerklage auf Ersatz seines Schadens und zwar gegen K *und* dessen Haftpflichtversicherung D. Zulässig? Es stehen sich insbes. 2 Auffassungen gegenüber (mit oft gleichen Ergebnissen, allerdings dürfte die Klageänderungstheorie des BGH einen größeren Spielraum eröffnen):

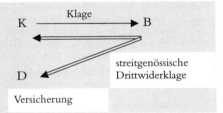

(1) Die Rechtsprechung.
BGHZ 40, 185 (grundlegend); BGH NJW 71, 466; BGH LM Nr. 12 zu § 33 ZPO; BGH NJW 75, 1228; 81, 2642; 87, 3139; 91, 2838; 96, 196; BGHZ 89, 37; 91, 132; 187, 112, Rn. 6.

(a) **Zulässigkeit:**
– Die Widerklage muss vom Beklagten erhoben sein und sich zumindest **auch** gegen den Kläger richten.
– Es müssen die Voraussetzungen der nachträglichen Parteierweiterung vorliegen, für die nach st. Rspr. **§§ 263 ff. analog** gelten, also Einwilligung des Dritten oder Sachdienlichkeit (BGHZ 131, 76).

Argument: mit der Widerklage erreiche der Widerkläger die Position eines *Klägers*, also die gleiche Position wie bei einer selbstständig erhobenen Klage, könne daher die beklagten Parteien nachträglich erweitern und deshalb unter gleichen Voraussetzungen auch sogleich mit Erhebung der Widerklage gegen den Kläger und den Dritten vorgehen, auf die zufällige zeitliche Reihenfolge, wann die subj. Klagehäufung eintrete, könne es nicht ankommen. So grundlegend BGHZ 40, 189 f. Sachdienlichkeit kann hier wegen der Gesamtschuldnerschaft gem. § 115 I S. 4 VVG bejaht werden.

(b) Ist die Drittwiderklage damit eine „echte" Widerklage, also mit allen Privilegien (insbes. §§ 33, 261 II) für den „Wider"-Kläger und zu Lasten des Dritten?

Das ist im Grundsatz zu verneinen, da sie, soweit sie sich gegen den bisher unbeteiligten Dritten richtet, schon begrifflich keine Widerklage ist (BGHZ 187, 112, Rn. 11; BGH NJW-RR 08, 1516; ThP § 33, 13). In Betracht kommt allenfalls eine analoge Anwendung, die aber für § 261 II schon deshalb ausscheidet, da dieser eine bereits bestehende Rechtshängigkeit zum Gegner (= Dritten) voraussetzt und eine Klageerhebung in mündlicher Verhandlung gegen den nicht oder nur als Zeugen anwesenden Dritten unzumutbar wäre.

Für die örtliche Zuständigkeit bejaht der BGH in teilweiser Abkehr von seiner Rspr. nunmehr eine partielle analoge Anwendung des § 33, nämlich für eine Drittwiderklage, die sich gegen den *Zedenten* der Klageforderung richtet; eine generelle analoge Anwendung blieb offen (BGHZ 187, 112; ThP 13; bejahend aber Zöller 24 zu § 33). Verneint man sie, muss sich in anderen Fällen die örtliche Zuständigkeit aus allgemeinen Bestimmungen (insbes. §§ 12, 13) oder infolge rügeloser Einlassung (§ 39) ergeben. Eine Gerichtsstandsbestimmung gem. § 36 I Nr. 3 kommt nur in Betracht, wenn die Widerbeklagten *keinen gemeinsamen* Gerichtsstand haben, scheidet also für die meisten Fälle aus.

(c) **Fehlen** die obigen Zulässigkeitsvoraussetzungen, so ist nach BGH LM Nr. 12 zu § 33 die Klage gegen den Dritten jedenfalls dann als unzulässig abzuweisen, wenn der Widerkläger auf dem Verbund beharrt. Auch insoweit bleiben aber neuere Entscheidungen abzuwarten, zumal die Lit. für Prozesstrennung plädiert.

(2) Die h. M. im Schrifttum.
ThP 8, 10ff.; Zöller 23, 24; Müko-ZPO 28 je zu § 33; Nieder ZZP 85, 437 und MDR 79, 10ff.; Wieser ZZP 86, 36ff.; Greger ZZP 88, 454.

(a) **Zulässigkeit:**
Drittwiderklagen sind, soweit sie den Dritten betreffen, keine echten Widerklagen. Ihre Zulässigkeit richtet sich allein nach den Regeln jeder normalen Streitgenossenschaft, also nach **§§ 59, 60,** und ggfls. nach den Regeln über Prozessverbindung und -trennung (§§ 145, 147), nicht nach §§ 263 ff. analog. Die Voraussetzungen sind hier wegen Gesamtschuldnerschaft gemäß § 115 I 4 VVG erfüllt.

(b) **Die Privilegien der Widerklage** (insbes. §§ 261 II, 33) **gelten nicht.** § 33 kann jedoch ggfls. analog angewandt werden für die örtliche Zuständigkeit (insoweit wie soeben zu 2b mit BGHZ 187, 112: ThP 13, weitergehend Zöller 24 zu § 33).

(c) **Fehlen** die Voraussetzungen der §§ 59, 60, so wird lediglich **getrennt** (§ 145), nicht aber die Dritt-Widerklage als unzulässig abgewiesen.

b) Fall 2: „Isolierte Drittwiderklage" ausschließlich gegen den Dritten   12.12

Beispiel: B erhebt isolierte „Widerklage" lediglich gegen die klägerische Haftpflichtversicherung.

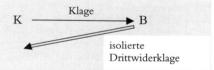

Sie ist nach allen Auffassungen (mit ähnlichen Positionen) jedenfalls **grundsätzlich unzulässig:** nach Auffassung des BGH (NJW 08, 2852, Rn. 26) deswegen, weil die Widerklage sich nicht *auch* gegen den Kläger richtet (nur dies ermöglicht die Parteierweiterung), nach der h. M. im Schrifttum (= §§ 59, 60) deswegen, weil zwischen K und der Haftpflichtversicherung überhaupt *keine Streitgenossenschaft* besteht, sie also auch nicht zulässig sein kann, denn beide müssten ja auf *derselben* Seite als *Beklagte* stehen (Streitgenossen sind nur die, die auf derselben Parteiseite stehen, ThP 1 vor § 59). ThP § 33, 11. Das Gericht kann aber verbinden (§ 147), andernfalls wird es trennen (§ 145) und (mit Lit.) nicht abweisen.

Der BGH hat jedoch **Ausnahmen** zugelassen unter 3 Voraussetzungen (BGH NJW 07, 1753): (1) Die Gegenstände der Klage und der Drittwiderklage müssen derart eng miteinander verknüpft sein, dass der Sinn des § 33 auch hier zutreffe, zusammengehörende Ansprüche miteinander zu verhandeln und zu entscheiden. (2) Schützenswerte Interessen des isoliert Widerbeklagten dürfen nicht verletzt werden. (3) Es müssen die Voraussetzungen der Klageänderung, nach deren Maßstäben auch die parteierweiternde Widerklage zu behandeln sei (Einwilligung des Dritten bzw. Sachdienlichkeit) vorliegen.

BGHZ 91, 132: Klage einer KG auf Rückzahlung eines Darlehens gegen die Erbin eines Gesellschafters, Widerklage der Beklagten gegen die KG auf Feststellung der Gesellschaftszugehörigkeit der Beklagten, später Parteiwechsel auf die Gesellschafter als alleinige Feststellungsgegner. Am Ende des Prozesses richtete sich die Drittwiderklage ausschließlich gegen Letztere als Dritte.

Zum Verständnis des Parteiwechsels: dieser war zur Vermeidung einer Abweisung der Widerklage erforderlich, da bei der handelsrechtlichen Personengesellschaft der Streit, ob jemand der Gesellschaft angehört, nicht mit dieser, sondern nur mit den Mitgesellschaftern ausgetragen werden kann, da die

Streitigkeit den Gesellschaftsvertrag betrifft, den nur die Gesellschafter untereinander und nicht mit der Gesellschaft abgeschlossen haben (BGHZ 48, 176; 91, 133). Die Gesellschaft (KG) war daher für die Feststellungsklage gar nicht passivlegitimiert gewesen.

BGHZ 91, 134; 147, 222: Die Zulässigkeit dieser Drittwiderklage gründet sich auf die Besonderheit, dass das auf sie ergehende Urteil für die Gesellschaft (KG) verbindlich ist und damit auch für die Darlehensklage der KG vorgreiflich sein kann (Anm.: In diesem Fall lag immerhin zunächst eine echte und zulässige Widerklage vor, die der Widerklägerin die Rechte einer Klägerin zu Parteiveränderungen verschaffte).

BGHZ 147, 220: K klagt aus abgetretenem Recht eine Honorarforderung des Architekten A ein. Der beklagte Bauherr beruft sich demgegenüber auf eine Schadensersatzforderung gegen den Architekten A wegen dessen fehlerhafter Planungsleistungen. Da er mit dieser Gegenforderung mangels Passivlegitimation des K gegen diesen keine Widerklage erheben, sondern nur gemäß § 406 BGB aufrechnen kann, erklärt er gegenüber K die Eventualaufrechnung und erhebt gleichzeitig isolierte Drittwiderklage nur gegen den Architekten A, der in diese nicht einwilligt.

BGH: Die Drittwiderklage ist hier ausnahmsweise zulässig, da die Widerklage der Aufgabe dient, zusammengehörende Ansprüche (hier: die Widerklageforderung ist identisch mit der Aufrechnungsforderung) miteinander zu verhandeln und zu entscheiden (Anm.: aber es liegt ja gar keine Widerklage im Sinne einer Gegenklage des Beklagten gegen den Kläger vor, dann kann auch nicht aus deren Funktion gefolgert werden!). Dieser Fall sei nicht anders zu behandeln, als wenn der beklagte Bauherr die Schadensersatzforderung per (unbegründeter) Widerklage gegen den Zessionar K geltend gemacht und sodann oder gleichzeitig den A per Drittwiderklage verklagt hätte: solche Drittwiderklage wäre nach der Rspr. zulässig gewesen. Allein der Umstand, dass B aus materiellrechtlichen Gründen (fehlende Passivlegitimation des K) seinen Angriff gegen den Zessionar nicht per Widerklage, sondern nur im Wege der Aufrechnung führen könne, rechtfertige es nicht, die Drittwiderklage für unzulässig zu halten.

Auch die weiteren Zulässigkeitsvoraussetzungen liegen vor: Schützenswerte Belange des A werden nicht verletzt, der Parteierweiterung (analog § 263) hat zwar A nicht zugestimmt, sie ist aber jedenfalls sachdienlich (was BGH a. a. O. in letzter Instanz erklärt hat).

Nach der gegenteiligen Literaturauffassung liegt indes kein Sonderfall vor: der Prozess ist zu trennen, da gar keine Streitgenossenschaft zwischen K und A besteht, oder er ist durch Verbindungsbeschluss auf juristisch ordnungsgemäße Füße zu stellen. Der Unterschied zur Auffassung des BGH liegt darin, dass die Drittwiderklage, wenn man sie mit dem BGH als *Widerklage* behandelt, wegen ihrer Konnexität nicht abgetrennt werden darf (§ 145 II), der Drittwiderkläger den Verbund (und die Ausschaltung der Zeugenstellung des Dritten A) also erzwingen kann.

BGH NJW 07, 1753: A tritt seine Schadensersatzansprüche gegen B aus Verkehrsunfall ab an seinen Sohn S (um Zeugenstellung zu erlangen). S erhebt aus abgetretenem Recht Klage gegen B, der daraufhin isolierte Drittwiderklage erhebt gegen A (u. a. um dessen Zeugenstellung auszuschalten).

BGH: Enge Verknüpfung der beiden Prozessinhalte wegen einheitlicher Feststellung des streitigen Unfallhergangs und der Mitverursachungsanteile. Schützenswerte Belange des A werden nicht verletzt, zumal er die eigentliche „materielle" Partei auf Klägerseite ist und den Gegenstand der Hauptklage genau kennt. Dass A jetzt die Zeugenstellung verliert, stellt nur die Situation her, in der A ohne die – zur Erlangung der Zeugenstellung erfolgte – Abtretung gestanden hätte. Sachdienlichkeit (§ 263 analog) ist zu bejahen, da die Klärung aller Fragen in nur 1 Prozess prozesswirtschaftlich ist.

Ebenso **BGH NJW 08, 2852** und **BGHZ 187, 112** in weiteren Fällen der Klage des Zessionars und isolierter „Widerklage" nur gegen den Zedenten.

12.13 c) Fall 3: Drittwiderklage nur durch den Dritten

Beispiel: Der Beifahrer X des B erhebt „Widerklage" gegen K. Sie ist wie in Fall 2 unzulässig, nach BGH LM Nr. 12 zu § 33 deswegen, weil X nicht Beklagter war, auch nicht als solcher beigetreten ist, und eine parteierweiternde Drittwiderklage nur zulässig ist, wenn sie vom *Beklagten der Hauptklage* ausgeht, nach der Lit. deswegen, weil X in der Rolle eines *Klägers* und B in der Rolle nur eines *Beklagten* gar nicht in *Streitgenossenschaft* stehen. Lösung wie zu Fall 2: Verbindungsbeschluss (§ 147) oder (mit Lit.) Trennung (§ 145).

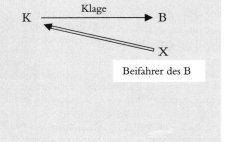

d) Tatbestand 12.14

> **Tatbestand** zu obigem Beispiel in Rn. 12.11 einer streitgenössischen Drittwiderklage
>
> Einleitungssatz
>
> Unstreitiges zu Klage, Widerklage und Drittwiderklage
>   z. B. Beteiligte Pkw, Ort, Zeit, starker Regen, Dämmerung
>
> Streitiger Vortrag K zur Klage
>   Hergang des Unfalls, Schadenshöhe
>
> Anträge:
>   K aus Klage gegen B
>   Klageabweisungsantrag B
>   • Überleitungssatz zur Wider- und Drittwiderklage
>   Anträge des B aus Widerklage gegen K und aus Drittwiderklage gegen D (Gesamtschuldner).
>   Widerklage-Abweisungsanträge von K und D.
>
> Streitiger Vortrag B
>   zur Klage
>   zur Rechtfertigung der Wider- und der Drittwiderklage
>
> Streitiger Erwiderungsvortrag K und D zur Wider- und Drittwiderklage
>
> Prozessgeschichte (z. B. zur Beweisaufnahme)

§ 13 Die Prozessaufrechnung

1. Doppeltatbestand: Zu Unterscheiden sind stets die **Erklärung** der Aufrechnung 13.01 als materiellrechtliche Willenserklärung (§ 388 BGB) und ihre **Geltendmachung** im Prozess als Prozesshandlung.
Im Hinblick auf die Geltendmachung im Prozess sind zeitlich gesehen 2 Fallgestaltungen zu unterscheiden: Hat der Beklagte die Aufrechnung bereits vorgerichtlich erklärt und beruft sich später im Prozess darauf (Geltendmachung), ist sie wie sonstiges Verteidigungsvorbringen (Erfüllungseinwand) zu behandeln (Zöller § 145, 11), die Probleme eines Doppeltatbestands mit gegenseitiger Wirksamkeitsbeeinflussung (§ 139 BGB analog) treten hier nicht auf (RoSG § 103, 48). Erklärt der Beklagte hingegen erstmals im Prozess die Aufrechnung – hier spricht man von **„Prozessaufrechnung"** – liegt ein **Doppeltatbestand** vor: materiellrechtliche Willenserklärung und zugleich Prozesshandlung. Daraus ergeben sich Probleme, wenn einer der beiden Teile unwirksam oder unzulässig ist. Da der Beklagte nur beide Teile zusammen vornehmen will, löst die h. M. den Konflikt mittels des Rechtsgedankens von **§ 139 BGB**: ist die Prozesshandlung unzulässig oder unwirksam, so ist auch die materiellrechtliche Erklärung wirkungslos und umgekehrt (RoSG § 103, 45; ThP § 145, 18; Palandt § 388, 2).

2. Die **prozessualen Voraussetzungen** der „Geltendmachung" als Prozesshandlung: 13.02
- Vorliegen der Prozesshandlungsvoraussetzungen (insbes. § 78 I im Anwaltsprozess, die Prozess-Vollmacht erstreckt sich darauf, § 81) und Geltendmachung in mündlicher Verhandlung, i. d. R. durch Bezugnahme, § 137 III (die Erklärung in vorbereitendem Schriftsatz ist i. d. R. nur Ankündigung).

- Der Bestimmtheitsgrundsatz des § 253 II gilt analog auch für die Prozessaufrechnung (BGHZ 149, 120): die Aufrechnungsforderung muss nach Inhalt und Umfang konkret bezeichnet und bei mehreren Aufrechnungsforderungen muss deren Reihenfolge (wie bei mehreren Hilfsanträgen) angegeben werden, hilfsweise ergibt sich deren Reihenfolge aus §§ 396 I 2, 366 II BGB (BGH a.a.O.). Andernfalls ist die Prozessaufrechnung unzulässig (zu den Folgen unten 3.)
- Bei Eventualaufrechnung kommt die (in der Klausur kurz auszuführende) Problematik einer *Bedingung* hinzu. Hier ist zu unterscheiden: Prozesshandlungen sind bedingungsfeindlich, soweit ihre Wirksamkeit von einem außerprozessualen Ereignis abhängig ist. Zulässig aber sind innerprozessuale Bedingungen, die die Wirksamkeit vom Prozessverlauf selbst abhängig machen, z.B. vom Erfolg der Klage, weshalb zulässig sind Hilfsanträge, Eventualwiderklage und vorliegend die Eventualaufrechnung (Zöller 20 vor § 128; ThP Einl. III 14).

Als *Prozesshandlung* („Geltendmachung") ist die Eventualaufrechnung also zulässig wegen einer nur innerprozessualen Bedingung. Als *materiell-rechtliche Erklärung* ist sie wirksam, da die Bedingung nur eine unschädliche, nicht unter § 388 S. 2 fallende Rechtsbedingung ist (s. Rn. 13.07).

Beispiel (BGHZ 149, 120): K klagt gegen B (beide anwaltlich vertreten) vor dem LG eine Kaufpreisforderung über € 20 000,– ein. B bestreitet diese und rechnet – bis zur Höhe der Klageforderung – hilfsweise auf mit 6 an ihn abgetretenen, bestrittenen Forderungen über insgesamt € 80 000,–, die er mit jeweils unterschiedlichem Teilbetrag zur Aufrechnung stellt, wobei er eine Aufstellung beifügt, in der die 6 Forderungen in zeitlicher Reihenfolge mit Rechnungsdatum, Betrag und Gegenstand der in Rechnung gestellten Lieferungen aufgeführt sind. Den übersteigenden Betrag von € 60 000,– macht er per Widerklage geltend.

Die Aufrechnung ist zulässig: Die *Prozesshandlung* ist wirksam (§ 78 I), in mündlicher Verhandlung erklärt, sie genügt mit der beigefügten konkreten Aufstellung dem Bestimmtheitsgrundsatz analog § 253 II und ist zulässig nur von einer innerprozessualen Bedingung abhängig, sowie als *materiellrechtliche Erklärung* wirksam, da die Eventualbedingung nur eine unschädliche, nicht unter § 388 S. 2 BGB fallende Rechtsbedingung ist (h.M.).

Sind alle gegenseitigen Forderungen begründet, wird die Klage wegen der Aufrechnung abgewiesen und der Widerklage stattgegeben.

Kostenentscheidung: „Die Kosten des Rechtsstreits trägt K zu ⁴/₅, B zu ¹/₅" *(§ 92 I 1)*.

Der für das Unterliegen maßgebliche Gebührenstreitwert beträgt infolge Addition gem. § 45 III GKG € 100 000,–: Bestrittene Klageforderung € 20 000,–, bestrittene Aufrechnungsforderungen über die bis zur Höhe der Klageforderung rechtskraftfähig entschieden wird: € 20 000,– und Widerklage € 60 000,–. B unterliegt nur in Höhe der bis zur Aufrechnung begründet gewesenen Klage.

3. Die unzulässige, die unschlüssige/unbegründete und die präkludierte (§ 296) Prozessaufrechnung

13.03 a) Die Prozessaufrechnung kann **unzulässig** sein entweder aus prozessualen Gründen (Fälle: § 296a S. 1: Aufrechnung nach Schluss der mündlichen Verhandlung. Fehlen der Prozesshandlungsvoraussetzungen. Verstoß gegen das Bestimmtheitsgebot analog § 253 II. Unzulässige Aufrechnung erstmals in der Berufung ohne die Voraussetzungen des § 533), oder aus materiell-rechtlichen Gründen (Fälle: Aufrechnungsverbot aus Vertrag oder aus Gesetz, §§ 390 ff. BGB).

Folge: Wegen des Doppeltatbestands ist analog § 139 BGB die gesamte Aufrechnung wirkungslos (Zöller § 145, 15). Über die Forderung ist damit sachlich nicht entschieden, sie beeinflusst nicht die Kostenentscheidung, sie wirkt als Eventualaufrechnung nicht gem. § 45 III GKG, § 322 II streitwerhöhend, sie kann anderweit geltend gemacht werden. In den Entscheidungsgründen muss die Begründetheit der Forderung ausdrücklich offen gelassen werden, da sie sachlich nicht geprüft wurde. Falsch daher: *„zwar steht dem Bekl. eine Forderung zu aus ..., da ...".* Das gehört ins Hilfsgutachten.

b) Ist die Aufrechnung hingegen lediglich unschlüssig, oder **unbegründet,** dann wird über die Aufrechnungsforderung sachlich entschieden: sie wird als nicht bestehend behandelt (wie eine nicht erwiesene Zahlung) und gemäß § 322 II rechtskraftfähig aberkannt in Höhe der Klageforderung (ThP § 145, 18). 13.04

c) **Verspätungspräklusion (§ 296).** Die Geltendmachung der Aufrechnung samt dem Tatsachenvortrag zu ihrer Begründung ist Verteidigungsmittel i. S. v. §§ 277, 296 (BGHZ 91, 293). Für die Präklusion gem. § 296 sind 2 Fallgestaltungen relevant: 13.05

Wurde eine Klageerwiderungsfrist gesetzt (§ 275 I 1, bzw. § 276 I 2), muss die Aufrechnung als Verteidigungsmittel bereits in dieser Frist erklärt und müssen die Tatsachen hierzu vorgetragen werden, wenn hier schon eine Aufrechnung möglich ist (BGHZ 91, 303). Macht der Bekl. gleichwohl die Aufrechnung z. B. erst 3 Tage vor der mündlichen Verhandlung geltend und ist sie streitig (unstreitige würde nicht verzögern) und bedarf der Beweisaufnahme, so sind Aufrechnungseinwand und der Tatsachenvortrag dazu gem. **§ 296 I** (ist zwingend!) präkludiert (das Verschulden wird vermutet) mit der Folge, dass die Forderung nach h. M. als nicht bestehend behandelt, also aberkannt wird (BGH NJW 2015, 955, Tz. 48; Zöller 16; ThP 18 zu § 145).

War die Aufrechnung hingegen in der Frist zur Klageerwiderung noch nicht möglich, z. B. weil der Bekl. die Forderung erst später erwarb, dann ist die Aufrechnung so bald als möglich (§ 282 I) geltend zu machen, andernfalls Präklusion gem. **§ 296 II** droht.

4. Primäraufrechnung und Eventualaufrechnung

Von **Primäraufrechnung** spricht man, wenn der Beklagte die Klageforderung nicht bestreitet, sich vielmehr in erster Linie (primär, nicht hilfsweise) mit einer Aufrechnung (i. d. R. bestritten) verteidigt. Sie wirkt nicht streitwerterhöhend (vgl. § 45 III GKG). Greift sie durch, wird also die Klage deswegen abgewiesen, treffen nach § 91 den Kläger alle Kosten, da er voll unterliegt (ThP § 3, 19; § 92 4a). Sie ist eher selten, daher sei näher auf die Eventualaufrechnung eingegangen. 13.06

Eventualaufrechnung liegt vor, wenn der Beklagte die Klageforderung bestreitet und sich nur hilfsweise auf die Aufrechnung mit einer (unstreitigen, oder bestrittenen dann streitwerterhöhenden) Forderung verteidigt. 13.07

Wegen § 388 S. 2 BGB bedarf es der dogmatischen Rechtfertigung (die Sie in der Klausur auch kurz darlegen sollten). Da eine Aufrechnungslage ohnehin nur besteht, wenn die Klageforderung begründet ist, ist das „hilfsweise" nur die Berufung auf eben diese Rechtslage, also die vorrangige Klärung der Klageforderung, mithin nur eine unschädliche Rechtsbedingung. Zusammenfassende **Tenorierungsbeispiele:**

Beispiel 1: Klage- und Aufrechnungsforderung sind begründet
K klagt gegen B (beide anwaltlich vertreten) vor dem LG eine Rest-Werklohnforderung von € 20 000,– ein. B bestreitet diese und rechnet hilfsweise auf mit einer von K bestrittenen Schadensersatzforderung von € 30 000,– wegen Mängeln. Nach der herrschenden **Beweiserhebungstheorie** (ThP § 300, 3; Zöller § 145, 13) muss wegen **§ 322 II** bei jeder Aufrechnung (nicht nur bei der Eventualaufrechnung) zunächst die Begründetheit der Klageforderung und die Unbegründetheit sonstiger Einwendungen des Bekl. geklärt werden, weil sonst unklar bliebe, ob die Forderung des Bekl. durch die Aufrechnung rechtskraftfähig verbraucht ist. Im nächsten Schrifft muss die *Zulässigkeit* der Aufrechnung geprüft werden. Lässt das Gericht nämlich die Zulässigkeit prozessordnungswidrig offen und gibt der Klage statt, weil die Gegenforderung „jedenfalls nicht bestehe", dann ist über die

Aufrechnungsforderung nicht rechtskraftfähig entschieden, da hierfür § 322 II nicht eingreift (s. oben Rn. 13.03); die Ausführungen zur Begründetheit der Aufrechnungsforderung gelten als nicht geschrieben, erfolgen sie in der Klausur dennoch, wird das als Fehler beanstandet (BGH NJW 88, 3210; Zöller 19; ThP 48a zu § 322).

Sodann ist die *Begründetheit* der Aufrechnungsforderung zu klären. Ist auch sie begründet, ergeht

ENDURTEIL

  I. Die Klage wird abgewiesen
  II. Die Kosten des Rechtsstreits werden gegeneinander aufgehoben *(§ 92 I)*.
  III. §§ 708 ff.

Erläuterungen:
Zu I: Die Aufrechnungsforderung wird im Tenor nicht zu- oder aberkannt, da sie im Unterschied zur Widerklage nicht rechtshängig wird. Gemäß § 322 I wird entschieden nur über die *Klage*, die Aufrechnung ist dabei nur ein Urteilselement über die Klage. § 322 II regelt die Ausnahme von dem Grundsatz, dass bloße Urteilselemente nicht der Rechtskraft fähig sind. Rechtskraftfähig entschieden wird demgemäß nach § 322 II über die Aufrechnungsforderung, jedoch nur maximal bis zur Höhe der Klageforderung, der diese übersteigende Teil (hier € 10 000,–) bleibt offen und wird auch nicht etwa „wenigstens" dem Grunde nach festgestellt (dazu hätte es der Zwischenfeststellungswiderklage gem. § 256 II bedurft).

Zu II: Für die Kostenentscheidung ist wie stets das Unterliegen zum Gebührenstreitwert maßgebend, der hier gemäß **§ 45 III GKG** € 40 000,– beträgt (bestrittene Klageforderung € 20 000,– zuzüglich der Teil der bestrittenen Aufrechnungsforderung, über den rechtskraftfähig entschieden wird, also maximal bis zur Höhe der Klageforderung, mithin € 20 000,–, der übersteigende Teil mit € 10 000,– beeinflusst den Streitwert nicht). Zu dieser Addition unterliegt B mit der Klage und K hinsichtlich der Aufrechnung, beide unterliegen also je zur Hälfte.

Tatbestand: Die Eventualaufrechnung wird im streitigen Beklagtenvortrag berichtet und zwar erst im Anschluss an das Bestreiten der Klageforderung. Dem folgt die streitige Erwiderung der Klägers.

Beispiel 2: Die Aufrechnungsforderung ist zwar höher als die Klageforderung, aber nur zu einem geringeren Teil als diese begründet.
Abwandlung von Beispiel 1: Klage über € 20 000,–, Eventualaufrechnung mit € 30 000,–, wovon nur € 15 000,– begründet sind. Es ergeht ENDURTEIL

  I. Der Beklage wird verurteilt, an den Kläger € 5000,– zu zahlen. Im Übrigen wird die Klage abgewiesen.
  II. Von den Kosten des Rechtsstreits trägt K 3/8, B 5/8 *(§ 92 I)*.

Erläuterungen:
Die Eventualaufrechnung nimmt gem. § 45 III GKG streitwerterhöhend mit € 20 000,– teil, der Gebührenstreitwert beträgt also auch hier € 40 000,–. Hierzu unterliegt K mit der über € 15 000,– begründeten Aufrechnung, B in Höhe der voll begründet gewesenen Klage (€ 20 000,–) und der Aberkennung des Teils der Aufrechnungsforderung, über den gem. § 322 II maximal noch zur Entscheidung über die Klage rechtskraftfähig entschieden werden durfte, nämlich € 5000,–.

Beispiel 3: Von mehreren Aufrechnungsforderungen dringt nur eine durch.
Gegen die bestrittene Klageforderung von € 20 000,– rechnet der Bekl. auf mit 3 bestrittenen Forderungen, in der Reihenfolge: zunächst mit einer Forderung über € 13 000,–, hilfsweise mit einer über € 12 000,– und weiter hilfsweise mit einer über € 15 000,–. Die Klageforderung und nur die letzte Aufrechnungsforderung erweisen sich als begründet. Es ergeht ENDURTEIL

  I. Der Beklagte wird verurteilt, an den Kläger € 5000,– zu zahlen.
   Im Übrigen wird die Klage abgewiesen.
  II. Von den Kosten des Rechtsstreits trägt K 1/4, B 3/4 *(§ 92 I)*.

Erläuterungen:
Gemäß § 322 II wird rechtskraftfähig über alle 3 Aufrechnungsforderungen entschieden, da sie alle nicht zum vollständigen Erlöschen der Klageforderung ausreichen. Da die Klageforderung und alle 3 Aufrechnungsforderungen bestritten sind und über alle rechtskraftfähig entschieden wird, sind sie zu addieren zum Gebührenstreitwert von € 60 000,–. Hierzu unterliegt B mit der Klageforderung und

der Aberkennung der Aufrechnungsforderungen von € 13 000,– und 12 000,– zusammen in Höhe von € 45 000,–. K unterliegt nur wegen der Aufrechnungsforderung über € 15 000,–.

5. Rücknahme und Änderung der Prozessaufrechnung

Eine bereits erklärte Prozessaufrechnung kann wirksam wieder zurückgenommen werden, da sie ein Verteidigungsmittel ist (BGH NJW 09, 1071; NJW-RR 91, 156, 157). Nach dem Rechtsgedanken gem. § 139 BGB wird dann auch die materiell-rechtliche Erklärung (§ 388 BGB) wirkungslos. **13.08**

Weiter: wurde sie zuvor auf mehrere Aufrechnungsforderungen in einer Reihenfolge gestützt, die sich im Lauf des Prozesses als ungünstig herausstellt oder der der Beklagte widerspricht (lies: § 396 I 2 BGB!), kann entweder die **Reihenfolge geändert** oder die Aufrechnung zurückgenommen und mit anderer Reihenfolge erneut vorgenommen werden. Widerspricht der Beklagte auch dieser Reihenfolge, kommt es gem. §§ 396 I, 366 II BGB auf die gesetzliche an (geringste Sicherheit; eine bereits titulierte Forderung hingegen ist nachrangig, da sicherer infolge 30-jähriger Verjährung, § 197 I Nr. 3 BGB), BGH NJW 09, 1071.

§ 14 Die einfache Streitgenossenschaft

Streitgenossenschaft (= subj. Klagenhäufung) besteht, wenn auf der Klägerseite und/oder der Beklagtenseite mehrere Hauptparteien stehen. **14.01**

Abgrenzung also zur Beteiligung *Dritter* (Nebenintervenient, §§ 66ff., beigetretener Streitverkündungsempfänger, § 74 I).

Die Parteienmehrheit kann eine **notwendige** sein zur Erzielung einer einheitlichen Sachentscheidung, § 62. Dazu unten § 15.

Die §§ 59–61, 63 gelten für die einfache und die notwendige Streitgenossenschaft, § 62 gilt nur für die notwendige (und verdrängt § 61 zum Teil).

I. Die Wirkungen der einfachen Streitgenossenschaft, §§ 61, 63

Die einfache Streitgenossenschaft ist im Grunde nur die äußere Zusammenfassung mehrerer an sich selbstständig möglicher Klagen zu einem Prozess (StJ 2 vor § 59). Daher § 61: **14.02**

Grundsatz: Selbstständigkeit jedes Prozessrechtsverhältnisses. Jeder Streitgenosse (im Folgenden: SG) betreibt seinen Prozess selbstständig und unabhängig von den übrigen SG. Sein Verhalten wirkt weder für noch gegen die übrigen SG. Das Prozessergebnis kann daher für jeden SG unterschiedlich sein.

Ausnahme: aus BGB oder ZPO ergeben sich gemeinsame Wirkungen.

14.03 **1. Hierzu folgende Übersicht:**

§ 61

Grundsatz

Jeder SG betreibt seinen Prozess selbstständig und unabhängig von den anderen SG. Was der eine SG macht, wirkt nicht für oder gegen die übrigen. Die Prozessrechtsverhältnisse sind voneinander unabhängig und können zu unterschiedlichen Ergebnissen führen. Daher (ThP § 61):

- **Zulässigkeit der Klage** ist für jeden SG gesondert zu prüfen (ThP § 60, 7, s. unten II)
- **Fristen:** laufen für jeden SG gesondert.
- **Säumnis:** der säumige SG gilt nicht als vertreten durch den anwesenden (anders, bei gemeinsamem RA). Anders bei notwendiger: § 62
- **Zeuge:** kann SG nur sein, wenn die Beweistatsache ausschließlich andere SG betrifft, also nicht bei gemeinsamen Tatsachen (ThP § 61, 7)
- **Rechtsmittel:**
  • Einlegungs- u. Begründungsfristen laufen für jeden SG gesondert (je nach Zustellung)
  • Wirkung nur für den SG, der es einlegt (im Übrigen tritt RKraft ein)
  • Der Gegner kann frei wählen, ob er gegen einen oder alle RMittel einlegt
  • **RMittelsumme:** Addition gem. § 5 bei RMittel mehrerer SG nur, wenn wirtschaftl. verschiedene Begehren vorliegen (also nicht bei Gesamtschuldnern).
- **Rechtskraft:**
  Tritt für jeden SG gesondert ein (z.B. je nach Zustellung bzw. ob er RMittel eingelegt hat oder nicht)
- **Urteil:**
  Kosten: § 100 (dazu unten III)
  Vorläufige Vollstreckbarkeit: die §§ 708–720a gelten für jedes Prozessrechtsverhältnis gesondert, der Vollstreckungsausspruch ist also (bei unterschiedlichem Ausgang) für jeden SG gesondert zu errechnen.
  Der für mehrere SG gemeinsame RA erhält gem. § 7 I RVG nur einmal seine Gebühren, Ausnahme: die Verfahrensgebühr, die für jeden weiteren SG um 0,3 erhöht wird (RVG VV 1008).
  Hat jeder SG einen eigenen RA, so erhält jeder seine vollen Gebühren, arg. § 6 RVG.

Ausnahmen:

Ausnahmen gelten, wenn sich aus BGB oder ZPO gemeinsame Folgen ergeben:

BGB:
- Klage gegen Gesamtschuldner, **§§ 421 ff. BGB:** z.B. § 422: die Erfüllung durch einen wirkt auch für die anderen. Der Gläubiger (Kläger) muss dann auch bzgl. der übrigen SG für erledigt erklären.
- Klage mehrerer Gesamtgläubiger, **§§ 428 ff. BGB,** z.B. § 429: Gerät nur einer von 3 Klägern in Annahmeverzug und geht dann die Sache wegen nur leichter Fahrlässigkeit des Bekl. unter, so ist der Bekl. gem. §§ 300 I, 275 I, 429 BGB frei gegenüber allen Klägern: deren gesamte Klage wird abgewiesen.
- **materiellrechtl. notwendige SG** § 62: eine **Einzelklage** (nur von oder nur gegenüber einem der Rechtsträger) ist unzulässig.
  Dazu unten § 15.

ZPO:
- **§ 63:** Termineinheit (Ladungen etc. an alle)
- **Tatsachenvortrag:**
  • Für *gemeinsame* Tatsachen: der des einen SG wirkt grds. auch für u. gegen die anderen SG, sofern nicht Vortragender einschränkt oder betroffener anderer SG widerspricht (ThP § 61, 11)
  • Für *Einzel*tatsachen (die rechtl. nur das Verhältnis zu einem einzigen SG betreffen): Vortrag ohne Folgewirkung für die anderen.
- **Beweiswürdigung:**
  für gemeinsame Tatsachen nur einheitlich, § 286 (bei der Kaufpreisklage gegen mehrere Käufer kann der Kaufvertrag nicht sowohl wirksam wie nichtig sein). Ausnahmen: §§ 138 III, 288, 331 I (ThP § 61, 12).
- **proz. notwendige SG,** § 62 (unten § 15)

dazu **Beispiel unten** Rn. **14.04**

2. Die grundsätzliche Selbstständigkeit der Prozessrechtsverhältnisse

Beispiel: Bauherr K klagt wegen gravierender Baumängel nach ergebnislosem Ablauf einer Frist zur Nacherfüllung gegen den Bauunternehmer U als B$_1$ auf Schadensersatz und gegen die Bank B aus Gewährleistungsbürgschaft als B$_2$ auf Zahlung von € 20 000,– „als wären sie Gesamtschuldner" *(s. unten)*.

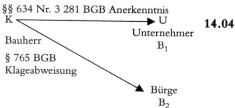

Nachdem K ein Privatgutachten zu den Mängeln vorgelegt hat, erkennt B$_1$ zur Vermeidung weiterer Kosten an. B$_2$ hingegen bestreitet weiterhin die behaupteten Mängel und die Verantwortlichkeit des B$_1$ und obsiegt nach Erholung eines teuren Sachverständigengutachtens.
Es ergeht

ANERKENNTNIS- UND ENDURTEIL

I. Der Beklagte zu 1) wird verurteilt, an den Kläger € 20 000,– zu zahlen.
Die Klage gegen den Beklagten zu 2) wird abgewiesen.

II. KostenE: §§ 91, 92 kombiniert nach Baumbach'scher Formel (unten Rn. **14**.12), bzgl. der Kosten der Beweisaufnahme jedoch Kostentrennung gem. § 96 zu Lasten des K.

Erläuterungen:

(1) Zum Klageantrag: Hauptschulder und Bürge sind nicht Gesamtschuldner, da die Bürgschaft nur eine Eventualverbindlichkeit für den Sicherungsfall begründet, die Pflichten des Bürgen daher nicht mit denen des Hauptschuldners übereinstimmen (BGHZ 138, 326; 139, 217). Da der Gläubiger aber nur einmal Zahlung verlangen kann, wird zur Abgrenzung von Teilschuldnerschaft (wonach K von jedem Bekl. je € 20 000,– fordern dürfte, § 420 BGB) mit Kostenhaftung nach Kopfteilen (§ 100 I) üblicherweise ein Zusatz angebracht, der die nur einmalige Zahlung sicherstellt „wie" bei Gesamtschuldnern. Vgl. die entsprechende Situation bei Klage gegen eine OHG und deren Gesellschafter unten Rn. **14**.10.

(2) Hauptschuldner und Bürge sind nur einfache, keine notwendige Streitgenossen (unten Rn. **15**.06). Die Sachentscheidung muss daher nicht notwendig einheitlich sein. Jeder Streitgenosse ist in seinem Prozessrechtsverhältnis zum Gegner (K) frei (§ 61), kann also bestreiten, während der andere Tatsachen unstreitig stellt, oder wie hier: anerkennen, während der andere durch Bestreiten Klageabweisung (für seine Person!) erzwingt (vgl. ThP § 61, 5, 12; Zöller § 61, 8).

(3) Abwandlung: Hätte B$_1$ nicht anerkannt und auch nicht zugestanden (§ 288), wäre die Beweisaufnahme für alle Parteien einheitlich erfolgt. Die Beweiswürdigung (§ 286) über die Mängel und deren Verantwortlichkeit kann – da in beiden Prozessrechtsverhältnissen erheblich – notwendig nur einheitlich ausfallen (BGH NJW-RR 92, 254; ThP 12; Zöller 5 zu § 61).

II. Das Prüfungsschema

Tipp: Gehen Sie zunächst die Klage durch oder gegen jeden Streitgenossen **gesondert** durch: im Prüfungsfall bestehen idR unterschiedliche Voraussetzungen, differenzierte Prüfungswege und/oder Ergebnisse (die Streitgenossenschaft steht nicht umsonst im Aufgabentext!). Oft müssen dann auch die Entscheidungsgründe getrennt aufgebaut werden.

Beispiel: unten Rn. **15**.13.

Sofern kein nach mehreren Beklagten getrennter Aufbau erforderlich ist, entspricht der Aufbau des Gutachtens und der E-Gründe bei subj. Klagenhäufung weitgehend dem bei obj. kumulativer Klagenhäufung (oben Rn. **8.**07).

Die Zulässigkeit der *Klage* ist dabei streng von der der *Streitgenossenschaft (§§ 59, 60)* auseinanderzuhalten. ThP § 60, 7: liegen die Verbindungsvoraussetzungen der §§ 59, 60 nicht vor, ist lediglich zu trennen (§ 145), sie sind also gar keine echten Sachurteilsvoraussetzungen. Dies führt wie bei obj. Klagenhäufung zu einem **3-teiligen Aufbau**.

Beispiel: K klagt aus einem mit der OHG O (Sitz: München, Vertretungsberechtigter Gesellschafter X) geschlossenen Kaufvertrag auf Zahlung von € 4000,- Kaufpreis nebst Prozesszinsen gegen die OHG und deren Gesellschafter G (Wohnsitz München) vor dem AG München. Die Klage wird der OHG am 1.4. und dem G am 10.4. zugestellt. Die Klage hat Erfolg.

I. Die Zulässigkeit der Klage

Die Zulässigkeit der Klage ist **für jeden SG gesondert** zu prüfen (Konsequenz aus § 61), ThP § 60, 7.

Dazu 2 Wege: Entweder *getrennte* Durchprüfung für jeden SG (so hier) oder Durchgliederung nach den gewohnten Sachurteilsvoraussetzungen, hierbei *Untergliederung*, ob sie auch für jeden der SG vorliegen.

1. Die Klage **gegen die OHG O**
   a) Ordnungsmäßigkeit der Klageerhebung, § 253: (+)
   b) Örtliche Zuständigkeit, § 17: (+)
   c) Sachliche Zust.: § 23 Nr. 1 GVG, keine Addition gem. § 5, da wirtschaftlich identisches Begehren: dieselbe Gesellschaftsschuld. Zuständig ist also das Amtsgericht.
   d) Parteifähigkeit: § 124 I HGB
   e) Prozessfähigkeit: Die OHG ist prozessunfähig (ThP § 52, 4), aber wirksam gesetzlich vertreten gem. § 125 HGB durch den vertretungsberechtigten Gesellschafter X.
   f) Sonstige Sachurteilsvoraussetzungen: (+)

2. Die Klage **gegen G**
   a) Örtliche Zuständigkeit: §§ 12, 13
   b) Sachliche: § 23 Nr. 1 GVG: (+)
   c) Sonstige: (+)

II. Zulässigkeit der Streitgenossenschaft, §§ 59, 60 und § 260 analog

Nach allg. M. lassen sich die in §§ 59, 60 aufgeführten Fallgruppen nicht scharf voneinander abgrenzen, sie überschneiden sich. Es besteht aber auch kein praktisches Bedürfnis dafür, da alle 3 Gruppen dieselben Wirkungen haben (= § 61). Zu § 260 analog s. Rn. **16.**14.

Die **§§ 59, 60** sind nach h. M. **weit auszulegen.** Es ist unnötig, die einzelnen Fälle zueinander abzugrenzen, denn die Streitgenossenschaft ist zulässig, wenn eine gemeinsame Verhandlung u. Entscheidung *zweckmäßig* ist (ThP § 60, 1).

Das ist stets zu bejahen – Regelfall – wenn eine etwaige Beweisaufnahme für alle SG relevant ist (z.B. Unfallhergang für den Beklagten und dessen mitverklagte Haftpflichtversicherung). In der **Klausur** empfiehlt sich, nur diesen hilfreichen Oberbegriff der prozessökonomischen „Zweckmäßigkeit" zu verwenden und nur kurz zu begründen.

> **Fehlt** es an dieser Voraussetzung, so ist **lediglich zu trennen** (§ 145 I), nicht abzuweisen (ThP § 60, 7). Da sie folglich keine Sachurteilsvoraussetzungen darstellen, sind sie getrennt von der Zulässigkeit der Klage selbst (oben I) zu erörtern, am besten zwischen der Zulässigkeit und der Begründetheit.
> **Hier:** Die Voraussetzungen des § 59 liegen vor, die Streitgenossenschaft ist also zulässig.
>
> III. **Die Begründetheit der Klage**
>   1. **Gegen die OHG**
>   §§ 433 II BGB, 124 I HGB
>   a) Entstanden: (+)
>   b) Nicht erloschen
>   c) Keine Einreden (z. B. § 320 BGB)
>   2. **Gegen den Gesellschafter G**
>   §§ 433 II BGB, 128 HGB
>   a) Entstanden
>   Gesellschaftsschuld: (+) Gesellschafter: (+)
>   b) Nicht erloschen
>   c) Keine Einreden
>   aa) Solche der OHG: (–)
>   bb) Gem. 129 II, III HGB: (–)
>   cc) Persönliche (z. B. nur ihm eingeräumte Stundung): (–)

III. Das Urteil

Für die Nebenentscheidungen beachte vorab: **14.06**

– **Kosten:** § 100. Dort ist nicht geregelt das Obsiegen *aller* SG (dafür § 91) und das Unterliegen (ganz oder z. T.) *nur einzelner* SG (dafür §§ 91, 92 kombiniert, h. M.).

– **Vollstreckungsausspruch:** die §§ 708–720a gelten für jedes Prozessrechtsverhältnis gesondert (ThP § 61, 18). Es ist also **für jede Partei gesondert festzustellen,** ob ein Fall des § 708 (ohne Sicherheitsleistung bzw. gegen Abwendung §§ 708 Nr. 11, 711) oder des § 709 (gegen Sicherheitsleistung) vorliegt.

Für die **Sicherheitshöhe** wichtig (falls gemäß § 711 S. 1 bzw. § 709 S. 1 beziffert werden soll):
(a) **Gerichtskosten:** sie fallen nur einmal an (es ist *ein* gemeinsames Verfahren). Gebührenstreitwert: § 48 I GKG mit §§ 3–9 ZPO. Addition gem. § 5 erfolgt also nur, wenn das Anliegen gegenüber den SG wirtschaftl. verschieden ist (z. B. wegen desselben Unfalls soll B 1 Reparaturkosten, B 2 Schmerzensgeld zahlen).
(b) **RA-Gebühren:** Grds. kann **jeder** SG einen eigenen RA beauftragen und erhält bei Obsiegen vom Gegner **vollen** Ersatz, arg.: § 6 RVG (ThP § 100, 6; § 61, 19). Verliert z. B. K gegen B 1–6, die je für sich einen eigenen RA beauftragt haben, so muss K neben den Kosten für den eigenen RA noch die für die 6 RAe der 6 Beklagten bezahlen.
Bestellen die SG einen **gemeinsamen RA,** gilt **§ 7 I RVG mit VV 1008:** soweit die Angelegenheit dieselbe ist (z. B. der RA vertritt wegen desselben Haftpflichtschadens den Kfz-Halter und dessen gesamtschuldnerisch gem. § 115 I 4 VVG mithaftende Haftpflichtversicherung), erhält dieser RA die Gebühren nur einmal, jedoch erhöht sich die Verfahrensgebühr für jeden weiteren SG um 0,3 (VV 1008).

§ 14 Die einfache Streitgenossenschaft

Im Hinblick auf die Kostenentscheidung sind insbes. **3 Fälle zu unterscheiden:**

14.07 **1. Obsiegen aller Streitgenossen (= § 91)**

Beispiel: Die Klage gegen die OHG und G auf Zahlung von € 4000,– wird abgewiesen.

ENDURTEIL

I. Die Klage wird abgewiesen.
II. Der Kläger trägt die Kosten des Rechtsstreits *(§ 91)*.
III. Das Urteil ist vorläufig vollstreckbar *(§ 708 Nr. 11)*.
   Der Kläger kann die Vollstreckung abwenden ... *(§ 711 S. 1 bzw. S. 2)*

14.08 **2. Unterliegen aller Streitgenossen (= § 100)**

Hier sind 3 Konstellationen zu unterscheiden:

Unterliegen aller

als Teilschuldner	als Gesamtschuldner	mit unterschiedlicher Beteiligung, insbes. (ThP § 100, 9):
§ 100 I	§ 100 IV	– verschiedene Streitwerte
		– verschiedenes Prozessverhalten
		(der eine erkennt an, der andere veranlasst ein unergiebiges Sachverständigengutachten etc.)
		§ 100 II: Ermessen
		§ 100 III: Zwingend

14.09 **a) Als Teilschuldner, § 100 I**

Beispiel: Die 10 Beklagten $B_1 - B_{10}$ haben als künftige Wohnungseigentümer eine Eigentumswohnanlage durch den Bauunternehmer K errichten lassen, an den sie die Bauarbeiten gemeinsam vergeben haben. K klagt nun den restlichen Werklohn von € 500 000,– ein. Nach h. M. haften $B_1 - B_{10}$ für die Herstellungskosten („Aufbauschulden") i. d. R. (Auslegungsergebnis der Verpflichtungserklärungen) entgegen § 427 BGB nur anteilig in Höhe ihrer Miteigentumsanteile gemäß § 420 als Teilschuldner, BGHZ 75, 26; Müko-BGB 9; Palandt 2 zu § 420. Nach einer für K erfolgreichen Beweisaufnahme ergeht dann:

ENDURTEIL

I. Die Beklagten werden verurteilt, jeweils an den Kläger € 50 000,– zu zahlen.
II. Die Beklagten tragen zu je $1/10$ die Kosten des Rechtsstreits *(§ 100 I)*.
III. Das Urteil ist vorläufig vollstreckbar und zwar gegen jeden Beklagten gegen Sicherheitsleistung in Höhe von € 52 000,– *(§ 709 S. 1; bzw. § 709 S. 2: 110 %).*

14.10 **b) Als Gesamtschuldner, § 100 IV**

Werden die Beklagten schon im Hauptsacheausspruch als Gesamtschuldner verurteilt, haften sie gem. § 100 IV automatisch auch für die Kosten gesamtschuldnerisch, auch wenn dies in der Kostenentscheidung nicht ausdrücklich gesagt wird (was aber so üblich ist).

Beispiel: Im Ausgangsfall zum Prüfungsschema (oben Rn. **14.**05) ergeht:

ENDURTEIL

I. Die Beklagten werden wie Gesamtschuldner verurteilt, an den Kläger € 4000,– zu zahlen nebst ... Zinsen seitens B 1 seit 1.4. und seitens B 2 seit 10.4.
   (unterschiedliche Zustelltage, bei Prozesszinsen beachten!)
II. Die Bekl. tragen samtverbindlich die Kosten des RStreits *(§ 100 IV)*.
III. Das Urteil ist gegen Sicherheitsleistung in Höhe von ... vorläufig vollstreckbar *(§ 709 S. 1; bzw. § 709 S. 2: 110 %).*

Erläuterung:
Zu I: Eine echte Gesamtschuld besteht hier deswegen nicht, weil die Regeln §§ 421 ff. BGB hierauf nicht generell (nur vereinzelt) „passen", insbes. ist die nach § 423 BGB mögliche Einzelwirkung des Erlasses – z. B. nur zugunsten der Gesellschaft, nicht aber auch der Gesellschafter – unvereinbar mit § 129 HGB (BGHZ 47, 376, 380; Palandt § 423, 5). Der Tenor des Urteils gegen die Gesellschaft (OHG, KG, GbR) und ihre Gesellschafter (§ 128 HGB) kann daher mangels genereller Anwendbarkeit der §§ 421 ff. BGB nur lauten: „wie" Gesamtschuldner, oder „als wären sie Gesamtschuldner" (Baumbach/Hopt, HGB, § 128, 39; ThP § 100, 11).

c) Bei unterschiedlicher Beteiligung, § 100 II, III   14.11

Beispiel: Hat im Ausgangsfall die OHG ihre Kaufpreisschuld nicht bestritten, wohl aber G und dadurch Beweisaufnahme durch 1 Zeugen veranlasst, so lautet Ziff. II bei voller Verurteilung (ThP § 100, 9):

> II. Der Bekl. zu 2. (G) trägt allein die Kosten der Beweisaufnahme *(= § 100 III)*, die übrigen Kosten tragen die Beklagten samtverbindlich *(§§ 91, 100 IV)*.

3. Obsiegen bzw. Unterliegen nur einzelner Streitgenossen

Dieser Fall ist in § 100 nicht geregelt. Nach h. M. sind die **§§ 91, 92 kombiniert** 14.12
anzuwenden (BGHZ 8, 325; ThP 15; Zöller 5 ff. zu § 100).
Gerichtskosten und außergerichtliche Kosten müssen **stets getrennt** werden. Als **Grundsatz** gilt: der obsiegende SG ist von allen Kosten freizustellen und ihm ist ein Kostenerstattungsanspruch für seine außergerichtlichen Kosten einzuräumen.

Nach h. M. gilt bei gleicher Beteiligung die sog. **Baumbach'sche Formel:**

Beispiel:
K verklagt B 1 und B 2 auf gesamtschuldnerische Zahlung von € 4000,–. B 1 wird verurteilt, die Klage gegen B 2 wird abgewiesen.

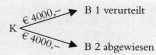

Es ist gar nicht so schwierig: Man hat so zu verfahren, als hätte der Kläger 2 Prozesse geführt, von denen er den einen gewonnen und den anderen verloren hat. Dabei ist zwischen Gerichtskosten und außergerichtlichen Kosten stets zu trennen. Da der obsiegende SG (B₂) von allen Kosten freizustellen ist, ergibt sich für die Kostenerstattung des Klägers vom unterlegenen anderen SG (B₁) eine Halbteilung:
Da der Kläger den „einen" Prozess (K – B₂) verloren hat, trägt er die Hälfte der **Gerichtskosten**, da B₁ unterlegen ist, die andere Hälfte.
Hinsichtlich der **außergerichtlichen Kosten** erhält der Kläger nur die Hälfte erstattet von B₁ (K hat „einen" Prozess verloren!). B₁ trägt seine eigenen Kosten selbst, da er „seinen" Prozess verloren hat.

Nach der Baumbach'schen Formel lautet die **Kostenentscheidung** (Regelung zunächst bzgl. der Gerichtskosten, dann Regelung der gegenseitigen Erstattungsansprüche wegen außergerichtlicher Kosten):

Gerichtskosten	II. „Die Gerichtskosten tragen der Kläger und der Erstbeklagte je zur Hälfte.
Kostenerstattung für B 2	Die außergerichtlichen Kosten des Zweitbeklagten trägt der Kläger alleine.
Kostenerstattung für K	Die außergerichtlichen Kosten des Klägers trägt der Erstbeklagte zu Hälfte.
Entbehrlich: (nur klarstellend)	Im Übrigen tragen die Parteien (= Kläger und Erstbeklagter) ihre außergerichtlichen Kosten selbst."

Der Ausspruch über die **vorläufige Vollstreckbarkeit** lautet dann:

K gegen B 1 (§ 709 S. 1, alternativ S. 2)	III. „Das Urteil ist vorläufig vollstreckbar, für den Kläger gegen den Bekl. zu 1. jedoch nur gegen Sicherheitsleistung in Höhe von € 4600,–. (Hauptsache + ½ verauslagter GK + ½ eigener RA-Kosten).
B 2 gegen K wegen Kostenerstattg. (§§ 708 Nr. 11, 711 S. 1, alternativ S. 2)	Der Kläger kann die Vollstreckung seitens B 2 durch SL in Höhe von € 780,– (= 100%) abwenden, wenn nicht der Beklagte zu 2. vor der Vollstreckung Sicherheit in gleicher Höhe erbringt."

Unterliegen **nur einzelne SG nur zum Teil,** ist die Baumbach'sche Formel in den Quoten entsprechend abzuwandeln. Auch hier gilt § 92 (ThP § 100, 19 mit Tenorierungsbeispiel; Zöller § 100, 5 ff.). Näheres und Rechenbeispiele bei Stegemann-Boehl JuS 91, 320 ff.

§ 15 Die notwendige Streitgenossenschaft, § 62

15.01 Notwendige Streitgenossenschaft (nSG) liegt vor, wenn aus Rechtsgründen (nicht auch: Logik, Zweckmäßigkeit) **die Sach-Entscheidung nur einheitlich sein kann** (BGHZ 30, 195; ThP 22; Musielak 2 zu § 62).

> **notwendig** heißt also: zur Erzielung einer einheitlichen **Sach**entscheidung nötig

Diese Notwendigkeit kann sich nach § 62 **nur aus 2 Gründen** ergeben, daher 2 Formen der nSG (eine dritte gibt es nicht, BGHZ 30, 199):

prozessual nSG (§ 62 I 1. Alt.)

Es muss nicht Streitgenossenschaft bestehen (es müssen also nicht von Anfang an alle gemeinsam klagen oder verklagt werden), **wenn sie aber besteht, dann sind sie nSG.**
Denn:
Die SachE muss einheitlich sein aus Rechtsgründen, wobei nach **Rspr.** nur **prozessuale** zählen, nämlich die Fälle gesetzl. angeordneter **RKrafterstreckung**: die einheitl. Sachentscheidung soll die sonst drohende RKraftkollision verhindern (BGH NJW 85, 385).
Nach Lit. zwingen auch weitere Gründe zu solch einheitl. Sachentscheidung.

materiellrechtlich nSG (§ 62 I 2. Alt.)

Aus „sonstigen", also materiellrechtl. Gründen ist eine SG notwendig in den Fällen, in denen das **materielle Recht nur von oder gegenüber allen gemeinsam ausgeübt** werden kann.
Schon die Klageerhebung („der Gang zum Gericht") muss gemeinsam sein.
Da die Prozessführungs- und Sachbefugnis (Aktiv- u. Passivleg.) nur allen gemeinsam zusteht, kann die Entscheidung auch nur allen gegenüber einheitlich sein. ThP § 62, 11.

Also

1) Erst relevant, **sofern überhaupt eine Streitgenossenschaft besteht. Einzelklagen sind zulässig,** BGHZ 30, 198.

2) **Nur die SachE muss einheitlich sein.** Denkbar und zulässig also z. B.: Prozessurteil bzgl. des einen SG, Sachurteil gegen den anderen.

3) **Merkbeispiel:** Bei der Anfechtungsklage gegen den Erben wegen dessen Erbunwürdigkeit (§ 2342 BGB) sind nSG wegen der Gestaltungswirkung des stattgebenden Urteils (§ 2344 BGB) alle Anfechtungsberechtigten (§ 2341 BGB), Soergel § 2342, 5.
Oder: Klage eines Insolvenzgläubigers auf Feststellung seiner Ford. zur Tabelle gegen die Personen, die im Prüfungstermin der Feststellung widersprochen haben, §§ 179, 183 InsO.

Also

1) **Notwendig gemeinschaftliche Klage** durch bzw. gegen alle.
Einzelklagen sind unzulässig, da die Prozessführungsbefugnis nur allen gemeinsam zusteht (BGH NJW 84, 2210).
Gegenprobe: Wo das Gesetz einzelne Mitberechtigte allein klagen lässt mit Wirkung für die anderen (Aktivprozesse von Miteigentümern etc. §§ 1011, 432, 2039 BGB), scheidet materiellrechtl. nSG aus.

2) **Die SachE muss einheitlich sein und an ihr müssen alle nSG beteiligt sein.** Ist daher die Klage auch nur gegen einen der nSG unzulässig (z. B. prozessunfähig), so kann die Sachentscheidung (an der auch dieser SG unbedingt beteiligt sein muss) nicht ergehen, Konsequenz: Die Klage ist gegenüber *allen* SG unzulässig (ThP § 62, 22).

3) **Merkbeispiel:** Handelsrechtliche Gestaltungsklage der OHG/KG-Gesellschafter auf Ausschließung eines Gesellschafters, § 140 HGB (BGHZ 30, 197; ThP § 62, 12). Oder: Mieterhöhungsklage gegen mehrere Mieter, § 558b BGB (Palandt § 558b, 7).

I. Die prozessual notwendige SG, § 62 I, 1. Alt.

Sie liegt vor, wenn aus Rechtsgründen die Sach-Entscheidung (§ 62: „streitige Rechtsverhältnis") notwendig einheitlich sein muss. **15.02**

Im Gegensatz zur materiellrechtl. nSG, wo schon die Klageerhebung von oder gegenüber allen gemeinsam erfolgen muss (wo also schon die *Herbeiführung* einer Streitgenossenschaft notwendig ist), ist bei der prozessual nSG eine Einzelklage zulässig, denn sie entfaltet Wirkungen überhaupt erst, **sofern überhaupt Streitgenossenschaft besteht:** dann allerdings muss die Sachentscheidung (aber auch nur sie) notwendig einheitlich sein.

Notwendig ist also hier nicht die Streitgenossenschaft (= deren Herbeiführung), sondern nur die einheitliche Sachentscheidung. Daher vermeidet die Literatur vielfach den Ausdruck „prozessual nSG" zugunsten der Bezeichnung: „notwendig einheitliche Sachentscheidung (Feststellung)" (ThP 7; BL 4; StJ 4 zu § 62).

1. Ein einführendes Beispiel:

15.03 Gläubiger G hat eine behauptete Darlehensforderung zur Tabelle angemeldet. Im Prüfungstermin (§ 176 InsO) wird vom Ins-Verwalter und von 2 Insgläubigern (B 1, B 2) die Auszahlung des Darlehens bestritten und der Feststellung der Forderung zur Tabelle daher von ihnen widersprochen. Daraufhin erhebt G gem. § 179 InsO Klage zum LG auf Feststellung zur Tabelle gegen die Feststellungsgegner. § 179 InsO ist ein Fall proz. nSG infolge RKrafterstreckung gem. § 183 I InsO (ThP § 62, 9).

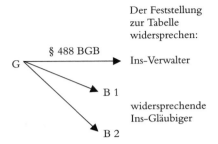

(1) **Einzelklage** nur gegen B 1? Sie wäre zulässig: es besteht keine materiellrechtl. Verpflichtung, die Feststellung (Anerkennung) gegenüber sämtlichen Widersprechenden gleichzeitig zu betreiben. Obsiegt G mit seiner Einzelklage gegen B 1, so hat dies gem. § 183 I InsO RKraftwirkung gegenüber sämtlichen Ins-Gläubigern, auch soweit nicht am Prozess beteiligt (Ausnahme: die anderen Gläubiger haben eigene, noch offene Feststellungsprozesse, Uhlenbruck InsO § 183, 3): die Tabelle ist folglich (allen gegenüber) zu berichtigen, § 183 II InsO (Müko-InsO § 183, 4, 7).

Exkurs: Die Widerspruchsrichtung der erhobenen Widersprüche kann verschieden sein: gegen den Grund der Forderung (wozu auch Inhaberschaft des Anmelders gehört), dann ist die ganze Forderung bestritten; oder gegen die Höhe (dann gilt die Fdg. im Übrigen als festgestellt); oder gegen das vom Anmelder beanspruchte Vorrecht; oder gegen die Anmeldbarkeit als Ins-Forderung (z.B. unzulässig in ausländischer Währung angemeldet), Uhlenbruck 7; Müko-InsO 33 ff. zu § 178.
Um zur Eintragung in die Tabelle zu gelangen, muss der Anmelder sämtliche Widersprüche beseitigen, also **alle die verklagen, die eine unterschiedliche Widerspruchsrichtung vertreten** (Müko-InsO § 183, 4), dem Anmelder würde es also nichts helfen, wenn er nur den X verklagt, der lediglich die Höhe bestreitet, nicht aber auch den Y, der schon den Grund bestreitet. Er wird daher zweckmäßigerweise sämtliche Opponenten verklagen. Im Ausgangsbeispiel kein Problem, weil dort die Widerspruchsrichtung sämtlicher Opponenten gleich ist: da reicht es aus, wenn G einen von ihnen verklagt.

(2) **Abwandlung:** Klage gegen alle Widersprechenden, jedoch ist die **Klage gegen B 1 unzulässig:** Es ergeht *Sachurteil* gegen den Ins-Verwalter und B 2, *Prozessurteil* bzgl. B 1. Notwendig einheitlich sein muss nicht die gesamte Entscheidung, sondern nur die **Sach**entscheidung.

(3) **Abwandlung: B 1 bestreitet weiterhin, B 2 lässt sein Bestreiten fallen.** Da die Sachentscheidung einheitlich sein muss, wird, wenn G gegenüber B 1 und Ins-Verwalter nicht durchdringt (die Forderung nicht zu beweisen vermag), die gesamte Klage durch Sachurteil als unbegründet abgewiesen (auch gegenüber B 2, obwohl nicht mehr bestreitend!).

(4) **Abwandlung: B 1 ist säumig,** G beantragt gegen ihn Teil-Versäumnisurteil: gem. § 62 I *gilt* (nicht: *ist*) B 1 als vertreten durch B 2 und den Ins-Verwalter; B 1 ist also als nicht säumig zu behandeln. Der Prozessantrag des G wird durch Beschluss zurückgewiesen, B 1 ist zum kommenden Beweistermin hinzuzuziehen, § 62 II.

2. Wann liegt prozessual nSG vor?

- **Rspr.: ausschließlich in den Fällen der gesetzlich angeordneten Rechtskrafterstreckung** (dazu unten a).
 Grundsatzentscheidung in BGHZ 30, 199, bestätigt durch BGHZ 92, 351: im Unterschied zu § 62 I, 2. Alt. müssen es **prozessuale** Gründe sein, die eine einheit-

liche Sachentscheidung fordern. Als solche kommen nur die gesetzlich geregelten Fälle der Rechtskrafterstreckung in Betracht. Im Anschluss an Rosenberg: „Die Rechtskrafterstreckung bei einem (gedachten) *Nacheinander* der Prozesse führt zur notwendigen Streitgenossenschaft bei einem *Miteinander* der Prozesse."
Denn wenn es bei einem Nacheinander infolge der Rechtskrafterstreckung nicht unterschiedliche Sachentscheidungen geben kann, so kann es unterschiedliche auch nicht geben, wenn die Prozesse zeitgleich, miteinander geführt werden.
Danach gibt es ein verlässliches Kriterium: das Gesetz ordnet ausdrücklich Rechtskrafterstreckung an. **Abgrenzung:** keine prozessual nSG liegt vor in den Fällen, in denen eine einheitliche Entscheidung nur wünschenswert oder aus Gründen der Logik notwendig erscheint (BGHZ 30, 199; 92, 354).

- **h. M. in Lit.:** außerdem in Fällen der **Unteilbarkeit des streitigen Rechts** (hierzu unten b).

a) Bei Rechtskrafterstreckung

aa) Unstreitige Fälle der nSG sind (sofern sie überhaupt klagen bzw. verklagt sind) vgl. BGHZ 30, 199; ThP 7 ff.; Zöller 3 zu § 62:   15.04

- **§ 327:** Im Passivprozess über Nachlassverbindlichkeiten sind nSG Erbe und Testamentsvollstrecker (zulässig wegen § 2213 BGB. Nicht: Aktivprozesse der Erben, da unzulässig wegen § 2212 BGB).
- **§ 856 II, IV:** mehrere Pfändungsgläubiger bei Klage gegen Drittschuldner auf Hinterlegung.
- **§§ 179, 183 InsO:** bei Klage eines Insolvenzgläubigers auf Feststellung (Anerkennung) einer im Prüfungstermin § 176 InsO bestrittenen Forderung zur Tabelle sind nSG: alle Bestreitenden. Das rechtskräftige Urteil wirkt gem. § 183 I InsO für und gegen alle Ins-Gläubiger.
- **§§ 1495, 1496 BGB:** bei Klage auf Aufhebung einer fortgesetzten Gütergemeinschaft sind nSG wegen § 1496 alle an der fortgesetzten Gütergemeinschaft beteiligten Abkömmlinge (also alle gemeinschaftlichen, § 1483 BGB), Müko-BGB § 1496, 3.
- **§§ 2342, 2344 BGB:** bei Anfechtungsklage gegen den Erben wegen dessen Erbunwürdigkeit sind nSG: alle Anfechtungsberechtigten (= § 2341 BGB), da das stattgebende Urteil gem. § 2344 BGB für und gegen jedermann (also auch alle Klagebefugten = § 2341 BGB) wirkt (Soergel 5; Müko-BGB 9 zu § 2342).
- *Beachte:* Keine Rolle spielt, ob die RKrafterstreckung nur bei Erfolg der Klage, nicht aber bei Klageabweisung eintritt (sog. einseitige RKrafterstreckung, z.B. bei § 2344 BGB), denn die Frage, ob proz. nSG vorliegt, muss zu Beginn des Prozesses feststehen und kann nicht vom Erfolg der Klage im Nachhinein abhängen (Säumnis im 1. Termin?!), vgl. StJ § 62, 5; Blomeyer § 108 III 2a.

Kein Fall der nSG (weder prozessual noch materiellrechtlich) ist die **Gesamtschuld,**   15.05
BGB §§ 421 ff., 840, 2058 (allg. M., ThP § 62, 15).

Rechtskrafterstreckung (§ 62 I, 1. Alt.) von einem auf den anderen Gesamtschuldner findet nach der ausdrücklichen Regelung in § 425 II letzte Alt. BGB nicht statt (also: jeder Prozess hat rechtskraftmäßig Einzelwirkung, bei Miteinander der Prozesse also keine notwendig einheitliche Sachentscheidung).
Notwendig gemeinschaftliche Klage (§ 62 I, 2. Alt.) ist schon nach dem Grundgedanken der Gesamtschuld nicht erforderlich, § 421 BGB.

bb) Streitige Fälle. Nach h.M. liegt **keine nSG vor** bei   15.06
(1) Klage gegen **OHG und Gesellschafter** (§ 128 HGB), bzw. gegen KG und persönlich haftenden Gesellschafter.

Ein Urteil *zugunsten* der Gesellschaft wirkt zwar auch zugunsten des Gesellschafters, indem sich dieser dem Gläubiger gegenüber hierauf berufen kann (§ 128 HGB). Auch wirkt das Urteil *gegen* die Ges. gegen den Gesellschafter, indem es ihm nach § 129 I HGB die Einwendungen nimmt, die der Ges. abgesprochen wurden (z.B. die Gesellschaftsschuld sei gar nicht entstanden oder infolge Zahlung wieder erloschen). Baumbach-Hopt § 128, 43; BGH WM 76, 1085.

Ein unterschiedliches Ergebnis kann der Prozess gegen OHG und Gesellschafter also nur haben, sofern sich der **Gesellschafter mit persönlichen Einwendungen verteidigt** (z. B. ihm persönlich sei Stundung gewährt). Daher **strittig:**

(a) **Meinung 1:** Es liegt nSG zwischen OHG und ihren Gesellschafter vor, ausgenommen im Verhältnis zu dem Gesellschafter, der persönliche Einwendungen erhebt (insoweit dann nur einfache SG). RGZ 123, 151; 136, 266.

(b) **Meinung 2 (h. M.):** Stets nur **einfache SG** wegen möglicher, u. U. erst später erhobener persönlicher Einwendungen des Gesellschafters. Denn der Charakter der Streitgenossenschaft darf aus Gründen der Rechtssicherheit nicht im Laufe des Prozesses wechseln – je nachdem, ob der Gesellschafter persönliche Einwendungen erhebt oder fallen lässt (BGH NJW 88, 2113; ThP § 62, 8; Baumbach-Hopt § 128, 39).

Offen bleiben kann dann die umstrittene Frage, ob § 129 I HGB überhaupt einen Fall der Rechtskrafterstreckung darstellt, oder nur einen Fall der Präklusion ähnlich dem § 767 II (offen gelassen in BGHZ 54, 255 und WM 76, 1086).

(2) Klage gegen **Hauptschuldner und Bürgen**
Keine notwendig einheitl. Sachentscheidung, da sich der **Bürge mit persönlichen Einwendungen verteidigen** kann (z. B. Aufrechnung mit eigener Forderung des Bürgen, Stundung nur gegenüber Bürgen, Einrede der Verjährung der Bürgschaftsforderung, Palandt § 768, 2). Gegen prozessual nSG daher die ganz h. M.: BGH NJW 69, 1481; ThP § 62, 15.

(3) Klage gegen **Versicherungsgesellschaft und Versicherungsnehmer, §§ 115 ff. VVG.**

Trotz RKrafterstreckung gem. § 124 VVG für den Fall, dass der Haftpflichtanspruch des Dritten aberkannt wird, liegt nach h. M. kein Fall der proz. nSG vor: Denn die SachE muss nicht notwendig einheitlich sein, weil sich die **Versicherung** im Gegensatz zum Versicherungsnehmer **auch noch aus anderen Gründen entlasten kann**, z. B. durch Berufung auf einen Risikoausschlussgrund (z. B. § 11 AKB, §§ 115 I S. 2, 117 III S. 1 VVG), oder auf Leistungsfreiheit, weil der Dritte Ersatz auch von einem anderen Schadensversicherer erlangen kann, § 117 III S. 2 VVG, so BGHZ 63, 51, 55; ThP 8; Zöller 8a zu § 62.

15.07 b) Wegen **Unteilbarkeit** des streitigen Rechts?
Der **BGH** beschränkt die Fälle prozessual nSG auf solche der RKrafterstreckung und **lehnt weitere Fallgruppen daneben ab,** also auch die nachfolgende, da dort (fast unstreitig) keine RKrafterstreckung vorliegt.

BGHZ 30, 195 (199); 92, 353; ebenso Musielak 7; Müko-ZPO 20 zu § 62.

Die **h. M.** in der Literatur hingegen **bejaht** eine notwendig einheitliche Sachentscheidung (also § 62 I, 1. Alt.) **außerdem** bei *Aktiv*-Prozessen der Mitberechtigten in den Fällen **§§ 432, 1011, 2039 BGB:**

Klagen trotz des Einzelklagerechts (= daher keine materiellrechtlich nSG, § 62 I, 2. Alt.) alle oder mehrere Rechtsinhaber, was sie nicht müssen, aber können, so fordere die **Unteilbarkeit** ihres Rechts, dass darüber notwendig eine einheitliche Sachentscheidung ergehe, sie seien prozessual nSG.

ThP 8; Zöller 16; StJ 8; BL 5 zu § 62; Blomeyer § 108 III 2b.

Beispiele (dabei stelle man sich für das Problem notwendiger Streitgenossenschaft am besten jeweils vor, dass einer der mehreren Kläger säumig ist, oder nur einer von ihnen Berufung einlegt):

(1) **§ 432 BGB: Mitgläubiger.** BGH NJW 85, 1826: Beide Eheleute haben mit B einen „Hauserstellungsvertrag" auf Errichtung eines Flachbungalows geschlossen. Wegen Baumängeln klagen sie den werkvertraglichen Vorschussanspruch für Mängelbeseitigungskosten ein (§ 637 III BGB). Nach h. M. in Lit: prozessual nSG, nach BGH: einfache SG.

(2) **§ 1011 BGB: Bruchteilseigentümer.** Miteigentümer klagen auf Herausgabe (§ 985 BGB), auf Löschung der am gesamten Grundstück (Gegensatz: § 1114 BGB) lastenden Hypothek; sie machen Ansprüche wegen Eigentumsverletzung geltend (§§ 812 ff.; 823; 987 ff. BGB): Dies sind Ansprüche auf unteilbare Leistung gem. § 432 BGB wegen nur gemeinschaftlicher Empfangszuständigkeit (Palandt § 1011, 2; § 432, 1).
Nach h. M. in Lit: prozessual nSG, nach BGH: einfache SG (BGHZ 92, 351).

(3) **§ 2039 BGB: Miterben.** § 2039 S. 1 BGB gibt dem einzelnen Miterben eine gesetzliche Prozessstandschaft für die Erbengemeinschaft (BGHZ 167, 152). Es müssen also nicht alle Miterben klagen, falls sie es aber muss: Unteilbar z. B.: Die Miterben machen gegen den Erbschaftsbesitzer den erbrechtlichen Gesamtanspruch geltend, §§ 2018 ff. BGB. Klage der Miterben auf **Grundbuchberichtigung** (BGHZ 44, 367, 370; Palandt § 2039, 2). Nach h. M. in Lit.: prozessual nSG, falls *alle* Miterben klagen (Müko-BGB § 2032, 36), nach BGHZ 23, 207, 212: nur einfache SG.

II. Die materiellrechtlich notwendige SG, § 62 I, 2. Alt.

Sie liegt vor, wenn ein Recht aus materiellrechtlichen Gründen allen gemeinsam zusteht in der Weise, dass es **ohne Einzelklagebefugnis** nur von oder gegenüber allen gemeinsam geltend gemacht werden kann, also dann, wenn **eine nur gemeinsame Prozessführungsbefugnis und Aktiv-(Passiv)-Legitimation** besteht (BGHZ 30, 195, 197; 92, 351, 353; ThP 11, StJ 14 zu § 62). 15.08

Kennzeichnend sind also 2 Elemente:

- **Nur gemeinsame Prozessführungsbefugnis: Einzelklagen sind unzulässig.**
  Hier besteht also im wahrsten Sinne des Worts eine „notwendige Streitgenossenschaft": alle Rechtsträger müssen klagen bzw. verklagt werden, schon der Gang zu Gericht (die Herstellung der Streitgenossenschaft) muss gemeinschaftlich erfolgen. Die Hemmung der Verjährung gegenüber nur einem nSG aus materiell-rechtlichen Gründen wirkt nicht auch gegenüber den anderen nSG (BGHZ 131, 376). Das Schrifttum bezeichnet diese Fallgruppe daher vielfach als **„notwendig gemeinschaftliche Klage"** (ThP 11; StJ 14; BL 6 zu § 62). ·
- **Infolge nur gemeinsamer Sachbefugnis: notwendig einheitliche Sachentscheidung unter Beteiligung aller.**
  Also nicht nur gemeinschaftliche Klage (diese ist nur erste Voraussetzung für das Entscheidende), sondern auch notwendig einheitliche Sachentscheidung:
  diese muss erstens **alle Rechtsträger einschließen** und zweitens **inhaltlich** gegenüber allen **einheitlich** sein.
  Konsequenz: damit diese Sachentscheidung einheitlich ausfallen kann, sind ggfls. abweichende Prozesshandlungen nur einzelner SG wirkungslos (dazu näher unten III). Und: ist eine *Sach*entscheidung nicht gegenüber allen SG möglich, ist sie auch gegenüber den anderen SG nicht – also überhaupt nicht – möglich (= Prozessurteil insgesamt), dazu sogleich das einführende Beispiel, Abwandlung (2).

1. Ein einführendes Beispiel:

A, B, C sind Gesellschafter der O-OHG mit Sitz in Berlin. Eines Tages entdecken A und B, dass C zu Lasten der OHG Veruntreuungen in erheblichem Umfang gemacht und verschleierte Sonderentnahmen vorgenommen hat. Da dies wichtige Gründe für eine Ausschließung des C gemäß § 140 HGB sind (BGHZ 16, 323; 32, 17; 31, 304; Baumbach-Hopt § 140, 7), soll C durch handelsrechtliche 15.09

Gestaltungsklage zum LG Berlin gemäß § 140 HGB ausgeschlossen werden. Der Verkehrswert des Gesellschaftsanteils des C beträgt € 200 000,–.

Dazu nun 4 Alternativen, zum Vergleich mit der proz. nSG in derselben Reihenfolge durchgegliedert wie das dortige Einführungsbeispiel, oben Rn. **15.03**.

(1) **Einzelklage nur des A** (im eigenen Namen) gegen C.

Die Problematik liegt hier in der Zulässigkeit der Klage:

(I) **Zulässigkeit** der Klage
(1) Ordnungsmäßigkeit der Klageerhebung, §§ 253 II, 78
(2) Örtliche Zuständigkeit: Wohnsitz des auszuschließenden C (§ 13) oder (wichtiger) besonderer Gerichtsstand gem. § 22 am Sitz der OHG (§ 17), Baumbach-Hopt § 140, 21. Hier: Berlin.
(3) Sachliche Zuständigkeit: §§ 71 I, 23 Nr. 1 GVG. Gem. § 3 ist i. d. R. der Verkehrswert des Gesellschaftsanteils des Auszuschließenden maßgebend (ThP § 3, 23). Hier: € 200 000,–, zuständig ist also das LG.
(4) **Prozessführungsbefugnis:**
Sie fehlt, da nach materiellem Recht (§ 140 I HGB) nur die sämtlichen übrigen Gesellschafter (A und B) das Recht zur Erhebung der Ausschließungsklage gem. § 140 HGB haben (BGHZ 30, 197). Der nur gemeinsamen Sachbefugnis entspricht die nur *gemeinsame* Prozessführungsbefugnis, A und B sind materiellrechtlich notwendige Streitgenossen gem. § 62 I 2. Alt. (BGHZ 30, 197; ThP § 62, 12). Die **Einzelklage** des A ist also mangels dessen alleiniger Prozessführungsbefugnis **unzulässig**.
Die Voraussetzungen einer actio pro socio (wörtlich: „Klage im Interesse eines Gesellschafters") liegen nicht vor, da diese nur für sog. Sozialansprüche gilt, also für Ansprüche der Gesellschaft aus Gesellschaftsvertrag gegen Mitgesellschafter (Hauptbeispiel: Beiträge, Palandt § 714, 9; Müko-BGB § 705, 204 ff.; Staudinger § 705, 61 ff.).

(2) **Abwandlung:** Es klagen A und B gemeinschaftlich, B ist jedoch nach schwerem Verkehrsunfall prozessunfähig, dessen Klage also unzulässig.

Klar ist, dass jedenfalls die Klage des B durch Prozessurteil abzuweisen ist. Das aber hat – im Unterschied zu den Fällen der proz. nSG – auch Konsequenzen für den oder die übrigen nSG:

Eine *Sachentscheidung* ist wegen der nur gemeinschaftlich bestehenden Sachbefugnis (Aktivlegitimation) nur in der Weise möglich, dass sie *allen* gegenüber ergeht. Kann das nicht gegenüber *allen* erfolgen, weil – wie hier – eine der Klagen unzulässig ist, so kann eine Sachentscheidung überhaupt nicht ergehen: Sie hätte ja den prozessunfähigen B notwendig einschließen müssen. Es bleibt daher als Konsequenz nur die **Klageabweisung als insgesamt unzulässig** (Prozessurteil, ThP § 62, 22).

Daraus folgt als **Resümée**: entweder ergeht gegenüber allen ein einheitliches Sachurteil oder eben ein einheitliches Prozessurteil.

(3) **Abwandlung:** Gemeinschaftliche Klage von A und B. Der Beklagte C behauptet aber, die Vorwürfe seien nach Rückzahlung der Gelder einvernehmlich ausgeräumt worden. A stellt dies schließlich unstreitig, **jedoch bestreitet dies B weiterhin**.

Da die Sachentscheidung nur einheitlich sein kann (Bereinigung ja oder nein): das Bestreiten durch B bleibt weiterhin relevant, C muss die Bereinigung beweisen. Gelingt ihm das nicht, wird der Klage – trotz Nichtbestreitens seitens A – voll stattgegeben (Beweislast bei C).

Das Nichtbestreiten durch A kann aber im Rahmen der gesamten Beweiswürdigung (§ 286) eine erhebliche Bedeutung gewinnen: kann C die Bereinigung nicht klar beweisen, ist aber die Erklärung des A, warum er nicht weiter bestreitet, plausibel und überzeugt das Gericht, kann das Gericht den Bereinigungseinwand im Rahmen der einheitlichen Beweiswürdigung als erwiesen ansehen und dann die Klage sachlich abweisen.

(4) **Abwandlung: A ist säumig.** Bekl. C beantragt abweisendes Teil-Versäumnisurteil gegen A. Hier greift wie bei prozessual nSG § 62 I ein: A „gilt" als vertreten durch den anwesenden B, also kein VU.

2. Die Fälle materiellrechtlich notwendiger SG

a) Gestaltungsklagen   15.10
– **des HGB:** §§ 117, 127, 133, 140 (dies auch für KG über § 161 II), BGHZ 30, 197.
– Nicht: Gestaltungsrechte, die auch ohne Klage ausgeübt werden können, da es hier an der in § 62 vorausgesetzten Notwendigkeit gemeinsamer Rechtsverfolgung fehlt:

Beispiele: Also keine nSG i.F. eines von oder gegenüber mehreren auszuübenden Rücktritts (§ 351 BGB), einer Anfechtung (§ 143 BGB), eines Vor- oder Wiederkaufsrechts (§§ 456, 463 BGB), h.M., StJ 21; ThP 12 zu § 62.

b) Aktivprozesse von Gesamthandsgemeinschaften, sofern sie nicht parteifähig   15.11
und sofern nicht Einzelklagen zulässig sind:

Beispiele:
(1) Zu bejahen für Gütergemeinschaft bei Gesamtvertretung, § 1450 I BGB. Ebenso bei Mieterhöhungsverlangen von mehreren Vermietern oder gegenüber mehreren Mietern gem. § 558a, b BGB (BGH NJW 04, 1797; Palandt § 558b, 7).
(2) Zu verneinen bei Aktivprozess der Miterbengemeinschaft: wegen des Einzelklagerechts gem. § 2039 S. 2 BGB besteht kein Zwang zu gemeinsamer Klageerhebung, daher auch keine materiellrechtlich nSG. Allerdings wird wegen der Unteilbarkeit des Rechts in der Lit. (gegen BGH und h.M.) vielfach eine prozessual nSG angenommen: sind alle oder mehrere Miterben Kläger der gesamthänderischen Nachlassforderung, so muss die *Sach*entscheidung notwendig einheitlich sein (so Zöller 16; ThP 13; StJ 18 zu § 62).
(3) BGB-Außengesellschaft (Palandt § 705, 24; Beispiel unten Rn. **15.13**). Sie ist nach nunmehriger Rspr. des BGH rechts- und parteifähig, BGHZ 146, 341. Wie bei der OHG sind nicht die einzelnen Gesellschafter, sondern ist die Gesellschaft (GbR) selbst Trägerin der Rechte (Rechtsinhaberin) und direkt Verpflichtete, Verträge (z.B. Kaufverträge) kommen nur mit der GbR und nicht mehr (wie zuvor) mit den BGB-Gesellschaftern zustande. Infolgedessen ist zur Durchsetzung einer Gesellschaftsforderung nicht mehr (wie zuvor noch von der stRspr gefordert) das gemeinsame gerichtliche Vorgehen aller Gesellschafter erforderlich (= materiellrechtlich nSG), sondern nur die Klage des Rechtsträgers, also der Gesellschaft (GbR) selbst. Die Gesellschafter der Außen-GbR sind mangels Rechtsinhaberschaft nicht mehr materiellrechtlich notwendige Streitgenossen. Sie sind auch keine prozessual nSG, da *ihnen* gegenüber keine einheitliche Sachentscheidung ergehen muss, denn sie sind nicht die Rechtsträger, also für eine Sachentscheidung materiellrechtlich weder aktiv noch passiv legitimiert; sie haften zwar nach §§ 128ff. HGB analog für die Gesellschaftsschulden (BGHZ 146, 358; 154, 372), aber als Gesamtschuldner und sind als solche keine nSG (s. oben Rn. **15.05**).
(4) BGB-Innengesellschaft (Palandt § 705, 33). Bei ihr tritt nach außen nur der sog. Tätige im eigenen Namen auf (ist dieser Kaufmann, so liegt stille Gesellschaft nach §§ 230ff. HGB vor). Mangels Vertretung wird der Innengesellschafter (der stille Gesellschafter) durch diese Tätigkeit weder berechtigt noch verpflichtet, er wird also nicht Rechtsträger, vielmehr nur im Innenverhältnis und auch nur schuldrechtlich, nicht dinglich am Recht des Tätigen beteiligt (im Grundbuch steht nur der Tätige als Alleineigentümer), es gibt i.d.R. auch kein Gesamthandsvermögen (Palandt § 705, 33). Zur Durchsetzung einer Gesellschaftsforderung ist daher eine Mitwirkung des Innengesellschafters weder nötig noch möglich, weil Rechtsträger allein der nach außen auftretende Tätige ist.
Es liegt daher keine notwendige Streitgenossenschaft vor, weder im materiellrechtlichen noch im prozessualen Sinne.

c) Passivprozesse gegen mehrere Berechtigte

Notwendig gemeinschaftlich ist die Klage **gegen** mehrere Berechtigte nur dann, wenn   15.12
ein einzelner von ihnen das begehrte Recht **nicht allein erfüllen kann,** weil ihm dafür die alleinige Passivlegitimation fehlt.

Eine danach erhobene **Einzelklage** gegen nur einen von mehreren Rechtsträgern wäre schon als **unzulässig** mangels alleiniger Prozessführungsbefugnis des Beklagten (die also auch auf Beklagtenseite Sachurteilsvoraussetzung sein kann!) abzuweisen, nicht erst als unbegründet mangels alleiniger Passivlegitimation (BGHZ 36, 187 (LS 1), 191; BGH NJW 84, 2210; Müko-ZPO § 62, 47).

Ausnahme nach h. M.: derjenige, der vorgerichtlich seine Verpflichtung bereits anerkannt hat, muss (darf) nicht mitverklagt werden, so z. B. bei einer Auflassungsklage nicht der Miteigentümer, der der Auflassung schon zugestimmt hat, bei der Gesamthandklage gem. § 2059 II BGB ist die Klage nur gegen die Widersprechenden geboten (Palandt § 2059, 4. Vgl. BGH WM 91, 240; NJW 92, 1102).

Solche **Fälle sind z. B. Ansprüche gegen**

– **Miteigentümer**

(1) auf Duldung eines Notwegs auf einem Grundstück, das mehreren Personen zu ideellen Bruchteilen gehört, BGH NJW 84, 2210: „Nicht die ideellen Miteigentumsanteile unterliegen der Duldungspflicht des § 917 I BGB, sondern immer das Grundstück als Ganzes. Deshalb können die in einer Rechtsgemeinschaft stehenden Miteigentümer (§§ 1008, 741 ff. BGB) den Notweganspruch nur gemeinsam erfüllen, weil sie dafür *das Grundstück* zur Verfügung stellen müssen".
Da die Notwegduldungsklage nicht gegen sämtliche Miteigentümer gerichtet war, wies sie der BGH wegen Fehlens der alleinigen Prozessführungsbefugnis auf Beklagtenseite durch Prozessurteil als unzulässig ab (BGH NJW 84, 2210 und ebenso BGHZ 36, 187, 193).

(2) auf Einräumung oder Feststellung des Bestands einer Grunddienstbarkeit am gesamten Grundstück.
Denn ideelle Miteigentumsanteile können nicht mit einer Grunddienstbarkeit belastet werden, sondern nur das Grundstück als *Ganzes,* dafür aber müssen *alle* Miteigentümer ihre Zustimmung erteilen (BGHZ 36, 187, 189; NJW 84, 2210).

(3) auf Auflassung: diese kann gemäß § 747 S. 2 BGB nur durch alle Miteigentümer gemeinsam erklärt werden, also müssen sie auch notwendig gemeinsam verklagt werden (BGH NJW 94, 1471; StJ § 62, 20). Anders natürlich (= einfache SG), wenn der Klageantrag lautet auf Übertragung der Miteigentums-*Anteile* (§ 747 S. 1 BGB).

– **§ 2059 II BGB: Gesamthandklage gegen Miterbengemeinschaft**

Beispiele: Klage aus § 1147 BGB auf Duldung der ZwV in ein Nachlassgrundstück, oder: auf **Grundbuchberichtigung** gem. § 894 BGB bzgl. eines Grundstücks, für das die Erbengemeinschaft (oder der Erblasser) als vermeintlicher Eigentümer eingetragen ist (ThP § 62, 14; Palandt § 2059, 11).

Nicht, falls **Gesamtschuldklage (§ 2058 BGB)** erhoben ist: diese richtet sich gegen den (die) **einzelnen** Miterben *persönlich* als die mit ihrem Privatvermögen haftenden Gesamtschuldner. Hier ist wie bei jeder Gesamtschuld wegen § 421 BGB Einzelklage zulässig. Werden mehrere verklagt, sind sie bei Gesamtschuldklage nur einfache SG (Müko-BGB § 2058, 22; Palandt § 2058, 11).

Problematisch: Auflassungsklage

Beispiel: Der Erblasser E hat an K ein Grundstück verkauft, aber noch nicht aufgelassen. E wird von A, B, C beerbt. K will Auflassung.
Nach h. M. hat K die Wahl, ob er vorgeht mit der

(a) **Gesamthandklage, § 2059 II BGB:** hier muss er als materiellr. nSG alle MitE (A, B, C) auf Abgabe der Auflassungserklärung verklagen, die sie wegen § 2040 I BGB nur gemeinsam abgeben können; oder mit der

(b) **Gesamtschuldklage, § 2058 BGB:** jeder MitE schuldet ja aus §§ 433 I, 2058, 421 BGB, auf die Auflassung *hinzuwirken*. K könnte also den A allein verklagen. Aber der Klageantrag darf nur auf „Herbeiführung der Auflassung" (also: der allein verklagte MitE solle zusehen, wie er die übrigen, nicht verklagten MitE dazu bringt, die Auflassung zu erklären), lauten, auf mehr nicht, da der Einzelne ja zur isolierten Auflassungserklärung wegen § 2040 I BGB nicht in der Lage ist (BGH NJW 63, 1611; Palandt § 2058, 11) Mehr, als einen verklagten MitE als „Hebel" gegen die übrigen MitE zu benutzen, verschafft ihm die Gesamtschuldklage nicht. K wird also zweckmäßigerweise gleich die Gesamthandklage erheben, § 2059 II BGB.

3. Die rechts- und parteifähige BGB-Außengesellschaft; Rechtsstellung der Gesellschafter

Anhand eines durchgelösten Falles soll kurz dargestellt werden, wo und wie die gerade besprochenen Probleme im Klausuraufbau relevant werden. 15.13

Fall: Die Gemeinschaftspraxis: P hat sich nach einem Sportunfall in die Gemeinschaftspraxis Dres. A, B, C begeben, die in der Rechtsform einer BGB-Außengesellschaft betrieben wird. Dem dort den P behandelnden Arzt Dr. A unterläuft infolge einer Ablenkung ein Fehler, der bei P zu Komplikationen mit mehrwöchigem Krankenlager führt.
P klagt nunmehr auf Ersatz seines Verdienstausfalls und auf Schmerzensgeld (je € 10000,-) gegen die Gemeinschaftspraxis als Beklagte zu 1 und die Ärzte Dres. A, B, C als Beklagte zu 2-4.
Im Verhandlungstermin vor dem zuständigen LG sind alle Parteien ordnungsgemäß vertreten, ausgenommen C, der weder erschienen, noch vertreten ist. P beantragt gegen C den Erlass eines VU, nachdem ihm das Gericht eröffnet hat, dass im Falle einer Vertagung ein neuer Verhandlungstermin erst in 7 Monaten möglich sei. A und B lassen zu Protokoll Widerklage erheben auf Zahlung des Arzthonorars von € 3000,-, da der Behandlungsvertrag nach ihrer Meinung auch mit den Ärzten persönlich zustande gekommen sei.
Wie ist zu entscheiden, wenn sich die von P schlüssig vorgetragene Forderung erweisen lässt?

Lösungsskizze: Zum Aufbau: Da gegenüber B 1, 2, 3 ein streitiges Endurteil zu erarbeiten ist, gegen B 4 aber ein VU beantragt wurde, wird man wegen der unterschiedlichen Voraussetzungen die Klage des P wie folgt getrennt prüfen und so auch die Entscheidungsgründe gliedern:

(A) Die Klage des P gegen die GbR, A und B

(I) Zulässigkeit der Klage

(1) Ordnungsmäßigkeit der Klageerhebung, §§ 253 II, 78: (+)

(2) Örtliche und sachliche Zuständigkeit: (+)

(3) Parteifähigkeit, § 50 I. Fehlt die aktive (= Kläger) oder die passive (= Beklagte, so evtl. hier) Parteifähigkeit, ist die Klage als unzulässig abzuweisen (Musielak § 50, 13).

(a) Bzgl. P und A, B: (+)

(b) Bzgl. der GbR?

(aa) Zuerst klarstellen, wer ausweislich der Klageschrift als B 1 überhaupt Partei ist (= formeller Parteibegriff, ThP 3 ff. vor § 50). Hier: Partei soll die GbR als solche sein.

(bb) Sodann: ist die GbR als solche rechtsfähig und damit gem. § 50 I parteifähig?
Nach nunmehriger Rspr. des BGH (BGHZ 146, 341 = NJW 01, 1056) ist die BGB-Außengesellschaft in Angleichung an die Rechtslage bei OHG/KG rechtsfähig (§ 14 II BGB), soweit sie am Rechtsverkehr eigene Rechte und Pflichten begründet. In diesem Rahmen ist sie zugleich im Zivilprozess aktiv und passiv parteifähig (§ 50 I).
Hauptargumente: Der historische Gesetzgeber habe die Rechtsnatur der GbR nicht abschließend geregelt, sich jedenfalls nicht *gegen* eine Rechts- und Parteifähigkeit der GbR ausgesprochen, so dass eine **Rechtsfortbildung** möglich sei. Der Wortlaut des § 736 („Urteil gegen alle Gesellschafter erforderlich") stehe nicht entgegen, da der Zweck dieser Regelung die Verhinderung der Vollstreckung von Privatgläubigern einzelner Gesellschafter in das Gesellschaftsvermögen sei; dieses Ziel sei aber bei Anerkennung einer Rechts- und Parteifähigkeit der GbR ebenso gut erreichbar. Daran ist zutreffend, dass ein Titel gegen die GbR eine Gesellschaftsschuld voraussetzt, also bei Privatverbindlichkeiten nur einzelner Gesellschafter nicht ergehen kann. Nach der Argumentation des BGH, wonach die Vollstreckung in das Gesellschaftsvermögen wahlweise sowohl nach § 736 als auch durch Titel gegen die GbR möglich sein soll, müsste es in § 736 heißen: „ist ein Urteil gegen die Gesellschafter *ausreichend*", der Gesetzgeber aber hat formuliert: *„erforderlich"*. Man wird daher i. S. d. neuen Rspr. in § 736 den Zusatz einfügen müssen: „gegen alle Gesellschafter erforderlich, *sofern* nur die Gesellschafter (aus § 128 HGB analog) und nicht die Gesellschaft selbst verklagt wurde(n)."

(II) Zulässigkeit der subjektiven (§§ 59 ff.) und objektiven Klagenhäufung (§ 260): (+)

(III) Begründetheit

(1) **Die Klage des P gegen die GbR**

(a) §§ 611, 280 I, 278 BGB

Der Vertrag kommt (wie bei der OHG und KG, §§ 124 I, 161 II HGB) mit der rechtsfähigen (§ 14 II BGB) Außen-GbR zustande, nicht (wie nach früherer Konstruktion) mit allen Gesellschaftern persönlich als Gesamtschuldnern, so noch BGHZ 97, 273 für die ärztliche Gemeinschaftspraxis (BGHZ 146, 348; Habersack BB 01, 376). Der behandelnde Arzt wird daher i. S. v. § 278 BGB im Pflichtenkreis der *GbR* tätig.

Rechtsfolge: Ersatz des Verdienstausfalls (§ 252 BGB) und Schmerzensgeld (§ 253 II BGB, Palandt § 253, 8).

(b) §§ 823 I, 31 (analog), 253 II BGB

Die analoge Anwendung des § 31 BGB auf die nunmehr rechtsfähige Außen-GbR für deliktisches Handeln ihrer geschäftsführenden Gesellschafter wird (entgegen der früheren Rspr.) konsequenterweise bejaht (BGHZ 172, 169, Rn. 9 ff.; 154, 88; Palandt § 714, 6).

(2) **Die Klage des P gegen A und B**

(a) §§ 611, 280 I, 278 BGB: (–) Der Vertrag kommt nur mit der GbR zustande.

(b) § 128 HGB analog

Die Haftung der Gesellschafter einer Außen-GbR entspricht nunmehr derjenigen von Gesellschaftern einer OHG, also Haftung analog §§ 128, 129, 130 HGB (BGHZ 146, 341 LS 3 und S. 358; 154, 372). Da die Gesellschaftsschuld besteht (§§ 611, 280 I, 278 BGB und §§ 823 I, 31 BGB analog) haften A und B hierfür analog § 128 HGB.

(B) Die Klage des P gegen C

Da P ein VU gem. § 331 beantragt hat, sind dessen Voraussetzungen zu prüfen:

(1) Prozessantrag des P: (+)

(2) Termin zur mündlichen Verhandlung: (+)

(3) Säumnis des C

Abwendung durch Vertretungsfiktion gem. § 62 I ZPO (ThP § 62, 20)? Zwischen C sowie A, B müsste eine notwendige Streitgenossenschaft vorliegen:

(aa) Prozessual notwendige (§ 62 I 1. Alt.)?

Nein, es liegt kein Fall gesetzlich angeordneter Rechtskrafterstreckung vor (ThP § 62, 8).

(bb) Materiellrechtlich notwendige (§ 62 I 2. Alt.)?

Sie liegt vor, wenn das Gesetz einen Zwang zu gemeinsamer Klageerhebung aller (oder gegen alle) angeordnet hat, weil nur auf diese Weise die notwendig einheitliche Sachentscheidung herbeigeführt werden kann (ThP 11 ff.; Musielak 8 zu § 62).

Bei Passivprozessen der Gesamthänder (wie hier) liegt materiellrechtlich notw. SG nur vor, wenn eine ihrem Gegenstand nach nur von allen Gesellschaftern einheitlich erfüllbare Verpflichtung geltend gemacht wird (BGH NJW 2000, 292; Musielak § 62, 11), wie etwa bei Klagen auf Auflassung oder Grundbuchberichtigung.

In den übrigen Fällen, in denen die Gesamthänder als Gesamtschuldner in Anspruch genommen werden (so hier aus § 128 HGB analog) besteht lediglich einfache Streitgenossenschaft, da der einzelne Gesamthänder die begehrte Leistung (hier Schadensersatz, Schmerzensgeld) auch als Einzelperson erbringen kann (Musielak § 62, 11).

(4) Es liegt kein Erlasshindernis gemäß § 335 vor.

(5) Es besteht kein Erlasshindernis gemäß § 337.

Strittig ist, ob die Nichtbeachtung einer ständigen örtlichen Übung unter den Rechtsanwälten, ein VU erst nach telefonischer Rücksprache beim säumigen Gegner zu beantragen, eine unverschuldete Verhinderung i. S. v. § 337 des säumigen RA darstellen kann (bejahend BGH NJW 99, 2122; verneinend die h. M. in der Lit., s. unten Rn. **20.**06). Jedenfalls hat nach der bejahenden Meinung das Interesse des Mandanten (hier: drohende Verzögerung von 7 Monaten) Vorrang vor kollegialer Rücksichtnahme.

(6) Zulässigkeit der Klage (das VU ist ein Sachurteil): (+)

(7) Schlüssigkeit der Klage: (+)

(C) Die Widerklage durch A, B gegen P
(I) Zulässigkeit
(1) §§ 261 II, 78: (+)
(2) Prozessführungsbefugnis der Widerkläger A, B? Zunächst klarstellen: A und B machen (zu Unrecht) ein behauptetes *eigenes* Recht (nicht das der GbR) geltend.
(a) Früher: bei Aktivprozessen von BGB-Gesellschaftern wurde Zwang zu gemeinsamer Klageerhebung, also materiellrechtlich notwendige Streitgenossenschaft (§ 62 I, 2. Alt.) bejaht. Die Prozessführungsbefugnis stünde dann nur allen gemeinsam zu, so dass Einzelklagen (wie hier ohne den C) unzulässig wären.
(b) Nunmehr (seit BGHZ 146, 341): Kein Zwang zu gemeinsamer Klageerhebung durch A, B, C, denn materieller Rechtsinhaber der Forderung aus dem Vertrag (§ 611 BGB) ist die GbR als rechtsfähige Rechtsträgerin (§ 14 II BGB).
A, B besitzen also Prozessführungsbefugnis (haben aber keine Aktivlegitimation = Frage der Begründetheit), wenn sie – wie hier – ein behauptetes *eigenes* Recht geltend machen, weil sie behaupten, selbst Vertragspartner des P zu sein.
(3) § 33
(a) Meinung 1: besondere Prozessvoraussetzung: (+)
(b) Meinung 2: nur örtliche Zuständigkeit: (+)
(4) Besondere Voraussetzungen der Widerklage (ThP § 33, 22 ff.): (+)
(II) Begründetheit
Anspruchsgrundlage: § 611 BGB
Der Vertrag kam nur mit der rechtsfähigen Außen-GbR zustande.
A, B fehlt also die Aktivlegitimation. Die Widerklage ist unbegründet.

Es ergeht ein einheitliches Urteil als

TEILVERSÄUMNIS- UND ENDURTEIL
I. Die Bekl. zu 2–4 werden als Gesamtschuldner, die Bekl. zu 1 neben ihnen *wie eine Gesamtschuldnerin (vgl. oben Rn.* **14.10***)* verurteilt, an K € 20.000,– zu zahlen.
II. Die Widerklage wird abgewiesen.
III., IV. Kosten, sowie §§ 708 ff.

III. Die Wirkungen der notwendigen Streitgenossenschaft

Einerseits ist jeder SG selbstständig, in seinen Entscheidungen ebenso frei wie ein einfacher SG, er kann auch nur in seinem Prozess handeln, namentlich ist er nicht Vertreter der anderen nSG. Es gilt also grds. § 61 (ThP 16; StJ 30 zu § 62).

Andererseits muss die Sachentscheidung notwendig einheitlich sein. Im Dienste dieses Ziels können Prozesshandlungen des einen nSG auch zugunsten der anderen wirken (Vertretungsfiktion im Säumnistermin, § 62 I) oder widersprechende der anderen nSG wirkungslos sein etc. Insoweit wird in die Selbstständigkeit der Prozessrechtsverhältnisse eingegriffen und § 61 durch § 62 eingeschränkt (ThP § 61, 2).

1. Die Zulässigkeit der Klage

Die Prozessvoraussetzungen sind für jeden nSG **gesondert** zu prüfen (Blomeyer § 108 IV 3). Daher Prüfungsschema wie bei einfacher SG, siehe oben Rn. **14.05**.

Die **Folgen** bei Unzulässigkeit sind aber bei prozessual nSG und materiellrechtlich nSG verschieden:
– **prozessual nSG:** nur der unzulässige Teil wird abgewiesen, gegenüber den anderen nSG ergeht Sachurteil. Dazu Beispiel oben Rn. **15.03** zu (2).
– **materiellrechtlich nSG:** die gesamte Klage wird als unzulässig abgewiesen (Blomeyer § 108 IV 3a). Dazu Beispiel oben Rn. **15.09** zu (2). Außerdem ist hier scharf auf die Prozessführungsbefugnis zu achten: unzulässige Einzelklage?!

2. Säumnis im Termin

15.17 Gegen den abwesenden nSG darf **kein VU** ergehen, er gilt (nicht: „ist") vertreten durch den anwesenden SG, § 62 I.

Daher findet überhaupt kein Versäumnisverfahren statt. Vielmehr wird mit den erschienenen SG **streitig** (kontradiktorisch) voll verhandelt **mit Wirkung für alle** (StJ § 62, 27 m. w. N., ThP § 62, 20):

Wird daher die Sache im „Säumnistermin" (der keiner ist) entscheidungsreif, ergeht **stets streitiges Endurteil** (dagegen also nur Berufung, auch der „Säumige" kann nur Berufung einlegen, nicht Einspruch), und zwar mit voller KostenE gem. § 100 auch für und gegen den Abwesenden (StJ § 62, 27). Im Interesse der notwendig einheitlichen Sachentscheidung repräsentiert der anwesende die abwesenden SG. Das gesamte mündliche Vorbringen des Anwesenden gilt für alle vorgebracht und seine Handlungen wie Anträge, Verzichte, Geständnisse, Einwilligungen gelten zugleich als Handlungen des Abwesenden, mögen sie ihm günstig oder nachteilig sein (BGH NJW 2016, 716, Tz. 14).

Beispiel: Erklärt der einzig anwesende nSG Anerkenntnis, bzw. Verzicht, so ergeht einheitlich (alle nSG sind im Rubrum aufzuführen!) Anerkenntnis- bzw. Verzichtsurteil. Allerdings können die säumig gewesenen nSG die für sie abgegebenen geltenden Prozesshandlungen in den Tatsacheninstanzen ausnahmsweise widerrufen kraft teleologischer Reduktion des § 62 I (BGH NJW 2016, 716). Gelingt es ihnen, sich in der Berufung (nach Widerruf) gegenüber der Klage durchzusetzen, wird die gesamte Klage (unter Aufhebung des Anerkenntnisurteils auch gegenüber dem Anerkennenden) abgewiesen: notwendig einheitliche Sachentscheidung! (ThP § 62, 20 und 17).

3. Bestreiten, Beweisantritte

15.18 Ausgehend von § 61 (Selbstständigkeit jedes SG), kann jeder nSG – auch im Widerspruch zu den anderen nSG (BGHZ 131, 380) – für sein Prozessrechtsverhältnis bestreiten, Beweisanträge stellen oder Tatsachen unstreitig stellen. Nur: am Ende muss sachlich einheitlich entschieden werden.

Beispiel: Hypothekar H klagt im Wege der Gesamthandklage (§ 2059 II BGB) gegen die Miterbengemeinschaft A, B, C gem. § 1147 BGB auf Duldung der ZwV. Nur A bestreitet, dass H noch aktivlegitimierter Hypothekar sei, da H Forderung samt Hypothek an dessen Ehefrau abgetreten habe. B und C stellen die Aktivlegitimation des H unstreitig.
Hier kann nicht einfach Teilurteil gegen die nichtbestreitenden B, C ergehen, da dies ein unzulässiger Vorgriff auf die notwendig einheitliche Sachentscheidung wäre. Vielmehr muss wegen des Bestreitens durch A auf Antrag des H Beweis über dessen Aktivlegitimation erhoben werden. Erst in der abschließenden einheitlichen Beweiswürdigung (§ 286) ist gegenüber *allen* festzustellen, ob H noch aktiv legitimiert ist oder nicht (StJ 33; ThP 17 zu § 62). Vgl. auch die Beispiele oben Rn. **15.**03 u. **15.**09 je zu (3).

4. Klagerücknahme, Hauptsacheerledigungserklärung durch nur einen der nSG

15.19 Bei **prozessual nSG** ist das zulässig und wirksam, denn die einheitliche *Sach*E ist gegenüber den im Prozess verbleibenden übrigen nSG möglich (ThP § 62, 17).

Bei **materiellrechtlich nSG** hingegen *strittig:*

15.20 Diese Prozesshandlungen haben alle zur Folge, dass eine einheitliche Sachentscheidung unter Beteiligung *aller* nSG nicht möglich ist. Die Konsequenz ist strittig:

(a) Meinung 1: diese Maßnahmen sind zulässig und wirksam, weil dem ausscheidenden nSG nicht zuzumuten ist, länger im (aussichtslosen?) Prozess zu verbleiben. Folge: Die Klage wird jetzt bzgl. der übrigen nSG insgesamt unzulässig, weil die einheitl. Sachentscheidung nicht mehr ergehen kann (StJ § 62, 35 m. w. N.).

(b) Meinung 2: diese Maßnahmen sind unwirksam, weil sie die gebotene einheitliche Sachentscheidung gegenüber allen verhindern (Zöller § 62, 25 m. w. N.).

§ 16 Die Parteiänderung (Wechsel und Beitritt)

Die Parteiänderung ist im Gesetz nur teilweise geregelt. Die gesetzlich geregelten Fälle bezeichnet man als **gesetzlichen Parteiwechsel(-beitritt)**, im Übrigen spricht man von **gewillkürtem Parteiwechsel(-beitritt)**, ThP 11 ff. vor § 50.

I. Der gesetzliche Parteiwechsel

Hierher gehören 2 Fallgruppen. Gemeinsam ist, dass der Parteiwechsel gesetzlich geregelt ist (daher: „gesetzlicher Parteiwechsel"), **in jeder Instanz zulässig** ist, sowie die wichtige Folge, dass die neue Partei den Rechtsstreit **in der Lage übernehmen muss**, in der er sich beim Wechsel befindet: bereits ergangene Entscheidungen (z. B. Zwischenurteil über den Grund, § 304) und Prozesshandlungen des Vorgängers wirken fort, erfolgte Beweisaufnahme ist nicht zu wiederholen, neue Prozesshandlungen (Beweisantritt, Erledigungserklärungen etc.) kann wirksam nur die neue Partei vornehmen, das Urteil ergeht mit einheitlicher Kostenentscheidung **nur zwischen den neuen Parteien** (ThP 18 vor § 50).

16.01

Die 2 Fallgruppen:

1. Fallgruppe 1: Der Parteiwechsel tritt in folgenden Fällen bereits **mit dem vom Gesetz genannten Ereignis** ein (= Parteiwechsel kraft Gesetzes), ThP 16 vor § 50.

16.02

a) § 239: Tod einer Partei nach Rechtshängigkeit: gesetzlicher Parteiwechsel auf die Erben. Diese sind also nun kraft Gesetzes Parteien.

Eine ganz andere Frage ist, wann der Prozess fortgeht: Grundsätzlich ist er **unterbrochen** (Wirkungen: § 249), jedoch dann nicht, wenn der Verstorbene **durch** einen **RA vertreten** war, § 246 (Unterbrechung nur auf Antrag des RA, Fortdauer der Vollmacht, § 86).

§ 239 und die ihm zugrunde liegende gesetzliche Regelung wird **analog** angewandt in weiteren Fällen der Gesamtrechtsnachfolge und enthält damit den Grundsatz: eine **materiellrechtliche** Gesamtrechtsnachfolge während des Prozesses führt **verfahrensrechtlich** zum gesetzlichen Parteiwechsel.

Das Gesetz regelt den gesetzlichen Parteiwechsel in §§ 239 ff. zwar nicht expressis verbis, doch liegt er der gesetzlichen Regelung in §§ 239 ff. nach allgemeiner Meinung zugrunde und wird dort **vorausgesetzt,** indem das Verfahren nicht mit dem Tod bzw. dem Erlöschen der jur. Person etc. endet bzw. für erledigt zu erklären ist, sondern mit dem Nachfolger einfach fortgesetzt wird (StJ 20 vor § 239; Jauernig § 86 I 1).

Wichtige Fälle des gesetzlichen Parteiwechsels infolge **Gesamtrechtsnachfolge** sind (insb. im Gesellschaftsrecht): Dem Tod einer Partei (§ 239) steht analog §§ 239 ff. gleich das liquidationslose Erlöschen einer juristischen Person oder einer parteifähigen Personengesellschaft (OGH, KG, BGB-Außengesellschaft), *wenn* gleichzeitig eine Gesamtrechtsnachfolge in ihre Rechte eintritt, z. B. durch

Vollbeendigung einer Personengesellschaft ohne Liquidation infolge Ausscheidens aller Gesellschafter bis auf einen, oder Übertragung aller Gesellschaftsanteile auf den letztverbleibenden Gesellschafter (vgl. §§ 736, 738 BGB). Übertragende Umwandlung durch Verschmelzung von Personenhandels- oder Kapitalgesellschaften gem. §§ 2–122 UmwG (so h. M., BGHZ 157, 151).

BGH NJW 02, 1207; 71, 1844; StJ 5 ff.; ThP 1, 3; Zöller 6 zu § 239; RoSG § 125, 2, 5.

Beispiel: Die OHG Farbenhandlung A, bestehend aus den Gesellschaftern A, B, C lässt durch RA R eine – was übersehen wurde – bereits verjährte Kaufpreisforderung von € 20000,– gegen S einklagen. Noch vor dem ersten Termin scheiden A und B aus der OHG aus. Der Gesellschaftsvertrag enthält die Bestimmung, dass beim Ausscheiden einzelner Gesellschafter die OHG von den übrigen fortgesetzt werde (vgl. § 736 BGB, § 105 III HGB). Im Termin lässt S Abweisung der Klage als unzulässig beantragen, da die OHG erloschen sei, hilfsweise werde klageabweisendes Versäumnisurteil gem. § 330 beantragt, da die Klagepartei im Falle eines Parteiwechsels nicht vertreten sei, im Übrigen erhebt S erstmals die (begründete) Einrede der Verjährung.
RA R erklärt, er trete für C als Gesamtrechtsnachfolger der OHG auf und erklärt für die Klagepartei die Erledigung der Hauptsache im Hinblick auf die nunmehr erhobene Verjährungseinrede. S widerspricht der Erledigung der Hauptsache.
Wegen der gesellschaftsvertraglichen Übernahmeregelung fand eine Gesamtrechtsnachfolge von der OHG statt auf C (Palandt § 736, 4), der die vormalige OHG nun mit allen Aktiven und Passiven als Einzelkaufmann fortführt. Die liquidationslose Vollbeendigung der OHG mit gleichzeitiger Gesamtrechtsnachfolge führte zu einem gesetzlichen Parteiwechsel entsprechend der dem § 239 zugrunde liegenden Regelungen (BGH NJW 71, 1844; 02, 1207) auf C, den neuen Kläger. Die Klage ist also weiterhin zulässig.
C ist auch nicht säumig, auch hat er wirksam die Erledigung als Prozesshandlung und als Klageänderung erklären lassen: Die von der OHG erteilte Prozessvollmacht gilt analog § 86 HS 1 als fortbestehend, nunmehr für den Gesamtrechtsnachfolger C (BGH NJW 02, 1207). Da die erstmals im Prozess erfolgte Erhebung der Verjährungseinrede ein die Hauptsache erledigendes Ereignis darstellt (BGH NJW 10, 2422), ergeht nach der nur einseitigen Erledigungserklärung zu der im Übrigen unstreitigen Klageforderung das Feststellungsurteil: „Es wird festgestellt, dass der Rechtsstreit in der Hauptsache erledigt ist." Zum Rubrum s. oben Rn. **1.**06.
Weiteres Beispiel (Berufung nach Parteiwechsel): Rn. **27.**03.

b) § 240: Insolvenzfall. Soweit der schwebende Prozess die Insolvenzmasse betrifft (also nicht bei familiären Rechtsstreitigkeiten des Schuldners), erlischt die Prozessführungsbefugnis des Schuldners mit der Stunde des Eröffnungsbeschlusses, § 27 InsO (oder i. F. § 240 S. 2), gleichzeitig tritt Unterbrechung des Prozesses ein (ThP § 240, 7). Folgt man der h.M. (Partei kraft Amtes), erfolgt gesetzl. Parteiwechsel auf den Insolvenzverwalter mit dessen Aufnahme des Verfahrens, der wieder endet (Parteiwechsel auf den Schuldner) mit Ablauf des Amtes (ThP 16 vor § 50; RoSG § 42, 4).

Die **Freigabe** eines zur Masse gezogenen Gegenstandes durch den Ins-Verwalter hat die gleiche Wirkung wie die Beendigung des Insolvenzverfahrens: Parteiwechsel auf den Schuldner, § 265 ist unanwendbar (str.), BGHZ 46, 249, BL § 240, 24. Die Unterbrechung hingegen endet aus Gründen der Rechtsklarheit nicht schon mit der Freigabeerklärung des Ins-Verwalters an den Schuldner, sondern erst mit der Aufnahme durch den Schuldner oder dessen Prozessgegner (wichtig für den Wiederbeginn von Fristen, § 249), BGHZ 36, 258; BL a. a. O.

c) Allgemein: Parteiwechsel tritt ein, **wenn bei Partei kraft Amtes die Verwaltung beginnt oder endet** (Insolvenzverwalter § 80 InsO, Nachlassverwalter § 1984 BGB, Testamentsvollstrecker, §§ 2212, 2213 BGB, Zwangsverwalter bei Grundstücken, § 152 ZVG; ThP § 51, 25, 26), ThP 16 vor § 50; RoSG § 42, 4.

d) § 242: Eintritt der Nacherbfolge: gesetzlicher Parteiwechsel auf den Nacherben. § 242 gilt aber **nur** bei Aktivprozessen des Vorerben, der entweder **befreit ist** (§ 2136 BGB), oder mit Zustimmung des Nacherben verfügt hat (§ 2120 BGB), ThP § 242, 1.

Andernfalls (Aktivprozesse des nicht befreiten Vorerben, Passivprozesse schlechthin) bleibt der Vorerbe trotz Eintritts der Nacherbfolge Partei (bei dessen Tod gem. § 239 dessen Erben). Bei Aktivprozessen verliert der Vorerbe dann allerdings die Aktivlegitimation (er muss die Hauptsache für erledigt erklären, andernfalls Klageabweisung), bei Passivprozessen (insbes. wegen Nachlassverbindlichkeiten) gilt Weiterhaftung des Vorerben in den Grenzen von § 2145 BGB (dazu Pal. § 2145, 1). StJ § 242, 5 ff.

2. Fallgruppe 2: Der Parteiwechsel ist in folgenden Fällen nur gesetzlich *geregelt*. Ob es zum Parteiwechsel überhaupt kommt, hängt von Erklärungen der Parteien, also vom Parteiwillen ab (und nicht, wie nach Fallgruppe 1, bereits vom Eintritt eines Ereignisses, z. B. Tod). ThP 17 vor § 50:

§§ 265, 266: Übernahme des Prozesses durch den Rechtsnachfolger (Erwerber der veräußerten Sache). Dazu oben Rn. 10.08 u. 16.

§§ 75–77: In der Praxis selten, zur Tenorierung in diesen Fällen: Furtner Urteil S. 257–262.

II. Der gesetzliche Parteibeitritt

Einzige gesetzliche Regelung: § 856 II.

Ist eine Forderung (z. B. Gehaltsforderung des Schuldners) für mehrere Gläubiger gepfändet und an sie überwiesen, so können die Gläubiger vom Drittschuldner (Arbeitgeber) Hinterlegung verlangen (§ 853) und gem. § 856 I darauf auch Klage erheben.

Einer solchen Klage eines oder mehrerer Gläubiger gegen den Drittschuldner auf Hinterlegung kann sich ein weiterer Gläubiger durch einseitige zustimmungsfreie Erklärung gem. § 261 II anschließen, wodurch notwendige Streitgenossenschaft entsteht (ThP § 856, 2).

III. Der gewillkürte Parteiwechsel

Seine Behandlung ist mangels gesetzlicher Regelung seit langem umstritten. Im Vordergrund stehen dabei **2 Problemkreise,** die auseinanderzuhalten sind (ThP 14 vor § 50):
– **Zulässigkeit der Parteiänderung?** Falls ja:
– **Fortwirkung** der bisherigen Prozessergebnisse, **Bindung** der neuen Partei daran auch ohne oder gegen ihre Zustimmung?

In den Fällen der gesetzlichen Parteiänderung (oben I und II) waren beide Fragen zu bejahen, bei der gewillkürten (Wechsel und Beitritt, III und IV) sind beide umstritten.

Zunächst die beiden Hauptmeinungen, sodann zur klausurmäßigen Behandlung ein durchgelöster Fall (unten 3).

1. BGH: Klageänderungstheorie

BGHZ **65, 267, 268** (guter Überblick); NJW 81, 989; 87, 1946; 96, 2799; 06, 1353 (Tz. 24).

a) Zulässigkeit:

Gewillkürter Parteiwechsel und -beitritt (beide werden also im Wesentlichen gleichbehandelt) seien Klageänderungen und daher **direkt** nach oder jedenfalls **analog** **§§ 263 ff.** zu beurteilen, zulässig daher bei Sachdienlichkeit auch gegen den Willen der Beteiligten. Jedoch gelten Besonderheiten beim *Beklagten*wechsel (-beitritt).

Formell sind entsprechende **Parteiwechselerklärungen** durch den alten und neuen Kläger (Klägerwechsel) bzw. an alten und neuen Beklagten (Beklagtenwechsel) erforderlich.

aa) Klägerwechsel (in 1. und 2. Instanz): Er ist uneingeschränkt als Klageänderung anzusehen (BGHZ 65, 268). Nach BGH NJW 96, 2799 wird fehlende Zustimmung des Bekl. (§ 269 I) durch Sachdienlichkeit ersetzt, außer im besonders geregelten Falle des § 265 II 2, der zwar als Sonderfall konzipiert ist, aber den häufigsten Fall darstellt, weil der gewillkürte Klägerwechsel in aller Regel die Folge einer Abtretung oder Veräußerung streitbefangener Sache ist. Bestätigt durch BGH NJW 12, 3642, Ls 3.

bb) Beklagtenwechsel:
In **1. Instanz:** Hier ist Zustimmung nur des alten Beklagten erforderlich analog § 269 I. BGH NJW 06, 1353; 81, 989: „Dies folgt aus § 269 I ZPO. Danach hat der Beklagte von Beginn der mündlichen Verhandlung zur Hauptsache an einen Anspruch auf eine Sachentscheidung, der ihm ohne seine Zustimmung nicht mehr entzogen werden kann". Nach dieser grundsatzartigen Formulierung gilt das offenbar für Beklagtenwechsel in allen Fällen, also in 1. wie in 2. Instanz (obwohl Anlass dieser Entscheidung nur ein Bekl.-Wechsel in 2. Instanz war). Ohne diese Zustimmung bleibt der alte Bekl. Partei. Gegen ihn ist der Prozess fortzusetzen, ohne dass der Kläger einen bereits gestellten Antrag wiederholen müsste, da wegen der Einheit der mündlichen Verhandlung der gestellte Antrag fortwirkt (BGHZ 141, 193; ThP § 269, 12). I. d. R. führt das zu einem Sachurteil bzgl. des alten und einem Prozessurteil gegen den unzulässig eingewechselten neuen Beklagten (BGH NJW 81, 989): mangels Ausscheidens des alten Bekl. ist die Einwechslung des neuen nicht sachdienlich (§ 263).

In **2. Instanz:** Hier sind §§ 263 ff. (analog) nicht anwendbar (BGH NJW 81, 989). Erforderlich ist – neben der Zustimmung des alten Beklagten beim Parteiwechsel (analog § 269 I) – die Zustimmung des **neuen** Beklagten (sonst insoweit Klageabweisung als unzulässig, BGH a. a. O.), dem nicht ohne seinen Willen eine Tatsacheninstanz verlorengehen solle.

Die Zustimmung des neuen Beklagten ist nur dann entbehrlich, wenn ihre Verweigerung *rechtsmissbräuchlich* wäre. Dies ist nach BGHZ 90, 19; BGH NJW 87, 1946 i. d. R. der Fall, „wenn ein schutzwürdiges Interesse des neuen Bekl. an der Weigerung nicht anzuerkennen und ihm nach der gesamten Sachlage zuzumuten ist, in den bereits im Berufungsrechtszug schwebenden Rechtsstreit einzutreten". So etwa, wenn der neue Beklagte in erster Instanz schon als Vertreter einer der Parteien dabei war und damit in dieser Funktion alle Verteidigungsmöglichkeiten wahrnehmen konnte (BGHZ 91, 134), oder der bisherige Bekl. gesetzlicher oder organschaftlicher Vertreter des neuen Bekl. (GmbH u. Co. KG) ist (BGH NJW 87, 1946).

b) Bindung der neuen Partei an die bisherigen Prozessergebnisse?

16.07 Grundsätzlich: **ja**. Die konsequente Anwendung der §§ 263 ff. führt dazu, dass nur die *personelle* Besetzung des Prozesses geändert wird, während die *sachliche* Prozesssubstanz (insbes. Beweisaufnahme, Parteierklärungen, ergangene Entscheidungen) unverändert bleibt.

Das kann zu Unbilligkeiten für die neue Partei (insbesondere beim Beklagtenwechsel) führen, die gegen ihren Willen in den Prozess gezwungen wird. Der BGH hat in NJW 96, 196 (= BGHZ 131, 76) die strenge Bindung gelockert und sich weitgehend dem Schrifttum angenähert. Die Ergebnisse des Prozesses bleiben hiernach grundsätzlich verwertbar (= Ausgangspunkt wie bisher), jedoch kann der neue Beklagte eine Ergänzung einer bereits durchgeführten Beweisaufnahme oder deren Wiederholung dann verlangen, wenn er sonst in seiner Rechtsverteidigung beeinträchtigt wäre. Hinsichtlich neuen Parteivortrags und neuer Beweismittel kann der neue Beklagte nicht mit der Begründung präkludiert werden, der ursprüngliche Beklagte könne damit nicht mehr gehört werden, weil diesem gegenüber infolge abgelaufener Fristen die Voraussetzungen der §§ 296, 528 etc. eingetreten seien. Damit ist eine weitgehende Annäherung der Standpunkte eingetreten, die sich vereinfacht etwa dahin abgrenzen lassen: BGH: verwertbar, aber nicht *gegen* den „Protest" der neuen Partei, Literatur: nur *mit* deren Zustimmung.

2. Herrschende Meinung im Schrifttum: prozessuales Institut eigener Art (Theorie der Gesetzeslücke)

ThP 15 ff. vor § 50; Zöller 3, 19 ff.; Musielak 13 ff.; Müko-ZPO 67 ff.; BL 5 ff. zu § 263; StJ § 263, 48 ff.; RoSG § 42, 17, 20; Blomeyer § 114 V; Jauernig § 86 II.

a) Zulässigkeit

Nach h. M. liegt jenseits der gesetzlich geregelten Fälle eine **Gesetzeslücke** vor. Die Lückenausfüllung mache den gewillkürten Parteiwechsel und -beitritt zu einer eigenständigen Institution der ZPO.   **16.08**

Diese Lückenausfüllung müsse von den u. a. in **§ 265 II S. 2, § 269 I** enthaltenen Grundsätzen ausgehen:

- **Eintritt:** niemand müsse ohne seine Zustimmung einen laufenden Rechtsstreit übernehmen, wenn er an dessen – ohne ihn zustande gekommenen – Ergebnisse gebunden werden soll (ThP 15 vor § 50). Argument: § 265 II S. 2.
- **Ausscheiden:** Der Ausscheidende dürfe, wenn er schon zur Hauptsache verhandelt habe, entspr. § 269 I nicht ohne seine Zustimmung aus dem Prozess gedrängt werden, er hat Anspruch auf abschließende Sachentscheidung (allg. M., so auch BGH NJW 81, 989 trotz Klageänderungstheorie, ThP 22 vor § 50; Müko-ZPO § 263, 71, 77).
- § 263 (Sachdienlichkeit) wird von manchen als weiteres Kriterium herangezogen, um die Parteiänderung in einigen – aber nicht allen – Fällen auch ohne Zustimmung zuzulassen (so z. B. Müko-ZPO 67 ff.; StJ ab 22. Aufl., 48 ff. zu § 263), wodurch eine Art Mixtur mit der Klageänderungstheorie des BGH erfolgt, was die Sache noch unübersichtlicher macht, als sie es schon ist.

Aus diesen Grundsätzen ergeben sich die jeweiligen Zustimmungserfordernisse, die es – im Gegensatz zu der insoweit einfacher gelagerten Klageänderungstheorie – erforderlich machen, zwischen Parteiwechsel und -beitritt zu unterscheiden und dies je nach Instanz.

Einzelheiten zu den jeweiligen Zulässigkeitsvoraussetzungen: Siehe Überblick unten Rn. **16.16**.

Die Klageänderungstheorie der Rspr. wird im Schrifttum überwiegend abgelehnt, vor allem aus 3 Gründen. **Erstens:** die §§ 263 ff. seien nur auf die Veränderung des Streitgegenstandes selbst (bei gleich bleibenden Parteien) zugeschnitten (RoSG § 42, 17: Wer sollte z. B. beim Klägerwechsel die Klageänderung vornehmen?). **Zweitens:** die Anwendung der §§ 263 ff. (Sachdienlichkeit) führe zu einer grundsätzlichen Bindung der neuen Partei an den bisherigen Prozessverlauf auch ohne dessen Zustimmung, was gegen rechtsstaatliche Grundsätze verstoße. **Drittens:** für Beklagtenwechsel und Beklagtenerweiterung in der Berufung werde die Klageänderungstheorie (Sachdienlichkeit genügt!) aufgegeben (Einwilligung jetzt doch erforderlich), könne also nicht konsequent durchgeführt werden.

b) Bindung der neuen Partei an die bisherigen Prozessergebnisse?

Die Zulässigkeit der Parteiänderung ist streng zu trennen von der Frage der Bindungswirkung: der Parteiwechsel(-beitritt) kann zulässig sein, der neue Kläger ist infolge seiner Einwilligung stets, der widersprechende neue Beklagte hingegen nicht an die Prozessergebnisse gebunden (ThP 21, 22 vor § 50; Musielak § 263, 18; StJ § 263, 52, 55).   **16.09**

Einzelheiten zur Frage der Bindung: siehe Überblick unten Rn. **16.16**.

3. Zusammenfassender Fall: Beklagtenwechsel in 1. Instanz   16.10

K klagt vor dem AG gegen die OHG X auf Zahlung von € 4000,– Kaufpreis (Gesellschaftsschuld). Im Termin vom 1. 2. werden 3 Zeugen vernommen, die die Klageforderung bestätigen. Da K Bedenken wegen der Zahlungsfähigkeit der OHG und der Vollstreckungsmöglichkeiten gegen sie kommen, erklärt er mit Schriftsatz vom 15. 3. Parteiwechsel auf den Gesellschafter B, fügt eine gleich lautende (€ 4000,–) Klageschrift gegen B bei, die diesem am 1. 4. zugestellt wird.

Die OHG erklärt sich mit dem Parteiwechsel einverstanden, B widerspricht, da er seiner Ansicht nach nur subsidiär hafte, müsse sich K erst einmal an die OHG wenden.

I. Zulässigkeit

1. Die **Klage gegen B**

a) Ordnungsmäßigkeit der Klagerhebung gegen B nebst Partei*wechsel*erklärung („an Stelle der OHG"), § 253: (+)

b) Zulässigkeit des Parteiwechsels:
- BGH: §§ 263 ff.: Zustimmung des neuen Beklagten B fehlt, aber Sachdienlichkeit ist zu bejahen, da es um ein und dieselbe Gesellschaftsschuld geht (§ 128 HGB). In zweiter Instanz allerdings wäre die Zustimmung des neuen Bekl. wegen des Verlustes einer Tatsacheninstanz erforderlich, außer ihre Verweigerung wäre rechtsmissbräuchlich (BGHZ 65, 268).
- Lit.: Zustimmung der neuen Partei ist für die Zulässigkeit nicht erforderlich, da sie ja auch ohne Parteiwechsel ohne Zustimmung verklagt werden kann. Ihre Zustimmung ist aber für die Verwertung der Beweisaufnahme erforderlich (unten II.2.).

c) Sachliche Zuständigkeit des AG: (+) (K will nur *einmal* € 4000,–, selbst bei Streitgenossenschaft würde nicht Addition gem. § 5 erfolgen, da wirtschaftliche Identität vorliegt: Gesellschaftsschuld, § 128 HGB).

d) Sonstige Sachurteilsvoraussetzungen: (+)

2. Die **Klage gegen die OHG**

Parteiwechselerklärung gegenüber der OHG als der bisherigen Partei liegt vor: bei ihr ist zu verfahren wie bei einer Klagerücknahme (Zöller § 263, 23). Danach ist hier die Klage gegen die OHG analog § 269 I nicht mehr rechtshängig:
- BGH: die OHG musste analog § 269 I dem Ausscheiden zustimmen, da schon zur Hauptsache verhandelt (BGH NJW 81, 989; 06, 1353). Hier: (+)
- Lit.: § 269 I analog wie BGH (ThP 22 vor § 50), also: (+)

Über die Klage gegen die OHG ist also zur Zulässigkeit und Begründetheit **nicht mehr zu entscheiden.** Folge: entweder vorab Kostenbeschluss analog § 269 III S. 2, IV: „Der Kläger trägt die außergerichtlichen Kosten der vormals beklagten OHG" (ThP 22 vor § 50), oder: gleiche Kostenentscheidung im Endurteil.

II. Begründetheit

Zu prüfen ist nurmehr die **Klage gegen B**
Anspruchsgrundlage: §§ 433 II BGB, 128 HGB

1. BGH: Der Klageanspruch ist im Prozess mit der OHG bewiesen, B ist nach Parteiwechsel an die Beweisaufnahme gebunden, die Klage hat Erfolg. B macht zur Vermeidung der grds. Bindungswirkung auch nicht (wie zulässig, BGH NJW 96, 197) geltend, die Beweisaufnahme müsse wiederholt werden, da er andernfalls in seiner Rechtsverteidigung beeinträchtigt wäre. B macht lediglich (rechtsirrig) subsidiäre Haftung geltend.

2. Lit.: Der Parteiwechsel ist zwar zulässig. Das Gericht muss aber nun B auffordern zu erklären, ob er der Verwertung der Beweisaufnahme zustimme, da eine konkludente Zustimmung nicht offensichtlich vorliegt. Stimmt B nicht zu, ist die Beweisaufnahme zu wiederholen (ThP 22 vor § 50). Es fehlt dann die *Entscheidungsreife*.

Die Entscheidung:

Folgt man dem BGH bzw. ergibt die nach der Lit. erforderliche Wiederholung der Beweisaufnahme dasselbe Ergebnis, ergeht **nach** dem zumeist schon zuvor erlassenen Kostenbeschluss gem. § 269 III S. 2, IV bzgl. der ausgeschiedenen OHG nunmehr **Endurteil nur gegen den jetzigen Bekl. B** (im Rubrum taucht wegen zulässigen Parteiwechsels die OHG entweder gar nicht mehr auf oder mit der Klarstellung: „… gegen B, vormals OHG X", vgl. oben Rn. **1**.06).

ENDURTEIL
I. Der Beklagte (= B) wird verurteilt, an den Kläger € 4000,– zu zahlen.
II. Kosten
  – BGH: Die Kosten des Rechtsstreits (K/B, dort also alle!) trägt der Beklagte *(§ 91)*.
  – Lit.: Die Kosten der Beweisaufnahme vom 1. 2. trägt der Kläger (Kostentrennung analog § 96, da B dem Wechsel nicht zugestimmt hat, die zuvor erfolgte Beweisaufnahme also nicht gegen ihn verwertbar ist). Die übrigen Kosten des Rechtsstreits trägt der Beklagte (= B).
III. Das Urteil ist gegen Sicherheitsleistung in Höhe von … vorläufig vollstreckbar *(§ 709 S. 1 bzw. S. 2)*.

Ist – wie im **Klausurfall** i. d. R. – der **Kostenbeschluss bzgl. der ausgeschiedenen OHG noch nicht ergangen,** muss man den Kostenerstattungsanspruch der OHG in den Tenor einbeziehen (mit der Konsequenz, dass die OHG auch im Rubrum noch aufzuführen ist, da sie aus dem Urteil noch etwas vollstrecken kann, also bzgl. der Kosten noch Partei ist, vgl. oben Rn. 1.06). Also:

ENDURTEIL
I. (wie oben)
II. Die außergerichtlichen Kosten der ausgeschiedenen OHG X trägt der Kläger *(§ 269 III S. 2, 269 IV analog)*.
III. (wie oben zu II).
IV. Das Urteil ist vorläufig vollstreckbar, für den Kläger jedoch nur gegen Sicherheitsleistung in Höhe von … *(§ 709 S. 1 bzw. S. 2)*.
(Zusätzlich:) Der Kläger kann die Vollstreckung aus Ziffer II abwenden durch SL in Höhe von … wenn nicht die OHG X vor der Vollstreckung SL in Höhe von … erbringt *(§§ 708 Nr. 11, 711 S. 1, 2)*.

Abwandlung: Der schriftsätzlich erklärten und zugestellten Parteiänderung stimmen weder B, noch die OHG zu, das Gericht verneint die Sachdienlichkeit. **16.11**

I. **Zulässigkeit**

1. Die **Klage gegen B**
   a) Ordnungsmäßigkeit der Klageerhebung nebst Parteiwechselerklärung („an Stelle der OHG"), § 253: (+)
   b) Zulässigkeit des Parteiwechsels
     aa) **BGH:** §§ 263 ff.: Die Zustimmung des B fehlt, die Sachdienlichkeit wird vom Gericht verneint. Die Zustimmung der OHG (§ 269 I analog) fehlt. Der Parteiwechsel ist danach unzulässig.
     bb) **Lit.:** Die Zustimmung des neuen Beklagten (B) ist nicht erforderlich.
     Zustimmung der alten Pt (OHG) ist analog § 269 I erforderlich, aber verweigert. Unklar ist in der Lit., ob die Zustimmung der alten Partei analog § 269 I lediglich für deren *Ausscheiden* gefordert wird, oder darüber hinaus auch als Zulässigkeitsvoraussetzung des „Rollentausches", also das *ersetzende* Einwechseln der *neuen* Partei. Für Letzteres spricht, dass der Kläger *sachliche* Prüfung ja nur gegen *eine* Partei will, das wirksame „Verschwinden" der alten Partei also Voraussetzung sein soll für den „Rollentausch". In dieser Richtung ThP 27 vor § 50: Am Prozess-

> rechtsverhältnis beteiligt könne beim Parteiwechsel nur die alte oder neue Partei sein. Folgt man dieser Interpretation des Zustimmungserfordernisses der alten Partei (§ 269):
> Der Parteiwechsel ist also unzulässig (nach beiden Meinungen).
>
> 2. Die **Klage gegen OHG X**
> Die Parteiwechselerklärung liegt formgerecht vor. Aber die Klage ist noch rechtshängig, da die OHG mangels Einwilligung i. S. v. § 269 I analog nicht ausgeschieden ist.
> Der Prozess geht gegen die alte Partei weiter (BGH NJW 98, 1497 m. w. N.), es ist also Zulässigkeit und Begründetheit der Klage gegen die OHG X zu prüfen:
> a) Ordnungsmäßigkeit der Klageerhebung, § 253: (+)
> b) Sachliche Zuständigkeit: € 4000,– (nicht § 5, da wirtschaftliche Identität der Streitgegenstände; im Übrigen setzt Addition bei § 5 voraus, dass der Verbund der Ansprüche zulässig ist, StJ § 5, 5, woran es hier wegen Unzulässigkeit des Pt-Wechsels fehlt.)
> c) Sonstige Sachurteilsvoraussetzungen: (+)
>
> II. **Begründetheit**
> Zu prüfen ist an dieser Stelle nur noch die **Klage gegen die OHG.**
> Anspruchsgrundlage: §§ 433 II BGB, 124 I HGB.
> Nach der Beweisaufnahme ist die Klage voll begründet.

Entscheidung: Das Gericht muss über die alte Klage (OHG) *und* die neue (B) entscheiden, Grunsky VerfR § 13 IV 2a: die Klage gegen die OHG ist (mangels § 269 I) **rechtshängig geblieben,** die gegen B ist nach allg. Regeln (§§ 253, 261 I) **rechtshängig geworden.**

Es muss also **Sachurteil** ergehen gegen die OHG (volle Verurteilung) und **Prozessurteil** gegen B (unzulässiger Parteiwechsel), so BGH NJW 81, 989; Müko-ZPO § 263, 98; RoSG § 42, 28. Also Effekt einer (ungewollten) Streitgenossenschaft.

Nach a. A. erlischt bei unzulässigem Parteiwechsel die Rechtshängigkeit bzgl. der neuen Partei rückwirkend wieder wie im Falle eines Hilfsantrags, der nicht zum Tragen kam (vgl. oben Rn. **8.**13), also mit rechtskräftiger Feststellung der Unzulässigkeit des Parteiwechsels, sodass Endurteil als Sachurteil nur zwischen den alten Parteien (K-OHG) ergeht (Zöller 25, 31; Musielak 16 zu § 263). Aber eine bedingte – von der Zulässigkeit des Parteiwechsels abhängige – Klage durch oder gegen einen *Dritten* ist unzulässig, weil mit dem Dritten noch kein Prozessrechtsverhältnis besteht, sodass keine innerprozessuale Bedingung vorliegt, weshalb diese Konstruktion m. E. nicht möglich ist (vgl. RoSG § 65, 24 ff.; Zöller 20 vor § 128).

IV. Der gewillkürte Parteibeitritt

1. Meinungsstand. Zu Einzelheiten vgl. Überblick unten Rn. **16.**15 ff.

16.12 **a) BGH: Klageänderungstheorie, §§ 263 ff.** Gewillkürter Parteiwechsel und -beitritt werden weitgehend gleichbehandelt.

Eine **Zustimmung** ist daher nur in **2. Instanz beim Beklagtenbeitritt** erforderlich, da dem neuen Beklagten eine Instanz verlorengeht.

Ausnahme: die Verweigerung der Zustimmung wäre rechtsmissbräuchlich.

Beispiel BGH NJW-RR 86, 356: Erweiterung der Klage in 2. Instanz auf den Ehemann der auf Schadenersatz verklagten Grundstücksverkäuferin. Die Weigerung des Ehemanns war rechtsmissbräuchlich, die Parteierweiterung zulässig. Zwar genüge nicht schon die bloße Informationsmöglichkeit über den Prozessverlauf 1. Instanz (die hat ja jeder Ehepartner). Aber nach der konkreten Lage des Einzelfalles war der Ehemann mit dem gesamten Prozessstoff vertraut, nach Verlauf und Ergebnis der 1. Instanz (Abweisg.) konnte gesagt werden, dass der Instanzverlust lediglich abstrakt war u. keine proz. Nachteile zu befürchten waren. Weiteres Bsp.: BGH NJW 87, 1946.

Bei **Unzulässigkeit** ergeht Prozessurteil bzgl. der unzulässig hereingezogenen neuen Partei (die §§ 263 ff. sind besondere Sachurteilsvoraussetzungen, daher Prozessurteil). Die Lit. hingegen kommt nur zur Prozesstrennung gem. § 145 (ThP 25 vor § 50).

Bindung der neuen, weiteren Partei an die bisherigen Ergebnisse.

Beispiel: BGHZ 131, 76 bejaht für den Fall einer parteierweiternden Widerklage („Drittwiderklage") nach durchgeführter Beweisaufnahme Bindung der neuen Partei an die Beweisergebnisse. Die neue Partei darf aber Wiederholung bzw. Ergänzung der Beweisaufnahme verlangen, wenn sie sonst in ihrer Rechtsverteidigung beschränkt wäre.

b) Literatur: Gewillkürter Parteibeitritt ist schlicht nachträgliche Begründung einer Streitgenossenschaft.

16.13

aa) In 1. Instanz ist er daher unter den gleichen Voraussetzungen zulässig, unter denen diese Streitgenossenschaft gleich von Anfang an hätte hergestellt werden können, also
– *Beklagtenbeitritt:* Klageschrift + §§ 59, 60 (also keine Zustimmungen erforderlich).
– *Klägerbeitritt:* Zustimmung des alten Klägers + §§ 59, 60.

ThP 25 vor § 50; Zöller 21, 27; Musielak 23; BL 14 zu § 263.

Wird die **Zulässigkeit** des Beitritts **verneint,** wird die neue Klage lediglich **abgetrennt** (§ 145), ThP 31 vor § 50; Zöller a. a. O.

bb) In 2. Instanz str., h. M.:
– *Beklagtenbeitritt:* wie in 1. Instanz, zusätzlich aber Zustimmung des neuen Bekl. erforderlich (Ausnahme wie BGH: Verweigerung wäre rechtsmissbräuchlich).
– *Klägerbeitritt:* wie in 1. Instanz (= Zustimmung des alten Klägers), zusätzlich ist die Zustimmung des Beklagten erforderlich.

Zöller § 263, 19; Blomeyer § 114 IV 2b. Gänzlich ablehnend für 2. Instanz, da mangels funktioneller Zuständigkeit ein neues Prozessrechtsverhältnis nicht vor einem Rechtsmittelgericht begründet werden könne (Klage wäre also bzgl. Erweiterung unzulässig): ThP 26 vor § 50; BL § 263, 14.

cc) Keine Bindung der neuen Partei an die bisherigen Prozessergebnisse, außer bei allseitiger Zustimmung, der Prozess gegen sie beginnt völlig neu, Musielak § 263, 27; Blomeyer § 114 IV 1a, 2a. Nach ThP 25 vor § 50 soll der neue Kläger stets, der neue Beklagte grds. nicht gebunden sein.

Vernehmungsprotokolle jedenfalls bleiben im Urkundenbeweis verwertbar (Blomeyer § 114 IV 1a, näher: ThP § 286, 10, 11).

16.14 2. Zusammenfassender Fall: Beklagtenbeitritt in 1. Instanz

K hat die OHG X auf Bezahlung einer Kaufpreisschuld von € 4000,– verklagt. Es werden 3 Zeugen vernommen, die die Klageforderung bestätigen. Nunmehr erstreckt K die Klage mit zugestelltem Schriftsatz auch auf den Gesellschafter B. B widersetzt sich seiner Einbeziehung in den Prozess, nicht aber der von K angebotenen Verwertung der Zeugenaussagen im Urkundenprozess.

Lösungsskizze:

I. **Zulässigkeit**
  1. **Klage gegen die OHG X**
     a) Ordnungsmäßigkeit der Klageerhebung, § 253: (+)
     b) Parteifähigkeit: § 124 I HGB
     c) Gesetzliche Vertretung der prozessunfähigen OHG: (+) (§ 125 HGB, ThP § 51, 6, § 52, 4)
     d) Sachliche Zuständigkeit: € 4000,– (nicht § 5, da wirtschaftliche Identität in beiden Prozessen: dieselbe Gesellschaftsschuld)
  2. **Klageerweiterung gegen den Gesellschafter B**
     a) Ordnungsmäßigkeit der Klageerhebung gegen B, § 253: (+)
     b) Zulässigkeit des gewillkürten Parteibeitritts?
        – BGH: Klageänderungstheorie (§§ 263 ff.): zwar keine Einwilligung des B, aber die Parteierweiterung ist sachdienlich.
        – Lit.: Zulässig unter den Voraussetzungen der §§ 59, 60. Hier: (+)
     c) Sonstige Sachurteilsvoraussetzungen: (+)

II. **§§ 59, 60,** sowie **§ 260 analog** (jede subj. Klagenhäufung führt zugleich zu einer objektiven, da der Streitgegenstand jeweils ein anderer ist, daher nach h. M. § 260 analog, Musielak; 60, 11; Müko-ZPO § 59, 10). Die Verbindungsvoraussetzungen liegen vor (bei Verstoß nur: Trennung, § 145).

III. **Begründetheit**
  1. **Klage gegen die OHG**
     Entscheidungsreif. Nach der Beweisaufnahme ist der Klage voll stattzugeben (§§ 433 II BGB, 124 I HGB).
  2. **Klageerweiterung gegen den Gesellschafter B**

     Nach beiden Meinungen entscheidungsreif. BGH: Fortwirkung der Verfahrensergebnisse, kein Einwand des B, in der Rechtsverteidigung beschränkt zu sein.
     Lit.: jedenfalls bleibt der Urkundenbeweis. Klage also voll begründet.
     Zum Tenor: OHG und Gesellschafter sind zwar nicht Gesamtschuldner, werden aber zweckmäßigerweise „wie Gesamtschuldner" verurteilt (s. oben Rn. **14.**10; Baumbach-Hopt § 128, 39 m. w. N.).

V. Zusammenfassende Übersicht zur Parteiänderung

1. Die Rechtsprechung: Klageänderungstheorie 16.15

1. Instanz			2. Instanz (vgl. BGHZ 65, 268)
Parteiwechsel Parteibeitritt	§§ 263 ff. analog (Sachdienlichkeit genügt also) BGHZ 65, 268	Klägerwechsel Klägerbeitritt	§§ 263 ff. analog, Sachdienlichkeit ersetzt also Einwilligung des Beklagten (BGHZ 155, 25), außer im besonders geregelten Fall des § 265 II 2 (s. Rn. **16.**06).
	Beim Beklagtenwechsel erfordert aber dessen Ausscheiden seine Zustimmung analog § 269 I. So BGH NJW 81, 989 grundsätzlich, also offenbar für 2. wie für 1. Instanz. Ebenso BGH NJW 06, 1353. Konsequenterweise müsste § 269 I auch beim Klägerwechsel gelten in 1. und 2. Instanz, doch BGH NJW 96, 2799 lässt Sachdienlichkeit genügen, außer im häufigen Fall des § 265 II 2 (s. Rn. **16.**06). Unzulässig ist bedingter, hilfsweiser Parteiwechsel für den Fall der Erfolglosigkeit bzgl. der alten Parteien (= Prozessurteil bzgl. der geänderten Klage, da die Begründung eines Prozessrechtsverhältnisses nicht in der Schwebe bleiben darf), BGH NJW-RR 04, 640.	Beklagtenwechsel Beklagtenbeitritt	§§ 263 ff. hier nicht anwendbar, vielmehr: – Zustimmung des neuen Beklagten erforderlich wegen Verlusts einer Tatsacheninstanz (Ausnahme: Verweigerung wäre Rechtsmissbrauch) – Beim Beklagtenwechsel erfordert dessen Ausscheiden seine Zustimmung analog § 269 I (BGH NJW 81, 989; BAG NJW 10, 2909)

Wirkung

Grundsätzlich Bindung der neuen Partei an die bisherigen Prozessergebnisse, die neue Partei kann aber Wiederholung verlangen, wenn sie sonst in der Rechtsverteidigung beschränkt wäre (BGH NJW 96, 196 = BGHZ 131, 76).

§ 16 Die Parteiänderung (Wechsel und Beitritt)

2. Die h. M. im Schrifttum: Prozessuales Institut eigener Art

16.16

a) PARTEIWECHSEL:

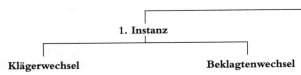

1. Instanz

Klägerwechsel

Zulässigkeit:
1. Zuzustellende Erklärung des **neuen** K (nicht § 261 II 1. Alt., Zöller § 263, 26, str.)
2. Zustimmung des ausscheidenden **alten** K.
 (Kein Hinausdrängen ohne seine Zust.) ThP 21 vor § 50
3. Zustimmung des B analog § 269 I wenn mit altem K schon zur Haupts. verhandelt war, da dann Anspr. auf SachE. Für die Zust. gilt § 267 analog (ThP a. a. O.).

Beklagtenwechsel

Zulässigkeit:
1. Klageschriftsatz an neuen B (§ 261 II gilt nicht für personelle Änderungen, da bzgl. Dritter noch kein rechtshängiges Prozessverhältnis besteht; Zöller § 263, 26).
2. Zust. des **alten** B, wenn schon zur Haupts. verhandelt, analog § 269 I (ThP 22 vor § 50).
3. **Keine** Zustimmung des **neuen** B erforderlich, da auch gesonderte Klage gegen ihn ohne Zust. möglich. Aber sie ist für Verwertung d. bisherigen Prozessergebnisse nötig (ThP a. a. O.), also:

Wirkung bei zulässigem Parteiwechsel:

– Die bisherigen Ergebnisse gelten für und gegen den neuen Kläger fort.
– Aber Geständnis des Vorgängers widerrufbar.
– Materiellr. Folgen der Rechtshängigkeit (Verjährg etc.) erst ab Eintritt des neuen K, Jaurnig § 86 II, ThP a. a. O.

Zu differenzieren: neuer Beklagter stimmt der Verwertung der bisherigen Prozessergebnisse

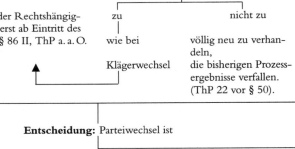

zu → wie bei Klägerwechsel

nicht zu → völlig neu zu verhandeln, die bisherigen Prozessergebnisse verfallen. (ThP 22 vor § 50).

Entscheidung: Parteiwechsel ist

zulässig

1. Es ergeht **EndU nur unter den neuen Parteien** (im Verhältnis zur ausscheidenden Pt beendet der Wechsel die RHängigkeit der Hauptsache, Müko-ZPO § 263, 94). Auch die KostenE ergeht idR nur unter den neuen Parteien, da bzgl. der ausgeschiedenen idR vorab Kostenbeschluss analog § 269 IV ergeht. Im Rubrum taucht dann die alte Pt nicht mehr auf (ThP 28 vor § 50).
2. Bzgl. des **Ausgeschiedenen** gilt: Kostenbeschluss analog § 269 IV vorab oder Entscheidung im Endurteil:
   Klägerwechsel: Ausgeschiedener Kläger trägt analog § 269 III S. 2 die Mehrkosten, die er dem B verursacht hat (Müko-ZPO 109; BL 15 zu § 263).
   Beklagtenwechsel: K trägt die außergerichtlichen Kosten des ausgeschiedenen Bekl., ebenfalls analog § 269 III S. 2 (Müko-ZPO 109, BL 16 zu § 263; RoSG § 42, 29). Sonderfall: bei Rechtsnachfolge mit Beklagtenwechsel i. F. § 265 II 2 ergeht die KostenE, da vom Kläger nicht herbeigeführt, analog § 91a (BGH NJW 06, 1351, Rn. 26, 28).

2. Instanz

Klägerwechsel

Zulässigkeit:

wie in 1. Instanz
(ThP 23 vor § 50)

Beklagtenwechsel

Zulässigkeit:
Zustimmung **aller** Beteiligten nötig (ThP 23 vor § 50):
1. Klageschriftsatz an neuen B als Erklärung des K
2. Zustimmung des **alten** B stets, weil stets schon jedenfalls in 1. Instanz zur Haupts. verhandelt wurde, § 269 I
3. Zustimmung des **neuen** B wegen Verlustes einer Tatsacheninstanz (entbehrlich bei Rechtsmissbrauch).

Wirkung bei zulässigem Parteiwechsel:
wie in 1. Instanz, ThP 23 vor § 50

unzulässig
1. Der **ursprüngliche Prozess geht weiter,** insoweit Endurteil zwischen den **alten** Parteien (Müko-ZPO § 263, 98).
2. Bzgl. des **neuen** Klägers (Beklagten) ergeht wegen des unzulässigen Parteiwechsels Prozessurteil (nicht etwa Wechsel unbeachtlich, da ja RHängigkeit eingetreten ist mit Zustellung). Also Effekt einer ungewollten Streitgenossenschaft.
Müko-ZPO § 263, 98; RoSG § 42, 28. Nach a.A. tritt insoweit rückwirkender Wegfall der Rechtshängigkeit ein (Zöller 25, 31; Musielak 16 zu § 263, aber m.E. nicht zutreffend, oben Rn. **15.**11 a.E.).

16.17 **b) PARTEIBEITRITT:**

1. Instanz

Durch Klage gem. § 147

Zulässigkeit
- Klägerbeitritt:
  Zustimmung des bisherigen K **und** Voraussetzungen von §§ 59, 60 (ThP 25 vor § 50).
- Beklagtenerweiterung:
  Keine Zustimmung des alten u. weiteren Bekl. Lediglich Klageschrift + §§ 59, 60 (ThP a. a. O.).

2. Instanz

Zulässigkeit str.:
- Meinung 1:
  stets unzulässig, weil insoweit erstinstanzliche Klage vorliegt, für die es an funktioneller Zuständigkeit fehlt (ThP 26 vor § 50; BL § 263, 14).
- Meinung 2:
  Mit Zustimmung des weiteren Beklagten bei Beklagtenerweiterung bzw. Zustimmung von Beklagten u. bisherigem Kläger bei Klägerbeitritt (Musielak § 263, 24).

Wirkung bei zulässigem Beitritt:
Der Prozess beginnt für und gegen die neue Partei **ohne Bindung** an die bisherigen Prozessergebnisse neu, mit ihr ist völlig neu zu verhandeln, außer bei allseitiger Zustimmung (Blomeyer § 114 IV 1, 2; Musielak § 263, 27). Nach ThP 25 vor § 50 stets Bindung des neuen Klägers, nicht aber des Beklagten. Vernehmungsprotokolle jedenfalls bleiben im Urkundenbeweis verwertbar, der Gegner kann auf (nochmaliger) Vernehmung bestehen (dazu ThP § 286, 10, 11).

Entscheidung: der Beitritt ist

zulässig

Endurteil mit allen jetzigen Beteiligten

unzulässig

weil
- §§ 59, 60 nicht erfüllt: Abtrennung § 145
- Unzulässig in 2. Instanz (= Meinung 1): ProzessU bzgl. Erweiterungsklage (ThP 26 vor § 50).

§ 17 Die Beteiligung Dritter am Rechtsstreit, §§ 64 ff.

(Kurzübersicht)

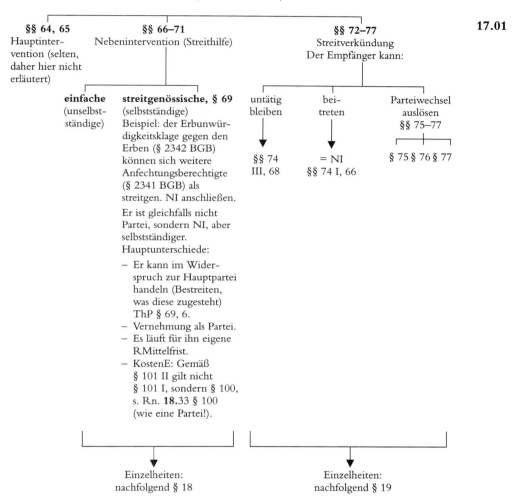

§ 18 Die Nebenintervention (Streithilfe), §§ 66–71

Die **Nebenintervention** (NI) ist die Beteiligung eines Dritten an einem fremden 18.01
Rechtsstreit im eigenen Namen (Gegensatz: Vertreter), jedoch nicht als Partei (Gegensatz: Streitgenossenschaft), sondern nur „zum Zwecke der Unterstützung" einer der Hauptparteien.
Zum Verständnis der Rechtsfigur des NI (warum eigentlich? Befugnisse?) muss man sich seine **Interessenlage** klarmachen. Dieser Interessenlage wegen ist die NI in der Praxis zumeist Reaktion auf eine Streitverkündung: **es geht um die Interventionswirkung, § 68.**

18.02 Einführendes Beispiel: Käufer K klagt gegen seinen Verkäufer V auf Kaufpreisrückgewähr, da der PKW schon bei Übergabe infolge eines zunächst unbemerkten Getriebeschadens fehlerhaft gewesen sei. V bestreitet die Fehlerhaftigkeit bei Gefahrübergang. Da V den PKW selbst nur für einige Stunden in Besitz gehabt hat, müsse – wenn K recht habe – V seinerseits von seinem Lieferanten L fehlerhaft beliefert worden sein, weshalb dann V seinerseits gegen L Gewährleistungsrechte hätte.

V verkündet daher dem L den Streit (§ 72), L tritt dem V bei, da er sich im Zugzwang sieht durch die drohende Interventionswirkung des § 68: wird im Prozess K/V festgestellt, dass Getriebeschaden bei PKW-Übergabe vorlag, so steht diese Einzeltatsache auch bindend fest im Verhältnis V zum Streitverkündeten L und zwar selbst dann, wenn L gar nicht beitreten sollte, § 74 III.

L muss daher befürchten, dass V den Prozess mit wenig Engagement führt: entweder gewinnt V (Klage wird abgewiesen), oder er wird verurteilt, dann hat er jedenfalls einen Regressanspruch gegen L, dessen Grundvoraussetzungen der jetzige Kläger K erkämpft hat und die nun über § 68 gegen L wirken. V wird daher kaum mit letztem Einsatz kämpfen (die Praxis belegt das auch: oft ist es nur der beigetretene Streitverkündungsempfänger, der das – erfolgreiche – RMittel eingelegt hat, vgl. z. B. BGHZ 76, 299). Da ist es schon besser, wenn L seine Position selbst aktiv vertritt. Das Gesetz gibt ihm auch – wegen der harten Folgen aus § 68 – diese Möglichkeit durch § 67: er kann die Rechte wahrnehmen fast wie eine Partei neben V, tut dieser nichts, handelt L mit Wirkung für V (ThP § 66, 1), aber nur „fast": widerspricht V (z. B. das von L beantragte SV-Gutachten ist ihm zu teuer), so ist nur das Verhalten der Hauptpartei (V) maßgeblich, da der Streithelfer nur „unterstützen", nicht aber widersprechen darf. Das Gutachten wird dann also nicht erholt, aber tröstend für L: die Hauptpartei V hat sein Verteidigungsmittel verhindert, den L trifft daher insoweit nicht die Interventionswirkung aus § 68 (dort HS 2): L kann im Regressprozess des V gegen L einwenden, dass der Vorprozess ungenügend geführt worden ist, die Sach- und Beweislage ist insoweit noch offen.

18.03 Wie das Beispiel zeigt, geht es bei der NI (und der Streitverkündung) um **2 Abschnitte:**

– **den Vorprozess**

Dies ist der Hauptprozess unter Beteiligung des NI (oder bei Streitverkündung: nach Aufforderung zum Beitritt, wobei auch ohne Beitritt die Interventionswirkung des § 68 droht, § 74 III). Rechtsprobleme dabei: Voraussetzungen des Beitritts, Rechtsstellung des NI (was darf er tun, was nicht?), das Urteil. **Dazu unten I.**

– **den Folgeprozess**

Das ist der danach folgende Regress-Prozess der unterstützten Hauptpartei gegen den vormaligen NI (bzw. mangels Beitritts: des Streitverkünders gegen den Streitverkündeten). Hier geht es um das Zentralproblem: die Interventionswirkung gem. § 68. **Dazu unten II.**

I. Der Vorprozess

1. Der Beitritt

18.04 Er erfolgt (auch in Reaktion auf Streitverkündung) durch **Einreichung** eines Schriftsatzes (bei Anwaltszwang also über RA, § 78) mit dem Inhalt des § 70 I. Eine Glaubhaftmachung (§ 294, z. B. eidesstattl. Versicherung) des rechtlichen Interesses ist *zunächst* nicht erforderlich (wird es nur, *falls* es zu dem Zwischenstreit gem. § 71 kommt, ThP § 70, 3).

Bereits mit der *Einreichung* ist der Beitritt bewirkt (selbst wenn formfehlerhaft), nicht erst mit der Zustellung, § 70 I S. 1 (ThP § 66, 9, 12).

18.05 Die **Voraussetzungen** (§§ 66 I, 70) werden grds. nur auf Rüge (= Antrag gemäß § 71) geprüft, ausgenommen die Prozesshandlungsvoraussetzungen (der Beitritt ist eine Prozesshandlung), die wie stets v. A. w. zu prüfen sind, also insbes. Partei-, Prozess-, Postulationsfähigkeit (§ 78), BGHZ 165, 358; ThP § 66, 10.

I. Der Vorprozess

Hierzu folgende **Übersicht:**

Prüfung von Amts wegen:
1. Vorliegen einer Beitrittserklärung (Auslegung).
   Prüfung der Form des § 70 erst auf Antrag auf Zurückweisung (§ 71), BGHZ 38, 111.
2. Persönliche Prozesshandlungsvoraussetzungen (§ 78 I, Partei- u. Prozessfähigkeit).
   Bei Fehlen erfolgt Zurückweisung des Beitritts als unzulässig durch einen nach § 567 anfechtbaren Beschluss, nicht nach § 71, da Prüfung v. A. w. (h. M., ThP § 66, 10).

18.06

Alles Übrige (also die besonderen Voraussetzungen der NI) wird nur auf Antrag und nur im Verfahren nach § 71 (Glaubhaftmachung) geprüft (BGHZ 165, 358).

Also:

dem Beitritt widerspricht

niemand
Der NI wird dann ohne ausdrückliche Entscheidung, also stillschweigend zugelassen.

eine **Hauptpartei**
Widerspruch/Rüge = Antrag gem. § 71, der zu Zwischenstreit mit Zwischenurteil führt.
Geprüft wird dort:
• Form der Beitrittserklärung (§ 70)
• Rechtsstreit zwischen Anderen muss schon und noch anhängig sein (§ 66 I).
  Beitreten können z. B. der OHG deren Gesellschafter (str. aber bzgl. der Vertretungsberechtigten, vgl. Zöller § 66, 5)
• Rechtliches Interesse am Obsiegen der unterstützten Partei (§ 66 I) muss glaubhaft (§ 294) gemacht werden (§ 71 I 2).
  Hauptfall: Regressanspruch der unterstützten Partei gegen den NI bei Prozessverlust (ThP § 66, 5).
• § 295 I: Mängelheilung für diese 3 Voraussetzungen möglich, wegen § 295 II nicht aber für die v. A. w. zu prüfenden obigen 2 Voraussetzungen

Entscheidung (§ 71 II)

Zwischenurteil (§ 71 II)

Zwischenurteil verbunden mit dem **Endurteil,** bleibt aber auch dann Zwischenurteil (= sofortige Beschwerde, § 71 II). Zöller § 71, 5

Dazu Beispiel unter 4.

2. Die Rechtsstellung des einfachen NI, § 67

Der NI ist weder Partei noch Vertreter der unterstützten Partei, sondern Dritter, der **im eigenen Namen kraft eigenen Rechts** handelt.

18.07

Kraft dieses eigenen Rechts (§ 67) kann er alle Prozesshandlungen, die der unterstützten Partei zustehen, „wirksam vornehmen", d. h. mit der Wirkung, **als hätte sie die Hauptpartei selbst vorgenommen** (BGH NJW 85, 2480), jedoch solche **nicht,** die **im Widerspruch zur Hauptpartei** stehen: sie wären dann unwirksam (ThP § 67, 6, 11).

In diesen Befugnissen sowie in der Tatsache, dass dem NI im Urteil nichts zu- oder aberkannt werden darf, liegen die Hauptunterschiede zur einfachen Streitgenossenschaft, vgl. dort § 61: Der Streitgenosse ist nicht Vertreter eines anderen, seine Prozesshandlungen wirken daher nur in seinem eigenen Prozessrechtsverhältnis (oben Rn. **12.02–04**; ThP § 61, 5). Aus diesem Grunde muss bei notwendiger Streitgenossenschaft § 62 I zu einer Unterstellung (Fiktion) der Vertretung greifen, die auch nur beschränkt gilt zur Abwendung der Säumnis.

Zur Rechtsstellung des einfachen NI folgender **Überblick:**

18.08 **a) Befugnisse, Position:**

– **Säumnis der Hauptpartei:** Der NI wendet ein VU ab, wenn er verhandelt.

Ohne Ladung des NI ist wegen § 71 III die Hauptpartei nicht ordnungsgemäß geladen, § 335 I Nr. 2: ein VU darf nicht ergehen (ThP § 67, 7, 8; StJ § 67, 13, 19).

– Der NI kann gemäß § 67 **alle Prozesshandlungen** vornehmen, die die unterstützte Partei auch vornehmen könnte und zwar mit der Wirkung, als hätte sie die Partei selbst vorgenommen (nur nicht gegen deren Widerspruch, dies nur bei streitgenössischer NI, § 69).

Der NI kann daher insbes.: Einspruch einlegen gegen ein VU, Berufung einlegen und begründen, Wiedereinsetzung, Verlängerung der Berufungsbegründungsfrist beantragen. Er kann selber **Anträge** stellen, z.B. zur Klage oder auf Klageabweisung (insbes. bei Säumnis der von ihm unterstützten Partei, oder wenn diese ihm die Prozessführung allein überlässt), die demgemäß auch im Tatbestand zu berichten sind neben (nach) den Anträgen der unterstützten Partei (Müko-ZPO 6; ThP 6 zu § 67).

Klausuraufbau: Legt der NI Einspruch ein oder Berufung (allein oder neben der Partei), ist sein Rechtsbehelf allein oder zusätzlich neben dem der Partei durchzuprüfen wie der einer (weiteren) Partei, also beginnend mit der „Statthaftigkeit", wo bereits die Voraussetzungen des Beitritts zu erörtern sind (s. Rn. **18.11**; **18.20**).

– Als **Zeuge** kann er vernommen werden (nicht: Parteivernehmung, anders § 69).

– **Behaupten, Bestreiten, Beweisantritt:**
Kann er selbstständig (ohne Rücksprache) vorbringen mit Wirkung für die Partei, dadurch z.B. Beweisaufnahme auslösen. Aber er darf nichts Gegensätzliches zur Hauptpartei tun: keine ihr widersprechenden anderen Tatsachen behaupten. Das, was die Hauptpartei „unstreitig gestellt" hat, kann er nicht mehr bestritten machen und so Beweisaufnahme erzwingen.

Grundsätzlich: jede Erklärung des NI in der mdl. Verhandlung verliert ihre Wirkung, wenn sie die Hauptpartei sofort widerruft.

– Im **Zweifelsfall** aber ist nicht davon auszugehen, dass eine Prozesshandlung des NI im Widerspruch zur Hauptpartei steht und deshalb unwirksam ist, BGHZ 165, 358: Auch bei Untätigkeit der Hauptpartei kann der NI eigene Prozesshandlungen wirksam solange vornehmen, wie sich ein entgegenstehender Wille der Hauptpartei nicht feststellen lässt. **Im Zweifel also wirksam** (ThP § 67, 13).

– Dem NI kann von der Hauptpartei die gesamte **Prozessführung** *faktisch* allein überlassen werden.

Beispiel: die unterstützte Hauptpartei hat in 1. Instanz verloren und will sich weiter nicht mehr aktiv beteiligen, lässt aber zu (sonst wegen Widerspruchs zur Hauptpartei unzulässig!), dass ihr Streithelfer Berufung einlegt: alle in der Berufung abgegebenen Erklärungen etc. des NI wirken für und gegen die passiv bleibende Hauptpartei (die aber weiterhin allein die Parteirolle hat), StJ § 67, 14.

– **Fristen:** sie laufen nie gesondert für den einfachen NI (anders § 69!), **maßgebend ist allein die Frist, die für die Hauptpartei läuft,** z.B. ab Zustellung an diese für: Einspruch, Berufung, § 296 (Verspätungspräklusion). BGH NJW 91, 229: keine gesonderte RMittelfrist für den einfachen (!) Streithelfer, arg. § 67.
Also: der NI kann die Frist nur wahren, sofern sie für die Hauptpartei noch offen ist.

– **§ 296 (Verspätungspräklusion):** der NI kann die drohende Präklusion abwenden, wenn wenigstens *er* innerhalb der – für die Hauptpartei laufenden – Frist rechtzeitig vorträgt.
Aber: Beweismittel etc., mit denen die säumige Hauptpartei bereits gem. § 296 präkludiert ist, können nicht nachträglich vom NI geltend gemacht werden: gem. § 67 muss er den Rechtsstreit in der Lage (= § 296) übernehmen, in der er sich bei Beitritt befindet (ThP § 67, 12 m.w.N.).

– **Urteil**
Da er nicht Partei ist, sondern „Dritter", kann **ihm nichts zugesprochen, er kann aber auch nicht verurteilt** werden (ThP § 67, 2). Im Rubrum ist der NI nach der von ihm unterstützten Hauptpartei aufzuführen, s. Musterbeispiel oben Rn. **1.13**.

b) Beschränkungen:

Der NI ist gem. § 67 an den Prozessgegenstand gebunden, darf ihn nicht ändern und **18.09** nicht durch Dispositionsakte auf ihn einwirken (Zöller 9a; ThP 11 ff. zu § 67).

Der NI darf daher Folgendes **nicht** (seine Handlung wäre sonst unzulässig, es sei denn, die Hauptpartei ist doch damit einverstanden, wobei spätere Genehmigung nach BL § 67, 4 möglich, nach StJ § 67, 15 nicht möglich ist):

– die Klage ändern, erweitern, beschränken, zurücknehmen;
– Rechtsmittel der Hauptpartei zurücknehmen, BGH NJW 85, 2480;
– Widerklage oder Zwischenfeststellungs(wider)klage (§ 256 II) erheben;
– anerkennen, § 307;
– die Hauptsache für erledigt erklären oder einen Vergleich allein schließen;
– gegen den Willen der Hauptpartei Rechtsmittel überhaupt erst einlegen, BGHZ 49, 188. Tut er es doch, muss der Einspruch, die Berufung etc. als unzulässig verworfen werden (Müko-ZPO § 101, 23). Anders und zulässig aber bei *streitgenössischer* NI, § 69, s. Rn. **18.33**.

Aber ein **bloßes Untätigbleiben der Partei** (sie legt selbst kein RMittel ein), darf ebenso wie **18.10** die isolierte (vgl. nachstehenden Überblick zu 2) Rücknahme eines von der Partei schon eingelegten RMittels **nicht schon als solcher Widerspruch ausgelegt** werden (ThP § 67, 16; BGH NJW 89, 1357; BGHZ 165, 361; 76, 302): aus der Tatsache, dass die Partei ihre Berufung im Laufe des Verfahrens zurückgenommen hat, nachdem der NI gleichfalls Berufung eingelegt und das Berufungsverfahren betrieben hat, folgt nicht schon, dass die Partei mit der Berufung des NI nicht einverstanden sei. Arg.: damit zieht sich die Hauptpartei nur aus dem weiteren **Kostenrisiko** zurück, denn ab ihrer Nichtbeteiligung trägt der (erfolglose) NI alle Rechtsmittelkosten analog § 97 I alleine (RGZ 97, 216; ThP 6a; Müko-ZPO 22 zu § 101).

Überblick: Legen Partei und NI Berufung ein, liegen zwar formal 2 Rechtsmittel vor, die *neben-* **18.11** *einander* anzugliedern und durchzuprüfen sind, jedoch handelt es sich im *Ergebnis* um ein einheitliches RMittel (das der Partei), über das einheitlich zu entscheiden ist. Die RLage ist vergleichbar der bei wiederholter RMitteleinlegung durch die Partei (s. Rn. **27.07**; ThP § 67, 16; § 519, 10, 11; BGH NJW-RR 12, 141; NJW 85, 2480):

(1) Die RMittelschrift des NI erhält selbstständige Bedeutung erst, sobald feststeht, dass das von der Partei eingelegte RMittel unzulässig ist (z. B. mangels Begründung), BGH NJW 85, 2480.

(2) Die Partei kann *isoliert* einen von mehreren Einlegungsakten „zurücknehmen", z. B. isoliert *nur* ihre *eigene* Berufungsschrift und des Berufung des NI *nicht widersprechen,* worauf dieser das Rechtsmittel zulässig weiterführen kann, BGH NJW 89, 1357.

(3) Nimmt allerdings die Hauptpartei ihr RMittel zurück und *widerspricht* dem für sie vom NI eingelegten, so bleibt das RMittel zwar – wegen seiner Einheitlichkeit (der NI hat es nicht zurückgenommen) – weiter anhängig, das des NI ist dann die alleinige Verfahrensgrundlage, aber es ist wegen ausdrücklichen Widerspruchs zur Hauptpartei (§ 67) auf Kosten des NI (analog § 97 I) als unzulässig zu verwerfen, BGH NJW 93, 2944; BGHZ 92, 279.

– Materiellrechtliche RGeschäfte: der NI darf nicht in die materielle Rechtszuständigkeit der Hauptpartei eingreifen, also nicht deren mat. Rechte ausüben, wie z. B. Anfechtung, Rücktritt, Aufrechnung mit Forderungen der *Hauptpartei* (wohl aber mit *eigenen*). Wegen der Doppelnatur des Prozessvergleichs (h. M.) kann er solchen nicht allein schließen, sondern sich daran nur neben der Hauptpartei beteiligen (ThP 15; StJ 10 zu § 67).

3. Das Urteil

a) Rubrum:

18.12 Der NI ist unmittelbar nach der unterstützten Partei aufzuführen (vgl. Musterbeispiel oben Rn. **1.**13).

b) Hauptsacheentscheidung:

18.13 Dem NI wird nichts zugesprochen, er kann auch nicht verurteilt werden.

c) Kostenentscheidung:

Hier ist zu unterscheiden: Für die einfache NI gilt § 101 I. Für die streitgenössische (§ 69) gilt nur § 101 II mit § 100 (damit Kostenlast des NI als wäre er Partei, dazu Rn. **18.**33). Für die einfache NI gilt:
Wegen der Kostentrennung gemäß § 101 I hat man streng zu differenzieren nach den Kosten der NI und denen des Rechtsstreits:

18.14 **aa)** Die Kosten des **Rechtsstreits** sind die Gerichtskosten und die RA-Kosten der Parteien. Diese werden gemäß §§ 91 ff. unter den Hauptparteien je nach Unterliegen aufgeteilt.

18.15 **bb)** Die Kosten **der NI (§ 101 I)** sind die RA-Kosten des NI, dessen Fahrtauslagen und die Mehrkosten seiner Zuziehung (z. B. Zustellkosten). Nach § 101 I gilt infolge der Verweisung auf §§ 91–98 der **Grundsatz der Kostenparallelität** (Gleichlauf mit der Kostenentscheidung gegenüber der unterstützten Partei), wonach der NI hinsichtlich seiner Kosten so gestellt werden soll, wie die Partei, die er durch seinen Beitritt unterstützt hat. Ob der NI einen Kostenerstattungsanspruch hat, richtet sich also nach der Kostenregelung unter den Hauptparteien (BGHZ 154, 354; BGH NJW-RR 04, 1506; Müko-ZPO § 101, 2).

Danach gilt: Die Kosten der NI trägt dieser *selbst,* wenn und soweit die von ihm unterstützte Hauptpartei (z. B. der Bekl.) unterliegt, andernfalls der unterliegende *Gegner* (z. B. abgewiesene Kläger), **nie die unterstützte Hauptpartei.**

18.16 **Beispiele:** Der NI ist auf Seiten des Beklagten beigetreten. Tenorierung:

(1) Die Klage wird abgewiesen: „Der Kläger trägt die Kosten des Rechtsstreits und die Nebenintervention."

(2) Der Klage wird voll stattgegeben: „Der Beklagte trägt die Kosten des Rechtsstreits, der NI die durch die NI verursachten Kosten selbst."

(3) Der Klage wird zu ¹/₃ stattgegeben: „Von den Kosten des Rechtsstreits trägt der Kläger ²/₃, der Beklagte ¹/₃. Von den Kosten der NI trägt der Kläger ²/₃, im Übrigen trägt sie der NI selbst."
(4) Die Kosten werden gegeneinander aufgehoben (im Urteil gem. § 92 I 2 bzw. im Beschluss gem. § 91a): Kein Kostenerstattungsanspruch des NI, da seine Rolle im Prozess auch kostenmäßig der der unterstützten Hauptpartei entspricht (BGHZ 154, 351). Also: „Die Kosten des Rechtsstreits werden gegeneinander aufgehoben, der NI trägt die durch die NI verursachten Kosten selbst."

Ausnahmen nach der Rspr. bei **RMittelkosten:** hat der NI allein RMittel eingelegt und ist die Partei im RMittelzug völlig untätig geblieben, so trägt bei erfolglosem RMittel der NI analog § 97 I allein die RMittelkosten (BGHZ 39, 298; ThP § 101, 6a). Ebenso, wenn das RMittel des NI wegen Widerspruchs der Partei unzulässig war (BGHZ 92, 279). 18.17

d) Vorläufige Vollstreckbarkeit, §§ 708 ff. Dem NI kann aus dem Urteil ein Kostenerstattungsanspruch zustehen, wenn gem. § 101 dem **Gegner die Kosten der NI** auferlegt wurden. Dann ist dafür auch ein Vollstreckungsausspruch nötig, der – wie stets – für jeden Beteiligten gesondert zu errechnen ist, hier also für den NI. 18.18

Der **Gebührenstreitwert** bemisst sich gem. § 48 I GKG, § 3 ZPO und ist **strittig:** Nach wohl h. M. richtet er sich nach dem Interesse des NI am Prozesssieg der unterstützten Partei, also der Interventionswirkung gem. § 68, insbes. Höhe der Regressforderung gegen den NI (so je zu „NI": ThP § 3; StJ § 3; Zöller § 3, der wie bei Feststellungsklagen einen Abschlag von 20% macht). Nach a. A. ist er dann der Wert der Hauptsache, wenn der NI die Partei uneingeschränkt (mit gleichen Anträgen) unterstützt (BGHZ 31, 146; BL Anh. § 3, 106).

e) Tatbestand: 18.19
Wohin gehört der Vortrag des NI?
- Der Beitritt ist in der Prozessgeschichte vor den Anträgen zu berichten.
- Anträge (der NI kann solche stellen, s. Rn. **18.**08) sind bei den Anträgen der Parteien zu berichten.
- Der streitige Vortrag des NI wird im Zusammenhang mit dem der von ihm unterstützten Partei berichtet: gemeinsam oder (falls abweichend) im Anschluss daran.

Beispiel:
„Der **Beklagte** bestreitet ... Er behauptet ... ist der Ansicht ... (jetzt erst:)
Der dem Bekl. als **NI** beigetretene Kfz-Händler L räumt indes ein ..."
Der widersprechende Vortrag ist zwar prozessual unstatthaft (§ 67), aber das ist im TB als immerhin vorgebrachtes Angriffs- oder Verteidigungsmittel wertungsfrei darzustellen, § 313 II. Rechtliche Schlussfolgerungen (solches wäre auch ein Weglassen des wegen § 67 unzulässigen Vortrags) sind im TB verboten u. den E-Gründen allein vorbehalten.

4. Zusammenfassende Beispiele:

Fall 1: Der Einspruch des Streithelfers. 18.20

Kaufmann K klagt gegen den Pkw-Verkäufer V vor dem LG auf Rückzahlung von € 10000,– wegen Mangelhaftigkeit des Pkw, verweigerter Nacherfüllung und Rücktritt. V verkündet L, der ihm den PKW geliefert hat, daraufhin sofort den Streit. Im 1. Termin vom 20.2. ist V säumig, es ergeht gegen ihn VU, das dem RA des V am 1.3. zugestellt wird. Am 10.3. geht ein Schriftsatz des RA R für L ein mit der Erklärung, L trete dem Rechtsstreit auf Seiten des V bei und lege gleichzeitig Einspruch ein gegen das VU, außerdem bestreite er, dass der PKW zum Zeitpunkt der Übergabe V an K fehlerhaft gewesen sei.
Im Einspruchstermin, in dem V wiederum nicht anwesend ist, zu dem jedoch K und L (beide anwaltlich vertreten) erscheinen, beantragt K Aufrechterhaltung des VU, L dessen Aufhebung und Klageabweisung. Nach streitiger Verhandlung werden die gem. § 273 ZPO geladenen klägerischen Zeugen vernommen, die jedoch nicht sagen können, ob der PKW bei Übergabe an K den behaupteten Getriebeschaden schon hatte.

Lösungsskizze:

I. Zulässigkeit des Einspruchs, § 341 I

1. An sich statthaft, § 338:
   a) Der NI kann gem. **§ 66 II** selbst Rechtsbehelfe einlegen. Dann müsste L wirksam NI geworden sein:
   Da keine Partei dem Beitritt widersprochen hat (genau: Antrag gem. § 71 gestellt hat), ist das Gericht nur berechtigt und verpflichtet zu prüfen, **ob überhaupt** ein Beitritt vorliegt (Auslegung) und ob dieser als Prozesshandlung wirksam ist, dafür also die **Prozesshandlungsvoraussetzungen** vorliegen. Nur dies wird v. A. w. geprüft – alles andere nur auf Rüge (Antrag), § 71 (BGHZ 165, 358; ThP § 66, 10; vgl. oben Rn. **18**.06).
   Lägen die Prozesshandlungsvoraussetzungen nicht vor, müsste schon der Einspruch als unzulässig verworfen werden. Anders ist es mit den übrigen, nur auf Rüge zu prüfenden Voraussetzungen der NI (§ 71): fehlen nur diese (z. B. das rechtliche Interesse), so behalten Prozesshandlungen (also auch der Einspruch, Berufung etc.) auch dann ihre Wirksamkeit, wenn auf Rüge die NI später zurückgewiesen wird, arg. § 71 III: Prozesshandlungen, die bis zur rechtskräftigen Zurückweisung vorgenommen wurden, **bleiben wirksam** (ThP § 71, 8).
   Hier: L war bei Einlegung des Einspruchs anwaltlich vertreten (§ 78), er war und ist partei- und prozessfähig.

   b) Unwirksamkeit des Einspruchs gem. **§ 67** wegen Widerspruchs zur Hauptpartei V?
   Ein Widerspruch zum Prozessverhalten der Hauptpartei V, der die Handlungen des NI L unwirksam gemacht hätte (ThP § 67, 13), liegt nicht vor: **V ist nur untätig**, woraus nicht allein schon der Schluss gezogen werden darf, er sei grundsätzlich gegen eine Fortführung des Prozesses (vgl. BGHZ 165, 361 und oben Rn. **18**.10). Letztlich würde der Grundsatz gelten, dass **im Zweifelsfall ein Widerspruch zu verneinen** und die **Handlung des NI wirksam** ist (ThP § 67, 13; oben Rn. **18**.08).

2. Form, § 340 I, II: (+)
3. Frist, § 339 (es ist allein die für die Hauptpartei maßgebend): (+)

II. Zulässigkeit der Klage: (+)

III. Begründetheit der Klage

Anspruchsgrundlage: §§ 437 Nr. 2, 323 II, 346 I BGB
Die Sache ist entscheidungsreif, es hat streitige mdl. Verhandlung stattgefunden, da der NI L für die abwesende Partei V wirksam verhandelt hat. Da der NI alle Prozesshandlungen vornehmen kann, die der Hauptpartei möglich sind, konnte er auch den Antrag stellen auf Aufhebung des VU und Klageabweisung, sowie den klägerischen Tatsachenvortrag wirksam bestreiten.
Da kein Verbrauchsgüterkauf und damit keine Beweislastumkehr gem. § 476 BGB vorlag, wurde K infolge wirksamen Bestreitens beweispflichtig, sein Beweis ist nach Einvernahme der Zeugen nicht erbracht, ihn trifft die Beweislast und es ergeht

ENDURTEIL

I. Das VU vom 20.2.... wird aufgehoben und die Klage abgewiesen
II. Die Kosten des Rechtsstreits sowie die der Nebenintervention trägt K *(§§ 91 + 101 I)*, mit Ausnahme der durch die Säumnis im Termin von 20.2. bedingten Kosten, die der Beklagte trägt *(§ 344)*.
III. Das Urteil ist vorläufig vollstreckbar, für den Nebenintervenienten aus Ziff. II jedoch nur gegen Sicherheitsleistung in Höhe von € 1700,–.
Der Kläger kann die Vollstreckung seitens des Beklagten abwenden durch SL in Höhe von € 890,– *(§§ 708 Nr. 11, 711 S. 1; bzw. gem. § 711 S. 2: 110%)*,
der Beklagte die Vollstreckung durch den Kläger durch SL in Höhe von € 50,– *(§§ 708 Nr. 11, 711 S. 1; bzw. gem. § 711 S. 2: 110%)*,
wenn nicht die Gegenseite *(„Gläubiger" i. S. v. § 711)* vor der Vollstreckung Sicherheit in jeweils gleicher Höhe erbringt *(§ 711 S. 1; bzw. § 711 S. 2 mit § 709 S. 2: 110%)*.

Anmerkung zu III: Aus Ziff. II können alle 3 Beteiligten vollstrecken, weshalb für jeden von ihnen der Vollstreckungsausspruch gesondert zu errechnen ist:

(1) **Der Bekl. V kann vollstr.:** seine RA-Geb.: nur die 1,3 Verfahrensgebühr nebst Auslagen und MwSt., da in keinem Termin zugegen: also € 890,–.

(2) **K kann vollstrecken** (§ 344): nicht die im Säumnistermin anfallende 0,5 Terminsgebühr gemäß VV 3105, da diese in der Terminsgebühr für den Einspruchstermin (VV 3104) aufgeht (Zöller § 344, 2). Erstattungsfähig bleiben für K bzgl. des Säumnistermins z. B. Kosten für nochmalige Ladung von Zeugen, des Zeitausfalls, der Terminswahrnehmung (ThP § 91, 16), letztere seien hier mit Anreisekosten von € 50,– angesetzt. Vgl. Rn. **20.21**.

(3) **Der NI L kann vollstrecken:** seine RAKosten. Streitwert? Str., aber hier bei alleiniger Wahrnehmung des Prozesses sicher der Wert der Hauptsache (€ 10 000,–). Also 2,5 × € 558,– + € 20,– + € 268,85 (MwSt) = € 1683,85 = € 1700,–.

Fall 2 (Abwandlung): Der Kläger widerspricht dem Beitritt.   18.21

Der unterstützte Beklagte und Streitverkünder bleibt nach Erlass des VU untätig. Der Kläger widerspricht dem Beitritt des L und beantragt im Einspruchstermin, den Einspruch durch 2. VU (§ 345) zu verwerfen, hilfsweise, das VU aufrechtzuerhalten. Der anwaltlich vertretene NI L verweist zur Glaubhaftmachung des rechtl. Interesses auf den vorgelegten Kaufvertrag zwischen V und L und verfährt wie im Fall 1. Das Gericht vernimmt – nachdem es sich schlüssig geworden ist über die Zulässigkeit der NI – die 2 klägerischen Zeugen.

ZWISCHEN- UND ENDURTEIL

    I. Der Beitritt des L als Streithelfer des Beklagten ist zulässig *(§ 71 I, II)*.
   II. Das VU wird aufgehoben, die Klage abgewiesen.
  III. Kosten = §§ 91, 101 I, 344.
  IV. §§ 708 ff.

ENTSCHEIDUNGSGRÜNDE

Der Beitritt des NI, der Einspruch und die Klage erwiesen sich als zulässig, die Klage jedoch als unbegründet.

I. Der Zwischenstreit, § 71

Die NI ist zulässig:
Da K Antrag gem. § 71 I gestellt hat, waren alle Voraussetzungen der NI zu erörtern:
1. Vorliegen einer Beitrittserklärung (Auslegung): (+)
2. Prozesshandlungsvoraussetzungen bzgl. des NI, insbes. § 78 I: (+)
3. Form der Beitrittserklärung (§ 70): (+)
4. Ein Rechtsstreit zwischen anderen Personen (K/V) ist schon und noch anhängig (§ 66 I): (+)
5. Das rechtliche Interesse lag vor und wurde glaubhaft gemacht (§ 71 I 2) im Hinblick auf den zu befürchtenden Regress V gegen L aus § 437 BGB. Zur Glaubhaftmachung (§ 294) genügte die Bezugnahme auf den vorgelegten Kaufvertrag V/L und die mit der Streitverkündung und dem jetzigen Beitritt heraufbeschworene Interventionswirkung, § 68.

II. Zulässigkeit des Einspruchs.
III. Zulässigkeit der Klage.   } wie oben Fall 1
IV. Begründetheit der Klage.

Anmerkung zu I.: Die Entscheidung über den Zwischenstreit – Zulassung ebenso wie Zurückweisung – erfolgt durch Zwischenurteil (§ 71 I, II) und kann mit dem Endurteil verbunden werden. Die Zulassung der NI kann auch ausnahmsweise und nicht lege artis ohne Ausspruch im Tenor stillschweigend erfolgen durch die KostenE gem. § 101 I, BGH NJW 63, 2027, sozusagen als „Rettungsanker", **bleibt aber** insoweit auch dann ein **Zwischenurteil**. Folge: Anfechtung der Zulassung bzw. Zurückweisung des NI nur durch sofortige Beschwerde, § 71 II (BGH NJW 82, 2070). Die Kosten des Zwischenstreits fallen nach h. M. nicht unter § 101 I, sie sind vielmehr unabhängig vom Ausgang des Rechtsstreits dem im Zwischenstreit unterlegenen Teil analog § 91 aufzuerlegen, also bei Zulassung dem Widersprechenden, bei Zurückweisung dem NI (BAG NJW 68, 73; StJ 1; Musielak 2 zu § 101; Zöller 7; MüKo-ZPO 9 zu § 71; a. A. ThP § 71, 6: § 101 I).

II. Der Folgeprozess: Interventionswirkung, § 68 (§ 74 III)

Die Interventionswirkung tritt nur ein **im Verhältnis der Hauptpartei zum NI**   18.22
(Streitverkündungsempfänger) des Vorprozesses und zwar dann, wenn es zu einem

Folgeprozess zwischen diesen beiden kommt. ThP § 68, 1. Sie gilt nach h. M. **nur zugunsten,** nicht zu Lasten der unterstützten Hauptpartei (des Streitverkünders), die daher z. B. im Folgeprozess auch geltend machen darf, der Schaden sei doch höher, als er im Vorprozess festgestellt worden ist (BGHZ 100, 257; Müko-ZPO 9 ff.; ThP 1 zu § 68). Dazu näher in Rn. **18.26.**

1. Voraussetzungen

18.23 Es muss ein **Folgeprozess** stattfinden zwischen der Hauptpartei des Vorprozesses und ihrem damaligen NI (oder Streitverkündungsempfänger) **und** der **Vorprozess muss durch formell rechtskräftiges Urteil** (Vergleich genügt nicht) **abgeschlossen** sein (ThP § 68, 4).

18.24 a) Ob der **Beitritt** zulässig war (rechtlicher Grund i. S. v. § 66?), wird nicht nachgeprüft (ausgenommen die Prozesshandlungsvoraussetzungen): § 68 setzt eine tatsächlich praktizierte NI voraus: der Beitritt muss nur erfolgt und darf nicht zurückgewiesen (§ 71 III) sein (Zöller 3; ThP 3 zu § 68).

18.25 b) Ist **Streitverkündung vorausgegangen,** ist zu differenzieren: hat sie zum **Beitritt** geführt, so genügt diese Tatsache und es bleibt die Zulässigkeit und Wirksamkeit der Streitverkündung für § 68 ungeprüft. Über § 74 I gilt auch § 71 III, daher BGHZ 175, 1, Rn. 13: „Wird der Beitritt nicht rechtskräftig zurückgewiesen, löst folglich auch eine unzulässige Streitverkündung die Interventionswirkung des § 68 aus."
Ist der Streitverkündungsempfänger dem Vorprozess dagegen **nicht beigetreten,** weshalb dort auch keinerlei diesbezügliche Prüfungen erfolgt sind (§ 74 II), müssen jetzt im Folgeprozess Zulässigkeit (§ 72) und Wirksamkeit (§ 73) der Streitverkündung geprüft werden, denn jetzt ist für den Eintritt der Interventionswirkung (§ 68) nicht ein Beitritt, sondern allein die Streitverkündung kausal. Daher **gilt bei** *fehlendem* **Beitritt** (dem steht der Beitritt auf Seiten des Gegners des Verkünders gleich, s. unten Rn. **19.**08): **nur eine zulässige Streitverkündung löst deren materiell- und prozessrechtlichen Wirkungen aus** (BGHZ 65, 131; BGH NJW 82, 282 (zu II 1a); Zöller 5; ThP 2 zu § 74).
c) Beachte weiter: Diese Differenzierung gilt wegen § 74 I mit § 71 III nur für § 68, also den Eintritt der Interventionswirkung. Hingegen tritt Verjährungshemmung nach § 204 I Nr. 6 BGB stets nur bei zulässiger Streitverkündung ein, also unabhängig davon, ob ein Beitritt erfolgt ist, oder nicht (BGHZ 175, 1, Rn. 14).

2. Interventionswirkung, § 68 1. Hs.

18.26 Sie besteht darin, dass das Urteil des Vorprozesses so, wie der Rechtsstreit dem Richter vorgelegen hat, im Verhältnis des NI zur Hauptpartei (zu deren Gunsten, nicht Lasten) **als richtig gilt** (ThP § 68, 1; Knöringer JuS 07, 340 mit Bsp.). Sie ist v. A. w. zu beachten, also keine Einrede (BGH NJW 15, 1824, Tz. 7; 1948, Tz. 15).

Im **Unterschied zur Rechtskraft** (die nur den Rechtsfolgeschluss erfasst, nicht aber einzelne Tatsachen, präjudizielle Rechtsverhältnisse und nicht wie § 68 HS 2 den Einwand mangelhafter Prozessführung zulässt) **geht die Interventionswirkung erheblich weiter,** sie erfasst bindend auch alle tatsächlichen und rechtlichen Grundlagen der Entscheidung im Vorprozess (BGHZ 116, 102), also:

– die Feststellung aller **Einzeltatsachen,** die im Vorprozess entscheidungserheblich waren

> z. B. der Geschehensablauf des Unfalls, des PKW-Verkaufs samt Abgabe und Inhalt arglistiger Täuschungen. Feststehen infolge der Interventionswirkung Art und Umfang des vom verurteilten Bauunternehmer zu vertretenden Baumangels im Verhältnis zu seinem Subunternehmer, der zur Abwehr des Regresses wegen dieses Mangels beigetreten war (oder lediglich Streitverkündungsempfänger war, § 74 III). Falls die Hauptpartei im Vorprozess wegen „non liquet" (Beweislast) unterlegen ist, steht für den Folgeprozess aber nur fest, dass die Tatsache „nicht zu klären ist", nicht etwa, dass sie nicht besteht und deshalb nur eine logische Alternative bleibe (etwa: Vertragsschluss dann eben mit B, statt mit dem beweislos verklagten A). (BGHZ 85, 257; Zöller 10; ThP 6 zu § 68).

– deren **rechtliche Beurteilung** (ThP § 68, 5)

z. B. beim fraglichen Hauskauf habe es sich um einen Werkvertrag – nicht Kauf – gehandelt, die Gewährleistungsrechte richten sich dann nach Werkvertrag, wovon auch im Folgeprozess auszugehen ist.

– die Feststellung **präjudizieller Rechtsverhältnisse** (ThP § 68, 7)

z. B. der im Vorprozess relevante Werkvertrag ist gültig; die herausverlangte Sache steht im Eigentum des X.

– aber **nur,** soweit das **Urteil im Vorprozess darauf beruht.**

Es muss sich um die die Vorentscheidung **tragenden Feststellungen** (tatsächlichen und rechtlichen) handeln, auf denen diese also **beruht** (Zöller § 68, 9 m. w. N.). Nicht dazu gehören Ausführungen, die bei objektiver Würdigung nicht notwendige Bedingungen für die Erstentscheidung sind, insbes. Hilfserwägungen oder „überschießende Feststellungen" zu nicht unmittelbar entscheidungserheblichen Fragen (BGHZ 157, 97; Zöller § 68, 10 mit Bsp.; ThP § 68, 5).

– **nur zu Gunsten** der Hauptpartei.

Jedenfalls dann – und das ist der Regelfall – wenn eine Streitverkündung vorausgegangen ist (mit oder ohne Beitritt), nach h. M. aber auch ohne vorangegangene Streitverkündung, tritt die Interventionswirkung aus § 68 **nur zu Gunsten des Verkünders** (der Hauptpartei im Vorprozess) ein, **nicht gegen ihn.** Das folgt bei vorausgegangener Streitverkündung aus dem Wortlaut des **§ 74 III:** „... gegen den *Dritten*" (also den Verkündungsempfänger, BGHZ 100, 262), aber auch ohne Streitverkündung aus der ratio des § 68 (Müko-ZPO 9, 12; ThP 1; Zöller 6 zu § 68). Infolgedessen hat der Streitverkünder auch das Wahlrecht, ob er sich im Folgeprozess gegen den Streitverkündeten auf das Urteil im Vorprozess beruft oder nicht – aber nur im Ganzen und nicht durch Herausgreifen einzelner „Rosinen", da die Interventionswirkung unteilbar ist (BGHZ 100, 263; Zöller § 68, 6).

Beispiel (BGHZ 100, 257): K hat im Vorprozess den Schreiner A auf € 10 000,– Schadensersatz verklagt und dem bauleitenden Architekten B den Streit verkündet. Im rechtskräftigen Urteil wurden ihm nur € 2000,– zugesprochen, da der Schaden nur in dieser Höhe bestehe.
Im Folgeprozess macht K gegen B nunmehr sogar € 13 000,– geltend, da der Schaden infolge Konstruktionsfehler des B viel höher sei, als im Vorprozess festgestellt. B beruft sich auf die Interventionswirkung durch das Urteil im Vorprozess. K hingegen erklärt, er stütze sich überhaupt nicht auf dieses Urteil, auch nicht, soweit es teilweise für ihn günstig sei.
BGH u. h. M.: Nach § 74 III tritt die Interventionswirkung nach vorangegangener Streitverkündung nur *gegen* den *Dritten* (Streitverkündungsempfänger) ein, nicht aber gegen den Verkünder K, dem daher zur freien Wahl überlassen bleibt, „ob er überhaupt von dem seinem Interesse dienenden prozessualen Behelf Gebrauch machen will ..., ob er das im Vorprozess ergangene Urteil gegenüber dem Streitverkündungsgegner gelten lassen will" (so BGHZ 100, 263), also die Interventionswirkung in Anspruch nimmt, oder nicht. Hier hat K klargestellt, dass er sich *nicht* auf sie beruft. K ist also frei und nicht durch die Feststellungen im Vorprozess gebunden. K hat auch beachtet, dass die Interventionswirkung *unteilbar* ist, sie dem B nur uneingeschränkt oder überhaupt nicht entgegengehalten werden kann (kein Herausgreifen von „Rosinen"), Zöller 6; ThP 8 zu § 68. Gelingt es K, die anspruchsbegründenden Umstände im jetzigen Verfahren K gegen B zu beweisen, wird er daher ohne Interventionswirkung mit € 13 000,– obsiegen.

3. Die Beseitigung der Bindung, § 68 2. Hs.

Im Folgeprozess kann der NI die **Einrede der mangelhaften Prozessführung** erheben.

18.27

Mit dieser Einrede (BGH NJW 76, 293 zu II 2 vor a; ThP § 68, 9) kann er die Interventionswirkung (Bindung) ganz oder teilweise beseitigen. Hierzu muss er **darlegen und beweisen** (ThP § 68, 9), **dass**

- er selbst verhindert war, seinerseits ein bestimmtes Angriffs- od. Verteidigungsmittel geltend zu machen, z. B. wegen schon unabänderlicher Prozesslage oder wegen ausdrücklichen oder hypothetischen Widerspruchs zum Verhalten der Hauptpartei (BGH NJW 98, 80 zu 3).
- die Hauptpartei Angriffs- od. Verteidigungsmittel absichtlich oder grob schuldhaft nicht geltend gemacht hat und diese dem NI unbekannt waren (sonst hätte er sie selbst vorgebracht),
- in beiden Fällen: dass das unterbliebene Beweismittel auch geeignet war, eine andere Entscheidung im Vorprozess herbeizuführen (ThP § 68, 12).

18.28 **4. Zusammenfassendes Beispiel (BGH NJW 76, 292):**

Im Vorprozess klagte der PKW-Käufer F gegen den Händler X (jetziger Kläger) auf Rückzahlung des Kaufpreises von € 6000,–. X wurde dazu am 15.3. verurteilt, das Urteil ist unangefochten und rechtskräftig. Es stützt sich auf die Feststellung, F sei bei den Verkaufsverhandlungen von A, einem bei X angestellten Verkäufer, der den PKW zuvor ½ Jahr privat genutzt u. daher bestens gekannt habe, über die Fehlerhaftigkeit des Motors arglistig getäuscht worden. X hatte zuvor alle Mitarbeiter ergebnislos befragt.
Diesem Angestellten A (jetziger Bekl.) hatte X den Streit verkündet mit Schriftsatz vom 9.2., zugestellt erst am 1.3., nach Schluss der mündlichen Verhandlung am 23.2., ohne allerdings zu erwähnen, dass auf 23.2. ein Termin anberaumt war u. a. zur Erörterung eines erholten Sachverständigengutachtens und zur mündlichen Verhandlung (Verstoß gegen § 73). Die Streitverkündung enthielt aber die sonst notwendigen Angaben.
A trat nicht bei, legte auch nicht Berufung ein. Im jetzigen Folgeprozess klagt X gegen den Streitverkündeten A wegen Vertragsverletzung auf Schadenersatz. In diesem Prozess stellt sich heraus, dass der seinerzeitige arglistige Verkäufer nicht A, sondern der Angestellte H gewesen ist.
Der Kläger X beruft sich auf die Interventionswirkung. A bringt – nachdem er in 2 Terminen insoweit rügelos verhandelt hat – nunmehr vor, die Interventionswirkung greife nicht ein, weil es wegen Verstoßes gegen § 73 an einer wirksamen Streitverkündung gefehlt habe. Außerdem erhebt er die Einrede mangelhafter Prozessführung, § 68 2. Hs.

18.29 **Lösungsskizze:**

I. Zulässigkeit der Klage: (+)

II. Begründetheit der Klage
Anspruchsgrundlage: Verletzung des Arbeitsvertrags, §§ 280 I, 611 BGB
Grundsätzlich: Bekl. A hat bestritten, also müsste an sich Kläger X die Anspruchsvoraussetzungen beweisen. Aber dem Kläger X könnten die Interventionswirkungen zugute kommen, die v. A. w. zu beachten sind mit der Wirkung, dass die Anspruchsvoraussetzungen alle feststehen.
  1. **Dann müsste die Interventionswirkung (§ 68 1. Hs.) überhaupt eingreifen.**
    Sie greift bei *fehlendem* Beitritt nur ein bei einer wirksamen (§ 73) und zulässigen (§ 72) Streitverkündung (s. Rn. **18.**25).
    a) **Wirksam?** Zwar **Verstoß gegen § 73,** weil die Streitverkündungsschrift nicht die genaue Lage des Prozesses (dazu ThP § 73, 4) angab, es fehlte erstens der Hinweis, dass ein Sachverständigengutachten erholt wurde und zweitens, dass mündliche Verhandlung (u. a. zu dessen Erörterung) auf 23.2. anberaumt war.
    Aber Heilung gem. § 295 I. BGH NJW 76, 293 mit h. M.: Mängel des *Inhalts* einer Streitverkündungsschrift und ihrer *Zustellung* werden geheilt, wenn der (nicht beigetretene) Streitverkündungsempfänger diese nicht in der 1. mündlichen Verhandlung im Folgeprozess geltend macht.
    b) **Zulässig (§ 72):** Streitverkündungsgrund kann – wie hier wegen Vertragsverletzung – ein Regressanspruch sein (ThP § 72, 7).
    Die Interventionswirkung greift also wegen (nach Heilung) wirksamer und zulässiger Streitverkündung grds. ein.
  2. **Mit der Interventionswirkung müssten die Anspruchsvoraussetzungen feststehen:**
    Die Haftung aus §§ 280 I, 611 BGB setzt voraus:

a) **Schuldverhältnis**
A war laut Urteil v. 15.3. zurzeit des Verkaufs an F Angestellter des X, also: Vertrag X/A: (+)
b) **Obj. Pflichtwidrigkeit des A:**
Laut Urteil hat eine arglistige Beeinflussung des Käufers stattgefunden und zwar durch denjenigen Angestellten des X, der das Fahrzeug zuvor $1/2$ Jahr privat gefahren hatte, nämlich (laut Urteil) den A.
c) **Verschulden des A:** Interventionswirkungen wie zu b).
d) **Schaden des X:** In Höhe von € 6000,–: § 68 1. Hs.
Die zu a–d relevanten Feststellungen sind auch „tragende" des Vorprozesses, auf denen das Urteil beruht; sie nehmen also an der Interventionswirkung teil.
3. **Einrede der mangelhaften Prozessführung, § 68 2. Hs.**
A hat sie erhoben. Wäre sie begründet, müsste X nachweisen, dass gerade A jener (arglistige) Verkäufer war. Die Einrede ist indes unbegründet:
a) **Verhinderung des A im Vorprozess (§ 68 2. Hs. 1. Alt.)?**
Maßgebend dafür ist die Zeit des möglichen Beitritts, § 74 III. Dieser war zwar erst nach Schluss der mdl. Verhandlung 1. Instanz (23.2.) möglich (Zustellung der Streitverkündung erst am 1.3.), aber **A hätte mit selbst eingelegter Berufung beitreten können, § 66 II** und in 2. Instanz unter (Gegen-)Beweisantritt seine Nichtbeteiligung am Verkauf vortragen können (BGH NJW 76, 293, zu II 2b). Dieses Bestreiten wäre auch ohne Präklusion durch § 531 II Nr. 3 möglich gewesen, da X alle Mitarbeiter befragt hatte, ihm (als der für die Verschuldensfrage maßgeblichen Hauptpartei, der NI ist auch nicht ihr Vertreter) also keine Fahrlässigkeit zur Last liegt und X zu weiterer Nachforschung nicht verpflichtet war (BGH NJW-RR 09, 329; Zöller § 531, 30).
b) **§ 68 2. Hs. 2. Alt.?**
Nein, denn **das Verteidigungsmittel** – die Behauptung: es sei jedenfalls nicht der A gewesen – **war ja dem A nicht „unbekannt",** A wusste ja, dass er selbst nicht beim Verkauf zugegen war.

Ergebnis: Die Klage hatte wegen § 68 vollen Erfolg.

III. Die streitgenössische Nebenintervention, § 69

Sie liegt vor, wenn eine NI mit der **Besonderheit** besteht, dass das Urteil im Hauptprozess Kläger/Beklagter auch auf das Rechtsverhältnis des NI zum *Gegner* von Wirksamkeit ist und zwar unmittelbar infolge *Rechtskrafterstreckung* oder *Gestaltungswirkung* (insoweit ist der Wortlaut des § 69 nach allg. M. zu eng). 18.30

Der streitgenössische NI wird trotz der umfassend scheinenden Formulierung in § 69 nur in *einzelnen* Beziehungen als Partei behandelt, er bleibt „Dritter", ihm kann nichts zugesprochen werden, er kann auch nicht verurteilt werden (ausgenommen in die Kosten, § 101 II). Es ist eine der Streitgenossenschaft nur *angenäherte* Rechtsstellung, die ihm weitergehende Rechte als dem einfachen NI gibt, damit er sich gegen die drohende Rechtskraftwirkung aus dem Hauptprozess besser schützen kann. Zur Rechtsstellung näher unten.

Fälle des § 69 sind insbes. (Zöller § 69, 2, 3): 18.31
(1) **Rechtskraftwirkung:** §§ 128, 129 HGB (klausurrelevant! s. Beispiel unten). §§ 407 II, 408. 613a BGB (dem vom Arbeitnehmer mit Kündigungsschutzklage verklagten Betriebsveräußerer tritt als streitgenössischer NI der Betriebserwerber bei: BAG DB 2011, 2441). §§ 115 I Nr. 1, 124 I VVG (der Haftpflichtversicherer tritt seinem verklagten Versicherungsnehmer als streitgenössischer NI bei, wichtig insbes. bei Verdacht der Unfallmanipulation, um kollusivem Verhalten der Unfallparteien entgegenzuwirken: BGH NJW-RR 2012, 233. Die nur einseitige Rechtskrafterstreckung – nur bei Klage*abweisung* (§ 124 I VVG) – genügt, da der NI seine Rechte als streitgenössischer schon im laufenden Prozess wahrnehmen können muss und nicht das Urteil abwarten kann, ob es zu einseitiger Rechtskrafterstreckung (§ 124 I VVG) führt, oder nicht, BGH a.a.O.). Hinweis: Beide wären allerdings nicht proz. notw. Streitgenossen, s. Rn. **15.**06 zu (3).

18.32 (2) **Gestaltungswirkung:** §§ 2342, 2344 BGB (Erbunwürdigkeitsklage); §§ 117, 127, 133, 140 HGB. Da diese handelsrechtlichen Gestaltungsklagen den „Antrag der übrigen Gesellschafter" voraussetzen, also Zwang zu gemeinsamer Klageerhebung besteht (Fälle der materiellrechtlich notwendigen Streitgenossenschaft, s. Rn. **15.**10), kommt hier die bloße NI eines Gesellschafters nur in Sonderfällen vor. Möglich und häufig ist insoweit aber folgende Klagehäufung: Klage des A auf Ausschließung (etc.) des C und auf Zustimmung dazu gegen B (worüber gleichzeitig entschieden werden muss); B kann dem C als streitgenössischer NI beitreten (BGHZ 68, 81, 83, 85; Baumbach-Hopt § 117, 7; § 140, 20).

Die Rechtsstellung des streitgenössischen NI:

18.33
- Die Rechtsmittel- u. Rechtsbehelfsfristen (Einspruch, § 339; Berufung u. Berufungsbegründung, §§ 517, 520 II, etc.) laufen für ihn gesondert je nach Zustellung an *ihn,* also unabhängig von der Hauptpartei. Examensrelevant also insbes. Fälle, in denen nach dem Beitritt ein VU, oder ein Endurteil gegen die unterstützte Partei ergangen ist.
- Er darf Einspruch, Berufung etc., ebenso auch Angriffs- und Verteidigungsmittel (z.B. teure oder zeitaufwendige Beweismittel) auch *gegen* den Widerspruch der Hauptpartei einlegen bzw. geltend machen (ThP § 69, 6).
- Er ist wegen der Verweisung in § 69 auf § 61 als Partei zu vernehmen (§§ 445 ff.), nicht als Zeuge.
- Er kann (anders als der einfache NI) auch in die Kosten verurteilt werden, § 101 II mit § 100 I, II, III.
- Die Ausnahme in § 265 II S. 3 – Ausschluss des § 69 trotz Rechtskrafterstreckung gem. § 325 I – beruht nur darauf, dass nach § 265 II S. 2 dem Beklagten nicht gegen dessen Willen eine neue Partei aufgedrängt werden kann, was nicht durch Zulassung der parteiähnlichen streitgenössischen NI umgangen werden solle.

Beispiel: Gesellschafter G ist zur Abwehr seiner drohenden Haftung gem. §§ 128, 129 HGB der auf Zahlung von € 100 000,– verklagten OHG B als NI beigetreten. Hat die Klage Erfolg, lautet der Tenor:

ENDURTEIL

I. Die Beklagte *(nur sie, nicht auch der NI)* wird verurteilt, an den Kläger € 100 000,– zu zahlen.

II. Die Kosten des Rechtsstreits tragen die Beklagte und der NI je zu ½ *(§§ 101 II, 100 I).*

III. Das Urteil ist gegen Sicherheitsleistung in Höhe von 110% des jeweils beizutreibenden Betrags vorläufig vollstreckbar *(§ 709 S. 2).*

Anm. zu I: Der streitgenössische NI ist nicht wirklich Partei und Streitgenosse, sondern „Dritter", er kann in der Hauptsache nicht verurteilt werden, ihm kann auch nichts zugesprochen werden.

Anm. zu II: *Kostenrechtlich* aber wird der streitgenössische NI gem. § 101 II uneingeschränkt einem Streitgenossen gleichgestellt (BGH NJW-RR 2010, 1476, Tz. 9). Daher hier bei Unterliegen der unterstützten Partei Kostentragung nach Kopfteilen, §§ 100 I, 101 II (ThP § 101, 9).

Beachte: Der Grundsatz der Kostenparallelität nach § 101 I (oben Rn. **18.**15) gilt ausdrücklich *nicht* für den streitgenössischen NI (BGH NJW-RR 07, 1577; 12, 1476).

§ 19 Die Streitverkündung, §§ 72–77

Knöringer, JuS 07, 335: Die Streitverkündung. Eine fallorientierte Darstellung mit einem erläuterten Mustertext für einen Streitverkündungsschriftsatz.

19.01 Die Streitverkündung ist die **förmliche Benachrichtigung** („verkünden") eines Dritten von einem anhängigen Prozess (sog. Vorprozess) durch eine Partei (ThP § 72, 1).

1. Zweck und Wirkungen:

- **prozessual: §§ 74 III, 68 (Interventionswirkung).**
Diese tritt entweder durch den nach Streitverkündigung erfolgten Beitritt als NI ein (§§ 74 I, 71 III, 68), oder mangels Beitritts durch die Streitverkündung, dann gemessen am Prozessstand zurzeit des möglichen Beitritts (§ 74 III, ThP § 74, 4). Der Beitritt dient also dazu, dem Prozess nicht tatenlos zuzusehen. **19.02**

Die Interventionswirkung tritt nur zu Gunsten des Verkünders ein, nicht zu dessen Lasten, s. Rn. **18.26**.

Grenze aber: keine Bindung, soweit der Dritte nach § 67 gehindert war oder gewesen wäre (z. B. wegen Widerspruchs zur Hauptpartei), seinen Standpunkt zur Geltung zu bringen, BGH NJW 82, 282 (zu II 2a, b); 87, 1266 (zu I 1a); vgl. oben Rn. **18.27**.
Die Streitverkündung ist nach h. M. auch im selbstständigen Beweisverfahren (§§ 485 ff.) zulässig (ThP § 72, 3). Sie hat zur Folge, dass dem Streitverkündeten das Ergebnis der Beweisaufnahme analog § 68 in einem nachfolgenden Prozess entgegengehalten werden kann, ferner hemmt sie die Verjährung, § 204 I Nr. 6 BGB.

- **materiellrechtlich:**
Hemmung der Verjährung gem. § 204 I Nr. 6 BGB und zwar bei „demnächstiger" Zustellung schon mit Eingang der zuzustellenden (§ 73 S. 3) Streitverkündungsschrift, § 167 (BGH NJW 2010, 856). Allerdings tritt die Hemmung nur bei einer *zulässigen* Streitverkündung ein und zwar unabhängig davon, ob ein Beitritt erfolgt ist oder nicht (BGHZ 175, 1, Rn. 14; Ausnahme zu oben Rn. **18.25**). Die Hemmung endet 6 Monate nach rechtskräftigem Abschluss oder sonstiger Beendigung des Verfahrens (z. B. durch Vergleich, § 91a, Klagerücknahme), § 204 II BGB. Dies ist bedeutsam insbesondere für die Erhaltung der Mängelrechte beim Kaufvertrag (§ 438 BGB, zu beachten aber die Ablaufhemmung für den Rückgriffsanspruch beim Verbrauchsgüterkauf, § 479 BGB) und beim Werkvertrag (§ 634a BGB). Dies auch, wenn der Verkünder im Vorprozess obsiegt (BGHZ 36, 212; Zöller § 74, 8). Beachte: Auch bei einer Klagerücknahme bleibt die Verjährungshemmung gemäß § 204 II BGB bestehen, da § 204 II BGB eine materiellrechtliche Ausnahme ist zur Grundregel (Rückwirkung) des § 269 III S. 1 (Palandt § 204, 33; ThP § 269, 13). **19.03**

2. Voraussetzungen

Für die Prüfung der Zulässigkeitsvoraussetzungen der Streitverkündung ist danach zu differenzieren, ob ein Beitritt als NI erfolgt ist, oder nicht (dazu oben Rn. **18.25**). Abgesehen von der Verjährungshemmung werden die Zulässigkeitsvoraussetzungen nur bei fehlendem Beitritt und **erst im Folgeprozess (§ 68!) geprüft** (BGHZ 188, 193). Dort erst muss auch **in TB und E-Gründen** auf die jetzt wichtigen Fakten der Streitverkündung eingegangen werden. Im Vorprozess dagegen wird, wenn kein Beitritt erfolgt, auf die Streitverkündung nirgends, auch nicht in der Prozessgeschichte des TB, eingegangen (für den Vorprozess bedeutungslos! s. § 74 II). **19.04**

Die Voraussetzungen sind (ThP § 73, 1, § 72, 4):

- **Formgerecht wirksame Vornahme, § 73** **19.05**
Inhalt: Knöringer, JuS 07, 335 (mit Mustertext); ThP § 73, 2. Bei Verstoß ggfls. § 295 I im Folgeprozess (s. Rn. **18.28**; BGH NJW 76, 293). Wirksam **erst mit Zustellung** an den Streitverkündeten, § 73 S. 3.

19.06 – **Zulässigkeit, § 72,** insbesondere Vorliegen eines **Streitverkündungsgrundes**. Dieser kann – bezogen auf einen künftigen Folgeprozess – die Sicherung von Ansprüchen gegen Dritte (§ 72 I 1. Alt.), oder die Abwehr drohender Drittansprüche (§ 72 I 2. Alt.) bezwecken. Hier ist die Streitverkündung dazu bestimmt, verschiedene Beurteilungen desselben Tatbestandes zu verhindern, indem es den Verkünder über die Bindungswirkung gemäß §§ 74, 68 (Interventionswirkung) **davor bewahrt,** dass er sowohl im laufenden Vorprozess wie im künftigen Folgeprozess, also **in** *beiden* **Prozessen, verliert, obwohl er zumindest** *einen* **gewinnen müsste** (BGHZ 116, 100). Zur Kontrolle kann man fragen: Droht dem Verkünder ohne die Streitverkündung doppelter Prozessverlust? Das Unterlassen der Streitverkündung kann zur Anwaltshaftung führen!

Ob ein Streitverkündungsgrund vorliegt, beurteilt sich aus der (noch ungewissen) Perspektive der Vornahme der Streitverkündung („berechtigte Annahme"), nicht danach, ob der Verkünder mit seiner Prognose über den Ausgang des Vorprozesses recht behält, seine Befürchtung also begründet ist oder nicht (BGHZ 65, 131). Ohne Belang ist daher, wie der Vorprozess dann tatsächlich ausgeht (ThP § 72, 6).

19.07 **Beispiele** für Streitverkündungsgründe:
(1) Streitverkündung zur Sicherung von Ansprüchen gegen Dritte, § 72 I 1. Alt.
Nach allg. Meinung ist der Wortlaut des § 72 zu eng und eher beispielhaft zu verstehen. Entscheidend ist, dass der Anspruch des Streitverkünders, dessentwegen die Streitverkündung erfolgt, mit dem im laufenden Erstprozess geltend gemachten Anspruch in einem Verhältnis wechselseitiger Ausschließung, also einem **Alternativverhältnis,** auch aus tatsächlichen Gründen (BGH NJW 15, 560 Tz. 15 ff.), steht: der Anspruch besteht entweder im Vorprozess, oder gegen den Dritten im Folgeprozess. Die Streitverkündung soll sicherstellen, dass er wegen solcher materiellrechtlicher Abhängigkeit der Ansprüche jedenfalls in *einem* Prozess obsiegt. Näheres und Erörterung der Hauptbeispiele s. Knöringer JuS 07, 336 ff. Hier daher nur Kurzbeispiele:

(a) Rückgriffsansprüche der verklagten Partei gegen einen Dritten auf *Gewährleistung* wegen Sach- oder Rechtsmängeln: BGB §§ 437, 453 (Kauf); 523, 524 (Schenkung); 536, 536a, 581 II (Miete, Pacht); 634 (Werkvertrag); 651 (Werklieferungsvertrag); 377, HGB. Zöller § 72, 6.

Beispiel: Pkw-Händler V wird von K auf Rückzahlung des Kaufpreises für einen neuen Pkw wegen ursprünglicher Mängel verklagt (§§ 437 Nr. 2, 323, 346 I BGB) und verkündet seinem Lieferanten, dem Herstellerwerk H den Streit. Alternativverhältnis: Liegt der Mangel vor, dann haftet V dem K, hat dann aber einen Rückgriffsanspruch gegen H. Die Ansprüche schließen sich gegenseitig aus.

(b) Zu den Ansprüchen auf „*Schadloshaltung*" gehören nicht nur Rückgriffsansprüche (z. B. des verklagten Bürgen gegen den Hauptschuldner, § 774 BGB), sondern (wichtig!) auch Ansprüche gegen Dritte, die anstelle des Beklagten *alternativ* als Schuldner (aus demselben oder einem anderen RGrund) in Betracht kommen, BGHZ 100, 259; ThP § 72, 7; Zöller § 72, 9. Beispiele: Zulässig Schadenersatzklage des Bauherrn gegen einen Handwerker, daneben Streitverkündung gegen den Architekten, falls die Schäden ausschließlich Folgen mangelhafter Architektenleistung sein sollten, BGHZ 100, 259. Streitverkündung zulässig, wenn alternativ die Vertragspartnerschaft des Vertretenen (§ 164 I BGB) oder des Vertreters (§ 164 II BGB) in Betracht kommt, BGH NJW 82, 281.

Beispiel: Die Bank B hat eine Gewährleistungsbürgschaft auf **erstes Anfordern** (lies: Palandt 14 vor § 765) für den Bauunternehmer U übernommen und wird daraus in Anspruch genommen. Sie muss zahlen, obwohl sie und U die Verantwortung des U für Mängel heftig bestreiten. Bei einer Bürgschaft auf erstes Anfordern sind viele Einwendungen zunächst ausgeschlossen und auf den Rückforderungsprozess aus § 812 I BGB verwiesen, weshalb hier für den Bürgen gilt: „Erst zahlen, dann aus § 812 I BGB prozessieren" (BGH NJW 94, 380, 382 a. E.). Erst im Rückforderungsprozess der B gegen G aus § 812 I BGB ist der umstrittene Gewährleistungsfall zu

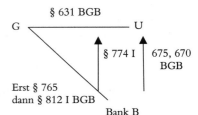

klären (Hinweis: Beweislast für den Rechtsgrund jetzt beim Gläubiger G in Umkehr der Regel bei § 812 BGB! Palandt 14b vor § 765). Hier nun wird B unbedingt eine Streitverkündung gegenüber U erklären, der jede Gewährleistungspflicht verneint, um nicht sowohl den jetzigen Rückforderungsprozess gegen G, als auch den Regressprozess gegen U aus §§ 774 I, 634 Nr. 4 BGB und §§ 675, 670 BGB (dazu: Palandt § 774, 2 ff.), also beide Prozesse zu verlieren, obwohl er zumindest einen gewinnen müsste.

(2) Streitverkündung zur Abwehr drohender Drittansprüche, § 72 I 2. Alt.

Den *Anspruch eines Dritten zu befürchten* (§ 72 2. Alt.) hat die Partei, wenn sie ihm für den Ausgang des Prozesses haftbar ist. Das ist z.B. der Fall, wenn der Streitverkünder deshalb einem Dritten haften könnte, weil er einen Prozess über ein fremdes Recht führt, sei es im eigenen Interesse (Pfandgläubiger, Überweisungsgläubiger, § 835) oder im fremden Interesse (z.B. als Kommissionär, Frachtführer, Spediteur). Hier soll die Streitverkündung die Partei über §§ 68, 74 davor bewahren, dass sie in *beiden* Prozessen unterliegt, obwohl sie zumindest *einen* gewinnen müsste (BGHZ 116, 95; Zöller § 72, 9).

3. Reaktion des Dritten auf die Streitverkündung

– **Er bleibt untätig:** Die Interventionswirkung trifft ihn gem. §§ 74 III, 68 ab dem Zeitpunkt des *möglichen* Beitritts (einige Tage nach Zustellung, ThP § 74, 4). 19.08

– **Er tritt dem Verkünder bei:** Stellung jetzt (im Vorprozess) wie NI, § 74 I. Im Folgeprozess (Streitverkünder/beigetretener Dritter) wird bei Anwendung der Interventionswirkung (§ 68) nicht geprüft, ob die Streitverkündung zulässig war: dies ist überholt durch den *tatsächlichen* Beitritt, ThP § 68, 3.

– **Er tritt dem Gegner des Verkünders bei:** Dies hat einen doppelten Effekt, denn die Interventionswirkung tritt gegenüber *beiden* Hauptparteien ein: im Verhältnis zum Streitverkünder wirkt er wie ein unterlassener Beitritt (§§ 74 III, 68), im Verhältnis zum Gegner tritt sie normal durch den Beitritt ein, § 68 (BGHZ 85, 255; ThP § 74, 1).

– **Er will beitreten, aber die NI wird zurückgewiesen** (§ 71 I): Die Interventionswirkung über § 74 III tritt nicht ein, da der Streitverkündete keine Einflussmöglichkeiten auf das Verfahren hatte, arg. Art. 103 I GG (Zöller § 74, 3; ThP § 68, 3).

§ 20 Das Versäumnisverfahren

Zu unterscheiden sind **3 Verfahrensabschnitte:**

- Der **Erlass** eines VU: Voraussetzungen und Entscheidung (echtes/unechtes VU).
  Dazu unten I.

- Der **Einspruch:**   Seine Voraussetzungen (§ 341) und Wirkung (§ 342), sowie das weitere Verfahren, insbes. die abschließende Entscheidung im Normalfall (§ 343) und die Verspätungspräklusion.
  Dazu unten II.

- Sonderfall: **Säumnis im Einspruchstermin: § 345.**   **Dazu unten III.**

I. Der Erlass eines VU

1. Die Voraussetzungen, §§ 330, 331

Sie sind für ein VU gegen den Kläger (§ 330) und gegen den Beklagten (§ 331) dieselben, mit 2 Ausnahmen: **Für das VU gegen den Kläger gelten nicht:**

§ 335 I Nr. 3 sowie das Erfordernis der **Schlüssigkeit**. Dies vorab bedacht, kann durchgegliedert werden:

20.01 (1) **Prozessantrag** der anwesenden Partei auf Erlass eines VU

Beim VU gegen den Beklagten: Der anwesende Kläger muss erstens den *Sach*antrag aus der Klageschrift stellen, zweitens den in § 331 geforderten *Prozess*antrag, darüber durch VU zu entscheiden (geschieht in der Praxis i. d. R. uno actu mit dem so auszulegenden Antrag, „gegen den Bekl. VU zu erlassen"). Beim VU gegen den Kläger: Klageabweisungsantrag (nach h. M. Prozessantrag) u. Prozessantrag gem. § 330 auf VU. Unterbleibt dies: § 251a, also i. d. R. Ruhen. Vertagung nur bei „erheblichen" Gründen, §§ 251a III, 227.

20.02 (2) **Termin** zur notwendigen **mündlichen Verhandlung** vor dem Prozessgericht, der ordnungsgemäß angeordnet worden sein muss:

Beachte: Es muss sich um einen Termin gerade zur „mündlichen Verhandlung" handeln. „Mündliche Verhandlung" und Beweisaufnahme sind 2 grundverschiedene Elemente des Verfahrens. Im Stadium der Beweisaufnahme kann kein VU ergehen! Der Termin zur Beweisaufnahme ist erst *nach* vollständiger Durchführung der Beweisaufnahme, also erst nach Erschöpfung des Beweisbeschlusses, zur Fortsetzung der mündlichen Verhandlung bestimmt: § 370 I. Dazu näher Rn. **20.**17 ff.

20.03 (3) **Säumnis**

Eine Partei ist säumig, wenn sie in einem ordnungsgemäß angeordneten Verhandlungstermin nach Aufruf (§ 220 I) **nicht erscheint oder nicht verhandelt (§ 333)**.

Also:

– **Nicht erscheint:**

Anwaltsprozess (§ 78): es kommt nur auf das Auftreten eines RA an. Die anwesende, aber postulationsunfähige Partei ist säumig, wenn sie ohne RA erscheint. Parteiprozess: §§ 79, 157.
Die Säumnis wird aber abgewendet, wenn ein notwendiger Streitgenosse (§ 62) oder ein Streithelfer (§ 67) erscheint und verhandelt (er muss seinerseits durch RA vertreten sein im Anwaltsprozess!) ThP 5; Zöller 4 vor § 330.

– **Nicht verhandelt, § 333:**

Gemeint ist **völliges** Nichtverhandeln, bei nur **unvollständigem** Verhandeln hingegen gilt **§ 334** (z. B. hinsichtlich einzelner Tatsachenbehauptungen des Gegners wird eine Stellungnahme „mangels Information durch den Mandanten" vorerst verweigert: Keine Säumnis, sondern Geständnisfiktion gem. § 138 III, IV oder freie Würdigung der Unterlassung gem. § 286, Verspätungspräklusion gem. § 296 für nachgereichten Vortrag). Hingegen **Teil-VU** möglich bei Nichtverhandeln zu selbstständigem Teil (i. S. v. § 301), ThP 1; Zöller 3 zu § 333.
Verhandeln i. S. v. § 333 setzt im 1. Termin beim Kläger die Stellung des Klageantrags, beim Beklagten die Stellung des Klageabweisungsantrags (zumindest aber ein Vorbringen, dass er sich gegen die Verurteilung wende) voraus, **§§ 137 I, 297** (h. M., BAG NJW 03, 1548). In den Folgeterminen müssen die einmal gestellten Anträge wegen der Einheit der mündlichen Verhandlung nicht wiederholt werden, hier genügt bloße Erörterung der Sache (Zöller § 333, 1), s. Rn. **24.**08.
Lag Verhandeln, insbes. samt Antragstellung zu Beginn des Termins vor, führt vorzeitiges Verlassen desselben (z. B. Terminskollision) nicht mehr zur Säumnis (BGHZ 63, 94; ThP 1; Zöller 1 zu § 333; siehe auch unten Rn. **20.**26 Beispiel (1)).

– **Verschulden?**

Verschulden ist **keine Erlassvoraussetzung** und daher weder vom Gericht zu prüfen, noch vom Antragsteller vorzutragen oder gar zu beweisen.
Nichtverschulden aber ist Erlasshindernis gem. § 337, also vom Gericht bei Kenntnis v. A. w. zu beachten, es führt selbst bei Unkenntnis des Gerichts zum ungesetzlichen VU (BGH NJW 04, 2309, 2311; RGZ 166, 246).
Die Frage etwaigen Verschuldens ist im Prüfungsschema also zweckmäßigerweise *nach* der (bejahten) Säumnis unter eigenem Gliederungspunkt „Erlasshindernis" abzuhandeln, siehe sogleich (4).

(4) **Kein Erlasshindernis gemäß § 337 darf bestehen** 20.04
§ 337 S. 1 stellt die *unverschuldete* der *fehlenden* Säumnis gleich. Dabei kommt es unabhängig von einer Kenntnis des Gerichts nur auf die **objektive Lage** an, also nur auf die Tatsache einer unverschuldeten Verhinderung, BGH NJW 04, 2309, 2310: „Der Erlass des VU verstößt gegen § 337 S. 1. Die Säumnis des Bekl. ist unverschuldet. Dabei kommt es nicht darauf an, ob das fehlende Verschulden des Bekl. am Erscheinen für das Gericht erkennbar war. Maßgeblich ist allein die objektive Rechtslage." (ThP § 337, 4; § 344, 5; Musielak 2; Zöller 4 zu § 337).

§ 337 S. 1 zieht insoweit nur die situationsbedingt nächstliegende Konsequenz aus der objektiven Lage: nämlich bei *Kenntnis* des Gerichts („dafürhalten") muss es (zur Vermeidung einer Gesetzwidrigkeit) vertagen, mangels Kenntnis wird es das VU zwar erlassen, aber es ist gesetzwidrig, was sich erst nach Erlass des VU zeigt und mit **2 Konsequenzen** auswirkt: **§ 344** und **§ 514 II**. Handelt es sich nämlich um ein technisch erstes VU, dürfen nach Einspruch die „Säumniskosten" nicht dem vermeintlich Säumigen gem. **§ 344** auferlegt werden, weil das VU nicht „in gesetzlicher Weise ergangen ist"; handelt es sich um ein technisch 2. VU (§ 345), so kann mit der auf die Frage der Säumnis beschränkten Berufung gem. **§ 514 II** erfolgreich (Beweislast beim Berufungskläger, ThP § 514, 4) geltend gemacht werden, dass wegen unverschuldeter Terminsversäumung ein Fall der Säumnis nicht vorgelegen habe (ThP a. a. O.).

Allerdings ist der Verschuldensbegriff nach h.M. auch an der gesetzlichen Wunschvorstellung einer tunlichst erfolgenden Vertagung orientiert. **Nichtverschulden liegt nur vor, wenn** die Partei alles ihr Mögliche und Zumutbare getan hat, um dem Gericht durch rechtzeitige Mitteilung die Möglichkeit zu einer Vertagung zu geben (BGH NJW 09, 687; ThP § 337, 3).

Wird gem. § 337 vertagt, so ist der „Säumige" zum neuen Termin zu laden, wo er durch Verhandeln die **Säumnisfolgen abwenden** kann (h. M., ThP 4; BL 19; StJ 12 zu § 337). Erscheint er nicht, so wird das VU auf Grund der *neuen* Verhandlung, nicht des früheren Termins erlassen (StJ, BL a. a. O.).

Voraussetzungen des § 337:
Für Praxis und Klausur wichtig ist vor allem, wann eine „unverschuldete Verhinderung" am Erscheinen vorliegt. § 337 gilt auch beim 2. VU (§ 345), BGH NJW 98, 3125.

Unverschuldetes Fernbleiben wird z. B. angenommen, wenn über den PKH-Antrag der (anwaltlich nicht vertretenen, str.) Partei erst *im* Termin entschieden oder der Antrag zu knapp vor dem Termin abgewiesen wird (ThP § 337, 3), sowie bei verzögertem Aufruf, wenn der erschienene RA wegen anderer Termine nicht länger warten kann (Zöller 4 vor § 330: über 1 Stunde, Müko-ZPO § 337, 5: 30 Minuten; a. A. ThP § 514, 4: es kann und muss Vertagung beantragt werden).

Verschuldet hingegen ist ein Fernbleiben in der Annahme, dem Vertagungsantrag werde schon stattgegeben werden. BGH NJW 82, 888: da hätte der Antragsteller bei Gericht nachfragen müssen.

Von besonderer Bedeutung sind folgende 2 Fälle:

Beispiel 1: Verkehrsstau, Krankheit 20.05
RA K, der zur Wahrnehmung eines Gerichtstermins rechtzeitig mit dem Auto losgefahren ist, gerät in einen unerwarteten Verkehrsstau, weshalb er erst 30 Minuten nach dem Termin im Gerichtssaal erscheint. Inzwischen war gegen seine Partei nach Ablauf der ortsüblichen Wartezeit von 15 Minuten und telefonischer Androhung ein Versäumnisurteil ergangen. Von der Möglichkeit, das Gericht über das mitgeführte Handy zu unterrichten, hatte er während des Staus keinen Gebrauch gemacht. Erging das VU gesetzmäßig, § 344?

Der *fehlenden* Säumnis stellt § 337 die *unverschuldete* gleich. Die Verschuldensfrage ist nach den gleichen Maßstäben zu beurteilen, wie bei der Wiedereinsetzung in den vorigen Stand (§ 233), BGH NJW 09, 687; 99, 2120 (zur insoweit gleichen Situation bei §§ 345, 514 II); StJ § 337, 3. Verschulden des Vertreters steht dem der Partei gleich (§§ 85 II, 51 II), sodass auf beide zu achten ist. Die Darlegungs- und **Beweislast** für fehlende bzw. unverschuldete Säumnis trifft die säumige Partei (BGH NJW 99, 2121; ThP § 514, 4).
Hier ist zwar der Verhinderungsgrund (Verkehrsstau) unverschuldet (anders, wenn K zu spät losgefahren wäre). Schuldhafte Säumnis liegt aber nach h. M. auch dann vor, wenn die Partei bzw. ihr RA (§ 85 II) nicht das Mögliche und Zumutbare getan hat, um durch rechtzeitige Mitteilung (Telefon, Handy) dem Gericht die Möglichkeit zu einer Vertagung zu geben. Nur wenn solche Mitteilung nicht möglich oder nicht zumutbar ist (kein Handy parat, keine Möglichkeit, das Auto abzustellen und Telefonzelle aufzusuchen), genügt für § 337 das objektive Vorliegen des als solchen unverschuldeten Verhinderungsgrundes (BGH NJW 09, 687; 07, 2047, Tz. 17; 06, 448; KG MDR 99, 185; Zöller § 514, 9; § 337, 3; ThP 3; Musielak 6; StJ 11 zu § 337).
Hier hat K die Säumnis verschuldet, da er über das mitgeführte Handy dem Gericht die Möglichkeit zu einer Vertagung (z. B. um 1 Std.) hätte geben können; das Gericht wäre bei einer solchen rechtzeitigen Mitteilung verpflichtet gewesen, angemessen zuzuwarten (BGH NJW 99, 724; ThP § 337, 3). Das VU ist also gesetzmäßig ergangen.
KG MDR 99, 185: wegen plötzlicher Schmerzen am Terminstag konnte der RA die Beinprothese zunächst nicht anlegen und daher die Anreise zum Gericht erst verspätet antreten. Er verständigte jedoch das Gericht nicht, wie es ihm über sein Funktelefon bereits bei Auftreten des Hindernisses möglich und zumutbar gewesen ist, von zu Hause aus, sondern erst auf dem Weg zum Gericht, weshalb dieses erst nach Erlass des VU verständigt wurde. Das KG bejahte ein Verschulden des RA und damit der Partei (§ 85 II).

20.06 Beispiel 2: Berufsordnungswidrige Beantragung eines VU
Im Termin vom 3. 5. erscheint nur der RA K des Klägers, während der RA B des Beklagten den Termin übersehen hat und in seinem Büro unweit des Gerichtsgebäudes sitzt. K beantragt nach einer Wartezeit von 15 Minuten ein VU, von einer vorherigen telefonischen Androhung bei B sieht K ab, nachdem ihm das Gericht mitgeteilt hat, für den Fall einer Vertagung komme ein neuer Termin erst Ende Oktober in Betracht.
Die Frage, ob anwaltliche Berufspflicht oder wenigstens ständige Übung (örtlicher Anwaltsbrauch) für ein Nichtverschulden i. S. v. § 337 überhaupt berücksichtigt werden darf, ist strittig und nach dem derzeitigen Stand der Meinungen eher zu verneinen:
(1) Anwaltliche Berufspflicht: § 13 BerufsO v. 11.3.97 bestimmte: „Der RA darf bei anwaltlicher Vertretung der Gegenseite ein VU nur erwirken, wenn er dies zuvor dem Gegenanwalt angekündigt hat; wenn es die Interessen des Mandanten erfordern, darf er den Antrag ohne Ankündigung stellen." Mit nachfolgender Meinung 1 wäre die Relevanz für § 337 zu bejahen, nach Meinung 2 zu verneinen. Das kann aber dahinstehen, da es derzeit keine rechtlich geregelte Berufspflicht hierzu gibt, da § 13 BerufsO wegen fehlender Ermächtigungsgrundlage zum Eingreifen in Art. 12 GG für nichtig erklärt worden ist, BVerfG NJW 00, 347.
(2) Ständige Übung. Relevanz für § 337 strittig:
(a) Meinung 1 (BGH):
Nach der Rspr. des BGH (NJW 99, 2122 m. w. N.) kann es das Verschulden i. S. v. § 337 ausschließen, wenn nach einem örtlichen Anwaltsbrauch die ständige Übung besteht, gegen eine durch RA vertretene Partei nicht vor Ablauf von 15 Minuten und nur nach telefonischer Rückfrage im Büro des Gegenanwalts ein VU zu beantragen und wenn ein RA unter Verstoß gegen diese Übung ein VU erwirkt. Eine solche Übung sei freilich nicht erheblich, wenn den Interessen des vertretenen Mandanten der Vorrang vor kollegialer Rücksichtnahme gebührt (so hier).
(b) Meinung 2 (h. M. in der Lit.):
§ 337 setze eine „Verhinderung" voraus, bevor es zu einer Verschuldensprüfung kommen könne. Bereits an solcher Verhinderung aber fehle es, wenn der RA nur im Vertrauen darauf nicht erscheine, man werde kein VU erwirken ohne vorherigen Anruf (Müko-ZPO 17; Musielak 4 zu § 337). Die Interessen des Mandanten des anwesenden RA hätten in aller Regel Vorrang vor kollegialer Rücksichtnahme (Zöller 12 vor § 330; BL § 337, 10). Gewohnheitsrechtlich verfestigt sei lediglich die Wartezeit von 15 Minuten, die auch sonst in Wirtschaft und Gesellschaft anerkannt sei (MükoZPO § 337, 21). Diese Auffassung halte ich für zutreffend, da für den säumigen RA kein das Verschulden ausschließender Vertrauenstatbestand besteht, es werde kein VU ergehen ohne vorherigen Anruf in der Kanzlei etc., da er

I. Der Erlass eines VU 221

immer mit vorrangiger Interessenwahrnehmung des anwesenden RA rechnen muss, die nach allg. M. (auch BGH NJW 99, 2122) eine vorherige Androhung entbehrlich macht.
Danach muss hier das Gericht auch ohne Interessenabwägung ein VU gegen B erlassen, da kein Erlasshindernis gem. § 337 vorliegt.

(5) Kein Erlasshindernis nach § 335 darf bestehen

In allen 4 Fällen des § 335 ist ein VU unzulässig, der Prozessantrag darauf durch Beschluss zurückzuweisen (dagegen sofortige Beschwerde, § 336; Frist ab Verkündung, § 569 I).

- **§ 335 I Nr. 1**   20.07
  Betrifft von den v. A. w. zu beachtenden Voraussetzungen eines VU **nur die behebbaren Mängel,** die der Anwesende also noch beseitigen kann und will (ThP § 335, 2).

  Beispiel: Rüge der Vollmacht, § 88 I, II, sofern deren Existenz und umgehende Vorlage versprochen wird.
  Stehen die Mängel hingegen **endgültig** fest (z. B. fehlende Parteifähigkeit), ist die Sache schon **entscheidungsreif** und es muss **unechtes VU** auf Klageabweisung ergehen, bei Unzuständigkeit ggfls. Verweisungsbeschluss, §§ 281, 506 (ThP § 335, 2).

- **§ 335 I Nr. 2**   20.08
  Die Ladung ist nur **ordnungsgemäß,** wenn sie die **Belehrungen** gemäß § 215 I (sowie in Anwaltsprozessen auch die des § 215 II) enthält. Fehlen diese, ist ein VU wegen § 335 I Nr. 2 unzulässig (ThP § 215, 2).
  Die Ladung muss **fristgerecht** (§§ 217, 604 II) sein. Bei Einleitung des Verfahrens tritt an die Stelle der Ladungsfrist die 2-wöchige Einlassungsfrist § 274 III.

- **§ 335 I Nr. 3**   20.09
  (a) Gilt **nicht bei Säumnis des Klägers (§ 330):**

  Gegen den Kläger bedarf es im Säumnisfall weder eines Sachantrags noch eines Tatsachenvortrags zur Klagabweisung, es **genügt der Prozessantrag** gem. § 330 (ThP § 335, 4). Grund: Säumnisstrafe ist bei § 330 die Unbegründetheitsfiktion. Diese Fiktion tritt allein durch Säumnis des Klägers ein, gleichgültig, ob und was der Beklagte vorgetragen hat.

  Beispiel: Der Beklagte hat sich in der Klageerwiderungsfrist überhaupt nicht geäußert. Erst im frühen ersten Termin übergibt er dem Gericht den Klageerwiderungsschriftsatz, der auch den Klageabweisungsantrag enthält. Ist der Kläger säumig, so ergeht auf Antrag des B gegen ihn VU nach § 330. § 335 I Nr. 3 greift hier nicht ein.

  (b) Bei **Säumnis des Beklagten (§ 331):**

  Rechtzeitig: §§ 132, 274 III. Nicht: § 282 (ThP § 335, 5). § 335 I Nr. 3 erfasst nur:
  Anträge: Nur Sachanträge (Begriff: ThP § 297, 1; BL § 297, 1), z. B. Klageantrag, nachträgliche Klagehäufung (z. B. durch Zwischenfeststellungsklage, § 256 II), klageauswechselnde Klageänderung, Klageerhöhung.
  Tatsächliches Vorbringen: nur das zur Begründung des Sachantrags nötige, also **nur die Tatsachen, die von der Geständnisfiktion des § 331 I erfasst werden** (ThP § 335, 4). Nicht darunter fallen daher (= ihr Vortrag erst im Säumnistermin hindert also nicht Erlass eines VU): Rechtsansichten sowie Tatsachen, die dem anwesenden Kläger *ungünstig* sind, StJ § 335, 13 (z. B.: K teilt im Säumnistermin mit, B habe sich außergerichtlich auf Verjährung berufen, aber aus folgenden rechtlichen Gründen zu Unrecht …) und schließlich Tatsachen, die völlig neben der Sache liegen: sie alle sind nicht Teil der „Geständnisfiktion" (§ 331 I), vor der sich B nach der ratio des § 335 I Nr. 3 durch rechtzeitige Mitteilung schützen können soll. Ein dem Kläger ungünstiger Vortrag kann aber die Schlüssigkeit zu Fall bringen und daher gem. § 331 II zum abweisenden unechten VU führen, Rn. 20.11, 20.13.

20.10 **(6) Zulässigkeit der Klage**
Da das VU ein Sachurteil ist, müssen die Sachurteilsvoraussetzungen vorliegen, andernfalls ergeht Prozessurteil als unechtes VU (Zöller 10, 11 vor § 330).

20.11 **(7) Schlüssigkeit der Klage** (nur bei VU gegen den **Beklagten**)
Schlüssig heißt: das tatsächliche Vorbringen des Klägers – seine Wahrheit einmal unterstellt – rechtfertigt den Klageantrag.

Das ist dann der Fall, wenn der Kläger

– zu den Voraussetzungen der Anspruchsgrundlage die „**anspruchsbegründenden Tatsachen**" vorträgt
– sich dieses Ergebnis **nicht** dadurch wieder selbst zunichte macht, dass er von sich aus **ungünstigen Parteivortrag** aufstellt zu Belangen, für die eigentlich **der Beklagte** die Darlegungslast hat („Eigentor" des Klägers) nämlich dazu, dass der Anspruch entweder doch nicht entstanden ist (rechtshindernde Einwendung, z. B. § 138 BGB) oder wieder erloschen ist (rechtsvernichtende Einwendung, z. B. §§ 362, 275 BGB) oder wegen außerprozessual erhobener Einreden (rechtshemmende, z. B. §§ 214, 273 BGB) nicht durchsetzbar ist (ThP § 331, 5; 41–44 vor § 253). Näheres und Beispiele: unten Rn. **29.**11; **29.**13.

Beim VU **gegen den säumigen Kläger (§ 330)** gibt es diese Voraussetzung (Schlüssigkeit) nicht, da dieses VU ohne jede Sachprüfung ergeht. Allein schon auf Grund der Säumnis gilt die Klage als unbegründet: Unbegründetheitsfiktion als Säumnisstrafe.

(8) Zurückweisung des Antrags
Liegt keine Säumnis vor oder besteht ein Erlasshindernis nach § 335, ist der Antrag auf Erlass eines VU durch beschwerdefähigen Beschluss (§ 336 I) zurückzuweisen. Im Falle eines Erlasshindernisses nach § 337 ergeht ein Vertagungsbeschluss, der einer Zurückweisung des Antrags gleichkommt und daher gleichfalls nach § 336 I beschwerdefähig ist.

Im Beschwerdeverfahren ist der Gegner nicht zu beteiligen. Ist die sofortige Beschwerde (§§ 567ff.) erfolgreich, ergeht kein VU durch das Beschwerdegericht, sondern es ist neuer Termin vor dem Ausgangsgericht zur Nachholung des dort erneut zu beantragenden VU zu bestimmen, zu dem der Gegner nicht zu laden ist (§ 336 I 2). Erscheint dieser aber gleichwohl, wendet er nach hM durch Verhandeln ein VU ab (ThP § 336, 1; § 337, 4; Zöller § 337, 3).

2. Die Entscheidung: echtes oder unechtes VU

20.12 **Echtes VU:** Das ist nur ein solches, das **wegen** der Säumnis **gegen** den **Säumigen** ergeht (Säumnisstrafe).

(ThP 11; Zöller 10 vor § 330) Es ist ein echtes Sachurteil, daher auch der formellen und materiellen Rechtskraft fähig (BGHZ 35, 338). Besonderheiten gegenüber dem normalen Endurteil: anfechtbar als erstes VU nur mit Einspruch, § 338 (beim 2. VU stark eingeschränkte Berufung, § 514 II), ohne TB und E-Gründe (§ 313b), Vollstreckbarkeitsausspruch § 708 Nr. 2 (ohne Sicherh. und ohne Abwendungsbefugnis gem. § 711), Zustellung nur an unterlegene Partei (= Säumigen), § 317 I, an beide aber bei VU im schriftlichen Vorverfahren, da hier die Verkündung durch die Zustellung ersetzt wird, § 310 III. Maßgebend ist dann für die Einspruchsfrist die *letzte* Zustellung (z. B. bei VU gegen mehrere Beklagte), ThP § 310, 3.

Rechtsbehelfsbelehrung (§ 232). Sie muss bei jedem VU erfolgen, auch in Verfahren mit RA-Zwang (§ 232 S. 2). Da das echte VU keine Entscheidungsgründe enthält (§ 313b), kann sie nicht wie sonst am Ende der Entscheidungsgründe erfolgen, sondern steht als eigener Text *nach* dem Tenor und *vor* der Unterschrift des Richters.

Die Belehrung kann etwa lauten: „Gegen diese Entscheidung kann binnen 2 Wochen ab ihrer Zustellung Einspruch eingelegt werden *(§§ 338, 339)*. Der Einspruch muss schriftlich *(§ 340 I)* über einen Rechtsanwalt *(§ 78 I,* falls Verfahren mit RA-Zwang) erfolgen, an dieses Gericht (vollständige Adresse, ThP § 232, 6) gerichtet sein und die Bezeichnung dieser Entscheidung sowie die Erklärung enthalten, dass hiergegen Einspruch eingelegt werde *(§ 340 II)*.

Fehlen oder Fehlerhaftigkeit der Belehrung hindert – anders als beim VU im Arbeitsgerichtsprozess (§ 59 ArbGG, vgl. Grunsky ArbGG, 8. Aufl. § 59, 10) – nicht den Beginn der Einspruchsfrist, sondern führt ggfls. zur Wiedereinsetzung, § 233 S. 2 (näheres unten Rn. 20.32 ff.).

Unechtes VU: Das ist ein im Säumnistermin ergehendes **streitiges Endurteil** gegen 20.13
den Kläger **auf Klageabweisung**
- bei Säumnis des **Beklagten:** wenn die Klage unzulässig oder unschlüssig ist, § 331 II. Es ergeht also nicht gegen den Säumigen, sondern gegen den Anwesenden.
- bei Säumnis des **Klägers:** wenn die Klage unzulässig ist. Es ergeht also zwar gegen den Säumigen, aber nicht wegen der Säumnis, sondern wegen fehlender Prozessvoraussetzungen.

Die Klageabweisung durch unechtes VU setzt in beiden Fällen voraus, dass der Kläger zuvor Gelegenheit hatte, zu den Bedenken gegen seine Klage (Unzulässigkeit; i. F. § 331 II auch: Unschlüssigkeit) Stellung zu nehmen auf Grund Hinweises des Gegners (Schriftsatz) oder des Gerichts (§ 139 II, der das Verbot von Überraschungsentscheidungen konkretisiert, ThP § 139, 15 ff.) Konsequenz aus dem Gebot rechtlichen Gehörs, Art. 103 I GG (BGH NJW-RR 86, 1041; BL 13; ThP 12; Zöller 11, je vor § 330).

Als normales streitiges Endurteil kann es nur mit **Berufung** (Revision) angefochten werden, für den **Vollstreckungsausspruch** gilt nicht § 708 Nr. 2, sondern es gelten §§ 708 Nr. 11, 711 oder 709. Die Bezeichnung „unechtes VU" soll sagen, dass es zwar im Säumnistermin ergeht (diese Anknüpfung ist wichtig, denn die Säumnissituation enthält in §§ 330, 331 die gesetzliche Rechtfertigung, dass ohne zweiseitige kontradiktorische Verhandlung, also in Einschränkung des Mündlichkeitsgrundsatzes in § 128 I, bereits auf Grund einer einseitigen mündlichen Verhandlung eine Endentscheidung ergehen darf), aber kein Versäumnisurteil ist, weil es nicht als Säumnisstrafe ergeht, sondern als normale Reaktion auf eine unzulässige bzw. unschlüssige Klage.

Im Einzelnen und zur Tenorierung (1. Instanz):

a) Säumig ist der Kläger 20.14

Beispiel 1: echtes VU, § 330. K macht € 20 000,– geltend. Im 1. Termin ist er säumig, der Beklagte stellt über seinen RA Prozessantrag auf VU. Ist die Klage zulässig, so ergeht echtes VU gem. § 330 gegen K (ohne Schlüssigkeitsprüfung!):

> VERSÄUMNISURTEIL (= § 313b I S. 2)
> I. Die Klage wird abgewiesen.
> II. Der Kläger trägt die Kosten des Rechtsstreits *(= § 91)*
> III. Das Urteil ist vorläufig vollstreckbar *(= § 708 Nr. 2)*

Beispiel 2: echtes oder **unechtes VU.** Ist in Beispiel 1 die Klage über € 20 000,– unzulässig, so ergeht grds. unechtes VU (Prozessurteil). Soweit allerdings der anwesende Beklagte durch Rügeverzicht oder rügelose Einlassung (§§ 39, 295) den Mangel heilen kann, hat er die Wahl:

(a) Will B ein **echtes VU,** weil das ein **Sachurteil** ist und er gerade an dessen Rechtskraftumfang interessiert ist, so muss er das Vorliegen der Sachurteilsvoraussetzungen darlegen und beweisen (das muss bei v. A. w. zu berücksichtigenden Prozessvoraussetzungen immer der, der ein ihm günstiges

Sachurteil begehrt, ThP 13 vor § 253). Ggfls. kann er den Mangel heilen durch Nichtrüge gem. §§ 295, 39. Ist z. B. die Klage vor dem unzuständigen Gericht erhoben, so tritt Heilung gem. § 39 ein, wenn B klagabweisendes VU beantragt, ohne die Unzuständigkeit zu rügen (was er aber später i. F. eines Einspruchs wegen § 342 noch nachholen kann), ThP § 330, 3; § 342, 2. Es ergeht dann echtes VU gem. § 330 ohne TB und E-Gründe, § 313b.

(b) Will oder kann das B nicht, ergeht **Prozessurteil als unechtes VU** (das als streitiges Endurteil normal TB und E-Gründe enthalten muss):

ENDURTEIL

I. Die Klage wird abgewiesen.
II. Der Kläger trägt die Kosten des Rechtsstreits. *(§ 91)*
III. Das Urteil ist vorläufig vollstreckbar gegen Sicherheitsleistung in Höhe von 110% des jeweils zu vollstreckenden Betrags *(§ 709 S. 2)*.

Der RA des B erhält neben der Verfahrensgebühr nur eine halbe Terminsgebühr gem. RVG VV 3105 (die aber nach Einspruch und Wahrnehmung des Einspruchstermins auf die dort anfallende Terminsgebühr angerechnet wird, Zöller § 344, 2 und oben Rn. **18**.20 a. E.).

20.15 b) Säumig ist der Beklagte

Beispiel 1: echtes VU, § 331. Es ergeht, wenn die Voraussetzungen oben 1 vorliegen, insbesondere auch die Klage zulässig und schlüssig ist. Bei Klage über € 20 000,– also

VERSÄUMNISURTEIL (= § 313b I S. 2)

I. Der Beklagte wird verurteilt, an den Kläger € 20 000,– zu zahlen.
II. Der Beklagte trägt die Kosten des Rechtsstreits *(= § 91)*.
III. Das Urteil ist vorläufig vollstreckbar *(= § 708 Nr. 2)*.

Es ergeht ohne TB und E-Gründe, § 313b. Der Umfang der RKraft ist dann unter Zuhilfenahme der Klageschrift zu bestimmen (BGH NJW 72, 2269).

Beispiel 2: unechtes VU. Es ergeht, wenn zwar die allgemeinen Säumnisvoraussetzungen vorliegen (sonst Ablehnung oder Vertagung), aber die Klage nicht zulässig oder nicht schlüssig ist, § 331 II Hs. 2. **Endurteil** dann wie soeben a) zu Beispiel 2 (b).

Beispiel 3: teils echtes, teils unechtes VU, § 331 II. K klagt auf Zahlung von € 20 000,–. B ist säumig. K beantragt VU. Die Klage ist zulässig, aber nur in Höhe von € 12 000,– schlüssig.

(TEIL-)VERSÄUMNIS- UND ENDURTEIL

I. Der Beklagte wird verurteilt, an den Kläger € 12 000,– zu zahlen (= echtes VU gem. § 331. Dagegen Einspruch). Im Übrigen wird die Klage abgewiesen (= unechtes VU über € 8000,–. Dagegen Berufung).
II. Von den Kosten des Rechtsstreits trägt der Kläger ²/₅, der Beklagte ³/₅.
III. Das Urteil ist vorläufig vollstreckbar, für den Kläger ohne Sicherheitsleistung *(= § 708 Nr. 2)*. Der Kläger kann die Vollstreckung (= aus Ziffer II) abwenden durch Sicherheitsleistung in Höhe von € 470,–, wenn nicht der Beklagte vor der Vollstreckung in gleicher Höhe Sicherheit leistet *(= §§ 708 Nr. 11, 711 S. 1; alternativ: § 711 S. 2)*.

Anmerkungen:

(1) **Urteilsüberschrift:** Sie muss wegen der unterschiedlichen Anfechtungsmöglichkeiten klarstellen, dass beides vorliegt: VU und normales streitiges Endurteil.

(2) **RBehelfe gegen das Urteil:** B kann gegen das echte VU (€ 12 000,–) nur Einspruch einlegen, K nur Berufung gegen das unechte VU (€ 8000,–), ThP § 331, 9. Zweckmäßigerweise setzt das Berufungsgericht das Verfahren analog § 148 aus bis zur Entscheidung über den Einspruch.

(3) **TB und E-Gründe:** Soweit unechtes VU ergeht (€ 8000,– Abweisung), müssen TB und E-Gründe gefertigt werden. § 313b I gilt nicht für das unechte VU (Zöller § 313b, 1). Soweit echtes VU ergeht (€ 12 000,–) wären an sich gem. § 313b I TB und E-Gründe entbehrlich. Das würde praktisch zu einer teilweisen Auslassung aus einem i. d. R. doch einheitlichen Parteivortrag und Streitgegenstand führen, was die Verständlichkeit beeinträchtigen wird. Daher empfiehlt sich m. E., den durch echtes VU erledigten Teil (€ 12 000,–) in TB und E-Gründen abgekürzt – aber immerhin – mitzubehandeln, z. B. wie folgt:

(a) **TB:** Er enthält, da wegen Säumnis des B kein Antrag des B und kein streitiges Beklagtenvorbringen zu berichten ist, nur den Klägervortrag in Behauptungsform mit dem Klageantrag, sodann folgt – statt Beklagtenstation – die Prozessgeschichte zur Säumnis und abschließend der Säumnisantrag des K.

(b) **E-Gründe:** Sie enthalten zwei Teile: **Ziff. I** betrifft das echte VU mit der Beschränkung auf den zur Klarstellung gebotenen Satz: „Hinsichtlich eines Teilbetrages von € 12 000,– erwies sich die Klage als begründet, da der diesbezügliche schlüssige Klägervortrag infolge Säumnis des B als zugestanden gilt, § 331 I. Evtl. weiter: Der Beklagte war zum Verhandlungstermin ordnungsgemäß geladen und ist nach Aufruf nicht erschienen, der Kläger hat Antrag auf Erlass eines VU gestellt."
Danach **Ziff. II:** ausführliche Darlegung zum unechten VU, dass die Klage „im Übrigen" (€ 8000,–) erfolglos, weil unschlüssig ist.
Rechtsbehelfsbelehrung (§ 232 S. 2): Nur erforderlich, soweit ein VU erging, also Einspruch, soweit Verurteilung zu € 12 000,– erfolgte (Rn. 20.12).

3. Sonderfall 1: Säumnis in einem späteren Verhandlungstermin, § 332

Der Säumnisfall in einem Folgetermin ist so zu behandeln, als wäre es Säumnis im allerersten Termin. Das erklärt sich aus dem Grundsatz der Gleichwertigkeit aller Termine: wer in *einem* der Termine säumig ist, ist in *der* mündlichen Verhandlung (die ja eine Einheit bildet) säumig (vgl. ThP § 332, 1). **20.16**

Wenn damit zwar der Grundsatz der Einheit der mündl. Verhandlung im Sinne der *Gleichwertigkeit* der Termine erhalten bleibt, so wird andererseits der Grundsatz der Einheit im Sinne einer *Fortwirkung* aller Prozessergebnisse, Prozesshandlungen etc. durchbrochen: Da der Säumnisfall in einem der Folgetermine zu behandeln ist wie Säumnis im allerersten Termin, so **entfallen** damit **für das VU alle** seit dem 1. Termin **gewonnenen Prozessergebnisse,** wie bisheriges Bestreiten des jetzt Säumigen, Beweisergebnisse, Anerkenntnisse, Geständnisse etc. Das VU im Folgetermin kann daher im vollen Widerspruch stehen zu den bereits gewonnenen Prozessergebnissen! (Zöller 1; ThP 1 zu § 332).

Beispiele:
Ist der **Kläger** in einem der Folgetermine säumig, so kann wegen § 332 abweisendes VU gemäß § 330 selbst dann ergehen, wenn sich im bisherigen Prozessverlauf alle Behauptungen des Klägers als richtig erwiesen haben.
Ist der **Beklagte** in einem der weiteren Termine säumig, so ergeht wegen § 332 bei Schlüssigkeit der Klage (§ 331) ein dieser stattgebendes VU gemäß § 331, selbst wenn nach den bisherigen Prozessergebnissen alle Behauptungen des Klägers widerlegt sind. Es kommt – als wäre es der 1. Termin – allein auf den Vortrag des *Klägers* an!
Ausnahme: Fortwirkung behalten bereits ergangene End- und Zwischenurteile wegen § 318 (Sonderfall aber Grundurteil, vgl. Zöller § 332, 1) sowie schon eingetretene Heilung von Zuständigkeits- und Verfahrensmängeln gemäß §§ 39, 295 (vgl. Zöller a. a. O.; ThP § 332, 1).

4. Sonderfall 2: Die Säumnis im Beweistermin, §§ 367, 370

Beweisaufnahme und Verhandlung der Parteien sind 2 verschiedene Elemente des Verfahrens:
Die Beweisaufnahme unterbricht die mündliche Verhandlung: die Durchführung des Beweisverfahrens ist ein besonders gearteter Prozessabschnitt, die Erledigung des Beweisbeschlusses erfolgt von Amts wegen, daher auch bei Nichterscheinen der Parteien (§ 367), BL 5 vor § 355; StJ § 367, 1. Den Parteien ist demzufolge auch lediglich „gestattet", der Beweisaufnahme beizuwohnen, § 357 I, nicht aber ist deren **20.17**

Anwesenheit (wohl aber Benachrichtigung) Voraussetzung zur Durchführung der Beweisaufnahme, weshalb bei ihrem Nichterscheinen auch nicht von „Säumnis" gesprochen werden kann, BL § 367, 4.

20.18 **Solange die Beweisaufnahme andauert** liegt kein Termin zur „mündlichen Verhandlung" vor, wie ihn ein VU aber erfordert (Wortlaut der §§ 330, 331!), ein VU ist solange unzulässig, § 367 I (ThP § 370, 2; BL § 367, 5).

Die mündliche Verhandlung wird also *nach* **der Beweisaufnahme fortgesetzt,** was auch erforderlich ist, damit das Ergebnis der Beweisaufnahme im Urteil auch verwertet werden kann, § 285 I (ThP § 285, 1).

Übersicht:

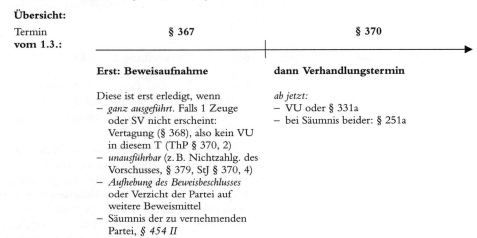

20.19 § 370 I bestimmt nun, dass jeder Beweistermin kraft Gesetzes zugleich ein Termin zur Fortsetzung der mündlichen Verhandlung, also anschließend an die Beweisaufnahme ein Verhandlungstermin ist: ab jetzt ist auch ein VU möglich.

Vorausgesetzt ist dabei aber, dass die Beweisaufnahme auch wirklich erledigt (Begriff: ThP § 370, 2) und nicht Vertagung (§ 368) nötig ist, denn erst mit der „Erledigung" der Beweisaufnahme **beginnt** (wieder) die streitige mündliche Verhandlung (ThP § 370, 2; BL § 370, 5).

Beispiel: Nach streitiger Verhandlung im frühen ersten Termin ergeht Beweisbeschluss, wonach auf Antrag des Beklagten 2 Zeugen zu vernehmen sind, Haupttermin wird zugleich bestimmt. In diesem (ordnungsgemäß verkündeten – Ladung dazu entbehrlich, § 218) Haupttermin erscheinen nur der Kläger K mit RA und die beiden Zeugen. Für den Beklagten B erscheint niemand.
Wie ist zu verfahren?
(1) **Erst muss die Beweisaufnahme durchgeführt werden, auch bei Nichterscheinen** des B (oder gar beider Parteien), § 367 (Zöller § 367, 1). Die Anwesenheit der Parteien ist also nicht Voraussetzung für die Durchführung der Beweisaufnahme, sie haben nur ein Anwesenheits*recht*, § 357 I (BL § 367, 5), von dessen Ausübung sie auch freiwillig absehen können (StJ § 370, 7). Es müssen also zunächst die 2 erschienenen Zeugen vernommen werden.
(2) **Nach dieser Beweisaufnahme** findet im gleichen Termin sofort streitige mündliche Verhandlung statt, § 370 I. K kann jetzt (erstmals) wählen:

(a) K beantragt **VU:** Es ergeht, soweit die Klage schlüssig ist, § 331. Dabei bleiben alle gewonnenen Beweisergebnisse unbeachtet: Der jetzt (nach Beweisaufnahme) vorliegende Verhandlungstermin wird gemäß § 332 der Säumnis im allerersten Termin gleichgestellt, wonach es nur auf die Schlüssigkeit der Klage ankommt. ThP § 370, 3. Siehe oben Rn. **20.16**.

Ausnahme: eine Behauptung des K hat sich durch die Beweisaufnahme als *bewusst unwahr* herausgestellt. Derartiges ist nach h. M. nicht geständnisfähig, weder i. S. v. § 288 noch kraft Fiktion gem. § 331 (ThP §§ 370, 3; 288, 7, Zöller, § 370, 1).

(b) **K beantragt Entscheidung nach Aktenlage, § 331a:** Da frühere mdl. Verhandlung stattgefunden hat, kann streitiges Endurteil ergehen, §§ 331a S. 2, 251a II. **Dieses berücksichtigt voll das soeben gewonnene Beweisergebnis** (StJ § 370, 7). Haben z.B. die beiden Zeugen glaubhaft gegen K ausgesagt, wird die Klage abgewiesen (hätte K dagegen ein VU beantragt, wäre per VU der Klage stattgegeben worden, ein Grund, nach ungünstiger Beweisaufnahme nur ein VU zu beantragen).

(3) Sind **beide Parteien säumig** im Haupttermin: Auch hier kann und muss das Gericht in Abwesenheit der Parteien zunächst die Beweisaufnahme durchführen, also die 2 Zeugen vernehmen, § 367 I (Zöller, § 367, 1). Danach kann es nach § 251a verfahren: Entscheidung nach Aktenlage (dabei Berücksichtigung der Zeugenaussagen!) oder Anordnung des Ruhens, nur u. U. (= § 227) Vertagung.

II. Der Einspruch und das weitere Verfahren

1. Das Prüfungsschema

20.20 Für den Klausuraufbau wichtig ist, sich die Bedeutung der §§ 341 I, 342 sofort klarzumachen. Nur § 341 I öffnet die Tür zu weiterer Prüfung!

Ist der **Einspruch unzulässig,** bewendet es bei dem VU, die Instanz ist beendet: der Einspruch wird verworfen, § 341 I S. 2.

Es kommt also nicht mehr zur Prüfung von Zulässigkeit und Begründetheit der Klage.

Ist der **Einspruch zulässig,** so wird durch ihn gem. § 342 der Prozess zurückversetzt in die Lage vor Eintritt der Säumnis: in *diesem* Stadium waren und sind nun wieder zu prüfen: Zulässigkeit und Begründetheit der *Klage,* nicht des Einspruchs, da wegen § 342 kein Rechtsmittel! **Falsch** daher zu gliedern und zu schreiben: I. ... II. *Begründetheit des Einspruchs.*

Das **Prüfungsschema** und ebenso der **Aufbau der Entscheidungsgründe** ist demnach **3-teilig:**

I. **Die Zulässigkeit des Einspruchs, § 341 I**

1. An sich **statthaft:** § 338
   Also nur bei *echtem* VU, was also schon hier zu prüfen ist. Bei inkorrektem (z. B. falsch bezeichnetem): Meistbegünstigungstheorie, unten Rn. 20.23.

2. **Form:** § 340 I und II
   340 III hingegen enthält keine Zulässigkeitsvoraussetzung und ist an dieser Stelle noch gar nicht zu prüfen, sondern erst unter der „Begründetheit der Klage" (unten III). Der Säumige muss die Einspruchsfrist nutzen, um als Beklagter die Klageerwiderung bzw. als Kläger die Klagebegründung zu ergänzen zur Vermeidung einer sonst drohenden Präklusion gem. § 296 I.

3. **Frist:** § 339.
   Berechnung: § 222 i. V. m. BGB §§ 187 I, 188 II. Notfrist, daher Wiedereinsetzung möglich, §§ 233 ff. Im arbeitsgerichtlichen Verfahren: nur 1 Woche, §§ 59, 64 VII ArbGG.
   Fehlen oder Fehlerhaftigkeit der Belehrungen nach § 232 und § 340 III 4 berühren in der ZPO nicht die Wirksamkeit der Zustellung des VU und den Lauf der Einspruchsfrist. Beide sind bzgl. der Folgen zu unterscheiden:

   § 232: Bei Fehlen/Fehlerhaftigkeit der Belehrung ggfls. Wiedereinsetzung in die versäumte Einspruchsfrist (Näheres unten Rn. 20.32). Bei § 59 ArbGG aber kein Fristbeginn (insoweit ergebnisgleich mit dem hier aber unanwendbaren § 9 V ArbGG, Grunsky ArbGG § 59, 10).

   § 340 III S. 4: Fehlen/Fehlerhaftigkeit der Belehrung verhindert nur eine Präklusion verspäteten Vorbringens (§ 296 I) im Einspruchstermin (ThP 8; Zöller 12 zu § 340).

4. **Zwischenergebnis:**
   Ist der Einspruch *zulässig,* empfiehlt es sich, *überzuleiten mit einem Hinweis auf § 342:* Die Rückversetzung ermöglicht jetzt wieder Prüfung von Zulässigkeit und Begründetheit der Klage.

Falls Einspruch **unzulässig:**

Verwerfung, § 341 I 2
stets durch Endurteil, auch ohne mündliche Verhandlung, § 341 II. Dagegen Berufung § 511.

Falls Einspruch **zulässig:** ▼

II. **Die Zulässigkeit der Klage** (nach *jetzigem* Stand)

II. Der Einspruch und das weitere Verfahren

III. **Die Begründetheit der Klage** (nach *jetzigem* Stand)
Beachte: Maßgebend ist für Zulässigkeit und Begründetheit der *Zeitpunkt der jetzigen* abschließenden Entscheidung (§ 343), es können Unzulässigkeitsgründe geheilt oder dazugekommen sein, Fallenlassen von Bestreiten, Beweisaufnahme, Aufrechnung, Klageänderung etc. muss berücksichtigt werden.
Denn die Rückversetzung gem. § 342 ermöglicht voll den Wiedereintritt in das durch VU zunächst abgeschlossene und entschiedene Verfahren. Die Rückversetzung *klammert nur den Säumnistermin aus* (die von der anwesenden Partei dort vorgenommenen Prozesshandlungen wie z. B. §§ 39, 267 werden wirkungslos, ThP § 342, 2), übrigbleibt davon *nur* das VU, das weiterbesteht und aus dem auch vollstreckt werden kann (ggf. § 719).

§ 343
Ratio des § 343: Es existiert schon ein Vollstreckungstitel (VU). Also:
– **entweder aufrechterhalten** (nicht erneut verurteilen, da sonst doppelte Vollstreckung möglich wäre, häufiger Klausurfehler!)
– **oder aufheben** und über die Klage anderweit entscheiden.

★★★★

Im Folgenden nun die Hauptprobleme des Verfahrens nach Einspruch, sowie die Tenorierungsfragen:

2. Der Einspruch ist zulässig

Herausgegriffen sei der Hauptfall, dass das **VU gegen den säumigen Beklagten** erging, gleichzubehandeln der Fall, dass gegen ihn ein Vollstreckungsbescheid (§ 700 I) erging. Hierzu **3 Tenorierungsfälle, § 343**: 20.21

(1) **Klage voll erfolgreich:**   ENDURTEIL

       I. Das VU (der VB) des ... vom ... wird aufrechterhalten (§ 343).
      II. Der Beklagte trägt auch die *weiteren* Kosten des Rechtsstreits (§ 91)
     III. Vollstreckungsausspruch: vgl. oben Rn. **4.14**, also bei
         – Hauptsache über € 1250,–: § 709 S. 1, 2 + § 709 S. 3
         – Hauptsache unter € 1250,–: §§ 708 Nr. 11, 711 bzw. § 713

Anmerkung zu Ziff. III:
§ 709 S. 3 gilt nur, wenn erstens das VU *aufrecht erhalten* wird und es zweitens – gedacht als streitiges Urteil – unter § 709 S. 1, 2 fallen würde (also nicht unter § 708 Nr. 11). In diesem Fall ist in die Formel zunächst aufzunehmen, was nach § 709 S. 1, 2 auszusprechen ist (ThP § 709, 6). Dann erst tritt die Ergänzung gemäß § 709 S. 3 hinzu. Zur Tenorierung siehe Rn. **4.14**. Andernfalls gilt der normale Vollstreckungsausspruch gemäß §§ 708 Nr. 11, 711 S. 1, 2 (oben Rn. **4.14**).

(2) **Klage voll erfolglos:**   ENDURTEIL
z. B. Klage über € 3000,–.
       I. Das VU (der VB) des AG ... vom ... wird aufgehoben und die Klage abgewiesen.
      II. Der Kläger trägt die Kosten des Rechtsstreits (= § 91) mit Ausnahme der im Termin vom ... (durch den Erlass des VB bedingten), die der Beklagte trägt. (= *§ 344*: zwingende Kostentrennung!)

III. Das Urteil ist vorläufig vollstreckbar *(§ 708 Nr. 11).*
Der Kläger kann die Vollstreckung aus Ziff. II (Anm.: €
650,–), der Beklagte sie wegen der Kosten gem. § 344
(Anm.: hier vorgeschlagene Pauschale von € 50,–) abwenden durch Sicherheitsleistung in Höhe von 110% des
vollstreckbaren Betrags, wenn nicht die Gegenseite vor
der Vollstreckung Sicherheit leistet in Höhe von 110%
des jeweils zu vollstreckenden Betrags *(§ 711 S. 2; alternativ S. 1 mit genauer Bezifferung der Sicherheit).*
(Beachte: § 709 S. 3 findet bei Aufhebung des VU/VB keine Anwendung s. Rn. 4.14).

Anm. zu III und § 344: Zu den abtrennbaren Kosten des Säumnistermins i. S. v. § 344 gehört nicht die 0,5 RA-Gebühr des anwesenden RA aus VV 3105, da diese auf die im nachfolgenden Einspruchstermin anfallende Terminsgebühr aus VV 3104 wegen § 15 II S. 1 RVG angerechnet wird (Zöller § 341, 14; § 344, 2). Es verbleiben als abtrennbare Säumniskosten solche der Terminswahrnehmung, z. B. Reisekosten der Partei und des RA, Verdienstausfall der Partei, ThP § 91, 15, 16; Zöller § 344, 2. Sofern solche besonderen Kosten noch nicht aktenkundig sind, wird man bei bezifferter Tenorierung gem. § 711 S. 1 bzw § 709 S. 1 hierfür eine Pauschale von € 50,– bis 100,– ansetzen.

Sonderfall: bei vorangegangenem VB (er entspricht einem VU, § 700 I) ist für diesen die zusätzliche 0,5 Gebühr aus VV 3308 angefallen, die – weil *Verfahrensgebühr* – nicht auf die nachfolgend im Einspruchstermin anfallende Terminsgebühr angerechnet wird, also zusätzlich angefallen bleibt und damit zu den gem. § 344 abtrennbaren Kosten zählt (Zöller § 344, 2).

(3) **Klage nur teilweise erfolgreich:**

Beachte: Keine (etwa zur Klarstellung) erfolgende Vollaufhebung des VU (VB) und Neuformulierung, da sonst der Rang einer darauf gestützten Vollstreckungsmaßnahme verloren ginge (§§ 775 Nr. 1, 776, ThP § 343, 3)

ENDURTEIL

I. Das VU (der VB) des ... (z. B. über € 12000,–) wird aufrecht erhalten, soweit der Beklagte verurteilt wurde, an den Kläger € 10000,– zu zahlen. Im Übrigen wird das VU (der VB) aufgehoben und die Klage abgewiesen.

II. Die durch die Säumnis des Beklagten (den Erlass des VB) bedingten Kosten trägt der Beklagte (= *344*). Im Übrigen trägt der Kläger ⅙, der Beklagte ⅚ von den Kosten des Rechtsstreits (= *§ 92 I*).

III. Das Urteil ist vorläufig vollstreckbar, für den Kläger jedoch nur gegen SL in Höhe von 110% des jeweils zu vollstreckenden Betrags *(§ 709 S. 2).* Insoweit darf die Vollstreckung nur fortgesetzt werden, wenn diese Sicherheit geleistet ist *(§ 709 S. 3).* Der Kläger kann die Vollstreckung aus Ziff. II abwenden durch Sicherheitsleistung in Höhe von 110% des aus Ziff. II gegen ihn vollstreckbaren Betrags, wenn nicht der Beklagte vor der Vollstreckung Sicherheit leistet in Höhe von 110% des jeweils zu vollstreckenden Betrags *(§§ 708 Nr. 11, 711 S. 2).*

Anmerkung zu Ziff. III:
Da das VU (VB) teilweise **aufrecht erhalten** wird **und** die jetzt noch mögliche Vollstreckung daraus die Grenze von §§ 708 Nr. 11 (€ 1250,–) übersteigt, gilt insoweit **§ 709 S. 3**.

3. Der Einspruch ist unzulässig

20.22 Die Voraussetzungen eines zulässigen Einspruchs (§ 341 I: statthaft, Form, Frist) sind in jeder Lage des Verfahrens v. A. w. zu prüfen und beachten. Das Ergebnis bei unzulässigem Einspruch ist in allen Fällen dasselbe: **der Einspruch wird verworfen, § 341 I S. 2,** mag das erst festgestellt werden im Einspruchstermin (selbst bei Säumnis), nach einer Verweisung (§§ 281, 506), oder erst im Berufungsverfahren.

Beispiel 1: Säumnis im Einspruchstermin
Gegen B erging VU über € 4000,–, zugestellt an B am Montag, dem 1. 2. Nach Einspruch des B vom Dienstag, 16. 2., wird Termin gem. § 341a auf 1. 3. bestimmt. Dort ist B säumig. K beantragt Einspruchsverwerfung durch 2. VU gem. § 345. Nach § 341 I hat das Gericht in jeder Lage, also auch im jetzigen Säumnistermin v. A. w. zu prüfen, ob der Einspruch zulässig ist. Hier ist er **1 Tag verspätet,** also unzulässig. Das Gericht *muss* also den Einspruch jetzt verwerfen, ungeachtet der (erneuten) Säumnis des B. Eine Sachprüfung findet nicht mehr statt. Nach **h. M.** ist diese Verwerfung ein unechtes VU, also ein **streitiges Endurteil** (= dagegen Berufung), BGH NJW 95, 1561; ThP § 341, 5; Zöller § 341, 9; a. A. BL § 341, 9 (echtes VU).

ENDURTEIL
I. Der Einspruch des Beklagten gegen das VU vom ... wird als unzulässig verworfen.
II. Der Beklagte trägt auch die weiteren Kosten des Rechtsstreits
   (= analog § 97 I, ThP § 341, 5)
III. Das Urteil ist vorläufig vollstreckbar *(= § 708 Nr. 3)*.

Beispiel 2: Die erst in der Berufung bemerkte Unzulässigkeit
Gegen B ergeht ein der Klage voll stattgebendes VU über € 9000,– (§ 331). Der Einspruch des B ist verspätet, was aber übersehen wird. Im Einspruchstermin ergeht nach streitiger Verhandlung Urteil gem. § 343 dahin, dass das VU nur in Höhe von € 3000,– aufrechterhalten und die Klage im Übrigen abgewiesen werde. Dagegen Berufung von K und B zum OLG (zulässig, da wirksames Endurteil vorliegt). Dieses muss das Endurteil auch darauf prüfen, ob es *überhaupt* noch hat ergehen dürfen, der Einspruch also zulässig war (BGH NJW-RR 07, 1363). Hier wird es die Unzulässigkeit des Einspruchs feststellen und daher entscheiden (vgl. Zöller § 341, 6):

ENDURTEIL
I. Auf die Berufungen beider Parteien wird das Endurteil des LG ... vom ... aufgehoben.
II. Der Einspruch des Bekl. gegen das VU des LG ... vom ... wird verworfen *(= § 341)*.
III. Der Beklagte trägt auch die weiteren Kosten des Rechtsstreits *(= analog § 97 I)*.
IV. §§ 708 Nr. 10, 711 (bzw. hier derzeit: § 713 wegen § 26 Nr. 8 EGZPO).

4. Inkorrekte Entscheidung im Säumnistermin: „Meistbegünstigungs-Grundsatz"

Problematisch und umstritten ist, welches Rechtsmittel statthaft ist, wenn das Gericht   20.23
eine **verfahrensrechtlich inkorrekte** Entscheidung erlassen hat. Inkorrekte Entscheidungen sind entweder ihrer Art nach zweifelhafte (z. B. erging *echtes* oder *unechtes* VU?) oder ihrer Art nach falsche (z. B. Beschluss statt Urteil).
Nicht hiermit gemeint ist das **inhaltlich** unrichtige Urteil („Fehlurteil", z. B. Verkennung der Beweislast).

Die Problematik stellt sich allgemein, nicht nur im Säumnisverfahren und wird daher in der Kommentarlit. in den Vorbem. vor den Rechtsmitteln, also vor § 511 behandelt: ThP 6 ff.; Zöller 29 ff.; BL 27 ff.; StJ 37 ff.; Musielak 31 ff. je vor § 511.

Fallgruppe 1: Das seiner Art nach zweifelhafte, weil falsch oder irreführend be-   20.24
zeichnete Urteil.
Beispiel: Der Kläger ist säumig. Der Bekl. beantragt VU gem. § 330. Die Klage ist, worauf das Gericht hingewiesen hatte (s. Rn. **20.**13), unzulässig. Das Gericht erlässt ein mit „Versäumnisurteil" überschriebenes klageabweisendes Urteil. In den E-Gründen heißt es u. a.: die Klage sei wegen der Säumnis des K abzuweisen, § 330, aber auch schon deshalb, weil sie mangels Prozessführungsbefugnis des K unzulässig sei, denn (wird ausgeführt).
Die Entscheidung ist verfahrensrechtlich inkorrekt, weil ihrer Art nach zweifelhaft: echtes VU (so die Überschrift u. der erste Teil der E-Gründe), oder unechtes VU (so der übrige Teil der E-Gründe)?
Zur Anfechtung inkorrekter Entscheidungen gibt es 3 Meinungen (von denen die beiden ersten heute kaum noch vertreten werden), vgl. BL Grdz. 27 vor § 511; StJ 40, 41 vor § 511.

(1) Die **subj. Theorie** (z. B. RGZ 143, 170, 173 a. E.): Maßgebend sei, was das Gericht erlassen wollte (aber das ist oft nicht verlässlich feststellbar, darf auch der Partei sonst zustehende RMittel nicht abschneiden). Dann hier evtl.: Gewollt ist echtes VU gem. § 330, zulässig daher (nur) der Einspruch.

(2) Die **obj. Theorie:** Maßgebend sei, welche Art der Entsch. obj. bei verfahrensrechtl. korrekter Behandlung hätte erlassen werden müssen (aber dann müssen die Parteien rechtskundiger sein, als das Gericht). Dann hier: unechtes VU, zulässig daher (nur) die Berufung.

(3) **H. M.: Grundsatz der Meistbegünstigung.**
BGHZ 40, 267; 73, 87; 98, 364; NJW 99, 583; 97, 1448; 94, 665; NJW-RR 95, 379, 380; ThP 6 ff.; Zöller 30; BL 28; Müko-ZPO 80 ff. vor § 511; RoSG § 134, 11.

BGHZ 73, 89: „Eine Partei darf durch ein unrichtiges Verfahren des Gerichts keinen Nachteil in ihren prozessualen Rechten erleiden. Bei verfahrensfehlerhaften (unkorrekten) Entscheidungen steht der beschwerten Partei der Rechtsbehelf zu, der gegen die verfahrensrechtlich gebotene, vom Richter aber nicht gewählte Entscheidung zulässig gewesen wäre, und der Rechtsbehelf, der der vom Richter gewählten Form der Entscheidung entspricht."

Der Partei (hier K) stehen zur Vermeidung von Nachteilen (insbes. zur Fristwahrung) zunächst **beide Rechtsbehelfe** nebeneinander zu, also Einspruch **und** Berufung. Sie muss sich jedoch im Laufe des Verfahrens für einen entscheiden und den anderen zurücknehmen, da der Grundsatz der Meistbegünstigung nur Nachteile ausschließen, aber nicht zu einer Vermehrung der Rechtsbehelfe führen kann.

Auch führt er nicht zu prozessualen Vorteilen, die es bei korrektem Verfahren gar nicht gegeben hätte (insbesondere keine Anfechtbarkeit einer bei korrektem Verfahren unanfechtbaren Entscheidung) BGH NJW 97, 1448; StJ 43; ThP 10; Zöller 32; Musielak 31 je vor § 511.

Das **Rechtsmittelgericht** muss nach h. M. das **Verfahren wieder auf das „richtige Geleis" bringen,** es daher so durchführen, es dahin überleiten, wie wenn die angefochtene Entscheidung in der nach der Prozesslage gebotenen Form korrekt ergangen und das hiergegen statthafte RMittel eingelegt worden wäre (BGH NJW 15, 1827; 13, 2358 je Tz. 7; Musielak 34; StJ 49, 62 vor § 511).

War im Ausgangsfall die Klage *zulässig*, hätte also schlicht ein VU gem. § 330 ergehen müssen und hat K Berufung eingelegt (sie ist gem. Meistbegünstigung statthaft), so ist aufzuheben und zurückzuverweisen, damit dort das Verfahren wie nach Einspruch weiterbehandelt werden kann (Musielak a. a. O.).

War die Klage hingegen *unzulässig*, hätte also Prozessurteil ergehen müssen und hat K Einspruch eingelegt (statthaft gem. Meistbegünstigung), so wird vielfach vertreten, dass der Einspruchsrichter den Rechtsstreit analog § 281 an das Berufungsgericht zu verweisen habe (Müko-ZPO 94; Zöller 33; StJ 62 vor § 511).

20.25 Fallgruppe 2: Das seiner Art nach falsche Urteil

(1) Das Gericht entscheidet nach übereinstimmender voller Erledigungserklärung (§ 91a) durch Urteil, statt durch Beschluss: Berufung, über die dann durch Beschluss zu entscheiden ist (um das Verfahren wieder auf das richtige Gleis zu bringen: § 572 IV) und/oder sofortige Beschwerde (§ 91a II). BGH JR 66, 67; ThP 8 vor § 511.

(2) Das LG verwirft den verspäteten Einspruch des Bekl. gegen das VU gem. § 331 durch Beschluss statt richtig durch Urteil (§ 341 II): Hiergegen Berufung und/oder sofortige Beschwerde. Legt B sofortige Beschwerde (§§ 567 ff.) ein, so hat das OLG diese *überzuleiten in ein Berufungsverfahren*. Mit dem Überleitungshinweis an die Parteien gelten die Vorschriften zu Frist und Form der Berufungs-Begründung (§ 520), Müko-ZPO 95 vor § 511; Schenkel MDR 03, 138.

(3) Anstatt richtig ein erneutes 1. VU zu erlassen, wird inkorrekt ein technisch 2. VU gem. § 345 erlassen.

OLG Frankfurt, NJW-RR 2011, 216: Der Beklagte hat gegen das klagestattgebende VU rechtzeitig Einspruch eingelegt. Im Einspruchstermin vom 1.3. wird verhandelt. In einem weiteren Termin vom 1.4. werden zunächst abschließend 2 Zeugen vernommen, sodann ergeht – da für den Beklagten niemand erschienen ist – ein 2. VU gem. § 345, worin der Einspruch verworfen wird.

Da im Termin vom 1.4. zwar Säumnis, aber nicht im Einspruchstermin vorlag (keine doppelte Säumnis i. S. v. § 345, s. unten Rn. **20.40**) hätte nur ein – erneutes – technisch 1. VU ergehen dürfen

("Das VU vom ... wird aufrechterhalten ...", s. unten Rn. **20.**40). Der Erlass eines die Instanz abschließenden 2. VU gem. § 345 war verfahrensrechtlich inkorrekt.
Hier gilt der Meistbegünstigungsgrundsatz: der Beklagte kann also Einspruch und/oder Berufung einlegen (BGH NJW 97, 1448; BGH VersR 84, 287, 288; OLG Frankfurt a. a. O.; RoSG § 134, 11). Problematisch ist aber weiter, dass die hiernach eröffnete Berufung die Zulässigkeitsschranke nach § 514 II hat: der Beklagte als Berufungskläger muss schon für die Zulässigkeit schlüssige Tatsachen *behaupten,* dass *kein* Fall der Säumnis vorgelegen habe bei Erlass der angefochtenen Entscheidung vom 1.4. Dies kann der Beklagte jedoch nicht, da er ja – nach Abschluss der Beweisaufnahme, § 370 I, s. Rn. **20.**19 – wirklich säumig war.
OLG Frankfurt a. a. O.: Also müsse dieses Erfordernis infolge des Meistbegünstigungsgrundsatzes entfallen, da andernfalls schon der Zugang zur 2. Instanz verschlossen wäre und dem Betroffenen nicht beide Rechtsbehelfe zur Wahl stünden. Es würde keine „Meist"-Begünstigung mehr darstellen, wenn bereits der Zugang zur nächsten Instanz durch Voraussetzungen behindert würde, die bei dem wahlweise statthaften Rechtsmittel oder Rechtsbehelf (hier: Einspruch) nicht eingreifen.
M. E. ist auch eine andere Begründung gut vertretbar: infolge des Meistbegünstigungsgrundsatzes kann der Beklagte zur Erfüllung der Zulässigkeitsschranke über den Wortlaut von § 514 II hinaus vortragen, es habe zwar Säumnis vorgelegen, aber nicht solche im Sinne von *§ 345,* nämlich nicht im Einspruchstermin. Denn § 514 II ist funktionell ohnehin die Berufungskontrolle von Entscheidungen nach § 345.

Fallgruppe 3: Das bereits inhaltlich falsche und daher auch verfahrensrechtlich inkorrekte, aber *eindeutige* Urteil   20.26

Der Meistbegünstigungsgrundsatz gilt hingegen nicht, wenn das Gericht eine inhaltlich falsche Entscheidung getroffen hat, die deswegen auch verfahrensrechtlich verfehlt ist, aber andererseits so **eindeutig** ist, dass den Parteien für die Anfechtung kein falscher Weg gewiesen wird.

(1) BGH NJW 94, 665: Im Termin vor dem LG haben die Parteien die Anträge gestellt und zur Sache verhandelt. Sodann erklärte der Anwalt des Klägers, er trete nicht mehr auf. Auf Antrag der Beklagten erging daraufhin ein als „Versäumnisurteil" bezeichnetes klageabweisendes Urteil, welches weder Tatbestand noch Entscheidungsgründe enthielt. Hiergegen legte der Kläger Berufung ein, da richtigerweise ein streitiges Urteil hätte ergehen müssen: trotz § 514 I statthaft nach der Meistbegünstigungstheorie? BGH: nein, das LG habe zwar *inhaltlich* falsch entschieden, da gar kein Fall der Säumnis vorgelegen habe (BGHZ 63, 94; ThP § 333, 1), aber es habe keinen irreführenden Verlautbarungsfehler (Falschbezeichnung, inhaltlich zweifelhaft, ob VU überhaupt vorliegt) begangen. Gehe der Wille des Gerichts zweifelsfrei auf den Erlass eines VU und werde dies nach Form und Inhalt (hier: Überschrift, Fehlen von Tatbestand und Entscheidungsgründen) klar, so liege zweifelsfrei nur ein VU vor, gegen das allein der Einspruch in Betracht komme. Der Grundsatz der Meistbegünstigung greife hier nicht ein, weil das Gericht bei dieser eindeutigen Lage keinen falschen Weg für die Art der Anfechtung gewiesen habe. Ebenso BGH NJW 99, 584 zu cc.
Eine Umdeutung der Berufung in einen Einspruch scheidet aus, da ein Einspruch nicht wirksam beim OLG eingelegt werden kann. Also Verwerfung der unzulässigen Berufung.

(2) Weitere Beispiele: Wegen Unanwendbarkeit des Meistbegünstigungsgrundsatzes unzulässig wäre ein Einspruch gegen ein streitiges Endurteil, das eine Säumnis außer Acht gelassen hat. Unzulässig wäre eine sofortige Beschwerde gem. § 269 V gegen ein Endurteil, das die Klagrücknahme übersehen hat (Müko-ZPO 91 vor § 511).

5. Einspruch und Verspätungspräklusion, §§ 340 III, 296

Im Einspruchsschriftsatz sollen zwar die Angriffs- und Verteidigungsmittel sofort vorgetragen werden. Dies ist aber keine Voraussetzung eines zulässigen Einspruchs, der Verstoß führt indes zur Verspätungspräklusion (ThP § 340, 7). Hierzu sind 3 Grundfälle zu beachten:

a) Fall 1: Zulässigkeitsrügen, §§ 340 III, 296 III, IV   20.27

Darunter fallen nur die „verzichtbaren", das sind **nur:** §§ 88, 110, 269 VI, 1032 I.
Die Zuständigkeitsrügen fallen wegen Sonderregelung in §§ 39, 504 nicht unter

§§ 296 III, 340 III, sind also nicht präkludiert. Alle übrigen Zulässigkeitsrügen sind v. A. w. zu prüfen, also unverzichtbar, sie können daher – als bloße Anregungen – bis zuletzt vorgebracht werden (ThP § 296, 40, 41).

Beispiel: Gegen B ist VU ergangen, gegen das er form- und fristgerecht Einspruch eingelegt hat. Erstmals im Einspruchstermin bringt er vor, nach der Schiedsklausel sei gar nicht das angegangene LG, sondern ein Schiedsgericht zuständig (§ 1032 I). Kann B diese Verspätung nicht entschuldigen (§ 340 III mit § 296 III, IV), bleibt die Rüge außer Betracht, da entgegen § 340 III nicht innerhalb der Einspruchsfrist vorgetragen. Auf *Verzögerung* kommt es bei § 296 III *nicht* an.

20.28 b) Fall 2: Das Angriffs- und Verteidigungsmittel wird erst *nach* der Einspruchsfrist vorgebracht

Beispiel: B hat gegen das gegen ihn ergangene VU ordnungsgemäß Einspruch eingelegt, übersieht aber, innerhalb der Einspruchsfrist auch noch den Zeugen Z zu benennen, das macht er erst im Einspruchstermin, zu dem das Gericht alle bisher benannten Zeugen geladen hat und die auch alle erscheinen.

Da Z entgegen § 340 III nicht in der Einspruchsschrift selbst oder, was ausreicht (ThP § 340, 5), mit weiterem Schriftsatz der innerhalb der E-Frist eingeht, benannt wurde, ist dieser Zeuge jetzt gem. §§ 340 III, 296 I ausgeschlossen. Die 3fache Voraussetzung des § 296 I liegt vor:

(1) **Verspätung:** der Ablauf der Einspruchsfrist (§ 339) hat wegen Verweisung in § 340 III auf § 296 I die gleiche Wirkung, wie der Ablauf einer in § 296 I zitierten Frist (Zöller § 340, 7).

(2) **Verschulden:** wird vermutet, von B wurde auch nichts (sofort!) zur Entlastung vorgetragen (ThP § 296, 28);

(3) **Verzögerung:** ein weiterer Termin wäre erforderlich.

20.29 c) Fall 3: Eine Klageerwiderung vor dem 1. Termin fehlt völlig

Angriffs- und Verteidigungsmittel werden erstmals im Einspruch vorgetragen, aber vollständig (Unterschied zu Beispiel 2). „**Flucht in die Säumnis**". BGHZ 76, 173 und NJW 81, 286.

Beispiel: B hat die Klageerwiderungsfrist (§ 275) versäumt. Um im anberaumten frühen ersten Termin vom 1. 3. der Verspätungspräklusion gem. § 296 I zu entgehen, entschließt er sich zur „Flucht in die Säumnis": er lässt VU gegen sich ergehen und legt dagegen sofort Einspruch ein, wobei er jetzt den für die Klageerwiderung vorgesehenen Sachvortrag nachholt und darin die Zeugen A und C benennt, die daraufhin zum Einspruchstermin am 15.4. geladen werden. Im Termin erscheint jedoch nur der Zeuge A. K beantragt, das gesamte Einspruchsvorbringen gem. § 296 I zurückzuweisen, da der Einspruch nicht den Zweck haben könne, die schon präkludierte Klageerwiderung quasi legal nachzuholen. Hier gilt:

Eine Präklusion gemäß **§§ 340 III**, 296 I scheidet aus, da der Vortrag des B innerhalb der Einspruchsfrist erfolgt ist.

Aber § 296 I gilt direkt. Dafür bestehen 3 Voraussetzungen:

(1) **Verspätung:** Vorbringen, das bei Erlass des VU schon verspätet war (hier: wegen Ablaufs der Klageerwiderungsfrist, § 275), bleibt auch weiterhin verspätet und damit deswegen präklusionsfähig (BGHZ 76, 177; NJW 81, 286; Müko-ZPO § 340, 25).

Die Rückversetzung gem. § 342 hilft jedenfalls dann nicht, wenn – wie i. d. R. – am Säumnistag die Klageerwiderungsfrist schon abgelaufen war: sie bleibt abgelaufen.

War aber die Klageerwiderungsfrist am Säumnistag noch nicht abgelaufen (z.B. gar nicht wirksam gesetzt), so bewirkt § 342, dass die Einspruchsfrist praktisch an die Stelle der (noch offenen) Klageerwiderungsfrist tritt, deren restlichen Lauf also entweder verlängert oder abkürzt (letzteres str.), da jetzt einheitlich nur mehr die 2-Wochenfrist des § 339 gilt (vgl. ThP 5; Zöller 9 zu § 340).

(2) **Verschulden:** Von B wurde nichts zur Entschuldigung vorgetragen.

(3) **Verzögerung:** Sie liegt i.d.R. vor, wenn und soweit das Vorbringen nicht mehr im Einspruchstermin verwertet werden kann (ThP § 340, 9). Das wäre an sich hinsichtlich des nicht erschienenen Zeugen C der Fall. Besonderes gilt aber für den Zeugenbeweis: nach dem „**normativen**" (wertenden) **Verzögerungsbegriff** des BGH kommt hier Verzögerung lediglich dann in Betracht, wenn der verspätet benannte Zeuge nicht mehr rechtzeitig *geladen* werden konnte; konnte er aber noch geladen werden, so führt allein sein Nichterscheinen (der Zeuge will oder kann nicht kommen) nicht zur Präklusion, er muss vielmehr zu einem neuen Termin geladen werden. Denn allein das *Nichterscheinen* eines rechtzeitig geladenen Zeugen wird der Partei nicht als eine auf ihrem Verspätungsvortrag beruhende Verzögerung zugerechnet, weil das (entschuldigte wie unentschuldigte) Ausbleiben eines rechtzeitig und ordnungsgemäß geladenen Zeugen ein Verzögerungsgrund ist, der in *jedem* Prozess eintreten kann, *unabhängig* davon, ob der Zeuge rechtzeitig oder verspätet benannt wurde (ThP § 296, 12; BGH WM 86, 867; NJW 87, 502, 1949).

20.30

Das Gericht muss also einen weiteren Termin zur Vernehmung auch des Zeugen C ansetzen.

6. Der Einspruch durch die Nichtpartei und Umdeutung in den Beitritt als Streithelfer

Prozesshandlungen, insbesondere Rechtsbehelfe und Rechtsmittel können nicht nur analog § 133 BGB ausgelegt, sondern auch – falls unzulässig – analog § 140 BGB umgedeutet werden in zulässige. Ein von einem Dritten unzulässig eingelegter Einspruch kann daher unter den Voraussetzungen von § 140 BGB analog umgedeutet werden als Beitritt als Streithelfer mit gleichzeitiger Einspruchseinlegung.

20.31

Beispiel: V, Eigentümer und Vermieter eines Gewerbegrundstücks, klagt gegen seinen Mieter M auf Räumung. Während des Rechtsstreits veräußert V sein Grundstück an K, der alsbald im Grundbuch eingetragen wird. Im folgenden Verhandlungstermin vom 1.3. erscheint infolge eines Missverständnisses zwischen V und K, wer nun den Prozess weiterbetreiben müsse, für die Klagepartei niemand, worauf klageabweisendes Versäumnisurteil gem. § 330 gegen V ergeht. K legt durch seinen RA am 10.3. Einspruch ein und bezeichnet sich unter Darlegung der erfolgten Veräußerung als neuer Kläger, da er gem. §§ 566, 578 BGB neuer Vermieter sei.

Im Einspruchstermin vom 1.4. erscheinen nur K und M, beide anwaltlich vertreten. M beantragt, den Einspruch des K als der einer Nichtpartei gem. § 341 als unzulässig zu verwerfen, einem etwaigen Parteiwechsel widersetze er sich. Hilfsweise beantragt er, den Einspruch gem. § 345 durch 2. Versäumnisurteil zu verwerfen, da V erneut säumig sei.

K besteht darauf, seine Rechte als neuer Vermieter im laufenden Prozess wahren zu können.

I. Zulässigkeit des Einspruchs, § 341
  1. Statthaftigkeit, § 338
     Einspruch kann einlegen nur die Hauptpartei (V), ihr etwaiger Gesamtrechtsnachfolger (z.B. § 1922 BGB), oder ihr Sondernachfolger durch Parteiwechsel, oder der beigetretene Streithelfer (vgl. unten Rn. **27.**03 für die entsprechende Situation bei der Berufung).
     a) Gem. §§ 566, 578 BGB fand zwar materiellrechtlich ein Wechsel auf K als neuen Vermieter statt. Dieser hat jedoch keinen gesetzlichen Parteiwechsel ausgelöst, vielmehr liegt i.F. von § 566 BGB ein Fall der Veräußerung streitbefangener Sache gem. **§ 265 II** vor (siehe Rn. **10.**3; BGHZ 195, 50, Rn. 48). Hauptpartei blieb demnach V, ein gewillkürter Parteiwechsel ist am Widerspruch des M gescheitert, § 265 II 2.
     Zwischenergebnis: Der Einspruch des K ist der einer Nichtpartei, also unstatthaft.

b) Jedoch **Umdeutung analog § 140 BGB**
Eine unzulässige Prozesshandlung, ein unzulässiger Rechtsbehelf (Rechtsmittel) kann analog § 140 BGB umgedeutet werden in eine(n) zulässige(n). Zwar gelten die Vorschriften des BGB nicht für Prozesshandlungen (Palandt Überbl. 37 vor § 104), jedoch enthalten § 133 BGB und § 140 BGB allgemeine Rechtsgrundsätze und sind daher analog anwendbar (ThP Einl. III 16, 20). So wurde Umdeutung einer unzulässigen sofortigen Beschwerde gegen ein Endurteil des LG in eine zulässige Berufung angenommen (BGH NJW 87, 1204), sowie Umdeutung einer mangels Parteistellung unzulässigen Berufung in einen Beitritt als Streithelfer mit gleichzeitiger Einlegung der Berufung (BGH NJW 2001, 1217).

Dem letzteren Fall entspricht das vorliegende Beispiel: der Einspruch des K als Nichtpartei kann umgedeutet werden als dessen Beitritt als Streithelfer (§§ 66 ff.) mit gleichzeitiger Einlegung des Einspruchs mit Wirkung für die Hauptpartei (V). Die obj. und subj. Voraussetzungen von § 140 BGB analog (BGH NJW 2001, 1217; Palandt § 140, 8) liegen vor, da der Beitritt als Streithelfer ein Weniger ist gegenüber dem Eintritt als Kläger und die Einspruchsschrift des K alle Voraussetzungen des Beitritts (§ 70) erfüllt. Das rechtliche Interesse des K (§ 66) liegt darin, dass um seine Vermieterrechte nunmehr in Prozessstandschaft gem. § 265 II 1 prozessiert wird mit Rechtskraftwirkung gem. § 325 I für und gegen K. Die Umdeutung entspricht auch dem erklärten Willen des K. Schutzwürdige Interessen des M werden nicht verletzt.

II. Erlass eines 2. VU gem. § 345 gegen V?
Der Antrag des M gem. § 345 wird zurückgewiesen (Beschluss oder im Endurteil), da V durch den anwesenden Streithelfer K als vertreten gilt und dieser die Säumnis daher abwendet (oben Rn. **18**.08).

Wenn die Klage auch im Übrigen Erfolg hat, ergeht

ENDURTEIL
I. Das VU vom 1.3. wird aufgehoben. Der Beklagte wird verurteilt ... zu räumen und herauszugeben.
II. Die Kosten des Rechtsstreits (§ 91) und die der Nebenintervention (§ 101 I, nicht § 101 II wegen § 265 II S. 3, oben Rn. **18**.33) trägt der Beklagte, mit Ausnahme der im Termin vom 1.4. angefallenen Säumniskosten, die der Kläger (V) trägt (§ 344).
III. § 709 S. 1 für die Räumung (da kein Geldanspruch). Streitwert § 41 II GKG.
§ 709 S. 2 bzgl. des Kostenausspruchs.

7. Einspruch und Wiedereinsetzung

20.32 Wiedereinsetzung in versäumte Fristen ist ein häufiges Praxisthema, aber auch für die Examensklausur bedeutsam, nicht zuletzt, weil hier 2 verschiedene Verfahren nebeneinander zu prüfen und i.d.R. auch zu einer gemeinsamen Entscheidung zu bearbeiten sind (Wiedereinsetzung und nachgeholte Prozesshandlung, wie Einspruch, Berufung etc.).

Orientiert an aktueller Rechtsprechung zur Fristversäumung infolge fehlender oder fehlerhafter Rechtsbehelfsbelehrung (§§ 232, 233 S. 2) etc. soll im Folgenden diese Thematik und ihre Umsetzung in Tenor, Tatbestand und Entscheidungsgründe erläutert werden.

Beispiel 1:
Gegen den anwaltlich nicht vertretenen B erließ das Amtsgericht am 20.2. ein Versäumnisurteil wegen einer offenen Kaufpreisschuld von € 4000,–, dem B zugestellt am 1.3. Das VU enthielt entgegen § 232 keine Rechtsbehelfsbelehrung. B erkundigte sich bei seinem Nachbarn N, einem Rechtsanwalt, wann und wie er das VU angreifen könne und erhielt die Auskunft, ein VU sei wie jedes Endurteil binnen 1 Monat angreifbar, B müsse sich an das Amtsgericht wenden. B legte am 25.3. Einspruch beim Amtsgericht ein, das diesen am 28.3. durch Urteil gem. § 341 II als unzulässig, weil verspätet, verwarf, zugestellt an B am 30.3.
Hierdurch aufgeschreckt, beantragte B am 1.4. Wiedereinsetzung, fügte eine eidesstattliche Versicherung des N über dessen obige Auskunft bei und legte erneut Einspruch ein.

K beantragt Zurückweisung des Wiedereinsetzungsantrags und Verwerfung des neuerlichen Einspruchs, hilfsweise Aufrechterhaltung des VU. B beantragt Aufhebung des VU und Klageabweisung.
Wie ist zu verfahren und zu entscheiden?

a) Zunächst zum Verfahren: Das Gericht wird zunächst prüfen, ob Wiedereinsetzung zu gewähren ist. Da die Sache insgesamt entscheidungsreif ist, scheidet das „isolierte" Verfahren gem. § 238 I 2 aus und das Gericht wird das „kombinierte" Verfahren gem. § 238 I 1 wählen, wonach das Wiedereinsetzungsverfahren (§§ 233ff.) und das Einspruchsverfahren (§§ 338ff.) verbunden werden zu gemeinsamer Verhandlung und Entscheidung.

20.33

Ist Wiedereinsetzung **zu versagen,** wird der Wiedereinsetzungsantrag verworfen bzw. zurückgewiesen und der (neue) Einspruch (hier vom 1.4.) verworfen, beides in der Form der nachgeholten Prozesshandlung (§ 238 II 1), bei Einspruch also per Urteil gem. § 341 II (Zöller § 238, 2). Die Versagung der Wiedereinsetzung erfolgt i. d. R. in den Urteilsgründen, ein Ausspruch im Tenor ist möglich, aber nicht nötig (Musielak § 238, 4).

Ist Wiedereinsetzung **zu gewähren,** ist dies ausdrücklich (h. M., nicht konkludent) auszusprechen unter Angabe der versäumten Frist und zwar in der Form der nachgeholten Prozesshandlung (§ 238 II 1) und zusammen mit dieser zu verbescheiden, entweder im Tenor, oder – so i. d. R. – in den Entscheidungsgründen der abschließenden Entscheidung, hier § 343 (Müko-ZPO 10; BL 6; StJ 14 zu § 238).

Die gewährte Wiedereinsetzung fingiert die versäumte Prozesshandlung als rechtzeitig, womit die Folgen der Fristversäumnis *rückwirkend* beseitigt und bereits ergangene Verwerfungsentscheidungen (wie hier gem. § 341 II) von selbst wirkungslos werden. Letztere können – müssen aber nicht – zur Klarstellung aufgehoben werden (Müko-ZPO 12; ThP 12 zu § 238).

Vorliegend ist dem B Wiedereinsetzung zu gewähren:

b) Prüfungsschema
(In den Entscheidungsgründen selbst sind wegen § 238 II nur kurze Ausführungen zu wirklich Problematischem, insbes. aber zum Wiedereinsetzungsgrund, veranlasst).

20.34

> **I. Zulässigkeit** des Wiedereinsetzungs-Antrags
> 1. Statthaftigkeit, § 233: hier Notfrist gem. § 339
> 2. Form: § 236 I mit § 340 II
> 3. Inhalt: § 236 II. Die Angabe des Hindernisses gehört zur Zulässigkeit (Zöller § 236, 6), dessen unverschuldetes Vorliegen zur Begründetheit.
> 4. Antragsfrist: § 234
> 5. Nachholung der versäumten Prozesshandlung, nicht notwendig schon im Antrag, aber jedenfalls innerhalb der Antragsfrist, § 236 II 2.
>
> **II. Begründetheit** des Wiedereinsetzungs-Antrags
> 1. Unverschuldetes Hindernis (§ 233 S. 1). Glaubhaftmachung ((§§ 236 II 1, 294, z. B. eidesstattliche Versicherung, ThP § 236, 7).
> 2. Bei fehlender oder fehlerhafter Rechtsbehelfsbelehrung gilt insbes.:
>   a) Zwischen dem Belehrungsmangel und der Fristversäumung muss **Kausalität** bestehen. Daran fehlt es, wenn der Beteiligte wegen vorhandener Kenntnisse keiner Unterstützung durch eine Rechtsbehelfsbelehrung bedarf. Das ist i. d. R. der Fall bei einer anwaltlich vertretenen Partei, es sei denn der Fehler in der Belehrung ist schwer zu erkennen, die Belehrung also nicht offenkundig fehlerhaft und der durch sie hervorgerufene Irrtum ist nachvollziehbar (BGH NJW 12, 2443; 13, 1308; ThP § 233, 7 u. § 17 FamFG, 4).

> b) Ist der Belehrungsmangel kausal für die Fristversäumung, wird fehlendes Verschulden nach § 233 S. 2 unwiderleglich (h. M.) vermutet (Zöller § 233, 23 „RBehelfsbelehrung" ThP § 233, 31).
> c) **Hier:** Kausalität ist zu bejahen, da B anwaltlich nicht vertreten war und sich wegen der fehlenden Rechtsbehelfsbelehrung die Einholung der falschen Auskunft über die Frist ausgewirkt hat, weil B dem rechtskundigen RA N vertrauen durfte (Keidel FamFG § 17, 16). Diese Kausalität wurde auch durch Vorlage der eidesstattlichen Versicherung des N glaubhaft gemacht.

Da die Kausalität hiernach feststeht, wird das Fehlen des Verschuldens des B gem. § 233 S. 2 unwiderleglich vermutet. Dem B ist Wiedereinsetzung zu gewähren.

20.35 c) Die **Entscheidung** wird etwa lauten (die Klage ist begründet):

ENDURTEIL
I. Das Versäumnisurteil vom 20.2. wird aufrecht erhalten (§ 343 S. 1).
II. Der Beklagte trägt die weiteren Kosten des Rechtsstreits (§ 91).
III. § 709 S. 2 und S. 3.

Anmerkung zu II: § 238 IV schreibt zwar eine zwingende Kostentrennung vor, die hier aber nicht eingreift, weil nichts zu trennen ist: B trägt ohnehin alle Kosten gem. § 91 (daher auch kein klarstellender Ausspruch „... einschließlich der Kosten der Wiedereinsetzung"). Dasselbe gilt für § 344.

d) Tatbestand

20.36 Da die beiden Verfahren (Wiedereinsetzung und Einspruch) hier zur gemeinsamen Verhandlung und Entscheidung verbunden sind (§ 238 I 1), muss auch der Tatbestand über den Wiedereinsetzungsantrag berichten. Auszug:

> Einleitungssatz: Kaufpreisklage
> Unstreitiges
> Der Kläger behauptet ...
> Prozessgeschichte vor den Anträgen: Erlass eines VU gegen den Bekl. am 20.2., Zustellung am 1.3., Einspruch am 25.3., dessen Verwerfung mit Urteil vom 28.3., zugestellt am 30.3. Antrag des Bekl. vom 1.4. auf Wiedereinsetzung, dem der Kläger entgegengetreten ist.
> Der Kläger beantragt
>   1. Zurückweisung des Wiedereinsetzungsantrags und Verwerfung des (neuerlichen) Einspruchs vom 1.4.,
>   2. hilfsweise Aufrechterhaltung des VU vom 20.2.
> Der Beklagte beantragt
>   1. Wiedereinsetzung hinsichtlich der Versäumung der Einspruchsfrist
>   2. Aufhebung des VU vom 20.2. und Klageabweisung.
> Der Beklagte stützt den Wiedereinsetzungsantrag darauf, dass ...
> Der Kläger ist dem entgegengetreten, da ...
> Gegen die Klageforderung selbst wendet sich der Beklagte, da ...

20.37 e) Entscheidungsgründe

> „Das Versäumnisurteil vom 20.2. war aufrechtzuerhalten, da der Einspruch nach gewährter Wiedereinsetzung zulässig war und sich die Klage als zulässig und begründet erwies".
> *(Weiteres skizziert):*
>
> (I) Zur Wiedereinsetzung. Kurze Begründung, da unanfechtbar, § 238 III.
>   Etwa: „Dem form- und fristgerecht gestellten Antrag auf Wiedereinsetzung wegen Versäumung der Einspruchsfrist, mit dem der Einspruch am 1.4. nachgeholt wurde, war stattzugeben, da die Rechtsbehelfsbelehrung entgegen § 232 fehlte und dies ursächlich wurde für die Versäumung der Einspruchsfrist, weil ... Dies hat der Bekl. glaubhaft gemacht durch ... Daher war das fehlende Verschulden kraft Gesetzes zu vermuten (§ 233 S. 2)".
> (II) Zulässigkeit des (nachgeholten) Einspruchs (§ 341 I).
> (III) Zulässigkeit der Klage
> (IV) Begründetheit der Klage

(V) Nebenentscheidungen.
(1) Kosten: § 91 (§§ 238 IV und § 344 kommen im Beispiel nicht zum Tragen, da der Bekl. ohnehin alle Kosten trägt).
(2) § 709 S. 2 *und* S. 3
(3) Rechtsbehelfsbelehrung (§ 232 S. 1) nur betreffend § 343 I 1, nicht auch zur gewährten Wiedereinsetzung, da diese unanfechtbar ist (§ 238 III), worüber nicht belehrt werden muss.

Beispiel 2: 20.38
Gegen den durch RA R vertretenen Beklagten erließ das LG München I wegen einer Kaufpreisschuld von € 10000,- am 20.2. ein Versäumnisurteil, zugestellt an RA R am 1.3. Die Rechtsbehelfsbelehrung (§ 232 S. 2) enthielt infolge eines Schreibversehens den Hinweis, dass ein Einspruch einzulegen sei beim LG München II (Anm.: Das LG München I ist zuständig für München und den Landkreis München, während das LG München II zuständig ist für bestimmte Gemeinden außerhalb des Landkreises München).
Den von seiner Kanzlei vorgefertigten Einspruchsschriftsatz mit dem Text: „... wird gegen das Versäumnisurteil des LG München I Aktenzeichen ... vom 20.2. hiermit Einspruch eingelegt ...", der infolge des Belehrungsfehlers an das LG München II adressiert war, unterschrieb RA R, ohne den Fehler bemerkt zu haben und warf ihn am 3.3. in den Briefkasten. Am 6.3. wurde der Zuleitungsfehler beim LG München II bemerkt; die von einem Richter verfügte umgehende Weiterleitung an das LG München I erfolgte jedoch erst am 18.3., da der Schriftsatz versehentlich in eine falsche Akte geraten war. Mit Urteil vom 20.3. verwarf das LG München I den Einspruch als verspätet, zugestellt an RA R am 22.3. Am 24.3. beantragte RA R Wiedereinsetzung, der Antrag enthielt die erforderlichen Angaben. Wie ist zu entscheiden?

Lösungsskizze:
Unterschiede gegenüber Beispiel 1 ergeben sich nur beim Wiedereinsetzungsgrund (Kausalität, Verschulden). Zu unterscheiden sind der Einspruch beim unzuständigen Gericht (I) und die verzögerte Weiterleitung (II).

(I) Der Einspruch beim unzuständigen Gericht
Die gemäß § 232 S. 2 zwingend vorgeschriebene Rechtsbehelfsbelehrung war fehlerhaft, was zwar streng naturwissenschaftlich auch mitursächlich wurde für die Fristversäumung. Jedoch fehlte bei der von der Rspr. vorgenommenen wertenden Betrachtung die **Kausalität** zwischen Belehrungsmangel und Fristversäumung, da die Partei infolge Vertretung durch eine rechtskundige Person nicht der Unterstützung durch eine Rechtsbehelfsbelehrung bedürftig war und die erteilte Belehrung hier ganz offenkundig fehlerhaft war, weshalb kein Vertrauenstatbestand vorlag (BGH NJW 13, 1308 für fehlende, BGH NJW 12, 2443 für fehlerhafte RBehelfsbelehrung).
Die Vermutung fehlenden Verschuldens (§ 233 S. 2) greift hier daher mangels Kausalität nicht ein. Der Wiedereinsetzungsantrag ist insoweit unbegründet, da der Partei das Verschulden des RA über § 85 II zugerechnet wird.

(II) Die verzögerte Weiterleitung
Die nach soeben zu (1) noch zu bejahende Kausalität des verschuldeten Fehlers für die Fristversäumung wird jedoch **unterbrochen** durch ein Fehlverhalten des Gerichts, das der Partei nicht zugerechnet werden darf. Zwar besteht keine generelle Pflicht der Gerichte, eingehende Schriftsätze auf die Zuständigkeit zu überprüfen, dies bleibt vielmehr in der Verantwortung der Parteien. Das aus Art. 2 I GG und dem Rechtsstaatsprinzip (Art. 19 III GG) folgende **Gebot des fairen Verfahrens** – aus dem ein entsprechender Anspruch der Beteiligten folgt – verpflichtet jedoch die Gerichte jedenfalls in solchen Fällen zur Weiterleitung von Schriftsätzen etc. an das zuständige Gericht, in denen es „ohne Weiteres", „leicht und einwandfrei" die eigene Unzuständigkeit erkennen konnte. Unterbleibt gleichwohl die rasche Weiterleitung, hätte diese aber noch zur Fristwahrung geführt, wirkt sich das Verschulden der Partei (§ 85 II) an der falschen Zuleitung nicht mehr aus, die Kausalität ist unterbrochen (BGH NJW 13, 1308; 12, 78; 11, 2053, 3240).
So liegt der Fall hier, da das zuständige Gericht schon aus dem Wortlaut des Einspruchs klar ersichtlich war und die Frist bei umgehender Weiterleitung im gewöhnlichen Geschäftsgang gewahrt worden wäre.
Dem Bekl. ist daher Wiedereinsetzung zu gewähren. Verfahren und Tenorierung wie in Beispiel 1.

III. Säumnis im Einspruchstermin

20.39 1. Säumig ist der, der das 1. VU erwirkt hat

Beispiel: B ist im Termin vom 1.10. durch VU zur Zahlung von € 20 000,– verurteilt worden, wogegen er rechtzeitig Einspruch eingelegt hat. Im Einspruchstermin ist K säumig, B beantragt VU gegen K. Es ergeht ein **technisch erstes VU** gem. § 330:

VERSÄUMNISURTEIL (§ 313b)

    I. Das VU vom 1.10. wird aufgehoben und die Klage abgewiesen (= *§§ 343, 330;* ThP *§§ 343, 4; 345, 2*).
    II. Die Kosten des Rechtsstreits trägt der Kläger (= *§ 91*), mit Ausnahme der im Termin vom 1.10. (oder: durch die Säumnis des B) entstandenen, die der Beklagte trägt (= *§ 344* ist zwingend!).
    III. Das Urteil ist vorläufig vollstreckbar *(= § 708 Nr. 2)*.

20.40 2. Säumig ist der Einspruchsführer, § 345

Beispiel: K klagt gegen B auf Zahlung von € 20 000,– vor dem zuständigen LG. Im 1. Termin stellt der RA des K den Antrag auf Verurteilung des B zur Zahlung von € 30 000,– aus einem 2 Tage zuvor eingereichten Schriftsatz. B ist säumig.
K beantragt den Erlass eines VU über € 30 000,–.
Das LG erlässt (entgegen § 335 I Nr. 3) ein VU über € 30 000,–. Hiergegen legt B form- und fristgerecht Einspruch ein.
Im Einspruchstermin ist B erneut säumig. K beantragt den Erlass eines 2. VU.
Welche Entscheidung hat zu ergehen? Wie ist es, wenn die Klage außerdem unschlüssig ist?

2. VU gemäß § 345? Voraussetzungen:

(1) **Prozessantrag** des K.

(2) **Zulässiger Einspruch** des B (andernfalls ist der Einspruch gem. § 341 zu verwerfen, ThP § 345, 1).

(3) **Säumnis** und zwar gerade **im Einspruchstermin**.
§ 345 bestraft nur den unmittelbar hintereinander liegenden 2. Säumnisfall, *ohne dass* es zwischen beiden Säumnisfällen zur Verhandlung über die Hauptsache kam. Der Einspruchsführer muss also säumig sein gerade im Einspruchstermin (= der gem. § 341a bestimmte) oder, wenn es dort *nicht* zur Verhandlung über die Hauptsache gekommen ist und sofort vertagt wurde, im Vertagungstermin (ThP § 345, 2).

Wurde jedoch im Einspruchstermin schon (teilweise oder ganz) zur Hauptsache streitig verhandelt und *dann* Termin zur Fortsetzung der mündlichen Verhandlung bestimmt (z.B. Beweisaufnahme etc.) und ist *dort* B säumig, scheidet § 345 aus. Zulässig für diesen neuerlichen Säumnisfall ist nur ein **erneutes technisch erstes VU gem. § 331,** welches lediglich wegen § 343 das erste *aufrechterhält* und über die *weiteren* Kosten befindet (Zöller 1; ThP 2 zu § 345), also: „Versäumnisurteil:
    I. Das VU vom … bleibt aufrechterhalten *(= § 343)*. II. Der Beklagte trägt auch die weiteren Kosten des Rechtsstreits *(= § 91)*. III. Das Urteil ist vorläufig vollstreckbar *(= § 708 Nr. 2)*."
Auf diese Weise (streitige Verhandlung *zwischen* den Säumnisfällen) können in der gleichen Instanz mehrere „erste" VU ergehen: alle nachfolgenden mit gleichem Tenor (§ 343), Ziff. II bezieht dann nur die weiteren Kosten ein.

(4) **Gesetzmäßigkeit des 1. VU.**
Strittig ist, ob i.F.d. § 345 außerdem (neu) zu prüfen ist, ob das 1. VU verfahrensrechtlich korrekt erging und die Klage (jetzt) zulässig und schlüssig ist.

(a) Meinung 1: nein, § 345 gehe als lex specialis dem § 342 vor (Ausnahme nur bei vorangegangenem VB, wegen der Sondervorschrift in § 700 VI).

BGHZ 141, 351; Müko-ZPO 9 ff.; ThP 4; Musielak 4; BL 6 zu § 345; RoSG § 105, 73.

Die Prüfung, ob ein VU ergehen dürfe, sei bereits bei Erlass des 1. VU erfolgt.

Die im 1. VU unterlegene Partei habe im Einspruchstermin die Möglichkeit, ihre Einwände gegen das 1. VU vorzubringen und wisse, dass sie nicht mehr säumig sein dürfe. Sie könne gerade nicht mehr darauf vertrauen, dass das Gericht im Einspruchstermin die Schlüssigkeit der Klage etc. (Gesetzesmäßigkeit des 1. VU) anders beurteilen werde. Daher sei es konsequent, an die erneute Säumnis die Sanktion des endgültigen Instanzverlustes zu knüpfen.

Folgt man dem, ergeht

ZWEITES VERSÄUMNISURTEIL
I. Der Einspruch des Beklagten gegen das VU vom … wird verworfen (§ 345).
II. Der Beklagte trägt die weiteren Kosten des Rechtsstreits (§ 91).
III. Das Urteil ist vorläufig vollstreckbar (§ 708 Nr. 2, der auch für das 2. VU gem. § 345 gilt, ThP § 708, 3).

(b) Meinung 2: ja, infolge § 342 werde der Prozess in die Lage vor der 1. Säumnis zurückversetzt, weshalb erneut zu prüfen sei:
– 1. VU verfahrensrechtlich korrekt: Säumnis, keine Hindernisse für den Erlass, z.B. §§ 335, 337?
– Klage zulässig?
– Klage schlüssig?

BAG NJW 74, 1103; Zöller 4; StJ 7 zu § 345 m.w.N.

Folgt man dem, liegen hier die Voraussetzungen des § 345 bzgl. der Klageerhöhung nicht vor, weil das 1. VU insoweit verfahrensfehlerhaft erging (Verstoß gegen § 335 I Nr. 3). Für die jetzt zu treffende Entscheidung ist zu differenzieren, ob das 1. VU *lediglich* verfahrensfehlerhaft war (Verstoß gegen § 335 I Nr. 3), im Übrigen aber die Klage zulässig und schlüssig war und ist, oder nicht. Tenor etwa: „Der Einspruch des B gegen das VU vom … wird wegen eines Betrags von € 20 000,– verworfen (§ 345), wegen eines Betrags von € 10 000,– wird das VU vom … aufrecht erhalten" (§ 343 S. 1: erneutes 1. VU gemäß § 331 bzw. bei Unschlüssigkeit: „… wegen eines Betrags von € 10 000,– aufgehoben und die Klage insoweit abgewiesen". § 343 S. 2: unechtes VU, dagegen Berufung).

3. Die Berufung gegen ein 2. VU, § 514 II

20.41

Beispiel: Fortführung des obigen Beispiels zu 2 (Rn. **20.40**): Das LG hat den Einspruch des B durch ein 2. VU gem. § 345 verworfen. Hiergegen legt B Berufung ein mit der Begründung, ein 2. VU habe nicht ergehen dürfen, da schon das 1. VU wegen Verstoßes gegen § 335 I Nr. 3 und wegen Unschlüssigkeit der Klage nicht habe erlassen werden dürfen.

(I) Zulässigkeit der Berufung (§ 522 I):
(1) Statthaftigkeit?
§ 514 II: Vorliegen eines 2. VU gem. § 345: (+)
(2) Behauptung schlüssiger Tatsachen i.S.v. § 514 II. Diese schlüssige *Behauptung* gehört zur Zulässigkeit des R.Mittels (BGH NJW 09, 687; ThP § 514, 4), ob sie zutrifft – unstreitig oder bewiesen ist – zur Begründetheit, nämlich Behauptung zu:

§ 20 Das Versäumnisverfahren

(a) Keine Säumnis des B gerade im Einspruchstermin. B war jedoch säumig.

(b) Zwar Säumnis des B, aber nicht schuldhaft.

BGH NJW 09, 687; 99, 2120: Die Berufung gegen ein 2. VU kann auch darauf gestützt werden, dass die Versäumung nicht schuldhaft gewesen sei. § 337 gilt auch i. F. d. § 345 (BGH NJW 98, 3125; ThP § 345, 2). Hier: (–).

(c) Strittig ist, ob die Berufung zulässig außerdem auf die Behauptung gestützt werden kann, dass das 1. VU schon nicht gesetzmäßig ergangen sei und es daher nicht zu einem 2. VU gem. § 345 hätte kommen dürfen.

Nach ganz h. M. ist dies zu verneinen. Der Wortlaut des § 514 II besage eindeutig, dass es ausschließlich auf die Säumnis bei Erlass des 2. VU (§ 345), also nur im Einspruchstermin ankomme. Unerheblich sei, ob auch bei Erlass des 1. VU Säumnis vorgelegen habe, da § 514 II nicht an eine *zweimalige* aufeinanderfolgende Säumnis anknüpfe.

Ob das 1. VU gesetzmäßig ergangen, insbesondere die Klage schlüssig gewesen sei, werde schon bei Erlass des 2. VU gem. § 345 nicht mehr geprüft, weil dieser dem § 342 als lex specialis vorgehe.

BGHZ 141, 351; 97, 341; BAG NJW 94, 3182; Müko-ZPO 17 (mit Übersicht zum Meinungsstand); ThP 4; StJ 11 ff.; BL 6; Musielak 9 zu § 514.
Eine Ausnahme wird nur zugelassen, wenn ein *Vollstreckungsbescheid* dem 2. VU vorausgegangen ist, damit der Prüfungsumfang des Einspruchsrichters (§§ 700 VI, 345) mit dem des Berufungsrichters (§ 514 II) übereinstimmt (BGHZ 112, 367, 371; ThP § 514, 2. Siehe auch unten Rn. 21.12).

Folgt man der h. M.: Die Berufung des B muss als unzulässig verworfen werden, § 522 I.

20.42 **4. Klageerweiterung nach Erlass des 1. VU**

Beispiel: Über den eingeklagten Teil einer Schadensersatzforderung erging gegen den säumigen Beklagten B ein VU über € 20 000,–. Nach Einspruch des B erhöhte K rechtzeitig vor dem Einspruchstermin die schlüssige Klage auf € 30 000,–. Im Einspruchstermin ist B erneut säumig.

Die Streitgegenstände des 1. und des 2. VU müssen übereinstimmen (Musielak § 345, 5). Erweitert der Kläger nach Erlass des 1. VU seine Klage – wie hier um € 10 000,– kann nur über den ursprünglichen Teil (€ 20 000,–) ein 2. VU gem. § 345 ergehen, im Übrigen (Klageerweiterung € 10 000,–) nur ein technisch erstes VU gem. § 331 (ThP 5; Musielak 5; Zöller 6 zu § 345). Es ergeht ein einheitliches Urteil, das mit Berufung gem. § 514 II anfechtbar ist, soweit es als 2. VU ergangen ist, mit Einspruch, soweit es als 1. VU erlassen worden ist (Zöller § 345, 6).

ZWEITES TEILVERSÄUMNIS-
UND ERSTES SCHLUSSVERSÄUMNISURTEIL

I. Der Einspruch des Bekl. gegen das VU vom ... wird verworfen *(§ 345, dagegen § 514 II)*.
II. Der Bekl. wird verurteilt, **weitere** € 10 000,– an den Kläger zu zahlen *(§ 331 I, II, dagegen § 338)*.
III. Der Bekl. trägt auch die weiteren Kosten des Rechtsstreits *(§ 91)*.
IV. Das Urteil ist vorläufig vollstreckbar *(§ 708 Nr. 2)*.

Anmerkung: Da der Einspruch kraft Gesetzes zwingend verworfen werden muss, und zwar unabhängig davon, ob die Klage erweitert wird oder nicht, stellt sich im Hinblick auf diese gesetzliche Vorgabe auch nicht die Frage, ob nun unzulässige Teilurteile (vgl. § 301 I 2) entstehen. Jedenfalls geht § 345 als Sonderregelung vor.

Abwandlung: Wird hingegen die Klageforderung, über die das 1. VU ergangenen ist, nach Einspruch *ausgewechselt* (z. B. statt der titulierten € 20000,– für Sachschaden nach Unfall, den die Versicherung nach Erlass des VU bezahlt hat, nunmehr Schmerzensgeld von € 12000,–), und ist B im Einspruchstermin säumig, so ergeht wegen Nichtidentität der Streitgegenstände kein 2. VU gem. § 345, sondern bei zulässiger, weil sachdienlicher Klageänderung und Schlüssigkeit der neuen Klageforderung (§ 331 II) ein erneutes *erstes* VU (§ 331), das gemäß § 343 das frühere VU in Höhe von € 12000,– aufrecht erhält, im Übrigen aufhebt und die Klage abweist. Ebenso ist zu verfahren (also nur erneutes 1. VU), wenn nach Einspruch die Klage durch Parteiwechsel gegen einen *neuen Beklagten* gerichtet wird (z. B. statt gegen die GmbH nunmehr gegen den Alleingesellschafter) und dieser im Einspruchstermin säumig ist (OLG Karlsruhe NJW-RR 93, 383; Zöller § 345, 6).

5. Erledigungserklärung des Klägers erstmals im Einspruchstermin 20.43

Beispiel: K erwirkte gegen B ein VU auf Zahlung von € 30000,–. Nach Einspruch beglich B (oder dessen Versicherung) vorbehaltlos die Klageforderung. Im Einspruchstermin ist B erneut säumig, K erklärt dort die Hauptsache für erledigt und beantragt den Erlass eines 2. VU gem. § 345.

Nach h. M. ist die Erledigungserklärung des Klägers erstmals im Säumnistermin und Erlass eines 1. VU hierüber ohne Verstoß gegen § 335 I Nr. 3 möglich, da der Erledigungsantrag ein Weniger i. S. v. § 264 Nr. 2 darstellt und § 335 I Nr. 3 nicht die vorherige Mitteilung eines i. S. v. § 264 Nr. 2 ermäßigten Antrags fordert, näheres Rn. **11.**19. Das gilt auch für das 2. VU gem. § 345. Es ergeht daher (KG MDR 99, 185):

ZWEITES VERSÄUMNISURTEIL

I. Der Einspruch des Beklagten gegen das VU vom ... wird mit der Maßgabe verworfen, dass der Rechtsstreit in der Hauptsache erledigt ist (oder: in Höhe eines Teilbetrages von ... erledigt ist).

§ 21 Das Mahnverfahren

Das Mahnverfahren, §§ 688 ff., hat in der Praxis eine große Bedeutung. Es gibt dem Antragsteller die Möglichkeit, bei passivem Verhalten des Gegners (kein Widerspruch oder Einspruch) zu einem Vollstreckungstitel, dem Vollstreckungsbescheid, §§ 700, 794 I Nr. 4 zu gelangen, ohne die Beschwerlichkeit und die längere Dauer eines streitigen Verfahrens hinnehmen zu müssen. Viele Gläubiger „probieren" daher erst einmal, auf diesem bequemeren Weg zum Titel zu kommen. Legt allerdings der Antragsgegner Widerspruch gegen den Mahnbescheid (§ 694) oder Einspruch gegen den Vollstreckungsbescheid (§§ 700 I, 338) ein, so beginnt jetzt erst (nach Abgabe, §§ 696, 700 III) das streitige Urteilsverfahren: Das gesamte Verfahren dauert dann also länger als bei normaler Klageerhebung (§ 253), nämlich um die Dauer des vorgeschalteten Mahnverfahrens. Zum Verfahrensablauf siehe nachfolgende Gesamtübersicht. Zu deren Erläuterung folgender 21.01

einführender Fall:

G aus Garmisch und S aus Stuttgart hatten in München einen PKW-Unfall. G will seinen Schadensersatz in Höhe von € 15 000,– im Mahnverfahren geltend machen, eine etwaige mündliche Verhandlung solle in München stattfinden, da G dort berufsbedingt tagsüber ist.

Hierzu muss er bei dem für ihn ausschließlich (§ 689 III) zuständigen zentralen Mahngericht (alle Bundesländer haben von der Ermächtigung in § 689 III Gebrauch gemacht, s. Übersicht bei ThP § 689, 7; für Bayern: AG Coburg) einen **Mahnantrag** stellen mit dem Inhalt des § 690. Darin muss er insbesondere, damit ein späterer VB materielle Rechtskraft erlangen kann, gem. § 690 I Nr. 3 den behaupteten **Anspruch** kurz nach Sachverhalt und Daten so **individualisieren,** dass in Abgrenzung von anderen Streitgegenständen eindeutig festgestellt werden kann, worüber entschieden wurde (ThP 9; Zöller 14 zu § 690).

Weiter muss er gem. § 690 I Nr. 5 das **für ein streitiges Verfahren (Urteilsverfahren) zuständige Gericht bezeichnen.** Das kann ein örtlich bzw. sachlich ausschließlich zuständiges Gericht (z. B. § 29a), der allgemeine Gerichtsstand des Beklagten (§§ 12, 13) oder ein Wahlgerichtsstand sein (hier: München, §§ 32, 35).

Nach Widerspruch (bzw. Einspruch) wird das Verfahren gem. § 696 I (§ 700 III) direkt und ohne Zuständigkeitsprüfung an das von G als im Wahlgerichtsstand zuständige LG München I **abgegeben.** Das Gesetz ermöglicht noch eine weitere Flexibilität: vor der Abgabe können die Parteien übereinstimmend auch ein anderes, als das von G zunächst benannte Gericht als künftiges Streitgericht benennen (z. B. wegen Umzugs des G oder S etwa: Nürnberg) an das dann *vorrangig* und ohne Zuständigkeitsprüfung abgegeben wird (§ 696 I 1).

Das Gericht, das die abgegebene Sache erhält, ist durch diese Abgabe nicht gebunden, § 696 V (§ 700 III). Eine (Weiter-)Verweisung (nunmehr ist sie aber bindend, § 281 II) ist also möglich, für den ASt aber nicht mehr zwecks Aufsuchung eines Wahlgerichtsstandes, denn diese Wahl (§ 35) ist mit der freien Gerichtsstandsbestimmung im Mahnantrag verbraucht (BGH NJW 93, 1273; ThP § 696, 24).

Das Streitgericht (hier: LG München I) fordert nun den ASt zur **Anspruchsbegründung** binnen 2 Wochen auf, § 697 I (§ 700 III S. 2). Hierbei differenziert das Gesetz: geht nach Widerspruch gegen einen **MB** die Anspruchsbegründung nicht ein, so ruht das Verfahren bis zu einem Terminsantrag des Beklagten (§ 697 III), war aber schon ein **VB** ergangen, so ist nach Einspruch auch ohne Anspruchsbegründung unverzüglich Termin anzuberaumen (§ 700 V).

Nach Eingang der Anspruchsbegründung hat das Gericht **wie nach Eingang einer Klage** weiter zu verfahren (§§ 697 II, 700 IV), also zwischen dem Verfahren mit dem frühen ersten Termin oder dem schriftlichen Vorverfahren zu wählen, es kann auch entsprechende Erwiderungsfristen setzen, wobei die damit ermöglichte analoge Anwendung der präklusionsrelevanten Fristen (z. B. §§ 275 I S. 1, 276 I S. 2, jeweils mit Belehrung gem. § 277 II) auch zur analogen Anwendung der Präklusionsvorschrift § 296 I, ohne Fristsetzung zu § 296 II führt. Kurz: das gesamte Präklusionsrecht des § 296 ist infolge dieser Gleichbehandlung analog anwendbar.

Siehe hierzu die **Übersicht** S. 248/249.

I. Verfahren nach Widerspruch gegen Mahnbescheid

1. Der Widerspruch, § 694

21.02 **Form:** Schriftlich (i. d. R. unter Benutzung des Vordrucks, der dem Antragsgegner zugleich mit dem MB zugestellt wird).

Frist: 2 Wochen (§ 692 I Nr. 3, beim ArbG 1 Woche, § 46a III ArbGG). Danach noch, wenn der VB noch nicht verfügt ist (§ 694 I).

21.03 **Verspäteter Widerspruch: § 694 II**

Beispiel: Ist der VB am Vormittag von der Geschäftsstelle in den Postauslauf gegeben worden, geht der Widerspruch erst am Nachmittag, also verspätet (§ 694 I) ein, so ist der Widerspruch nicht etwa als gegenstandslos zu behandeln oder als unzulässig zu verwerfen (wie bei Verspätung von Einspruch und Berufung). Er wird vielmehr als „Einspruch" gegen den jetzt bestehenden VB behandelt, § 694 II. Das Verfahren wird also an den Prozessrichter abgegeben, § 700 III, der nun wie bei Einspruch gegen ein erstes Versäumnisurteil verfährt.

§ 694 II findet analoge Anwendung, wenn der Widerspruch rechtzeitig eingegangen ist (z.B. am Vormittag), aber vor Erlass des VB (z.B. nachmittags) dem RPfl. noch nicht vorgelegen hat (ThP § 694, 9).

2. Die Abgabe

Wird nach Widerspruch Antrag auf Durchführung des streitigen Verfahrens gestellt (erfolgt i.d.R. schon vorsorglich im Mahnantrag, § 696 I S. 2), so gibt der bisher zuständige Rechtspfleger das Verfahren von Amts wegen an das Streitgericht ab, §§ 696 I, 700 III. 21.04

Die Abgabe beendet das Mahnverfahren, die Parteien (bisher Antragsteller und Antragsgegner) werden **Kläger** und **Beklagter** (ThP § 696, 7). **Das Urteilsverfahren beginnt.**

Die Abgabe erfolgt **zwingend,** unanfechtbar, von Amts wegen und ohne jede Zuständigkeitsprüfung an das Streitgericht, das im MB bzw. (dann vorrangig zu beachten) von beiden Parteien vor Abgabe übereinstimmend bezeichnet worden ist, §§ 696 I, 700 III. Da es an einer Zuständigkeitsprüfung fehlt, ist die **Abgabe nicht bindend,** § 696 V, und daher auch von einer echten *Verweisung* (§ 281) klar zu trennen.

Das nach Abgabe zunächst befasste Gericht kann daher noch gemäß § 281 auf **Antrag** des Klägers an ein anderes Gericht verweisen; erst **diese** Verweisung ist jetzt bindend, § 281 II.

3. Die Rechtshängigkeit

In Parallele zu dem mit Klageschrift eingeleiteten Rechtsstreit (§ 253) sind auch beim Mahnverfahren **3 Etappen** zu unterscheiden:

a) Vorwirkung der Einreichung, § 167   21.05

Schon die Einreichung des MB-Antrags, nicht erst Erlass und Zustellung des MB, bewirkt gem. § 167 (ThP § 693, 2):
- **Hemmung der Verjährung** (§ 204 I Nr. 3 BGB)
- **Fristwahrung**
  Gemeint sind hier aber nur solche Fristen, die nur durch Klageerhebung oder vergleichbare gerichtliche Geltendmachung gewahrt werden können, z.B. §§ 3ff. AnfG, vgl. § 7 I AnfG. Nicht z.B. § 121 BGB (ThP § 167, 3, 5).

Voraussetzung ist dabei aber stets, dass die Zustellung des MB „demnächst" erfolgt. Demnächst = angemessene, auch längere Frist, sofern der Antragsteller alles ihm Zumutbare für eine demnächstige Zustellung getan hat (BGHZ 168, 306; ThP § 167, 10ff.).

b) Anhängigkeit: § 696 I S. 4 (§ 700 III S. 2)   21.06

Mit Zugang der Akten nach Abgabe ist das Mahnverfahren beendet und das Urteilsverfahren anhängig.

c) Rechtshängigkeit   21.07

Die ZPO differenziert, ob es zum Erlass eines VB kommt oder nur zu einem MB: Ergeht mangels rechtzeitigen Widerspruchs ein **VB,** so tritt gemäß § 700 II Rechtshängigkeit rückwirkend (Fiktion) ein mit Zustellung des MB. Kommt es wegen recht-

§ 21 Das Mahnverfahren

zeitigen Widerspruchs nur zum Erlass eines **MB,** so sind im Hinblick auf § 696 III zwei Fälle zu unterscheiden:

(1) **Die Abgabe erfolgt alsbald nach Widerspruch (§ 696 III):**

Die Rechtshängigkeit wird per Fiktion zurückdatiert auf die Zustellung des MB.

„Alsbald" = wie „demnächst" i. S. v. § 167 (allg. M, vgl. ThP § 696, 12). Der ASt muss also unverzüglich nach Mitteilung über den Widerspruch den Antrag auf Durchführung des streitigen Verfahrens stellen (erfolgt i. d. R. schon im MB-Antrag, vgl. § 696 I S. 2) und die restlichen 2½ Gerichtsgebühren gemäß KV 1210 einzahlen, sonst wird nicht abgegeben, vgl. § 12 III S. 3 GKG. Zum Erlass des MB musste nur eine halbe Gebühr entrichtet werden, KV 1100.

(2) **Die Abgabe erfolgt nicht „alsbald":**

Die Rechtshängigkeit tritt ein mit Vollzug der Abgabe, also Zugang der Akten beim Streitgericht. Anhängigkeit (§ 696 I S. 4) und Rechtshängigkeit fallen hiernach stets zusammen (h. M., BGHZ 179, 329; Zöller 5; ThP 13 zu § 696).

II. Verfahren nach Einspruch gegen Vollstreckungsbescheid

1. Der Vollstreckungsbescheid, §§ 699, 700

21.08   Der VB ergeht nur auf **Antrag,** der frühestens nach Ablauf der Widerspruchsfrist, spätestens 6 Monate nach Zustellung des MB (sonst verfällt dieser, § 701) gestellt werden kann, §§ 699 I S. 2, 701.

Damit zwischenzeitliche Teilzahlungen des Schuldners auf den MB berücksichtigt werden können, muss der Antrag die Erklärung enthalten, ob und welche Zahlungen auf den MB geleistet worden sind, § 699 I.

Wirkung:

21.09   Der VB ist einem **technisch ersten Versäumnisurteil** (§ 331) gegen den Beklagten voll gleichgestellt. Daher Vollverweisung in § 700 I auf §§ 331 ff.

2. Verfahren nach Einspruch, § 700 III

Siehe dazu zunächst noch einmal die Gesamtübersicht S. 248/249.

21.10   Daraus wird ersichtlich, dass das Verfahren nach Einspruch im Wesentlichen ebenso abläuft wie das Verfahren nach Widerspruch gegen MB. Das hat seinen Grund darin, dass §§ 700 I, III, 342 eine Rückversetzung anordnen in die Lage vor Erlass des VB. Konsequent daher die Verweisungen in § 700 III auf die Bestimmungen des Mahnverfahrens.

Die Abgabe erfolgt hier allerdings sofort v. A. w., also ohne vorherigen Antrag auf streitiges Verfahren, § 700 III S. 1 (es liegt ja schon ein Titel vor!). Anders bei Widerspruch gegen MB, § 696 I. Die Abgabe erfolgt automatisch, also ohne Prüfung, ob der Einspruch überhaupt zulässig ist.

3. Säumnis des Beklagten im Einspruchstermin

Das Gericht muss bei zulässigem, kann bei unzulässigem Einspruch Termin zur mündlichen Verhandlung anberaumen, §§ 700 I, 341a.

Kommt es zu einem solchen Einspruchstermin, ist zu differenzieren:

a) Der Einspruch ist unzulässig 21.11

Beispiel: Das AG hat antragsgemäß VB erlassen, den K im Parteibetrieb über einen Gerichtsvollzieher hat zustellen lassen, §§ 699 IV, 192 (der Regelfall ist allerdings die Amtszustellung). Hiergegen legt B am 20.6. Einspruch ein. Da K weder die Zustellungsurkunde zum VB vorgelegt noch den Zustellungstag mitgeteilt hat, kann der Richter die Zulässigkeit des Einspruchs nicht prüfen und ggfls. im Bürowege gemäß §§ 700 I, 341 II verwerfen. Es beraumt daher E-Termin gemäß § 341a an, zu dem aber B trotz ordnungsgemäßer Ladung unentschuldigt ausbleibt. K legt im E-Termin die Zustellungsurkunde vor, wonach der VB am 1.6. zugestellt worden ist. K beantragt, den E zu verwerfen. Entscheidung?

(1) Zweites Versäumnisurteil gemäß §§ 700, 345?
§ 345 setzt wegen § 341 I 2 einen **zulässigen** Einspruch voraus (ThP § 345, 1; Zöller § 345, 3). Der Einspruch des B ist unzulässig, da die am 1.6. beginnende E-Frist von 2 Wochen (§§ 700 I, 339) am 20.6. bereits abgelaufen war. Die Verwerfung eines *unzulässigen* Einspruchs durch ein 2. VU gemäß § 345 ist also unstatthaft.

(2) Streitiges Endurteil, § 341 I S. 2
Nach allg. M muss die Verwerfung hier durch streitiges Endurteil gemäß § 341 I S. 2 erfolgen (ThP § 700, 20). Denn § 341 I S. 2 schreibt Verwerfung des unzulässigen Einspruchs wegen dessen Unzulässigkeit, also ungeachtet einer Säumnis vor.

b) Der Einspruch ist zulässig 21.12

Beispiel: Das AG hat am 1.3. antragsgemäß MB über € 4000,– erlassen. Am Vormittag des 1.4. geht der Widerspruch des B in der allgemeinen Posteinlaufstelle der örtlichen Justizbehörden ein, der Rechtspfleger erlässt in Unkenntnis davon am Nachmittag des 1.4. den VB. Die 2wöchige Widerspruchs-Frist (§ 692 I Nr. 3) war längst abgelaufen. Der Rechtspfleger erhält den Widerspruch am 2.4. und gibt das Verfahren gem. §§ 700 III, 694 II sogleich an den Prozessrichter ab, der Einspruchstermin gemäß §§ 700 I, 341a anberaumt, zu dem B trotz ordnungsgemäßer Ladung nicht erscheint. Die dem B rechtzeitig vor dem Termin zugestellte Anspruchsbegründung (§ 697) ergibt, dass die Klage zulässig und schlüssig ist. K beantragt, den Einspruch durch 2. Versäumnisurteil zu verwerfen, hilfsweise, den B durch erstes Versäumnisurteil zu verurteilen. Entscheidung?

(1) Verwerfung gemäß §§ 700 VI, 345 durch ein zweites Versäumnisurteil?
Geht ein VB voraus, so hat ein 2. VU gemäß § 345 nach h.M. die folgenden Voraussetzungen (BGHZ 73, 87; ThP 21; Zöller 14 zu § 700):

- **Zulässiger Einspruch** (wegen § 341 I 2)
  Hier: § 694 II analog für rechtzeitigen (§ 694 I), aber verspätet erkannten Widerspruch (BGH NJW 83, 633).
- **Säumnis des B**
  Hier: rechtzeitige Ladung etc. (§ 335): (+)
- **Zulässigkeit und Schlüssigkeit der Klage, § 700 VI**
  Hier: (+)
- **Verfahrensrechtlich ordnungsgemäß ergangener VB**
  Diese Überprüfungspflicht ist zwar weder in § 345 noch in § 700 VI ausdrücklich erwähnt. Nach h.M. ergibt sich die Prüfungspflicht jedoch sinngemäß aus § 700 VI, da es klarer Zweck der Vorschrift ist sicherzustellen, dass vor der folgenschweren (§ 514 II) Verwerfung der VB wenigstens einmal von einem *Richter* geprüft wird (BGHZ 73, 92; ThP § 345, 3; 700, 21).
  Hier: Der VB ist verfahrensmäßig unzulässig ergangen, da vor seinem Erlass, also rechtzeitig, Widerspruch gegen den MB eingelegt worden war. Maßgebend war der Einlauf des Widerspruchs bei der Posteinlaufstelle, nicht erst die Vorlage beim RPfl, vgl. oben Rn. **21.03**.
  Ein technisch zweites VU gemäß § 345 als Strafe für abermalige Säumnis ist unstatthaft, da schon die erste Säumnisbestrafung durch VB unstatthaft war.
  Beachte weiter: Würde das AG gleichwohl nun ein 2. VU gemäß § 345 erlassen, kann die Berufung hiergegen (§ 514 II) auch auf die Unzulässigkeit des vorangegangenen VB gestützt werden. BGHZ 112, 367, 371: weite Auslegung des Begriffs „Fall der Säumnis", damit der Prüfungsumfang des Einspruchsrichters (§§ 700 VI, 345) mit dem des Berufungsrichters (§ 514 II) übereinstimmt. Siehe auch oben Rn. **20.41** a. E.

(2) Demnach bleibt nur die Sanktion für die jetzige, erstmalige Säumnis, also nur ein **technisch erstes VU** (§ 331), das wegen §§ 343 S. 1, 700 I den VB aufrecht erhält.

§ 21 Das Mahnverfahren

21.13 **Übersicht zum Verfahrensablauf**

Zur Erläuterung diene das vorstehende Beispiel: Antragsteller wohnt in Garmisch, Antragsgegner in Stuttgart, Wahlgerichtsstand (Unfallort § 32 ZPO) ist München. MB = Mahnbescheid; VB = Vollstreckungsbescheid

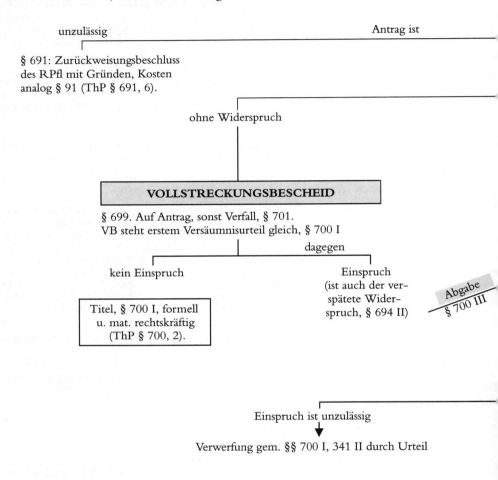

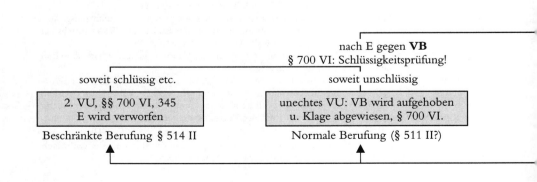

II. Verfahren nach Einspruch gegen Vollstreckungsbescheid

Mahnantrag:
Voraussetzungen: §§ 690, 691
- Ausschließlich zuständiges zentrales Mahngericht (§ 689 III) hier AG Coburg.
- Gemäß § 20 Nr. 1 RPflG ist der RPfl funktionell zuständig. Dieser prüft nur, ob der Antrag zulässig, nicht auch, ob er schlüssig ist, vgl. § 692 I Nr. 2.

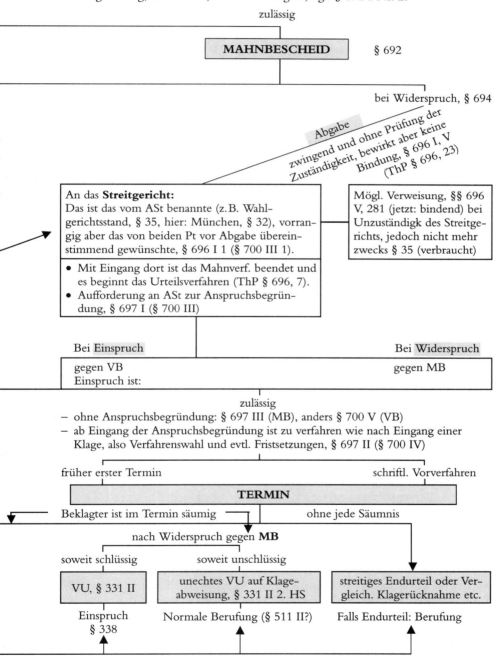

zulässig

MAHNBESCHEID § 692

bei Widerspruch, § 694

Abgabe
zwingend und ohne Prüfung der Zuständigkeit, bewirkt aber keine Bindung, § 696 I, V (ThP § 696, 23)

An das **Streitgericht**:
Das ist das vom ASt benannte (z.B. Wahlgerichtsstand, § 35, hier: München, § 32), vorrangig aber das von beiden Pt vor Abgabe übereinstimmend gewünschte, § 696 I 1 (§ 700 III 1).
- Mit Eingang dort ist das Mahnverf. beendet und es beginnt das Urteilsverfahren (ThP § 696, 7).
- Aufforderung an ASt zur Anspruchsbegründung, § 697 I (§ 700 III)

Mögl. Verweisung, §§ 696 V, 281 (jetzt: bindend) bei Unzuständigk des Streitgerichts, jedoch nicht mehr zwecks § 35 (verbraucht)

Bei Einspruch gegen VB
Einspruch ist:

Bei Widerspruch gegen MB

zulässig
- ohne Anspruchsbegründung: § 697 III (MB), anders § 700 V (VB)
- ab Eingang der Anspruchsbegründung ist zu verfahren wie nach Eingang einer Klage, also Verfahrenswahl und evtl. Fristsetzungen, § 697 II (§ 700 IV)

früher erster Termin   schriftl. Vorverfahren

TERMIN

Beklagter ist im Termin säumig   ohne jede Säumnis
nach Widerspruch gegen **MB**

soweit schlüssig   soweit unschlüssig

VU, § 331 II | unechtes VU auf Klageabweisung, § 331 II 2. HS | streitiges Endurteil oder Vergleich. Klagerücknahme etc.

Einspruch § 338   Normale Berufung (§ 511 II?)   Falls Endurteil: Berufung

DAGEGEN

§ 22 Die Drittwiderspruchsklage, § 771

22.01 Sie ist eine **prozessuale Gestaltungsklage:** dem Titel wird die Vollstreckungsfähigkeit *in* einen bestimmten Gegenstand genommen. Das obsiegende Urteil führt über **§§ 775 Nr. 1, 776** zur Einstellung der Zwangsvollstreckung und zur Aufhebung der Vollstreckungsmaßnahme.

Der Kläger kann mit Klageerhebung gemäß **§§ 771 III, 769** flankierend beantragen, die Zwangsvollstreckung einstweilen – gegen oder ohne Sicherheitsleistung – einzustellen, das obsiegende Urteil kann dies im Tenor anordnen, §§ 771 III, 770.

Materiellrechtliche Herausgabeklagen, etwa aus § 985 BGB, sind während der Dauer der Zwangsvollstreckung unstatthaft.

Hierzu als zusammenfassender

22.02 Fall: Die anfechtbare Vermögensverlagerung auf die Ehefrau

> M betreibt auf dem von V gemieteten Gelände ein Fuhrunternehmen in Hamburg. Wegen erheblicher Verbindlichkeiten aus Ankauf und Wartung seiner Lkw, sowie großer Steuerschulden überträgt er aus Sorge, alles zu verlieren, mit schriftlichem Vertrag vom 1.1. seinen aus 5 Lkw bestehenden Fuhrpark, woraus im Wesentlichen sein Vermögen besteht, auf seine in alles eingeweihte Ehefrau F, die ihm die Weiterbenutzung der Lkw gestattet.
>
> Da M auch seine Miete bei V von monatlich € 5000,– seit 1.3. nicht mehr gezahlt hat, erwirkt V vor dem LG Hamburg am 10.6. ein rechtskräftiges Anerkenntnisurteil gegen M über € 15 000,–, aus dem er sogleich vollstreckt, indem er den besterhaltenen Lkw des Fuhrunternehmens, einen Mercedes im Verkehrswert von € 90 000,– durch den Gerichtsvollzieher pfänden und auf einen Verwahrplatz bringen lässt.
>
> 1. Kann F gegen V auf Herausgabe gemäß § 985 BGB klagen?
> 2. F erhebt Drittwiderspruchsklage gem. § 771 gegen V. Dieser beantragt Klageabweisung, da F wegen Gläubigerbenachteiligung nicht Eigentümerin geworden, jedenfalls aber deswegen zur Duldung der Zwangsvollstreckung verpflichtet sei, schließlich habe er, V, im Pfändungspfandrecht und im Vermieterpfandrecht das bessere Recht. Wie ist zu entscheiden?
> 3. Wie ist bei Frage 2 zu entscheiden, wenn die Übertragung des Fuhrparks schon vor 5 Jahren und ohne Kenntnis der F von der Absicht des M, seine Gläubiger zu benachteiligen, erfolgt war?

Frage 1: § 985 BGB

22.03 Eine materiellrechtliche Herausgabeklage aus BGB § 985 (ebenso aus §§ 861, 1007, 812 BGB) ist für die Dauer der Zwangsvollstreckung **unstatthaft,** also unzulässig, da sie sonst die auf den Besitz angewiesene Durchführung der Zwangsvollstreckung unterlaufen würde. Der Dritte (F) ist auf §§ 771, 766 beschränkt (BGH NJW 89, 2542; ThP 4; Zöller 1 zu § 771).

Frage 2: § 771 ZPO

22.04 (I) Zulässigkeit

(1) Ordnungsmäßigkeit der Klageerhebung, §§ 253 II, 78 I. Klageantrag: „Die ZwV aus ... *in* ... wird für unzulässig erklärt."

(2) Ausschließliche örtliche Zuständigkeit (§§ 771, 802): Hamburg.

(3) Sachliche Zuständigkeit: § 6. Maßgebend ist der Betrag der Forderung, für die gepfändet wurde, nicht der – wie hier – höhere Wert des gepfändeten Gegenstands (ThP § 771, 25). Zuständig also das LG, § 71 I GVG.

(4) Das Rechtsschutzbedürfnis besteht, da die Zwangsvollstreckung begonnen hat und noch nicht beendet ist, ThP § 771, 10, 11 (Hinweis: bei Pfandfreigabe entfällt das Rechtsschutzbedürfnis und ist die Hauptsache erledigt, ThP § 771, 23).

§ 22 Die Drittwiderspruchsklage, § 771   251

(II) **Begründetheit**
Die Klage aus § 771 ist begründet, wenn erstens F ein **Recht** i. S. v. § 771 I hat und zweitens **keine Einwendungen** bestehen, die F also die Zwangsvollstreckung nicht aus anderen Gründen dulden muss (ThP 14 ff.; Zöller 14, 15; Musielak 11 zu § 771).

(1) Ein die **Veräußerung hinderndes Recht** der F (Aktivlegitimation)   22.05
Zum Begriff BGHZ 55, 26: ein solches Recht hat der Dritte (F), wenn der Vollstreckungsschuldner (M), würde *er* den Gegenstand veräußern, in den Rechtskreis des Dritten eingreifen würde und deshalb der Dritte den Schuldner (M) hindern könnte zu veräußern.

Ein solches Recht ist das Eigentum. F müsste es wirksam von M erworben haben:
(a) Rechtsbegründend (Beweislast bei F): Voraussetzungen von §§ 929, 930 BGB. Hier: (+)
(b) Rechtshindernd (Beweislast bei V, Musielak § 771, 14): § 138 BGB, der aber bei Gläubigerbenachteiligung gegenüber §§ 3, 4 AnfG subsidiär ist wegen der dort geregelten geringeren Rechtsfolgen (lediglich Anfechtbarkeit, auch bei Anfechtung keine Nichtigkeit). § 138 BGB ist daher erst anwendbar, wenn außerhalb des Anfechtungstatbestands liegende sittenwidrige Umstände hinzutreten, also noch Schlimmeres vorliegt, als von § 3 AnfG erfasst ist, was der beklagte V darlegen und beweisen muss (Palandt § 138, 15, 23), hier aber nicht kann.

(2) **Einwendungen** des Beklagten V.   22.06
Hinweis: Hier liegen oft zentrale Probleme der Klausur! Prägen Sie sich den Aufbau und die 4 wichtigsten Einwendungen ein.

Der Klage aus § 771 steht der Einwand der unzulässigen Rechtsausübung (§ 242 BGB) entgegen, wenn der Kläger interveniert, obwohl er **materiellrechtlich selbst** für die titulierte Forderung haftet (z. B. als Bürge), oder der beklagte Vollstreckungsgläubiger ein **„besseres Recht"** am gepfändeten Gegenstand hat, etwa ein vor dem Erwerb durch den Dritten erworbenes gesetzliches oder vertragliches Pfandrecht oder ein Pfändungspfandrecht, oder der Kläger wegen der Einrede des Beklagten aus § 9 AnfG die Zwangsvollstreckung dulden muss, weil er sein Widerspruchsrecht aus § 771 durch ein anfechtbares Rechtsgeschäft erhalten hat (Musielak 32, 33; ThP 14a; Zöller 14, 15 zu § 771).

(a) **Materiellrechtliche Mithaftung** der Klägerin   22.07
Der Dritte (V) kann den Einwand unzulässiger Rechtsausübung erheben, wenn die Klägerin (F) materiellrechtlich selbst für die titulierte Forderung (V gegen M) haftet, etwa als persönlich haftende Gesellschafterin einer GbR, OHG, KG (§§ 128, 161 II HGB) oder als Bürgin (§ 765 BGB). Denn in diesen Fällen könnte der Dritte (V) auch Widerklage (gegen F) erheben, was ihm durch den Einwand erspart wird (Musielak 33; StJ 48, 49 zu § 771). Hier aber: (–).

(b) **Pfändungspfandrecht** des V?   22.08
Nach der herrschenden gemischten öffentlichrechtlich-privatrechtlichen Theorie (BGHZ 119, 87 ff.; Palandt Überbl. 4 vor § 1204), die wegen der Verweisung in § 804 II auf §§ 1204 ff. BGB neben der Verstrickung auch Schuldnereigentum voraussetzt, hat V dann ein Pfändungspfandrecht erworben, wenn der beim Vollstreckungsschuldner M gepfändete Lkw dessen Eigentum war (wie nicht) oder M gemäß § 1362 II BGB als dessen Eigentümer galt und F diese Vermutung im Prozess nicht widerlegen kann (Palandt § 1362, 10).

Zum Geschäftsbetrieb eines Ehegatten (M) gehörende Sachen fallen bei – wie hier – klarer räumlicher Trennung vom Eheberich unter § 1362 II BGB (h. M., Müko-BGB 29; Bamberger/Roth 14; Jauernig 5 zu § 1362; Musielak 5; Zöller 6 zu § 739).

Hier kann F die Vermutung aus § 1362 II BGB durch Vorlage des schriftlichen Übereignungsvertrages vom 1.1. widerlegen (V müsste im Gegenzug dessen Unwirksamkeit gem. §§ 138, 117, 119 ff. etc. BGB darlegen und beweisen, was er nicht kann).

V kann sich also nicht im Wege der Einwendung auf ein Pfändungspfandrecht berufen.

22.09 (c) **Vermieterpfandrecht** des V (§§ 578, 562 BGB)?
Der Lkw Mercedes müsste eingebrachte Sache des Mieters und Vollstreckungsschuldners M gewesen sein bei Entstehung der Mietzinsforderung. M hat aber schon am 1.1., also vor Entstehung des Mietrückstandes ab 1.3. den Lkw wirksam an F veräußert. Jedoch wiederum Eigentumsvermutung aus § 1362 II BGB für Eigentum des M (Palandt § 562, 8), die aber F widerlegen kann.

22.10 (d) Einrede des V aus **§ 9 AnfG**?
Die Geltendmachung der Gläubigeranfechtung kann auf zweierlei Weise erfolgen:

Durch **aktives** Vorgehen gemäß § 11 AnfG, also durch Erhebung einer Klage (gegen F) auf Duldung der Zwangsvollstreckung (Huber AnfG § 11, 17: F müsse sich so behandeln lassen, als ob der gepfändete Lkw noch zum Vermögen des Vollstreckungsschuldners M gehören würde). Diese Klage kann wegen § 2 AnfG erst erhoben werden, wenn der Gläubiger (V) zuvor gegen den Schuldner (M) einen vollstreckbaren Titel erlangt hat und die Zwangsvollstreckung daraus erfolglos ist oder zu sein scheint.

Sie kann aber auch **verteidigungsweise** erfolgen – so hier – durch Erhebung der Einrede gemäß § 9 AnfG, die spätestens bei der Entscheidung (hier: bzgl. § 771) einen endgültigen, also rechtskräftigen und vorbehaltlosen Titel (wie hier) voraussetzt (BGH NJW-RR 04, 1221; Huber AnfG § 9, 10).

Letzteres folgt aus § 14 AnfG, der sicherstellen will, dass die Rechtsfolgen nach dem AnfG nur eintreten, wenn der Gläubiger wirklich und endgültig zur Vollstreckung befugt ist. Im Detail: Während bei *aktivem* Vorgehen des Gläubigers durch *Klage* nach § 11 AnfG ein Vollstreckungstitel genügt, der nur vorläufig vollstreckbar ist oder einen Vorbehalt enthält, worauf dann das zu § 11 AnfG ergehende obsiegende Urteil einen Vorbehalt gem. § 14 AnfG erhält, ist bei nur *verteidigungsweisem* Vorgehen *per Einrede* nach § 9 AnfG – wie hier – ein solcher Vorbehalt nicht möglich, da die Einrede im Tenor des Urteils zu § 771 nicht mit einem Vorbehalt versehen werden kann. Im vorliegenden Fall ist dem genügt, da das Anerkenntnisurteil vorbehaltlos und rechtskräftig ist.

Die Erhebung der Einrede gem. § 9 AnfG kommt hauptsächlich bei der Drittwiderspruchsklage in Betracht, sie kann auf alle Anfechtungstatbestände (§§ 3, 4 AnfG) gestützt werden und führt bei Erfolg zur Abweisung der Drittwiderspruchsklage (Huber AnfG § 9, 3).

§ 3 AnfG: Absichtsanfechtung
§ 4 AnfG: Schenkungsanfechtung

Beide Tatbestände setzen eine objektive Gläubigerbenachteiligung voraus, die vom Standpunkt des *betreibenden* Gläubigers aus zu beurteilen ist, es kommt nicht darauf an, ob auch *andere* Gläubiger benachteiligt werden (Huber AnfG § 1, 33). Erforderlich ist die Feststellung einer besseren oder schnelleren Befriedigungsmöglichkeit ohne die angefochtene Rechtshandlung. Die Darlegungs- und Beweislast liegt beim anfechtenden Gläubiger (Huber AnfG § 1, 33, 34).

Diese obj. Gläubigerbenachteiligung liegt hier vor, da M das Wesentliche seines Vermögens auf F übertragen hat.

Obwohl auch § 3 I 1 AnfG erfüllt ist, wird sich V im Prozess vorwiegend auf den ebenfalls erfüllten Anfechtungsgrund aus § 4 AnfG stützen wegen der dort bestehenden geringeren Darlegungslast (kein subjektiver Tatbestand zur Gläubigerbenachteiligung, was sich aus der Schwäche des unentgeltlichen Erwerbs erklärt, Huber AnfG § 4, 11).

Die Klage der F ist daher wegen der erfolgreichen Einrede des V aus § 9 AnfG unbegründet. Es wird folgendes Endurteil ergehen:
 I. Die Klage wird abgewiesen.
 II. Die Klägerin trägt die Kosten des Rechtsstreits *(§ 91).*
 III. Das Urteil ist vorläufig vollstreckbar gegen Sicherheitsleistung des Beklagten in Höhe von 110% des jeweils beizutreibenden Betrags *(§ 709 S. 2).*

Anm. zu III: Der Kostenerstattungsanspruch richtet sich nach dem Streitwert, hier € 15 000,- (§§ 23 I RVG, 48 I GKG, 6 ZPO).

Frage 3: Begründete Klage aus § 771

Auch hier kann V aus denselben Gründen weder ein Pfändungspfandrecht, noch ein Vermieterpfandrecht einwenden. Es versagt hier aber auch die Einrede gemäß § 9 AnfG, da die Frist gem. § 4 AnfG verstrichen und § 3 I 1 AnfG mangels Kenntnis der F von der Benachteiligungsabsicht nicht erfüllt ist. Die Klage der F ist hier begründet und es ergeht Endurteil: **22.11**

 I. Die Zwangsvollstreckung aus dem Anerkenntnisurteil des LG Hamburg vom 10.6..., Aktenzeichen ... in den Lkw ... (Fahrgestell-Nr. etc.) wird für unzulässig erklärt.
 II. Der Beklagte trägt die Kosten des Rechtsstreits.
 III. Das Urteil ist vorläufig vollstreckbar, aus Ziff. I jedoch nur gegen Sicherheitsleistung in Höhe von € 15 000,- *(§ 709 S. 1),* aus Ziff. II nur gegen Sicherheitsleistung in Höhe von 110% des jeweils zu vollstreckenden Betrags *(§ 709 S. 2).*

Anm. zu III: Ziff. I ist, obwohl kein Leistungsurteil, ausnahmsweise sogar in der Hauptsache vorläufig vollstreckbar, da andernfalls die vollstreckungshemmende Wirkung nicht sofort über § 775 Nr. 1, sondern erst mit Rechtskraft eintreten könnte (vgl. oben Rn. 4.02, ThP § 767, 30). Streitwert gemäß RVG und GKG i.V.m. § 6 ist die beizutreibende Forderung von € 15 000,–, nicht der höhere Wert des Lkw. Da aus Ziff. I keine Geldvollstreckung möglich ist, kann nicht nach § 709 S. 2, sondern nur beziffert nach § 709 S. 1 tenoriert werden.
Für Ziff. II hingegen kann vereinfacht nach § 709 S. 2 tenoriert werden.

§ 23 Die Vorbereitung der mündlichen Verhandlung

I. Die vorgeschaltete obligatorische Güteverhandlung, § 278 II

Sie ist dem § 54 ArbGG nachgebildet, im Unterschied zur dortigen Güteverhandlung aber noch *nicht* Teil der mündlichen Verhandlung, sondern ihr vorschaltet, in ihr kann also z.B. (noch) kein Versäumnisurteil ergehen, es tritt kein Verlust des Rügerechts gem. § 39 ein. **23.01**

Eine getrennte Terminierung von Güteverhandlung und frühem ersten Termin/Haupttermin ist zwar möglich, aber ganz unzweckmäßig. Regelmäßig wird das Gericht zu *beiden* Elementen laden: zur Güteverhandlung *und* zur anschließenden streitigen mündlichen Verhandlung, wie das § 279 I 1 für den Regelfall auch vorsieht, was jedoch die Ladung der Parteien auch zur mündlichen Verhandlung voraussetzt (Zöller § 278, 10).

I.d.R. wird daher der frühe erste Termin bzw. der Haupttermin beginnen mit einem 1. Abschnitt, nämlich der vorgeschalteten Güteverhandlung, woran sich dann nach der

Protokollierung des Ergebnisses (§ 160 III Nr. 10) unmittelbar die streitige mündliche Verhandlung anschließt (§ 279 I 1). Nur dies ermöglicht, dass bei Nichterscheinen einer Partei zur Güteverhandlung (oder dem gleichgestellt entspr. § 333: deren Weigerung, sich zur Sache zu erklären, Zöller § 278, 20) im Anschluss an diesen sogleich ein VU ergehen kann (Zöller § 278, 10, 20).

In der reinen Güteverhandlung können die Parteien wirksam Prozesshandlungen vornehmen, sofern diese nicht bereits eine streitige mündliche Verhandlung voraussetzen (daher z.B. nicht Stellung von Sachanträgen, § 297, Verzicht § 306, Anerkenntnis § 307 I, Geständnis § 288). Wirksam jedoch z.B. Klagerücknahme, die ohne Einwilligung des Bekl., § 269 I Protokollierung gem. § 160 III Nr. 8 ersetzt die Schriftform gem. § 269 II, übereinstimmende Erledigungserklärung, Vergleich (vgl. Zöller § 278, 13).

II. Die zwei Verfahrensweisen: früher erster Termin und schriftliches Vorverfahren

Zur Vorbereitung der mündlichen Verhandlung stehen zwei Verfahrensweisen zur Wahl (§ 272 II):

das Verfahren mit *frühem ersten Termin* (**§ 275**)

das *schriftliche Vorverfahren* (**§ 276**)

Die Verfahrenswahl steht im freien, nicht nachprüfbaren **Ermessen** des Gerichts (unanfechtbar), BGHZ 86, 35.

23.02 **Verfahren mit frühem ersten Termin**

Der frühe erste Termin ist seiner Funktion nach **vollwertiger Verhandlungstermin, nicht etwa** ein mehr oder minder bedeutungsloser **Vorschalttermin** (BGHZ 88, 182; ThP § 272, 3 ff.).

Er hat zum Grundsatz in § 272 I (umfassende Vorbereitung, Erledigung in nur einem Termin) eine gewisse Sonderstellung: Einerseits gilt uneingeschränkt das Beschleunigungsgebot (der frühe erste Termin sollte nur gewählt werden, wenn er der größtmöglichen Beschleunigung dient), andererseits ist er von der Pflicht (!) zur umfassenden Vorbereitung entbunden. Er kann als umfassender Haupttermin ausgestaltet werden, muss dies aber nicht.

Infolgedessen kann der frühe erste Termin je nach Prozesslage entweder als Vorbereitungs- und Vorbesprechungstermin oder als einziger Haupttermin eingesetzt werden.

23.03 **Schriftliches Vorverfahren**

Hier unterbleibt zunächst eine Terminierung. Mit einer ersten Fristsetzung an den Beklagten zur Anzeige etwaiger Verteidigungsbereitschaft (§ 276 I 1) soll zunächst geklärt werden, ob die Sache überhaupt streitig werden wird (sich der Beklagte also überhaupt zur Wehr setzt). Bei Nichtanzeige (durch einen RA, § 276 II) kann gem. § 331 III ein VU ohne mündliche Verhandlung ergehen. Mit weiteren Fristsetzungen an Beklagten und Kläger wird bejahendenfalls der Prozessstoff gesammelt und durch jeweils rechtzeitige Hinweise des Gerichts (§ 139 IV), sowie durch vorbereitende Maßnahmen (§§ 273, 358a) gezielt für den (einzigen) Haupttermin vorbereitet.

Dieses Verfahren mit umfassender Vorbereitung und anschließendem (tunlichst einzigem) Haupttermin **hat Bezüge zum Strafprozess.** Dieses Verfahren wird unter Beachtung des Beschleunigungsgebots (§ 272 I) nur in Betracht kommen, wenn der Prozessstoff auch solcher umfassender und zeitaufwändiger Vorbereitung bedarf (etwa im Arzthaftungs- oder einem Bauprozess).

Gesamtübersicht

23.04

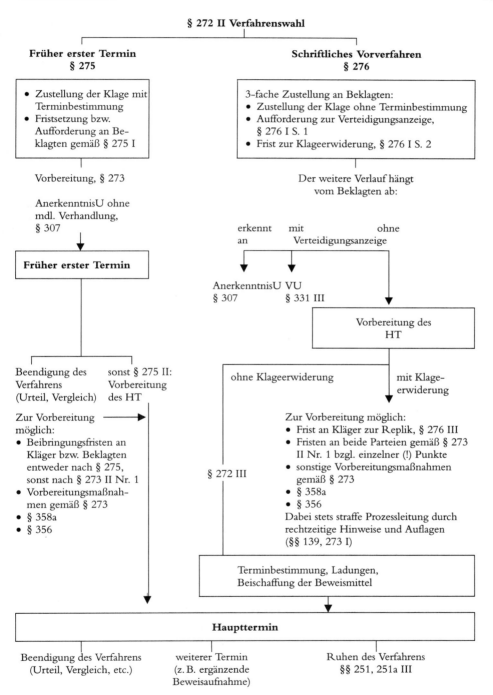

§ 24 Die mündliche Verhandlung

I. Der Grundsatz der notwendigen mündlichen Verhandlung

Der Grundsatz der notwendigen mündlichen Verhandlung (§ 128 I)

- **Gilt für**

24.01 – **Urteile:** grundsätzlich, § 128 I, IV.
Entscheidungsgrundlage ist ausschließlich der Inhalt der mündlichen Verhandlung, nicht auch der Akteninhalt (es sei denn, er ist durch Bezugnahme gem. § 137 III eingebunden), daher „notwendige" mündliche Verhandlung.
Hierher gehören auch die Fälle, in denen bei freigestellter mündlicher Verhandlung die mündliche Verhandlung angeordnet wird und daher durch Urteil statt durch Beschluss zu entscheiden ist, §§ 922 I 1, 936, 522 I.

Ausnahmen: § 128 II (schriftliches Verfahren mit auf 3 Monate befristeter Zustimmung der Parteien), § 307, § 331 III (Anerkenntnis- und Versäumnisurteil im schriftlichen Vorverfahren gem. § 276 I), § 341 II (Verwerfung eines unzulässigen Einspruchs nach einem ersten Versäumnisurteil gem. §§ 330, 331 oder einem VB, § 700 I), § 128 III (Schlussurteil lediglich über die Kosten, z. B. wenn nach einem Teilanerkenntnisurteil der Kläger die restliche Klage zurücknimmt, Zöller § 269, 19a).

24.02 – **Beschlüsse:** grundsätzlich nicht, §§ 128 III, IV
Hier gibt es die sog. freigestellte mündliche Verhandlung (§ 128 IV: „können"). Entscheidungsgrundlage ist im Unterschied zur notwendigen mündlichen Verhandlung auch der gesamte Akteninhalt (ThP § 128, 17).

Beispiele: Beschlüsse zur Prozessleitung gem. §§ 145 ff. (Verbindung, Trennung, Aussetzung), Entscheidung über die Beschwerde, § 572 IV.
Ausnahmen: § 320 III (Tatbestandsberichtigung), § 1063 II (Aufhebung eines Schiedsspruchs). Die Entscheidung ergeht durch Beschluss auf Grund notwendiger mündlicher Verhandlung.
Sonderfälle: In manchen Fällen der freigestellten mündlichen Verhandlung ist bei Wahl der mündlichen Verhandlung durch *Urteil*, ohne sie durch *Beschluss* zu entscheiden. Beispiele: Entscheidung über den Antrag auf Arrest und einstweilige Verfügung, §§ 922 I 1, 936.
Verwerfung einer unzulässigen Berufung, § 522 I (ThP § 522, 5). Wird hier mündliche Verhandlung angeordnet, steht sie einer notwendigen gleich und Entscheidungsgrundlage ist dann nur der Inhalt der mündlichen Verhandlung (ThP § 128, 16; § 922, 2; StJ § 922, 20 m. w. N.).

- **besagt zweierlei:**

Die notwendige mündliche Verhandlung ist

24.03 (1) **Entscheidungsvoraussetzung:** Ohne sie darf nicht entschieden werden. Das Versäumnisurteil macht davon keine Ausnahme, denn es ist Termin zur notwendigen mündl. Verhandlung anberaumt, und es findet eine (einseitige) mündliche Verhandlung statt.

24.04 (2) **Entscheidungsgrundlage: Nur,** aber auch ausnahmslos **alles** ist Entscheidungsgrundlage, was Gegenstand der mündl. Verhandlung wurde, wobei allerdings die Bezugnahmemöglichkeit gemäß § 137 III die Mündlichkeit (i. S. v. wörtlichem Vortrag) weitgehend verdrängt hat. Im Einzelnen:

nur, was Gegenstand wurde:
Der **Klageantrag** muss in der mündl. Verhandlung „**gestellt**" werden, was in aller Regel durch Bezugnahme (§ 297 II) auf die entspr. Schriftsätze erfolgt.

Weiter müssen **Sachvorträge** und **Beweisantritte** zumindest durch Bezugnahme (§ 137 III) eingeführt und **Beweismittel** zum Gegenstand der mündlichen Verhandlung gemacht werden (z. B. bei Urkunden durch Augenschein oder Bezugnahme, ThP 4 vor § 415).

Hierbei gilt nach der Rspr. als wesentliche Erleichterung und zur Vermeidung von Förmelei der **Grundsatz:**

> durch die Stellung der Anträge und anschließendes Verhandeln (= konkludente Bezugnahme gem. § 137 III, Zöller § 137, 3) wird der gesamte, bis zum Termin angefallene Akteninhalt zum Gegenstand der mündlichen Verhandlung gemacht (BGH NJW 04, 1876, 1879; 99, 2123; ThP § 137, 3; § 128, 6; Zöller § 137, 3. Vgl. oben Rn. **5.**04).

alles, was Gegenstand wurde: 24.05

Auch das nicht zuvor schriftsätzlich angekündigte aber dennoch gebrachte und auch das infolge Verspätung präkludierte Vorbringen (z.B. der verspätete und verzögerlich wirkende Beweisantrag, § 296 I; oder die gemäß § 267 nicht mehr zulässige Rüge der unzulässigen Klageänderung) ist Gegenstand der mdl. Verhandlung geworden. Die Nichtberücksichtigung ist mindestens in den Gründen der Endentscheidung zu begründen (es ist ja eine Entscheidung auf Grund mündlicher Verhandlung!), ThP § 128, 9.

- **Verstoß** gegen das Mündlichkeitsprinzip 24.06

  Beispiele: Verwertung von eingeholten Auskünften oder beigezogenen Akten, die den Parteien nicht zugänglich und nicht zum Gegenstand der mündlichen Verhandlung gemacht worden sind, Berücksichtigung klageerhöhender Anträge oder nicht nachgelassener (§ 283) Schriftsätze nach Schluss der mündlichen Verhandlung). Der Verstoß

  – ist **heilbar gemäß § 295 I,** da die Mündlichkeit gemäß § 128 II zur Disposition der Parteien steht (ThP § 128, 10);
  – kann gem. **§ 156** zur Wiedereröffnung der mdl. Verhandlung führen;
  – kann bei unanfechtbaren (z.B. § 542 II) oder unanfechtbar gewordenen Entscheidungen (z.B. vom Gehörsverstoß wird erst Kenntnis erlangt nach Ablauf der Einspruchs- oder Berufungsfrist, ThP 2, Zöller 5 zu § 321a) auf Gehörsrüge gem. **§ 321a** zur Abhilfe durch Fortsetzung des ursprünglichen Verfahrens führen. Die Gehörsrüge erfasst aber nicht nur Verstöße gegen § 128 I, sondern das rechtliche Gehör allgemein, also auch Fälle der Nichtberücksichtigung.

    Beispiel: Übergehen eines entscheidungserheblichen Beweisantrags, eines eingereichten, aber dem Richter nicht vorgelegten Schriftsatzes (Zöller § 321a, 9).
    Im fortgesetzten Verfahren hat das Gericht gem. § 321a V S. 3 (§ 343 analog) auszusprechen, ob das frühere Urteil aufrecht zu erhalten, oder unter dessen Aufhebung neu zu entscheiden ist (Musielak § 321a, 11).

  – ist, falls nicht geheilt, ein **wesentlicher Verfahrensmangel,** der in der Berufung gemäß § 538 II Nr. 1 auf Antrag zur Zurückverweisung führen kann.

II. Die Einheit der mündlichen Verhandlung

Die mündliche Verhandlung ist eine Einheit ungeachtet der Zahl der Verhandlungstermine.

Arg.: Fehlen einer dem § 229 IV StPO entsprechenden Verfallbestimmung, sowie § 286: „gesamter Inhalt der Verhandlungen" ist Grundlage des Urteils.

Es gilt der Grundsatz der *Gleichwertigkeit* aller Verhandlungstermine: **Was einmal als** 24.07
Prozessstoff in einem der Termine in den Prozess eingeführt wurde, bleibt automatisch Prozessstoff in allen folgenden Terminen, sofern es nicht wirksam (!) wieder herausgenommen wird, z.B. durch Fallenlassen der Behauptung, Teil-Klagerücknahme.

Einer Wiederholung bedarf es selbst bei längerem Verfahrensstillstand nicht, die ZPO hat keine dem § 229 StPO entsprechende Vorschrift.

Beispiel: Der Beklagte hat in der Klageerwiderung die Verzugsvoraussetzungen bezüglich der geforderten Verzugszinsen bestritten und sich im 1. Termin gemäß § 137 III auf seinen Erwiderungsschriftsatz bezogen. Dieses damit in den Prozess wirksam eingeführte Bestreiten bleibt uneingeschränkt erhalten, auch wenn in den folgenden Beweisaufnahmeterminen zur Hauptsache die Zinsforderung nicht mehr zur Sprache kommt und sodann Verkündigungstermin anberaumt wird. Der Beklagte braucht nicht in jedem Termin zu wiederholen, dass er „übrigens auch die Zinsforderung bestreite." Sein diesbezügliches Schweigen führt weder zum Verfall der Prozesserklärung mit dem nächsten Termin, noch zu einem konkludenten Außer-Streit-Stellen. Hat der Kläger keinen zulässigen Beweis angetreten, können infolge Fortwirkung des Bestreitens seitens des Beklagten Zinsen erst ab Rechtshängigkeit (BGB §§ 286 I S. 2, 288) unter Klageabweisung „im Übrigen" zugesprochen werden.

Auch der letzte Verhandlungstermin ist in diese Gleichwertigkeit der Termine einbezogen. Auf ihm liegt aber deswegen eine gewisse Betonung, weil dort der Prozessstoff seine letzte Formung erhalten kann und erhält (daher wird er auch im Rubrum erwähnt, s. Rn. **1.**11). Das darf aber nicht vom Grundsatz ablenken, dass der gesamte urteilsfähige Prozessstoff aus dem Inbegriff aller Termine besteht.

24.08 Der **Grundsatz der Einheit** der mündlichen Verhandlung **besagt insbesondere:**

- Klageanträge müssen grds. nur einmal und nicht etwa in jedem Termin oder nochmals nach Beweisaufnahme etc. gestellt werden: Da es nur eine mündliche Verhandlung gibt, wirkt die Prozesshandlung der Antragstellung fort bis zum Schluss der mündlichen Verhandlung.
- Behaupten, Bestreiten, Beweisantritte behalten, einmal wirksam in der mündlichen Verhandlung erfolgt, trotz etwaiger Terminhäufung ihre prozessuale Existenz.
  Zu beachten ist jedoch, dass diese Parteierklärungen *konkludent* geändert werden können, was z. B. nach einem eindeutigen Beweisergebnis der Fall sein kann. Im Zweifelsfalle hält die Partei aber ihr bestrittenes Vorbringen weiter aufrecht (der Instanzenzug ist ja noch nicht zu Ende).
- Fortwirkung unwiderruflicher Parteierklärungen, wie z. B. Anerkenntnis, Verzicht, Geständnis, Genehmigung der bisherigen Prozessführung des Postulationsunfähigen durch den Postulationsfähigen.
- Fortwirkung von Unterlassungskonsequenzen.
  Hauptfall: die rügelose Einlassung des Beklagten bei Unzuständigkeit des Gerichts (§ 39), bei Klageänderung (§ 267) und für beide Parteien bei verzichtbaren Verfahrensmängeln (§ 295 I).

  Eine gesetzliche Ausnahme enthält § 342 (Rückversetzung des Prozesses bei Einspruch): Im Säumnistermin vorgenommene Prozesshandlungen – darunter zählen auch Nichtrüge des Anwesenden bezüglich Unzuständigkeit (§ 39) und Unzulässigkeit der Klageänderung (§ 267) – verlieren infolge Rückversetzung ihre Wirkung wieder, im Einspruchstermin können die Rügen also wieder vorgebracht werden (ThP § 342, 2).

§ 25 Der Prozessvergleich

I. Übersicht zu Vergleichen bei Anhängigkeit eines Rechtsstreits

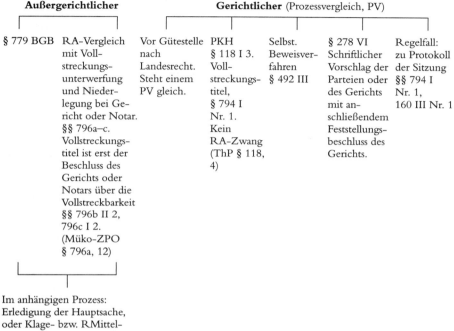

1. Der während eines anhängigen Prozesses geschlossene **außergerichtliche Vergleich** (§ 779 BGB) beendet den Rechtsstreit nicht unmittelbar, beeinflusst aber die Begründetheit der Klage, die sich jetzt nach der Regelung im Vergleich richtet. Hat sich der Kläger im Vergleich zur Klage-(Rechtsmittel-)Rücknahme oder Erledigungserklärung verpflichtet, so begründet dies für den Beklagten eine **prozessuale Einrede** gegen die Fortsetzung des Rechtsstreits. Bei vertragswidriger Fortsetzung ist daher die Klage (das Rechtsmittel) auf Einrede des Beklagten als unzulässig durch Prozessurteil abzuweisen (BGH NJW 02, 1503; RoSG § 130, 67) mit Kostenlast des (Berufungs-)Klägers, § 91 bzw. § 97 (BGH NJW 89, 39, 40).

25.01

Da der außergerichtliche Vergleich nicht zur Beendigung der Rechtshängigkeit führt, müssen die Parteien den Rechtsstreit übereinstimmend für erledigt erklären (ThP § 91a, 5) oder es muss die Klage (das Rechtsmittel) zurückgenommen werden, andernfalls wird das ruhende Verfahren nach der Aktenordnung nach 6 Monaten weggelegt.

Für die **Kostenregelung** gibt es **3 Möglichkeiten:** die Parteien können die Kostenverteilung frei vereinbaren (§ 98 S. 1, 2 HS 2 analog), andernfalls kommt die subsidiäre Kostenaufhebung analog § 98 zum Zuge (BGH NJW 09, 519; Müko-ZPO § 98, 33). In diesen beiden Fällen darf nach h. M. auch bei nachfolgender Erledigungserklärung oder Klagerücknahme kein Kostenbeschluss erlassen werden (es bleibt ausschließlich bei der nur außergerichtlichen Regelung), da die Parteien das Gericht nicht zu bestimmten von den gesetzlichen Kostenvorschriften (§ 91a, § 269 III etc.) abweichenden Kostenentscheidungen verpflichten können und nicht auf diese Weise ein Vollstreckungstitel geschaf-

25.02

fen werden dürfe, was nur beim Prozessvergleich möglich sei (§ 794 I Nr. 1), ein Kostenantrag nach § 91a oder § 269 IV etc. sei als unzulässig zu verwerfen (BGH JZ 1970, 464, 465). Nach a. A. bedarf es – vor allem zur Klärung von Zweifelsfällen und zur Vermeidung eines neuen Prozesses nur wegen der Kostenfrage – eines Kostenbeschlusses nach § 91a bzw. § 269 IV, der die Parteivereinbarung zum Inhalt hat (Müko-ZPO 33 ff., StJ 6 zu § 98).
Die dritte Möglichkeit ist die sog. negative Kostenregelung: die Parteien schließen eine eigene Kostenregelung und die (analoge) Anwendung des § 98 aus und unterstellen die Kostenverteilung gerichtlicher Entscheidung. Hier gilt der (sonst von § 98 verdrängte) § 91a: der Kostenbeschluss richtet sich nach dem mutmaßlichen Ausgang des Rechtsstreits, nicht nach dem Unterliegen gemäß Vergleichsforderung zur Klageforderung (ThP § 98, 4).

25.03 **2. Der Anwaltsvergleich** gem. **§§ 796a–c** ist ebenfalls ein außergerichtlicher Vergleich, jedoch mit der Besonderheit, dass er zu einem Vollstreckungstitel (das ist erst der Gerichtsbeschluss gem. § 796b II 2, BGH NJW 06, 695, Tz. 24) führen kann. Das Verfahren ist umständlich. Der Gläubiger kann schneller und besser sein Ziel erreichen durch eine vollstreckbare Urkunde, § 794 I Nr. 5 (Zöller § 796a, 3)

25.04 **3. Der Prozessvergleich** (Begriff: § 794 I Nr. 1) hat nach h. M. eine **Doppelnatur**, weil er sowohl als Prozesshandlung (Prozessvertrag) den Rechtsstreit beendet, als auch materiellrechtliches Rechtsgeschäft ist, weil er als privatrechtlicher Vertrag nach § 779 BGB die Ansprüche und Verbindlichkeiten der Parteien regelt (BGHZ 164, 190; 79, 71; ThP § 794, 3).

BGHZ 164, 194: Beide Vertragsteile bilden „eine Einheit, die eine gegenseitige Abhängigkeit der prozessualen Wirkungen und der materiell-rechtlichen Regelungen bewirkt (BGHZ 79, 74). Daher ist ein Prozessvergleich nur wirksam, wenn sowohl die materiell-rechtlichen Voraussetzungen für einen Vergleich (§ 779 BGB), als auch die prozessualen Anforderungen erfüllt sind, die an eine wirksame Prozesshandlung zu stellen sind. Fehlt es auch nur an einer dieser Voraussetzungen, liegt ein wirksamer Prozessvergleich nicht vor, die prozessbeendigende Wirkung tritt nicht ein."
Voraussetzungen sind demnach:

25.05

Materiell-rechtlicher Vertrag § 779 BGB	Prozessvertrag mit Inhalt der Prozessbeendigung
• Wirksamkeit nach BGB, insbes. §§ 145 ff., §§ 164 ff., § 779 (Vorliegen der Vergleichsgrundlage, Palandt § 779, 13 ff.).	• Anhängigkeit eines Rechtsstreits. Auch im Verfahren über Arrest, einstweilige Verfügung, Zwangsvollstreckung
• Verfügungsbefugnis über den Streitgegenstand (Palandt § 779, 6 ff., z. B. die Klageforderung).	• Zwischen den Parteien dieses Rechtsstreits, dann auch mit Dritten.
• Gegenseitiges Nachgeben, wobei geringfügiges genügt (z. B. Bewilligung von Raten, Stundung, Nachgeben bei Zinsen, Kosten, Palandt § 779, 9).	• In mündlicher Verhandlung oder nach §§ 118 I 3, 278 VI, 492 III.
• Form: Falls nach BGB ausnahmsweise formbedürftig (z. B. § 311b, 623, 925 BGB), ersetzt die Protokollierung jede Formpflicht, § 127a BGB. Auf den schriftlichen Prozvgl. gem. § 278 VI ZPO ist § 127a BGB analog anzuwenden (BAG NJW 07, 1831, Tz. 20), nicht aber bei Auflassung (§ 925 BGB) mangels gleichzeitiger Anwesenheit (Zöller § 278, 31 str.).	• Vorliegen der Prozesshandlungsvoraussetzungen (ThP Einl. III, 10): Parteifähigkeit (§ 50), Prozessfähigkeit (§§ 52, 53) bzw. gesetzliche Vertretung, Prozessvollmacht (§ 80), Postulationsfähigkeit, insbes. § 78.
• Nichteintritt der **aufschiebenden** Bedingung, § 158 I BGB („Widerruf" beim sog. widerruflichen Vergleich, BGHZ 88, 364).	• Ordnungsgemäße Protokollierung, §§ 160 I, III Nr. 1, 162 I, 163 I 1. Wirksamkeitsvoraussetzungen sind demnach: – Vorlesen/Vorlegen zur Genehmigung. – Genehmigung durch die Parteien. – Vermerk im Protokoll, dass dies alles erfolgt ist („vorgelesen und genehmigt"), § 162 I 3. – Protokollunterschriften nach § 163 I 1.
• Keine Anfechtung gem. §§ 119, 123 BGB darf erfolgt sein.	• Bei § 278 VI: Feststellungsbeschluss nach § 278 VI 2, der die sonst erforderliche Protokollierung ersetzt (RoSG § 130, 12)

I. Übersicht zu Vergleichen bei Anhängigkeit eines Rechtsstreits

Rechtsfolgen der Unwirksamkeit nur eines Vergleichs*teils*

Materiellrechtliche Unwirksamkeitsgründe (z.B. § 158 I BGB: Widerruf beim widerruflichen Vergleich, §§ 123, 134, 138 BGB) führen zur Unwirksamkeit sowohl des materiellrechtlichen Vergleichs (§ 779 BGB), als auch des Prozessbeendigungsvertrags (BGH NJW 11, 2141; Musielak § 794, 20).

25.06

Prozessuale Unwirksamkeitsgründe (zumeist formale Fehler) hingegen ziehen nicht ohne weiteres die Unwirksamkeit auch der materiell-rechtlichen Vereinbarung nach sich. Nach Auslegung des mutmaßlichen Parteiwillens kann die Vereinbarung ggfls. als außergerichtlicher Vergleich gültig sein (Musielak § 794, 20).

Wirkungen des Prozessvergleichs:

Prozessual:

25.07

- Ende der Rechtshängigkeit ex nunc.
- Zuvor ergangene, noch nicht rechtskräftige Urteile werden wirkungslos.
- Vollstreckungstitel, § 794 I Nr. 1. Daher ist auch der vollstreckungsrechtliche Bestimmtheitsgrundsatz (ThP 16 ff. vor § 704) bei der Formulierung genau zu beachten: der Titel wäre unbestimmt und daher nicht vollstreckbar, wenn die Leistung nicht allein aus dem Titel, sondern erst aus dem Inhalt anderer Schriftstücke (Gerichtsakt, Schriftsätze, Anlagen) ermittelt werden kann.

Beispiel (OLG Saarbrücken NJW-RR 2010, 95): „Der Beklagte verpflichtet sich, die Eingangstüre der Klägerin nachzubessern gemäß den Vorgaben des Architekten R, die dieser vor Ort bei der Nachbesserung machen soll." Dieser Vergleich ist mangels Bestimmtheit der Nachbesserungspflicht – welcher Mangel ist zu beseitigen, welcher Erfolg zu erzielen? – nicht vollstreckungsfähig. Ggfls. ein Haftungsproblem für die beteiligten RAe.

Materiell-rechtlich:

- Regelmäßig nur *Schuldabänderung,* keine Schuldumschaffung (Novation). Er lässt also i.d.R. den Grund des Schuldverhältnisses (z.B. die Kaufpreisverpflichtung als solche) unberührt und verändert als Änderungsvertrag nur Rechte und Pflichten daraus (z.B. Ermäßigung der Forderung, Verschiebung der Fälligkeit, Ratenbewilligung etc.).
Das ist wichtig für den Fortbestand gegebener akzessorischer Sicherheiten (Bürgschaft, Hypothek), aber auch nichtakzessorischer (Grundschuld, Sicherungsübereignung), da bei einer Novation die Identität des Sicherungsobjekts nicht mehr gegeben ist.
Für im Vertrag neu eingegangene, in Wahrheit nicht schon bestandene Leistungspflichten schafft er – bei Fortbestand als Änderungsvertrag im Übrigen – eine neue Rechtsgrundlage. Vgl. zu allem: Palandt 11 ff.; Müko-BGB 33 zu § 779.
Eine *Novation* kann aber vorliegen, wenn in der Streitbeilegung mehrere unterschiedliche Rechtsbeziehungen zu einer Gesamtregelung verknüpft werden (Müko-BGB § 779, 34).
Im Vergleich können nicht nur die Verpflichtungen geregelt, sondern auch die *Erfüllungsgeschäfte* vorgenommen werden, wie z.B. Auflassung, Übereignung, Abtretung (Palandt § 779, 11).
- Gegenseitiger Vertrag (§§ 320 ff. BGB) ist der Prozessvergleich nach h.M. nicht schon wegen des geforderten gegenseitigen Nachgebens, sondern nur dann, wenn er – wie in aller Regel – gegenseitige Verpflichtungen begründet (Palandt § 779, 2). Das ist wichtig u.a. für das gesetzliche Rücktrittsrecht aus § 323 BGB.

II. Nichtigkeit, Unwirksamkeit, Anfechtung, Rücktritt, Wegfall der Geschäftsgrundlage, Aufhebung des PV

Probleme: Fortsetzung des alten Verfahrens, oder Einleitung einer neuen? Zulässigkeit der Vollstreckungsabwehrklage, § 767, der Feststellungsklage?

25.08 **1. Grundsatz.** Nach der ganz herrschenden Lehre von der Doppelnatur des Prozessvergleichs (PV) führt jede Nichtigkeit oder Unwirksamkeit des Prozessvertrags oder des materiell-rechtlichen Vergleichvertrags, § 779 BGB, zur Unwirksamkeit des ganzen PV, die Rechtshängigkeit ist nicht erloschen, sodass das Ursprungsverfahren fortzusetzen ist, allerdings nur bei Geltendmachung der Unwirksamkeit, daher ist zu differenzieren.

Behauptet daher eine Partei die anfängliche oder nachträgliche Unwirksamkeit des PV, ist auf ihren Terminsantrag das **bisherige Verfahren zur Klärung fortzuführen** (Gefahr doppelter Rechtshängigkeit) und dort auch das auf den Vergleich bereits Geleistete zurückzufordern durch Klageerweiterung bzw. Widerklage. Für eine neue Klage, insb. eine Vollstreckungsabwehrklage (§ 767) oder eine selbständige Feststellungsklage zur (Un-)Wirksamkeit des PV (§ 256 I) fehlt daher i. d. R. das Rechtsschutzbedürfnis (BGHZ 142, 253; ThP 34 ff.; Zöller 15 ff. zu § 794). Möglich bleibt aber eine Zwischenfeststellungs(wider-)klage auf (Un-)Wirksamkeit des PV (§ 256 II), da diese nicht als neue Klage *anstatt* der Fortsetzung, sondern nur zusätzlich neben oder gegen den fortwirkenden Klageantrag zum Tragen kommt (Palandt § 779, 31; Musielak 21; ThP 38 zu § 794).

Hat jedoch **keine Partei** die Unwirksamkeit des PV **geltend gemacht** und kommt es jetzt zu einem neuen Prozess mit (auch) demselben Streitgegenstand, so wird dort die Unwirksamkeit nicht vAw, sondern nur auf **verzichtbare prozessuale Rüge** beachtet, die nur zu Beginn des neuen Prozesses zulässig ist, § 296 III, andernfalls die Klage zulässig ist (BGH NJW 14, 394; Musielak § 794, 21).

25.09 **2. Sonderfälle.** Streitig aber ist, ob ebenfalls fortzusetzen oder ein neues Verfahren zu beginnen ist, wenn lediglich der materiell-rechtliche Vertrag (§ 779 BGB) *ex nunc* betroffen ist durch gesetzlichen Rücktritt (§ 323 BGB), Wegfall der Geschäftsgrundlage (§ 313 BGB) oder außergerichtlichen Aufhebungsvertrag (§ 311 BGB).

25.10 **a)** Nach **BGH** und **BVerwG,** sowie Teilen der Lit. bleibt der prozessuale Vertrag als Prozessbeendigungsvertrag bestehen, die Rechtshängigkeit bleibt erloschen, sodass in diesen Fällen ein **neues Verfahren** einzuleiten ist. Im Unterschied zu einem von Anfang an unwirksamen PV, bei dem die Rechtshängigkeit nie beendet worden ist, wurde hier die Rechtshängigkeit durch einen wirksamen PV beendet und die Parteien sollen es nicht in der Hand haben, durch außerhalb des beendeten Rechtsstreits erfolgte Erklärungen oder Vereinbarungen die Rechtshängigkeit nach Belieben wieder aufleben zu lassen, was mit der durch die Prozessbeendigung geschaffenen Rechtssicherheit nicht vereinbar wäre (BGHZ 16, 393; 41, 313; BGH NJW 86, 1348; BVerwG NJW 94, 2306; Musielak § 794, 24). Da der Titel formal fortbesteht, ist Vollstreckungsabwehrklage gem. § 767 zulässig. Da die Rechtshängigkeit erloschen bleibt, kann die ursprüngliche Klageforderung in einem neuen Verfahren erneut geltend gemacht werden.

25.11 **b)** Nach dem **BAG** und einem Teil der Lit. sollen sämtliche Unwirksamkeitsgründe, anfängliche wie nachträgliche, ebenso Rücktritt, Aufhebung und Wegfall der Geschäftsgrundlage zumindest aus prozessökonomischen Gründen gleichbehandelt werden. Es gilt dann einheitlich das oben zu **25.**08 Ausgeführte (BAG NJW 83, 2213; RoSG § 130, 58 ff.; StJ 60 ff. zu § 794).

II. Nichtigkeit, Rücktritt etc.

3. Hierzu folgende Übersicht unter Berücksichtigung der Differenzierung nach BGH: 25.12

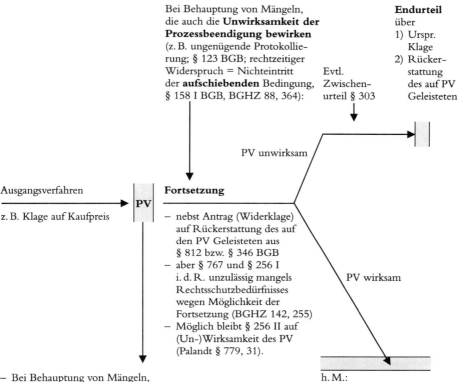

25.13 Beispiel zur Verdeutlichung der Prüfungsstandorte:

K hat gegen B € 20 000,– als Restkaufpreis für ein Bild eingeklagt. B hat Klageabweisung beantragt wegen Begleichung infolge anderweitiger Verrechnung. Schließlich schlossen die Parteien in mündlicher Verhandlung einen Prozessvergleich, wonach K noch € 10 000,– erhalten, andererseits aber an B ohne Zusatzberechnung ein bestimmtes weiteres Bild liefern sollte, was K umgehend tat. Da B trotz Fristsetzung nicht zahlte, trat K vom Vergleich zurück und macht jetzt in einem neuen Prozess den schon im alten Verfahren geforderten Restkaufpreis von € 20 000,–, sowie Rückübereignung des gemäß Vergleich geleisteten Bildes geltend.
B wendet u. a. Unzulässigkeit der neuerlichen Klage ein, da allenfalls das Ausgangsverfahren fortgesetzt werden könne.

I. Zulässigkeit
  1. Ordnungsmäßigkeit der Klageerhebung, §§ 253 II, 78 I.
  2. Örtliche und sachliche (§ 5) Zuständigkeit.
  3. Anderweite Rechtshängigkeit, § 261 III Nr. 1?
     Das hängt von der Prozessbeendigung durch den PV ab, str.:
     a) BAG (oben Rn. **25.**11): Mit dem Rücktritt ist auch die Prozessbeendigung entfallen, die Rechtshängigkeit des Ausgangsverfahrens ist wieder aufgelebt. Die neue Klage ist gem. § 261 III Nr. 1 unzulässig.
     b) BGH, h. M. (oben Rn. **25.**10): Der gesetzliche Rücktritt gem. § 323 BGB lässt den prozessualen Prozessbeendigungsvertrag unberührt, die Rechtshängigkeit des Ausgangsverfahrens bleibt erloschen. K kann also die ursprüngliche Klageforderung erneut geltend machen. Folgt man dem:
  4. Entgegenstehende Rechtskraft, § 322 I?
     Ein PV ist nicht der materiellen Rechtskraft fähig, da er keine gerichtliche Entscheidung, sondern ausschließlich ein Vertrag der Parteien ist (ThP § 322, 4; § 794, 29).
  5. Rechtsschutzbedürfnis für die Rückforderung des auf den PV geleisteten Bildes?
     a) Nach BAG u. a. (oben Rn. **25.**11) in der Konsequenz zu verneinen, da auch dafür das Ausgangsverfahren fortzusetzen sei. Nach a. A. aber zu bejahen, da die Rückforderung einen anderen Streitgegenstand habe (z. B. StJ 61, 77; Müko-ZPO 74 zu § 794).
     b) Nach BGH (oben Rn. **25.**10) problemlos zu bejahen. Folgt man dem:

II. Zulässigkeit der obj. Klagehäufung, § 260: (+)

III. Begründetheit
  1. § 433 II BGB: Restkaufpreis € 20 000,–.
  2. §§ 323, 346 I BGB: Rückübereignung des gemäß PV geleisteten Bildes.

§ 26 Die einstweilige Verfügung (eV)

I. Grundlegendes zu Arrest und einstweiliger Verfügung, §§ 916–945

26.01
- Summarische **Erkenntnisverfahren:** Anwendbar sind daher die Vorschriften des ZPO-Erkenntnisverfahrens, soweit sich nicht aus den §§ 916–945 Besonderheiten ergeben, Zöller 3; ThP 4 vor § 916.
- Beide dienen **nur** der **Sicherung,** nicht der Erfüllung
  (Ausnahme: Leistungsverfügung analog § 940).

Daher stets beachten: Bei Erlass der eV dürfen nur solche Maßnahmen angeordnet (§ 938) werden, beim Vollzug des Arrestbefehls (§ 928) nur solche vollstreckt werden, die sich auf Sicherung beschränken und hinter der Erfüllung bzw. endgültiger Regelung eines Rechtsverhältnisses (§ 940) zurückbleiben, ThP § 928, 1; § 938, 3. Durch die eV darf die Entscheidung über die Hauptsache nicht vorweggenommen werden, Zöller § 938, 3.

Beispiel: Bei eV auf Herausgabe gem. § 985 BGB darf nur Herausgabe an einen Sequester angeordnet werden, nicht an den Gläubiger, weil das bereits Erfüllung des Anspruchs wäre (diese bleibt freiwilliger Erfüllung durch den Schuldner oder dem Hauptsacheprozess vorbehalten).

- **Arrest:** Sicherung der ZwV wegen **Geldforderung,** oder eines Individualanspruchs, der in eine Geldforderung *übergehen* kann (§ 916), z.B. als Schadensersatz, wobei Sicherungsziel auch dann nur diese Geldforderung ist. § 916.
- **eV:** Sicherung eines **sonstigen Individualanspruchs** (§ 935), vorläufige Regelung eines **Rechtsverhältnisses** (§ 940), ausnahmsweise Erfüllung (§ 940 analog).
- **Verhältnis Arrest zu eV**
  Arrest (= Geldforderung) und eV (= Individualanspruch) schließen sich für *denselben* Anspruch gegenseitig grds. aus (ThP 8 vor § 916), können aber auch nebeneinander und als Haupt- und Hilfsantrag bestehen.

  Da der Arrest auch angeordnet werden kann für einen Individualanspruch (z.B. Übergabe und Übereignung einer Sache, § 433 I BGB), der **in eine Geldforderung** *übergehen* **kann** (z.B. Schadensersatz wegen Nichterfüllung dieser Übereignung, §§ 433, 281, BGB) und *sofern* **auch dieser Geldersatzanspruch gefährdet ist** (z.B. weil der Schuldner ins Ausland geht, § 917 II), hat der Gläubiger die Wahl zwischen Arrest und eV und kann sogar beide nebeneinander beantragen: mit der eV die Herausgabe an einen Sequester, mit dem Arrest die Sicherung der gefährdeten Geldersatzforderung wegen Nichterfüllung (Musielak 14; Zöller 2 zu, ThP 8 vor § 916).
  Weiteres Beispiel: Der Bauunternehmer kann seinen Anspruch auf Werklohn (§ 631 BGB) durch dinglichen Arrest (§§ 916, 917) und gleichzeitig seinen Anspruch auf Einräumung einer Sicherungshypothek (§ 648 BGB) durch eine eV auf Eintragung einer Vormerkung (§ 885 I BGB) sichern lassen (Musielak § 916, 5 und eingehend als Klausurfall unten Rn. **30.**1 ff.)
  Zum Verhältnis Arrest zur Leistungsverfügung auf Geld (§ 940 analog) s. unten Rn. **26.**08.

- Arrest und eV haben jeweils **2 Voraussetzungen,** beide sind **glaubhaft** (§ 294) zu machen (§§ 920 II, 936):

  (1) Arrest- (Verfügungs-)**Anspruch**

  Das ist der materielle Anspruch, z.B. § 433 II BGB, bzw. das Rechtsverhältnis, aus dem Ansprüche entstehen können.

  (2) Arrest- (Verfügungs-)**Grund**

  Das ist die Dringlichkeit, die einen sofortigen, vorläufigen Rechtsschutz nötig erscheinen lässt:
  Arrest: §§ 917, 918 (z.B. Verschleuderung, auffallende Belastungen durch den Schuldner, ThP § 917, 1)
  eV: §§ 935, 940 (drohende Veräußerung oder drohende wesentliche Verschlechterung einer herauszugebenden Sache; Notlage bei ausstehender Lohn- oder Gehaltszahlung: Abschlagszahlungen, ThP § 940, 9).

- Das Verfahren hat 2 Teile:
  - **Anordnung** (Erlass des Arrestbefehls, der eV). Sie erfolgt ohne mündliche Verhandlung durch Beschluss, nach solcher durch Urteil, §§ 922 I, 936.
  - **Vollziehung**
    Arrest: §§ 928 ff., also durch Zwangsvollstreckung (aber nur zur Sicherung!) gem. §§ 704 ff. (Titel ist der Arrestbefehl), Sondervorschriften dazu enthalten §§ 929 ff. ThP § 928, 1.
    eV: § 936 verweist auf §§ 928, 929. Näheres s unten III 2; ThP § 936, 7.

- **Streitgegenstand** ist das Recht auf **Sicherung,** nicht der Anspruch selbst, der daher bei Arrest und eV noch gar **nicht rechtshängig** wird (das geschieht erst im Hauptsacheprozess).

Weiter: Entscheidungen im Arrest-(Verfügungs-)Verfahren haben zwar formelle und materielle **Rechtskraft** (h. M.), aber eben nur für ihren Streitgegenstand, also die Sicherung und nicht für den zu sichernden Anspruch selbst.

Beispiel: Die stattgebende eV auf Herausgabe muss zwar zwangsläufig den Verfügungsanspruch selbst (z.B. § 985 BGB) mitprüfen und bejahen, die Entscheidung beschränkt sich aber auf die *Sicherung* (z.B. Herausgabe an einen Sequester), so dass über den Anspruch selbst (§ 985 BGB) nicht rechtskräftig in der eV entschieden wird: die RKraft der eV hindert daher auch keinesfalls, dass im Hauptsacheprozess der Anspruch aus § 985 BGB überhaupt verneint wird (die eV wird dann wegen veränderter Umstände gem. §§ 927, 936 auf Antrag aufgehoben und zwar durch das Gericht der Hauptsache, § 927 II).

Also: Entscheidungen im Arrest-(Verfügungs-)Verfahren haben **keine bindende Wirkung für das Hauptsacheverfahren** (Müko-ZPO 28; ThP 2 je vor § 916).

- **Übergang in den Hauptsacheprozess** ist **unzulässig** (weder nach § 263, noch analog § 596 möglich), da der einstweilige Rechtsschutz eine völlig andere Verfahrensart ist und ein anderes Rechtsschutzziel (Sicherung) hat (h. M., ThP 3; Zöller 14 zu § 920).

  Hingegen ist *innerhalb* des einstweiligen Rechtsschutzes ein Übergang vom Arrest- in das Verfügungsverfahren und umgekehrt möglich (strittig, ob analog § 263), Zöller 3 vor § 916. Arrest und eV schließen sich gegenseitig aber grds. aus, s. sogleich.

- **Die Entscheidung** (§§ 922, 936). Dafür, ob sie zu begründen ist, ist zu unterscheiden:

  Beschluss: *Stattgebender* bedarf keiner Begründung (Ausnahme § 922 I 2, 936). Es genügt, wenn in Nachholung des rechtlichen Gehörs bei der nachfolgenden Zustellung im Parteibetrieb (§ 922 II, s. **26.**13) die Antragsschrift beigefügt wird. *Ablehnender* ist stets zu begründen, da beschwerdefähig gem. § 567 I Nr. 2 (Zöller 10, 13; ThP 3a zu § 922).

  Urteil: Stets zu begründen, da normales Urteilsverfahren, sodass auch § 313 I Nr. 6 gilt. (Die Einschränkung in § 922 I 2 gilt nur für die Anordnung per Beschluss.) Zöller 16; StJ 26; Müko-ZPO 24 zu § 922.

- In **Familienstreitsachen** (§ 112 FamFG) ist zwar Arrest möglich, nicht aber eV (dafür nur einstw. AO gem. §§ 49 ff. FamFG), § 119 II FamFG (s. unten Rn. **26.**08).

In der Praxis hat die eV erheblich größere Bedeutung als der Arrest. Deshalb soll auch im Folgenden die eV im Vordergrund stehen (wobei aber die Arrestvorschriften mitbehandelt werden).

II. Die 3 Arten der einstweiligen Verfügung

Das Gesetz regelt in §§ 935, 940 zwei Arten der eV, deren Abgrenzung unscharf und ohne praktische Bedeutung ist (ThP § 935, 3). Hinzu kommt als 3. Form die von der Rspr. und Lehre entwickelte sog. Leistungsverfügung, die überwiegend auf § 940 analog gestützt wird. 26.02

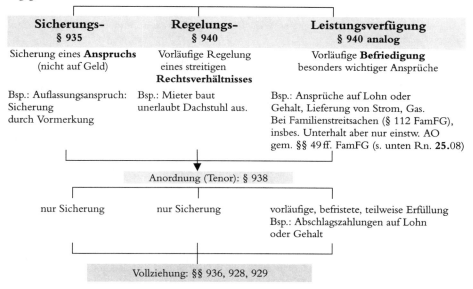

1. Die Sicherungsverfügung, § 935

Sie bezweckt die Sicherung eines Anspruchs auf eine (nicht in Geld bestehende) Individualleistung.

a) Verfügungsanspruch:

Das ist hier jeder Anspruch auf eine Individualleistung, die nicht in Geld besteht und sich nicht in eine Geldleistung umwandeln kann (Abgrenzung zum Arrest, § 916). 26.03

Beispiele: Anspruch auf Herausgabe (die Sicherungsverfügung geht z. B. auf Herausgabe an einen Sequester, § 938 II). Anspruch auf Auflassung (Sicherung durch eV auf Vormerkung §§ 883, 885 BGB). Anspruch auf Grundbuchberichtigung gem. § 894 BGB (Sicherung durch eV auf Eintragung eines Widerspruchs, § 899 BGB). Anspruch auf Einräumung einer Bauhandwerkersicherungshypothek gem. § 648 BGB (Sicherung durch eV auf Eintragung einer Vormerkung, § 883 BGB. Beachte: das Gesetz gewährt in § 648 BGB nicht sofort eine Hypothek – die dann etwa als kraft Gesetzes entstandene sogleich eingetragen werden könnte – sondern nur den *schuldrechtlichen* Anspruch darauf, so dass zur Sicherung nur die – allerdings rangwahrende, § 883 III BGB – Vormerkung bleibt, vgl. Palandt § 648, 1, siehe näher den Klausurfall Rn. **30**.01).

Der Antragsteller muss den zu sichernden Anspruch **schlüssig** darlegen. Nach h. M. findet eine volle, nicht nur eine eingeschränkte, summarische Schlüssigkeitsprüfung statt (Zöller 7; Müko-ZPO 13 je zu § 935). Die **tatsächlichen** Voraussetzungen sind **glaubhaft** zu machen, §§ 936, 920 II.

b) Verfügungsgrund

26.04 Es müssen – aus der Sicht eines objektiven Beurteilers – Umstände die Besorgnis begründen, dass durch die bevorstehende (und durch eV abzuwendende) Veränderung des bestehenden Zustandes die Verwirklichung des Individualanspruchs vereitelt oder wesentlich erschwert werden könnte, § 935.

Beispiele:
(1) Bejahend: ASt hat einen Herausgabeanspruch, es besteht auf Grund bestimmter Umstände die Besorgnis, dass bei Weiterbenutzung eine Verschlechterung der Sache eintritt, z. B. infolge vertragswidriger übermäßiger Nutzung.
Oder: Drohende Veräußerung, Belastung, Zerstörung, Weiterverarbeitung, Beiseiteschaffung der herauszugebenden Sache. Unerheblich ist, dass/ob der Schuldner für seine übermäßige Benutzung etc. später Schadensersatz leisten muss (ThP 6, 7; Zöller 10 zu § 935).

(2) Verneinend: Kein Verfügungsgrund ist für sich allein die Verschlechterung der Vermögenslage des Schuldners (Zöller § 935, 13), denn diese vermag zwar für eine Geldforderung einen Arrestgrund zu geben, nicht aber ergibt sich daraus allein schon die Gefährdung eines sonstigen Individualanspruchs, z. B. auf (unversehrte) Herausgabe. Aber: möglicherweise bestehen fassbare Hinweise darauf, dass der Schuldner angesichts der Vermögensverschlechterung die herauszugebende Sache belastet, dann ist die drohende Belastung, nicht allein die Vermögensverschlechterung der Verfügungsgrund.

Glaubhaftmachung (§ 294) des Verfügungsgrundes ist erforderlich, §§ 936, 920 II.

Ausnahmen (wichtig!): § 885 I 2 BGB (Vormerkung), § 899 II 2 BGB (Widerspruch). Hier besteht nach h. M. eine widerlegliche Vermutung eines Verfügungsgrundes:
Das Gesetz geht von einer typischen Gefährdung aus durch anderweitige Verfügung des (noch) Grundstückseigentümers (daher Vormerkung) bzw. gutgläubigen Erwerb (dagegen Widerspruch), so dass die Gefährdung (der Verfügungsgrund) nicht glaubhaft gemacht werden muss. Die darin liegende gesetzliche Vermutung des Verfügungsgrundes kann allerdings durch den Antragsgegner widerlegt werden, worauf dann der Antragsteller wie sonst auch die Gefährdung darlegen und glaubhaft machen muss (Müko-ZPO § 935, 23; Erman § 885, 13).

2. Die Regelungsverfügung, § 940

26.05 An die Stelle des zu sichernden Individualanspruchs (§ 935) tritt bei § 940 das durch eV zu regelnde Rechtsverhältnis.

Strittig ist die Einordnung. Nach der wohl **h. M.** stellt § 940 einen eigenständigen Fall der eV dar, der allerdings von § 935 nur unscharf abzugrenzen ist, weil auch aus dem Rechtsverhältnis i. S. v. § 940 Ansprüche entstehen können – nach h. M. muss das sogar möglich sein. Im Unterschied zu § 935 müssen allerdings die Ansprüche noch nicht entstanden sein, es genügt, dass das Rechtsverhältnis, aus dem sie entstehen können, im Streit ist (Zöller § 940, 2; ThP § 935, 3; § 940, 2).
Nach **a. A.** ist § 940 keine eigenständige Rechtsgrundlage für eine eV, diese sei vielmehr auch hier § 935. § 940 regle lediglich in Ergänzung zu § 938 den zulässigen *Inhalt* einer eV (Müko-ZPO § 940, 1).

Voraussetzungen:

a) Verfügungsanspruch: streitiges Rechtsverhältnis

26.06 Rechtsverhältnis. Der Begriff entspricht demjenigen in § 256 und ist daher weit auszulegen: er umfasst nicht nur schuld-, sachen-, erbrechtliche und gesellschaftsrechtliche Rechtsverhältnisse, sondern auch sämtliche absoluten Rechte (Eigentum, Besitz, Persönlichkeitsrecht etc.) und rechtlich geschützten Güter (z. B. Ehre) (ThP 2; Müko-ZPO 5; StJ 4 zu § 940).

Streitig ist das Rechtsverhältnis, wenn beide Seiten gegensätzliche Positionen darauf stützen oder es bereits verletzt worden ist (ThP 3; Zöller 2 zu § 940).

Nicht erforderlich ist, dass aus dem Rechtsverhältnis (z. B. Miteigentum) bereits bestimmte Ansprüche entstanden sind, jedoch müssen daraus **Ansprüche** für den Antragsteller **entstehen können,** andernfalls eine eV abzulehnen ist (StJ 2; Müko-ZPO 5; ThP 2 zu § 940).

Denn Aufgabe der eV nach § 940 ist es insbes., den status quo des Rechtsverhältnisses zu erhalten, damit der Antragsteller die daraus resultierenden primären Rechte (z. B. sein Eigentum bei unbefugter Veräußerung durch Miteigentümer) nicht verliert und nicht auf Sekundäransprüche (z. B. Schadensersatz) nach vollzogener, irreparabler Änderung des Rechtsverhältnisses beschränkt ist (Müko-ZPO § 940, 3).

Beispiele: Der Miteigentümer A will gegen den Willen der anderen den gemeinsamen Lkw veräußern (möglich gem. § 938: eV auf strafbewehrte Unterlassung, § 890). Der Mieter will unerlaubt den Dachstuhl ausbauen (eV wie soeben).
Wichtig sind (einstweilige!) Regelungen bei **Miet- und Pachtverhältnissen.** Das Gericht kann z. B. die gemeinsame Benutzung von Räumen (Waschraum) oder Belästigungen durch geräuschvolle Tätigkeiten der Nachbarn regeln (z. B. Klavierspielen nur während bestimmter Tageszeiten), StJ § 938, 12. Weiter: Gebot der vorläufigen Zufuhr von Wasser, Strom, Heizung nach Sperrung wegen Zahlungsrückstands (Musielak § 940, 11).
Häufig sind eV gem. § 940 bei vereins- und **gesellschaftsrechtlichen** Rechtsverhältnissen:
Zulässig sind z. B.: Verbot des Betretens von Geschäftsräumen; der Einsichtnahme in Geschäftsbücher; Untersagung der Abhaltung einer Gesellschafterversammlung oder der Vollziehung eines gefassten Beschlusses (Zöller § 940, 8 „Gesellschaftsrecht").
Weiter: Entziehung der Geschäftsführungs- und Vertretungsbefugnis (§§ 117, 125 HGB), dies nach h. M. jedoch nur, wenn im Hauptverfahren die gänzliche Ausschließung dieses Gesellschafters betrieben wird oder werden soll. Grund: die eV dürfe nicht schon eine Gestaltungswirkung vorwegnehmen, die erst dem Hauptprozess vorbehalten ist (BGHZ 33, 105; StJ § 938, 7; Schönke-Baur Bd. I 53.21).
Unzulässig sind daher: die einstweilige Ausschließung aus der Gesellschaft; die Eintragung der Auflösung einer OHG; die Löschung einer im Handelsregister eingetragenen Firma; das Gebot, in der Gesellschafterversammlung in bestimmter Weise zu beschließen (Schönke-Baur Bd. I 53.21).
Schlüssig vorgetragen und **glaubhaft** (§§ 936, 920 II) gemacht werden müssen die Tatsachen, aus denen sich das Rechtsverhältnis und der mögliche Anspruch ergeben. Geht es um die Abwehr von Störungen, umfasst die Schlüssigkeitsprüfung auch die Frage der Rechtswidrigkeit/Rechtmäßigkeit der Störung (Zöller 3, StJ 3 zu § 940).

b) Verfügungsgrund: „nötig"

Die einstweilige Regelung muss notwendig sein, das Gesetz nennt Beispiele („insbesondere"): Abwendung wesentlicher Nachteile, drohende Gewalt oder andere Gründe.

26.07

Beispiele: Einstellung eines Baues (z. B. Grundstücksnachbar baut über die Grenze; Mieter oder Pächter baut ohne Erlaubnis aus). Ausübung einer Dienstbarkeit (z. B. bei Wegegrunddienstbarkeit: einstweiliges Verbot, das dienende Grundstück mit Lkw zu überfahren). Ausübung eines Vermieterpfandrechts (z. B. Verbot an Vermieter, den sichergestellten Pkw des Mieters zu Geschäftsfahrten zu benutzen), StJ § 940, 11.

Auszugehen ist vom Interesse des Gläubigers aus objektiver Sicht. Jedoch fordert der **Verhältnismäßigkeitsgrundsatz** (er gilt also schon beim „ob" der eV, nicht nur beim „wie" i. S. v. § 938!) eine Interessenabwägung: eine einstweilige (nur darum geht es!) Regelung ist **vor** der umfassenden Klärung im Hauptsacheprozess nur dann gerechtfertigt, wenn der Vorteil für den Gläubiger nicht außer Verhältnis zum Nachteil des Schuldners steht, „nötig" ist sie nur dann, wenn sie nicht ihrerseits gewichtige Interessen des Schuldners verletzt (ThP 5; Zöller 4 zu § 940).

Dabei spielt der **Zeitfaktor** eine erhebliche Rolle: die Dringlichkeit fehlt, wenn der Antragsteller in Kenntnis der Umstände untätig bleibt und die eV erst nach längerer

Zeit beantragt (dann kann ihm zugemutet werden, auch noch den Hauptsacheprozess abzuwarten). Diese sog. **Selbstwiderlegung** der Dringlichkeit ist zwar für den Wettbewerbsprozess entwickelt worden, kann aber heute allgemein gelten (StJ 7; Müko-ZPO 10 zu § 940. Beispiele: ThP § 940, 5).

3. Die Leistungsverfügung (§ 940 analog)

26.08 Über die bloße Sicherung eines Anspruchs (§ 935) und die vorläufige Regelung eines Rechtsverhältnisses (§ 940) hinaus lassen Rspr. und h. M. eine teilweise **Erfüllung** im Wege der eV bei Dringlichkeit zu, sog. Leistungsverfügung.

Hauptfälle: eV auf Zahlung einer **Geldsumme,** insbes. von Lohn und Gehalt; Unterlassungsgebot aus Gesetz oder Vertrag insbes. in Wettbewerbssachen; presserechtliche Gegendarstellung; Herausgabe von Sachen nach verbotener Eigenmacht.
Rechtsgrundlage ist nach überwiegender Auffassung **§ 940** (Unterfall der Regelungsverfügung oder Analogie), nach a. A. handelt es sich um eine dritte, durch richterliche Rechtsfortbildung gebildete Art der eV (vgl. StJ 31 vor § 935). Die strittige Einordnung kann im Hinblick auf die heute allgemeine Anerkennung dahinstehen (Zöller § 940, 1).
Abgrenzung zum Arrest, wenn es um eine Geldforderung geht:
Der Arrest geht nur auf Sicherungsmaßnahmen für eine künftige ZwV, die Leistungsverfügung hingegen auf sofortige Erfüllung (Musielak § 940, 12). Auch der Dringlichkeits-Grund ist verschieden:
Der Arrestgrund (§§ 917, 918) besteht in der Gefahr der Verschlechterung der Vermögensverhältnisse, die eine ZwV vereitelt oder sehr erschwert.
Der Verfügungsgrund (§ 940 analog) ist die bereits aktuelle Notlage des Antragstellers, der z. B. für den Lebensunterhalt auf sofortige Zahlung angewiesen ist.

Beachte: Sonderregelung nach FamFG

Ihren Ausgangspunkt hatte die Leistungsverfügung zwar bei Geldforderungen wegen dringenden Unterhaltsbedarfs genommen, jedoch gilt nunmehr das FamFG.
In Familienstreitsachen (§ 112 FamFG: Unterhalts- und Güterrechtssachen, sowie sonstige Familiensachen i. S. v. § 266 FamFG, z. B. Gesamtschuldnerausgleich unter Ehegatten, Keidel, FamFG § 266, 14) ist eine eV nach §§ 935, 940 ZPO ausgeschlossen und ersetzt durch die einstweilige Anordnung nach §§ 49 ff., 246 ff. FamFG. Denn § 119 II FamFG ermöglicht nur den Erlass eines Arrestes nach §§ 916 ff. ZPO, verweist aber ausdrücklich nicht auf §§ 935–942 ZPO, womit die Anwendbarkeit der eV in Familienstreitsachen ausgeschlossen ist (ThP 1; Keidel 7 zu § 119 FamFG; BT-Drucks. 16/6308, S. 226).
Wird also z. B. einstweiliger Rechtsschutz mit dem Ziel der *Leistung* beansprucht für Kindes-, Verwandten-, Trennungs-, Scheidungsunterhalt etc. (§ 231 FamFG), so liegt nach § 112 Nr. 1 FamFG eine Familienstreitsache vor, für die wegen § 119 II FamFG nur eine einstweilige Anordnung nach §§ 49 ff., 246 ff. FamFG möglich ist.

Voraussetzungen der Leistungsverfügung analog § 940:

Die auf Erfüllung gerichtete Leistungsverfügung setzt wie sonst auch Verfügungsanspruch und Verfügungsgrund nach Maßgabe der §§ 935, 940 voraus, die **zusätzliche** Besonderheit besteht darin, dass **Erfüllung** gewährt wird, was zu besonders strengen Anforderungen an den Nachweis von Verfügungsanspruch und Verfügungsgrund führt, da oft irreparable Verhältnisse geschaffen werden (ThP § 940, 6; Müko-ZPO § 935, 15; § 938, 20).

a) Verfügungsanspruch

26.09 Das ist der Anspruch i. S. v. § 935 bzw. das streitige Rechtsverhältnis i. S. v. § 940 (z. B. Arbeitsverhältnis). Das Gericht muss eine streng am materiellen Recht orientierte Schlüssigkeitsprüfung vornehmen. Besteht hiernach der Anspruch nicht, darf die eV nicht ergehen, auch wenn die übrigen Voraussetzungen, wie Notlage beim Antragsteller, bestehen (StJ 36 vor § 935).

b) Verfügungsgrund

Dringlichkeit: der Gläubiger ist auf sofortige Erfüllung dringend angewiesen (Zöller § 940, 6).

26.10

Der Antragsteller muss glaubhaft machen (§§ 936, 920 II), dass ohne die beantragte einstweilige Zahlung von Lohn oder Gehalt eine **Notlage** besteht, nämlich sein Lebensunterhalt gefährdet ist oder die geschuldete Handlung so kurzfristig zu erbringen ist, dass die Erwirkung eines Titels im ordentlichen Verfahren nicht möglich ist (z. B. bei Ankündigung von Erfüllungsverweigerung bei einem Fixgeschäft kurz vor der Leistungszeit, Zöller a. a. O.).

Beispiele:

(1) eV auf Zahlung einer **Geldsumme**

Bei Ansprüchen auf **Lohn** oder **Gehalt** können per eV Abschlagszahlungen zugesprochen werden, die jedoch erstens **zeitlich** begrenzt (h. M.: 6 Monate; strittig, ob mit Eingang des Antrags oder ab Entscheidung, ThP § 940, 9) und zweitens der **Höhe** nach begrenzt sein müssen, da es ja nur um die Behebung der momentanen Notlage geht (also z. B. in Höhe des notwendigen Unterhalts).
Erhält der Antragsteller bereits öffentliche Sozialleistungen, fehlt es i. d. R. am Verfügungsgrund, müsste er diese erst einklagen, darf er aber nicht darauf verwiesen werden (Zöller § 940, 6).

(2) eV auf **Herausgabe** einer Sache. Zu unterscheiden sind:

(a) §§ 858 ff. BGB: Soweit **verbotene Eigenmacht** vorausgegangen ist, können alle Besitzschutzansprüche (Herausgabe, Beseitigung, Unterlassung, §§ 861, 862 BGB) auch ohne Notlage durch Leistungsverfügung auf Erfüllung geltend gemacht werden, der frühere Besitzer kann also Herausgabe an sich selbst verlangen (nicht nur, wie i. F. § 935, an einen Sequester).
Der Grund liegt darin, dass das Gesetz in § 863 BGB erkennen lässt, dass es die Befriedigung der Besitzschutzansprüche für besonders eilbedürftig hält, StJ 44 vor § 935.

(b) §§ 985, 1007, 812, 667 BGB: hier gilt § 863 BGB nicht, so dass diese Ansprüche nicht durch Leistungsverfügung (Herausgabe an Gläubiger) geltend gemacht werden können, außer der Gläubiger ist auf die Sache zur Gewinnung seines Lebensunterhalts dringend angewiesen z. B. bei Arbeitsgeräten oder bei Arbeitspapieren, die der Arbeitgeber zu Unrecht zurückbehält (StJ 45 vor § 935).

(c) **§ 940a**: Räumung von Wohnraum ist unter engen Voraussetzungen auch durch eV als Leistungsverfügung möglich: bei verbotener Eigenmacht oder konkreter Gefahr (Abs. 1), oder gegen Dritte, die nach Erlass eines Räumungstitels gegen den Mieter unerlaubt Besitz ergriffen haben (Abs. 2) oder gegen den gekündigten Mieter, der im Räumungs- u. Zahlungsprozess einer Anordnung zur Sicherheitsleistung (§ 283a) nicht nachkommt.

(3) eV auf **Weiterbeschäftigung** des gekündigten Arbeitnehmers für die Dauer des Kündigungsschutzprozesses.

Palandt § 611, 118, 122. Nach h. M. Leistungsverfügung, nach a. A. Regelungsverfügung. Vollziehung (Vollstreckung): §§ 936, 888 I (Zöller § 940, 8 „Arbeitsrecht"; ThP § 940, 16, 4). Hier geht es um die **Entgegennahme** der Dienste, so dass § 888 II nicht einschlägig ist.

(4) eV auf **Unterlassung**

Bedeutsam in der Praxis insbes. in Wettbewerbssachen und im Bereich des Persönlichkeitsschutzes (z. B. Verbot der Verbreitung ehrenrühriger Behauptungen).

StJ 48; Müko-ZPO § 938, 34 ff.; ThP § 940, 14. Solche Unterlassungsansprüche können sich z. B. ergeben aus Vertrag, aus §§ 12, 823, 824, 862, 1004 BGB.

Die Leistungsverfügung **unterliegt voll den Bestimmungen der §§ 935 ff.** Der Hauptsacheprozess wird also nicht ersetzt. Auch nach rechtskräftiger Leistungsverfügung kann die Hauptsacheklage erhoben werden, denn das Rechtsschutzbedürfnis besteht darin, dass der Gläubiger nicht nur eine vollstreckbare, sondern auch eine die Leistungspflicht rechtskräftig feststellende Entscheidung beanspruchen kann. Gegen eine doppelte Vollstreckung ist der Schuldner durch § 775 Nr. 4, 5 geschützt (Zöller § 940, 7).

Unterschiede zur Sicherungs- und Regelungsverfügung sind (außer der Rechtsfolge Erfüllung):

- Vollziehung (§ 936): da die Leistungsverfügung auf Erfüllung abzielt, sind alle auf sie gerichteten ZwV-Maßnahmen (§§ 803 ff.) zulässig.
- § 767: Gegen eine Leistungsverfügung kann mit Klage aus § 767 vorgegangen werden, die Möglichkeit des Widerspruchs schließt sie aber aus (Zöller § 940, 7; § 927, 15).

III. Die Anordnung und die Vollziehung der einstweiligen Verfügung

1. Ein Beispiel

V hat an K aus München einen neuen Pkw für € 30 000,– unter Eigentumsvorbehalt verkauft, ist aber wegen Zahlungsverzugs des K vom Kaufvertrag zurückgetreten und hat K ergebnislos zur sofortigen Rückgabe des Pkw aufgefordert. Da V über A, einen anderen Kunden und Arbeitskollegen des K in Erfahrung gebracht hat, dass K den Pkw weiterhin auf Fahrten zur Arbeit benutzt und in 2 Tagen damit zu einer längeren Urlaubsreise starten will, außerdem der Pkw bereits einen Blechschaden aufweist, beantragt er beim LG München I unter Vortrag des obigen Sachverhalts und Beifügung der Kaufvertragsurkunde, des Mahn- und Rücktrittsschreibens, sowie einer eidesstattlichen Versicherung des A den Erlass einer einstweiligen Verfügung gegen K auf Herausgabe gem. § 935.

a) Die **Voraussetzungen**

26.11 Die eV gem. § 935 kann angeordnet werden, wenn der Antrag zulässig ist und Verfügungsanspruch und Verfügungsgrund glaubhaft gemacht sind (ThP § 935, 1, 4).

(I) Zulässigkeit:
(1) Antrag (auch ohne RA, §§ 936, 920 III, 78 III HS 2, aber nur für das Gesuch selbst, nicht auch für das weitere Verfahren ThP § 78, 14; § 920, 1).
(2) Zuständiges Gericht: § 937 (das der Hauptsache; hier: LG München I), Sonderfall: § 942.
   Beachte: anders beim Arrest (§ 919: „sowohl …") besteht kein freies Wahlrecht, s. Rn. 30.02.
(3) Vorliegen der allgemeinen Prozessvoraussetzungen.
(4) *Behauptung* eines durch eV sicherbaren Anspruchs (ThP § 935, 1). Beachte: Schlüssigkeit und Glaubhaftmachung sind Fragen der Begründetheit.

(II) Begründetheit
(1) **Verfügungsanspruch** i. S. v. § 935
Der Individualanspruch folgt aus § 985 BGB und ist **schlüssig** vorgetragen, die Tatsachen sind durch Beifügung der Urkunden **glaubhaft** gemacht (§§ 936, 920 II, 294).
Beachte: da V angesichts vorangegangener Veräußerung an K zwingend auf die *rechtsvernichtende* Einwendung aus §§ 449 II, 986 BGB (Einwendung, nicht Einrede! lies Palandt § 986, 1) zu sprechen kommen muss, hat er zur Erhaltung der Schlüssigkeit den *rechtserhaltenden* Umstand schlüssig vorzutragen, dass die Einwendung aus § 986 BGB infolge wirksamen Rücktritts nicht mehr besteht (Palandt § 449, 26; ThP 9 vor § 916).

(2) **Verfügungsgrund** i. S. v. § 935
V hat die Weiterbenutzung des Pkw durch K und die damit verbundene Gefahr der Verschlechterung, sowie einen unbehobenen Blechschaden (der zur Durchrostung, also weiterer Verschlechterung führen kann) vorgetragen und die **Tatsachen** (Weiterbenutzung, unreparierter Blechschaden) mittels eidesstattlicher Versicherung des A glaubhaft gemacht (§§ 936, 920 II, 294).

b) Die Entscheidung

Die Voraussetzungen für den Erlass der eV gem. § 935 liegen vor. Bei Stattgabe (so hier) darf die Entscheidung – anders als beim Arrest (§ 922 I) – gem. **§ 937 II** grundsätzlich nur nach mündlicher Verhandlung (dann durch Urteil) ergehen, **ohne mündliche** Verhandlung (dann durch Beschluss) **nur ausnahmsweise** bei besonderer Dringlichkeit (ThP 2; Zöller 2 § 937).

Dringlichkeit i. S. v. § 937 II liegt nicht schon im Verfügungsgrund (hier: Verschlechterungsgefahr), sondern *zusätzlich* entweder darin, dass selbst eine innerhalb kürzester Frist anberaumte mündliche Verhandlung nicht abgewartet werden kann (so hier: bis zur Abreise kann K nicht mit verlässlicher Sicherheit geladen werden), oder wenn der Zweck der eV eine Überraschung des Gegners erfordert, z. B. bei Gefahr der Vereitelung durch Beiseiteschaffen (Zöller § 937, 2).

Die besondere Dringlichkeit i. S. v. § 937 II ist glaubhaft (§ 294) zu machen (Müko-ZPO § 937, 6), dem V mittels eidesstattlicher Versicherung des A genügt hat.

Es ergeht hier also gem. § 937 II ohne mündliche Verhandlung ein die eV anordnender **Beschluss,** der – anders als das stattgebende Urteil oder die ablehnende Entscheidung – **keiner Begründung bedarf,** §§ 936, 922 I (der Sonderfall, dass die eV im Ausland zu realisieren ist, liegt nicht vor). Zur Differenzierung bei der Begründungspflicht s. oben Rn. **26.01.**

26.12

BESCHLUSS

In dem Verfügungsverfahren des V (Antragsteller) gegen K (Antragsgegner), Adressen, Verfahrensbevollmächtigte, erkennendes Gericht ... ... wird im Wege einstweiliger Verfügung – wegen Dringlichkeit ohne mündliche Verhandlung – angeordnet:

   I. Der Antragsgegner hat den Pkw (genaue, vollstreckbare Bezeichnung) zwecks Sicherung des Anspruchs des Antragstellers auf Rückgabe an einen vom Antragsteller zu beauftragenden Gerichtsvollzieher herauszugeben (= § 938).
   Im Übrigen wird der Verfügungsantrag zurückgewiesen.
   II. Der Antragsgegner hat die Kosten des Verfahrens zu tragen *(= § 92 II).*
   III. Der Streitwert wird auf € 10 000,– festgesetzt *(= § 53 I Nr. 1 GKG, § 3 ZPO).*

Rechtsbehelfsbelehrung *(§ 232):* Enhält der Beschluss keine Gründe, steht sie (wie beim Versäumnisurteil, oben Rn. **20.**12) nach dem Tenor und vor der Unterschrift des Richters. Sie kann etwa lauten: „Gegen diesen Beschluss kann bei diesem Gericht (= Adresse) schriftlich oder zu Protokoll der Geschäftsstelle *(wegen § 920 III)* ein Widerspruch eingelegt werden. Dieser ist nicht an eine Frist gebunden *(s. Rn.* **26.**23*),* jedoch hat die widersprechende Partei im Widerspruch die Gründe darzulegen die sie für die Aufhebung dieser eV (des Arrestes) geltend machen will *(§ 924 I, II, 936).*" (Hinweise: nicht zu belehren ist über die Anträge gem. §§ 926, 927, vgl. Zöller § 922, 9. Bei Entscheidung durch Urteil muss über die Berufung belehrt werden).

Anmerkungen:

Zu I: Das Gericht entscheidet gem. **§ 938** nach **freiem Ermessen** über die geeigneten Maßnahmen. Insoweit bestehen jedoch folgende **Grenzen** (ThP 1 ff.; Zöller 2–4 zu § 938):

(a) **§ 308 I** (innerhalb des Antrags). § 938 hebt den Grundsatz der Antragsbindung (§ 308 I) nicht auf, lockert ihn aber: der Antragsteller muss überhaupt keinen präzisen Antrag stellen (Ausnahme: Unterlassungsverfügung erfordert genaue Angabe des erstrebten Verbots, Zöller § 938, 2), es genügt, dass er sein Rechtsschutzziel angibt. Stellt er aber – wie üblich und zweckmäßig – einen bestimmten Antrag, darf das Gericht gem. § 308 I die Grenzen dieses Antrags nicht überschreiten, wohl aber unterschreiten – so hier: Herausgabe nicht, wie gefordert, an V direkt, sondern nur an einen mit der Verwahrung zu beauftragenden Dritten (Müko-ZPO 6; ThP 2 zu § 938). Daher Zurückweisung „im Übrigen".

(b) Keine Vorwegnahme der Entscheidung zur Hauptsache.
Im Verhältnis zum Hauptsacheanspruch (hier: § 985 BGB) muss die Maßnahme stets ein **minus** und ein **aliud** sein (hier: Herausgabe nur an Dritten und nur zur Sicherung/Verwahrung, also nicht zum uneingeschränkten Gebrauch wie i. F. § 985 BGB), Zöller § 938, 3.
Die Maßnahme muss sich auf Sicherung beschränken und darf (außer bei Leistungsverfügung) nicht zur Befriedigung des Gläubigers führen, auch keine endgültige Vollziehung enthalten (wie z.B. Abgabe einer endgültigen Willenserklärung; Löschung im Grundbuch), ThP 4; Zöller 3 zu § 938.

(c) Verhältnismäßigkeitsgrundsatz.
Die Maßnahme muss zur Erreichung des Zwecks erforderlich, andererseits aber auch genügend sein: „nötig" ist nur das **mildeste Mittel** (ThP 7; StJ 17; Zöller 4 zu § 938).

(d) Die Maßnahmen müssen grds. einen **vollstreckungsfähigen Inhalt** haben (ThP 5; StJ 20; Zöller 4 zu § 938).

Zu II: Auch im Arrest- und Verfügungsverfahren gelten die §§ 91 ff. (ThP 4; StJ 12 ff. zu § 922; BL § 91, 73 ff.). Gibt das Gericht einem Antrag auf eV nur teilweise statt, wird man i. d. R § 92 II Nr. 1 anwenden können, da die Fassung ohnehin gem. § 938 im Ermessen des Gerichts steht und die abweichende Fassung nicht stets auch ein beachtliches Weniger gegenüber dem Antrag darstellen wird, so BL § 92, 6 „Arrest".

Hinweis: Möglich ist auch im Arrest- und Verfügungsverfahren die **Erledigung der Hauptsache,** hier gelten für einseitige wie übereinstimmende Erledigungserklärungen die gleichen Regeln wie für die Klage (Zöller § 922, 4).

Vorläufige Vollstreckbarkeit: Ein Ausspruch darüber unterbleibt, weil Arrest und eV schon kraft Gesetzes vorläufig vollstreckbar sind, arg. §§ 929, 936 (Zöller § 929, 1; ThP § 922, 4).

Zu Ziff. III: Streitwertfestsetzung im Tenor ist bei Entscheidung durch Beschluss (nicht: per Urteil) zweckmäßig. Höhe: § 53 I Nr. 1 GKG, § 3 ZPO, i. d. R. $1/3$ der zu sichernden Forderung (ThP § 3, 52). Bei Leistungsverfügung kann aber der Wert der Hauptsache erreicht werden (ThP § 936, 16).

26.13 c) Bei der **Zustellung** der eV/des Arrestes ist zu unterscheiden: *Zunächst* wird der anordnende Beschluss nur dem Antragsteller (Gläubiger) zugestellt und zwar von Amts wegen gem. § 329 II 2 wegen der vom Gläubiger zu wahrenden Frist gemäß § 929 II. *Sodann* muss der Gläubiger den Beschluss dem Schuldner zustellen lassen (§§ 922 II, 936) und zwar im Parteibetrieb (§§ 192–194). Diese letztere Zustellung ist *Wirksamkeitsvoraussetzung* für die eV/den Arrestbefehl (Musielak § 922, 9): Enthält etwa eine eV ein Verfügungsverbot, z.B. ein Veräußerungsverbot, wird die eV erst mit dieser Parteizustellung des Gläubigers an den Schuldner wirksam und erst damit entsteht das Verfügungsverbot (BayObLG NJW-RR 2004, 736).

26.14 d) Die **Vollziehung** der eV
Sie erfolgt nach §§ 936, 928, 883 dadurch, dass der von V beauftragte Gerichtsvollzieher den Pkw dem K wegnimmt und zwar innerhalb der Vollziehungsfrist von 1 Monat, § 929 II (§ 936). Näheres zur „Vollziehung" sogleich unter 2.

2. Die „Vollziehung" der eV, §§ 928, 929, 936

Der Begriff der „Vollziehung" ist nach h. M. in § 928 (§ 936) und § 929 (§ 936) in einem unterschiedlichen Sinn zu verstehen, nämlich in § 928 grundsätzlich als Vollziehung durch *Zwangsvollstreckung* von eV/Arrest und in § 929 als Vollziehung im Sinne der *Fristwahrung* gem. § 929 II, III, wobei dort bedeutsam ist, welcher *Teil* der gesamten Vollziehung (Zwangsvollstreckung) schon genügt aber auch nötig ist, um die bedeutsame Frist zu wahren, Zöller § 928, 2.

26.15 a) „**Vollziehung" als Gesamtdurchführung im Wege der Zwangsvollstreckung, § 928 (§ 936):** Die Vorschriften über die ZwV sind nur „entsprechend" anzuwenden, da eV/Arrest nur zur Sicherung, nicht auch zur Befriedigung führen dürfen (BGHZ 120, 77). In einzelnen Details unterscheiden sich Vollziehung von Arrest und eV (dazu Zöller § 928, 4 ff.; 8).

Beispiele: Je nach dem Inhalt der eV (§ 938) sind etwa anzuwenden:

(1) eV betreffend Gebot, Verbot, Unterlassen: §§ 887, 888, 890.

(2) eV betreffend Eintragung einer Vormerkung, eines Widerspruchs (§§ 885, 899 BGB): Eintragungsantrag des Gläubigers (§ 13 I GBO) bzw. Ersuchen des Gerichts, das die eV erlassen hat an das Grundbuchamt gem. § 941 ZPO, § 38 GBO. Die eV ersetzt die sonst gem. § 19 GBO nötige Bewilligung des Betroffenen.

(3) eV betreffend Herausgabe (so im Beispiel zu 1): die Vollziehung erfolgt nach §§ 936, 928, 883 dadurch, dass der von V beauftragte Gerichtsvollzieher nach Zustellung der eV den Pkw dem K wegnimmt. Die Zustellung der eV ist sowohl Wirksamkeitsvoraussetzung gem. **§ 922 II** (§ 936) bei Beschlussverfügung wie im Beispiel zu 1, als auch Vollstreckungsvoraussetzung gem. **§§ 750 I,** 928, 936 (BGHZ 120, 79; ThP § 750, 1 mit 15 vor § 704). § 929 III erlaubt als Ausnahme lediglich die *Nachholung* der Zustellung binnen Wochenfrist. Die Zustellung ist schließlich nötig zur Wahrung der Vollziehungsfrist gem. § 929 II (dazu sogleich unter b).

b) „Vollziehung" zur Wahrung der Vollziehungsfrist nach § 929 II, III

Beachte allgemein: Für den Vollzug von Arrest und eV gilt die **Monatsfrist** gem. §§ 929 II, 936 ab der Verkündung, sonst ab der Amtszustellung oder Aushändigung auf der Geschäftsstelle (§ 173) an den *Antragsteller*. **Nach Fristablauf darf** aus dem Arrestbefehl nicht mehr vollstreckt (§ 928), die eV **nicht mehr vollzogen** (§§ 936, 929 II) werden, sofern die Vollstreckungsmaßnahme nicht schon vor Fristablauf beantragt wurde. Eine Vollzugsmaßnahme, die erst nach Fristablauf eingeleitet wird, muss gem. § 766 auf Erinnerung aufgehoben werden (allg. M., Zöller § 929, 22), der Titel (Arrest/eV) auf Widerspruch oder gem. **§§ 927,** 936 auf Antrag **aufgehoben werden** (ThP § 929, 5). Nach BGHZ 112, 356 ist die Vollstreckungsmaßnahme sogar unwirksam, es entsteht z. B. kein Arrestpfandrecht (§§ 930 I, 804).

26.16

Strittig ist, welche Teile der gesamten Vollstreckung bereits erfüllt sein müssen, damit die Vollziehungs*frist* gewahrt ist. Nicht gefordert wird, dass innerhalb der Monatsfrist die *gesamte* Vollstreckung durchgeführt ist.

Nach h. M. muss zur Fristwahrung in aller Regel eine **Zustellung der eV im Parteibetrieb** (§§ 191 ff.) erfolgen und zwar sowohl bei einer durch Beschluss wie einer durch Urteil ergangenen eV. Dass es gerade eine *Partei*zustellung sein muss (und eine Amtszustellung i. d. R. nicht genügt), beruht darauf, dass der Gläubiger seinen Vollziehungswillen und damit seine Bereitschaft bekunden muss zur Übernahme des Haftungsrisikos gem. § 945 (BGHZ 120, 73, 79 f.; ThP § 936, 7; § 929, 7; Zöller § 929, 12).

In Ausnahmefällen kann eine Amtszustellung genügen verbunden mit dem erkennbaren Willen des Gläubigers, von der eV Gebrauch zu machen (dazu ThP § 936, 8; Zöller § 929, 12).

Strittig ist, ob zur Wahrung der Vollziehungsfrist außer der Parteizustellung auch noch der *Beginn* der Vollstreckung erfolgt sein muss, was die wohl h. M. verneint (ThP § 936, 7). Für Eintragungen ins Grundbuch (Vormerkung, Widerspruch) genügt der Eingang des Eintragungsantrags beim Grundbuchamt, §§ 932 III, 936.

Beispiel (nach BGH WM 99, 1577): Bauunternehmer K hat wegen seiner Werklohnforderung gegen B am 1.2. eine Vormerkung gem. § 648 BGB per eV erlangt, an ihn am gleichen Tage zugestellt.
Die Vollziehungsfrist gem. § 929 II läuft daher vom 2.2.–1.3.
Am 3.2. geht beim Grundbuchamt der Antrag des K auf Eintragung der Vormerkung ein, die am 10.2. erfolgt.
Erst am 20.2. lässt K die eV dem B zustellen (§ 929 III 2 ?!).

Die Vormerkung bleibt weiterhin im Grundbuch eingetragen, da B keine Rechtsbehelfe dagegen ergreift (§ 766; GBO § 22; BGB § 894).
Am 1.4. erhebt K Klage gegen B aus § 648 BGB auf Bewilligung einer Sicherungshypothek gemäß § 1184 BGB (da erst diese ihm die beabsichtigte Zwangsvollstreckung ermöglicht) und zwar mit dem Rang der Vormerkung vom 10.2. (§ 879 BGB, ThP § 867, 9). Nach Eintragung der Vormerkung sind mehrere Grundpfandrechte eingetragen worden, die den Wert des Grundstücks völlig ausschöpfen.
Begründetheit der Klage?

Die Klage ist u. a. nur dann begründet, wenn die Vormerkung (noch) wirksam besteht, da sie nur dann gem. § 879 BGB den Rang wahren kann, den K laut Klageantrag begehrt. Dies aber ist wegen Missachtung der Vollziehungsfrist gem. § 929 III 2 zu verneinen:

Zwar wirkt der Antrag auf Eintragung der Vormerkung gem. § 932 III (§ 936) als fristwahrende „Vollziehung" i. S. v. § 929 II, III. Da die „Vollziehung" eine Zwangsvollstreckung ist (§§ 928, 936), müsste an sich gem. § 750 *zuvor* die Zustellung der eV an B erfolgt sein. In Ausnahme zu § 750 lässt § 929 III schon vor solcher Zustellung die „Vollziehung" von Arrest/eV zu, um dem Gläubiger einen überraschenden Zugriff zu ermöglichen. Dieser Vorgriff ist gem. **§ 929 III 2** allerdings nur wirksam, wenn die Zustellung innerhalb **1 Woche** nach der Vollziehung **nachgeholt** wird (also in der Zeit vom 4.2. bis 10.2.) und *vor* Ablauf der grundsätzlichen Vollziehungsfrist gem. § 929 II (die hier von 2.2.–1.3. läuft).

Da hier die Zustellung der eV erst am 20. 2. erfolgte, ist die Wochenfrist gemäß § 929 III 2 versäumt, was zur Folge hat, dass die durchgeführte Vollstreckungsmaßnahme, hier die Eintragung der Vormerkung, unwirksam ist. Denn die Versäumung der Frist aus § 929 II und/oder derjenigen aus § 929 III 2 führt zur Unwirksamkeit der Vollstreckungsmaßnahme, so dass diese keine materiellrechtlichen Wirkungen entfalten kann (BGH WM 99, 1577; BGHZ 112, 356; ThP § 929, 7).

Die Vormerkung ist also nicht wirksam (geworden bzw.) geblieben, so dass sie auch keinen Rang für die von K beantragte Sicherungshypothek wahren kann. Da K im Hinblick auf die nachfolgend eingetragenen Grundpfandrechte gerade diesen Rang will und dieser Teil seines Antrags ist, muss die Klage als unbegründet abgewiesen werden (so BGH WM 99, 1577). Hilfsanträge bzgl. schlechterer Rangstelle hat K nicht gestellt.

Ohne Einfluss ist, dass die Vormerkung weiterhin eingetragen blieb: sie ist materiellrechtlich unwirksam, das Grundbuch unrichtig i. S. v. § 894 BGB.
Weiterer Hinweis: das Grundbuchamt beachtet zwar, aber ermittelt nicht die Versäumung der Nachholungsfrist gem. § 929 III 2, so dass das Bestehenbleiben der Eintragung nicht gesetzwidrig ist und folglich weder Amtslöschung noch Amtswiderspruch gem. § 53 GBO erfolgen können (ThP § 929, 2; § 932, 4).
Weiter: Vor Ablauf der gesamten Vollziehungsfrist 2.2.–1.3. (§ 929 II) hätte daher K die eV *erneut* vollziehen können und müssen durch neuen Antrag auf Eintragung der Vormerkung: die eV selbst ist durch die Versäumung der Wochenfrist gem. § 929 III 2 nicht unwirksam geworden, nur die darauf gestützte Vollstreckungsmaßnahme (Antrag gem. §§ 932 III, 936 u. Eintragung), und solange die Vollziehungsfrist des § 929 II läuft, kann die Vollziehung wiederholt werden (ThP 7; Zöller 25 zu § 929), allerdings mit neuem Rang.

3. Die eV mit Verfügungsverbot, Vormerkung

26.17 **Beispiel 1:** V hat an K einen Pkw verkauft, den K in 1 Woche gegen Bezahlung abholen und zu Eigentum erhalten soll. K erfährt zuvor, dass V zu günstigerem Preis an X verkaufen will und beantragt ein Verfügungsverbot im Wege eV gem. § 935. Bei entsprechender Glaubhaftmachung von Verfügungsanspruch (§ 433 BGB), Verfügungsgrund (Vereitelung) und besonderer Dringlichkeit (§ 937 II) ergeht z. B. Beschluss:

EINSTWEILIGE VERFÜGUNG

I. Zur Sicherung des Anspruchs des Antragstellers auf Übertragung des Eigentums am Pkw ... (Marke, Kennzeichen, Fahrgestell-Nr.) wird dem Antragsgegner – (bei entsprechendem, schon jetzt möglichen Antrag gem. §§ 936, 928, 890 weiter: bei Vermeidung eines Ordnungsgeldes bis zu € 250 000,– oder einer Ordnungshaft bis zu 6 Monaten) – verboten, über den genannten Pkw zum Nachteil des Antragstellers zu verfügen.

II. Der Antragsgegner hat die Kosten des Verfahrens zu tragen.

III. Streitwert (Anm.: die Höhe des Ordnungsgeldes ist dafür ohne Einfluss, ThP § 3, 52).

Wirksam wird die Verfügungsbeschränkung mit der Zustellung des Beschlusses durch K an V im Parteibetrieb, § 922 II (BayObLG NJW-RR 04, 736). Beachte aber: diese eV kann einen gutgläubigen Erwerb des X wegen §§ 136, 135 II, 932 BGB (Palandt § 136, 4) nicht verhindern, weshalb es zweckmäßiger ist, Verwahrung anzuordnen (StJ § 938, 25), was wegen § 308 I freilich nicht gegen einen auf Anordnung eines Verfügungsverbots lautenden Antrag möglich ist, dann auch nicht zusätzlich neben ihm, weil dem Gläubiger entgegen § 308 I mehr ausgesprochen würde als er beantragt hat.

Bei **Grundstücken** ist ein Veräußerungsverbot ebenfalls per eV möglich, die Eintragung ins Grundbuch zulässig und wegen § 892 I 2 BGB dringend geboten (Palandt § 892, 17; Demharter GBO 29. Aufl., Anh. zu § 13, 21). **26.18**

Die Eintragung erfolgt als Maßnahme der Grundbuchberichtigung gem. § 22 GBO, weil die Verfügungsbeschränkung bereits außerhalb des Grundbuchs entstanden ist (Demharter § 22, 50). Die Eintragung erfolgt entweder auf Antrag (§ 13 GBO), oder (i. d. R.) direkt auf Ersuchen des Verfügungsgerichts an das Grundbuchamt, §§ 38 GBO, 941 ZPO (Demharter § 38, 5). Nach h. M. sind §§ 932 III, 929 III 1, 2, 936 entsprechend anwendbar, so dass das Grundbuchamt also auch vor oder ohne Zustellungsnachweis eintragen darf, jedoch muss die Zustellung binnen Wochenfrist (§ 929 III 2) nachgeholt werden (ThP 1, 2; Zöller 2; Müko-ZPO 4, je zu § 941).

In den meisten Fällen wird aber die Eintragung einer **Vormerkung** oder eines **Widerspruchs** möglich und als der einfachere Weg vorzuziehen sein (keine Glaubhaftmachung des Verfügungsgrundes nötig, §§ 885 I 2, 899 II 2 BGB). Die eV lautet z. B.:

EINSTWEILIGE VERFÜGUNG

I. Zur Sicherung des Anspruchs des Antragstellers (aus dem Kaufvertrag vom ... zu notarieller Urkunde des Notars ... in München, URNr. ...) auf Auflassung des im Grundbuch für München-Schwabing, Bd. ... Blatt unter der lfd. Nr. 1 eingetragenen Grundstücks des Antragsgegners ist eine Vormerkung einzutragen.

II. Der Antragsgegner hat die Kosten des Verfahrens zu tragen.

III. Das Grundbuchamt wird um Eintragung ersucht (§§ 38 GBO, 941 ZPO).

IV. Streitwert.

Der Verfügungsanspruch muss nicht unbedingt im Tenor bezeichnet werden. Beachte nochmals zur **Zustellungsproblematik**: § 929 III (§ 936) findet auf Vormerkung und Widerspruch Anwendung, die Eintragung kann also zwar (in Ausnahme zu § 750 I) vor der Zustellung der eV erfolgen, **aber** die Eintragung verliert gem. § 929 III 2 ihre Wirkung, wenn die Zustellung nicht innerhalb 1 Woche nach Eingang des Gesuchs (§ 941) oder des Eintragungsantrags (§ 13 GBO) erfolgt (§§ 936, 932 III). Ging also z. B. das Eintragungsgesuch am 1.3. beim Grundbuchamt ein, so ist die etwa am 10.3. erfolgte Zustellung der eV verspätet, die Wirkung der Eintragung verfällt – wichtig für die nun auch entfallenden materiellrechtlichen Wirkungen etwa der Vormerkung, § 883 BGB (siehe das Beispiel oben Rn. **26.**16).

26.19 Beispiel 2 (BayObLG NJW-RR 04, 736): Grundstückseigentümer E hat dem Käufer K am 23.6. notariell eine Auflassungsvormerkung bewilligt, der Eintragungsantrag des K ist am 26.6. beim Grundbuchamt eingegangen, die Eintragung erfolgte am 14.7. F, der 1 Woche vor K das Grundstück ebenfalls von E gekauft hat, erwirkt am 25.6. im Wege einstweiliger Verfügung ein Veräußerungsverbot gegen E, dessen Eintragung er noch am 25.6. beim Grundbuchamt beantragt, die Zustellung durch F an E im Parteibetrieb erfolgte am 27.6. Erst mit dieser Zustellung (§ 922 II) ist das Verfügungsverbot *entstanden,* kommt aber jetzt zu spät: Denn nach § 878 BGB, der analog auch für die Vormerkung gilt (BGHZ 28, 182; Palandt 4; Müko-BGB 24, je zu § 878) wirkt sich die Verfügungsbeschränkung des E nicht mehr aus, da auf den früheren Eingang des Antrags des K auf Eintragung der Vormerkung (26.6.) abzustellen ist.

Zwar gelten auch §§ 932 III, 929 III analog für Veräußerungsverbote per eV. Sie ersetzen aber nicht das Erfordernis der Parteizustellung gemäß § 922 II als *Wirksamkeits*voraussetzung (also ab 27.6.), sondern beschränken sich darauf, dass die *Frist* zur Vollziehung (§ 929 II: 1 Monat; § 929 III 2: 1 Woche), durch den Eintragungsantrag (25.6.) gewahrt wird und vollstreckungsrechtlich die Maßnahme entgegen § 750 schon *vor* der Zustellung erfolgen darf (ThP § 932, 3; § 929, 7).

4. Die eV mit Erwerbsverbot

26.20 Beispiel: V und K haben einen wegen Unterverbriefung formunwirksamen Grundstückskaufvertrag geschlossen, V hat darin dem K bereits die Auflassung erklärt. Da K nun die Differenz nicht zahlen will, möchte V die Eintragung verhindern und das Geschäft rückabwickeln. Würde es dem K gelingen, die Eintragung zu erreichen, würde dies gem. § 311b I S. 2 BGB zur Heilung führen. Um dies zu verhindern, kann V per eV gem. §§ 935, 938 ein sog. **Erwerbsverbot** gegen K erwirken, wodurch dem K verboten wird, den Eintragungsantrag zu stellen oder geboten wird, den bereits gestellten zurückzunehmen.

Verfügungsanspruch: § 812 I 1 BGB auf Kondiktion der Auflassungserklärung (RGZ 117, 290). Verfügungsgrund: drohender Eigentumsverlust ab Eintragung des K. Zulässige Maßnahme gemäß § 938 II: Erwerbsverbot.

Dieses Erwerbsverbot (h.M.: analog §§ 135, 136 BGB) stellt ein vom Grundbuchamt von Amts wegen zu beachtendes Eintragungshindernis dar. Es hat nicht nur verfahrensrechtliche Bedeutung, sondern greift zugleich sachlich in die Erwerbsfähigkeit des Betroffenen (K) ein, so dass die Voraussetzungen der Eintragung gemäß § 20 GBO nicht mehr vorliegen und das Grundbuchamt den Eintragungsantrag des K daher zurückweisen muss (RGZ 117, 287; 120, 118; Palandt § 136, 5; § 888, 11).

Wird K *dennoch* eingetragen, ist dies analog §§ 135, 136 BGB dem V gegenüber unwirksam, sodass die Eintragung keine heilende Wirkung gem. § 311b I BGB hat. Da der Kaufvertrag infolge Unterverbriefung formunwirksam bleibt, kann V seine Auflassungserklärung gem. § 812 I 1 BGB kondizieren und diesen Rückforderungsanspruch durch eine Vormerkung sichern lassen. Strittig ist, ob V auch einen Widerspruch gegen eine dennoch erfolgte Eintragung des K eintragen lassen kann, da der Verstoß gegen das Erwerbsverbot infolge analoger Anwendung der §§ 135, 136 BGB nur zur relativen Unwirksamkeit führt, die als solche nach h.M. das Grundbuch nicht unrichtig macht. Zum Ganzen näher und mit Beispiel: Knöringer Freiwillige Gerichtsbarkeit, 5. Aufl. S. 139 ff.; Palandt § 888, 11; ThP 8, Zöller 12, 13; StJ 26 zu § 938; Demharter GBO § 19, 97.

IV. Rechtsbehelfe

26.21

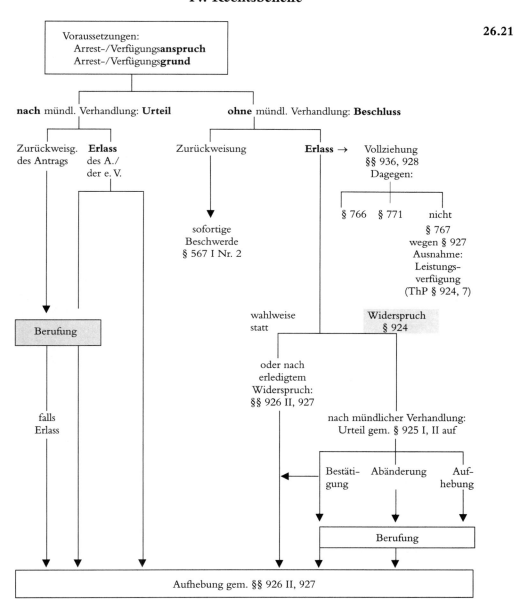

Die RBehelfe Widerspruch, Berufung, bzw. §§ 926 II, 927 stehen nach hM nicht *nebeneinander*, wohl aber §§ 926 II, 927 wahlweise und auch noch *anschließend* zur Verfügung: Nach Erlass oder Bestätigung des Arrestes/der e. V. kann der Schuldner noch nach §§ 926 II, 927 vorgehen (Zöller § 927, 2). Die RKraft einer Bestätigung des Arrestes/der e. V. (z.B. im Berufungsurteil) steht dem Verf. nach §§ 926 II, 927 nicht entgegen (§ 926 = A./e. V. müssen lediglich noch existieren; § 927 = Wortlaut), schließt aber für § 927 Einwendungen aus, die vor Erlass der Bestätigungsentscheidung hätten vorgebracht werden können (Zöller § 924, 3).

26.22 Gegen die Anordnung des Arrestes, der eV durch *Beschluss* kann der Schuldner **Widerspruch,** gegen die durch *Urteil* **Berufung** einlegen.
Wahlweise stattdessen kann er nach §§ 926, 927 vorgehen (nach wohl h. M. aber mangels Rechtsschutzbedürfnisses bzw. entgegenstehender Rechtshängigkeit nicht kumulativ, Zöller § 924, 3; a. A. Müko-ZPO 5; Musielak 2, je zu § 924).

(1) **Widerspruch** und **Berufung** ermöglichen Berücksichtigung sämtlicher Umstände, der Schuldner kann also sowohl einwenden, Arrest/eV hätten von Anfang an nie ergehen dürfen, als auch, infolge neu eingetretener Umstände sei die Anordnung jetzt nicht mehr gerechtfertigt.

(2) § 927 kann nur auf nachträglich eingetretene (oder bekanntgewordene, h. M.) Umstände gestützt werden.

(3) § 926 ermöglicht die Aufhebung aus einem rein formalen Grund, nämlich der Nichteinhaltung der gesetzten Frist zur Erhebung der Hauptsacheklage.
Aufhebungen auf Widerspruch (Berufung) und gem. § 926 II haben Rückwirkung, solche nach § 927 wirkt nur ex nunc (Zöller 1; Müko-ZPO 1, 2; StJ 4 zu § 924). Im Folgenden sollen Widerspruch (§§ 924, 925) und Aufhebung gem. § 927 näher besprochen werden.

1. Widerspruch, §§ 924, 925

26.23 Der Widerspruch gegen den Arrest/Verfügungs-*Beschluss* führt zum *Urteils*verfahren (§ 925 I): der Gläubiger wird Arrest/Verfügungs-*Kläger,* der Schuldner Arrest/Verfügungs-*Beklagter,* entschieden wird durch Endurteil (mit TB u. E-Gründen), bei Säumnis einer Partei durch VU (§§ 330 ff.). Zöller § 925, 1, 6. Der Widerspruch ist **nicht fristgebunden,** also grds. möglich, solange der Arrestbefehl bzw. die eV besteht, sogar noch nach rechtskräftiger Entscheidung zur Hauptsache (ThP 1; Müko-ZPO 11 zu § 924). Grenze: Verwirkung (Zeit- und Umstandsmoment).

Er führt zu notwendiger mündlicher Verhandlung und **bewirkt** – ähnlich dem Einspruch gem. §§ 342, 343 –, dass über die Rechtmäßigkeit des Arrestes bzw. der eV nach **jetzigem** Stand zu entscheiden ist.

Liegen die Voraussetzungen daher jedenfalls **jetzt** vor, ist der Arrest bzw. die eV zu **bestätigen** (auch wenn die Maßregel ursprünglich – z. B. mangels damals bestehender Gefahr – unberechtigt gewesen sein sollte), andernfalls ist die Maßregel kostenpflichtig **aufzuheben,** § 925 II. Hat sich das Arrest- oder Verfügungsgesuch nach Erlass **erledigt** – Hauptfall: Zahlung/Leistung durch den Schuldner – kann der Kläger zur Vermeidung der Kostenpflicht oder können auch beide Parteien übereinstimmend für erledigt erklären, die Grundsätze der Hauptsacheerledigung gelten auch hier (Müko-ZPO § 925, 7; StJ § 925, 9).

Beachte: entschieden wird gem. § 925 II über den Arrest/die eV selbst, nicht über den Widerspruch. **Falsch** wäre es zu schreiben: „Begründetheit" des Widerspruchs. Gleiche Situation wie beim Einspruch gegen VU, §§ 342, 343, s. oben Rn. 20.20. Für das Widerspruchsverfahren genügt, wie schon im Anordnungsverfahren, die Glaubhaftmachung.

Beispiel 1: Arrest/eV erweisen sich als rechtmäßig

ENDURTEIL

    I. Die am ... angeordnete eV (der Arrest) wird bestätigt.
    II. Der Verfügungs-(Arrest-)beklagte hat auch die weiteren Kosten des Verfahrens zu tragen (§ 91).

Ein Ausspruch über die vorläufige Vollstreckbarkeit kommt nur bei Aufhebung oder Änderung (= teilweise Aufhebung) in Betracht, § 708 Nr. 6. Bei Bestätigung unterbleibt er, da es bei der (kraft Gesetzes gegebenen) Vollstreckbarkeit der Vorentscheidung verbleibt (Zöller 8; ThP 7 zu § 708).

Beispiel 2: Arrest/eV erweisen sich als unberechtigt

ENDURTEIL

I. Die am ... angeordnete eV (der Arrest) wird aufgehoben.
II. Der Antrag des Verfügungs-(Arrest-)Klägers vom ... auf Erlass einer eV (eines Arrestes) wird zurückgewiesen.
III. Der Verfügungskläger hat die Kosten des Verfahrens zu tragen (= § 91).
IV. Das Urteil ist vorläufig vollstreckbar (= § 708 Nr. 6). *Falls berufungsfähig weiter:* §§ 711 S. 1, 2, sonst § 713.

2. Aufhebung wegen veränderter Umstände, § 927

§ 927 (§ 936) gibt einen Rechtsbehelf nur gegen die **Fortdauer** des Arrestes bzw. der eV wegen **veränderter Umstände.** Die Frage der ursprünglichen Rechtmäßigkeit der Anordnung wird im Verfahren nach § 927 nicht geprüft (Zöller § 927, 1). Gleich ist, ob der Arrest/die eV durch Beschluss oder durch Urteil angeordnet worden ist. § 927 setzt nicht voraus, dass der Arrest/die eV bereits bestätigt worden ist, sondern nur, dass veränderte Umstände vorliegen, die sogar noch – so ist das „auch" zu lesen – nach Bestätigung relevant sind für eine Aufhebung (Musielak 1; Müko-ZPO 2, je zu § 927).

26.24

Beispiel: Verkäufer V hat beim LG eine auf verzugsbedingten Rücktritt gestützte eV gegen K erwirkt auf Herausgabe eines Pkw an einen Sequester (§ 938 II), bei dem das Fahrzeug seither steht. Im Hauptsacheprozess wird nunmehr rechtskräftig die Klage des V gegen K auf Herausgabe (§ 985; §§ 323, 346 BGB) abgewiesen, da der Rücktritt des V mangels Verzugs des K unwirksam gewesen sei. Daraufhin wird K nach § 927 (§ 936) vorgehen, um sein Fahrzeug zurückzuerhalten.

Voraussetzungen:

(I) Zulässigkeit

(1) Antrag des K gemäß § 927 I, Anwaltszwang, § 78.

(2) Ausschließlich zuständig (§ 802) ist das Verfügungsgericht (LG), da der Hauptsacheprozess abgeschlossen ist, § 927 II (ThP § 927, 3).

(3) Vorliegen der allgemeinen Prozessvoraussetzungen.

(4) Rechtsschutzbedürfnis:
Es fehlt z.B., wenn K gleichzeitig Widerspruch (Berufung) eingelegt hat und darüber noch nicht entschieden worden ist, weil dort umfassendere Prüfung möglich ist (ThP § 927, 4). Verhindert werden soll aber nach h.M. nur, dass der Schuldner die Rechtsbehelfe *zugleich* geltend macht, möglich ist also, dass er sie *nacheinander* geltend macht, also z.B. erst Widerspruch einlegt, nach etwaiger Bestätigung der eV später gem. § 927 vorgeht.

(II) Begründetheit

Der Antrag nach § 927 ist begründet, wenn der Schuldner **glaubhaft** macht, dass sich die **Umstände geändert** haben. Diese Veränderung kann insbesondere betreffen (ThP § 927, 12, 13):

(1) den Verfügungs**anspruch**

Beispiele: Erlöschen der zu sichernden Forderung. Rechtskräftige Klageabweisung als unbegründet im Hauptsacheprozess, so hier. Ein nur vorläufig vollstreckbares Urteil genügt nicht, wenn dagegen Rechtsmittel noch möglich sind.

(2) den Verfügungs**grund**

Beispiele: Der Verfügungsgrund entfällt ab rechtskräftigem stattgebenden Leistungsurteil für den Gläubiger im Hauptsacheprozess, denn das etwa auf Grund der Arrestvollziehung erlangte Arrestpfandrecht behält seinen Rang auch für die ZwV aus dem Leistungstitel (Zöller § 927, 6). Nicht genügt ein nur vorläufig vollstreckbares Leistungsurteil oder ein Feststellungsurteil. § 927 greift auch, wenn die Vollziehungsfrist des § 929 II abgelaufen ist, ohne dass die Vollziehung erfolgt ist (Zöller § 927, 6, 7; ThP § 929, 5; s. oben Rn. 26.16).

Im obigen Beispiel kann K alle Voraussetzungen erfüllen. Es ergeht dann gem. §§ 927 II, 936

ENDURTEIL

I. Die am ... angeordnete eV wird aufgehoben.
II. Der Aufhebungsbeklagte (Verfügungskläger V) hat die Kosten des Aufhebungsverfahrens (hier ausnahmsweise weiter:) und des Anordnungsverfahrens zu tragen *(= § 91)*.
III. Das Urteil ist vorläufig vollstreckbar *(= § 708 Nr. 6)*. Der Aufhebungsbeklagte (V) kann die Vollstreckung abwenden durch SL ... *(§ 711)*.

Anmerkungen: Da den Antrag gem. § 927 nur der Schuldner stellen kann, wird *er* jetzt zum Kläger, die Parteirollen vertauschen sich also gegenüber dem Anordnungsverfahren (Zöller 9; ThP 1 zu § 927).
Zu Ziff. II: Die **Kostenentscheidung** im Aufhebungsverfahren beschränkt sich grundsätzlich auf die im Verfahren gem. § 927 entstandenen Kosten (da es ein eigenes, abgeschlossenes Verfahren ist) und lässt die Kostenentscheidung im Anordnungsverfahren unberührt. Es gilt also der Grundsatz der kostenmäßigen Selbstständigkeit von Anordnungs- und Aufhebungsverfahren (Zöller § 927, 12).
Nur **ausnahmsweise** – so aber hier – sind die Kosten auch des Anordnungsverfahrens dem Verfügungskläger (V) aufzuerlegen, z. B. wenn die Hauptsacheklage als von Anfang an unbegründet rechtskräftig abgewiesen worden ist (Zöller 12; ThP 8 zu § 927).

§ 27 Das Berufungsverfahren

Prüfungsschema zu Zulässigkeit und Begründetheit der Berufung:

I. Zulässigkeit der Berufung, § 522 I

Die Beweislast liegt beim Berufungskläger (ThP 14 vor § 511).

1. Statthaftigkeit, § 511

27.01 Die Entscheidung muss ihrer Art nach überhaupt berufungsfähig sein (a) und die Parteien müssen zulässigerweise Berufungskläger bzw. -beklagter sein können (Berufungsberechtigung (b, c).

27.02 a) **Berufungsfähig** sind Endurteile der 1. Instanz (auch TeilU, vgl. Legaldefinition in § 301, echtes 2. VU gem. §§ 345, 514 II, VorbehaltsU wegen §§ 302 III, 599 III), sowie solche Zwischenurteile, die hinsichtlich der RMittel den Endurteilen gleichgestellt sind (§§ 280 II, 304).

Das 1. VU (§§ 330, 331) ist nur bei Eingreifen der Meistbegünstigungstheorie berufungsfähig, § 514 I, vgl. oben Rn. 20.23 ff.

27.03 b) **Berufungskläger** können nur sein: die Hauptparteien, sowie diejenigen, die in 1. Instanz oder im Laufe der Rechtsmittelfrist als Gesamtnachfolger oder Sondernachfolger durch Parteiwechsel oder -beitritt in den Prozess eingetreten sind, sowie der Streithelfer (Zöller § 511, 4; ThP § 511, 6 ff.).

Beispiel: Die A-GmbH u. Co. KG klagt gegen B und wird unter dieser Parteibezeichnung abgewiesen. Kurz vor Urteilserlass hatte der einzige Kommanditist seinen Gesellschaftsanteil auf die GmbH übertragen, eine Mitteilung davon an Gericht und B unterblieb.
RA R legt Berufung „namens der Klagepartei" ein, die er mit „A-GmbH u. Co. KG" bezeichnet. B hält die Berufung für unzulässig, da die KG erloschen, und die Berufung daher von einer Nichtpartei eingelegt worden sei; die GmbH selbst sei nicht als Partei am Rechtsstreit beteiligt und daher nicht berufungsberechtigt, einem Parteiwechsel in der Berufungsinstanz widersetze er sich.
Die Berufung ist zulässig: Bei einer 2gliedrigen Personengesellschaft (wie hier: Komplementär-GmbH und nur 1 Kommanditist, ebenso bei einer mehrgliedrigen im Falle der Übertragung aller Anteile auf nur einen Gesellschafter) tritt infolge der Übernahme (Anspruchsgrundlage: § 140 I HGB direkt oder analog bei wichtigem Grund, sonst Gesellschaftsvertrag, z. B. Auslegung der Fortsetzungsklausel bei Tod, sonst – so hier – eine jederzeit zulässige Vereinbarung, Palandt § 736, 4) eine **Gesamtrechtsnachfolge** ein, da in all diesen Fällen der Anteil des (der) Ausscheidenden gem. § 738 I 1 BGB (§ 105 III HGB) ohne besondere Einzelübertragungsakte dem Übernehmenden (hier: GmbH) allein anwächst (BGHZ 50, 308; BAG ZIP 98, 1974; Palandt § 736, 4; gegen die Begründung mit Anwachsung gem. § 738 I 1: Baumbach-Hopt § 131, 35, 39). Die KG erlischt ohne Liquidation (Palandt a. a. O.).
Bei Gesamtrechtsnachfolge tritt **Parteiwechsel kraft Gesetzes** ein, hier also auf die GmbH (Einzelheiten s. oben Rn. **16.**02; ThP 16 vor § 50; Baumbach-Hopt § 140, 25). Die neu eintretende Partei bleibt an alle ergangenen Entscheidungen und Prozesshandlungen der KG gebunden (ThP 18 vor 50). Klägerin in 1. Instanz war zuletzt also die GmbH, das Urteil ist lediglich im Rubrum zu berichtigen, die Berufung „namens der Klagepartei" ist nach Auslegung die der GmbH, die als Klägerin berufungsberechtigt ist. Die von der erloschenen KG erteilte Prozessvollmacht gilt analog § 86 1. HS als fortbestehend für die Gesamtnachfolgerin, die GmbH (BGH NJW 02, 1207). RA R vertritt also nach dem Parteiwechsel nun die GmbH. § 86 HS 2 erfordert keine Neuerteilung, sondern dient nur dem Nachweis, dass der Nachfolger (GmbH) die Vollmacht nicht widerrufen hat (ThP § 86, 2; siehe auch das Beispiel oben zu Rn. **16.**02).

c) **Berufungsbeklagte** kann nur sein die Hauptpartei erster Instanz, daher nicht der Streithelfer (da nicht Partei) ThP § 511, 10. Strittig ist, ob bei zulässiger Berufung die *Klage* (nicht die Berufung!) auf Dritte erweitert werden kann. **27.04**

Beispiel: Kläger K wurde abgewiesen. Er legt Berufung ein gegen B und erweitert die Klage auf C, die Pkw-Haftpflichtversicherung des B. Gegen Parteierweiterung in 2. Instanz grds. ThP 26 vor § 50; BL § 263, 14, da es insoweit mangels erstinstanzlicher Entscheidung an der funktionellen Zuständigkeit des Berufungsgerichts fehle. Für Zulässigkeit bei Zustimmung der neuen Partei (die bei Rechtsmissbrauch entbehrlich ist): BGHZ 65, 268; BGH NJW 97, 2885; StJ § 263, 59 f. Vgl. Übersicht oben Rn. **16.**15 ff.

2. Form der Einlegung, § 519

Die Berufung muss formgerecht „eingereicht" (§ 519 I), mit dem notwendigen Inhalt gem. § 519 II versehen und von einem Anwalt (§ 78) unterschrieben sein. Die Berufung kann also nur „oben" eingereicht werden, im Unterschied zum Strafprozess (§ 314 StPO) und zur Beschwerde nach dem FamFG (§ 64 I S. 1 FamFG). **27.05**

a) Bei einem **Prozesskostenhilfeantrag** – der für jede Instanz beim Instanzgericht zu beantragen ist, § 119 I – sind insbes. 4 Fälle zu unterscheiden: **27.06**

(1) Einlegung der Berufung „falls PKH bewilligt wird", ist als bedingte Berufung unzulässig (ThP § 519, 4).
(2) Werden PKH-Antrag und **unterschriebene** Berufungsschrift miteinander eingereicht, so ist es Auslegungsfrage, ob nur PKH-Antrag gestellt ist. Nach h. M. liegt bereits unbedingte Berufungs*einlegung* vor, wenn der PKH-Antrag allen Anforderungen an eine Berufungsschrift (§ 519) entspricht und nicht ausdrücklich ein Zusatz etc. angebracht ist, dass die beigefügte Berufungsbegründungsschrift

lediglich der Begründung des PKH-Antrags dient, oder als „Entwurf" beigefügt ist (nur dann ist Berufung noch nicht „eingereicht"), ThP § 519, 4.

Gleiches gilt für die Berufungs*begründung* (§ 520 III): Wird Berufung eingelegt und sodann ein PKH-Gesuch eingereicht, das allen Anforderungen des § 520 III genügt, so gilt dieses PKH-Gesuch als Berufungsbegründung, sofern nicht ein anderer Wille des Berufungsklägers erkennbar ist, BGH NJW-RR 99, 212.

(3) Ausschließlich PKH-Antrag liegt vor, wenn die **nicht** unterschriebene Berufungsbegründungsschrift nur als Entwurf beigefügt ist und nur zur Begründung des PKH-Antrags auf sie Bezug genommen wird.

(4) Zulässig ist es, zunächst nur PKH-Antrag für die 2. Instanz zu stellen. Wird darüber erst nach Ablauf der Berufungsfrist entschieden, ergeben sich Wiedereinsetzungsfragen: Es muss Wiedereinsetzung innerhalb der Frist gem. § 234 beantragt werden. Bei Verweigerung der PKH beginnt die Frist nach 3–4 Tagen Überlegungszeit, da das Hindernis erst ab dann als behoben gilt (h. M., BGH NJW-RR 09, 789; ThP § 234, 8a) und es muss innerhalb dieser Frist Berufung *eingelegt* werden (§ 236 II 2). Daneben muss der Berufungsführer achten auf den Ablauf der Berufungs*begründungs*frist, die nach § 520 II 1 bereits mit Zustellung des Urteils begonnen hat, und daher innerhalb dieser 2 Monate die Berufung begründen (oder Verlängerung der Frist beantragen, § 520 II 2). Ist die Begründungsfrist (§ 520 II 1) bei Entscheidung über den PKH-Antrag bereits abgelaufen, muss er auch für *diese* Frist W. E. beantragen und die versäumte Prozesshandlung nachholen, also die Berufung begründen (§ 236 II 2), wobei gemäß § 234 I 2 für *diese* Wiedereinsetzung *und* die Nachholung der Berufungs*begründung* wegen § 236 II 2 eine Frist von 1 Monat gilt, die aber erst ab Mitteilung der Wiedereinsetzung in den vorigen Stand gegen die Versäumung der Berufungs*einlegungs*frist läuft (BGH NJW 14, 2442, ThP § 234, 3b). Die mittellose Partei soll nämlich erst gehalten sein, die Berufung zu begründen, wenn sie weiß, dass ihr hinsichtlich der versäumten Berufungseinlegungsfrist Wiedereinsetzung gewährt worden ist.

27.07 b) Mehrfache Einlegung

Hauptfälle: die Partei und ihr Streithelfer legen je selbstständig Berufung ein.
Erneute Berufungseinlegung wegen Zweifeln an der Formwirksamkeit (Unterschrift?) der bereits erfolgten.
Berufung durch Telefax und nachgereichten Originalschriftsatz (BGH NJW 93, 3141; BAG NJW 99, 2989).

Es liegt im Ergebnis nur *ein* Rechtsmittel vor, über das einheitlich zu entscheiden ist (BGH NJW 15, 3171): ist ein Einlegungsakt unzulässig (z. B. nicht rechtzeitig begründet), ein anderer aber zulässig, so ist die Berufung insgesamt zulässig, keine gesonderte Verwerfung der unzulässigen Einlegung (sie wird vielmehr gegenstandslos), BGHZ 45, 380; BGH WM 05, 857; ThP § 519, 11. Die zweite Berufungseinlegung gewinnt immer *erst dann* selbstständige Bedeutung, wenn und sobald die Unwirksamkeit oder Unzulässigkeit der ersten feststeht, etwa wegen Versäumung der Begründungsfrist (§ 520 II), BGH NJW 93, 269, 3141; ThP § 519, 10.

Beispiel: Das stattgebende Urteil wird dem RA des Beklagten am 1.2. zugestellt, der hiergegen am 10.2. Berufung einlegt mit einem nicht unterschriebenen Schriftsatz und die er am 20.3. begründet. Der Streithelfer des Beklagten lässt am 28.2. Berufung einlegen, die am 28.3. begründet wird. Die 1. Berufung ist, weil nicht unterschrieben, unzulässig, wird aber nicht verworfen (sondern ist gegenstandslos), weil die 2. Berufung (Streithelfer) rechtzeitig eingelegt und begründet worden ist: es liegt ein einheitliches, zulässiges Rechtsmittel vor, nämlich das der Partei.
Nimmt die Partei (Beklagter) isoliert „ihre" Berufung (vom 10.2.) zurück, so betrifft das nur diesen Einlegungsakt, nicht das Rechtsmittel als solches, daher weder Beschluss noch Kostenfolge aus § 516 III. Die vom Streithelfer geführte Berufung bleibt als Berufung des Beklagten (es ist ein einheitliches Rechtsmittel) weiter anhängig. Widerspricht allerdings der Beklagte der weiteren Fortführung der Berufung durch den Streithelfer, muss dieser zurücknehmen (mit Folge aus § 516 III), andernfalls die Berufung des Streithelfers wegen Widerspruchs zur Hauptpartei (§ 67) als unzulässig verworfen wird, BGH NJW 93, 2944; vgl. oben Rn. **18.**11. In der Rücknahme der Berufung der Partei liegt noch kein solcher Widerspruch gegen die Durchführung einer vom Streithelfer eingelegten Berufung.

3. Frist zur Einlegung, § 517

Fristberechnung: § 222, BGB §§ 187 I, 188 II. Ereignisfrist: maßgebend für das Fristende ist daher das Kalenderdatum der Amtszustellung (§ 317) des vollständigen (!) Urteils, phasenverschoben auf den Folgemonat.   27.08

Beispiele: Urteilszustellung am 1.3.: Fristende 1.4. (24 Uhr), ist der 1.4. ein Samstag, dann Fristende am Montag 3.4., § 222 II. Urteilszustellung am 30.1.: Fristende 28.2. (29.2.), § 188 III BGB.
Wurde das Urteil nicht oder nicht in vollständiger Form zugestellt, *endet* die Frist 6 Monate (5 + 1) nach Verkündung, z. B. Verkündung am 1.2.: Fristende 1. 8., §§ 517, 222, BGB § 188 II.
Im arbeitsgerichtlichen Verfahren schließt sich an die 5-Monatsfrist des § 517 die Jahresfrist des § 9 V 4 ArbGG an (h. M. BAG NJW 98, 774: mangels Urteilsbegründung auch keine Belehrung).

4. Frist zur Begründung, § 520 II

Sie beginnt ebenfalls mit der Zustellung des vollständigen Urteils und endet nach 2 Monaten am gleichlautenden Kalendertag, § 222, BGB §§ 187 I, 188 II.   27.09

Beispiel: Zustellung am 10.1., Ende der Begründungsfrist: 10.3., 24 Uhr (bzw. am Montag 12.3., § 222 II).
Die Frist zur Begründung (§ 520 II, verlängerbar nach S. 2 und 3) ist keine Notfrist (da nicht ausdrücklich als solche bezeichnet, § 224 I S. 2), gleichwohl ist Wiedereinsetzung gemäß § 233 möglich.

5. Ordnungsgemäße Begründung, § 520 III S. 2

Der Muss-Inhalt der Berufungsbegründung gem. § 520 III S. 2, bestehend aus Antrag und Berufungsbegründung, gehört zur Zulässigkeit der Berufung, § 522 I. Die in § 520 III S. 2 Nr. 2–4 aufgelisteten Berufungsgründe sind zu verstehen als Mindestvoraussetzungen zur Erfüllung der Zulässigkeitshürde, denn nach deren Erfüllung erstreckt sich die gerichtliche Prüfung – in den Grenzen des Berufungsantrags – auf den *gesamten* Streitstoff, nicht nur auf die in der Berufungsbegründung vorgetragenen Rügen, § 529 II S. 2 (Näheres unten c).   27.10

a) Berufungsanträge, § 520 III S. 2 Nr. 1

Die Anträge werden zweckmäßigerweise ausdrücklich formuliert. Zumindest aber muss sich gemäß § 520 III S. 2 Nr. 1 aus der Begründungsschrift Umfang und Ziel der Berufung ergeben (ThP § 520, 17).   27.11

Beachte: Auch eine nur beschränkte Berufung hemmt zunächst die Rechtskraft des Urteils in vollem Umfang. Der nicht angefochtene Teil wird erst dann rechtskräftig, wenn der Gegner nicht mehr Anschlussberufung einlegen kann (Frist: § 524 II S. 2) und der Berufungskläger – dessen Antrag zunächst beschränkt war, also hinter der vollen Beschwer zurückgeblieben war – seinen grds. bis zur vollen Beschwer erweiterungsfähigen Berufungsantrag nicht mehr erweitern kann (zur Frist vgl. ThP § 520, 19). ThP § 705, 10.

Beispiel: BGH NJW 94, 2896: Berufung gegen Abweisung einer Leistungsklage gestützt auf Vertrag, zulässige Erweiterung der Berufung auf die zunächst nicht angefochtene Abweisung auch der erstinstanzlichen Zwischenfeststellungsklage betreffend Wirksamkeit des Vertrages. Weiteres Beispiel: BGH NJW 92, 2296.

Beachte: Nicht verwechselt werden darf die Erweiterung des *Berufungs*antrags mit der Erweiterung des *Klage*-Antrags, wofür weder § 520 II noch § 520 III gilt, sondern § 533 bzw. § 264 (ThP § 520, 19).

Beispiel: K hat in 1. Instanz im Wege der Teilklage € 30 000,– aus einer behaupteten Forderung von € 50 000,– geltend gemacht. B hat nur den Grund, nicht die Höhe bestritten. Gegen das klageabweisende Urteil hat K form- und fristgerecht Berufung eingelegt. 2 Wochen nach Ablauf der Berufungsbegründungsfrist (§ 520 II) erweitert K nunmehr die *Klage* auf den ganzen Forderungsbetrag, also € 50 000,–. Keine Verfristung gemäß § 520 II, da K nicht die *Berufung* ändert, sondern *neben* die unverändert bleibenden Berufungsanträge eine zusätzliche Klageforderung stellt, also die *Klage* ändert (die Klageerweiterung greift ja das Ersturteil nicht an): Zulässig als Klageerweiterung nach §§ 264 Nr. 2, 525, da der Lebenssachverhalt derselbe blieb. § 533 gilt nicht für Antragsänderungen nach § 264 Nr. 2, 3, da diese per Fiktion nicht als Klageänderungen anzusehen ist, was auch für das Berufungsverfahren gilt (BGHZ 158, 295; BGH WM 2010, 1142). Da die Tatsachen zur Höhe unstreitig sind, ergeben sich keine weiteren Probleme.

Exkurs: Erfordert die Antragsänderung nach § 264 Nr. 2, 3 die Berücksichtigung weiterer Tatsachen, ist zu differenzieren: waren diese bereits in 1. Instanz vorgebracht, wurden sie dort aber nicht festgestellt, sind sie wegen Zweifeln i. S. v. § 529 I Nr. 1 ergänzend festzustellen (BGHZ 158, 296 LS 2; ThP § 533, 11). Waren sie nicht vorgebracht, sind sie also neu, dürfen sie nur nach § 531 II berücksichtigt werden (BGHZ 158, 308 zu 2).

b) Berufungsgründe, § 520 III S. 2 Nrn. 2–4

27.12 Die Auflistung der Berufungsgründe in § 520 III S. 2 Nrn. 2–4 bezieht sich auf die grundlegende Vorschrift des Berufungsrechts in **§ 513 I**, wonach eine Änderung des Ersturteils nur aus 3 Gründen in Betracht kommt, nämlich wenn es

- entweder auf **Rechtsfehlern** formeller oder materiellrechtlicher Art beruht, hierauf bezieht sich § 520 III S. 2 Nr. 2 (z. B. Übergehen von Sachvortrag, etwa der Verjährungseinrede; Verstoß gegen § 139; Behandlung einer Zahlung auf vorläufig vollstreckbares Urteil als Hauptsacheerledigung),
- oder auf **fehlerhafter Sachverhaltsfeststellung** (§ 529 I Nr. 1) beruht, hierauf bezieht sich § 520 III S. 2 Nr. 3 (z. B. Übergehen von Beweisantritten, fehlerhafte Beweiswürdigung. Hier muss der Berufungsführer die Voraussetzungen darlegen, unter denen die Bindung des Berufungsgerichts gemäß § 529 I Nr. 1 an die Feststellungen des Erstgerichts entfällt, BGH NJW 12, 3581, Rn. 9; BGHZ 158, 276; soweit die Fehlerhaftigkeit der Sachverhaltsfeststellung auf Rechtsfehlern beruht, zB auf der Verkennung der Beweislast, ergibt sich eine Überschneidung mit § 520 III S. 2 Nr. 2),
- oder eine neue Sachverhaltsfeststellung wegen **neuer Tatsachen** (§§ 529 I Nr. 2, 531 II) **oder neuer Beweismittel** (§ 531 II) erforderlich ist. Hierauf bezieht sich § 520 III S. 2 Nr. 4 (z. B. ein dem Berufungsführer bisher unbekannter Unfallzeuge oder ein unbekanntes Dokument, Vertrag, jüngeres Testament etc. kann benannt werden).

Anzugeben ist, aufgrund welcher Tatsachen iSv § 531 II S. 1 die neuen Tatsachen und Beweismittel in die Berufungsinstanz eingeführt werden dürfen. Ist die Berufung **ausschließlich** auf § 520 III 2 Nr. 4 gestützt, ist eine Berufung unzulässig, sofern sie die Zulassungsgründe nach § 531 II nicht anführt. Auf die Frage, ob die Tatsachen bei Annahme einer zulässigen Berufung ausnahmsweise unabhängig von den Voraussetzungen des § 531 II berücksichtigungsfähig wären (dazu Rn. **27.**21 f.), kommt es hierbei nicht an (BGH NJW-RR 15, 465).

Nicht hierher gehören Klageänderung, Klageerweiterung, Aufrechnung und Widerklage, dafür gilt § 533 (ThP 24; Müko-ZPO 51 zu § 520).

Für den unerlässlichen Mindest-Umfang der Berufungsgründe gem. § 520 III S. 2 Nrn. 2–4 gilt: **Ein** Berufungsgrund aus diesen Nummern genügt. Die Berufungsbegründung muss jedoch geeignet (nicht unbedingt auch schlüssig, BGH NJW 15, 1684) sein, das gesamte Urteil in Frage zu stellen, ihm seine Tragfähigkeit zu nehmen, andernfalls ist die Berufung für den nicht angegriffenen Teil unzulässig. Bei einem teilbaren Streitgegenstand oder bei mehreren Streitgegenständen muss sie sich grundsätzlich auf alle Teile des Urteils erstrecken, hinsichtlich derer eine Abänderung beantragt wird. Bei einer Klageabweisung, die auf mehrere voneinander unabhängige, selbständig tragende Erwägungen gestützt ist, muss die Berufungsbegründung jede tragende Erwägung angreifen (BGH NJW 15, 3040; 13, 174; 12, 763, Rn. 6; 07, 1534; ThP § 520, 25 ff.). Die diesbezügliche Rechtsprechung des BGH zu § 519 III Nr. 2 a. F. gilt auch für die Neufassung in § 520 III S. 2–4 (BGH NJW 07, 1534).

Beispiele:
(1) **Klageabweisung** (BGH NJW 90, 1184). Das LG hat die Schadensersatzklage gegen einen Notar abgewiesen, da eine Pflichtverletzung nicht vorliege, jedenfalls sei der Anspruch verjährt. Hier liegen 2 voneinander unabhängige, selbstständige und „gleichwertige" (BGH NJW 2000, 590, was zu verneinen wäre bei Abweisung als nur zur Zeit unbegründet mangels Fälligkeit sowie wegen Verjährung: letzteres dominant, Berufungsbegründung hiergegen genügt) Abweisungsgründe vor, die Berufungsbegründung muss daher *beide* angreifen und zwar *konkret*. Der BGH hat die Berufung insgesamt als unzulässig behandelt, da die Berufungsbegründung hinsichtlich des zweiten, selbstständigen Abweisungsgrundes (Verjährungseinrede) ungenügend lediglich auf das erstinstanzliche Vorbringen Bezug nahm (Zöller § 520, 37a; BGH NJW-RR 07, 415 zu 3a).

Abwandlung 1 (BGH NJW 94, 2289 LS 4 a. E.): Hätte das LG die Abweisung *nur* auf Verjährung gestützt, muss der Kläger gemäß § 520 III S. 2 Nr. 2 nur dies angreifen und nicht vorsorglich auch auf weitere Anspruchshindernisse eingehen, die im Ersturteil gar nicht behandelt worden sind.

Abwandlung 2 (BGH NJW 07, 1534). Der Berufungsangriff gegen nur einen von 2 selbstständigen Abweisungsgründen kann ggfs. aus Rechtsgründen auch den anderen zu Fall bringen: dann genügt der Angriff gegen den ersteren: Das LG wies die Schadensersatzklage gegen den Verkäufer einer mangelbehafteten Immobilie ab, da der Anspruch aus §§ 437 Nr. 4, 280, 281 BGB schon am vereinbarten Gewährleistungsausschluss, außerdem am Fehlen der Fristsetzung zur Nacherfüllung (§ 439 BGB) scheitere. Der Kläger hat die Berufung nur damit begründet, dass infolge Arglist der Gewährleistungsausschluss unwirksam sei (§ 444 BGB), zu der vom LG vermissten Fristsetzung zur Nacherfüllung aber nichts ausgeführt. BGH: Letzteres für § 520 III S. 2 Nr. 2 unschädlich, da bei Bejahung der Arglist wegen Unzumutbarkeit eines Nacherfüllungsverlangens auch das Erfordernis der Nacherfüllung entfalle (§ 440 BGB), so dass gleichzeitig dieser Abweisungsgrund zu Fall gebracht sei.

(2) **Klageerfolg** (BGH NJW 94, 1656). Hätte das LG im Beispiel 1 hingegen der Klage stattgegeben, also den Anspruch bejaht und die Verjährung verneint, so genügt es, wenn die Berufungsbegründung des Beklagten (bei 1 Streitgegenstand) *ein* wesentliches Begründungselement des Urteils angreift (z. B. nur die Verjährungsfrage), weil bereits damit dessen Tragfähigkeit in Frage gestellt ist. Ist dem genügt, so muss der Beklagte nicht auch zu allen weiteren ihm nachteiligen Streitpunkten Stellung nehmen, vielmehr eröffnet die zulässige Berufung dann uneingeschränkt die sachliche und rechtliche Prüfung des gesamten, also auch des erstinstanzlichen Prozessstoffs (§ 529 II S. 2).

(3) **Mehrere Streitgegenstände:** Das LG hat die Klage aus eigenem und aus abgetretenem Recht abgewiesen (2 Streitgegenstände, ThP Einl. II Rn. 32). Legt der Kläger hiergegen uneingeschränkt Berufung ein, muss die Begründung sich auf alle Teile des Urteils erstrecken, hinsichtlich derer eine Abänderung beantragt ist, also auf *beide* Streitgegenstände, andernfalls ist die Berufung hinsichtlich des unzureichend begründeten Streitgegenstandes als unzulässig zu verwerfen (BGH NJW 98, 1081). Nach BGH NJW 91, 1685 und NJW 93, 3074 war daher die Berufung, die sich nur mit der Abweisung des Anspruchs aus abgetretenem Recht beschäftigte und hinsichtlich des Anspruchs aus eigenem Recht lediglich auf das erstinstanzliche Vorbringen Bezug nahm (genügt nicht), hinsichtlich des letzteren als unzulässig zu verwerfen, § 522 I (Tenor z. B.: „... im Übrigen wird die Berufung als unzulässig verworfen"). BGH NJW 91, 1685 zu II 1.

(4) **Unzulässig** (BGH NJW 97, 1787): Das LG hat der Werklohnklage stattgegeben und ausgeführt, worin es die Abnahme sieht. Die Berufung des Bekl. führt pauschal aus: es sei wiederholt vorgetragen worden, dass keine Abnahme erfolgt sei. BGH: dies lässt nicht erkennen, aus welchen tatsächlichen oder rechtlichen Gründen die Urteilsfeststellungen unrichtig sein sollen. Die Berufung war unzulässig (§ 520 III S. 2 Nr. 3). Ungenügend ist auch die bloße Wiederholung des erstinstanzlichen Vortrags, *ohne* zu sagen, wo und weshalb das Urteil unrichtig sein soll.

c) **Verhältnis** der notwendigen Berufungsbegründung (§ 520 III S. 2) **zum Prüfungsumfang des Berufungsgerichts (§ 529 II)**

27.13 **Anträge, § 528.** Die gemäß § 520 III S. 2 Nr. 1 gestellten Anträge sind die absoluten Grenzen der Abänderbarkeit des Ersturteils, ausgenommen, der Gegner hat seinerseits ebenfalls Berufung oder eine Anschlussberufung (§ 524) eingelegt. § 528 besagt damit für den Berufungsführer ein Doppeltes: Verbesserungsverbot (wie § 308 I) und Verschlechterungsverbot (Verbot der reformatio in peius).

Beispiel: Hat das LG die Klage wegen der Aufrechnung des Bekl. abgewiesen, ist das OLG bei Berufung nur des Klägers gehindert, das Nichtbestehen der Klageforderung aus anderen Gründen als der Aufrechnung festzustellen und die Klage deshalb abzuweisen (Verschlechterungsverbot, § 528, MüKo-ZPO § 528, 37; RoSG § 103, 34).

Berufungsbegründung, § 529 II. Der Muss-Inhalt der Berufungsbegründung gemäß § 520 III S. 2 Nrn. 2–4 ist lediglich eine Mindestvoraussetzung, damit die Berufung überhaupt zulässig ist (BGHZ 158, 278, 279). Ist diese Zulässigkeitshürde geschafft, ist damit „die Tür weit aufgestoßen" zu einer umfassenden Überprüfung des Ersturteils (in den Grenzen des Berufungsantrags, § 528). Die Prüfung beschränkt sich keineswegs auf die gemäß § 520 III S. 2 vorgetragenen Berufungsrügen, das Berufungsgericht ist gemäß § 529 II an sie auch gar nicht gebunden, es muss vielmehr prozessuale und materiellrechtliche Fehler auch dann berücksichtigen, wenn sie nicht zum Gegenstand einer Berufungsrüge gemacht worden sind (BGHZ 162, 318; 158, 279). Das gilt gemäß § 529 II S. 1 auch für Verfahrensfehler, die von Amts wegen zu beachten sind (wie z. B. die Zulässigkeit eines Einspruchs gegen ein VU, § 338), insbesondere aber für Zweifel an der Richtigkeit oder Vollständigkeit der Tatsachenfeststellung (§ 529 I Nr. 1).

BGHZ 162, 318: „Das Berufungsgericht (hat) von Amts wegen den gesamten Prozessstoff der ersten Instanz – unter Einbeziehung des Ergebnisses einer Beweisaufnahme – auf Zweifel an der Richtigkeit und Vollständigkeit der Tatsachenfeststellung zu überprüfen."

Beispiel: Wendet sich der Beklagte mit der Berufung nur gegen die Verneinung einer Einrede (z. B. der Verjährung der Gewährleistung, § 438 BGB) oder einer Einwendung (z. B. die Zahlung habe doch die streitgegenständliche und nicht eine andere, ältere Schuld betroffen), so hat das Berufungsgericht auch den Klagegrund (z. B. Wirksamkeit des Vertrags) zu prüfen. Ungeachtet einer Rüge zu prüfen ist auch die Verkennung der Beweislast (MüKo-ZPO § 529, 42).

6. Beschwer des Rechtsmittelklägers

27.14 Sie ist der wichtigste Ausdruck des **Rechtsschutzbedürfnisses,** das nur in Ausnahmefällen noch ergänzend zu erörtern ist (BGHZ 50, 263; 57, 225; ThP 17 vor § 511).

Maßgebend ist, ob der **rechtskraftfähige** Inhalt der Entscheidung für den Rechtsmittelkläger nachteilig ist, hinzutreten muss das Begehren, diese **Beschwer zu beseitigen.** Die Beschwer muss sich aus der angefochtenen Vorentscheidung ergeben, sie kann nicht etwa erst durch die Rechtsmittelschrift geschaffen werden, also nicht etwa erst durch Klageerweiterung seitens des Klägers oder Widerklage seitens des Beklagten. Der Rechtsmittelkläger muss vielmehr das **vorinstanzliche Begehren zumindest teilweise weiterverfolgen** (BGH NJW 2011, 3653; ThP 21; Zöller 10; StJ Einl. 72 vor § 511).

Eine Berufung ist daher unzulässig, wenn mit ihr lediglich im Wege der Klageänderung ein neuer, bislang nicht geltend gemachter Anspruch zur Entscheidung gestellt wird, also ohne den erstinstanzlichen abgewiesenen Anspruch zumindest teilweise weiterzuverfolgen (BGH a.a.O.; BGHZ 155, 26). Stützt der Kläger nach Klageabweisung die Berufung in einem Hauptantrag auf einen erstmals in der Berufungsinstanz eingeführten neuen Streitgegenstand und das abgewiesene Klagebegehren aus erster Instanz nur mehr auf einen Hilfsantrag, so ist die Berufung mit dem Hauptantrag unzulässig (weil nicht die Beseitigung der Beschwer verfolgend), die auf den nunmehrigen Hilfsantrag gestützte hingegen zulässig, weil insoweit die Beseitigung der Beschwer erstrebt wird (BGH NJW 01, 226).

Die h. M. fordert formelle Beschwer bei der Berufung des Klägers und lässt materielle genügen bei der des Beklagten. BGH NJW 04, 2020; ThP 18, 19 vor § 511; nach a. A. gilt formelle Beschwer für beide Parteien, also auch für den Beklagten, so Müko-ZPO 14 ff. vor § 511; StJ Einl. 84 vor § 511.

a) **Kläger:** erforderlich ist **formelle** Beschwer, d.h. nachteilige Abweichung des Urteils von dem in 1. Instanz gestellten Antrag. **27.15**

(1) **Beispiele für vorhandene** formelle Beschwer: Der Klage wird unter Abweisung des Hauptantrags (= Beschwer) nur nach dem Hilfsantrag stattgegeben. Verurteilung nur Zug um Zug, statt wie beantragt uneingeschränkt (Wert der Beschwer ist das Interesse an der Beseitigung der Zug um Zug Leistung, also der Wert der Gegenleistung, begrenzt durch den Wert des Klageanspruchs, BGH NJW 82, 1048).
Klageabweisung nach einseitiger Erledigungserklärung. Auch wenn es im Einzelfall dem Kläger nur um eine Abänderung der ihn belastenden Kostenentscheidung gehen sollte, wird formelle Beschwer bejaht. Da K wegen § 99 I nicht isoliert die KostenE anfechten kann, eine Änderung dem K aber ermöglicht werden muss, lässt die h. M. Berufung zu: Wert der Beschwer ist die abgewiesene Hauptsache (BGHZ 57, 224; ThP 22; Zöller 14 vor § 511).
BGH NJW 94, 2098: Die Klage des K auf Feststellung der Schadensersatzpflicht des Beklagten wird als unzulässig abgewiesen, denn K hätte auf Leistung klagen können. Dagegen legt K Berufung ein mit nunmehr beziffertem Leistungsantrag. K ist durch die Abweisung beschwert, er verfolgt auch zwecks Beseitigung dieser Beschwer das erstinstanzliche Begehren weiter, wenn auch jetzt in Gestalt eines Leistungsantrags, denn der dem Schadensersatzbegehren zugrundeliegende Lebenssachverhalt ist derselbe.
(2) **Beispiel für fehlende** formelle Beschwer: K obsiegt erstinstanzlich mit seiner aus Kostengründen zunächst begrenzten Teilklage und erstrebt mit der Berufung Klageerweiterung auf den Rest. K ist nicht beschwert, da er erstinstanzlich alles erhalten hat, was er beantragt hat. Klageänderung und Klageerweiterung in 2. Instanz setzen eine zulässige Berufung voraus, also eine Beschwer und das Begehren, diese zu beseitigen; die Beschwer aber kann sich nur aus dem Ersturteil ergeben, nicht (ausschließlich) durch Klageerweiterung in 2. Instanz (BGH NJW 92, 2296; Zöller 10a vor § 511).
Beachte 1: Legt hingegen B die Berufung ein, kann K die Klageerweiterung durch Anschlussberufung vornehmen, da diese keine Beschwer voraussetzt (ThP 21 vor § 511).
Beachte 2: Verliert K in der ersten Instanz **teilweise,** ist die Berufung hiergegen – falls die Berufungssumme erreicht wird – zulässig. Die Frage einer Klageerweiterung in der Berufungsinstanz bestimmt sich dann (also bei einer zulässigen Berufung) nach § 533 bzw. § 264 Nr. 2, der § 533 vorgeht (ThP § 533, 11).

b) **Beklagter:** es genügt **materielle** Beschwer, d.h. jeder nachteilige rechtskraftfähige **27.16**
Inhalt der angefochtenen Entscheidung ungeachtet des erstinstanzlichen Antrags des Beklagten, denn über dessen Antrag wird nicht entschieden, sondern nur über den Sachantrag des Klägers (h.M., ThP 19 vor § 511).

Beispiele für vorhandene materielle Beschwer: (1) Jede Verurteilung des Beklagten, mag sie auch seinem Anerkenntnis entsprechen, Zöller 19a vor § 511 (die a. A., die auch hier formelle Beschwer fordert, bejaht Beschwer nur, wenn der Beklagte geltend macht, er habe gar kein wirksames Anerkenntnis erklärt, StJ Einl. 87 vor § 511).
(2) Zurückverweisung statt Sachabweisung (ThP 28 vor § 511).
(3) Aufrechnung: Klageabweisung infolge Aufrechnung; Verurteilung des Beklagten unter Aberkennung der Aufrechnung, § 322 II (ThP 28; Zöller 26, 26a vor § 511).

7. Berufungssumme bzw. Zulassung der Berufung, § 511 II

27.17 a) **§ 511 II Nr. 1.** „Beschwerdegegenstand" ist der Wert des Berufungsantrags, also der Teil der Beschwer (durch das Ersturteil, also nicht infolge Klageerweiterung in der Berufung etc.), der durch die Berufung *beseitigt* werden soll. Berechnungskriterien sind also: Beschwer (= Obergrenze) und Berufungsantrag (§ 520 III S. 2 Nr. 1).

Beispiele: Klage auf € 3000,–, Urteil auf € 1000,–, Berufung des Klägers auf weitere € 500,–, des Beklagten auf Klageabweisung. Die Berufung des Beklagten ist zulässig (Beschwer und Berufungsantrag: € 1000,–). Die Berufung des Klägers ist unzulässig: zwar Beschwer € 2000,–, aber Berufungsantrag unter € 600,– (aber ggfls. Umdeutung in unselbstständig Anschlussberufung, ThP § 522, 1).

Exkurs: Der Beschwerdegegenstand bildet zugleich den *Rechtsmittelstreitwert* (§§ 2–9 ZPO). Dieser kann, muss aber nicht mit dem *Gebührenstreitwert* des Berufungsverfahrens identisch sein, der sich nach § 47 GKG richtet. Das zeigt sich anschaulich, wenn in der Berufung eine Klageerweiterung erfolgt. Beispiel: Abweisung einer Klage über € 50 000,– (Beschwer: € 50 000,–). Hiergegen volle Berufung des Klägers (Rechtsmittelstreitwert: € 50 000,–; nur insoweit liegt ein Rechtsmittel vor) nebst Klageerweiterung auf jetzt insgesamt € 75 000,–. Gebührenstreitwert für das Berufungsverfahren (§ 47 II 2 GKG): € 75 000,–. Siehe auch Rn. 3.19 (Streitwertarten).

Ausnahme: § 514 II: Berufung gegen ein technisch 2. VU (§ 345).

Sonderfall: § 64 II lit. c) ArbGG (Berufung in Kündigungsschutzprozessen zulässig auch ohne Zulassung u. unabhängig vom Wert der Beschwer).

b) **§ 511 II Nr. 2.** Die Vorschrift wird weitgehend bedeutungslos bleiben, da die nach ihren Kriterien wichtigen Fälle meistens einen Beschwerdegegenstand von über € 600,– haben und daher schon unter § 511 II Nr. 1 fallen werden.

Denkbarer Anwendungsfall: Wird der Beklagte im Rahmen einer Stufenklage zur Auskunft verurteilt, bemisst sich **seine** Beschwer durch eine Verurteilung zur Auskunft (1. Stufe) nach hM nicht als Bruchteil der möglichen Zahlung (so die Beschwer für den Kläger, ThP § 3 Rn. 21d iVm 21a), sondern grds nach dem Aufwand des Beklagten an Zeit und Kosten für die Auskunftserteilung (BGH NJW-RR 15, 1017). Ist die Auskunft leicht zu erteilen, kann im Einzelfall das Erreichen der Berufungssumme zweifelhaft sein.

Schweigen des Erstrichters im Urteil gilt jedenfalls dann als Nicht-Zulassung der Berufung, wenn keine Partei eine Zulassung beantragt hatte (ThP § 511, 22).

Scheitert die Zulässigkeit der Berufung an der Berufungssumme, ist im Examen zu prüfen, ob eine Gehörsrüge nach § 321a erfolgversprechend ist.

II. Begründetheit der Berufung

27.18 Die Berufung ist begründet, wenn (soweit) das Ersturteil abgeändert oder die Sache unter Aufhebung zurückverwiesen wird. Sie ist unbegründet, wenn das Berufungsgericht zum selben Ergebnis kommt, sei es auch aus anderen Gründen (ThP 12 vor § 511).

Zur Begründetheit sind 2 Punkte zu prüfen (ThP 12 vor § 511): Ordnungsmäßigkeit des Verfahrens 1. Instanz, also Gründe, die zu einer Abänderung des Ersturteils führen, ohne dass es zu einer Sachprüfung kommt (unten 1) und sodann die eigentliche Sachprüfung (unten 2).

1. Zulässigkeit der Klage und Zurückverweisungsgründe, § 538 II

a) Zulässigkeit der Klage

Dieser Prüfungspunkt gehört aus folgenden Gründen zur „Begründetheit" der Berufung: Hat etwa das Erstgericht die Klage als zulässig behandelt und ein Sachurteil erlassen, ist sie aber tatsächlich (zumindest jetzt) unzulässig, so muss das Ersturteil aufgehoben und die Klage abgewiesen werden. Ähnlich im umgekehrten Fall: Hat das Ersturteil die Klage als unzulässig abgewiesen, bejaht das Berufungsgericht aber die Zulässigkeit, so muss es aufheben und selbst in der Sache entscheiden (Regelfall gem. § 538 I) oder unter Aufhebung zurückverweisen (§ 538 II Nr. 3).

27.19

Beachte: zu prüfen ist, ob die Klage *jedenfalls jetzt* (Berufungsinstanz) zulässig ist (also z.B. zur Prozessstandschaft jedenfalls jetzt die Zustimmung des Rechtsinhabers erteilt worden ist). Denn maßgebender Zeitpunkt für die Zulässigkeit ist der Schluss der mündlichen Verhandlung (ggfls. in der Revisionsinstanz), ThP 11 vor § 253.

Besonderheiten gelten für Zuständigkeitsfragen:
§ 513 II: jede Nachprüfung der bejahten (!) örtlichen und sachlichen, auch ausschließlichen, Zuständigkeit unterbleibt, auch wenn sie ausdrücklich gerügt worden war (anders bei der internationalen Zuständigkeit, ThP § 513, 3).
§ 17a V GVG: die Zuständigkeit der Arbeitsgerichtsbarkeit (Rechtsweg) wird vom Berufungsgericht also grds. nicht mehr geprüft, da dies in 1. Instanz vorab im Beschwerdeverfahren, also auf Rüge, zu prüfen gewesen wäre, § 17a III 2 GVG. Prüfung daher in 2. Instanz nur, wenn das Erstgericht trotz Rüge entgegen § 17a III 2 GVG *nicht vorab* durch Beschluss (dagegen nämlich sofortige Beschwerde, § 17a IV GVG), sondern erst im Endurteil entschieden hat, § 17a V GVG ist dann unanwendbar, BGHZ 119, 247; 121, 367; ThP § 17a GVG, 24. (Dann also z.B.: Aufhebung des Ersturteils und Verweisung an ArbG gemäß § 17a II GVG.)

b) Zurückverweisungsgründe (§ 538 II)

Die Berufung ist bereits dann begründet, wenn es nur zur Aufhebung und Zurückverweisung kommt.

27.20

Die Zurückverweisung ist nach § 538 der Ausnahmefall (§ 538 II: *darf* nur zurückverweisen, wenn) zur Regel in § 538 I. Voraussetzungen sind gem. § 538 II:
– Antrag einer Partei (Ausnahme Teilurteil, Nr. 7)
– Zurückverweisungsgrund

> In § 538 II Nrn. 1 und 7 liegt ein Verfahrensmangel vor, demzufolge das erstinstanzliche Verfahren keine ordnungsgemäße Grundlage darstellt, in § 538 II Nrn. 2–6 beruht die Zurückverweisung darauf, dass über die Klageforderung sachlich noch nicht oder (bei Vorbehaltsurteil) nicht endgültig verhandelt worden ist, den Parteien also ohne Zurückverweisung eine Instanz verlorenginge (ThP § 538, 4).

– Notwendigkeit weiterer Verhandlung, also fehlende Entscheidungsreife (der RStreit darf z.B. nicht schon aus *anderen* Gründen entscheidungsreif sein, z.B. Unzulässigkeit der Klage)
– Ermessen des Berufungsgerichts („darf" – nicht: muss – zurückverweisen), das aber gebunden ist durch den Grundsatz in § 538 I.

Beispiel 1 (§ 538 II Nr. 1): Das LG wies die Klage des Bestellers K auf Schadensersatz gem. §§ 634 Nr. 4, 280 I, 281 BGB wegen Verjährung ab und überging dabei trotz Widerspruchs umfangreiche Beweisangebote zur behaupteten Hemmung der Verjährung. In der Berufungsinstanz beantragt K vorsorglich die Zurückverweisung.

(1) **Verfahrensmangel:** darunter zu verstehen ist der Fehler beim Weg zum Urteil (error in procedendo) im Unterschied zum materiellrechtlichen Fehler der Rechtsanwendung (error in iudicando). Ob ein error in procedendo oder in iudicando vorliegt, ist vom materiellrechtlichen Standpunkt des *Erstrichters* aus zu beurteilen (st. Rspr. BGH NJW 13, 2601). Danach ist das Übergehen von Beweisangeboten grds. ein Verfahrensfehler, so hier. Werden Beweisangebote allerdings deswegen übergangen, weil der Erstrichter die Beweislast verkannt hat und es deshalb – aus seiner (!) Sicht – nicht auf sie ankam, liegt nur ein materiellrechtlicher Fehler vor.

(2) **Wesentlich** ist der Verfahrensmangel, wenn danach das erstinstanzliche Verfahren keine ordnungsgemäße Grundlage für die Entscheidung darstellt (so die Formel des RG und des BGH, z. B. NJW 93, 2318), er muss für das *Ergebnis erheblich* sein, so hier (nicht nur für die Begründung) BGH WM 96, 1323; ThP § 538, 9.

(3) **§§ 534, 295.** Der Verfahrensmangel darf nicht bereits im 1. Rechtszug durch Nichtrüge geheilt worden sein. Hier: Widerspruch seitens K.

(4) **Umfangreiche** oder aufwändige Beweisaufnahme ist bei Beseitigung des Mangels geboten, so hier: umfangreiche Beweisangebote zur Hemmung der Verjährung.

(5) **Relevanz** dieses Fehlers für die *eigene* Sachentscheidung des Berufungsgerichts? Keine Zurückverweisung, wenn sich der Verfahrensfehler nach der eigenen Rechtsauffassung des Berufungsgerichts (jetzt ist *dessen* Sicht maßgebend!) auf die nunmehr zu treffende Entscheidung nicht auswirkt, sich die Erstentscheidung im *Ergebnis* aus anderen Gründen als richtig erweist (BGH NJW 2000, 2508). So etwa, wenn das OLG feststellt, dass der Klageanspruch vorliegend schon an der unterbliebenen Fristsetzung zur Nacherfüllung (§ 281 I BGB) scheitert.
Diese Ausnahme liegt hier nicht vor, sodass eine Zurückverweisung berechtigt ist.

Beispiel 2 (zu § 538 II Nr. 2): Das LG hat gegen den Bekl. ein VU erlassen und seinen Einspruch dagegen gemäß § 345 durch ein 2. VU verworfen. Dagegen Berufung des Bekl. gem. § 514 II. Das OLG verneint die Säumnis im Einspruchstermin: i. d. R. wird die Entscheidungsreife fehlen, da zur Sache – wie hier – noch nicht zweiseitig (kontradiktorisch) verhandelt worden ist. Das OLG wird daher das 2. VU aufheben und auf Antrag zurückverweisen.
Das OLG kann aber auch die Sache trotz des Fehlers behalten und sie nebst Beweisaufnahme zur Entscheidungsreife fördern (§ 538 I. § 538 II: darf zurückverweisen, muss aber nicht). Die Berufung ist dann begründet, wenn und soweit auch das 1. VU aufgehoben (§ 343 S. 2) wird, unbegründet, wenn es im Ergebnis beim 1. VU verbleibt (§ 343 S. 1).

Aus **Anwaltssicht** sollte eine Aufhebung und Zurückverweisung nur **hilfsweise** beantragt werden. Denn primäres Ziel des Anwalts ist es, eine inhaltliche Änderung der Entscheidung zu erreichen. Darauf ist auch die Berufungsbegründung auszurichten.

2. Begründetheit der Klage

27.21 Sie ist zu prüfen **nach jetzigem Stand** (also incl. neuem Vorbringen) **unter Beibehaltung** der Beweisergebnisse und des gesamten Prozessstoffs erster Instanz (Behaupten, Bestreiten, Zeugen, Urkunden, Geltendmachung von Einwendungen, z. B. Aufrechnung, von Einreden, z. B. Verjährung, §§ 273, 320 BGB). BGH NJW 12, 2662, Tz. 16.

Es gilt der Grundsatz der **Fortsetzung** und damit der **Einheit der mündlichen Verhandlung von erster und zweiter Instanz:** was in 1. Instanz eingeführt wurde, bleibt Prozessstoff auch für die 2. Instanz (vgl. Zöller § 528, 4).

§ 529 gibt allerdings folgende Prüfungsreihenfolge vor: Das Berufungsgericht ist zunächst grundsätzlich an die Tatsachenfeststellung des Erstgerichts **gebunden,** muss aber für jeden entscheidungserheblichen Prüfungspunkt (z. B. die einzelnen Anspruchsvoraussetzungen) klären, ob die Tatsachenfeststellungen zu wiederholen sind (weil konkrete Zweifel an der Richtigkeit und Vollständigkeit bestehen) und/oder auf neue Tatsachen zulässigerweise (§§ 529 I Nr. 2, 531 II) zu erstrecken sind. Bleibt die Tatsachenfeststellung unverändert, ist zu prüfen, ob das Erstgericht das Gesetz darauf zutreffend angewendet hat, also ob „die Entscheidung auf einer Rechtsverletzung (§ 546) beruht", § 513.

Wichtig: Ist die Berufung zulässig, sind in der Berufungsinstanz **unstreitige** neue **Tatsachen** unabhängig von den Voraussetzungen des § 531 II, also stets, zu berücksichtigen. Der BGH begründet dies damit, dass neue Tatsachen, die bereits in der ersten Instanz hätten vorgebracht werden können, nach der Entscheidung des Gesetzgebers aus Gründen der Verfahrensbeschleunigung nicht mehr zugelassen werden sollen (vgl. die Stellung des § 531 II hinter einer Präklusionsvorschrift). Unstreitige neue Tatsachen bedürfen jedoch keiner Beweisaufnahme, verzögern daher nicht. Nach dem Schutzzweck der Norm sind diese Tatsachen also zu berücksichtigen (BGH GS NJW 08, 3434, BGH NJW 15, 1249).

Im Erst-recht-Schluss gilt (bereits Gegenstand von Examensklausuren): Zulässig ist, erstmals in der Berufungsinstanz eine Einrede zu erheben (z.B. die Verjährungseinrede), wenn die zur Begründung der Verjährung benötigten Tatsachen schon in der ersten Instanz vorgetragen worden sind (BGH GS NJW 08, 3434; BGH NJW-RR 10, 664).

Zum Verständnis: Für **neue Beweismittel** gilt die Rspr nicht – denn bei den zu beweisenden Tatsachen handelt es sich um streitige Tatsachen. Neue Beweismittel können also nur unter den Voraussetzungen des § 531 II eingeführt werden.

Diese Rspr hat für den Rechtsanwalt und damit für den Examenskandidaten, der eine Berufungsbegründung fertigen muss, folgende Konsequenz:

Der Rechtsanwalt wird neue Tatsachen vortragen und diesen „späten" Vortrag nach Möglichkeit mit einem Grund nach § 531 II rechtfertigen.

Ist dies nicht möglich, wird er unabhängig von den Voraussetzungen des § 531 II die neuen Tatsachen vortragen (allerdings darf er für die Zulässigkeit der Berufung diese nicht ausschließlich auf diesen Grund stützen, s. Rn. 27.12). Er muss dann hoffen, dass der immerhin unter Wahrheitspflicht stehende Gegner diese neuen Tatsachen nicht bestreitet. In diesem Fall wird das Berufungsgericht den neuen unstreitigen Tatsachenvortrag berücksichtigen. Falls der Gegner bestreitet und kein Zulassungsgrund nach § 531 II vorliegt, wird das Berufungsgericht den neuen Tatsachenvortrag als unbeachtlich zurückweisen. Der Berufungsführer wird (wenn nicht weitere Berufungsgründe greifen) den Rechtsstreit verlieren. Eine Alternative zu diesem Vorgehen hat der Rechtsanwalt nicht. Der Rechtsanwalt kann insbesondere den neuen Tatsachenvortrag nicht für einen späteren Prozess zurückhalten – denn die Entscheidung des Berufungsgerichts entfaltet für den Streitgegenstand Rechtskraft, einen zweiten Prozess über denselben Streitgegenstand wird es daher nicht geben.

Auf dieses Risiko muss der Rechtsanwalt seinen Mandanten hinweisen. Der Examenskandidat ist gut beraten, sein Vorgehen – eine Schlüsselfrage des seit 2002 geltenden Berufungsrechts und prima facie mit der dort normierten Beschränkung neuen Tatsachenvorbringens in der Berufungsinstanz unvereinbar – unter Hinweis auf die Rspr des BGH zur Zulässigkeit unstreitigen neuen Tatsachenvortrags in der Berufungsinstanz zu rechtfertigen.

III. Zusammenfassender Fall aus anwaltlicher Sicht

Fall: K macht gegen den Bauunternehmer U nach vergeblicher Fristsetzung zur Nacherfüllung eine Schadensersatzforderung aus §§ 634 Nr. 4, 281 I, 280 I, III BGB über € 100 000,– vor dem LG gel-

27.22

tend. B bestreitet, dass die Mängel bereits vor Abnahme, also in seinem Verantwortungsbereich, entstanden seien. Die auf Antrag des K vernommenen Zeugen A und B bekunden, dass die Mängel schon vor Abnahme vorgelegen haben. Der Beklagte U wird daraufhin durch Endurteil zur Zahlung von € 100 000,- verurteilt.

U wechselt unverzüglich seinen Rechtsanwalt und beauftragt nun RA Dr. Rat mit dem Vorgehen gegen dieses Urteil. Der Mandant trägt vor:

„a) Das Erstgericht hat sich auf die Aussagen der Zeugen A und B gestützt, obwohl es diesen als Familienangehörigen des K niemals hätte glauben dürfen. Das LG hat in seinem Urteil demgegenüber ausgeführt, dass es in dem Angehörigenverhältnis keinen Grund sehe, den Zeugen nicht zu glauben.

b) In der Hektik habe ich in der ersten Instanz vergessen, den Zeugen C zu benennen, der ausgesagt hätte, dass die behaupteten Mängel vor Abnahme nicht vorgelegen haben, sondern später verursacht worden sind.

c) Erst jetzt habe ich erfahren, dass auch D – ein seltener Besucher des C – dieselben Beobachtungen wie C gemacht hat; die Personalien des D habe ich dabei.

d) Mir geht es darum, das verfehlte Urteil aus der Welt zu schaffen, vor allem aber auch die Zwangsvollstreckung aus dem Urteil zu verhindern. Falls erforderlich, bin ich bereit, mit meiner erst nach Schluss der mündlichen Verhandlung erster Instanz fällig gewordenen, dasselbe Bauvorhaben betreffenden Forderung in Höhe von € 60 000,- aufzurechnen. Zu dieser Forderung ist bislang im Prozess noch nichts gesagt worden, ich glaube aber auch nicht, dass K diese Forderung bestreiten wird.

e) Tun Sie bitte schnell etwas gegen die Vollstreckung. Im Falle der Vollstreckung droht mir die Insolvenz. Mein Sohn, ein Jurastudent, hat mir gesagt, dass hier eine spezielle Vollstreckungsabwehrklage besonders geeignet sei, da es sich bei der Aufrechnung um neues Vorbringen handele. Außerdem sei diese Klage billiger und biete schneller effektiven Rechtsschutz im Hinblick auf die drohende Zwangsvollstreckung."

Was wird der Rechtsanwalt unternehmen?

(A) Vollstreckungsabwehrklage

Die Vollstreckungsabwehrklage nach § 767 setzt keine Rechtskraft der Vorentscheidung voraus, sie ist auch gegen nur vorläufig vollstreckbare Urteile möglich (ThP § 767, 15).

Voraussetzung für eine erfolgreiche Vollstreckungsabwehrklage gegen ein Urteil ist gemäß § 767 II, dass Einwendungen oder Einreden geltend gemacht werden, die nach Schluss der mündlichen Verhandlung **entstanden** sind. Möglicher Ansatzpunkt ist die Aufrechnung mit der Gegenforderung über € 60 000,-, da sie zu einem Erlöschen der titulierten Forderung führt (§ 389 BGB). Der Mandant behauptet, die Gegenforderung sei erst nach Schluss der mündlichen Verhandlung entstanden. RA Dr. Rat wird dies prüfen. Wenn der Vortrag zutrifft, ist – nach einhelliger Meinung – eine Geltendmachung der Aufrechnung als neuer Grund iSv § 767 mittels Vollstreckungsabwehrklage möglich (zur Streitfrage bei schon vor Schluss der mündlichen Verhandlung bestehender Aufrechnungslage: Rn. **11.**11). Eine Vollstreckungsabwehrklage ist also grundsätzlich möglich.

(I) Vermeintliche Vorteile einer Vollstreckungsabwehrklage

Spezifischer Gegenstand der Vollstreckungsabwehrklage gegen Urteile sind neu entstandene Einwendungen/Einreden. Dieser Umstand spricht jedoch nicht gegen eine Berufung. Denn mit der Berufung können ebenfalls neue Verteidigungsmittel eingeführt werden, wenn deren Einführung nicht auf Nachlässigkeit beruht (§ 531 II S. 1 Nr. 3). Bei erst nach Schluss der mündlichen Verhandlung entstehenden Einwendungen beruht die Nicht-Geltendmachung nicht auf Nachlässigkeit (dazu näher unten).

Ein erstinstanzliches Verfahren ist kostengünstiger als ein zweitinstanzliches.

Es fallen in der ersten Instanz nur 3 Gerichtsgebühren (GKG KV 1210), in der zweiten Instanz 4 Gerichtsgebühren (GKG KV 1220) an; jeder der Rechtsanwälte verdient in der ersten Instanz eine 1,3

Verfahrensgebühr (RVG VV 3100), in der zweiten Instanz eine 1,6 Verfahrensgebühr (RVG VV 3200); die Terminsgebühr ist in beiden Instanzen gleich (RGV VV 3104 und 3202).

Dieser Kostenvorteil entfällt allerdings, wenn gegen ein erstinstanzliches Urteil über die Klage nach § 767 Berufung eingelegt wird. Dann sind die Gesamtkosten sogar höher.

Sowohl erstinstanzliche Verfahren als auch Berufungsverfahren benötigen – abhängig vom Terminkalender des Gerichts – Zeit. In dieser Zeit droht in beiden die Vollstreckung aus dem erstinstanzlichen Urteil. Der Kläger einer Vollstreckungsabwehrklage, hier unser Mandant, kann daher einen Antrag nach § 769 stellen, gerichtet auf **einstweilige Einstellung der Zwangsvollstreckung** aus dem landgerichtlichen Urteil. Aber: Denselben Antrag kann der Mandant auch als Berufungsführer, dann gestützt auf §§ 719 I S. 1, 707 I, stellen.

Klare Vorteile bietet die Vollstreckungsabwehrklage nicht.

(II) **Nachteile einer Vollstreckungsabwehrklage**

Die Vollstreckungsabwehrklage beseitigt nur die Vollstreckbarkeit eines Titels aufgrund neuer Einwendungen nach Schluss der mündlichen Verhandlungen. Ob die Forderung zu Recht zuerkannt wurde, wird dagegen nicht überprüft. Folglich kann der Mandant im Rahmen einer Klage nach § 767 weder geltend machen, die Beweiswürdigung sei fehlerhaft noch kann er neue Beweismittel einführen.

Er kann sich hier also **nur** mit der Aufrechnung als neuer Einwendung verteidigen. Damit würde der Mandant seine „gute" Aufrechnungsforderung verlieren, ohne die aus seiner Sicht zu Unrecht titulierte Klageforderung zu beseitigen. Im Ergebnis würde er seine Gegenforderung über € 60 000,– verlieren und weitere € 40 000,– zahlen müssen!

Zwischenergebnis: Die Vollstreckungsabwehrklage wird den Zielen des Mandanten nicht gerecht. Ihr könnte allenfalls nähergetreten werden, wenn eine Berufung ohne Erfolgsaussicht wäre.

Merke: Will der Mandant (zumindest auch) die Richtigkeit der erstinstanzlichen Entscheidung überprüft wissen, muss er das Rechtsmittel der Berufung wählen.

Die Berufung geht also weiter als die Vollstreckungsabwehrklage. Folge: Der Mandant hat zunächst die Wahl, ob er Vollstreckungsabwehrklage erheben oder Berufung einlegen will. Eine **eingelegte** Berufung nimmt der Vollstreckungsabwehrklage das Rechtsschutzbedürfnis und macht sie unzulässig (ThP § 767, 15).

(B) Berufung

(I) **Zulässigkeit der Berufung**

RA Dr. Rat wird daher klären, ob er eine **zulässige** Berufung einlegen kann.
Gegen erstinstanzliche Endurteile des LG ist die Berufung nach § 511 I **statthaft**. Der Mandant ist infolge der Verurteilung zur Zahlung von € 100 000,– **beschwert** (eine etwaige Hilfsaufrechnung ist für den Wert der Beschwer ohne Bedeutung, da die 1. Instanz über die Hilfsaufrechnung nicht entschieden hat). Die **Berufungssumme** iSv § 511 II Nr. 1 ist erreicht. RA Dr. Rat wird klären, ob und wie viel Zeit für die **Einlegung** der Berufung (Frist: 1 Monat ab Zustellung des vollständigen Urteils, § 517) und für die **Begründung** der Berufung (Frist: 2 Monate ab Zustellung des vollständigen Urteils, § 520 II S. 1) verbleibt.

(II) Begründetheit der Berufung

Ausgangspunkt ist § 513 I: Rechtsverletzung und/oder andere Tatsachenfeststellung. Dazu muss die Berufungsbegründung dem Mindestinhalt gemäß § 520 III S. 2 Nrn. 2–4 genügen (s. Rn. **27**.12).

(1) Zulässigkeit der Klage?
Rechtsverletzung wegen Verkennung der Unzulässigkeit (würde eine **Rüge nach § 520 III S. 2 Nr. 2** begründen): nicht ersichtlich.

(2) Begründetheit der Klage
Klage und Urteil sind gestützt auf §§ 634 Nr. 4, 281 I, 280 I, III BGB. RA Dr. Rat wird zunächst die Voraussetzungen der vom LG bejahten Anspruchsgrundlage Punkt für Punkt durchgehen und dabei prüfen, ob bei den einzelnen Tatbestandsvoraussetzungen Berufungsangriffe möglich sind. Auszugehen ist infolge der Bindungswirkung gem. § 529 I Nr. 1 von den Feststellungen des Erstgerichts und der Klärung, ob diese vollständig und richtig sind oder ob sie eine erneute Feststellung gebieten, weil entweder hieran konkrete Zweifel bestehen (dann Rüge nach § 520 III S. 2 Nr. 3) oder in zulässiger Weise neue Tatsachen oder Beweismittel vorgebracht werden (dann Rüge nach § 520 III S. 2 Nr. 4).

(a) Wirksamer Werkvertrag: (+)
Die Tatsachen zum Konsens waren unstreitig, die Tatsachenfeststellung des LG ist problemlos korrekt. Die Subsumtion unter einen Werkvertrag ist zutreffend und stellt keine Rechtsverletzung (§ 513) dar.

(b) Fristsetzung gemäß § 281 I BGB: (+)
Tatsachenfeststellung korrekt, da unstreitig (wie soeben).

(c) Mangel vor Abnahme

(aa) Vom LG durch 2 Zeugen (A, B) festgestellt. Die Feststellung ist für das OLG bindend, wenn keine konkreten Zweifel i. S. v. **§ 529 I Nr. 1** bestehen:
– Vollständigkeit: das LG hat keine weiteren Beweisantritte (insbes. Zeugen) übergangen.
– Richtigkeit: Es müssten konkrete Anhaltspunkte für eine fehlerhafte Beweiswürdigung bestehen. Solche liegen insbesondere vor, wenn die Beweiswürdigung durch das LG erkennbar lückenhaft ist, einen Verstoß gegen Denkgesetze oder Erfahrungssätze oder Widersprüche enthält. Allein die Tatsache, dass der Mandant der Auffassung ist, dass das LG den Zeugen nicht hätte glauben dürfen, genügt in keinem Fall. Das Erstgericht darf im Rahmen der freien Beweiswürdigung auch Familienangehörigen von Parteien glauben. Konkrete Zweifel würden sich nur ergeben, wenn das Gericht die familiäre Verbindung mit einer Partei verkannt hätte. Auch sonstige konkrete Bedenken (z. B. dass sich die Zeugen widersprochen hätten, ohne dass das Gericht diese Widersprüche gewürdigt hätte), sind nicht ersichtlich.
Eine **Rüge nach § 520 III S. 2 Nr. 3** verspricht also keinen Erfolg.

(bb) Zeuge C:
Seine Vernehmung ist e contrario gem. **§ 531 II S. 1 Nr. 3** ausgeschlossen: Seine Benennung ist „neu", seine in 1. Instanz mögliche Benennung ist infolge Nachlässigkeit des Beklagten unterblieben (auch ein Verschulden seines Prozessbevollmächtigten würde dem Mandanten gem. § 85 II zugerechnet).

Zur Verdeutlichung: Ob ein Angriffs- oder Verteidigungsmittel neu iSv §§ 529 I Nr. 2, 531 II ist, hängt allein davon ab, ob es in erster Instanz **vorgetragen** worden ist oder nicht. Auf den Entstehungszeitpunkt kommt es – anders als bei Einwendungen iSv § 767 – nicht an.

Eine **Rüge nach § 520 III S. 2 Nr. 4** verspricht insoweit keinen Erfolg.

(cc) Zeuge D:
§ 531 II? Die Vernehmung des D ist nicht schon e contrario gemäß § 531 II Nr. 3 ausgeschlossen, da keine Nachlässigkeit des Bekl. vorlag. Beim Zeugen nach geeigneten weiteren Zeugen zu ermitteln, überspannt die Anforderungen.

Das neue Beweismittel ist zulässig. Das Berufungsgericht muss einem Beweisantrag in der Berufungsbegründung nachkommen.

Jedenfalls soweit der Zeuge abweichend von den Zeugen A und B aussagt, kann das Berufungsgericht eine rechtsfehlerfreie Beweiswürdigung in der Regel nur vornehmen, wenn es sich selbst einen Eindruck (auch) von den Zeugen A und B verschafft. Das Berufungsgericht wird deshalb regelmäßig nicht nur den Zeugen D, sondern gem. §§ 398, 525 auch die Zeugen A und B zur Verhandlung laden.

Ob die Berufung im Ergebnis Erfolg hat, hängt maßgeblich davon ab, wie die in der Berufungsinstanz vorzunehmende Einvernahme des Zeugen D, ggf. auch der Zeugen A und B ausfallen wird.

RA Dr. Rat wird also die **Rüge nach § 520 III S. 2 Nr. 4** erheben und den Zeugen D als Beweis anbieten.

(III) **Hilfsaufrechnung**

RA Dr. Rat wird schließlich prüfen, ob eine Prozessaufrechnung – der Mandant will allenfalls eine Hilfsaufrechnung – möglich ist.

(1) Eine Aufrechnung erst in der zweiten Instanz setzt (wie auch die übrigen in § 533 genannten Institute – Klageerweiterung und Widerklage) eine zulässige Berufung voraus (ThP § 533,2).

Die Zulässigkeit kann sich dabei nicht aus einer erstmalig in zweiter Instanz erklärten Aufrechnung ergeben, denn die Zulässigkeit der Berufung setzt voraus, dass mit ihr die Beschwer aus dem Ersturteil beseitigt werden soll; die Aufrechnung war aber dem Erstgericht noch gar nicht zur Entscheidung unterbreitet worden.

Vorliegend kann RA Dr. Rat gemäß oben II. von einer zulässigen Berufung ausgehen.

(2) Bei Klageerweiterung, Widerklage und Aufrechnung erst in der Berufung ist außerdem **§ 533** zu beachten, dessen beide Nummern kumulativ erfüllt sein müssen. Der Mandant geht davon aus, dass der Gegner die Gegenforderung nicht bestreiten wird. Der Rechtsanwalt wird aber auch prüfen, welche Folgen sich ergeben, falls sich diese Prognose nicht bewahrheitet.

(a) **Alternative 1: Der Gegner bestreitet die tatbestandlichen Voraussetzungen der zur Aufrechnung gestellten Forderung nicht.**

Die Aufrechnung ist gemäß § 533 zulässig:
– Bestreitet der Gegner die neu eingeführte Forderung ohne nähere Erklärung nicht, so liegt darin zugleich eine Einwilligung seitens K, vgl. § 267; dessen ungeachtet ist Sachdienlichkeit zu bejahen, weil mit der Zulassung der Aufrechnung dasselbe Rechtsverhältnis endgültig bereinigt werden kann.

– Auch scheitert die Aufrechnung nicht an § 533 Nr. 2, da zwar neue Tatsachen in den Prozess eingeführt werden müssen; neue Tatsachen sind aber schon deswegen – also ohne die Voraussetzungen des § 531 II prüfen zu müssen – zulässig, wenn sie unstreitig bleiben, weil § 531 II seinem Schutzzweck nach nur eine Verzögerung des Berufungsverfahrens verhindern will, unstreitige Tatsachen aber nicht verzögern. Dabei ist unerheblich, dass die Tatsachen ausschließlich zur Begründung der Gegenforderung eingeführt werden müssen.

(b) **Alternative 2: Der Gegner wehrt sich gegen die zur Aufrechnung gestellte Forderung.**
Auch hier ist die Aufrechnung gemäß § 533 zulässig: sie ist jedenfalls sachdienlich (s. o.).
§ 533 Nr. 2 iVm § 529 I Nr. 2, 531 II sind gewahrt: Da die Gegenforderung erst nach Schluss der mündlichen Verhandlung fällig geworden ist, war der Mandant am Vortrag in erster Instanz gehindert, so dass der neue Vortrag nicht auf Nachlässigkeit beruht.

(3) Abschließend wird RA Dr. Rat prüfen, ob **Prozessrisiken** gegen die beabsichtigte Aufrechnung bestehen und ob das beabsichtigte Vorgehen **ratsam** ist.

Würde das OLG – wider Erwarten – die Aufrechnung wegen Nichtvorliegens der Voraussetzungen des § 533 ZPO nicht zulassen, bliebe im Ergebnis die Aufrechnung prozessual und materiellrechtlich analog § 139 BGB wirkungslos, wäre also nicht verbraucht und könnte in einem neuen Prozess vom Mandanten eingeklagt werden (oben Rn. 13.03). Auch ein Kostenrisiko besteht nicht, da die Hilfsaufrechnung nur dann streitwerterhöhend wirkt, wenn über sie entschieden wird, § 45 III GKG. Relevante Risiken bestehen nicht.

Exkurs: Im vorliegenden Fall ergab die rechtliche Prüfung, dass die Erklärung einer Hilfsaufrechnung in der Berufungsinstanz nach § 533 zulässig ist. Oftmals wird der Anwalt das nicht zuverlässig prognostizieren können (z. B. wenn sich die Gegenforderung auf neue Tatsachen stützt, bei denen ein Zulassungsgrund nach § 531 II nicht gegeben ist, ihre Berücksichtigung also nur zulässig ist, wenn der Gegner nicht bestreitet; ob der Gegner bestreiten wird, weiß der Anwalt nicht). Da aber bei einer Zurückweisung der Aufrechnung durch das Berufungsgericht kein Schaden droht, wird der Anwalt auch bei Zweifeln an den Voraussetzungen des § 533 eine Aufrechnung „versuchen".
Ähnliche Fragestellungen können auftauchen, wenn der Anwalt erwägt, die Klage in der Berufung zu erweitern oder Widerklage zu erheben, sich aber nicht sicher sein kann, ob § 533 gegeben ist. In diesem Fall droht zwar ebenfalls kein Verlust der zugrunde liegenden Forderung (das Gericht trifft keine Sachentscheidung). Anders als im Falle der Aufrechnung führt die Klageerweiterung bzw. Widerklage aber zu einer Erhöhung des Streitwertes und damit zu einem Kostenrisiko. Der vorsichtige Anwalt wird daher im Zweifel von einer Klageerweiterung oder Widerklage in zweiter Instanz Abstand nehmen.

Da der RA gehalten ist, den sichersten Weg zu beschreiten, ist er **vorliegend sogar verpflichtet,** die Hilfsaufrechnung zu erklären. Sollte das Gericht nämlich zu dem Ergebnis kommen, dass die klägerische Forderung besteht, hat der Mandant in Höhe von € 60 000,– eine weitere Verteidigungslinie aufgebaut. Diese Verteidigungslinie begründet zugleich die dringlich gewünschte Absicherung gegen eine drohende Zwangsvollstreckung in dieser Höhe. Ein Verzicht auf die Aufrechnung würde ferner das Risiko begründen, dass der Mandant bei der Durchsetzung seiner Forderung das Insolvenzrisiko des Gegners trägt. Der Verzicht auf die Aufrechnung wäre nach der Rspr prozessual wegen § 767 II endgültig. Da nunmehr Aufrechnungslage besteht und der Mandant die Möglichkeit hat, die Aufrechnung in der Berufung (einer Tatsacheninstanz) geltend zu machen, stünde nach Abschluss des laufenden Prozesses einer Vollstreckungsabwehrklage, gestützt auf die Aufrechnung, § 767 II entgegen. Der Mandant müsste ohne Hilfsaufrechnung – falls das Gericht die Klageforderung für begründet erachtet – an K € 100 000,– zahlen, könnte zwar seine Forderung € 60 000,– noch einklagen, trüge aber das Risiko, dass K zwischenzeitlich in Insolvenz fällt.

(IV) **Vollstreckungsschutz**
Da die Berufung dem Urteil nicht die vorläufige Vollstreckbarkeit nimmt, wird RA Dr. Rat zugleich einen **Antrag auf einstweilige Einstellung der Zwangsvollstreckung** nach §§ 719 I, 707 I stellen. Dazu muss er vortragen, dass die Berufung Aussicht auf Erfolg hat und dem Mandanten durch eine Vollstreckung Schaden (Insolvenz) droht. Erfolgsaussichten der Berufung allein würden das Berufungsgericht regelmäßig nicht veranlassen, Vollstreckungsschutz zu gewähren, da vorliegend der Kläger die Geldforderung nur gegen Sicherheitsleistung vollstrecken darf, der Beklagte folglich grundsätzlich gegen Schäden gesichert ist (ThP § 719, 2).
Der Mandant muss Sicherheit leisten, es sei denn er kann glaubhaft machen, dass er zu einer Sicherheitsleistung nicht in der Lage ist, § 707 I 2.

(C) **Ergebnis: Vorgehen des RA Dr. Rat**
Im vorliegenden Fall wird der Anwalt also Berufung zum OLG einlegen und dort folgende Anträge stellen:

> I. Auf die Berufung des Beklagten wird das Endurteil des LG ... aufgehoben und die Klage abgewiesen.
> II. Der Kläger trägt die Kosten beider Rechtszüge *(= § 91 ZPO)*.
>   Vorab wird beantragt, wie folgt zu beschließen:
>   Die Vollstreckung aus dem Urteil des LG ... wird einstweilen – ggf. gegen Sicherheitsleistung – eingestellt.

Zur Begründung wird der Anwalt folgende Rügen erheben (zur Wahrung der Mindesterfordernisse nach § 520 III S. 2 siehe Rn. **27**.12):
Gerügt wird die Unrichtigkeit des Ersturteils, da sich aufgrund eines nach § 531 II S. 1 Nr. 3 zulässigerweise eingeführten neuen Beweismittels, nämlich des Zeugen D, (Rüge nach § 520 III S. 2 Nr. 4) und demzufolge auch zu wiederholender Beweisaufnahme ergeben wird, dass – abweichend von den Feststellungen des Erstgerichts – gerade kein Mangel vor Abnahme vorlag und folglich die Klage abgewiesen werden muss.
Hilfsweise wird RA Dr. Rat die Aufrechnung mit der Gegenforderung erklären, hierzu die notwendigen Tatsachen vortragen und in rechtlicher Hinsicht zur Zulässigkeit der Einführung erst in der Berufungsinstanz und zum Bestehen der Gegenforderung vortragen.

Anmerkungen zur Fassung der Anträge:
Zu I: Der Antrag enthält einen kassatorischen Teil („wird abgeändert/aufgehoben") und einen reformatorischen Teil (die neue Sachentscheidung). Sofern das erstinstanzliche Urteil nicht vollständig geändert wird, muss im kassatorischen Teil tenoriert werden: „wird das Endurteil des LG ... **abgeändert**" (Wortlaut § 528, 2), damit einer etwaigen bereits erfolgten Zwangsvollstreckung aus diesem Urteil hinsichtlich des nicht abzuändernden Teils die Grundlage nicht entzogen wird. Sofern eine vollständige Abänderung erfolgt, ist stattdessen eine Tenorierung des kassatorischen Teils mit „wird aufgehoben" aus Rechtsklarheitsgründen vorzugswürdig, jedenfalls unschädlich (so auch ThP 42 vor § 511).
Zur ähnlichen Problematik bei § 343 s. Rn. **20**.21.

Zu II: Da die Kostenentscheidung amtswegig ergeht, ist ein Antrag nicht erforderlich (§ 308 II), in der Praxis jedoch üblich.

Auch die Entscheidung zur vorläufigen Vollstreckbarkeit ergeht amtswegig. Der Examenskandidat sollte von einem eigenen Antrag absehen, da er fehleranfällige Besonderheiten (§ 708 Nr. 10) beachten müsste.

IV. Das Berufungsurteil

27.23 Der Tenor des Berufungsurteils enthält in der Hauptsache eine Entscheidung über die Berufung und – sofern und soweit eine Änderung der erstinstanzlichen Entscheidung erfolgt – eine Entscheidung in der Sache:

- Ist die Berufung **unzulässig**, lautet die Entscheidung: „Die Berufung wird als unzulässig verworfen." Die Wörter „als unzulässig" können fehlen. Die Entscheidung kann außerhalb der mündlichen Verhandlung im Beschlusswege erfolgen, § 522 I.
- Ist die Berufung **unbegründet**, wird tenoriert: „Die Berufung wird zurückgewiesen."
- Hat die Berufung **zumindest teilweise Erfolg**, ist das Urteil zweiteilig: „Das Urteil des ... wird aufgehoben/abgeändert und die Klage wird abgewiesen bzw. der Beklagte wird verurteilt, ..." (zur Tenorierung oben: Rn **27.22**).

Hinzu kommen die Entscheidungen zu den Kosten, zur vorläufigen Vollstreckbarkeit (§§ 708 Nr. 10, 711, 713) und – sofern veranlasst – zur Zulassung der Revision (§ 543 II).

Für die Kosten gilt dabei

Zusammenfassend ein **Überblick in Stichworten:**

Berufung voll **erfolglos:**	§ 97 I (im Tenor nur: Kosten der Berufung).
Berufung voll **erfolgreich:**	§ 91 (Tenor: Kosten des – gesamten – Rechtsstreits).
Volle Berufung mit **Teilerfolg:**	§ 97 I mit § 92 (ThP § 97, 15–18). Falls identischer Streitwert: einheitliche Quoten.
Beschränkte Berufung: (z. B. Verurteilung zu € 100 000,–, dagegen erfolgreiche Berufung B nur in Höhe von € 40 000,–)	**Trennung nach Instanzen,** da unterschiedliche Streitwerte (ThP § 97, 8): Die Kosten der 1. Instanz trägt K zu 2/5 und B zu 3/5 (§ 92 I). Die Kosten der (voll erfolgreichen) Berufung trägt K alleine (§ 91).

Beispiel:

Die erste Instanz verurteilt den Beklagten vollumfänglich zur Zahlung von € 100 000,-. Auf die ebenfalls vollumfängliche Berufung hin will das Berufungsgericht nur noch zur Zahlung von € 40 000,- verurteilen. Es ergeht folgendes

ENDURTEIL:

    I. Auf die Berufung des Beklagten wird das Endurteil des LG ... dahin abgeändert, dass der Beklagte verurteilt wird, an K € 40 000,– zu zahlen, und die Klage im Übrigen abgewiesen wird.
    Im Übrigen wird die Berufung zurückgewiesen.
    II. Der Kläger trägt 3/5, der Beklagte trägt 2/5 der Kosten des Rechtsstreits.
    III. Dieses Urteil und das angefochtene im Umfang der Bestätigung sind ohne Sicherheitsleistung vorläufig vollstreckbar. Jede Partei kann die Vollstreckung gegen sich durch Sicherheitsleistung in Höhe von 110% des gegen sie vollstreckbaren Betrages abwenden, wenn nicht die Gegenseite Sicherheit in Höhe von 110% des jeweils durch sie beizutreibenden Betrages leistet.

Anmerkungen:
Zu I: Das Urteil enthält einen abändernden Teil („wird abgeändert") und eine eigene Sachentscheidung. Zu beachten ist, dass sowohl über die Klage als auch über die Berufung vollständig entschieden werden muss. Daraus folgt, dass hinsichtlich der Klage eine Klageabweisung im Übrigen erfolgen muss. Dasselbe gilt auch für die Berufung, die nur hinsichtlich 60% Erfolg hat.
Zu II: Ist die Berufung teilweise erfolgreich (wird das Ersturteil also abgeändert), so muss über die Kosten des Rechtsstreits *insgesamt* (also *aller* Instanzen) entschieden werden, und zwar, wenn die Streitwerte der Instanzen identisch sind, durch einheitliche Quote für alle Instanzen.
Zu III: Für das Berufungsurteil gilt § 710 Nr. 10. War das erstinstanzliche Urteil gem. § 709 S. 1 nur *gegen* SL vollstreckbar (wie hier), so wird es jetzt bei Bestätigung, also Zurückweisung der Berufung, *ohne* SL vollstreckbar, was gem. § 708 Nr. 10 S. 2 im Tenor ausdrücklich auszusprechen ist. Das gilt für den Fall, dass das Berufung nur teilweise zurückgewiesen wird, entsprechend (MüKo-ZPO § 708, 18). § 711 bleibt freilich unberührt. Vorliegend hat das Gericht von § 711 S. 2 Gebrauch gemacht.
Die Nicht-Zulassung der Revision wird regelmäßig nur in den Gründen abgehandelt, während die Zulassung üblicherweise im Tenor erfolgt („Die Revision wird zugelassen.").

„Gründe", § 540. Das Berufungsurteil enthält nicht mehr die traditionelle Aufteilung in TB und E-Gründe (§ 540 verbietet allerdings nicht, das BerUrteil nach § 313 abzufassen, ThP § 540, 1). Dem Tenor folgen vielmehr nur „Gründe", die aber in Anlehnung an die gewohnten Elemente von TB und E-Gründen zu gliedern sind in 2 Ziffern ohne Überschrift (Zöller § 540, 3 ff.; Kroiß/Neurauter Nr. 17): **27.24**

I. § 540 I Nr. 1: Tatsächliche Feststellungen (Anlehnung an früheren TB).

1. Bezugnahme auf die tatsächlichen Feststellungen im Ersturteil.
2. Soweit im Berufungsrechtszug Änderungen oder Ergänzungen erfolgt sind (z.B. geänderter oder neuer Sachvortrag, neue Beweismittel), müssen diese zwar kurz (Verweisungen wegen der Details auf Schriftsätze), aber doch so verständlich dargestellt werden, dass ersichtlich ist, welchen Sachvortrag und welche Beweisergebnisse das BerGericht seinem Urteil zugrunde legt (BGH NJW-RR 07, 781 und NJW 15, 3309; Musielak § 540, 3).
3. Die Berufungsanträge sind zwar in § 540 I Nr. 1 nicht ausdrücklich vorgeschrieben, die dort vorgesehene Bezugnahme kann sich auch nicht auf sie erstrecken. Ihre Wiedergabe (wörtlich oder sinngemäß) ist aber unverzichtbar, da der Umfang der Anfechtung berichtet werden muss, andernfalls erfolgt Aufhebung und Zurückverweisung wegen eines Verfahrensmangels (BGH NJW 03, 1743).

II. § 540 I Nr. 2: Begründung der Berufungsentscheidung (Anlehnung an die gewohnten E-Gründe).

Aus ihr muss sich ergeben, warum das Berufungsgericht dem Ersturteil folgt oder es abändert (Zöller § 540, 3).

Teil 3. Klausurtechnik, sowie Anwaltstätigkeit

In Teil 1 und insbesondere in Teil 2 wurden bereits viele Prüfungsschemata, sowie Darstellungsbeispiele zu Tatbestand und Entscheidungsgründen behandelt.

In Teil 3 soll nunmehr eingegangen werden auf die klausurmäßige Bearbeitung des im Tatsachenvortrag **streitigen** Falls, orientiert an der **Darlegungslast**, die betont besprochen wird (§ 29) und auf die im Examen immer wichtiger werdende gerichtliche Tätigkeit des **Anwalts** (dazu 2 typische Aufgabenstellungen § 30 und § 31).

In allen Fällen muss die Klage, das Arrestgesuch etc. zulässig sein, daher vorab ein kurzer, zusammenfassender Überblick über die Prozessvoraussetzungen (§ 28).

§ 28 Die Zulässigkeit der Klage

I. Wichtige Prüfungsgesichtspunkte

1. Prüfungsvorrang der Prozessvoraussetzungen. Rechtskraft des Prozessurteils

Da der Rechtskraftumfang eines Prozessurteils ein völlig anderer ist, als der eines Sachurteils (s. Rn. 28.02), besteht nach ganz h.M. ein uneingeschränkter Prüfungsvorrang der Prozessvoraussetzungen (= Sachurteilsvoraussetzungen) vor den Begründetheitsvoraussetzungen: 28.01

ein **Sachurteil** darf erst ergehen, wenn zuvor die **Zulässigkeit** geprüft und **bejaht** worden ist. Das gilt nicht nur für klagestattgebende, sondern auch für klageabweisende Urteile (BGH NJW 00, 3718; ThP 8; Zöller 10 vor § 253).

Daraus ergeben sich **2 wichtige Konsequenzen:**
- **keine Abweisung** *sowohl* **als unzulässig, als auch als unbegründet.**
  Bei Verstoß erwächst die Abweisung als unbegründet nicht in Rechtskraft, die Ausführungen dazu gelten nach dem Vorrang der Prozessvoraussetzungen als nicht geschrieben (BGH NJW 08, 1227, Tz. 14; ThP 8 vor § 253).
- **kein Sachurteil, solange die Zulässigkeit** *offen bleibt.* Unstatthaft ist also, die Zulässigkeit offenzulassen oder die Klage alternativ als unzulässig oder unbegründet abzuweisen („es kann dahingestellt bleiben, ob die Klage zulässig ist, denn sie ist jedenfalls auch offensichtlich unbegründet...").

  Bei Verstoß erwächst die Abweisung als unbegründet allerdings angesichts des ausdrücklichen Offenlassens der Zulässigkeit oder der nur alternativen Begründung nach h.M. gleichwohl in materielle Rechtskraft, denn hier habe sich das Gericht (fehlerhaft) nicht auf die Unzulässigkeit der Klage festgelegt, die Situation sei vielmehr der vergleichbar, dass das Gericht das Fehlen einer Prozessvoraussetzung übersehen oder die Zulässigkeit grob fehlerhaft bejaht habe (BGH NJW 08, 1227, Tz. 16, 17 m.w.N.; a.A. Zöller 43 vor § 322).
- **Sonderfall:** Feststellungsklage, § 256.
  Sie darf nach der Rspr. auch dann durch Sachurteil als *unbegründet* abgewiesen werden, wenn das Feststellungsinteresse fehlt oder noch zweifelhaft ist: demnach ist das Feststellungsinteresse echte

Prozessvoraussetzung **nur für das klagestattgebende** Sachurteil (vgl. BGH NJW 12, 1211, Tz. 45; Zöller § 256, 7). Aber noch str.; a. A. (ausschließlich Prozessurteil zulässig): ThP § 256, 4, m. w. N.

28.02 Auch das **Prozessurteil** erwächst (neben formeller = Unanfechtbarkeit) in materielle RKraft. Seine materielle **Rechtskraft beschränkt sich aber** auf den behandelten **konkreten Zulässigkeitsmangel,** dessentwegen die Klage (oder weiter: das RMittel, der Einspruch, ThP § 322, 3) als unzulässig abgewiesen (verworfen) wurde (BGH NJW 85, 2535; Zöller § 322, 2; ThP a. a. O.). Nicht erfasst sind also weitere (unbehandelte) Zulässigkeitsmängel und insbes. nicht die Frage der Begründetheit. Nach Behebung des Mangels kann die Klage erneut erhoben werden.

2. Prüfung von Amts wegen

28.03 Die Prozess (Sachurteils-)voraussetzungen sind in jeder Lage des Verfahrens von Amts wegen – also nicht erst auf Rüge – zu prüfen, sie müssen spätestens zum Schluss der mündlichen Verhandlung vorliegen.

„Prüfung" v. A. w. nicht verwechseln mit „Ermittlung" v. A. w. Denn auch für die Prozessvoraussetzungen bewendet es beim Beibringungsgrundsatz: es bleibt auch hier Sache der Parteien, die Tatsachen für das Vorliegen der Prozessvoraussetzungen beizubringen, nur das Beachten dieses Vortrags oder dessen Fehlen geschieht v. A. w., nicht erst auf Rüge.

3. Darlegungs- und Beweislast

28.04 Trotz Prüfung von Amts wegen bewendet es, wie dargelegt, beim Beibringungsgrundsatz. Der Sachverhalt zur Zulässigkeit kann streitig, oder trotz übereinstimmenden Parteivortrags wegen der Amtsprüfung aufklärungsbedürftig sein: die Tatsachen, die ein Sachurteil erst zulassen, sind also **beizubringen.** Daher geht es auch bei der Zulässigkeit der Klage um die Darlegungs-(Behauptungs-)last, also die Pflicht, den Tatsachenstoff zur Zulässigkeit vorzutragen und die Folge, wenn diese Darlegung nicht oder nicht überzeugend erfolgt ist, also die Beweislast.

Grundsatz: Darlegungs- und Beweislast treffen (nach allg. Regeln) die Partei, die ein ihr günstiges **Sachurteil** erstrebt, also

den **Kläger** im Regelfall,

den **Beklagten** nur in folgenden Fällen:

– beim VU gegen den Kläger, § 330
– beim Verzichtsurteil, § 306
– hinsichtlich der 3 prozesshindernden Einreden (§§ 110; 269 VI; 1032 I)
– hinsichtlich der negativen Prozessvoraussetzungen (Rechtskraft, Rechtshängigkeit) aus praktischen Gründen (ThP 13 vor § 253).

Beispiel: K klagt nach eigenem Vortrag aus fremdem Forderungsrecht des Z gegen B mit der Behauptung, zur Einziehung ermächtigt zu sein (Prozessstandschaft).

a) Bestreitet B das eigene rechtsschutzwürdige Interesse des K, so trifft diesen die Darlegungslast. Bleibt das relevante Eigeninteresse des K auch nach weiterem Vortrag zweifelhaft, so trifft ihn die Beweislast: Prozessurteil gegen K.

b) Ist Kläger K im Termin säumig und will B ein VU als abweisendes *Sach*urteil, so hat er die zweifelhaften Voraussetzungen einer Prozessstandschaft des K darzulegen. Gelingt ihm dies nicht, ergeht *Prozess*urteil gegen K als unechtes VU (also mit anderem Rechtskraftumfang, vgl. oben 1), ThP § 330, 3.

Zu beachten ist, dass die Beweislast (wie stets) erst zum Tragen kommt, wenn ein *non liquet* besteht. Dies setzt einen schlüssigen Vortrag des Darlegungspflichtigen (im Regelfall also des Klägers) zur Zulässigkeit voraus (StJ § 1, 17). Fehlt es schon am schlüssigen Vortrag des Klägers zu den Zulässigkeitsvoraussetzungen, so muss schon deswegen (nicht erst wegen Beweislast) Prozessurteil ergehen.

II. Überblick über die Prozessvoraussetzungen („check-Liste")

Nach ganz h. M. hat die **Prüfung damit zu beginnen,** ob der prozessuale Anspruch überhaupt zulässig in das Verfahren eingeführt wurde (ThP 15 vor § 253). Am Anfang stehen daher Ordnungsmäßigkeit der Klageerhebung und anschließend Zulässigkeit etwaiger Klageänderung. Im **Arbeitsgerichtsprozess** ist dem vorgeschaltet die Prüfung des Rechtswegs zu den Arbeitsgerichten. Da in vielen Bundesländern auch Klausuren aus dem Arbeitsrecht zu schreiben sind, sei exkursweise auch kurz auf den Aufbau im Arbeitsgerichtsprozess (Urteilsverfahren) eingegangen.

Im Übrigen ist die Prüfungsreihenfolge umstritten, für den Praxisfall aber wenig bedeutsam (ThP 14 vor § 253). Aus rein systematischen Gründen teilt man ein in allgemeine (die bei jeder Klage vorliegen müssen) und in besondere Prozessvoraussetzungen:

„Check-Liste":

I. Arbeitsgerichtsprozess   28.05

1. Im Arbeitsgerichtsprozess (Urteilsverfahren) ist stets an 1. Stelle der Rechtsweg zu den Arbeitsgerichten zu prüfen, § 2 ArbGG.

   a) Stützt sich das Klagebegehren – wie zumeist – auf sog. **doppelrelevante** Tatsachen (die für die Zulässigkeit und die Begründetheit in gleicher Weise entscheidend sind, sog. sic-non-Fälle, z. B. Kündigungsschutzklage) genügt nach BAG und BGH die schlüssige Rechtsbehauptung des Klägers, er sei Arbeitnehmer für die Rechtswegzuständigkeit, die Richtigkeit des Klagevortrags wird hierbei also unterstellt.
   Trifft diese Rechtsbehauptung dann bei der Begründetheitsprüfung der Klage nicht zu, wird die Klage als *unbegründet* abgewiesen. BAG NJW 96, 2948; 13, 3365 zu I 1; BGHZ 183, 49; ThP GVG § 17a, 8a.

   b) Handelt es sich hingegen **nicht um doppelrelevante** Tatsachen, sind bestrittene Behauptungen des Klägers zur Rechtswegzuständigkeit schon im Rahmen der Zulässigkeit der Klage zu beweisen (BGHZ 183, 49, LS b). Andernfalls wird nur gemäß § 17a II GVG verwiesen und zwar von Amts wegen, nicht aber wird die Klage als unzulässig abgewiesen.

   Beispiel BGHZ a. a. O.: Die Klägerin forderte vom Bekl. nach Beendigung eines Handelsvertretervertrags Rückzahlung von Provisionen und eines Darlehens vor dem LG, der Bekl. bestand auf der Zuständigkeit des ArbG. Umstritten war, inwieweit eine Eingliederung in den Betrieb der Klägerin erfolgt war, also die Abgrenzung zwischen § 84 I und II HGB. BGH: von der Bejahung oder Verneinung der Arbeitnehmereigenschaft des Bekl. hängt zwar die Zulässigkeit, *nicht* aber auch die Begründetheit der Klage ab, diese ist also nicht doppelrelevant, da Provisionszahlungen sowohl als Arbeitsentgelt, als auch als Handelsvertreter-Vergütung möglich sind (vgl. BAG NJW 15, 2364). Für die Klärung, ob das ArbG gem. § 2 I 3a, § 5 III ArbGG, oder gem § 13 GVG das LG zuständig war, musste die Beweisaufnahme erfolgen, eine schlüssige Rechtsbehauptung einer Partei genügte also nicht.

   c) Diese differenzierte Handhabung der Rechtswegzuständigkeit – soeben a) und b) – gilt in gleicher Weise für die Rechtswegzuständigkeit zu den **Zivilgerichten, § 13 GVG** (BGHZ 183, 49; ThP GVG § 17a, 8a)

Die Zulässigkeit des Rechtswegs (§ 2 ArbGG; § 13 GVG) ist zwar nach wie vor eine Prozessvoraussetzung und daher vom erstinstanzlichen Gericht stets von Amts wegen zu prüfen, führt aber bei *nicht* doppelrelevanten Tatsachen nicht zur Klageabweisung als unzulässig, sondern nur zu einer Verweisung von Amts wegen (Zöller 1; ThP 3 zu § 13 GVG).

2. In der Prüfung folgen dann über § 46 II ArbGG die weiteren Prozessvoraussetzungen wie im Zivilprozess (ohne § 15a EGZPO), also Ordnungsmäßigkeit der Klageerhebung (hier wegen § 11 I 1 ArbGG ohne § 78 I ZPO) örtliche, sachliche Zuständigkeit etc., siehe sogleich.

28.06 | **II. Zivilprozess**

A. Allgemeine Prozessvoraussetzungen

Fragen nach der Rechtswegzuständigkeit sind in zivilprozessualen Klausuren kaum relevant (falls dennoch, gilt oben I entsprechend). Ebenfalls kaum klausurrelevant ist die besondere Zulässigkeitsvoraussetzung gem. § 15a I EGZPO betr. die Bescheinigung der Gütestelle über die erfolglose Durchführung der Schlichtung. Die Prüfung beginnt daher in aller Regel mit der Ordnungsmäßigkeit der Klageerhebung.

1. Ordnungsmäßigkeit der Klageerhebung, §§ 253 II, 78

a) Bestimmter Antrag (dazu u. zum zulässig unbezifferten: ThP § 253, 11, 12). Mängel und deren Heilung (z. B. § 295): ThP § 253, 19, 20.

b) Klagegrund: individualisierbarer Lebenssachverhalt: er muss nicht schlüssig sein, sondern nur die Abgrenzung von anderen rechtshängigen Prozessen ermöglichen.

c) § 78 (in Anwaltsprozessen): Postulationsfähigkeit. Beachte: die Postulationsfähigkeit ist keine eigene Sachurteilsvoraussetzung, sondern nur Prozess*handlungs*-Voraussetzung. Die Klageerhebung als solche ist eine Prozesshandlung. Daher ist die Postulationsfähigkeit **dort** (= § 253) zu prüfen und nicht gesondert unter Zulässigkeit der Klage. Deshalb hat man zu unterscheiden:

– Klageschrift ohne RA: Die Prozesshandlung der Klageerhebung ist wegen § 78 I unzulässig mit der Folge, dass die Klage nicht ordnungsgemäß erhoben ist und wegen Verstoßes gegen §§ 253, 78 I abzuweisen ist.

– Klage zwar über RA erhoben, der aber dann im Termin nicht auftritt: Die Klage ist zulässig, aber die Partei ist säumig (ThP 5 vor § 330): also bei Antrag VU gegen den Kläger, § 330.

d) Klageerweiterung, -änderung erst im Laufe des Rechtsstreits: §§ 261 II, 297.

2. Zulässigkeit etwaiger Klageänderung, §§ 263 ff.

Diese ist zwar „besondere" Sachurteilsvoraussetzung für den neu eingeführten Anspruch, aber aus den oben Rn. **9.**02 genannten Argumenten stets an 2. Stelle zu prüfen.

3. Gerichtsbezogene

a) Deutsche Gerichtsbarkeit, §§ 18–20 GVG, Zulässigkeit des Rechtswegs § 13 GVG.

Die Zuständigkeit der **Arbeitsgerichte** im Verhältnis zu den ordentlichen Gerichten ist eine Frage der Rechtswegzuständigkeit (nicht der sachlichen Zuständigkeit), für eine Verweisung gelten gem. § 48 I ArbGG die §§ 17 ff. GVG (nicht § 281 ZPO), MükoZPO § 281, 7; Zöller § 13 GVG, Rn. 3; ThP § 17 GVG, 2.

b) Örtliche Zuständigkeit, §§ 12 ff. (diese gelten auch für ArbG im Urteilsverfahren über § 46 II ArbGG, Grunsky ArbGG § 2, 36 ff.).

c) **Sachliche Zuständigkeit**: §§ 23, 71 GVG, §§ 38–40 (ThP 3 vor § 38).

> Beachte: **Kammer für Handelssachen,** §§ 93 ff. GVG. Ob diese oder die Zivilkammer zuständig ist, ist **keine Frage der sachl. Zuständigkeit,** sondern der Geschäftsverteilung, die ausnahmsweise gesetzl. geregelt ist in §§ 96 ff. GVG (Zöller 1 vor § 93 GVG). Die Zuständigkeit der KfH ist also nicht in der Zulässigkeit der Klage zu prüfen, maßgebend ist nur die Zuständigkeit des LG als solchem (das durch KfH **und** Zivilkammer repräsentiert wird, ThP 1 vor § 93 GVG).

4. Parteibezogene

a) Parteifähigkeit, § 50.
b) Prozessfähigkeit, §§ 51, 52.
Fehlt sie, ist gesetzliche Vertretung Prozessunfähiger als Ersatz der Prozessfähigkeit erforderlich, § 51 I (ThP § 51, 3). Beispiele: Prozessunfähig sind z. B. OHG, KG, BGB-Außengesellschaft, jur. Personen, beschränkt geschäftsfähige Personen (ThP § 52, 4). Bei der OHG etwa sind gesetzliche Vertreter die nach dem Gesellschaftsvertrag erforderlichen (!) vertretungsberechtigten Gesellschafter.
c) Prozessführungsbefugnis, § 51 I.
  – Bei Behauptung *eigenen* Rechts: problemlos zulässig.
  – Bei Behauptung *fremden* Rechts: gesetzl. oder gewillkürte Prozessstandschaft (Voraussetzungen: ThP § 51, 24, 31).
  – Bei *materiellrechtlich notwendiger Streitgenossenschaft* (§ 62 I 2. Alt.) sind Einzelklagen wegen Fehlens alleiniger Prozessführungsbefugnis unzulässig (so auch, wenn die mat.-notw. SG auf der Beklagtenseite besteht, die Klage also nur gegen einzelne der Mitberechtigten erhoben wird, vgl. BGH NJW 84, 2210: Notwegduldungsklage gegen mehrere, aber nicht alle MitEigt.), vgl. Rn. **15.12**.

5. Streitgegenstandsbezogene

a) Keine anderweitige Rechtshängigkeit, § 261 III Nr. 1.
b) Keine entgegenstehende Rechtskraft, § 322.

6. Rechtsschutzbedürfnis

Dazu: ThP 26 ff. vor § 253. Es ergibt sich für Leistungsklagen regelmäßig schon aus der Nichterfüllung des behaupteten materiellen Anspruchs, der für diese Prozessvoraussetzung zu unterstellen ist, BGH NJW 2010, 1135.

7. Lediglich auf Einrede zu beachten

sind die verzichtbaren Rügen gemäß §§ 88 I; 110 ff.; 269 VI; 1032 I (Schiedsklausel), ThP § 296, 41. Beachte: Verspätungspräklusion tritt hier ein, ohne dass es auf Verzögerung ankäme, § 296 III (ThP § 296, 39).

B. Besondere Prozessvoraussetzungen

Sie gelten für besondere Klage- oder Verfahrensarten (ThP 32 vor § 253). Echte besondere Sachurteilsvoraussetzungen sind diese Zusatzbestimmungen jedoch nur, wenn ihr Fehlen unmittelbar zur Klageabweisung als unzulässig führt (Prozessurteil). Das ist bei den jeweiligen besonderen Voraussetzungen im Einzelnen umstritten.

Hauptfälle:

1. Klage auf künftige Leistung, §§ 257–259

Liegen diese besonderen Voraussetzungen zum Schluss der mdl. Verhandlung (noch) nicht vor, ergeht Prozessurteil. Tritt andererseits nunmehr Fälligkeit ein, so geraten die besonderen Prozessvoraussetzungen der §§ 257 ff. (weil jetzt ja überflüssig geworden), in Fortfall, das Urteil ergeht also *ohne* Erfordernis der §§ 257 ff. und ohne, dass der Antrag geändert werden müsste. Andererseits ist der Übergang von einer Klage auf gegenwärtige Leistung zu solcher auf künftige eine Antragsbeschränkung, zulässig stets gem. § 264 Nr. 2 (Zöller 7; ThP 1 zu § 257).

2. Selbstständige Feststellungsklage, § 256 I

Besondere Sachurteilsvoraussetzungen sind:
a) **Streitgegenstand** muss sein: (Nicht-)Bestehen eines Rechtsverhältnisses oder die (Un-)Echtheit einer Urkunde.
b) **Feststellungsinteresse** (gesteigerte Form des allg. Rechtsschutzbedürfnisses) an „alsbaldiger" Feststellung.
Wichtig und zu bejahen insbes. für Schadensersatzansprüche, wenn der Schaden noch nicht beziffert werden kann. Denn die Verjährung beginnt gem. § 199 I BGB mit der „Entstehung" des Anspruchs (d. h. sobald er durch Klage, auch Feststellungsklage, geltend gemacht werden kann), nicht erst mit seiner Bezifferung (Palandt § 199, 3).

3. Zwischenfeststellungs(wider)klage, § 256 II

Besondere Voraussetzungen: Streitiges Rechtsverhältnis und Vorgreiflichkeit. Begriff: das gem. § 256 II festzustellende Rechtsverhältnis muss 1.) für den laufenden Prozess entscheidungserheblich und 2.) über ihn **hinaus** von Bedeutung sein *(können),* ThP § 256, 28, 33. Klassischer Fall: Teilklage, dagegen negative Feststellungswiderklage gem. § 256 II zu Grund und Rest.

4. Widerklage: Siehe dazu Beispiel Rn. **12.03**.

5. Urkundenprozess, §§ 592 ff.

Besondere Sachurteilsvoraussetzungen sind (ThP § 592, 1):
a) Erklärung gemäß § 593 I
b) Streitgegenstand i. S. v. § 592
c) Beweisbarkeit allein durch Urkunden, § 592
Bei Fehlen von b) und c) § 597 II: Prozessurteil: Die Klage wird „als im Urkundenprozess unstatthaft" abgewiesen. Jedoch ist Wechsel vom Urkundenprozess zum normalen Verfahren in 1. Instanz gem. § 596 ohne Einwilligung zulässig.

6. Änderungsklage, §§ 323, 323a

Besondere Sachurteilsvoraussetzungen sind (ThP § 323, 17 ff.):

a) Vorliegen eines Titels i. S. v. § 323 (§ 323a), z. B. Renten gem. §§ 843–845 BGB (Zöller § 323, 1).

b) Identität des Anspruchs im Vorprozess (bzw. § 323a: Titel, z. B. im Vergleich) und im jetzigen Abänderungsverfahren.

c) Behauptung von Tatsachen zu (nur bei § 323: wesentlicher) Veränderung der Umstände (fehlt es schon an solcher *Behauptung,* ist die Klage unzulässig. Können die behaupteten Tatsachen dann nicht *festgestellt* werden, ist die Klage unbegründet, ThP § 323, 19).

Beachte: Für die Abänderung von **Unterhalts**-Titeln (Urteile, Beschlüsse, Vergleiche, Urkunden) gelten die **§§ 238 ff. FamFG.**

7. Kündigungsschutzklage, §§ 4, 13 KSchG

a) Sie ist eine im KSchG geregelte besondere Feststellungsklage mit einem punktuellen Streitgegenstand: ihre Begründetheit erfordert Unwirksamkeit der Kündigung (z. B. vom 1.3.) und (so BAG) Bestand des Arbeitsverhältnisses auch noch bis zum Kündigungstermin (z. B. zum 1.6.). BAG NJW 15, 2064.

Nach h. M. ist die 3-Wochenfrist nach § 4 KSchG keine prozessuale Ausschlussfrist (Folge bei Versäumung wäre: Prozessurteil), sondern eine zwar prozessuale (wichtig für Mängelheilung nach Prozessrecht, z. B. § 295 ZPO) Klageerhebungsfrist, deren Versäumung jedoch **lediglich zur materiellrechtlichen Wirksamkeitsfiktion nach § 7 KSchG führt** (die Kündigung gilt als wirksam) und daher erst unter der *Begründetheit* der Klage zu prüfen ist (BAG NJW 86, 3224; Müko-BGB/KSchG § 4, 61).

Beachte: „Erhoben" ist die Klage auch hier erst mit ihrer Zustellung (§ 46 II ArbGG, §§ 495, 253), jedoch wahrt gem. § 167 bereits die Einreichung (Anhängigkeit) die Frist, sofern die Zustellung demnächst erfolgt (ist letzteres nicht geschehen, so gilt dieser Fehler gem. § 295 I als geheilt, wenn der Beklagte rügelos zur Hauptsache verhandelt, Müko-BGB, § 4 KSchG, 59).

b) Sie kann verbunden werden mit der **allgemeinen Feststellungsklage** gem. § 256 I, die den Bestand des Arbeitsverhältnisses bis zum Schluss der mündlichen Verhandlung feststellt **(sog. Fortbestandsklage).** Das Nebeneinander setzt ein besonderes Feststellungsinteresse voraus, zumeist wegen der konkreten (!) Wahrscheinlichkeit weiterer Beendigungsgründe, was der Kläger vorzutragen hat (BAG NJW 03, 1412; grundlegend BAG NJW 88, 2691; MüKo-BGB § 4 KSchG, 83 ff., 89).

8. Mieterhöhungsklage, § 558b II BGB

Besondere Voraussetzungen sind:

a) Ablauf der *Überlegungsfrist* des Mieters gem. § 558b II S. 1 BGB. Die Frist wird nach h. M. nur durch ein wirksames Erhöhungsverlangen (dazu

Palandt § 558a, 2) ausgelöst, Palandt § 558b, 2, 9. Bei endgültiger Ablehnung durch Mieter muss Vermieter aber die Frist nicht abwarten, sofortige Klage also zulässig, auch wird verfrüht eingereichte Klage später zulässig, wenn die Überlegungsfrist vor Schluss der mdl. Verhandlung abläuft (Palandt § 558b, 9).

b) Die 3-monatige *Klagefrist* (§ 558b II S. 2 BGB), die sich unmittelbar an den Ablauf der Überlegungsfrist anschließt, darf noch nicht abgelaufen sein; verspätete Klage wäre wegen Fehlens einer besonderen Prozessvoraussetzung (Ausschlussfrist) unzulässig (Palandt § 558b, 9).

§ 29 Urteilsklausur: Die Prüfung der Begründetheit der Klage im streitigen Fall

Im Folgenden geht es am Beispiel einer Leistungsklage um die im Prozess so wichtigen Elemente wie der Verteilung der Darlegungs- und Beweislast, der Schlüssigkeit, Erheblichkeit, Beweisbedürftigkeit, der Substantiierung, sowie der Durchprüfung bei Haupt- und Hilfsvorbringen. Wo ist eine Eventualaufrechnung zu prüfen?

29.01 Aktenfall: Die verkaufte, statt reparierte Golduhr

RA Dr. Klein ...
1. 3. ...

An das
Amtsgericht München
...

Namens und im Auftrag des Klägers beantrage ich zu erkennen:

Der Beklagte wird verurteilt, an den Kläger € 1200,– zu zahlen.

Der Kläger hat am 2.1. seine Golduhr (Wert € 3000,–) dem Bekl., Inhaber eines Uhren- und Schmuckgeschäfts, zur Generalüberholung gegeben. Der Bekl. hat jedoch entgegen diesem Auftrag die Uhr, anstatt sie zu reparieren, an einen – offenbar – gutgläubigen Kunden, der zudem nicht mehr zu ermitteln ist, am 10.1. für € 1800,– verkauft.

Der Beklagte hat dem Kläger diesen Betrag erstattet, weigert sich aber, die Differenz von € 1200,– zur vollen Schadloshaltung zu begleichen.

RA Dr. Klein

RA Dr. Braun
20.3. …

An das
Amtsgericht München
Aktenzeichen: 22 C 407/…

Ich bestelle mich für den Beklagten und beantrage in dessen Namen, die Klage abzuweisen.

Es wird bestritten, dass der Kläger Reparaturauftrag erteilt hat. Vielmehr hat der Kläger die Uhr dem Beklagten ausschließlich zum Weiterverkauf in Kommission gegeben.
In Ausführung dieses Auftrags ist die (unreparierte) Uhr – wie zutreffend vom Kläger geschildert – für € 1800,– an einen Kunden verkauft worden, den der Bekl. der Einfachheit halber im Glauben gelassen hat, er sei selbst der Eigentümer.

Name und Anschrift dieses Kunden sind nicht mehr festzustellen (Laufkundschaft).
Es mag sein, dass die Uhr auch vor der Überholung € 3000,– Wert gewesen ist, aber mit Erhalt des Verkaufserlöses von € 1800,– hat der Kläger alles bekommen, was ihm vertragsmäßig zusteht.
Im Übrigen wäre der vom Kläger behauptete Anspruch auch längst verjährt.
Vorsorglich rechnet der Beklagte auf mit einer noch offenen Kaufpreisforderung über € 1500,– für eine Halskette, die der Kläger am 23.12. des Vorjahres gekauft, aber bisher nicht bezahlt hat.

RA Dr. Bauer

RA Dr. Klein   1.4. …

… erwidert der Kläger:

Wie der Kläger nachträglich von dem Angestellten A des Beklagten erfahren hat, hat A dem Beklagten – als dieser noch rege mit dem Kläger verhandelte – bedeutet, der Bekl. müsse sich wohl verhört haben: der Kunde habe nur Reparaturauftrag erteilt.

Beweis: Angestellter A … als Zeuge

Selbst wenn also ein Werkvertrag wegen Dissenses nicht zustande gekommen sein sollte, haftet der Beklagte jedenfalls aus Gesetz: §§ 990, 989; 823 BGB. Er wäre dann bei der Veräußerung an den Unbekannten auch bösgläubig gewesen i. S. v. § 990 BGB, da er dann infolge unverständlicher Leichtsinnigkeit, also grob fahrlässig, eine angebliche Besitzberechtigung aus Kommissionsvertrag angenommen hätte, obwohl nach den Hinweisen des Mitarbeiters A ein Dissens nahegelegen und sich eine Erkundigung beim Kläger geradezu aufgedrängt hätte.

Die Aufrechnungsforderung wird bestritten; der Kläger hat zu keinem Zeitpunkt eine Halskette beim Bekl. gekauft. Möglicherweise verwechselt der Bekl. den Kläger mit dessen Zwillingsbruder, der allerdings zum letzten Weihnachtsfest seiner Frau eine schöne Halskette geschenkt hat.

RA Dr. Klein

Auszug aus dem Protokoll 20.4. …

Gegenwärtig …

Nach Aufruf der Sache erscheinen:
für den Kläger: RA Dr. Klein
für den Beklagten: RA Dr. Braun
Es wird festgestellt, dass die Parteien in der durchgeführten Güteverhandlung zu keiner Einigung gekommen sind. Die Güteverhandlung wird daher für beendet erklärt *(§§ 160 III Nr. 10, 278 II)*.

Der Klägervertreter stellt Antrag aus dem Schriftsatz vom 1.3., der Bekl.-Vertreter aus Schriftsatz vom 20.3.
Die Parteien verhandeln streitig zur Sache unter Bezugnahme auf ihre Schriftsätze. Bekl.-Vertreter bestreitet die mit klägerischem Schriftsatz vom 1.4. behaupteten Äußerungen des A.
(Es ergeht Beweisbeschluss. Daraufhin wird nach Belehrung der Angestellte A als Zeuge vernommen):

Zur Person: …

Zur Sache: „Ich entsinne mich noch, dass der Kläger eine Golduhr ins Geschäft gebracht hat, kann aber nach der langen Zeit nicht mehr sicher sagen, was die Beiden gesagt und vereinbart haben. Ich habe auch nur einen Teil des Gesprächs mitbekommen, da ich wieder zurück in die Werkstatt musste.
Es stimmt, dass ich dem Beklagten, bevor er die Uhr zu den Verkaufsgegenständen legte, zugerufen habe, ob er sich da soeben nicht verhört habe. Er hat es aber damit abgetan, dass ich nicht alles mitbekommen hätte."
Vorgelesen und genehmigt.
Die Parteivertreter verzichten auf Beeidigung und verhandeln zum Ergebnis der Beweisaufnahme.
Nach geheimer Beratung des Gerichts ergeht

BESCHLUSS

Termin zur Verkündung einer Entscheidung wird bestimmt auf 2.5. …, 9.00 Uhr, Sitzungssaal 204.

I. Vorüberlegungen

1. Was will der Kläger zuletzt?

Ausgangspunkt ist der zuletzt gestellte Klageantrag. Zu prüfen ist nicht „die Rechtslage", sondern nur, ob die **Klage in ihrer letzten Fassung** Erfolg hat. Also vorab nachsehen im letzten Protokoll: welche Anträge sind noch aktuell? 29.02

Frühere Anträge können infolge Klageänderung, Teil-Rücknahme, übereinstimmender Teil-Erledigungserklärung, Prozessvergleichs über einen Teil des Streitstoffes etc. für den Hauptsacheausspruch ausgeschieden sein. Solche Anträge beeinflussen dann noch die Kostenentscheidung, sofern sie besondere Kosten verursacht haben; im TB sind sie in der Prozessgeschichte – i. d. R. vor den letzten Anträgen – zu berichten, s. oben zum TB, Rn. **5**.09.
Für die eigentliche Prüfung von Zulässigkeit und Begründetheit der Klage aber scheiden sie zunächst einmal aus. **Prüfungseinstieg ist der vom Kläger zuletzt gestellte Antrag.**

Hier: 1 Antrag, K will restlichen Schadensersatz. Also Leistungsklage, damit Frage nach den Anspruchsgrundlagen.

Dabei empfiehlt sich – damit man nicht am Klageantrag vorbeiarbeitet – eine **„Kontroll-Gegenfrage"** zu stellen:

Was will der Kläger *nicht*? Hier will er nicht: Erlösherausgabe, die Surrogationsansprüche (§§ 285 I, 816 I BGB) scheiden also aus.

2. Welche Anspruchsgrundlagen kommen dafür in Betracht?

Sammlung und Ordnung aller den Klageantrag stützenden Anspruchsgrundlagen. Voraussetzungen jeweils? Hier: Vertraglicher Anspruch aus §§ 631, 280 I, 283 BGB, sowie gesetzlicher aus §§ 990 I 1, 989 BGB. 29.03

3. Was ist dazu vorgetragen?

Hier ist wichtig, sich an der Verteilung der Darlegungslast zu orientieren. 29.04
Dazu Durchsicht der Parteivorträge je nach Verteilung der Darlegungslast (zu sogleich Rn. **29**.05 f.).

II. Die Begründetheitsprüfung

Die Sichtung und Prüfung des Prozessstoffs konzentriert sich auf folgende 3 Fragen („Stationen"), bei Eventualaufrechnung kommt noch eine 4. hinzu: 29.05
- Hat der Kläger im Rahmen **seiner** Darlegungslast schlüssig vorgetragen?
- Hat der Beklagte dies substantiiert bestritten und/oder im Rahmen **seiner** Darlegungslast schlüssig vorgetragen, also zu anspruchshindernden, – vernichtenden, – hemmenden Einwendungen?
- Stehen die hiernach beweisbedürftigen Tatsachen fest durch Beweisaufnahme, falls nicht: wen trifft die Beweislast?
- Greift am Ende eine Eventualaufrechnung durch? Prüfung der Eventualaufrechnung erst an dieser Stelle wegen § 322 II (sog. Beweiserhebungstheorie s. unter Rn. **13**.07).

29.06 Wichtig ist also, sich die Verteilung der Darlegungs- und Beweislast klarzumachen. Daher hier vorab ein grundsätzlicher Überblick:

Das Wort „Beweislast" wird vielfach neben seiner eigentlichen Bedeutung auch als Sammelbegriff verwendet. Gemeint sind genaugenommen 2 verschiedene Begriffe:

Beweisantrittslast (Beweisführungslast, subjektive Beweislast): Der Beweisantrag muss gestellt, die Urkunde vorgelegt werden etc.

Beweislast (im eigentlichen Sinne, objektive Beweislast): Risiko des Prozessverlusts wegen Nichterweislichkeit einer Tatsachenbehauptung.

Beide korrespondieren im Regelfall mit der Darlegungslast (vgl. Zöller 18 vor § 284; ThP 17 ff. vor § 284). **Grundregel** für beide: Jede Partei trägt die Darlegungs- u. Beweislast für die ihr günstige Rechtsnorm, der Kläger also für die rechtsbegründenden und rechtserhaltenden Tatsachen, der Beklagte für die rechtsverneinenden Umstände. Davon gibt es **Ausnahmen,** insbes. durch gesetzliche Beweislastregeln (wer was zu beweisen hat; wichtige klausurrelevante Fälle sind § 179 BGB, sowie wegen der dort geregelten Beweislastumkehr § 280 I 2, § 286 IV und im Arbeitsrecht § 619a BGB), sowie nach der Rspr. bei Verteilung nach Gefahrenbereichen (dazu ThP 25 ff. vor § 284) und bei Parteivereinbarungen, die – in AGB in den Grenzen von §§ 305 ff. BGB – zulässig sind, da die Beweislastregeln nicht zwingend sind (ThP 38 vor § 284).

Die Verteilung der Darlegungslast – bezogen auf die jeweilige Anspruchsgrundlage – sieht wie folgt aus: Der Anspruch – und damit die auf ihn gestützte Leistungsklage – ist begründet unter **3 Voraussetzungen** (ThP 41 ff. vor § 253), nämlich wenn der Anspruch

II. Die Begründetheitsprüfung

	Darlegungs- und Beweislast dafür:
1. Entstanden ist, also	
a) alle Voraussetzungen der Anspruchsgrundlage vorliegen (die **anspruchsbegründenden** Tatsachen),	
also: Auflistung aller Voraussetzungen der Anspruchsgrundlage aa) bb) cc) Dazu gehört bei Rechtsgeschäften auch die Einhaltung der Formerfordernisse (z. B. § 766 BGB): die Formgültigkeit (§§ 125 ff. BGB) gehört zum rechtsbegründenden TB, Formmangel ist also nicht rechtshindernde Einwendung, Müko-BGB § 125, 35 m. w. N.; Baumgärtel/Laumen Beweislast § 125, 1.	Kläger
b) keine **rechtshindernden** Tatsachen vorliegen, also solche, die verhindern, dass der Anspruch entsteht	Beklagter
z. B. Sittenwidrigkeit, § 138 BGB, Verstoß gegen gesetzliches Verbot, § 134 BGB, Entlastungsbeweis bei § 831 BGB oder §§ 7 II, 17 III StVG, Geschäftsunfähigkeit, § 105 BGB	
2. Nicht erloschen ist	
Es dürfen keine **rechtsvernichtenden** Einwendungen erfüllt sein, also solche, die den bereits entstandenen Anspruch wieder zum Erlöschen bringen,	Beklagter
z. B. Erfüllung, § 362 BGB, Unmöglichkeit, § 275 BGB, Anfechtung, §§ 119 ff. BGB, Aufrechnung § 389 BGB, Eintritt auflösender Bedingung, § 158 II BGB, Rücktritt, Kündigung, Verwirkung (§ 242 BGB), §§ 377 II, III, 381 II HGB bei verspäteter Rüge.	
3. Durchsetzbar ist	
Es dürfen keine **rechtshemmenden** Einreden vorliegen, also solche, die den Anspruch (ohne ihn zu vernichten) dauernd oder vorübergehend hemmen,	Beklagter
z. B. Verjährung, § 214 BGB; Stundung; Zurückbehaltungsrecht (§§ 273, 1000 BGB); Einrede des nicht erfüllten gegenseitigen Vertrages, § 320 BGB. In den Fällen §§ 273, 320, 1000 BGB bewirkt die Einrede nicht völlige Klageabweisung, sondern nur Zug-um-Zug-Verurteilung (unter Abweisung im Übrigen, falls uneingeschränkt beantragt war), ThP 44 vor § 253.	

Nach den einführenden Hinweisen kann nun mit der **Prüfung im Ausgangsfall** begonnen werden – mit der Bitte um nochmaliges besonderes Augenmerk auf die Rollenverteilung bei der Darlegungslast.

1. Die Prüfung des Kläger-Vorbringens (sog. Klägerstation)

a) Grundsätzliches vorab:

29.07 Zuerst prüft man stets, ob die Klage **schlüssig** ist. Fehlt es schon hieran, so erübrigen sich alle weiteren Erörterungen zum Beklagtenvortrag, Beweise dürfen nicht erhoben werden: die Klage ist abweisungsreif.

Schlüssig ist die Klage, wenn der **klägerische Tatsachenvortrag,** seine Wahrheit einmal unterstellt, **den Klageanspruch rechtfertigt** (allg. M., BGH NJW 07, 62; ThP 38 vor § 253).

Was zum schlüssigen Vortrag **mindestens** gehört, richtet sich nach der **Darlegungslast.** Orientiert an der Verteilung der Darlegungslast ergibt sich für die Schlüssigkeitsprüfung des Klägervertrags:

29.08 (1) **Schlüssiger Vortrag muss vorliegen** für die Tatsachen, für die der **Kläger** die Darlegungslast hat.

Das sind bei Leistungsklagen nur die anspruchsbegründenden Tatsachen.

29.09 (2) Im Übrigen, also soweit den **Beklagten** die Darlegungslast trifft, nämlich zu
 – rechtshindernden (z. B. §§ 105, 138 BGB)
 – rechtsvernichtenden (z. B. § 362 BGB)
 – rechtshemmenden (z. B. § 214 BGB)

Tatsachen, gilt ein Doppeltes:

29.10 (a) **Einerseits** muss der **Kläger nicht das *Fehlen*** dieser Tatsachen von sich aus vortragen, um seine Klage schlüssig zu machen (ThP 41 vor § 253). Der Kläger muss also nicht negativ vortragen, dass sein Anspruch *nicht* nichtig, *nicht* durch Erfüllung erloschen, *nicht* verjährt ist. Andererseits darf er dazu nicht selbst etwas Ungünstiges vortragen (dazu unten b).

Der Kläger muss sich zu den Positionen, für die den Beklagten die Darlegungslast trifft, **erst** äußern, **wenn** der Beklagte dazu **überhaupt** etwas vorbringt. Dann allerdings muss der Kläger bestreiten etc., andernfalls der Beklagtenvortrag unstreitig wird: da das Unstreitige Vortrag beider Parteien ist, würde der unbestrittene Beklagteneinwand *auch* zum *Kläger*vortrag und würde die Klage jetzt unschlüssig machen.

Beispiel: Um seine Kaufpreisklage schlüssig zu gestalten, muss der Kläger nicht auch vortragen, dass Umstände für Geschäftsunfähigkeit bei beiden Vertragspartnern *gefehlt* haben, der Vertrag und der auf ihn gestützte Anspruch also auch deswegen wirksam besteht. Denn § 105 BGB ist *rechtshindernde* Einwendung (ThP 42 vor § 253), für die den *Beklagten* die Darlegungslast trifft.
Behauptet aber der Beklagte die (rechtshindernde) Geschäftsunfähigkeit des Klägers bei Vertragsabschluss, so muss der Kläger darauf reagieren, z. B. indem er dies substantiiert bestreitet. Tut er das *nicht,* wird diese Behauptung des Beklagten unstreitig, sie ist dann *auch Kläger*vortrag: der Kläger trägt dann selbst vor, dass der Vertrag wegen Geschäftsunfähigkeit des Klägers nichtig war, der streitgegenständliche Kaufpreisanspruch also nie entstanden ist. Damit ist die (zunächst schlüssig gewesene) Klage *jetzt unschlüssig* geworden.

29.11 (b) **Andererseits** darf der **Kläger** zu den Positionen, für die er nicht die Darlegungslast hat, **keinen eigenen ungünstigen Parteivortrag** bringen („Eigentor").

Eigener ungünstiger Parteivortrag schadet, er wird in die Schlüssigkeitsprüfung einbezogen, ungeachtet dessen, dass der Gegner (z. B. der Beklagte) dafür die Darlegungslast trägt.

Denn das Parteivorbringen, hier der Klägervortrag, ist eine Einheit und in seiner Gesamtheit der Schlüssigkeitsprüfung zu unterziehen. Solch ungünstiger Parteivortrag kommt häufig dann vor, wenn der Kläger das vorprozessuale Verteidigungsvorbringen des Beklagten selbst in der Klage aufgreift (berichtet) und mit vermeintlich besseren Rechtsargumenten bekämpft, um den erwarteten Gegnervortrag „gleich im Keim zu ersticken."

Beispiel (BGH NJW 08, 3435, Tz. 16): Der Kläger trägt vor, dass sich der Beklagte zwar vorprozessual auf die Verjährung berufen habe. Verjährung sei aber aus folgenden rechtlichen Gründen nicht eingetreten...
Damit macht der Kläger die rechtshemmende Einrede der Verjährung *selbst* zum Prozessstoff. Sind seine Rechtsargumente unzutreffend, hat der Kläger ein Eigentor geschossen: die Klage ist unschlüssig; selbst bei Säumnis des Beklagten ergeht kein stattgebendes Versäumnisurteil, sondern abweisendes Endurteil (unechtes Versäumnisurteil), § 331 II Hs. 2.

(3) Der Umfang der Darlegungslast, die **Substanziierungslast,** richtet sich (übrigens für beide Parteien) nach der Einlassung des Gegners und wächst mit dieser (BGH NJW 07, 62; 05, 2711; 91, 2709; BGHZ 127, 358; ThP 38–40 vor § 253). Das bedeutet aber nicht, dass der Kläger schon deswegen, weil der Beklagte bestreitet, den Sachverhalt in allen Einzelheiten wiederzugeben hat. 29.12

BGH NJW 91, 2709, 05, 2711: Der Grundsatz, dass sich der Umfang der Darlegungslast nach der Einlassung des Gegners richtet „besagt vielmehr nur, dass der Tatsachenvortrag der Ergänzung bedarf, wenn er infolge der Einlassung des Gegners unklar wird und nicht mehr den Schluss auf die Entstehung des geltend gemachten Rechts zulässt." D. h., nähere Einzelheiten zu Zeit, Ort, Geschehensablauf sind zunächst nicht erforderlich, werden es erst, wenn und soweit der Gegenvortrag dazu Anlass bietet (BGH NJW 07, 62).

Beispiel: Der Pkw-Händler K klagt auf Zahlung von € 6000,– für einen gebrauchten Pkw Opel (genaue Bezeichnung), den B bei ihm besichtigt und gekauft habe. Dieser Vortrag genügt zunächst zur Schlüssigkeit. Bestreitet aber B den Abschluss eines Kaufvertrags, er habe sich nur informieren wollen, muss K jetzt seinen Vortrag substanziieren, indem er konkrete Tatsachen für Angebot und insbes. Annahme durch B vorträgt (z. B. B habe nach Erfragung aller Einzelheiten per Handschlag gekauft und unter Überlassung der nötigen Daten den K beauftragt, den Pkw sogleich auf B zuzulassen, was auch geschehen sei).

(4) **Unschlüssig ist die Klage also dann, wenn der Kläger** 29.13
– **im Bereich seiner Darlegungslast:**
   nicht alle Voraussetzungen der Anspruchsgrundlage vorträgt (die „anspruchsbegründenden Tatsachen").
– **im Bereich der Darlegungslast des Beklagten:**
   selbst ungünstigen Vortrag positiv bringt oder passiv durch Nichtbestreiten zu eigenem ungünstigen Vortrag macht.

b) **Zum Fall:** ist der Klägervortrag **schlüssig**? 29.14

I. **Hauptvorbringen: §§ 631, 280 I, 283 BGB**
1. **Entstanden**
   a) Rückgabepflicht? ja, aus Werkvertrag nach Reparatur.

b) Unmöglichkeit? ja, da der Dritte Eigentümer geworden ist (Auftreten des B als Eigentümer = Verfügung eines Nichtberechtigten, aber: § 932 BGB) und nicht mehr zu ermitteln und daher auch keine die Unmöglichkeit abwendende Herausgabebereitschaft beim Dritten zu erzielen ist, vgl. Palandt § 275, 23).
c) Verschulden des Bekl.?
§ **280 I 2 BGB** beinhaltet eine Umkehr der Beweislast bzgl. der Verschuldensfrage: Sie trägt also der Beklagte. Da **Beweislast und Darlegungslast einander entsprechen,** sich nach Gegenstand und Umfang decken, also gleichen Regeln (wenn auch verschiedenen Aufgaben) folgen (BGH NJW 72, 1438 zu 3d), bedeutet **Umkehr der Beweislast auch Umkehr der Darlegungslast:**
K muss also, um seine Klage schlüssig zu machen, zum Verschulden überhaupt nichts vortragen.
Für die Schlüssigkeitsprüfung ist hier nur wesentlich, dass K jedenfalls nichts Ungünstiges vorgebracht hat.
d) Schaden: objektiver Wert € 3000,–, jetzt noch offen: € 1200,–.
e) Rechtshindernde Tatsachen: kein (ungünstiger) Vortrag des K vorhanden.

2. Nicht erloschen
Kein ungünstiger Vortrag des Klägers zu rechtsvernichtenden Einwendungen.

3. Durchsetzbar
Kein ungünstiger Vortrag des Klägers zu rechtshemmenden Einreden.
Also: **Schlüssig zu §§ 631, 280 I, 283 BGB.**

II. Hilfsvorbringen: §§ 990 I 1, 989 BGB

1. Entstanden
Auch das Hilfsvorbringen ist in die Schlüssigkeitsprüfung des Klägervortrags einzubeziehen und zwar unmittelbar nach dem Hauptvorbringen, nicht erst nach der sog. Beweisstation (damit im Unterschied zu einem Hilfs*antrag*, der erst nach dem festgestellten Ergebnis des Hauptantrags geprüft werden darf, s. Rn. **8.**15; **8.**16). Dies auch dann, wenn bereits das Hauptvorbringen schlüssig ist. Denn der Richter ist hier nicht an die vom Kläger gewählte Reihenfolge gebunden (wiederum im Unterschied zu Haupt- und Hilfsanträgen!), sondern kann z.B. der Klage nach dem Hilfsvorbringen stattgeben und die Hauptbegründung offenlassen, wenn letztere eine Beweisaufnahme erfordert, das Hilfsvorbringen aber nicht.
a) Eigentum des Kl. bei Veräußerung durch Bekl.: (+)
b) Besitz des Beklagten bei Veräußerung durch Bekl.: (+)
c) Fehlendes BesitzR des Bekl.? § 986 BGB ist nach h. M. keine Einrede, vielmehr als Einwendung gegenüber § 985 BGB rechtsvernichtend (BGHZ 82, 18; BGH NJW 99, 3716 a. E.), im Rahmen der EBV-Ansprüche aus §§ 987 ff. BGB m. E. schon rechtshindernd, weil bei BesitzR ein Anspruch aus §§ 987 ff. BGB dann schon gar nicht entsteht. Der beklagte Besitzer trägt also die Darlegungs- und Beweislast für die Rechtmäßigkeit seines Besitzes (BGHZ 82, 17; BGH NJW 14, 2199, Tz. 17. Palandt § 986, 1, 2).
d) Unmöglichkeit seitens des Bekl. zur Herausgabe: wie oben I 1b
e) Bösgläubigkeit des Bekl.: (+)
Begriff bei §§ 989 ff. BGB: Besitzer hat schon bei Besitzerwerb infolge grober Fahrlässigkeit eigenes BesitzR angenommen. Hier: warnende Zurufe des Angestellten A schaffen unklare Situation: Dissens? Nachfrage bei K drängte sich auf.
f) Verschulden
§ 280 I 2 BGB, der auch bei §§ 989 ff. BGB gilt (da gesetzl. Schuldverhältnis, Palandt § 989, 5). Damit auch Umkehr der Darlegungslast: K muss nichts vortragen, hat es aber:
Der Bekl. habe nach dem warnenden Hinweis des A jedenfalls fahrlässig gehandelt.
g) Schaden (wie oben zu I.), also: (+)

2. Nicht erloschen: wie zu oben I.: (+)

3. Durchsetzbar: wie zu oben I.: (+)

Also: Anspruch aus §§ 990 I 1, 989 BGB schlüssig auch aus dem Hilfsvorbringen.

Zur Schlüssigkeitsprüfung des Klägervortrags **insgesamt**:
Die Klage ist **aus dem Hauptvorbringen schlüssig** zu §§ 631, 280 I, 283 und aus dem **Hilfsvorbringen** schlüssig zu §§ 990 I S. 1, 989 BGB.

2. Die Prüfung des Beklagten-Vorbringens (sog. Beklagtenstation)

a) Grundsätzliches vorab: 29.15

Ausgangspunkt ist auch hier der Klageantrag: ist das Vorbringen des Beklagten geeignet („erheblich"), den schlüssig vorgetragenen Klageanspruch ganz oder teilweise zu Fall zu bringen?

Anders formuliert, aber inhaltsgleich (weil primäre Orientierung am Klageantrag dokumentierend): Ist der Klageantrag nach dem abweichenden Vortrag des Beklagten immer noch berechtigt? **Nicht geht es im Ansatz darum, ob der Beklagte „recht hat"**: er kann – in Verkennung der Rechtslage – sich eingehend und womöglich schlüssig zu einem gar nicht streitgegenständlichen Anliegen äußern (z.B. er verwechselt das eingeklagte Darlehen mit einem anderen des Klägers). Es geht nur darum, was mit dem *Klage*anspruch ist.

Das Vorbringen des Beklagten besteht aus dem Unstreitigen (es ist das Vorbringen **jeder** Partei) und dem streitigen Vortrag des Beklagten, Siegburg Rdnr. 306, 410.
Die Verteidigungsmöglichkeiten des Beklagten sind: **Rechtsansichten – Bestreiten – Einwendungen.** Ihr Standort, orientiert an der Darlegungslast, ist:

Anspruchsgrundlage: §§ 631, 280 I, 283 BGB

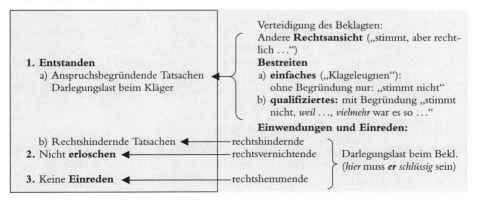

b) Zum Fall: ergibt der Beklagtenvortrag, dass der Klageanspruch unberechtigt ist? 29.16
I. Zum Hauptvorbringen: §§ 631, 280 I, 283 BGB

1. Zum Punkt: „Entstanden"?
   Werkvertrag und Rückgabepflicht daraus werden **bestritten**.
2. Zum Punkt: „Nicht erloschen"?
   Hilfs-Aufrechnung? Nach der herrschenden Beweiserhebungstheorie (s. unter Rn. **13.**07) muss wegen § 322 II vor der Aufrechnung erst einmal die Begründetheit der Klage geprüft werden, so dass ihre **Erörterung an dieser Stelle verfrüht** ist: Sie kann **erst nach der „Beweisstation"** (unten 3) geprüft werden, also nachfolgend unter 4.
3. Zum Punkt: „Durchsetzbarkeit"
   Der Beklagte stellt nur eine blanke Rechtsbehauptung auf, es fehlt jeder substantiierte *Tatsachenvortrag* zur Verjährungseinrede.

Also: Der Klageanspruch aus §§ 631, 280 I, 283 BGB ist mangels Einigung auf einen Werkvertrag nicht entstanden.

Konsequenz: entscheidungserheblich und beweisbedürftig ist, ob nach der Behauptung des Klägers ein Werkvertrag vereinbart wurde.

II. Zum Hilfsvorbringen: §§ 990 I 1, 989 BGB

1. Zu: „**Entstanden**"?
   a) Eigentum des K: unstreitig
   b) Besitz des B: unstreitig
   c) **Aber: rechtshindernder** (s. oben beim Kläger zu II 1c) Einwand aus § 986 BGB: Recht zum Besitz aus Kommissionsvertrag. **Darlegungslast beim Bekl., er muss insoweit schlüssig vortragen,** was auch erfolgt ist.
   d) Bösgläubigkeit: Warnender Zuruf durch Angestellten A: **bestritten**
   e) **Verschulden:** infolge § 280 I 2 BGB Umkehr der Darlegungs- und Beweislast, s. oben Rn. **29.**06. Die Darlegungslast für Nichtverschulden liegt also beim Beklagten. B (Palandt § 989, 5). Hier: Korrekte Ausführung des Kommissionsvertrags.

Also: Anspruch aus §§ 990 I S. 1, 989 BGB danach nicht entstanden.

Konsequenz: entscheidungserheblich und beweisbedürftig ist, ob B ein Recht zum Besitz aus Kommissionsvertrag hatte, und falls nicht, ob B bösgläubig war.

29.17 **3. Stehen die entscheidungserheblichen, aber umstrittenen Tatsachen jetzt fest? (sog. Beweisstation)**

I. Hauptvorbringen: §§ 631, 280 I, 283 BGB

- **Entscheidungserheblich** und – da keine Ausnahme (z.B. §§ 291, 292, Anscheinsbeweis, ThP 1 vor § 284; § 286, 12) eingreift – **auch beweisbedürftig** ist, ob die Parteien einen *Werkvertrag* (damit: Rückgabepflicht) geschlossen haben:
- Beweisführungslast (-antrittslast) bei K, der den (Haupt-)Beweis durch Benennung des A auch angetreten hat. **Beweis ist auch erhoben** worden.
- **Beweiswürdigung:** keine volle Überzeugung des Gerichts, da A nicht gesamtes Gespräch mitgehört hat, Erinnerung hat nachgelassen.
- **Beweislast:** beim Kläger, da anspruchsbegründende Tatsache. Anspruch aus §§ 631, 280 I, 283 BGB also unbegründet.

II. Hilfsvorbringen: §§ 990 I S. 1, 989 BGB

- **Entscheidungserheblich und beweisbedürftig** ist zunächst die vom Bekl. behauptete rechtshindernde Tatsache, aus Kommissionsvertrag ein *Recht zum Besitz* gehabt zu haben, sowie das *Nichtverschulden* des B (§ 280 I 2 BGB).
- **Beweisführungslast bei B,** der einen Beweis nicht angetreten hat.
- **Beweislast** beim Beklagten.
- **Entscheidungserheblich u. beweisbedürftig ist weiter** die vom Kläger behauptete anspruchsbegründende Bösgläubigkeit des Beklagten. Beweis durch Zeuge A erbracht: warnender Zuruf.
- §§ 990 I S. 1, 989 BGB damit begründet.

29.18 **4. Greift am Ende die Eventualaufrechnung durch?**

Jetzt wird die **Eventualaufrechnung** relevant. Sie ist ein rechtsvernichtender Einwand des Beklagten, aber wegen § 322 II erst jetzt zu prüfen (s. näher unter Rn. **13.**07). Schlüssiger Vortrag des Beklagten liegt vor, aber substanziiert bestritten durch den Kläger. Da kein Beweisantritt durch B: **Beweislast beim Beklagten** = der Anspruch aus §§ 990, 989 BGB ist nicht erloschen. Die Klage ist voll begründet.

§ 30 Anwaltsklausur: Antrag auf einstweiligen Rechtsschutz nebst einem begleitenden Mandantenschreiben

Examensklausuren widmen sich immer häufiger auch der gerichtlichen Anwaltstätigkeit. Im Folgenden geht es um die Aufgabenstellung in einer typischen „Anwaltsklausur", also der Fallbearbeitung aus der Sicht eines Anwalts:
Schriftsatzentwurf an das Gericht nebst einem entsprechenden Mandantenschreiben dazu, was erreicht oder bezweckt wurde, wie es weitergeht und worin evtl. das Prozessrisiko besteht.

Fall: Der Bauherr mit Zahlungsproblemen

Bauunternehmer Baumann erscheint bei Rechtsanwalt Dr. Rat und trägt vor: „Herr Rechtsanwalt, Sie müssen mir unbedingt helfen. Ich habe für Herrn Ernst Eigner auf dessen Grundstück in Frankfurt, Bankenallee 5, eine Hausrenovierung mit Neubau einer Tiefgarage vorgenommen. Die Bauarbeiten sind abgeschlossen und mangelfrei, was der bauleitende Architekt B. Arndt bestätigen kann, aber Eigner nimmt – auch nach einer Fristsetzung vom 1.7. zum 20.7. – nicht ab und bezahlt auch nicht die prüffähige Schlussrechnung vom 1.6. über € 300 000,–. Eigner ist in großen wirtschaftlichen Schwierigkeiten, er bezahlt auch nicht die anderen Handwerker – insbes. nicht den Elektriker, den Schlosser und den Schreiner. Ich fürchte um mein Geld, vor allem, wenn jetzt auch noch andere Gläubiger auftauchen. Tun Sie schnell etwas, um mein Recht zu sichern, bevor es zu spät ist.
Als Unterlagen habe ich mitgebracht ... *((= Anlagen K 1–6 wie im nachfolgenden Schriftsatz verwendet))*". 30.01

Aufgabenvermerk: Der Schriftsatz des Rechtsanwalts Dr. Rat an das Gericht und ein begleitendes Mandantenschreiben sind zu fertigen.

I. Vorüberlegungen können z. B. sein:

Tipp vorab: Legen Sie sich schon ab der Einarbeitung in den Fall und der Niederschrift des Schriftsatzes eine kleine Punkteliste (Stoffsammlung) an, zu welchen Dingen Sie dem Mandanten eine Erklärung beifügen wollen, insbesondere zu Überlegungen, die im Schriftsatz selbst nicht ausgeführt werden, wie z.B. gleich hier zur ersten Vorüberlegung: 30.02

(1) Welches Gesuch ist zu stellen: Arrest oder einstweilige Verfügung?
Siehe dazu die Ausarbeitung dieser Vorüberlegung im Mandantenschreiben.

(2) An welches Gericht ist zu schreiben?
Im Unterschied zum Arrest, wo ein freies Wahlrecht besteht (§ 919), muss bei der einstweiligen Verfügung eine strenge Rangordnung beachtet werden: Grundsätzlich Gericht der (künftigen) Hauptsache (§ 937 I), hilfsweise bei besonderer Dringlichkeit auch das Amtsgericht der belegenen Sache (§ 942 I), sowie auch ohne diese besondere Dringlichkeit für Vormerkung und Widerspruch (§ 942 II, hier insbesondere deswegen, weil für die Eintragung ohnehin das Amtsgericht, Abt. Grundbuchamt zuständig ist).
„Hauptsache" ist bei § 648 BGB die Klage auf Einräumung der Sicherungshypothek, nicht der Werklohnanspruch (Palandt § 648, 5), hier aber ergebnisgleich: Streitwert für ersteres sind gem. § 6, für letzteren gem. § 3 jeweils € 300 000,– (zuständig also das LG)

RA Dr. Rat wird hier (trotz der Möglichkeit nach § 942 II) gem. § 937 I das LG Frankfurt/M. wählen, da er empfehlen wird, dort umgehend auch die Werklohnklage zu erheben.

(3) Anwaltszwang?
§§ 920 III, 936, 78 III: Nur das Gesuch selbst, also der Antragsschriftsatz, ist anwaltfrei. Das weitere Verfahren – sofortige Anberaumung einer mündlichen Verhandlung, ab Widerspruch, Beschwerde – richtet sich nach der allgemeinen Regel des § 78 I.
Es ist also sinnvoll, wenn der RA für den Fall einer Entscheidung nur auf Grund einer mündlichen Verhandlung schon jetzt seine Bestellung anzeigt u. a. auch wegen § 172.

(4) Vorlage der Vollmacht erforderlich?
Sie ist zwar nach § 80 S. 1 vorgesehen. Bei Auftreten eines RA aber ist die Vorlage nur auf Rüge des Gegners erforderlich gem. § 88 II, der auch für das Arrest- u. Verfügungsverfahren gilt (BGH RPfl. 2013, 632; Zöller § 88, 2). Obwohl hiernach bei Antragstellung nicht erforderlich, wird die Vorlage der Vollmacht z. T. vorbeugend empfohlen, zumal etwaige Rüge des Gegners in diesem Stadium noch gar nicht möglich ist (so etwa Kroiß-Neurauter Nr. 1).

(5) Rubrum
Da der einstweilige Rechtsschutz teils Beschluss-, teils Urteilsverfahren ist, ist die Bezeichnung der Beteiligten, des Verfahrens und der Entscheidungs-Überschrift entsprechend anzupassen :
Solange das Beschlussverfahren läuft (also jedenfalls bei Antragstellung) heißen die Beteiligten „Antragsteller, Antragsgegner, Verfahrensbevollmächtigter". Erst ab Anordnung einer mündlichen Verhandlung liegt ein Urteilsverfahren vor (§ 922 I) und die Beteiligten heißen ab dann: „Arrest-/ Verfügungs-Kläger, Arrest-/Verfügungs-Beklagter, Prozessbevollmächtigter".
Die Entscheidungsüberschrift lautet: „In dem Arrest-/Verfügungsverfahren …".

(6) Antrag auf Entscheidung „ohne mündliche Verhandlung".
Da schon der Verfügungsgrund eine Dringlichkeit erfordert (ausgenommen allerdings bei Vormerkung und Widerspruch, da hier schon eine gesetzliche Vermutung in §§ 885 I 2, 899 II 2 BGB besteht) ist eine *gesteigerte* Dringlichkeit, ein „dringender Fall" (§ 937 II) darzulegen, wenn abweichend vom Grundsatz ohne mündliche Verhandlung entschieden werden soll.

(7) Darlegungs- und Beweislast
Für deren Verteilung gelten nach h. M. grds. dieselben Regeln wie im Hauptsacheprozess, d. h. der Antragsteller hat (nur) die anspruchsbegründenden Tatsachen und die Gefährdung vorzutragen und glaubhaft zu machen, dem Antragsgegner (sobald beteiligt) obliegt es, dies durch Führung des Gegenbeweises (Glaubhaftmachung gegenteiliger Tatsachen) zu erschüttern (Musielak § 294, 2), sowie seine rechtshindernden, rechtsvernichtenden oder rechtshemmenden Einwendungen glaubhaft zu machen (ThP 3; Zöller 2 zu § 294; ThP 9 vor § 916).

Beispiel: Macht der Antragsteller zu § 648 BGB anspruchsbegründend glaubhaft (z. B. durch eidesstattliche Versicherung des Bauleiters), das Bauwerk sei fertiggestellt und mangelfrei, kann der Antragsgegner nach Widerspruch dies gegenbeweislich erschüttern indem er durch eidesstattliche Versicherung des bauleitenden Architekten glaubhaft macht, dass folgende schwere Mängel vorliegen…. (beachte : der Anspruch aus § 648 BGB besteht nur, wenn und soweit keine Mängel vorliegen, eine Abnahme muss hingegen nicht erfolgt sein BGHZ 68, 180; Palandt § 648, 4).

II. Entwurf des Schriftsatzes

(Klammerbemerkungen in *kursiver* Schrift dienen nur zu Ihrer Erläuterung, sie sind nicht Inhalt der beiden Schriftsätze).

Dr. Fritz Rat
Rechtsanwalt, Adresse

An das
Landgericht Frankfurt/Main *(§ 937 I)*
– Zivilkammer –

A n t r a g auf Erlass einer einstweiligen Verfügung

des Baumann, Anton, Bauunternehmer, Adresse
– Antragsteller –
Verfahrensbevollmächtigter RA Dr. Fritz Rat, Adresse

gegen

Eigner, Ernst, Kfz-Händler, Adresse
– Antragsgegner –

wegen Vormerkung
Vorläufiger Streitwert: € 100 000,– *(§ 53 I Nr. 1 GKG: $^{1}/_{3}$ der Hauptsache, für diese: § 6)*.

Namens und in Vollmacht des Antragstellers beantrage ich – wegen Dringlichkeit ohne mündliche Verhandlung *(§ 937 II)* – im Wege einstweiliger Verfügung zu beschließen:

1. Zugunsten des Antragstellers ist auf dem Grundstück des Antragsgegners, eingetragen im Grundbuch von Frankfurt/Main, Band 120, Blatt 780, Abteilung 1, lfd. Nr. 3 wegen einer Werklohnforderung des Antragstellers aus Bauvertrag vom ... in Höhe von € 300 000,– nebst Zinsen in Höhe von 9 Prozentpunkten über dem Basiszinssatz *(§ 288 II BGB)* seit ... eine Vormerkung zur Sicherung des Anspruchs auf Einräumung einer Sicherungshypothek in gleicher Höhe einzutragen.
2. Das Grundbuchamt soll um Eintragung der Vormerkung ersucht werden *(§ 941 ZPO, § 38 GBO)*.

Begründung

1. Der Antragsteller hat für den Antragsgegner auf dessen im Antrag genannten Grundstück eine Hausrenovierung und den Neubau einer Tiefgarage durchgeführt gemäß Bauvertrag vom ... Die Arbeiten sind vertragsgemäß, vollständig und mangelfrei durchgeführt.

    Glaubhaftmachung: Bauvertrag vom ... in beglaubigter *(vgl. § 169 II 2)* Kopie, Anlage K 1.

    Beigefügte eidesstattliche Versicherung des bauleitenden Architekten A. Arndt vom ... Anlage K 2.

30.03

Dem Antragsteller steht gemäß der prüffähigen Schlussrechnung vom ... ein restlicher Werklohn zu in Höhe von € 300 000,–.

Glaubhaftmachung: Beigefügte beglaubigte Schlussrechnung vom ... Anlage K 3.

Der Antragsteller hat dem Antragsgegner mit Schreiben vom ... eine Frist von 3 Wochen zur Abnahme gesetzt, die ergebnislos verstrichen ist.

Glaubhaftmachung: Beigefügtes Schreiben mit Fristsetzung vom ... Anlage K 4.

Gemäß § 640 I 3 BGB hat der Antragsteller damit auch die Fälligkeit des Werklohns herbeigeführt, obwohl dies für die hier beantragte Sicherheit gem. § 648 BGB noch nicht unbedingt erforderlich war *(Palandt § 648, 4)*.

Das Schreiben enthält zugleich die dringende Aufforderung zur Zahlung mit Fristablauf.

Da die Mahnung mit der Fristsetzung gem. § 640 I 3 BGB verbunden werden kann (vgl. BGH NJW 10, 2940, Tz. 14; Palandt § 286, 16), schuldet der Antragsgegner auch Verzugszinsen seit ... *(Fristablauf plus 1 Tag, s. Rn. **2**.06)* gemäß § 288 II BGB als Unternehmer, da die Baumaßnahmen sein Betriebsgrundstück betreffen.

Glaubhaftmachung: Beigefügtes Schreiben mit Fristsetzung vom ... Anlage K 4.

Vorgelegter Bauvertrag, der sich ausdrücklich auf das Grundstück als das Betriebsgrundstück bezieht.

Der Antragsgegner ist Eigentümer des im Antrag genannten Grundstücks.

Glaubhaftmachung: Beiliegender beglaubigter Grundbuchauszug, Anlage K 5.

Der Antragsteller kann daher gemäß § 648 BGB die Einräumung einer Sicherungshypothek gemäß §§ 1184, 1185 BGB und zur Sicherung dieses Anspruchs die Einräumung einer Vormerkung verlangen, § 885 I BGB.

2. Für den Verfügungsgrund beruft sich der Antragsteller auf die Vermutung gem. § 885 I 2 BGB.

3. Vorliegend besteht eine über die Vermutung des § 885 I 2 BGB hinausgehende *besondere* Dringlichkeit, die eine Entscheidung ohne mündliche Verhandlung *(§ 937 II)* erfordert.

Denn der Antragsgegner begleicht auch nicht die fälligen Forderungen der anderen am Bau beteiligten Unternehmer, namentlich nicht die der Fa. Elektro- Groß, der Dachdeckerfirma Damm, der Schlosserei Müller,

Glaubhaftmachung: Beiliegende eidesstattliche Versicherung des Elektrikers E. Groß. Anlage K 6.

sodass besonders zu befürchten ist, dass diese anderen Gläubiger umgehend mit gleichen Anträgen wie dem vorliegenden dem Antragsteller zur besseren Rangwahrung zuvorkommen.

4. Es wird **beantragt,** das Grundbuchamt gemäß § 941 ZPO, § 38 GBO direkt um die Eintragung zu ersuchen.

Anlagen : ....

(Dr. Rat)
Rechtsanwalt

III. Begleitendes Mandantenschreiben

Es soll dem Mandanten erläutern (Brief, kein abstraktes Rechtsgutachten!) insbes., was mit der Maßnahme erreicht werden sollte, was mangels Erfolgsaussicht nicht veranlasst wurde, wie es weitergeht und worin etwaige Prozessrisiken bestehen. Für den RA kann es auch eine Absicherung bezwecken, das Richtige getan zu haben.

Sehr geehrter Herr Baumann, 30.04
in Erledigung Ihres heutigen Auftrags- für das entgegengebrachte Vertrauen darf ich mich nochmals bedanken – habe ich soeben den in Kopie beigefügten Antrag bei Gericht eingereicht. Zur Erläuterung und zum weiteren Vorgehen kann ich Ihnen folgendes mitteilen:

Für die von Ihnen gewünschte schnellstmögliche Sicherung ist die Beantragung einstweiligen Rechtsschutzes erforderlich – was ich veranlasst habe –, da die Klage auf Zahlung des Werklohns – sie sollte anschließend umgehend ebenfalls erhoben werden – erst nach zeitaufwendigem Verfahren ab Erlass eines Urteils eine Vollstreckungsmöglichkeit bietet.

Wie Sie dem beigefügten Schriftsatz entnehmen können, habe ich eine einstweilige Verfügung beantragt.

Ein Antrag auf Erlass eines Arrestes – um Arrestpfändungen, oder eine Arresthypothek zu erreichen – schied aus, da ein Arrestgrund nicht ausreichend glaubhaft gemacht werden kann. Zwar kann der Arrest**anspruch** schlüssig vorgetragen werden, denn die Werklohnforderung ist auf Geld gerichtet, sie ist auch kraft Fiktion gem. § 640 I 3 BGB fällig, auch selbst ohne Abnahme wäre ein Arrest möglich gem. § 916 II ZPO, da die Werklohnforderung ab Abschluss des Werkvertrags eine „betagte" – also entstandene aber noch nicht fällige – Verbindlichkeit ist (BGH NJW 02, 2640; Palandt § 632, 2).

Ein Arrestgesuch dürfte jedoch mangels ausreichend belegbaren Arrest**grundes** gem. § 917 I ZPO erfolglos sein: keinen Arrestgrund nämlich gibt allein die schlechte Vermögenslage des Schuldners, auch der drohende Wettlauf von Gläubigern genügt nicht, er gibt erst dann einen Arrestgrund für den Antragsteller, wenn ihm andere Gläubiger bei *insgesamt nicht ausreichender* Vermögensmasse des Schuldners zuvorkommen würden, er also zu spät käme (Thomas/Putzo-Seiler ZPO, § 917, 2; BGHZ 131, 95, 105, 106), was wir hier nicht belegen können.

Da die Lage hier so klar ist, empfahl sich auch nicht – was an sich möglich war – das Arrestgesuch als Hauptantrag und den Antrag auf Erlass einer einstweiligen Verfügung als Hilfsantrag oder sogar beide nebeneinander zu stellen, was zulässig ist, wenn – wie hier – sowohl der Geldanspruch (§ 916 I ZPO, § 631 BGB) als auch der Verfügungsanspruch (§ 935 ZPO, § 648 BGB) gefährdet sind (Musielak § 916, 5; Thomas/Putzo-Seiler 8 vor § 916).

Es blieb also nur ein Antrag auf Erlass einer einstweiligen Verfügung, hier gestützt auf § 648 BGB zur Erwirkung einer Vormerkung auf Eintragung einer sog. Bauunternehmer – Sicherungshypothek.

Mit Eintragung der Vormerkung erreichen Sie eine Sicherheit dafür, dass eine im weiteren Konfliktfall noch gerichtlich zu erstreitende Hypothek und Duldung der

Zwangsvollstreckung daraus die Zwangsvollstreckung in das Baugrundstück ermöglicht und zwar mit dem Rang der Vormerkung, also rangbesser als nachfolgende konkurrierende Gläubiger des Bauherrn Eigner (des Antragsgegners).

Der Rang ist entscheidend für die Verteilung des Erlöses im Falle einer Zwangsversteigerung.

Sie haben also nur – aber immerhin – ein Sicherungsmittel für eine künftige Zwangsvollstreckung, aber noch keinen Werklohn.

Zur Realisierung Ihrer Werklohnforderung haben Sie **2 Möglichkeiten:** Klage auf Zahlung des Werklohns- zu deren umgehenden Erhebung ich dringend rate – mit der Möglichkeit der sofortigen Zwangsvollstreckung ab dem obsiegenden Urteil und/ oder die Realisierung des mit der Vormerkung beschrittenen Wegs, nämlich die Klage auf Bewilligung der Sicherungshypothek, die nach weiterer Klage auf Duldung der Zwangsvollstreckung daraus – es ist ein sog. dinglicher Titel für § 1147 BGB erforderlich – die Zwangsvollstreckung in das Baugrundstück – aber eben mit dem guten Rang der Vormerkung – ermöglicht.

Der letztere Weg ist etwas umständlich und sollte daher zurückgestellt werden. Er muss aber dann beschritten werden, wenn es in der Zwangsvollstreckung gerade auf den Rang der Vormerkung ankommt, nämlich dann, wenn die Vollstreckung aus dem Urteil über die Zahlungsklage weder in das bewegliche Vermögen des Antragsgegners noch in sein Grundstück Erfolg hat, weil sie wegen des zwischenzeitlichen Zeitablaufs rangmäßig jetzt zu spät kommt.

Zum weiteren Verlauf und zum etwaigen Prozessrisiko weise ich auf folgendes hin:

Der Antragsgegner kann allerdings Widerspruch einlegen und in der daraufhin anzuberaumenden mündlichen Verhandlung versuchen, unsere Glaubhaftmachung zu entkräften mit einem seinerseits glaubhaft zu machenden Gegenvortrag, etwa zu doch vorliegenden Mängeln, zur Höhe der Schlussrechnung etc. Es ist dann Sache der Würdigung durch das Gericht, ob unsere Glaubhaftmachung ausreicht. Andernfalls wird es die einstweilige Verfügung mit der Kostenfolge für Sie aufheben mit der Konsequenz, dass die Vormerkung – auf Antrag des Antragsgegners (§§ 13, 22 GBO) – wieder gelöscht wird.

Dr. Rat
Rechtsanwalt

§ 31 Anwaltsklausur: Klageerwiderung, Hilfsaufrechnung und Widerklage

Fall: Der baufällige Neubau

Der Grundstückseigentümer und Bauherr E. Emrich erscheint bei RA Frisch, übergibt ihm nachstehende Klageschrift, die ihm vor wenigen Tagen zugestellt worden ist und erläutert sodann sein Anliegen. **31.01**

Rechtsanwalt Dr. Kahl (Adresse)
An das Landgericht …

K l a g e

In Sachen
Uhl, Hans, Bauunternehmer (Adresse)   – Kläger –

gegen

Emrich, Ernst, Studienrat (Adresse)   – Beklagter –
wegen Werklohn

zeige ich an, dass ich den Kläger vertrete. Namens und in Vollmacht für den Kläger werde ich beantragen:

Der Beklagte wird verurteilt, an den Kläger
€ 300 000,– zu zahlen.

Begründung

Der Beklagte hat den Kläger mit Bauvertrag (ohne VOB) vom 1.2… mit der Errichtung eines 3-stöckigen Wohnhauses mit 4 großen Wohnungen zum Vermieten beauftragt.

Beweis: Anliegender Bauvertrag vom 1.2.…, Anlage K 1.

Nachdem bereits Keller, Erdgeschoß und die Decke zum 1. Stock fertiggestellt waren, kündigte der Beklagte fristlos mit der Begründung, dass an Stelle der im Leistungsverzeichnis vereinbarten Fundamentsockelmauern eine Betonplatte als Fundament eingezogen worden ist. Das ist zwar zutreffend, stellt jedoch keinen Mangel dar, weil die Betonplatte die Unebenheit im felsigen Untergrund viel besser ausgleicht und den Sockelmauern bautechnisch absolut gleichwertig ist.

Beweis: Anliegendes Privatgutachten des Bauingenieurs Bernd Bauer, Anlage K 2 Bauer, Bernd, Dipl. Ing. (Adresse) als sachverständiger Zeuge.

Infolge der fristlosen Kündigung hat der Kläger gemäß § 649 S. 2 BGB Anspruch auf Werklohn für die bis dahin erbrachten Leistungen, sie sind mangelfrei und haben einen Wert von € 500 000,–.

Beweis: Sachverständigengutachten.

Abzüglich erhaltener Abschlagszahlungen von 2 × € 100 000,– stehen dem Kläger noch € 300 000,– zu.

> Einer Abnahme oder Fristsetzung hierzu gemäß § 640 I 3 BGB bedurfte es nicht, da der Beklagte anlässlich der fristlosen Kündigung vom 10.4... kategorisch jede Abnahme verweigert hat (vgl. Palandt § 641, 5).
>
> **Beweis:** Bauleiter Fritz Müller (Adresse) als Zeuge.
>
> Dr. Kahl
> Rechtsanwalt

Der Beklagte trägt Rechtsanwalt Frisch als Erwiderung auf die Klageschrift vor:

„Zu meinem Entsetzen musste ich nach einem Klinikaufenthalt Ende März feststellen, dass der Kläger in Abweichung von der vertraglichen Vereinbarung keine Fundamentsockelmauern, sondern nur eine ca. 10 cm dicke Betonplatte als Fundament eingebaut hat. Ich habe sofort das Bauamt eingeschaltet, das ein neues Gutachten zur Statik verlangt hat. Der Gutachter, Herr Prof. Kern kam zum Ergebnis, dass die Betonplatte für ein 3-stöckiges Wohnhaus keinesfalls ausreicht, da das Grundstück in Hanglage auf felsigem Untergrund liegt und bei weiterer Druckbelastung alsbald einstürzen wird. Herr Müller vom Bauamt hat daraufhin einen Baustopp angekündigt.

Da der Kläger im Beisein des Architekten A. Arndt jede Nachbesserung verweigert hat, habe ich fristlos gekündigt und den ganzen Bau abreißen lassen. Die Abbruchkosten belaufen sich auf € 150 000,–, die Rechnung der Fa. Krach übergebe ich hiermit. Was ist mit meinen Abschlagszahlungen von € 200 000,–: sind diese womöglich durch meine Kündigung verloren?

Für das Bauvorhaben ist jetzt nach dem Abriss eine erneute und langwierige Ausschreibung durchzuführen. Die Errichtung des Wohnhauses verzögert sich damit um 1 bis 1½ Jahre, wodurch mir erhebliche Mieteinnahmen entgehen, deren Höhe derzeit noch gar nicht abzuschätzen sind. Anlässlich eines Baustellenbesuchs hat auch noch Herr Huber, ein Lkw-Fahrer des Klägers, beim Rangieren meinen neuen Mercedes schwer beschädigt, was Architekt Arndt beobachtet hat. Die Reparaturkosten belaufen sich laut Gutachten des Kfz-Sachverständigen Schmidt auf € 13 000,–.

Herr Rechtsanwalt, bitte unternehmen Sie die entsprechenden gerichtlichen Schritte für die Wahrnehmung meiner Interessen".

Aufgabenvermerk: Der Schriftsatz des Rechtsanwalts Frisch an das Gericht ist zu entwerfen.

I. Vorbemerkung

31.02 Vorliegend wird Rechtsanwalt Frisch auftragsgemäß eine Klageerwiderung mit Hilfsaufrechnung und eine Widerklage auf Schadensersatz und Feststellung fertigen.

Für das Konzept seines Vorgehens wird er sich – wie jeder Prozessanwalt – an der Verteilung der Darlegungs-und Beweislast als Leitlinie orientieren: wer muss was darlegen und dafür Beweis anbieten und wer kann sich (oder sollte sich aus prozesstaktischen Gründen) auf ein „Bestreiten" beschränken und nur vorsorglich Gegenbeweis anbieten?

Diese Orientierung gilt auch für die Platzierung konträrer Rechtsausführungen.
Lesen Sie bitte nochmals Rn. **29.**06, insbes. Seite 315.

Beachten Sie auch: Der Rechtsanwalt, bei dem Sie später einmal beruflich arbeiten wollen, erwartet auch eine ansprechende äußere Form: Anträge und Beweisangebote müssen deutlich hervorgehoben werden, z.B. durch Bildung von Absätzen, Einrücken (der Schriftsatz wird vom Richter nochmals „diagonal" daraufhin durchgesehen, ob er alle Anträge und Beweisantritte als das oft Wichtigste berücksichtigt hat, dann soll das auch gleich auffallen!). Erwartet wird auch eine gute Absicherung der Beweislage, also z.B. vorsorgliche Beweisangebote, auch wenn der Vortrag noch nicht bestritten ist, dies aber bei der Vorausschau zu erwarten ist.

Bringen Sie *alle* im Falltext genannten (erfolgversprechenden) Beweisangebote „in Stellung" und nicht nur eine erste Auswahl in Eile. Denken Sie dabei auch an § 296 I,II und differenzieren Sie dabei sprachlich exakt zwischen (Haupt-) Beweis und nur vorsorglich angebotenem Gegenbeweis (je nach Beweisführungslast).

Halten Sie beim Beweisangebot streng auseinander: Privatgutachten einer Partei (hier z.B.: Gutachten von Prof. Kern. Beweiswert: nur Parteivortrag und Beweiskraft einer Privaturkunde, § 416, welche sich darauf beschränkt, dass der Inhalt als Erklärung „abgegeben" wurde und nicht auch, dass sie „richtig" ist, vgl. ThP 5 vor § 402; § 416,2) und gerichtlich zu erholendes Sachverständigengutachten (§§ 402ff, nur *das* ist das Beweismittel „Sachverständigenbeweis").

Ein umsichtiger RA wird die Klageabweisung aus allen erheblichen und erfolgversprechenden Gründen geltend machen, um „auf alle Fälle" zum Erfolg zu kommen und um Verspätungspräklusion gem. § 296 I, II zu vermeiden.

Vorliegend wird er daher Klageabweisung nicht nur wegen mangelnder Fälligkeit beantragen (das Gericht kann dies aus tatsächlichen oder rechtlichen Gründen anders sehen, so ist Abnahme z.B. entbehrlich, wenn sie endgültig verweigert wird, oder wenn nicht mehr Erfüllung, sondern nur noch Schadensersatz wegen Nichterfüllung verlangt wird, Palandt § 641, 4; BGH NJW 05, 3574; 06, 2475).

Vielmehr wird er die Klageabweisung auf alle weiteren sich bietenden Einwendungen stützen, wie hier auf endgültiges Erlöschen infolge Geltendmachung von Schadensersatz und ergänzend, hilfsweise auf Aufrechnung.

Gliederung und Durchführung des Schriftsatzes wird vorliegend daher – orientiert an der Darlegungslast – etwa wie folgt aussehen (Klammerbemerkungen in *kursiver* Schrift sind nicht Inhalt des Schriftsatzes, sondern dienen zu Ihrer Erläuterung, insbes. der gedanklichen Linienführung):

II. Entwurf des Schriftsatzes

31.03 Rechtsanwalt Frisch
Adresse

An das
Landgericht ....

In dem Rechtsstreit
Uhl, Hans... — Kläger und Widerbeklagter —
Prozessbevollmächtigter: RA Dr. Kahl...

gegen

Emrich, Ernst.... — Beklagter und Widerkläger —
Prozessbevollmächtigter: RA Frisch....

Klageerwiderung und W i d e r k l a g e

Ich bestelle mich für den Beklagten und werde

Klageabweisung

beantragen. Zugleich erhebe ich **Widerklage** mit den Anträgen:

    I. Der Kläger wird verurteilt, an den Beklagten € 363 000,– zu zahlen.
    II. Es wird festgestellt, dass der Kläger dem Beklagten allen weiteren Schaden zu ersetzen hat, der diesem durch die nach der fristlosen Kündigung vom 10.4... erforderlich gewordene Bau-Neuvergabe und der dadurch bedingten Verzögerung der Fertigstellung des Wohnungsbaus an der A-Straße noch entsteht.

Zur **Begründung** führe ich aus:

I. Klageerwiderung

1. *(Zum anspruchsbegründenden Vortrag des Klägers, Darlegungslast beim Kläger)*
(Zum Tatsachenvortrag des Klägers:)
Bestritten wird, dass die Arbeiten des Klägers abnahmefähig gewesen seien.
Unstreitig war der Einbau einer Betonplatte statt von Fundamentsockelmauern nicht vertragsgemäß. Entgegen dem Klägervortrag bewirkte er auch keine bauliche Verbesserung, sondern vielmehr eine gravierende Verschlechterung:
(Qualifiziertes Bestreiten:)
Eine Betonplatte, zumal mit der „windigen" Dicke von nur 10 cm ist angesichts der Hanglage und dem massiven Gewicht eines 3-stöckigen Baukörpers als Fundament völlig ungeeignet und bewirkt eine drohende Einsturzgefahr. Das ergab das vom Beklagten auf Verlangen des Bauamtes erholte Baustatische Gutachten von Prof. Kern, das ich als Anlage B 1 beifüge. Das zuständige Bauamt hat demgemäß nach Erhalt des Gutachtens einen sofortigen Baustopp angekündigt.

Vorsorglich zum **Gegenbeweis:**
Gutachten des Prof. Kern vom 8.4.... zur Statik, Anlage B 1
Prof. Kern (Adresse) als sachverständiger Zeuge
Müller, Manfred zu laden über das Bauamt ..., als Zeuge
Gerichtliches Sachverständigengutachten

(Rechtsausführung:) Entgegen dem Klägervortrag kann die Klage auch aus Rechtsgründen nicht auf § 649 S. 2 BGB gestützt werden. Denn unstreitig wurde eine außerordentliche fristlose Kündigung erklärt, auf die jedenfalls Satz 2 nicht anwendbar ist, nach der langjährigen Rechtsprechung des BGH gemäß § 242 BGB nicht, da sich der Verursacher einer außerordentlichen Kündigung nicht auch noch zu seinem Vorteil auf § 649 S. 2 BGB soll berufen können, nach der überwiegenden Literaturauffassung ist § 649 BGB insgesamt unanwendbar auf eine außerordentliche Kündigung (vgl. zu allem Palandt § 649, 2 ff; 13). Der Beklagte lässt dahingestellt, ob der vorliegende Bauvertrag ein Dauerschuldverhältnis war und so unter § 314 BGB fällt *(Der Bekl. wird hier aus prozesstaktischen Gründen dem Kläger nicht zur richtigen Anspruchsgrundlage des nach einer außerordentlichen Kündigung verbleibenden § 631 BGB „verhelfen").* Denn nach allen Meinungen kann Werklohn für Leistungen vor einer Kündigung nur verlangt werden, wenn diese mangelfrei sind. Der Meinungsstreit, ob sie außerdem abgenommen sein müssen, kann dahinstehen, da die Leistungen des Klägers wegen schwerster Mängel nicht abnahmefähig waren.

Da der Kläger die anspruchsbegründende Fälligkeit nicht wird beweisen können, ist die Klage abzuweisen.

2. *(**Einwendungen,** Darlegungslast bei dem Beklagten)*
   a) Abgesehen von der hiernach fehlenden Fälligkeit ist der etwaige Vergütungsanspruch des Klägers auch **erloschen.** Denn der Beklagte macht Schadensersatz nach Maßgabe der Widerklage geltend, wodurch der gesamte Werklohnanspruch des Klägers entfallen ist. Dies nicht nur gemäß § 281 IV BGB, wonach bei gegenseitigen Verträgen wegen der Verbindung von Leistung und Gegenleistung mit dem Erlöschen des Leistungsanspruchs (hier des Beklagten) auch der Vergütungsanspruch des Gegners (hier des Klägers) entfällt und zwar schon mit Zugang des Schadensersatzverlangens (Palandt 52, Jauernig 14 zu § 281), sondern auch nach der sog. **Differenztheorie,** die der Beklagte für sein Vorgehen wählt und die hier wegen des Umfangs des Schadensersatzanspruchs und damit auch für die Widerklage (unten II) bedeutsam ist: hiernach wandelt sich das Vertragsverhältnis um in einen einseitigen Anspruch des Gläubigers (Widerklägers) auf Schadensersatz, der Vergütungsanspruch des Klägers, der mit Abschluss des Werkvertrags als betagter Anspruch entstanden sein mag (Palandt § 632, 2; BGH NJW 02, 2640), wird zu einem unselbständigen Rechnungsposten des Schadensersatzanspruchs und erlischt damit als selbständiger Erfüllungsanspruch (vgl. Palandt § 281, 20 unter Bezugnahme auf BGHZ 87, 159).

   Die Voraussetzungen im Einzelnen stellt der Beklagte unter
   Beweis im Rahmen der Widerklage, worauf an dieser Stelle Bezug genommen wird.

   b) Hilfsweise erklärt der Beklagte die **Aufrechnung** mit einer Schadensersatzforderung in Höhe von € 13 000,– wegen Beschädigung seines neuen Mercedes. Beim Rangieren stieß der beim Kläger angestellte Lkw-Fahrer Huber am 8.4.... gegen den am Rand der Baustelle geparkten Mercedes des Beklagten und beschädigte die linke Seitenwand schwer. Die Reparaturkosten werden sich auf € 13 000,– belaufen.

Beweis: Arndt, Andreas, Architekt (Adresse), als Zeuge
Gutachten des Kfz-Sachverständigen Hans Schmidt vom 15.4..., Anlage B 2
Schmidt, Hans, Kfz-Sachverständiger (Adresse), als Zeuge.

Der Kläger haftet hierfür aus §§ 631, 280, 278, 249 II BGB.

II. Widerklage

Die Widerklage begründe ich wie folgt:
(Darlegungs- u. Beweislast für die anspruchsbegründenden Tatsachen beim Wider-Kläger)

1. Der Kläger haftet dem Beklagten auf Schadensersatz wegen der Baumängel und der Beschädigung des Mercedes.
   a) Der Einbau einer extrem dünnen Beton-Fundamentplatte von nur 10 cm war nicht nur vertragswidrig (unstreitig), sondern führte – wie bereits oben unter I 1 ausgeführt – zu einem bautechnisch schweren Mangel, der wegen drohender Einsturzgefahr zum Abriss geführt hat. Dies stellt der Beklagte nunmehr auch unter

   Hauptbeweis: wie oben zu I 1 gegenbeweislich ausgeführt.

   Der Kläger haftet daher dem Beklagten auf Schadensersatz statt der ganzen Leistung nach § 281 I, II BGB, äquivalent auch nach §§ 634 Nr. 4, 281 I, II BGB, da die Sachmängelansprüche trotz fehlender Abnahme auch anwendbar sind, wenn der Unternehmer die Mängel – wie hier – nicht beseitigen will (Palandt 7 vor § 633).
   Eine Fristsetzung zur Mängelbeseitigung (Nacherfüllung) war gem. § 281 II BGB nicht veranlasst, da der Kläger uneinsichtig jede Nachbesserung kategorisch abgelehnt hat.

   Beweis: Architekt A. Arndt, bereits benannt, als Zeuge.

   Die Pflichtverletzungen des Klägers rechtfertigen auch den sog. großen Schadensersatz, da sie angesichts der Intensität des Mangels (Abweichung vom Vertrag, Einsturzgefahr) und des Beseitigungsaufwands (Abriss) erheblich sind im Sinne von § 281 I S. 3 BGB (vgl. Palandt § 281, 47).
   Gemäß § 280 I 2 BGB ist von einem Verschulden des Klägers auszugehen.

   Der Widerkläger macht daher folgenden Schaden geltend:
   Abbruchkosten: € 150 000,–
   Beweis: Rechnung der Fa. Krach vom 20.4...., Anlage B 3
   Krach, Karl, Abbruchunternehmer (Adresse) als Zeuge
   Akontozahlungen an den Kläger (unstreitig) € 200 000,–
   Diese Vorleistungen des Beklagten sind im Rahmen der
   sog. Rentabilitätsvermutung als Mindestschaden zu ersetzen
   (vgl. Palandt § 281, 23 unter Hinweis auf die Rspr. des BGH)[1]

   € 350 000,–

b) Wegen der Beschädigung des Mercedes steht dem Widerkläger
wie oben I 2 dargelegt und unter Beweis gestellt ein
Schadensersatzanspruch zu in Höhe von € 13 000,–

2. Den Antrag auf **Feststellung** begründe ich wie folgt:
Infolge der vom Kläger zu vertretenden fristlosen Kündigung muss das Bauvorhaben erneut ausgeschrieben und dann neu durchgeführt werden. Dies wird die Errichtung des Wohnhauses um 1-½ Jahre verzögern und neue Vergabekosten verursachen.

Beweis: Sachverständigengutachten.

Für diese Zeit entgehen dem Beklagten, der das Haus vollständig vermieten wollte und will – dies wird unstreitig bleiben – erhebliche Mieteinnahmen, deren genaue Höhe – ebenso wie die der neuerlichen Vergabekosten – derzeit noch nicht beziffert werden kann. Der Kläger haftet für diese Schäden neben der Leistung (zum Gewinnentgang s. Palandt § 280, 18; § 634, 8) gem. §§ 631, 280 I BGB, äquivalent aus §§ 634 Nr. 4, 280 I BGB (s. oben II 1a). Da der Kläger jede Einstandspflicht für die Mängel und ihre Folgen abstreitet, besteht für den Beklagten – auch aus Gründen der Verjährung (s. Palandt § 199, 3) – Rechtsschutzinteresse an alsbaldiger Feststellung, § 256 I ZPO.

Einer Übertragung auf den Einzelrichter stehen keine Gründe entgegen (§ 277 I 2).

Frisch
Rechtsanwalt

---

(1) **Anmerkungen** zu den Akontozahlungen (€ 200 000,–):
Bei gegenseitigen Verträgen besagt die auf den Geschäftswillen der Parteien gestützte Vermutung, dass Leistung und Gegenleistung gleichwertig sind. Danach besteht die Vermutung, dass der Gläubiger im Falle der Durchführung des Vertrages zumindest einen seine Aufwendungen deckenden Wertzuwachs oder Ertrag erzielt hätte. Im Verlust dieser Kompensationsmöglichkeit liegt der Nichterfüllungsschaden, BGHZ 167, 108 Rn. 24; 99, 182, 197. Näheres und gute Übersicht bei Müko-BGB 19–22 vor § 281.

Beachte: Auf § 284 BGB kann hier ein Ersatz der Akontozahlungen nicht gestützt werden, da Schadens-ersatz statt der Leistung nach § 281 BGB geltend gemacht wird und § 284 BGB nicht neben § 281 BGB – auch nicht in Kombination dazu (nur mit § 280 I möglich) –, sondern nur *anstelle* von § 281 BGB geltend gemacht werden kann (Palandt § 284, 4).

Sachverzeichnis

Die fetten Zahlen bezeichnen den Paragrafen, die mageren die Randnummer.

Abwendungsbefugnis (§ 711) **4**.06 s. näher bei vorläufige Vollstreckbarkeit
actio pro socio 15.09
Alternative Klagenhäufung 8.28
Anerkenntnis(urteil) 7.05; **4**.10
Anträge
– Antragstellung als Bezugnahme auf den bis zum Termin angefallenen Akteninhalt **5**.04
– Antragstellung: Fortwirkung in Folgeterminen **9**.08, **24**.08
– im Tatbestand **5**.09, **5**.02
Anwaltstätigkeit
– Anwaltsklausur: Antrag auf einstweiligen Rechtsschutz **30**
– Anwaltsklausur: Klageerwiderung, Hilfsaufrechnung und Widerklage **31**
Arrest 26.01 ff.
Aufrechnung 13.01 ff.
– im Anwaltsschriftsatz **31**.03
– in Berufungsinstanz (§ 533) **27**.22
– KostenE bei Primär- u. bei Eventualaufrechnung **13**.06 ff.
– Rücknahme und Änderung der Prozessaufrechnung **13**.08
– Vorbehaltsurteil **7**.12
– und Widerklage **12**.08

Bankbürgschaft 4.07
Basiszinssatz 2.07
Baumbach'sche Formel 14.12
BGB-Gesellschaft
– Gemeinschaftspraxis **15**.13
– Keine notwendige Streitgenossenschaft **15**.11, **15**.13
– Rechts- u. Parteifähigkeit der Außengesellschaft **15**.11
Begründetheit der Klage
– Prüfung der (Arbeitstechnik) **29**.01 ff.
Beklagtenstation
– Begründetheitsprüfung **29**.15
Berufung 27.01 ff.
– Anträge (§ 520 III S. 2 Nr. 1) **27**.11, Klageerweiterung **27**.11
– Aufrechnung (§ 533) **27**.22
– Begründetheit der **27**.18
– Begründung (§ 520 III) **27**.10 ff.
– beschränkte **27**.11
– Beschwer **27**.14
– Einlegung (Form, Frist) **27**.05 ff.
– Form (§ 519) **27**.05

– Frist, zur Einlegung (§ 517) **27**.08, zur Begründung (§ 520 II) **27**.09
– Klageerweiterung **27**.11
– Kostenentscheidung **27**.22 f.
– Mehrfache Einlegung **27**.07, durch Streithelfer und Partei **18**.11
– Mündliche Verhandlung als Fortsetzung der 1. Instanz **27**.21
– Prozesskostenhilfe **27**.06
– Statthaftigkeit **27**.01 ff.
– Verfahrensmangel (§ 538 II) **27**.20
– Berufung gegen 2. VU (§ 514 II) **20**.41
– Wiedereinsetzung **27**.06
– Wiederholte (mehrfache) Einlegung **18**.11, **27**.07
– Zeugenvernehmung, nochmalige (§ 398) **27**.22
– Zurückverweisung (§ 538 II) **27**.20
Beschwer
– bei Einlegung der Berufung **27**.14; **27**.22, **3**.19
Bestreiten
– Beklagtenstation **29**.15 ff.
– im Tatbestand s. dort
Beweisdürftigkeit
– Beweisstation **29**.17
Beweiserhebungstheorie (bei Aufrechnung) **6**.06, **7**.03, **13**.07; **29**.16
Beweislast
s. bei Darlegungslast
Beweisstation 29.17

Darlegungs- und Substanziierungslast 28.04; **29**.06; **29**.12
Darlegungs- und Beweislast
– Übersicht: bei anspruchsbegründenden, rechtshindernden, – vernichtenden, -hemmenden Tatsachen **29**.06
– Substanziierungslast **29**.12
– bei Sachurteilsvoraussetzungen **28**.04
– im Tatbestand **5**.08; **5**.13; E-Gründe vor **6**.04
– im Rahmen der Schlüssigkeitsprüfung beim Kläger **29**.07 ff.
– beim Verteidigungsvorbringen des Beklagten **29**.15 ff.
Degressive Gebührenstaffelung 3.12
Dritte (Beteiligung Dritter am Rechtsstreit)
– Übersicht **17**.00
– Einzelheiten s. bei Nebenintervention, Streitverkündung **18**.01 ff.; **19**.01 ff.

Drittwiderklage 12.10
Drittwiderspruchsklage (§ 771) **22.**01 ff.

Einheitlichkeit der Kostenentscheidung 3.11
Einmaligkeit des Gebührenanfalls 3.12
Einspruch
– s. Versäumnisverfahren u. Mahnverfahren, Vollstreckungsbescheid
– und Wiedereinsetzung **20.**32 ff.
Einstweilige Verfügung 26.01 ff.
– Antrag, Schriftsatz des RA **30.**03
– Anordnung der eV **26.**11
– Arten **26.**02
– Aufhebung wegen veränderter Umstände (§ 927) **26.**24
– Entscheidung **26.**12
– Erwerbsverbot **26.**20
– Leistungsverfügung **26.**08
– Räumung von Wohnraum (§ 940a) **26.**10
– Rechtsbehelfe **26.**21 ff.
– Rechtsbehelfsbelehrung **26.**12
– Regelungsverfügung **26.**05
– Sicherungsverfügung **26.**03
– Verfügungsverbot **26.**17
– Vollziehung **26.**15 ff.
– Widerspruch **26.**23
Einwendungen, Einreden
– rechtshindernde, – vernichtende, – hemmende im Gutachten **29.**06, **29.**09, **29.**15
– im Tatbestand **5.**09
Endurteil 7.02
s. auch Urteilsarten (Überblick) **7.**01
Entscheidungsgründe 6.01 ff.
– Aufbau bei voll stattgebenden Urteilen **6.**04, bei voll abweisenden **6.**06, nur teilweise stattgebenden **6.**07. Bei Klageänderung **9.**07, **9.**10, bei Haupt- u. Hilfsantrag **8.**27, bei Widerklage **12.**06
– Aufgabe der (§ 313 III) **6.**01
– Darstellungstechnik, Urteilsstil, Subsumtionstechnik **6.**03, **6.**09
– Fehler, Ratschläge **6.**08 ff.
– Streitverkündung **19.**04
– Umfang:
Soweit die Entscheidung darauf „beruht" **6.**01, Beispiele **6.**02, Ausführlichkeit der Begründung **6.**09
– Versäumnisurteil, teils echtes teils unechtes **20.**15
Entscheidungsreife 7.03
Erheblichkeitsprüfung (Beklagtenstation) **29.**15
Erhöhung, Ermäßigung der Klage (§ 264 Nr. 2), **9.**15 ff.
Erledigung der Hauptsache 11.01 ff.
– *Einseitige* Erledigungserklärung durch Kläger **11.**06 ff.

Erklärung **11.**01, **11.**13; erledigendes Ereignis **11.**10 ff., maßgeblicher Zeitpunkt **11.**10, zwischen Anhängigkeit und Rechtshängigkeit **11.**18; Klageänderungstheorie **11.**07; Prüfungsschema und die 7 wichtigsten Fälle **11.**13 ff.; Rechtskraftumfang **11.**08 f.; Rechtsnatur **11.**07, Säumnis des Bekl. **11.**19; Streitgegenstand **11.**08; Streitwert **11.**14
– Erledigungserklärung, Voraussetzungen **11.**03
– bei Feststellungsklage **11.**20
– Klageänderungstheorie **11.**07
– Säumnis des Beklagten **11.**19, Erledigungserkärung im Einspruchstermin **20.**43
– Streitwert
bei einseitiger voller Erledigungserklärung **11.**14, bei einseitiger teilweiser **11.**27, bei übereinstimmender teilweiser **11.**24
– *Teilerledigungserklärung, einseitige* des Klägers **11.**25 ff.
Prüfungsschema **11.**25, Streitwert **11.**27, Urteil (mit Erläuterungen) **11.**25 ff.
– *Teilerledigungserklärung, übereinstimmende* **11.**21 ff.
Prüfungsschema **11.**21, Streitwert **11.**24, Urteil (mit Erläuterungen) **11.**21
– *Übereinstimmende volle* Erledigungserklärung (§ 91a) **11.**02 ff., bereits ergangene Entscheidungen **11.**04, Beschluss (mit Erläuterungen) **11.**05
– Versäumnisurteil **11.**19, **20.**43
– Zahlung unter Vorbehalt **11.**11
Ersetzungsbefugnis 8.30
Eventualaufrechnung 3.11, **7.**12, **7.**13, im Urteil **13.**07, im RA-Schriftsatz **31.**03
Eventuelle Klagenhäufung s. obj. Klagenhäufung

Feststellungsklage 28.06
Feststellungsurteil 2.04
Firma
– im Rubrum **1.**05
– bei Inhaberwechsel **1.**05
Flucht in die Säumnis **20.**29
Fortbestandsklage 28.06
Fristsetzung im Urteil (§§ 255, 510b) **8.**25
Früher erster Termin s. mündl. Verhandlung

Gebührendegression 3.12
Gebührenstreitwert
– maßgeblich für die KostenE **3.**19
– bei Haupt- und Hilfsantrag **8.**18, **8.**20
– bei Erledigung der Hauptsache s. dort
– bei Klage und Widerklage **3.**20 (Beispiel 3), **12.**02
– bei Nebenintervention **18.**18
Gehörsrüge (§ 321a) **24.**06
Gemeinschaftspraxis (BGB-Gesellschaft) **15.**13

Sachverzeichnis

Gesamtrechtsnachfolge
– als Parteiwechsel kraft Gesetzes **16.**02, **27.**03

Gesellschaft des bürgerlichen Rechts
– Haftung der Gesellschafter (§ 128 HGB analog) *neben* der Gesellschaft: keine echte Gesamtschuld, **14.**10
– keine notwendige Streitgenossenschaft **15.**11
– Rechts- und Parteifähigkeit der Außengesellschaft **15.**13

Gesellschafterhaftung (§ 128 HGB) *neben* Haftung der OHG, KG, GbR: keine echte Gesamtschuld, **14.**10

Gestaltungsurteil 2.04

Grundurteil (§ 304) **7.**10

Güteverhandlung
– vorgeschaltete obligatorische (§ 278 II) **23.**01

Hauptintervention (§ 64) **10.**10

Hauptsacheerledigung
s. Erledigung der Hauptsache

Haupt- und Hilfsantrag s. obj. Klagenhäufung

Haupt- und Hilfsvorbringen 29.14 ff.

Herausgabeklage 3.20 (Beispiel 4)
– eV auf Herausgabe **26.**11 ff.

Hilfsbegründung 8.10

Hilfsgutachten 6.13

Hilfsvorbringen 29.14 ff.

Inkorrekte Entscheidung („Meistbegünstigungstheorie") **20.**23 ff.

Insolvenzordnung
– Insolvenzverwalter (Rubrum) **1.**05
– Unterbrechung, Parteiwechsel (§ 240) **16.**02
– Klage auf Feststellung zur Tabelle **15.**03
– Notwendige Streitgenossenschaft bei Feststellungsklagen gem. § 179 InsO **15.**03

Klageänderung 9.01 ff.
– Begriff, Fälle **9.**01
– Berufungsinstanz **27.**11
– Klageauswechselnde **9.**04
Prüfungsschema **9.**03, **9.**05, **9.**08; in Kostenentscheidung **9.**05; Tatbestand **9.**06, **9.**09; E-Gründe **9.**07, **9.**10
– KlageÄ gem. § 264 Nr. 2 (Erhöhung u. Ermäßigung) **9.**16 ff.
– KlageÄ gem. § 264 Nr. 3 (anderer Gegenstand od. Interesse) **9.**19
– Nachträgliche obj. Klagenhäufung **9.**11 ff. Prüfungsschema **9.**12; Tatbestand **9.**13; E-Gründe **9.**14
– Zulässigkeit, Prüfungsschema **9.**03

Klageantrag s. Anträge

Klageerwiderung und Widerklage (Schriftsatz des RA) **31.**03

Klagenhäufung
– objektive **8.**01 ff.
– subjektive s. Streitgenossenschaft (**14.**01 ff.)

Klägerstation
Begründetheitsprüfung **29.**07 ff.

Kosten
– außergerichtliche **3.**08
– degressive Gebührenstaffelung **3.**12
– Einmaligkeit des Gebührenanfalls **3.**12
– Gebührenstreitwert als Maß des Unterliegens **3.**19 ff.
– Grundbegriffe des Kostenwesens **3.**02 ff.
– Kostenerstattungsanspruch, materiellrechtlicher **3.**04, prozessualer **3.**03
– Kostenfestsetzung **3.**07
– Kostentrennung **3.**10, **9.**05 (zu § 96), **18.**14 ff. (zu § 101), **20.**21 (zu § 344)
– Prozesskosten **3.**08 ff.

Kostenbeschluss gem. § 91a: **11.**05

Kostenentscheidung 3.01 ff.
Überblick über die gesetzliche Regelung **3.**10
– bei Anerkenntnisurteil **7.**05
– bei Berufung **27.**23
– Einheitlichkeit der Kostenentscheidung **3.**12
– Erledigung der Hauptsache, s. dort
– Grundsätze der Kostenentscheidung **3.**09 ff.
– Häufige Fehler **3.**13
– Klageänderung **9.**05
– Kostengrundentscheidung **3.**01
– Nebenintervention **18.**14 ff.
– Obj. Klagenhäufung, eventuelle **8.**18; kumulative **8.**07.; uneigentliche eventuelle **8.**24
– Ohne KostenE ergehende Urteile **3.**09
– Quotierung (§ 92): Rechenwege zur Quotenbildung **3.**20
– Streitgenossen **14.**06 ff.
– Teilunterliegen (§ 92) **3.**19; verhältnismäßige Teilung gem. § 92 I 1: **3.**20; Kostenaufhebung gem. § 92 I 2: **3.**21; voll auferlegen gem. § 92 II: **3.**22
– Teil- u. Schlussurteil **7.**04
– Volles Unterliegen (§ 91) **3.**14 ff.
– Vorbehalts- u. Schlussurteil **7.**12 ff.

Kostenfestsetzungsbeschluss (§§ 103 ff.) **3.**01; **3.**07
– hiergegen Vollstreckungsabwehrklage **3.**01

Kostenmischentscheidung
– bei Anerkenntnis u. Endurteil **7.**05
– bei übereinstimmender Teilerledigungserklärung **11.**21

Kündigungsschutzklage
– Urteil **8.**24
– Zulässigkeit **28.**06

Künftige Leistung, Klage auf
– hilfsweise auf Schadensersatz **8.**25
– Zulässigkeit der Klagen gem. §§ 257 bis 259: **28.**06

Leistungsverfügung (§ 940 analog) **26.**08

Mahnverfahren 21.01 ff.
– Grafische Gesamtübersicht zum Verfahrensablauf **21.**13
– Abgabe **21.**04, alsbaldige **21.**07
– Einspruch gegen Vollstreckungsbescheid **21.**10
– Rechtshängigkeit **21.**07
– Säumnis des Bekl. im Einspruchstermin **21.**11
– Verjährungshemmung **21.**05
– Vollstreckungsbescheid **21.**08
– Widerspruch **21.**02 Verfahren nach – **21.**02 ff., verspäteter **21.**03

Mandantenschreiben 30.04

Materiellrechtlicher Kostenerstattungsanspruch 3.04

Mehrfache Einlegung eines Rechtsmittels
– durch Streithelfer und Partei **18.**11
– durch Berufungskläger **27.**07

Meistbegünstigungsgrundsatz 20.23 ff.

Mieterhöhungsklage, Zulässigkeit **28.**06

Mündliche Verhandlung 24.01 ff.
– Berufungsverfahren: Fortsetzung der mündlichen Verh. 1. Instanz **27.**21
– Einheit der mündlichen Verhandlung **24.**07
– *Früher erster Termin* **23.**02, grafische Gesamtübersicht **23.**04
– Notwendige mündliche Verhandlung, Grundsatz der **24.**01
– Schluss der mündlichen Verh. **1.**11
– *Schriftliches Vorverfahren* **23.**03; grafische Gesamtübersicht **23.**04
– Vorbereitung der **23.**01 ff.

Nachverfahren (§§ 302, 599) **7.**13, **7.**16

Nebenforderungen im Tenor **2.**06 ff.

Nebenintervention 18.01 ff.
– Befugnisse **18.**08; Beschränkungen **18.**09
– Beitritt **18.**06; Zusammenfassende Beispiele **18.**20 ff.
– Gebührenstreitwert **18.**18
– Interventionswirkung (§ 68) im Folgeprozess **18.**22 ff.
– Kostenentscheidung **18.**14
– Rechtsstellung des (einfachen) Nebenintervenienten (§ 67) **18.**07 ff.
– Rubrum **1.**05, **1.**13, **18.**12
– Säumnis der Hauptpartei **18.**08
– Streitbefangene Sache, Beitritt des Rechtsnachfolgers als NI **10.**09, **10.**16
– Streitgenössische (§ 69) **18.**30
– Urteil **18.**12 ff.
– Vorprozess **18.**04 ff., Folgeprozess **18.**22 ff.

ne ultra petita (§ 308 I) **2.**02

Notwendige Streitgenossenschaft 15.01 ff. näheres s. Streitgenossenschaft

Objektive Klagenhäufung 8.01 ff.
– *alternative* **8.**28
– Begriff **8.**01 ff. (dort auch: Streitgegenstandsbegriff, Beispiele)
– *eventuelle* (Haupt- und Hilfsantrag) **8.**09 ff. Bedeutung der Bedingung **8.**11, eigentliche **8.**18 ff. (uneigentliche **8.**23, unechte **8.**25), Entscheidungsreife für Hilfsantrag **8.**14, Gebührenstreitwert **8.**20, Kostenentscheidung **8.**21, Prüfungsschema **8.**15, Rechtshängigkeit **8.**12, Urteil bei eigentlicher **8.**18 ff. (Tatbestand **8.**26: E-Gründe **8.**27)
– *kumulative* **8.**06 ff. Prüfungsschema und Urteil **8.**07
– nachträgliche Klagenhäufung **9.**11
– Streitwert **8.**05
– Unechte Eventualhäufung **8.**25
– Uneigentliche Eventualhäufung **8.**23
– Zulässigkeitsvoraussetzungen (des § 260) **8.**04, bei Hilfsantrag **8.**17

Partei
– Bezeichnung im Urteil **1.**04
– Formeller Parteibegriff, Urteil **1.**05
– kraft Amtes **1.**05

Parteiänderung
– Gesamtübersicht (Grafik) **16.**15 ff.
– Einzelheiten s. -beitritt, -wechsel.
– Rubrum **1.**06
– Tatbestand **5.**09

Parteibeitritt
– gesetzlicher (§ 856 II) **16.**04
– gewillkürter: Zulässigkeit (Meinungsstand) **16.**12, grafische Gesamtübersicht **16.**15 ff., Prüfungsschema **16.**14

Parteifähigkeit
– der BGB-Außengesellschaft **15.**13
– Kostenentscheidung bei Fehlen und Wegfall der **3.**16 ff.

Parteiwechsel
– gesetzlicher **16.**01, kraft Gesamtrechtsnachfolge **16.**02; **27.**03
– gewillkürter **16.**05 ff., Zulässigkeit (Meinungsstand) **16.**06 ff., grafische Gesamtübersicht **16.**15 ff., Prüfungsschema und Urteil **16.**10

Primäraufrechnung 13.06

Prozessaufrechnung s. bei Aufrechnung

Prozessförderungspflicht des Gerichts **23.**02

Prozessführungsbefugnis 28.06
– bei materiellrechtlich notwendige Streitgenossenschaft **15.**08

Prozessgeschichte (im Tatbestand) **5.**09

Prozesshandlung und Vorschriften des BGB (Hinweise) **8.**13

Prozesskosten 3.08

Prozesskostenhilfe
– im Berufungsverfahren **27.**06

Prozessualer Kostenerstattungsanspruch 3.03

Prozessstandschaft, gesetzliche bei Veräußerung der streitbefangenen Sache **10.**02

Prozessurteil 7.01
– Rechtskraft des **7.**01, **28.**02

Prozessvergleich 25.01 ff.
- Anwaltsvergleich (§§ 796a–c) **25.03**
- Außergerichtlicher: **25.01 ff.**
- Doppelnatur (hM) **25.04**
- Fortsetzung des Ursprungsverfahrens: bei außergerichtlichem Vergleich: **25.01**, bei Prozessvergleich: **25.08 ff.**
- Nichtigkeit, Unwirksamkeit, Anfechtung, Rücktritt, Wegfall der Geschäftsgrundlage, Aufhebung **25.08 ff.**
- Unwirksamkeit: Rechtsfolgen **25.08 ff.**
- Wirkungen des Prozessvergleichs **25.07**

Räumung von Wohnraum durch einstweilige Verfügung (§ 940a) **26.10**
Rechtsbehelfsbelehrung (§ 232)
- Urteil **6.04**
- bei Arrest u. einstw. Verfügung **26.12**
- beim Versäumnisurteil **20.12**

Rechtshindernde, -vernichtende, -hemmende Tatsachen
Darlegungs- u. Beweislast **29.06** im Gutachten **29.09, 29.15,** im Tatbestand **5.09**

Rechtskraft
- Hemmung durch Berufung **27.11**
- Prozessurteil **7.01, 28.02**

Rechtskrafterstreckung
- bei Veräußerung streitbefangener Sache (§§ 265 II, 325) **10.04 ff.**
- einseitige **15.04**

Rechtsmittelstreitwert 3.19, 27.17
reformatio in peius
- im Berufungsverfahren (§ 528) **27.13**

Regelungsverfügung (§ 940) **26.05**
Replik des Klägers im Tatbestand **5.09**
Rubrum 1.01 ff.
Zusammenfassendes Beispiel **1.13**

Sachdienlichkeit (§ 263) **9.08**
Sachurteil 7.01
Schlichtung vor Klageerhebung **28.06**
Schluss der mündlichen Verhandlung **1.11**
Schlussurteil
- nach TeilU **7.04**; nach VorbehaltsU. **7.13, 7.16**

Schriftliches Vorverfahren
s. bei mündlicher Verhandlung
Selbstwiderlegung bei eV **26.07**
Sicherheitsleistung 4.06 ff.
s. näher bei vorläufige Vollstreckbarkeit
Sicherungsverfügung (§ 935) **26.03**
Sicherungsvollstreckung (§ 720a) **4.12**
Streitbefangene Sache
Veräußerung der – (§§ 265, 266) **10.01 ff.**
- Begriffe, Zweck, Beispiele **10.02**
- Grundstücksveräußerung (§ 266) **10.18**
- Irrelevanz-, Relevanztheorie **10.05**
- Prozessstandschaft gesetzliche **10.02**

- Rechtskrafterstreckung, Veräußerung *mit* – **10.04 ff., 10.11, 10.15,** *ohne* – **10.07, 10.11, 10.15**
- Rechtsnachfolger: Möglichkeiten der Prozessbeteiligung, Übernahme etc. **10.08, 10.16,** Vollstreckung durch – **10.13,** gegen – **10.15**
- Rubrum **10.06**
- Umstellung des Klageantrags **10.05**
- Veräußerung durch Kläger **10.04 ff.,** durch Beklagten **10.14 ff.**
- Vollstreckung durch bzw. gegen RNachfolger **10.13, 10.15**

Streitgegenstand, Begriff (hM) **8.02**
Streitgenossenschaft, *einfache* **14.01 ff.**
- Baumbach'sche Formel **14.12**
- Selbstständigkeit der Prozessrechtsverhältnisse **14.04**
- Zulässigkeit, Prüfungsschema **14.05**
- Urteil **14.06**

Streitgenossenschaft, *notwendige* **15.01 ff.**
- Arten **15.01**
- Begriff (notwendig heißt) **15.01**
- Bestreiten, Beweisantritt **15.18**
- Einzelklagen (zulässig? unzulässig?) **15.01, 15.03, 15.08, 15.09**
- materiellrechtlich notwendige (§ 62 2. Alt.) **15.08 ff.**
- prozessual notwendige (§ 62 1. Alt.) **15.02 ff.**
- Säumnis **15.17**
- Unteilbarkeit des streitigen Rechts (prozessual nSG?) **15.07**

Streitgenössische Nebeninterventien (§ 69) **18.30**
Streithilfe, s. Nebenintervention
Streitverkündung 19.01
- Interventionswirkung (§§ 74 III, 68) **19.02, 18.22**
- Rubrum **1.05**
- Streitverkündungsgrund **19.06**
- Voraussetzungen **19.04 ff.**
- Urteil **19.04**

Streitwert
- Gebühren-, Rechtsmittel-, Zuständigkeits- **3.19**
- bei Erledigungserklärung s. dort

Substanziierungslast 29.12
- Darlegungslast **29.06**

Subsumtionstechnik 6.03, 6.09

Tatbestand 5.01 ff.
- Anträge: die zuletzt gestellten, sowie frühere (überholte) **5.09**
- Aufbau (Aufbauschema) **5.09**
- Aufgaben **5.02,** im Prüfungsfalle vor **5.13**
- Bestreiten, einfaches und qualifiziertes **5.09,** ungenügendes (unsubstantiiertes) **5.02,** gänzlich ohne Äußerung des Gegners **5.02, 5.09,** Unstreitiges **5.09,** unstreitig geworden nach Beweisaufnahme? **5.02** (Beispiel 1), **5.09**

- Beurkundungs- und Beweisfunktion (§ 314) **5.**03
- Beweisangebote: unerledigte **5.**09
- Beweisaufnahme: erfolgte **5.**09
- Duplik der Beklagten **5.**10
- bei Erledigung der Hauptsache: einseitige Teilerledigungserklärung **11.**27, übereinstimmende Teilerledigungserklärung **11.**23
- Fehler, Ratschläge **5.**14 ff.
- bei Klageänderung **9.**06, **9.**09, **9.**13
- bei obj. Klagenhäufung: kumulative **8.**08, Haupt- und Hilfsantrag **8.**26
- bei Nebenintervention **18.**19
- Prozessgeschichte: soweit zum Verständnis der letzten Anträge nötig **5.**09, allgemeine (abschließende) **5.**09 Textbeispiel **5.**10
- Rechtsansichten **5.**09
- Rechtshindernde, -vernichtende, -hemmende Tatsachen **5.**09
- Replik des Klägers **5.**09
- Streitiger Vortrag des Klägers **5.**09, des Beklagten **5.**09
- bei Streitverkündung **19.**04
- Umfang: Straffungsgebot (§ 313 II) **5.**06, fehlerhafte „Straffung" **5.**13 (zu 4.)
- Unstreitiges **5.**08
- Versäumnisurteil vorangegangenes **5.**09, bei teils echtem und teils unechtem VU **20.**15
- Verspätetes Vorbringen (§§ 296, 296a) **5.**09 (a. E.)
- Verweisungen (§ 313 II S. 2) **5.**06, **5.**13 (zu 5.)
- bei Widerklage **5.**11 f.
Teil- u. Schlussurteil 7.04
Teilvollstreckung
- Sicherheitsleistung (bei § 711) **4.**08
Telefax
- Berufungseinlegung **27.**07
Tenor (Grundsätzliches) **2.**02

Umdeutung (§ 140 BGB analog)
- einer unzulässigen Prozesshandlung **20.**31
- eines Einspruchs der Nichtpartei in einen Beitritt als Streithelfer **20.**31
Urkundenprozess
- Nachverfahren **7.**16
- Urteil (Vorbehalts-, Schlussurteil bei §§ 599, 600) **7.**14 f.
- Verfahrensablauf **7.**15
- Zulässigkeit der Klage im **7.**15, **28.**06
Urteilsarten (Übersicht) **7.**01 ff.
- Anerkenntnisurteil (§ 307) **7.**05
- Endurteile **7.**02 ff.
- Grundurteil (§ 304), **7.**10
- Prozessurteil **7.**01, **28.**03
- Rubrum **1.**12, **1.**13
- Sachurteil **7.**01
- Teil- und Schlussurteil **7.**04

- Vorbehalts- und Schlussurteil **7.**12 (§ 302), **7.**14 (§ 599)
- Zwischenurteile (§§ 71, 135, 280, 303, 304, 387, 402) **7.**06 ff.

Veräußerung der streitbefangenen Sache 10.01 ff.
Näheres s. streitbefangene Sache
Verfahrensfehler
- Berufung (§ 538 II) **27.**20
- error in procedendo, in iudicando **27.**20
Vergleich: siehe Prozessvergleich
Verkündungsvermerk 1.02
Versäumnisverfahren 20.01 ff.
- echtes und unechtes VU **20.**12
- Einspruch und das weitere Verfahren **20.**20 Prüfungsschema **20.**20. Der Einspruch ist zulässig **20.**21, unzulässig **20.**22
- Einspruch und Wiedereinsetzung **20.**32 ff.
- Beitritt als Streithelfer (Umdeutung) **20.**31
- Erledigung der Hauptsache **11.**19, **20.**43
- Säumnis im E-Termin (zweites VU § 345) **20.**39 ff. Verspätungspräklusion (§§ 340 III, 296) **20.**27
- Erlasshindernisse (§§ 335, 337) **20.**04–09
- Meistbegünstigungstheorie **20.**23
- bei notwendiger Streitgenossenschaft **15.**17
- Säumnis. Begriff **20.**03. Im Beweistermin (§§ 367, 370) **20.**17 ff., im Einspruchstermin **20.**39 ff., in einem Folgetermin (§ 332) **20.**16
- Schlüssigkeit der Klage **20.**11
- Tatbestand und E-Gründe **20.**15
- Unechtes VU **20.**12 ff.
- Verspätetes Vorbringen nach Einspruch (§ 340 III, 296) **20.**27–30
- Voraussetzungen für den Erlass eines VU **20.**01 ff.
- bei Vorbehalts- u. Schlussurteil **7.**13, **7.**16
- bei Widerklage **12.**02 (zu 9.)
- Wiedereinsetzung **20.**32 ff.
- Zurückweisung des Antrags auf Erlass eines VU **20.**11
- Zweites VU (§ 345) **20.**40
Verspätetes Vorbringen
- Aufrechnung **13.**05
- im Tatbestand **5.**09 (a. E.)
- im Versäumnisverfahren nach Einspruch (§§ 340 III, 296) **20.**27–30
- Flucht in die Säumnis **20.**29
- Verzögerungsbegriff, normativer **20.**30, **23.**04
- Zulässigkeitsrügen **20.**27
- Zurückweisung bei Verfahren mit frühem ersten Termin **23.**08, bei schriftlichem Vorverfahren **23.**09
Verzögerung
- Normativer Begriff **20.**30, **23.**04

Vollstreckungsbescheid 21.08 ff.
 Grafische Gesamtübersicht zum
 Verfahrensablauf 21.13
– Antrag 21.08
– Einspruch, Verfahren nach – 21.10 ff.
– Säumnis des Beklagten im Einspruchstermin
 21.11, 12
Vollstreckungsschutzanträge 4.16
Vollziehung der einstweiligen Verfügung 26.15, 16
Vorbehalts- u. Schlussurteil
– gem. § 302: **7.**12, 13
– gem. § 599: **7.**14–16
Vorbereitung der mündlichen Verhandlung, s. mündl. Verhandlung
Vorläufige Vollstreckbarkeit 4.01 ff.
 Übersicht über die gesetzl. Systematik 4.04
– Abwendungsbefugnis (§ 711) 4.06–11
– bei Anerkenntnisurteil 7.05
– bei Erledigung der Hauptsache, einseitige 11.13, einseitige teilweise 11.26, übereinstimmende teilweise 11.21
– bei eventueller Klagenhäufung (Haupt- und HilfsA) 8.18 ff.
– *gegen* Sicherheitsleistung *(§ 709)* 4.12–15.
 Beim normalen streitigen Urteil (§ 709 S. 1, 2) 4.13. Nach vorausgegangenem Versäumnisurteil (§ 709 S. 3) 4.15
– *Ohne* Sicherheitsleistung *(§ 708)* 4.04–11
 Hauptfall ist § 708 Nr. 11: 4.05, Abwendungsbefugnis (§ 711) 4.06 ff., Höhe und Art der Sicherheit 4.07. Wirkungen der Abwendungsbefugnis (§ 711) 4.11. Bei teilweisem Obsiegen und Unterliegen 4.09 (Beispiel 3). Mischfälle innerhalb von § 708: 4.10. Überhaupt nicht für vorläufig vollstreckbar zu erklären (Ausnahmen) 4.03
– Sicherheitsleistung 4.06
 Art und Höhe 4.07. Wirkung der Abwendungsbefugnis (§ 711) 4.11
– Teilvollstreckung 4.08 (§ 711 S. 2), 4.14 (§ 752)
– bei Teil- und Schlussurteil 7.04
– Teilweises Obsiegen und Unterliegen 4.09 (Beispiel 3), 4.13
 Beide Ansprüche fallen unter § 708 Nr. 11: 4.09 (Beispiel 3). Kombinierte Anwendung von § 708 Nr. 11 mit § 709: 4.13 (Beispiel 3). Beide Ansprüche fallen unter § 709: 4.13 (Beispiel 2)
– Versäumnisurteil, Ausspruch nach vorausgegangenem (§ 709 S. 3) 4.15
– Vollstreckungsschutzanträge 4.16

WEG Rechts- und Parteifähigkeit der Wohnungseigentümergemeinschaft 1.07
Widerklage 12.01 ff.
– Anwaltschriftsatz 31.03

– Aufbau im Tatbestand **5.**11, 12
– Aufrechnung und **12.**08
– Berufungsinstanz (§ 533) **12.**02 (zu 10.)
– Beweisaufnahme **12.**02 (zu 7.)
– Drittwiderklage **12.**10 ff.
– Entscheidungsgründe **12.**06
– Klageerwiderung und Widerklage **31.**03
– Konnexität **12.**02, **12.**04
– Kosten **3.**20 (Beispiel 3)
– Parteiidentität **12.**04
– petitorische **12.**09
– possessorische **12.**09
– Prüfungsschema **12.**03
– Rubrum **1.**05, **12.**04
– Selbständigkeit der **12.**02 (zu 6.)
– Streitwert **3.**20 (Beispiel 3), **12.**02 (zu 5.)
– Tatbestand **5.**11, 12
– Tenor **12.**04
– Urteil **12.**04
– Versäumnisurteil (§ 347 I) **12.**02 (zu 9.)
– Verspätungspräklusion **12.**02 (zu 8.)
– Vorgreiflichkeit (§ 256 II) **12.**07
– Vorteile **12.**01
– Zulässigkeit der **12.**03
– Zusammenhang **12.**02, **12.**04
– Zwischenfeststellungswiderklage **12.**07
Widerspruch
 s. Mahnverfahren
Wiedereinsetzung (§§ 233 ff.) **20.**32 ff.

Zahlung
– unter Vorbehalt, Erledigung der Hauptsache **11.**11
Zeugen
– nochmalige Vernehmung in Berufung (§ 398) **27.**22
Zinsen
– als Nebenforderungen **2.**6
– Prozesszinsen **2.**6
– wichtige Zinsvorschriften **2.**7
Zulässigkeit der Klage 28.01 ff.
– Darlegungs- u. Beweislast **28.**04
– Prozessurteil (Rechtskraft) **7.**01, **28.**03
– Prozessvoraussetzungen, Übersicht („check-Liste") **28.**05
– Prüfung von Amts wegen **28.**03
– Vorrang vor den Begründetheitsvoraussetzungen **28.**01
Zurückverweisung
– bei Berufung (§ 538) **27.**20
Zwischenfeststellungswiderklage 12.07
Zwischenurteile 7.06 ff.
– gem. § 280: **7.**08
– gem. § 303: **7.**09
– gem. § 304: **7.**10
– unechte gegenüber Dritten (§§ 71, 135, 387, 402) **7.**07